外国经济学说与中国研究报告

RESEARCH REPORT ON
FOREIGN ECONOMICS AND CHINA

(2014)

中华外国经济学说研究会◎编
程恩富 李 翀 朱泽山◎主编

社会科学文献出版社
SOCIAL SCIENCES ACADEMIC PRESS (CHINA)

编委会名单

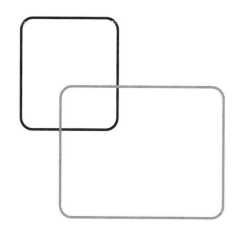

目　录

第一部分　马克思主义经济思想研究

第二部分　西方经济理论研究与批判

第三部分　当代世界经济问题研究

第四部分 中国现实经济问题研究

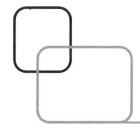

第一部分　马克思主义经济
思想研究

马克思主义社会主义经济学中国化的升华

——学习《中共中央关于全面深化改革若干重大问题的决定》

余文烈[*]

《中共中央关于全面深化改革若干重大问题的决定》（以下简称《决定》）提出，以经济体制改革为重点全面深化改革，"使市场在资源配置中起决定性作用"。《决定》展示了社会主义市场经济的又一次历史性飞跃，展示了马克思主义社会主义经济学中国化的又一次本质性升华。

一 中国社会主义市场经济的发展进程与历史飞跃

中国社会主义市场经济的建立与发展，与改革开放 35 年的历史进程紧密相连。改革开放前 30 年，迈向社会主义市场经济的过程可以划分为两个时期，实现了两次重大飞跃：第一个时期从 1978 年改革开放开始到 1992 年底，实现了从计划经济向"有计划的商品经济"的飞跃；第二个时期以 1993 年颁布"建立社会主义市场经济体制若干问题的决定"为起点，实现了从商品经济向社会主义市场经济的飞跃。

1978 年，党的十一届三中全会确立了"以经济建设为中心，按经济规律办事"的宗旨，自那以后进行的改革开放实质上是社会主义市场经济朝向的改革。接下来的十二届三中全会（1984）确认了社会主义经济是在公有制基础上的有计划的商品经济。这 15 年是解放思想和进行各项体制改革的探索阶段。1992 年春天邓小平同志"南方谈话"以后，当年党的十四大确立了社会主义市场经济的路径，而十四届三中全会颁布了《中共中央关于建立社会主义市场经济体制若干问题的决定》（1993，以下简称《决定一》），宣告中国迈开社会主义市场经济步伐。《决定一》全面而深刻地阐述了建设社会主义市场经济的总体目标、基本要求、基本特征和基本框架，勾画了建立社会主义市场经济体制的总体蓝图和具体方案。十年之后，十六届三中全会（2003）颁布的《中共中央关于完善社会主义市场经济体制若干问题的决定》（以下简称《决定二》）确立了科学发展观，坚持以人为本，要求经济、政治、文化的全面发展，城乡、区域、经济与社会的协调发展，不同区域的均衡发展，资源与环境的可持续发展和人的全面发展。

---

* 余文烈，中共深圳市委党校教授。

历史进入 2013 年，十八届三中全会颁布了《中共中央关于全面深化改革若干重大问题的决定》，在中国社会主义市场经济的理论与实践上，展现了又一次重大的历史性飞跃。

二　马克思主义社会主义经济学中国化的本质性升华

从三次《决定》的标题可以看出各自确立的主题。《决定一》是"建立"（社会主义市场经济），《决定二》是"完善"（社会主义市场经济），而十八届三中全会《决定》是"全面深化改革"。

全面深化改革首先是全面布局。《决定》对 15 个领域提出 55 项具体改革任务（另有 5 项指导思想与原则要求），包括了经济、政治、文化、社会、生态文明以及国防和军队、党的建设等方面的制度改革。

全面深化改革焦点是力度深度。改革进入攻坚期、深水区，《决定》彰显了对各个领域各项任务改革的决心和力度，显示出各个领域的体制机制都将发生重大变革。

全面深化改革重点突出经济体制改革主线。经济、政治、文化、社会、生态文明和党建等六个领域都形成了各自的改革主线，但是在这些改革任务中，"经济体制改革是全面深化改革的重点，核心问题是处理好政府和市场的关系，使市场在资源配置中起决定性作用和更好发挥政府作用"。[①] 在这里，《决定》创新性地提出市场的"决定性"作用，成为深化改革的突破口和路线图——基本经济制度、市场体系、政府职能和宏观调控、财税金融、土地制度、生态文明等方面的改革，都要以此为标尺。[②] 在经济体制改革主线中，市场的"决定性"作用贯穿于各项改革任务——完善基本经济制度，完善现代市场体系，加快转变政府职能，深化财税体制改革，健全城乡发展一体化体制机制，构建开放型经济新体制，等等，都将按照"市场起决定性作用"进行改革。

突出经济体制改革主线的宗旨是，"以经济建设为中心，发挥经济体制改革牵引作用，推动生产关系同生产力、上层建筑同经济基础相适应，推动经济社会持续健康发展"。

《决定》指出，全面深化改革的总目标是完善和发展中国特色社会主义制度，推进国家治理体系和治理能力现代化。那么，社会主义市场经济（经济体制改革）与中国特色社会主义（道路、旗帜、理论体系、中国模式）是什么关系，为什么深化经济体制改革能够发挥如此巨大的"牵引作用"呢？

这是因为，社会主义市场经济是中华民族振兴、实现中国梦的经济路径，这条经济路径实际上自身就蕴含中国特色社会主义的精神实质。

首先，中国特色社会主义的宗旨是振兴民族、实现现代化，巩固和发展社会主义。在

[①]　《中共中央关于全面深化改革若干重大问题的决定》单行本，人民出版社，2013 年 11 月版。

[②]　杨伟民：《解读三中全会公报：经济体制改革是引领全局"火车头"》，央广网，2013 年 11 月 15 日，http://china.cnr.cn/yaowen/201311/t20131115_ 514137710.shtml。

这里，社会主义市场经济是实现这个宗旨的经济路径——发展社会主义市场经济，实现国民经济市场化，由经济市场化走向经济和社会现代化，这条路径正是中国特色社会主义现代化的历史选择。

其次，中国特色社会主义的内容涵盖经济建设、政治建设、文化建设、社会建设、生态文明建设、党的建设以及国防和军队现代化建设等，涉及改革、发展、繁荣和稳定。在这一系列"建设"中，经济建设是基础，党的建设是根本——经济建设决定和制约了一系列建设的发展状况，经济路径体现和反映了中国共产党的执政理念和执政能力。

再次，中国特色社会主义的理论体系深入探索和回答了三大基本问题：什么是社会主义、怎样建设社会主义，建设什么样的党、怎样建设党，实现什么样的发展、怎样发展，从实践到理论进行了卓有成效的创新，深化和丰富了对三大规律——社会主义建设规律、共产党执政规律、人类社会发展规律——的认识。[①] 在这里，社会主义市场经济这条路径发展和完善的过程反映了对社会主义建设规律认识的深化，体现了中国共产党对执政规律认识的提高，显示了社会主义建设者对人类社会发展规律认识的升华。[②] 因此，深化经济体制改革以推进中国特色社会主义，是中国共产党狠抓主要矛盾的英明之举。

综上所述，市场的作用从"基础"变为"决定"的改革，提升了社会主义市场经济的本质内涵，是社会主义市场经济的历史性飞跃。而社会主义市场经济内涵的提升与社会主义市场经济的飞跃发展，也必将全面提升中国特色社会主义。

然而，我们对《决定》精神的认识还不能局限于此。中国特色社会主义是马克思主义中国化的一大理论形态，代表马克思主义中国化在社会主义建设时期的重大成果。而在改革开放中形成的社会主义市场经济，是其中的重要组成部分，并且是相对比较成型的"中国化"成果，因为经济体制改革比其他方面的改革进行得比较早比较深入，并且对其他方面的深化改革具有"牵引作用"。在马克思主义中国化的发展过程中，作为整体成果的中国特色社会主义与作为其基础部分的社会主义市场经济，两者之间是互动的。随着社会主义市场经济的飞跃发展，也就标志着马克思主义社会主义经济学中国化的本质性升华，以及马克思主义中国化的理论创新迈向新的历史阶段。

三　现阶段贯彻落实以经济体制改革为重点全面深化改革的迫切任务

当前，贯彻落实《决定》提出的以经济体制改革为重点全面深化改革，"使市场在资

---

① 参见习近平《关于中国特色社会主义理论体系的几点学习体会和认识》，《求是》2008 年第 7 期。
② 详细的讨论参见余文烈《经济路径的哲学思考——学习十六届三中全会〈决定〉》，吴易风等主编《开放下的宏观经济与企业理论研究》，中国经济出版社，2004 年 9 月版；《迈向社会主义市场经济的更高阶段》，《人民日报》2004 年 6 月 6 日理论版，署名："深圳市邓小平理论和'三个代表'重要思想研究中心"，执笔：余文烈。

源配置中起决定性作用"的基本精神，如下几方面尤其应该引起重视。

第一，严格界定和充分发挥政府职能。市场在资源配置中的地位从"基础性"上升为"决定性"以后，政府的职能也应相应转变，《决定》提出"必须切实转变政府职能，深化行政体制改革"的要求。应当看到，各级政府在改革开放和经济转型过程中发挥了主要作用。正因为如此，新时期政府职能转变的任务就显得更加艰巨。在推进经济迅速发展的进程中如何从"行政领导"转变到运用市场机制和经济杠杆的"市场引领"，需要政府展示出更大的智慧和能力。新时期政府职能和作用主要是宏观调控、市场监管、公共服务、社会管理和保护环境。其中，对于维护市场秩序和保障民生方面的市场监管，尤其应该加大立法和严格执法的力度。

第二，发展非公经济与产业升级换代。发展非公有制经济已经确立为"坚持和完善基本经济制度"的重要举措。《决定》指出："公有制经济和非公有制经济都是社会主义市场经济的重要组成部分，都是我国经济社会发展的重要基础。"两者已经没有老大、老二之分了。我们认为，发展非公有制经济的一个有效途径是与鼓励技术创新和产业升级换代结合起来，通过市场导向机制鼓励民营企业技术创新，推动产业升级换代，形成与国有经济产业升级换代相互推动的有利局面。

第三，规范土地流转与治理小产权房。当前，一些地方误解十八届三中全会有关乡村土地流转的基本精神，小产权房和违章建筑大行其道。这些问题如果不能有效处置，必将引发新的社会不公，应该引起各级政府的高度重视。

西方经济学者论恩格斯对马克思经济学的贡献

王志林 余 冰*

恩格斯作为马克思经济学的创始人之一，对于马克思经济学的形成、发展无疑是有着重大的贡献。① 恩格斯也就当然的不仅成为马克思经济学中的一个"非常重要的人物"，而且成为研究马克思经济理论中的一个"不可绕开（unvoidable）的伟大探险者"。正是因为如此，西方经济学者在研究马克思经济学的时候，不仅涉及对恩格斯及其经济思想的研究，更为重要的是，西方经济学者还在这一研究过程之中，对恩格斯之于马克思经济学的贡献进行了具体的研究。也就是说，西方经济学者在研究马克思经济学的时候，不仅涉及了对恩格斯及其经济思想的研究，还对恩格斯在马克思经济学的形成、发展过程中所做的具体工作和贡献以及所起的具体作用进行了研究。并得出了他们各自的观点和结论。正确地分析、理解和把握西方经济学者的这一研究成果和观点，不仅有利于我们了解西方经济学者对于马克思经济学的研究状况，而且，对于促进我国学界对于马克思经济学的研究，进而促进我国学界对于整个马克思主义理论的研究有着重要的借鉴作用和启示。

本文拟以笔者所了解和掌握的西方经济学者对于这一问题的研究材料为基础，从恩格斯对于马克思经济学的总体性影响、恩格斯对于马克思经济学主要论题和观点的确立和恩格斯为马克思主义经济学宣传的贡献，这三个方面对西方经济学者的研究成果和观点进行介绍。

---

* 王志林，男，1963年生，籍贯：湖北浠水，中南民族大学马克思主义学院教授，主要从事马克思主义发展史研究。余冰，女，1964年生，籍贯：河南信阳，华中师范大学计算机学院讲师，主要从事思想政治教育研究。

① 如何具体地分析、把握和看待恩格斯对于马克思经济学的贡献不仅是马克思经济学研究中的一个重要问题，也是整个马克思主义理论研究中的一个重要的问题。不仅如此，这个问题也是马克思经济学和马克思主义研究中的一个难题。美国经济学家罗伯特·L. 海尔布罗纳（Robert L. Heilbroner,）说："作为一个人的马克思隐藏在作为一个形象的马克思的后面，而恩格斯则在马克思的影子的后面。"（参见罗伯特·L. 海尔布罗纳《几位著名经济思想家的生平、时代和思想》，蔡受百、马建堂、马君潞译，商务印书馆，1994，第129～130页）。对于这样一个问题，从某种严格的意义上来说，我国理论界的研究是很不够的，也是很不深入的。因为，我国理论界在马克思经济学乃至研究整个马克思主义的时候，通常是将恩格斯与马克思看作一个人来研究，即便是有些研究恩格斯思想的，也通常是在马克思的背景下来进行研究的。也就是说，如同海尔布罗纳所说的，将恩格斯置于马克思的影子之后来进行研究，很少有将马克思和恩格斯分别开来，进行独立的具体的研究。总之，在我国学界，使得恩格斯的思想长期置于马克思（或者马克思主义）的理论光环之下，并为这个光环所遮蔽。当然，在此要特别声明，笔者这样说，并不是说这种研究是不对的。相反，笔者认为这种研究是必需的。只是，如同世界上没有两片相同的树叶，何况人呼？马克思、恩格斯毕竟是两个生活在同一时代的具有不同经历和背景的人。将马克思、恩格斯分开来进行具体的研究，一方面，不仅有利于我们具体地历史地了解马克思恩格斯在马克思经济学乃至整个马克思主义理论中所做的具体的贡献，从而正确地认识、具体地分析、客观地评价恩格斯在马克思经济学中的地位、贡献；另一方面，也有利于我们具体地回击西方一些所谓的马克思主义理论研究者对于马克思和恩格斯，特别是对于恩格斯提出的种种责难。

一　恩格斯对于马克思主义经济学的总体性影响

与西方的一些政治学或者马克思研究者不同，西方经济学者在研究马克思经济学的时候，将他们的研究重点放在对马克思及其经济思想的研究方面，并将马克思与亚当·斯密和凯恩斯并称为影响世界的三大经济学家。同时，他们认为恩格斯对于马克思经济学的形成与发展有着重大的贡献，并将恩格斯看成马克思经济学中的一个重要的人物。不仅如此，西方经济学者首先分析了恩格斯对于马克思及其经济学的总体性或者说一般的影响。西方经济学者认为，恩格斯对于马克思及其经济学的总体性或者说一般的影响表现在以下几个方面。

（1）恩格斯是马克思从哲学和社会学对于资本主义社会的批判，转向从经济学对于资本主义社会批判的"领路人"。例如，熊彼特说，马克思"直到1843年并且包括1843年在内，他对经济学还没有产生任何特殊的兴趣"。因为，"他（马克思——引者注）以前所能进行的主要是对法国'空想'社会主义者著作的泛泛的阅读，这同他所进行的一般的泛泛的阅读差不多"。① 不仅如此，熊彼特还进一步地评论说："在十九世纪四十年代，他（恩格斯）甚至可能在经济学和社会主义方面帮助教育了马克思，因为他在那时候远远走在前头。"② 马克思"像一般受过教育的人一样，……部分是由于受恩格斯的诱导"③。后来，持与熊彼特相似看法和观点的著名学者与政治活动家道格拉斯·多德（Douglas Dowd）也证实说："在这里略作补充还是恰当的：在恩格斯的敦促下，马克思是从1843年开始研究经济过程的。他的第一部相关作品即《1844年经济学哲学手稿》。"④ 也就是说，西方经济学者比较普遍地认为，马克思走上从经济学的角度来研究和批判资本主义的经济现象的道路，恩格斯是起了重大的作用的，正是在恩格斯的影响和"敦促"下，马克思走上了后来的漫长的对于资本主义经济现象的研究、分析和批判的道路。我们可以毫不夸张地说，也正是这样，才有后来的马克思的一系列揭示和批判资本主义经济发展规律的著作，特别是影响历史进程的鸿篇巨制《资本论》。

（2）恩格斯及其经济思想对于马克思经济学的内在的理论态度和价值取向的确立产生了重大的影响。加雷思·斯特德曼·琼斯（Gareth Stedman Jones）在其为《新帕尔格雷夫经济学大辞典》所撰写的"恩格斯词条"中，明确地指出："在形成马克思主义对政治经济学的鲜明态度的过程中具有真正重要性的，是恩格斯的《政治经济学批判大纲》（《大

---

① 约瑟夫·熊彼特：《〈共产党宣言〉在社会学和经济学中的地位》，闫月梅节译，《马克思主义与现实》1997年第3期（原载《马克思的经济学》第1卷，1989年英国版），第43~47页。
② 约瑟夫·熊彼特：《经济分析史》第二卷，杨敬年译，商务印书馆，2001，第15~16页脚注①。
③ 约瑟夫·熊彼特：《〈共产党宣言〉在社会学和经济学中的地位》，闫月梅节译，《马克思主义与现实》1997年第3期（原载《马克思的经济学》，第1卷，1989年英国版），第43~47页。
④ 道格拉斯·多德：《资本主义经济学批评史》，熊婴、陶李译，凤凰出版传媒集团、江苏人民出版社，2008，第21~22页注释⑩。

纲》），出版于 1844 年。1859 年，马克思在他自己的《政治经济学批判》中承认这一大纲是'天才的'（马克思，1859 年），其影响在马克思 1844 年的著作中非常清楚。"从琼斯的这一论点中，我们不难发现，在西方经济学者看来，恩格斯及其经济思想特别是恩格斯在《政治经济学批判大纲》中，所确立和表现出来的内在的理论态度和价值取向，对于后来形成和发展起来的马克思主义政治经济学内在的理论态度和价值取向的确立有着重大的影响，从某种意义上来看，我们可以毫不夸张地说，恩格斯确立了马克思主义政治经济学内在的理论态度和价值取向。

（3）恩格斯将德国哲学和英国古典经济学相结合的方法，对于马克思及其经济学的研究方法的形成也产生了重大的作用。西方经济学者认为，恩格斯不仅对德国古典哲学非常熟悉，深受德国古典哲学的影响，而且，恩格斯对于古典经济学也是非常熟悉的，并做过深入的研究。布劳格说："恩格斯精读了亚当·斯密和李嘉图的著作，从而他促使马克思从英国古典经济学家的思想中吸取精华。"① 英国经济学家埃里克·罗尔（Eric Roll）直接地指出："恩格斯早就熟悉英国的古典政治经济学；他曾发挥了对它的批判。……恩格斯在一篇由马克思发表在德法年鉴的短文《对国民经济的批判》里阐述了他的看法。"② 正是在这个基础上，恩格斯形成了一种将德国的"黑格尔式"分析方法和古典经济学相结合并用"费尔巴哈（Feuerbach）式的语言表达"方式进行表达的独特的分析和表达方法。例如，琼斯指出："《大纲》标志着青年黑格尔主义的'共产主义'部分与政治经济学的首次系统交锋。共产主义的抱负是用费尔巴哈（Feuerbach）式的语言表达的，而分析方法却是黑格尔式。然而，正如有人最近所证明的［克莱斯（Claeys），1984 年］，恩格斯这一批判的内容主要是他早年曼彻斯特生活的产物。因为恩格斯的这篇论文除了在一定程度上受益于蒲鲁东（Proudhon）的《什么是财产?》（1841 年）外，主要来源是约翰·沃茨（John Watts）的《政治经济学的事实与虚构》（1842 年），它摘要记述了欧文（Owen）为反对政治经济学的主张而提出的例证，在这一阶段，恩格斯本人对政治经济学家著作的了解似乎主要是间接的。"③ 恩格斯的这一独特的分析和表达方法深深地影响着马克思，并为马克思所接受、发展和完善。正是因为如此，琼斯说：恩格斯的这一独特的分析和表达方法为"马克思彻底超越政治经济学和私有制的明确范围的理想提出新思想的方法，并巩固这一理想"。

（4）恩格斯注重对于实际进行调查，并以大量的实际资料为基础的研究方法对于马克思经济学研究方法的形成和发展有着重大的影响和贡献。恩格斯由于其独特的社会生活环境和经历，使其形成了一种十分独特的学习和研究的方法，这就是，恩格斯在十分注重对于理论的研究和学习的同时，注重对于实际的调查和研究，特别是利用资产阶级工厂中的

---

① 马克·布劳格：《凯恩斯以前 100 位杰出的经济学家》，丁之江、钦北愚等译，西南财经大学出版社，1992，第 138 页。
② E. 罗尔：《经济思想史》，陆元诚译，商务印书馆，1981，第 247~248 页。
③ 加雷恩·斯特德曼·琼斯：《恩格斯，弗里德里希（1820~1895 年）》，陈悦译，载约翰·伊特韦尔等主编《新帕尔格雷夫经济学大辞典》第 2 卷，经济科学出版社，1996，第 155 页。

一些报告等资料来进行研究。早在《乌培河谷的来信》中就表现出这一研究方法。恩格斯的这一学习和研究方法也同样的深深地影响着马克思及其对于经济学的研究，并由此形成了马克思经济学的独特研究方法。例如，马克思经济学的一个重要的、独特的研究方法就是大量地运用资产阶级工厂中的一些实际资料来进行研究。亨利·威廉·斯皮格尔说："他们属于最早借助于新的、丰富的信息资源工具书蓝皮书即政府文献，包括工厂视察员、济贫法当局、政府信访部门的报告以及关于社会和经济条件的相关信息来做这项工作的人。"① 正是在此基础上，马克思在其所撰写的《费尔巴哈提纲》中，就明确地指出："理论不在于说明世界，而在于改造世界。"② 对此，西方经济学者给予了高度的评价，例如，评价为"可以作为一切科学研究者的座右铭"。

总之，西方经济学者认为，在马克思经济学中，恩格斯的影响是巨大的、不能够忽视的。

二 恩格斯及其经济思想对于马克思经济学的主要的论题和观点的确立有着深刻的影响

西方经济学者不仅对恩格斯对于马克思经济学总体性（一般）影响进行了分析和研究，同时，他们还对恩格斯及其经济思想对于马克思经济学的具体的影响进行了分析。西方经济学者认为，恩格斯及其经济思想对于马克思经济学的贡献主要表现为：

（1）恩格斯首先对于马尔萨斯（Malthus）人口理论进行了深刻的批判。琼斯指出：在《政治经济学批判大纲》中，恩格斯"抨击了马尔萨斯（Malthus）人口理论"。虽然，恩格斯的这一批判"是紧紧追随艾利森（Alison）和沃茨的"，但是，恩格斯对于马尔萨斯（Malthus）人口理论的这一批判，深深地影响着马克思，并为马克思所接受。笔者认为，西方学者的这一看法是对的。因为，从以后马克思对于马尔萨斯人口理论的态度来看，就是如此。

（2）恩格斯对于蒲鲁东的批评，为马克思超越蒲鲁东提供了帮助。西方经济学者注意到了这样一个事实，即马克思在研究经济学的伊始是受到了蒲鲁东的影响的。但是，马克思很快地超越了蒲鲁东。在马克思的这一超越过程中，恩格斯起了巨大作用。琼斯说：恩格斯关于"一切类型的政治经济学都是与以私有制为基础的竞争的假定分不开的"的这一论点，对于恩格斯本人和马克思来说有着不同的意义。对于恩格斯来说，"这意味着比蒲鲁东前进了重要的一步，蒲鲁东的平等工资的观念会导致被认为是'抽象资本主义'的社会，而他的劳动权利概念是以私有制为先决条件的。蒲鲁东没有认识到劳动是私有制的本质。他的批判是

---

① 亨利·威廉·斯皮格尔：《经济思想的成长》（上册），晏智杰、刘宇飞、王长清、蒋怀栋译，中国社会科学出版社，1999，第400~401页。

② 《马克思恩格斯选集》第一卷，人民出版社，1995。

'从政治经济学的观点对政治经济学所做的批判'。他没有'把私有制的各种进一步形式，如工资、商业、价值、价格、货币等等……看做私有制的形式'（马克思，1844，第312页）"。对于马克思来说，恩格斯的这一论点"给马克思留下特别深刻印象"，为后来马克思超越蒲鲁东乃至整个资产阶级经济学，并提出新的经济思想起到了"巩固"的作用。

（3）恩格斯先于马克思，在马克思经济学中，分析了"竞争规律"在资本主义经济发展中的作用。琼斯说："恩格斯在抨击了马尔萨斯（Malthus）人口理论后，抨击了竞争本身"，"因为竞争没有提供调和总体利益与个体利益的机制"，"自我利益基础上的竞争引起垄断"。而且"竞争作为私有制的固有规律，导致财产的两极分化和集中。因此，竞争条件下的私有制必将走向自我毁灭"。恩格斯的这一观念对于马克思同样产生了巨大的影响，并"给马克思留下特别深刻印象"。

（4）恩格斯先于马克思，在马克思经济学中，分析了资本主义社会的"竞争规律"与私有制之间的关系。恩格斯的《政治经济学批判大纲》试图证明，一切类型的政治经济学都是以竞争为先决条件，而竞争又是以私有制为先决条件。琼斯指出：恩格斯认为资本主义社会的经济是"以私有制为先决条件的"。竞争是资本主义社会的基础，而竞争是在"自我利益基础上"引起的。因此，资本主义社会的"一切类型的政治经济学都是与以私有制为基础的竞争的假定分不开的"。

（5）恩格斯先于马克思，在马克思经济学中，分析了地租理论。琼斯指出：恩格斯在《政治经济学批判大纲》中分析了私有制与竞争规律之后，"接着分析了地租，把李嘉图差别生产率的概念同斯密和 T. P·汤普森（T. P. Thompson）的以竞争为基础的概念对立起来。有趣的是，在这一分析中，恩格斯既不同于沃茨，也不同于蒲鲁东，他拒绝了劳动理论的激进形式——对劳动的全部产品拥有权利——举出了需要抚养儿童的例子，并且对计算产品中劳功所占比重的可能性提出了疑问"。也就是说，在琼斯看来，恩格斯是先于马克思经济学分析了地租理论，这为后来的马克思经济学中的地租理论开了先河。

（6）恩格斯先于马克思，在马克思经济学中，分析了资本主义社会发展的历史趋势。恩格斯首次提出并论证了资本主义灭亡的论断。琼斯指出："恩格斯把竞争描绘成一条规律，它会产生它的对立面——垄断，消灭私有制和革命，这样，他先于马克思断言'自由贸易制度'是个通过其固有规律的作用定向自我毁灭的过程。"不仅如此，琼斯还指出："恩格斯在这一时期的另一部主要著作《英国工人阶级状况》中进一步阐述了这些结论。他指出，引起'工业革命'的竞争规律创造了一个革命的力量——工人阶级，构成工人阶级运动发展基础的唯一线索是克服竞争的尝试。这一分析预示着《共产党宣言》中的一个著名论断，即资本家正在造就他们自己的掘墓人"① 也就是说，在这些西方经济学者看来，恩格斯不仅通过存在于资本主义社会中

---

① 加雷斯·斯特德曼·琼斯：《恩格斯，弗里德里希（1820~1895年）》，陈悦译，载约翰·伊特韦尔等主编《新帕尔格雷夫经济学大辞典》第 2 卷，经济科学出版社，1996，第 155 页。

的，而且，恩格斯在他的《英国工人阶级状况》一书中，通过对英国无产阶级的状况的调查、分析，得出了无产阶级是资本主义的掘墓人这一伟大的革命性结论。有意思的是，琼斯的这一观点和结论与列宁的观点和看法是惊人的一致。列宁在他所撰写的《弗里德里希·恩格斯》一文中指出：恩格斯在英国认识了无产阶级。指出，无产阶级不只是一个受苦的阶级，"第一个说明了无产阶级不只是一个受苦的阶级；说明了正是它所处的那种低贱的经济地位，无可遏止地推动它前进，使它去争取本身的最终解放"（《列宁选集》第1卷，第89页）。①

（7）恩格斯对于妇女解放的经济学分析不仅开了马克思经济学研究的先河，而且拓展了经济思想史的研究领域。在《新帕尔格雷夫经济学大辞典》中，西方经济学者指出"马克思和恩格斯认为分工的开端'正是起源于性生活的分工'，只有在后来才从天性、需要、偶然事件等等中'自发地'或'自然地'产生出来。后来，恩格斯进一步详细地论述了这一问题，提出家庭的性别分工是'妇女解放'的一个障碍。他提出，这样的解放'只有在现代大工业不仅容许大量的妇女劳动，而且真正要求这样的劳动，并且它还越来越要把私人的家务劳动转化为公共事业的时候才有可能'"。②并且认为，妇女走出家庭，参加劳动以及社会主义的到来，是他们获取自由所必需的。不仅如此，他们还将恩格斯（Engels）观点——"妇女的解放只有在妇女可以大量地，社会规模地参加生产，而家务劳动只与他们极少工夫的时候才有可能（1891，第221页）"③——和马歇尔（Marshall）所持的更为传统的立场相比较，马歇尔认为，"如果我们把文明世界中的一个国家与另一个国家相比，或者把英国的某一部分与另一部分相比，或者把一种行业……与另一种行业相比，我们就会发现，工人阶级的日益懒惰几乎是与妇女所干粗活的数量一起变化的（1961，第565页）"④。

总之，在西方经济学者看来，恩格斯在马克思经济学中，恩格斯首先提出并分析了一系列资本主义社会的经济问题，虽然这些问题的最终的、详细的论证是由马克思完成的，但是，恩格斯毕竟提出了这些问题。

三　恩格斯为马克思主义经济学传播做出了不朽的贡献

西方经济学者指出，恩格斯不仅对马克思主义政治经济学的形成、发展做出了重大的贡献，而且，恩格斯对于马克思经济学传播也是功不可没的。西方经济学者认为，恩格斯

---

① 列宁：《列宁选集》第1卷，人民出版社，1995，第89页。
② 彼得·格罗奈维根：《性别分工》，郭建青译，高鸿业校，约翰·伊特韦尔、默里·米尔盖特、彼得·纽曼主编《新帕尔格雷夫经济学大辞典》第1卷，经济科学出版社，1996，第981页。
③ 简·汉弗莱斯：《妇女和工作》，朱明权译，吴毓睺校，约翰·伊特韦尔、默里·米尔盖特、彼得·纽曼主编《新帕尔格雷夫经济学大辞典》第4卷，经济科学出版社，1996，第1002～1006页。
④ 简·汉弗莱斯：《妇女和工作》，朱明权译，吴毓睺校，约翰·伊特韦尔、默里·米尔盖特、彼得·纽曼主编《新帕尔格雷夫经济学大辞典》第4卷，经济科学出版社，1996，第1002～1006页。

为马克思主义经济学的传播主要做了如下工作。

（1）恩格斯是马克思经济学理论及其整个理论的"诠释者"。海尔布罗纳说："在葬礼悼词中，恩格斯说：'如同达尔文发现了自然界进化的规律一样，马克思发现了人类社会的演进规律。'这些赞美之词也许有些夸大，然而，恩格斯却是正确地强调了马克思这样一种观点的非凡重要性，即马克思把历史进程视为社会阶级争夺最高权力的舞台。就像弗洛伊德教会我们透过个人行为的外观而把握人们的心理过程，或者像柏拉图教会我们透过未证实观念的表象来把握所掩盖起来的哲学问题一样，马克思也教会我们洞察历史，而不是观看历史。"① 约瑟夫·熊彼特说："这里谈一谈十六、十七世纪的国家传奇（Sta-atsromane）。这种传奇的名称'乌托邦'，源自这类作品中最为成功的那部作品的标题，即托马斯·莫尔的《乌托邦》。我们必须把乌托邦一词的这种含义同马克思的'乌托邦社会主义'这个短语所要表达的意思区别开来。根据 F. 恩格斯（1892）的定义，'乌托邦'社会主义是与'科学'社会主义相对而言的，指的是这样一些社会主义思想，这些思想（a）脱离于实际群众运动，（b）不去证明存在着有助于实现社会主义思想的可以观察到的经济力量。从这个意义上说，莫雷利的《自然法典》（1755）确实是乌托邦社会主义。"② 萨缪尔森也同意这一看法。③

（2）恩格斯为马克思理论特别是经济理论的宣传做出了巨大的贡献，成为马克思理论特别是经济理论的"宣传者"。刘易斯·A. 科塞在《社会思想名家》中说："恩格斯的为人比马克思更现实、更实在、更爽朗一些。对于马克思来说。他是一个稳定的现实性磁极。埃德蒙·威尔逊写道：'恩格斯给马克思抽象的、苍白的无产阶级形象增添了血肉，并把这一形象置于家庭和工厂的背景下。'可以这样说，如果没有恩格斯，马克思很可能永远无法从那些深奥的推论中解脱出来，这位孤独的研究者在大英博物馆里很容易沉溺于这类推论的。"④ 约瑟夫·熊彼特说："我们借此机会再提一本对于社会主义思想有影响的书，即弗里德里希·恩格斯的《英国工人阶级的状况》（1845；英译本，1887），这本书的影响至少在德国远远超出了社会主义正统派的圈子。"⑤

（3）恩格斯为马克思的《资本论》的编辑、出版和发行做出了巨大的贡献。西方经济学者在他们撰写的经济思想史中都注意到了恩格斯为马克思的《资本论》所做的工作。他们认为，恩格斯的工作体现在两个方面。第一，对《资本论》第一卷的出版。虽然一些

---

① 罗伯特·L. 海尔布罗纳：《几位著名经济思想家的生平、时代和思想》，蔡受百、马建堂、马君潞译，商务印书馆，1994，第 159～160 页。

② 约瑟夫·熊彼特：《经济分析史》第一卷，朱泱等译，商务印书馆，2001，第 321～322 页。

③ 萨缪尔森说："恩格斯曾经恰如其分地把马克思的体系的特点说成为德国黑格尔哲学、法国社会主义和英国政治经济学的结合。"参见：萨缪尔森《经济学》（第 10 版）下册，高鸿业译，商务印书馆，1982，第 310 页。

④ 刘易斯·A. 科塞著，石人翻译《社会思想名家》，世纪出版集团、上海人民出版社，第 76 页。

⑤ 约瑟夫·熊彼特：《经济分析史》第二卷，杨敬年译，商务印书馆，2001，第 130 页脚注①。

学者认为，恩格斯对于《资本论》第一卷没有做太多的工作①，但是，许多学者都提到了恩格斯在马克思《资本论》第一卷的出版过程中的巨大作用。例如：托德·G. 巴克霍尔兹在《已故西方经济学家思想的新解读》中说"恩格斯曾试图催促他以便使他有种紧迫感，但是马克思始终保持着一种慢得令人痛苦的、学究式的步伐。为了找到一个愿意按他建议的版式出版《资本论》的出版商，马克思真是费尽心机，苦不堪言。恩格斯只好劝告这位固执的共产主义者：'这次得稍微有点商业意识吧。'"② 也就是说，没有恩格斯催促，马克思的《资本论》第一卷是不会在 1867 年出版的，因为，按照马克思的工作态度和作风，应该是很慢的。

第二，恩格斯继承并完成了马克思未竟的事业，整理、编辑、出版了《资本论》第二、第三卷，并为《剩余价值理论》的出版做了准备。在这一点上，西方经济学者都较为客观地提及并研究了这一问题，承认这是恩格斯对于马克思经济学最为巨大的贡献之一。例如：熊彼特评价说："在马克思活着的时候并没有出版第二卷，而恩格斯不得不从未完成的手稿中去编订第二卷（1885）和编辑第三卷（1894），这个事实被反马克思主义者解释为意味着承认失败：他们说，马克思已经意识到，在他的体系中存在有不可调和的矛盾（特别是在他的价值理论中），因而不肯继续出版。可是，从《剩余价值学说》能够看出，当马克思刊行《资本论》第一卷时，他完全知道，并且计划好了从他的批评者看来似乎是具有不可调和的矛盾的东西。诚然，他的通信证实了这个事实：他的耽误了第二卷完成的理由，读来是不太令人相信的。但这肯定能够用一个年龄日增因而畏惧做出新的努力的有机体所具的日益增长的阻力来解释。可见，上述事实不能用来证明我的解释不对。我宁愿做出这种解释的正面的理由，是在上面已经提到过的他的工作方法，以及我自己作为一个理论工作者对于马克思的理论上的困难究竟是什么所具有的了解——从他的观点来看，这种困难并非是不可克服的。这同我所持有的马克思的体系有着严重错误的信念自然是毫不冲突的。我只是说，他可以不违背逻辑——那他就总得要违背事实——而提出一种广泛的经济理论。"③《新帕尔格雷夫经济学大辞典》也同样指出了这一点。④

总之，西方经济学者认为，恩格斯为马克思经济学的传播做了大量的工作，并对于恩

---

① 例如《新帕尔格雷夫经济学大辞典》中指出："19 世纪 40 年代中期到 70 年代中期，恩格斯除了向马克思提供实际工商资料以外，在《资本论》的精心写作过程中没有发挥明显的作用。"［参见：加雷思·斯特德曼·琼斯《恩格斯，弗里德里希（1820～1895 年）》，陈悦译，约翰·伊特韦尔等主编《新帕尔格雷夫经济学大辞典》第 2 卷，经济科学出版社，1996，第 155～157 页］。

② 托德·G. 巴克霍尔兹：《已故西方经济学家思想的新解读》，杜丽群等译，中国社会科学出版社，2004，第 124 页。

③ 约瑟夫·熊彼特：《经济分析史》第二卷，杨敬年译，商务印书馆，2001，第 18～19 页。

④ 《新帕尔格雷夫经济学大辞典》中说："1883 年马克思去世后，恩格斯在晚年把大部分时间投入了根据马克思手稿编辑、出版《资本论》剩下几卷的工作。第二卷于 1885 年问世，第三卷出版于他去世前一年 1894 年。恩格斯还曾希望亲自整理关于政治经济学说史的最后一卷，但由于马克思字迹潦草，难以辨认，由于他自己的视力日益衰退，加上在整理第二卷和第三卷时所遇到的那些棘手的编辑问题，终于使他把这一任务移交给了卡尔·考茨基（Karl Kautsky），考茨基后来以《剩余价值理论》为题出版了该卷。"

格斯的这些工作，是持肯定的态度的。不仅如此，有趣的是，西方经济学者还在此基础上，对于这一研究的困难进行了分析。美国经济学家罗伯特·L.海尔布罗纳说："他们是很有趣的并且当然是非常重要的人物。困难在于，他们已经不仅仅是人；作为一个人的马克思隐藏在作为一个形象的马克思的后面，而恩格斯则在马克思的影子的后面。"① 与此同时，西方经济学者还指出，"他（恩格斯——引者注）以前对该理论极其重要的贡献被人遗忘了，只有当他扮演马克思著作的解释者和宣传者这一较著名角色时，他的著作才受到广泛重视。第二国际期间，这些著作取得了近乎经典的地位，但在 20 世纪，对于所有那些以已出版的马克思早期著作为根据企图重新阐述马克思理论的人来说，恩格斯的这些著作常常提供了论战的靶子"。②

四　启　示

如同上文中所说，恩格斯及其经济思想虽然不是西方经济学者研究马克思经济学时的一个主要对象，但是，由于恩格斯及其经济思想在马克思经济学中的独特地位和作用，西方经济学者还是对于恩格斯及其经济思想以及他在马克思经济学中的地位、作用和贡献进行了深入的研究。西方经济学者的这一研究成果对我们有着深刻的启示。

（1）马克思经济学是由马克思和恩格斯共同创立的。从上述西方经济学者的对于恩格斯及其经济思想对马克思经济学的贡献的研究来看，无论是从马克思经济学内在价值取向的确立还是从马克思经济学的主要研究论题的确立来看，恩格斯及其经济思想都起到了巨大的作用，做出了不朽的贡献。因此，西方经济学者的研究成果再一次向人们证明，马克思经济学是由马克思和恩格斯共同创立的。这是不争的事实。

（2）恩格斯及其经济思想对马克思经济学的形成和发展有着重大的贡献。西方经济学家们指出："无论是在建立和解释马克思经济理论方面，还是在规定以后马克思主义经济政策发展的重要准则方面，恩格斯的著作都具有重要意义。"③

（3）恩格斯及其经济思想是马克思经济学的重要组成部分（内容）。西方经济学者在研究的过程中，不仅正确地指出了恩格斯及其经济思想对于马克思经济学的贡献，而且，认为，恩格斯及其经济思想是马克思经济学重要组成部分，是研究马克思经济学不可绕开的对象。不了解恩格斯及其经济思想就不能够很好地理解马克思经济学。

---

① 罗伯特·L.海尔布罗纳：《几位著名经济思想家的生平、时代和思想》，蔡受百、马建堂、马君潞译，商务印书馆，1994，第 129~130 页。
② 加雷思·斯特德曼·琼斯：《恩格斯，弗里德里希（1820~1895 年）》，陈悦译，约翰·伊特韦尔等主编《新帕尔格雷夫经济学大辞典》第 2 卷，经济科学出版社，1996，第 155~157 页。
③ 加雷思·斯特德曼·琼斯：《恩格斯，弗里德里希（1820~1895 年）》，陈悦译，刘同爵校，约翰·伊特韦尔、默里·米尔盖特、彼得·纽曼主编《新帕尔格雷夫经济学大辞典》第 2 卷，经济科学出版社，1996，第 155~157 页。

（4）恩格斯本人也是一个伟大的经济学家。西方经济学者认为恩格斯不仅是一个有才华的人物，而且是一个伟大的经济学家。美国著名经济学家保罗·萨缪尔森（Samuelson Paul A）说："以他自己的成就和才华而论，恩格斯是一个重要的知识界的人物，而当他写道：'马克思是一个天才……我们这些人顶多不过是有些才能'时，我们决不能根据他对自己的谦虚待评价去看待他。"美国经济学家卡尔·兰道尔（Carl Landaer）说："恩格斯……成为了一个经济学家。"①

不仅如此，笔者认为，还值得注意的是，西方经济学者的研究方法也是值得我们借鉴的。

综上所述，笔者认为，西方经济学者在研究马克思经济学的时候，虽然将其研究重点主要聚焦在对马克思及其经济思想的研究上，恩格斯及其经济思想不是他们研究的重点，但是，由于恩格斯及其经济思想是研究马克思经济学的"一个不可绕开（unvoidable）的伟大探险者"，因此，西方经济学者还是对恩格斯及其经济思想，特别是恩格斯及其经济思想在马克思经济学中的作用、地位和贡献进行了较为具体、仔细的研究。正确地理解和把握西方经济学者的看法和研究成果，不仅有利于我们了解西方学者的研究状况，而且，有利于促进我们对于这一问题的研究，进而促进我们的相关研究。

---

① 卡尔·兰道尔：《欧洲社会主义思想与运动史》上卷，商务印书馆，第138页。

西方经济学者视角中的唯物史观

郭广迪*

唯物史观即"唯物主义历史观",被恩格斯称为马克思的"两个伟大的发现"之一①。马克思正是从唯物史观出发,研究"资本主义生产方式以及和它适应的生产关系和交换关系"②,得出了资本主义必然灭亡的结论。既然如此,西方资产阶级经济学者对唯物史观必然持完全否定的态度吗?回答是否定的。不过,在弄清这个问题之前,有必要对于西方经济学者③对唯物史观的表述及其理解进行说明。本文拟在此前提下,介绍西方经济学者对唯物史观的评价,并分析其原因。

一 西方经济学者对唯物史观的表述及其理解

美国经济学家塞利格曼④1902 年出版了《经济史观》⑤ 一书,他在这本书中所讨论的就是通常被人们称为"历史的唯物论"或"唯物史观"的马克思的历史观,但他本人认为,"这两个名词都不很精密",因为,"如果把唯物论看作拿物质原因来解释所有的变迁",那么,"生物史观"和用"气候的影响和动植物的性质"来解释"社会里的变迁"的学说,"也是唯物的了"。然而,"这样的学说和我们讨论的很少相同之点。我们所要讨论的学说不惟是唯物的,并且是经济的;所以与其叫做'唯物史观',不如叫做'经济史观'"。⑥ 简而言之,他认为,用经济史观来表示唯物史观,可以避免将马克思的历史观与其他唯物论的历史观相混淆。

1925 年 3 月 15 日,德国海德堡大学教授列德雷⑦在中国进行题为"评马克思之唯物

---

* 郭广迪,男,1950 年 6 月生,汉族,湖北省宜昌市人。中南民族大学经济学院教授,研究方向:马克思经济学与西方经济学比较研究。
① 《马克思恩格斯全集》第 20 卷,人民出版社,1971,第 30 页。
② 《马克思恩格斯全集》第 23 卷,人民出版社,1972,第 8 页。
③ 本文所说"西方经济学者",不包括西方马克思主义经济学者。
④ 埃德温·罗伯特·安德森·塞利格曼(Edwin Robert Anderson Seligman, 1861 ~ 1939),美国人,"是一位罕见的知识渊博、精力充沛且兴趣广泛的经济学家"(参见约翰·伊特韦尔、〔美〕默里·米尔盖特、〔美〕彼得·纽曼主编主编《新帕尔格雷夫经济学大辞典》第 4 卷,经济科学出版社,1996,第 321 ~ 322 页)。
⑤ 塞利格曼的《经济史观》(*The Economic Interpretation of History*) 一书的英文版,1902 年由哥伦比亚大学出版社出版。
⑥ 〔美〕塞利格曼:《经济史观》,陈石孚译,商务印书馆,1920,"绪论"第 3 ~ 4 页。
⑦ 埃米尔·列德雷(Emil Lederer, 1882 - 1939),现译为莱德勒或雷德勒,德国经济学家和社会学家,1933 年因受纳粹迫害而移居美国(参见约翰·伊特韦尔、〔美〕默里·米尔盖特、〔美〕彼得·纽曼主编主编《新帕尔格雷夫经济学大辞典》第 3 卷,经济科学出版社,1996,第 170 ~ 171 页)。

史观"的演讲中也表示，"唯物史观一名""不适当"，实际上应当用"经济史观"来表示，其理由是，马克思是在"唯物论极盛时代"发现唯物史观的，"故采此名"，但是，他的"唯物史观与哲学上之唯物论不同"，实际上是"以历史的演进，经济的发展为其学说之根据"①。同年4月4日，列德雷在中国进行的另一场题为《经济史观的根本理论》的演讲中还明确表示，"对于社会生活的中心问题有各种不同的见解，互相争论不已"，而"在这许多见解中，我所采用就是历史唯物说——即唯物史观"，并称这是马克思和恩格斯的"大贡献"②。可见，他主张用经济史观来表示自己所赞同的唯物史观的理由与塞利格曼基本上是一致的——以免被误认为与其他唯物论相同。另外，熊彼特在《资本主义、社会主义和民主主义》一书中也认为，"经济史观常被称为唯物史观"，这是对马克思的"另一种误解"，尽管"马克思本人也这样称呼它"③。

这里有必要指出的是，"经济史观（Economic Interpretation of History）"一词也被译为"历史的经济学解释"④。另外，除"经济史观"或"历史的经济学解释"外，用来表示唯物史观的还有一种方式，这就是"经济决定论（Economic Determinism）"。例如，在美国经济学家格林沃尔德主编的《现代经济词典》中，"经济史观"、"经济决定论"和"唯物史观"被作为一个词条加以介绍⑤。也就是说，这三者被看成一回事。

"经济史观"和"经济决定论"这两种唯物史观的表述方式是否正确或准确的问题，本文不准备直接讨论，但对于本文主题来说，有必要强调以下几点：

第一，并非只有西方学者或资产阶级学者才用"经济史观"或"经济决定论"来表示唯物史观。

在西方，资产阶级学者是在"马克思主义者拉法格把唯物史观误称为'经济决定论'之后"，才将"这个提法正式接了过去"⑥。"唯物史观在中国的早期传播"时，则"无论是早期共产主义者"，"还是国民党文士"，都曾将唯物史观视为"经济的历史观"⑦。李大钊先生就曾在1920年发表的《唯物史观在现代史学上的价值》一文中表示，塞利格曼用"经济史观"来表示唯物史观的主张，"我亦认为合理"，只是由于"唯物史观"一语"在

---

① 〔德〕列德雷：《评马克思之唯物史观（上）（下）》，金井羊译，《晨报副刊》1925年第82、83期（金井羊口译、竹平、徐江笔记的1925年3月15日列德雷在上海国立自治学院的演讲）。
② 〔德〕列德雷：《经济史观的根本理论》，高元译，《晨报副刊》1925年第76期（高元口译、许兴凯记录的1925年4月4日列德雷在北京法大的演讲）。
③ 〔美〕约瑟夫·熊彼特：《资本主义、社会主义和民主主义》，绛枫译，商务印书馆，1979，第18~19页。
④ 参见《新帕尔格雷夫经济学大辞典》中译本的"历史的经济学解释（Economic Interpretation of History）"词条（〔英〕约翰·伊特韦尔、〔美〕默里·米尔盖特、〔美〕彼得·纽曼主编《新帕尔格雷夫经济学大辞典》第2卷，经济科学出版社，1996，第49~54页）。
⑤ 〔美〕D.格林沃尔德主编《现代经济词典》，《现代经济词典》编译组译，商务印书馆，1981，第150~151页。
⑥ 施鹤龄：《唯物史观和决定论》，《理论探讨》1990年第3期。
⑦ 冯天瑜：《唯物史观在中国的早期传播及其遭遇》，《中国社会科学》2008年第1期。

论坛上流用较熟"，自己才没有将其改称为"经济史观"①。

在当代，无论是在西方学者中，还是在西方马克思主义学者和中国学者中，也都有人"以经济决定论阐释历史唯物主义"②。

第二，用"经济史观"或"经济决定论"来表示唯物史观，不管在理解上是否存在偏差，都并非必然是恶意歪曲。

李大钊等中国学者将唯物史观理解为经济史观，被认为是"五四新文化运动介绍唯物史观的主要局限"，即过分重视生产力对生产关系、经济基础对上层建筑的"正作用力原理"，而忽视了生产关系对生产力、上层建筑对经济基础"反作用力原理"③。这种理解上的偏差显然不是恶意歪曲。

西方学者或资产阶级学者用"经济史观"或"经济决定论"来表示唯物史观是否就必然属于恶意歪曲呢？也不是。虽然他们中间确实有人属于恶意歪曲④，但是，从本文前面的介绍可以看出，主张用经济史观来表示唯物史观的西方非马克思主义学者塞利格曼、列德雷和熊彼特就不属于此类，而且，他们的理由还是为了避免别人对马克思唯物史观的歪曲或误解。

第三，用"经济史观"或"经济决定论"来表示唯物史观，在理解上也并非必然存在偏差。

恩格斯晚年在给约瑟夫·布洛赫的一封信中强调："根据唯物史观，历史过程中的决定性因素归根到底是现实生活的生产和再生产。无论马克思或我都从来没有肯定过比这更多的东西。如果有人在这里加以歪曲，说经济因素是唯一决定性的因素，那末他就是把这个命题变成毫无内容的、抽象的、荒诞无稽的空话。"虽然"经济的前提和条件归根到底是决定性的。但是政治等等的前提和条件，甚至那些存在于人们头脑中的传统，也起着一定的作用，虽然不是决定性的作用"⑤。这就是说，经济是决定性因素，但不是唯一因素。

用"经济史观"或"经济决定论"来表示唯物史观，是否必然意味着将经济视为决定历史发展的唯一因素呢？不是的。例如，熊彼特就曾明确表示："经济史观的意义，并不是指人们是有意识地或无意识地，整个地或主要地被经济动机所驱使的"，因为，"马克思并不认为各种宗教、哲学、艺术诸流派，伦理观念和政治抉择，或者可以还原为经济动机，或者无关紧要。他不过试图揭露塑造它们的，或者造成它们盛衰兴亡的经济诸条件"⑥。他的这一理解显然是正确的。

有学者指出，"如果说马克思主义历史哲学是一种'经济决定论'或'经济一元

①　李大钊：《唯物史观在现代史学上的价值》，载李大钊《史学要论》，北京出版社，2011，第 99～103 页（该文发表于 1920 年 12 月 1 日出版的《新青年》第八卷第四号）。

②　参见许恒兵、盛辉辉《历史唯物主义阐释中的"经济决定论"批判》，《探索》2011 年第 6 期。

③　冯天瑜：《唯物史观在中国的早期传播及其遭遇》。

④　参见施鹤龄《唯物史观和决定论》，《理论探讨》1990 年第 3 期。

⑤　《马克思恩格斯全集》第 37 卷，人民出版社，1971，第 459～463 页。

⑥　〔美〕约瑟夫·熊彼特：《资本主义、社会主义和民主主义》，绛枫译，商务印书馆，1979，第 17～18 页。

论'"，那么，"仅仅是而且只能是"在一种"严格限定的意义上"才能成立，这一"严格限定"就是指上述恩格斯在给布洛赫的那封信中的限定①。这就是说，问题不在于用什么样的名称来表述唯物史观，而在于其事实上的理解。

所以，本文所说的西方经济学者视角中的唯物史观，以其理解正确②为前提，而不管其表示方式如何。

二　不少西方经济学者将经济史观视为马克思对西方学术界的重要贡献之一

熊彼特在回答"经济学史是一部意识形态史吗"这一问题时指出，在经济基础决定上层建筑"这种现象的全部重要性得到行家的认识并加以运用以前半个世纪，马克思和恩格斯就已经发现了它，并用来批判他们那个时代的'资产阶级'经济学"③。他还认定，"所谓经济史观，毫无疑问是迄今为止社会学方面最伟大的个人成就之一"④。多年后，米尔斯表达了与熊彼特类似的看法："马克思力图指出经济关系对现行思想观念的重大影响。这是一种具有原创性的、特别重要的思想，它不仅完全经得起时间的检验，而且已经构成了当前思想方式主流的一个部分。"⑤ 兰德雷斯和柯南德尔也认为："通过将历史变革的主要决定因素（尽管不是唯一因素）集中于唯物主义力量或者经济力量上，马克思彻底改变了社会科学的思想。"⑥ 熊彼特的学生、第二届诺贝尔经济学奖获得者萨缪尔森及其合作者诺德豪斯则在《经济学》教科书中更加明确地表示："对历史的经济学解释是马克思对西方学术界的不朽贡献之一。"⑦

海尔布罗纳还将马克思的这一贡献与柏拉图和弗洛伊德对于西方学术界的贡献相提并论。他指出，马克思所作出的、可以"与柏拉图、弗洛伊德相媲美的贡献"，"是他发现了历史（特别是在我们称为'资本主义'的这个时期的历史）表面下一个意想不到的层次"；"马克思所发明的东西""是一种能够深入那被埋藏的现实的研究方式"；同柏拉图和弗洛伊德一样，"马克思把见解和方法结合起来的做法，永远改变了人们后来理解现实的方式"⑧。对此，他还在《几位著名经济思想家的生平、时代和思想》一书中进行了更

---

① 时光：《经济决定论与多元决定论的再考察》，《四川大学学报》（哲学社会科学版）1987年第4期。
② 注意：对唯物史观的理解正确，并不等于对其结论的赞同。对于其他任何理论也是一样。
③ 〔美〕约瑟夫·熊彼特：《经济分析史》第1卷，杨敬年译，商务印书馆，2001，第64～65页。
④ 〔美〕约瑟夫·熊彼特：《资本主义、社会主义和民主主义》，绛枫译，商务印书馆，1979，第17页。
⑤ 〔英〕约翰·米尔斯：《一种批判的经济学史》，高湘泽译，商务印书馆，2005，第163页。
⑥ 〔美〕哈里·兰德雷斯、大卫·C.柯南德尔：《经济思想史（第四版）》，周文译，人民邮电出版社，2011，第206页。
⑦ 保罗·萨缪尔森、威廉·诺德豪斯：《经济学（第18版）》，萧琛主译，人民邮电出版社，2008，第513页。
⑧ 〔美〕海尔布罗纳：《马克思主义：赞成与反对》，易克信、杜章智译，桂冠图书股份有限公司，1990，第2～3页。

为具体的解释："就像弗洛伊德教会我们透过个人行为的外观而把握人们的心理过程，或者像柏拉图教会我们透过未证实观念的表象来把握所掩盖起来的哲学问题一样，马克思也教会我们洞察历史，而不是观看历史。"①

1972 年诺贝尔经济学奖获得者阿罗也认为，马克思的经济决定论"同实证主义和弗洛伊德主义的'去伪存真'的意味相适应，表明了科学地理解社会和经济行为的可能性"②。1992 年诺贝尔经济学奖获得者贝克尔则表示，将经济学分析方法运用于对"市场以外的人类行为"的分析"也算不上什么标新立异的东西"，因为，不仅亚当·斯密和边沁曾这么做过，马克思及其追随者也曾运用所谓"经济决定论"研究过"政治、婚姻和其他非市场行为"③。

将经济史观视为马克思对西方学术界的重要贡献之一，或将其与柏拉图、弗洛伊德以及亚当·斯密对于西方学术界的贡献相提并论，可以说是西方经济学者对于唯物史观的最高评价，而且，这些评价基本上都是以对唯物史观的正确理解为前提的。

三　众多西方经济学者对马克思对待资本主义的历史唯物主义态度给予了较高的评价

关于马克思对待资本主义的历史唯物主义态度，熊彼特也给予了很高的评价。他认为，在关于资本主义或资产阶级的历史作用这一问题上，当年的众多资产阶级经济学家犯了两个错误：一是"把非资产阶级的贡献"如"官僚机构的贡献""列入资产阶级的成就中"；二是"把科学和技术算作独立的因素"，即没有算作资产阶级的贡献。马克思和恩格斯却在《共产党宣言》（以下简称《宣言》）中强调了"被绝大多数'资产阶级'经济学家常常忽略的商业阶级（即资产阶级——引者注）的创造性作用"，他们"能够看到，科学和技术同教育以及卫生领域中的'进步'一样都是资产阶级文化的产物"，因而"最终也是商业阶级的产物"。他将这一点归纳为《宣言》对于"严格意义上的经济学"的贡献。④ 熊彼特还在《资本主义、社会主义和民主主义》一书中表示，马克思"胸襟广阔的最好证明是《共产党宣言》"，因为他在这一著作中"曾热烈地赞扬资本主义成就"，"而且，即使在对它宣判未来的死刑时，他也承认它的历史必然性"；马克思和恩格斯对资本主义的这种赞扬"比许多彻底的资产阶级经济学家还多走了一步"，就是让他自己在 100

① 〔美〕罗伯特·L. 海尔布罗纳：《几位著名经济思想家的生平、时代和思想》，蔡受百等译，商务印书馆，1994，第 159～160 页。

② 〔美〕肯尼斯·J. 阿罗：《我之鉴赏力》，载〔美〕迈克尔·曾伯格编《经济学大师的人生哲学》，侯玲、欧阳俊、王荣军译，商务印书馆，2005，第 57～71 页。

③ 〔美〕加里·S. 贝克尔：《人类行为的经济分析》，王业宇、陈琪译，上海三联书店、上海人民出版社，1995，第 1～19 页。

④ 〔美〕J. A. 熊彼特：《〈共产党宣言〉在社会学和经济学中的地位》，闫月梅译，《马克思主义与现实》1997 年第 3 期。

年后再来说"资本主义成就"，也"不过是这些，再也没有什么别的了"。① 这就是说，要他这样的资产阶级学者来赞扬资本主义的历史成就，也找不出更好的语言来表达了。

一些现代西方学者也注意到熊彼特所指出的《宣言》与当年"绝大多数资产阶级经济学家"在这一问题上的不同之处，例如，美国技术史家和经济史学家罗森伯格和法学家小伯泽尔就在《西方现代社会的经济变迁》一书中指出，在《宣言》中，马克思和恩格斯"不是科技决定论者"，他们"没有把工业革命中的巨大技术成就归于科学、人类的天才和新教论理，而是归因于资本主义这种特殊的制度和资产阶级"，因为"在他们看来，资产阶级是唯一有倾向去发动工业变革和社会变革的阶级"，"资本主义是一个在技术方面具有内在动力的社会制度，它把迅速的技术革新与迅速的资本积累结合起来，使社会的生产能力急剧膨胀"②。将生产力的巨大发展归功于资本主义制度，而不是科学技术的进步，这就是熊彼特说马克思和恩格斯"比许多彻底的资产阶级经济学家还多走了一步"的主要原因。

海尔布罗纳在其为《新帕尔格雷夫经济学大辞典》撰写的"资本主义"词条中表示："资本主义社会最受到广泛承认的成就，是它的那种以前所未有的规模积聚财富的能力，对于这种能力，马克思和恩格斯在《共产党宣言》中曾给予高度赞赏。"③ 2004 年，诺斯④在中国所进行的题为《资本主义和经济增长》的演讲时也指出："马克思在《共产党宣言》中深刻地阐述了资本主义社会的内在动力机制构成资本主义发展潜力的原理。""马克思的《共产党宣言》是对人类一个非常大的贡献，因为马克思看到了资本主义的发展潜力。"⑤

上述西方学者之所以会对马克思和恩格斯在《宣言》中对待资本主义的历史唯物主义态度给予如此之高的评价，其根本原因正如恩格斯所说："'宣言'十分公正地承认了资本主义在先前所起过的革命作用。"⑥

另外，阿恩特在《经济发展思想史》中指出，"马克思认为资本主义的巨大成就，就是创造空前未有的庞大生产力"，而且，"马克思的伟大魄力"就在于"把释放巨大生产力的资本主义作为经济发展辩证过程中不可避免的过渡阶段"⑦；亨特在《经济思想史——一种批判性的视角》中认为，"直到今天"，马克思的"框架和见解对于理解资本主义的结构

① 〔美〕约瑟夫·熊彼特：《资本主义、社会主义和民主主义》，绛枫译，商务印书馆，1979，第 14 页。
② 〔美〕罗森伯格、L. E. 小伯泽尔：《西方现代社会的经济变迁》，曾刚译，中信出版社，2009，第 71 页。
③ 〔美〕罗伯特·L. 海尔布罗纳：《资本主义》，周传建译，载〔英〕约翰·伊特韦尔、默里·米尔盖特、彼得·纽曼主编《新帕尔格雷夫经济学大辞典》第 1 卷，经济科学出版社，1996，第 377～384 页。
④ 道格拉斯·诺斯（Douglass North, 1920～），又译为诺思，美国经济学家，1993 年诺贝尔经济学奖获得者之一。
⑤ 〔美〕道格拉斯·C. 诺斯：《资本主义和经济增长——诺贝尔经济学奖获得者诺斯教授的讲演》，2004 年 9 月 1 日，见北京大学国家发展研究院网站：http://www.ccer.edu.cn/cn/ReadNews.asp? NewsID = 3690。
⑥ 《马克思恩格斯全集》第 22 卷，人民出版社，1965，第 429～431 页。
⑦ 〔澳〕海因茨·沃而夫冈·阿恩特：《经济发展思想史》，唐宇华、吴良键译，商务印书馆，1997，第 188、14 页。

和功能仍被证明是非常有用的"①；多德则在《资本主义经济学批评史》中表示，"今天几乎所有试图理解资本主义的人（或从马克思时代以来试图这么做的人）至少都会借助马克思首创的分析工具，来达成这一目的——尽管他们未必与马克思同心同德"②。

由此可见，这些西方经济学者不仅给予马克思和恩格斯对待资本主义的历史唯物主义态度以很高的评价，而且认为，马克思用来分析资本主义的历史唯物主义方法对于理解现代资本主义仍然具有重要意义。

四　很多西方经济学者认为马克思的唯物史观对西方经济史学产生了重要影响

斯皮格尔认为，马克思和恩格斯"把重点放在经济因素上，尽管其自身是一种简化，却把历史从它早期对诸王朝及其战争的关注中解放出来，并且促进经济史的研究"，而且，"马克思和恩格斯本人就是一丝不苟的经济史学者"③。著名经济史学家格申克龙则在《经济落后的历史透视》一书中说，"很少有人会不同意，《资本论》第一卷24章是对经济发展史与经济发展理论的最富有想象力的贡献之一"④。

1993年，两位被称为新经济史学的"奠基人和杰出代表"的美国经济学家福格尔和诺斯获得了诺贝尔经济学奖⑤。福格尔在当年12月9日进行的演讲中谈到"经济史对经济理论的形成有显著贡献"时，将马克思称为"发现历史是他们的思想的一个重要来源"的经济学家之一⑥。诺斯则在其代表作《经济史中的结构与变迁》中表示："在详细描述长期变迁的各种现存理论中，马克思的分析框架是最有说服力的，这恰恰是因为它包括了新古典分析框架中所遗漏的所有因素：制度、产权、国家和意识形态。马克思强调在有效率的经济组织中产权的重要作用，以及在现有的产权制度与新技术的生产潜力之间产生的不适应性。这是一个根本性的贡献。"⑦

诺斯还在《理解马克思是值得的吗?》一文中指出，虽然新古典经济学在传统上无视

---

① 〔美〕E. K. 亨特：《经济思想史——一种批判性的视角》，颜鹏飞总校译，上海财经大学出版社，2007，第204页。
② 〔美〕道格拉斯·多德：《资本主义经济学批评史》，熊婴、陶李译，凤凰出版传媒集团、江苏人民出版社，2008，第116页。
③ 〔美〕亨利·威廉·斯皮格尔：《经济思想的成长》上册，晏智杰等译，中国社会科学出版社，1999，第401页。
④ 〔美〕亚历山大·格申克龙：《经济落后的历史透视》，张凤林译，商务印书馆，2009，第115~116页。
⑤ 吴崇信编著《历届诺贝尔经济学奖得主小传》，陕西人民出版社，1998，第280页。
⑥ 〔美〕罗伯特·福格尔：《经济增长，人口理论和生理学：长期过程对制订经济政策的意义》（1993年12月9日讲演），载王宏昌、林少宫编译《诺贝尔经济学奖金获得者讲演集1978~2007（修订版）》，中国社会科学出版社，2008，第429~454页。
⑦ 〔美〕道格拉斯·诺斯：《经济史中的结构与变迁》，陈郁、罗华平等译，上海三联书店、上海人民出版社，1994 [1981]，第68页。

交易成本的存在，但"马克思清楚地认识到，交易成本是存在的"，并为 100 年后现代学者运用交易成本概念从细节上研究生产力、产权制度和政治结构之间的关系"提供了重要线索"，这就足以表明"马克思是一位杰出的经济史学家"①。

1972 年诺贝尔经济学奖获得者之一希克斯在《经济史理论》一书中也明确表示："我的'历史理论'肯定不会是"汤因比②和斯宾格勒③的"那种意义的历史理论，而与马克思试图制定的理论更为相近"；"马克思从他的经济学中确曾得出某些总的概念，他把这种概念应用于历史，因此他在历史中发现的模式在历史以外得到了某种支持。这更是我要努力去做的那种事"④。

可见，上述三位诺贝尔经济学奖获得者都将马克思视为一位影响深远的经济史学家。

另外，在波斯坦等人主编的《剑桥欧洲经济史》一书中，马克思的《资本论》和恩格斯的《英国工人阶级状况》也被列为参考文献⑤。在谈到当年英国的"工业储备大军（又译为产业后备军——引者注）"时，该书称"马克思毫不费力的证明，这样一支'大军'的存在是英国工业革命的一个重要因素"，并评价说，"马克思的分析的确更深入，他的观察也比同时代人更敏锐"⑥。在谈到如何把握俄罗斯封建主义向资本主义的过渡时，该书也明确表示，"马克思辩证法有力地说明了应该更注重一种生产关系向另一种生产关系转变的条件，而不要拘泥于历史上的转变年代"⑦。

这也是马克思以及恩格斯对西方经济史学影响深远的重要例证。

五　西方经济学者给予唯物史观以较高评价的原因

上述分析表明，很多西方经济学者都给予了唯物史观以较高的评价。现在我们就回到本文开头所提出的那个问题上来：唯物史观的最终结论是资本主义必然灭亡，为什么众多西方经济学者不仅没有对其持完全否定态度，而且还给予了其较高评价？与此密切相关的一个问题就是：马克思所创立的唯物史观，有可能被西方资产阶级学者所接受或"重新发现"吗？对于这个问题，恩格斯早就给予了肯定性的回答。

在《家庭、私有制和国家的起源》第 1 版的序言中，恩格斯明确指出："摩尔根在美

---

① Douglass C. North, "Is It Worth Making Sense of Marx?" *Enquiry*, 1986, 29 (1), pp. 57 – 63.
② 阿诺德·约瑟夫·汤因比（Arnold Joseph Toynbee, 1889~1975），英国著名历史学家。
③ 奥斯瓦尔德·斯宾格勒（Oswald Arnold Gottfried Spengler, 1880~1936），德国著名历史哲学家。
④ 〔英〕约翰·希克斯：《经济史理论》，厉以平译，商务印书馆，1999，第 5 页。
⑤ 〔英〕M. M. 波斯坦、H. J. 哈巴库克主编《剑桥欧洲经济史（第六卷）：工业革命及其以后的经济发展：收入、人口及技术变迁》，王春法等译，经济科学出版社，2002，第 856、867 页。
⑥ 〔英〕M. M. 波斯坦、H. J. 哈巴库克主编《剑桥欧洲经济史（第七卷）：工业经济：资本、劳动力和企业（上册）：英国、法国、德国和斯堪的纳维亚》，徐强等译，经济科学出版社，2004，第 119~120 页。
⑦ 〔英〕M. M. 波斯坦、H. J. 哈巴库克主编《剑桥欧洲经济史（第七卷）：工业经济：资本、劳动力和企业（下册）：美国、日本和俄国》，王文捷等译，经济科学出版社，2004，第 400 -401 页。

国，以他自己的方式，重新发现了四十年前马克思所发现的唯物主义历史观，并且以此为指导，在把野蛮时代和文明时代加以对比的时候，在主要点上得出了与马克思相同的结果。"①

这就是说，西方学者完全有可能"重新发现"马克思的唯物史观，并在一定范围内或一定程度上接受它。所以，国内有学者借用恩格斯的上述论述表示，当代西方新制度经济学的代表人物之一诺斯，"也同样'以他自己的方式'，重新发现了一百多年前马克思所发现的唯物主义历史观"②。本文前面已提到的，熊彼特认为，马、恩关于经济基础决定上层建筑思想的"全部重要性"在半个世纪后已经"得到行家的认识并加以运用"；米尔斯称，"马克思力图指出经济关系对现行思想观念的重大影响"这一"具有原创性的、特别重要的思想"，"已经构成了当前思想方式主流的一个部分"。这些都表明，西方学者在一定范围内或一定程度上接受唯物史观，不仅是可能的，而且是现实的。

1974 年获得诺贝尔经济学奖的缪尔达尔则认为，很多西方经济学家尽管"在绝少觉察到的程度上受到马克思的影响"，但是，"实际上，他们在直接介入社会条件的变化的同时，总是用重新解释的形式保留马克思的信条"③。他在这里所说的被西方经济学者"用重新解释的形式保留"的"马克思的信条"，就是马克思关于经济基础决定上层建筑的唯物史观论断。著名金融专栏作家詹姆斯·巴肯就明确表示："我们现在都相信，我们的看法一定程度上是我们物质环境的产物，生产方式的改变将导致工厂外事物的改变，这些都是马克思历史唯物主义的观点。"④

非马克思主义的西方经济学者为什么可以在不接受唯物史观的最终结论的前提下，在一定范围内或一定程度上接受唯物史观呢？

在民国时期，针对有人对经济史观提出的这样一种批评："经济史观之学说有社会主义的性质"，而社会主义作为一种"过激的思想"被视为"洪水猛兽"。当时作为一位非马克思主义者的赵迺抟先生是这样加以驳斥的：第一，如果经济史观是"正确而真实"的，则"其结论如何"就是"无关紧要"的；第二，社会主义与经济史观之间并没有必然联系，因为，前者主张"应当是怎样的"，"是一种推测的理想"，后者倡导"经过是怎样的"，"是一种注释的规律"；第三，再退一步讲，即使马克思的经济学说都是错误的，其经济史观学说也不会"因此而被推翻"，而且，事实上有很多"应用经济史观之理论而有相当成功者"并非社会主义者。他还明确表示，如果"吾人拒绝接受一个科学的法则，

① 《马克思恩格斯全集》第 21 卷，人民出版社，1965，第 29 页。
② 杨占营、周晓丽：《诺思的新经济史观述评——兼与马克思主义的历史唯物主义比较》，《重庆社会科学》2005 年第 1 期。
③ 〔瑞典〕冈纳·缪尔达尔：《亚洲的戏剧：南亚国家贫困问题研究》，方福前译，首都经济贸易大学出版社，2001，第 351~352 页。
④ 转引自弗朗西斯·温文《资本主义使马克思仍至关重要》，丁海摘译，《社会科学报》2005 年 9 月 15 日，第 7 版（原文载英国《观察家》杂志 2005 年 7 月 17 日）。

仅因其联系部分认为嫌恶，未免暴露了吾人的庸愚"①②。由此可见，一些学术态度比较严谨的西方非马克思主义学者，完全有可能像当年的赵迺抟先生那样，不会仅仅因为不赞同或不喜欢唯物史观的最终结论就拒绝接受它。正因为如此，熊彼特就曾在《经济分析史》的一个注解中指出："一个人可以完全接受马克思的分析理论，但在实践上却可以是个保守主义者。"③

希克斯对于这个问题的说明更为具体。他在《经济史理论》一书中提出了一个当时"未解决的问题"："总概念是否只能在有限的范围适用于一些特殊目的，还是可以普遍适用，使历史的一般过程，至少在某些重要方面，能纳入适当的地位？"（他所说的这个问题实际上是指，唯物主义的经济史观的基本概念是仅适用于马克思的特殊目的——论证资本主义必然灭亡，还是普遍适用于具有不同目的的历史分析——引者注）他认为，在持普遍适用观点的人中，大多数只能"运用马克思主义的范畴或其稍稍修改过的形式"，因为，"可供选择的形式有限"："《资本论》问世的一百年里，社会科学有了巨大发展的一个世纪之后，竟然没有出现什么别的形式"。所以，他表示自己也只能采用马克思的范畴或其稍稍修改过的形式，只是希望能在"我们拥有他所没有的关于事实和社会逻辑的许多知识以及可供我们利用的另一个世纪的经验"的前提下，"以完全不同的方式来想像上述进程的本来面目"④。

由此可见，西方经济学者给予唯物史观以较高评价的根本原因在于，马克思所创立的唯物史观对于西方经济学的发展已经产生而且还将产生重要影响。

六　结束语

日本学者鹤田满彦认为，如果以历史唯物论为"共同的出发点"，"就可以发现马克思经济学与现代经济学（指我们所说的西方经济学——引者注）有许多意想不到的可以相互补充的方面"⑤。本文所揭示的西方经济学者在一定范围内或一定程度上接受了唯物史观的事实，表明马克思经济学与西方经济学之间的这一"共同的出发点"确实是存在的。

一些国内学者还指出了唯物史观对于诺贝尔经济学奖获得者的影响，如，李步青从

---

① 赵迺抟：《欧美经济学史》，东方出版社，2007，第 328～330 页。

② 赵迺抟先生的《欧美经济学史》于 1948 年夏天在北京定稿，正中书局原准备在上海将该书作为"大学用书"出版，但因战局发生变化，正中书局迁到台北，并在台北出版了该书，而且后来"一而再、再而三出版和发行了八版之多"（参见张友仁《〈赵迺抟教授的学术道路〉摘录》，载赵迺抟《欧美经济学史》，东方出版社，2007，第 490～491 页）。直到 2007 年，东方出版社才以正中书局 1976 年重版该书的影印本为底稿，将其作为"民国学术经典"在大陆出版。本文所引证的是该书的东方出版社 2007 年版。

③ 〔美〕约瑟夫·熊彼特：《经济分析史》第 1 卷，第 212 页（脚注）。

④ 〔英〕约翰·希克斯：《经济史理论》，第 5～6 页。

⑤ 〔日〕鹤田满彦：《马克思经济学与现代经济学：被期望的相互渗透——为了超越经济学的危机》，成孝海译，《现代经济译丛》1991 年第 3 期。

"马克思的唯物史观有两大命题"——"生产力决定生产关系"和"经济基础决定上层建筑"出发，分析了马克思对诺贝尔经济学奖获得者的影响，并得出了这样的结论："虽然诺贝尔经济学奖的得主们都不认为自己是马克思主义者，但他们的学术思想大都受马克思的影响。"① 胡义成认为，"马克思创立的唯物史观，在近些年诺奖之中得到了复兴"，并称其为"西方对马克思的祭奠"②。唐方杰则更加具体地表示，贝克尔关于"一切人类行为最主要的影响因素是经济因素"的看法，"使人想起马克思的经济基础决定上层建筑的观点"③。本文前面所提到的萨缪尔森、诺斯、阿罗、贝克尔、希克斯、布坎南、福格尔以及缪尔达尔等获奖者的相关论述，表明唯物史观确实对他们也都产生了一定的影响。

　　马克思所创立的唯物史观能够对西方经济学的发展产生重要影响，这一事实本身则表明了唯物史观乃至马克思主义的强大生命力，也就是说，马克思不仅是马克思主义者或社会主义者的马克思，而且是全人类的马克思。

① 李少青：《诺贝尔经济学奖与马克思主义经济学的发展》，《宁夏党校学报》2008 年第 6 期。
② 胡义成：《西方对马克思的学术祭奠——近年诺贝尔经济学奖金颁发取向简述》，《天津商学院学报》1996 年第 2 期。
③ 唐方杰：《"经济学帝国"的建造者——贝克尔》，《社会科学》1993 年第 3 期。

西方经济学者视角中科斯经济思想与马克思的关系

鲍金红　郭广迪[*]

罗纳德·科斯（Ronald Coase）是现代西方新制度经济学的著名代表人物。迄今为止，笔者还没有发现或听说科斯在自己的学术论著中提到过马克思，也没有发现有人曾经指出过科斯的某一理论观点或基本概念直接来源于马克思。人们在介绍"科斯经济思想的渊源"时往往提到的是"经济学之父"亚当·斯密（Adam Smith）、旧福利经济学的代表人物阿瑟·塞西尔·庇古（Arthur Cecil Pigou）、老制度学派的代表人物约翰·康芒斯（John Commons），以及科斯当年在伦敦经济学院学习时的老师阿诺德·普兰特（Arnold Plant）、莱昂内尔·罗宾斯（Lionel Robbins）和弗里德里希·冯·哈耶克（Friedrich von Hayek）等[①]。

不过，本文所说的科斯经济思想与马克思之间的关系，并不是指科斯的某一经济思想直接来源于马克思，而是指马克思在此之前就提出了与其相似的思想。在此前提下，不少西方经济学者都指出并论证过科斯某些经济思想与马克思之间的关系。本文拟分别介绍西方经济学者所认定的科斯的交易成本思想、企业理论、产权理论和法经济学思想与马克思之间的关系，进而说明其能够给予我们的启示，即本研究的理论意义和现实意义。

一　科斯交易成本思想与马克思的关系

交易成本（Transaction Costs），又称交易费用，是科斯经济思想中的一个最重要概念，他就是由于"发现和澄清了交易费用和财产权对经济的制度结构和运行的意义"而获得1991年的诺贝尔经济学奖[②]。而且，他的企业理论、产权理论和法经济学思想等都与这一概念的引入相关。同时，"通过把交易成本引入经济分析"，"使经济学的视野从零交易费用的世界走向正交易费用的世界"，也是"科斯的原创性思想"的"主要表现"[③]。

科斯是第一个将"交易成本引入经济分析"的人吗？新制度经济学的另一位著名代

---

[*]　鲍金红，经济学博士，中南民族大学经济学院副教授；郭广迪，中南民族大学经济学院教授。

①　罗丽君：《科斯经济思想研究》，浙江大学硕士学位论文，2003。
②　吴崇信编著《历届诺贝尔经济学奖得主小传》，陕西人民出版社，1998，第249页。
③　罗丽君：《科斯经济思想研究》，浙江大学硕士学位论文，2003。

表人物、1993 年诺贝尔经济学奖获得者道格拉斯·诺斯（Douglass North）在《理解马克思是值得的吗?》一文中指出："新古典经济学在传统上将交易所得看成是无需付出任何实际代价的（即，仅存在生产成本，而不存在交易成本）。但是，正如马克思所清楚认识到的，交易成本是存在的。" 他还特别强调，"早在现代交易成本的文献开始从细节上探究这个问题的一百年前"，马克思 "就给我们提供了杰出的线索"。因而，他认为 "理解马克思是有意义的"①。这就是说，马克思交易成本思想的形成和运用比科斯要早得多。

诺斯说马克思在交易成本问题上 "给我们提供了杰出的线索"，这表明至少他自己在这一问题上是受到了马克思的影响或启发。科斯本人是否也受到过马克思所提供的这一 "杰出的线索" 的影响或启发呢? 据张五常说，科斯曾对他说过这样的话："我对交易成本感兴趣的时候，是个年轻的社会主义者，思想是在俄国革命之后形成的。如果要我想象一个没有交易成本的经济制度，那就是完全的共产主义制度。"② 当然，这段话还不足以证明科斯当年作为一位社会主义者时学习过马克思的相关著作，因而其 "对交易成本感兴趣" 是因为受到了马克思的影响或启发。

不过，马克思在科斯之前就有关于交易成本的思想，这应该是一个事实。

科斯在《企业的性质》一文中所说的交易成本是指 "公开市场上的交易成本"，即 "使用价格机制是有成本的"。其中，"通过价格机制'组织'生产的最明显的成本是发现价格的成本"，还有 "为市场上进行的每一笔交易谈判和达成一份独立合同的成本"，以及人们为了防范风险而 "可能更愿意订立一份长期合同" 所带来的成本③。《新帕尔格雷夫经济学大辞典》的 "经济组织与交易成本" 词条将其界定为："可以看作是一系列制度成本，包括信息成本、谈判成本、拟定和实施契约的成本、界定和控制产权的成本、监督管理的成本和制度结构变化的成本。简言之，包括一切不直接发生在物质生产过程中的成本。"④

马克思在《资本论》第 2 卷分析的 "纯粹的流通费用" 就是一种不直接发生在物质生产过程中的成本，它的第一个组成部分是 "买卖时间"，即资本家 "在市场上执行卖者和买者的职能的时间"，因为 "达成交易是需要时间的"。马克思认为，达成交易之所以需要时间，"尤其是因为在这里进行着斗争，每一方都想占对方的便宜"，而 "事情并不因双方都想借此机会占有超额的价值量而发生变化。这种劳动由于双方的恶意而增大，但

① Douglass C. North, "Is It Worth Making Sense of Marx?" *Enquiry*, 1986, 29 (1), pp. 57 – 63.
② 张五常：《经济解释——张五常经济论文选》，易宪容、张卫东译，商务印书馆，2000，第 467 页。
③ 〔英〕罗纳德·科斯：《企业的性质》，载〔美〕路易斯·普特曼、兰德尔·克罗茨纳编《企业的经济性质》，孙经纬译，上海财经大学出版社，2000，第 75～98 页。
④ 史蒂文·N·S. 钱（"Steven N. S. Cheung" 是香港经济学家张五常的英文名——引者注）：《经济组织与交易成本》，裴小革译，载〔英〕约翰·伊特韦尔、〔美〕默里·米尔盖特、〔美〕彼得·纽曼主编《新帕尔格雷夫经济学大辞典》第 2 卷，经济科学出版社，1996，第 58～60 页。

并不创造价值，正象花费在诉讼程序上的劳动并不增加诉讼对象的价值量一样"①。可见，马克思所说的"达成交易是需要时间的"，就是科斯所说的"使用价格机制是有成本的"，而且，二者所包含的具体内容也是相近的，只不过马克思是用市场交易所需要耗费的时间来表示所需要耗费的费用或成本而已。因而，国内有学者指出，在《资本论》第2卷中，"马克思关于流通费用的论述"，表明他"已初步认识到交易存在费用的问题"②。另外，还有学者论证，马克思在《资本论》第1卷中对"交际费用"的研究和在第2卷中对"纯粹流通费用"的研究，表明"他有着深刻而独特的交易费用思想"③。

二　科斯企业理论与马克思的关系

杨小凯先生曾指出，"如果我们将企业理论严格定义为一门解释企业为什么会出现，企业内部组织的经济学意义的学问"，那么，"真正的企业理论"可以说是由科斯"1937年的经典论文所首创"④。在《企业的性质》这篇经典论文中，科斯运用其交易成本思想对企业产生的原因和企业的规模如何确定这两个当时被人们所忽视的问题进行了研究。

然而，《新帕尔格雷夫经济学大辞典》的"规模报酬递增"词条的作者斯皮罗斯·瓦西莱斯基（Spyros Vassilakis）却认为，马克思发现"垂直一体化和生产迂回"是"同一个问题的不同的方面"：前者是"社会分工"，后者是"工厂中的分工"，并看出"垂直合并的程度越高，市场不完全的程度也越高"；后来，"科斯（1937年）再次发现并概括了这些马克思的观察，同时从中创造了厂商理论（又称企业理论——引者注）"⑤。简而言之，科斯的《企业的性质》是"再次发现并概括了""马克思的观察"，并由此创造了自己的企业理论。

美国新制度经济学家迈克尔·迪屈奇（Michael Dietrich）在《交易成本经济学——关于公司的新的经济意义》一书中介绍了科斯在《企业的性质》中所探索的一个问题："倘若价格机制能够有效地配置资源，那为何在公司内仍需对资源配置进行计划和指导。"不过，他在一个脚注中指出，"科斯并非探索这一问题"的"第一个理论家"，因为"马克思显然的在时间上要早于科斯"，并告诫读者，"尽管马克思的著作由于其本身原因不在本书内讨论，但本书在许多方面均参考了其深刻见解"⑥。该书在讨论"对公

① 《马克思恩格斯全集》第24卷，人民出版社，1974，第146～147页。
② 袁庆明：《新制度经济学》，中国发展出版社，2005，第37～38页。
③ 武建奇：《马克思的交易费用思想探讨》，《保定学院学报》2009年第5期。
④ 杨小凯：《企业理论的新发展》，《经济研究》1994年第7期。
⑤ 〔意〕斯皮罗斯·瓦西莱斯基：《规模报酬递增》，陈孟平译，载〔英〕约翰·伊特韦尔、默里·米尔盖特、彼得·纽曼主编《新帕尔格雷夫经济学大辞典》第2卷，经济科学出版社，1996［1987］，第821～826页。
⑥ 〔美〕迈克尔·迪屈奇：《交易成本经济学——关于公司的新的经济意义》，王铁生、葛立成译，经济科学出版社，1999，第21页脚注①。

司内部活动进行概念化的现有方法"时，迪屈奇又在一个脚注中强调，"虽然正文中没有对 20 世纪以前作者作任何直接的提及，但应该指出马克思（特别是《资本论》）的影响"，"这种影响在三个领域甚为显著：公司内部的对抗（可能）与存在于公司之间的对抗同样重要；区分劳动与劳动力，他的组织分析就是建立于这种区分的基础之上；以及人的行为系存在于社会环境中"①。这就是说，他也认为，关于企业性质的研究，马克思要早于科斯。

可能正是由于上述原因，在路易斯·普特曼（Louis Putterman）和兰德尔·克罗茨纳（Randall Krozner）编撰的《企业的经济性质》一书的第一部分"企业内和企业间：劳动分工"中，所编撰的文献分别是《国富论》和《资本论》中的相关论述，以及弗兰克·奈特（Frank Knight）、哈耶克、维克托·金德伯格（Victor Goldberg）和阿尔弗雷德·钱德勒（Alfred Chandler）著作中的相关论述或相关论文。其中，《资本论》中的相关论述被分为"劳动力的买和卖"、"协作"和"分工和工场手工业"三个部分。② 在该书的序言中，两位编者说明了将《资本论》中的相关论述收录其中的原因：马克思在《资本论》中"讨论了工厂中'合作'的劳动生产力效应，工厂制的资本主义特征，以及企业和市场、生产和交换间的关系"。他们还指出，"Coase 把计划和雇佣关系中的权力看作是企业的本质，把没有这种权力和通过独立的合同订立活动进行的治理看作是市场的本质"，并"考察了 Marx 曾考察过的这两者间的区别"，尽管"在此之前，Coase 并没有阅读过 Marx 的著作"。③ 普特曼还在该书中文版序中指出，马克思"对企业内和市场上的劳动的不同组织原则的区分"和科斯"对企业内企业主的权威取代了价格机制的权威的探讨"，这样一些以前很少受到人们关注的观点，现在则"激发了经济学家们的研究工作"④。由此可见，他们认为，马克思早就对企业的经济性质进行了研究。

另外，2009 年诺贝尔经济学奖获得者奥利弗·威廉姆森（Oliver Williamson）在《效率、权力、权威与经济组织》一文中对企业主的权威问题进行了讨论，他强调，"厂商能够也的确行使了发布条令的权力，而市场却不能"，并指出，"关于'权力会在设计工作内容的过程中显现出来'的观点，可以追溯到斯密和马克思"⑤。也就是说，上述普特曼所说的科斯"对企业内企业主的权威取代了价格机制的权威的探讨"，实际上也"可以追溯到斯密和马克思"。

所以，国内有学者指出，虽然"西方学者一般认为，在科斯之前没有企业理论"，但

① 〔美〕迈克尔·迪屈奇：《交易成本经济学：关于公司的新的经济意义》，王铁生、葛立成译，经济科学出版社，1999，第 185 页脚注①。
② 参见〔美〕路易斯·普特曼、兰德尔·克罗茨纳编《企业的经济性质》，孙经纬译，上海财经大学出版社，2000，目录、第 17～35 页。
③ 〔美〕路易斯·普特曼、兰德尔·克罗茨纳编《企业的经济性质》，"第二版序言"第 4～5、24～25 页。
④ 〔美〕路易斯·普特曼、兰德尔·克罗茨纳编《企业的经济性质》，"中文版序"第 4 页。
⑤ 〔美〕奥利弗·E. 威廉姆森：《效率、权力、权威与经济组织》，载〔美〕约翰·克劳奈维根编《交易成本经济学及其超越》，朱舟、黄瑞虹译，上海财经大学出版社，2002，第 14～60 页。

是，"事实上，马克思在其经典著作《资本论》中就对企业的起源、企业的本质、企业的规模、企业的形式、企业内的资本结构、企业的监督、股份公司的管理和经理薪金以及所有权和管理权的分离等作过深刻的阐述"①。

三 科斯产权理论与马克思的关系

科斯的产权理论与其被称为科斯定理的理论密切相关，两者分别出自科斯 1959 年和 1960 年发表的《联邦通讯委员会》和《社会成本问题》这两篇文章之中。他在《社会成本问题》中所探讨的是"企业行为对旁人带来不良影响的问题"，也就是人们通常所说的负外部性问题。他首先主要结合很多案例分析了假定交易成本为零的情况，认为"若市场交易无需成本，法院有关损害责任的判定对资源的配置并无影响"②。这就是人们最初对科斯定理的理解：如果交易成本为零，产权的初始分配是无关紧要的，即对资源的最优配置没有影响。不过，这很容易导致产权是不重要的这样一种误解。他后来又专门写了《社会成本问题的注释》一文，在这篇文章中他指出："零交易费用的世界已常常被说成是科斯世界。真理多走半步往往会变成谬误。"并强调："在零交易费用的情况下，资源配置不受法律规定影响的观点也表明：在正交易费用的情况下，法律在决定资源如何利用方面起着极为重要的作用。"③ 也就是说，在交易成本大于零的现实世界里，产权的界定是重要的。

科斯是最早提出产权理论或最早强调产权重要性的经济学家吗？思拉恩·埃格特森（Thrainn Eggertsson）在《新制度经济学》一书中强调，"人们都认为马克思是第一位具有产权理论的社会科学理论家"，并引用了斯韦托扎尔·平乔维奇（Svetozar Pejovich）在《马克思、产权学派和社会演变过程》一文中所说的一段话："的的确确许多社会科学家包括亚当·斯密都重视产权，马克思却第一个断言，对于产权的规范是因为人们要解决他们所面临的资源稀缺问题，而且产权结构会以其特定而可预见的方式来影响经济行为。"④ 平乔维奇本人在《产权经济学：一种关于比较体制的理论》一书中也明确表示，"尽管产权的重要性已为马克思之前的社会主义者所承认，但是马克思第一次提出了产权理论"⑤。这就是说，马克思比科斯更早提出了产权理论，并强调了产权的重要性。

诺斯也在其代表作《经济史中的结构与变迁》中明确指出："马克思强调在有效率的

---

① 金晓斌：《企业制度演进分析：马克思与科斯的比较》，《学术月刊》1995 年第 12 期。
② 〔英〕罗纳德·科斯：《社会成本问题》，龚柏华、张乃根译，载盛洪主编《现代制度经济学》（上卷），中国发展出版社，2009，第 3～37 页。
③ 〔英〕罗纳德·科斯：《社会成本问题的注释》，张乃根译，载盛洪主编《现代制度经济学》（上卷），中国发展出版社，2009，第 38～54 页。
④ 思拉恩·埃格特森：《新制度经济学》，吴经邦译，商务印书馆，1996［1990］，第 55 页注释①。
⑤ 〔南斯拉夫〕斯韦托扎尔·平乔维奇：《产权经济学：一种关于比较体制的理论》，蒋琳琦译，经济科学出版社，1999［1990］，第 22～23 页。

经济组织中产权的重要作用，以及在现有的产权制度与新技术的生产潜力之间产生的不适应性。这是一个根本性的贡献。"[1] 他还在《新制度经济学及其发展》一文中指出，始于19 世纪下半叶的"第二次经济革命产生了一个以非个人市场为特征的经济世界"，个人或企业之间出现了一种"不重复博弈或者是有限博弈"的结果——"不合作的收益通常要大于合作的收益"，要克服这种状况"就需要建立一种制度"，"在这种制度结构中修改报酬规则和执行报酬规则都是为了引致合作"，但"这种分析并不新颖"，因为"马克思很早就已指出，一种技术的组织规则和现存产权之间的紧张关系是发生冲突和变革的基本源泉之一"[2]。

可见，正如国内有学者指出的那样："尽管对于马克思是否有产权理论，国内外学者观点不一，但现代西方产权经济学研究者对此做出了肯定回答，他们并不认为产权理论只是 20 世纪 50、60 年代现代西方产权经济学的独创，认为马克思在此之前就已经有了自己的产权理论。"[3]

四　法经济学思想与马克思的关系

通常所说的"法经济学"（Law and Economics），实际上应当直译为"法和经济学"，其"历史十分久远，但现代法经济学是在 20 世纪 60 年代后逐渐丰富和发展起来的"，科斯的《社会成本问题》一文则被认为是"法经济学的奠基之作"[4]。科斯本人认为，"这门学科分为两个部分"，"一部分是运用经济学分析法律"；另一部分则是"法律系统的运行对经济系统运行的影响"[5]。

美国著名法学家罗斯科·庞德（Roscoe Pound）在《法律史解释》一书中认为，马克思的"经济学解释始于 19 世纪 50 年代"，"这种解释方法"在 19 世纪的最后 10 年"盛行于德国和意大利，并被应用于历史学的每一个分支"，而在 20 世纪的最初 10 年则"渗透进了英美法律思想之中，而且至今仍是法理学中一种不可忽视的力量，特别是在美国"[6]。这就是说，马克思对法律的经济学解释对现代西方法学思想产生了重要影响。英国著名法学家 R. W. M. 戴尔斯（Reginald Walter Michael Dias）也认为，"马克思对法律进行的分析

---

① 〔美〕道格拉斯·诺斯：《经济史中的结构与变迁》，陈郁、罗华平等译，上海三联书店、上海人民出版社，1994，第 68 页。
② 〔美〕道格拉斯·诺斯：《新制度经济学及其发展》，路平、何玮编译，《经济社会体制比较》2002 年第 5 期（译自 The New Institutional Economics And Development，by Douglass C. North，Washington University，St. Louis）。
③ 陈建兵、王宏波：《现代西方产权经济学视域中的马克思产权理论》，《辽东学院学报》（社会科学版）2007 年第 5 期。
④ 参见魏建、黄立君、李振宇《法经济学：基础与比较》，人民出版社，2004，第 1 ~ 30 页。
⑤ 〔美〕道格拉斯·G. 贝尔德：《法经济学的展望与未来》，吴晓露译，《经济社会体制比较》2003 年第 4 期（译自：Douglas G. Baird，The Future of Law and Economics：Looking Forward，University of Chicago Law Review，Fall，1997）。
⑥ 罗斯科·庞德：《法律史解释》，邓正来译，中国法制出版社，2002，第 136 页。

就是一种经济分析"①。可见，"庞德和戴尔斯都承认马克思是现代法经济学的先行者"，或者说，"对法律进行经济分析"，"并不是以罗纳德·科斯、理查德·波斯纳等为代表的现代西方法经济学者的专利"②。

法经济学的重要代表人物理查德·波斯纳（Richard A. Posner）也在《超越法律》一书中告诫读者，"不要仅仅因为目前马克思主义政治哲学不那么吃香了，就轻易拒绝了这样的看法，即一个职业界的某些典型思想模式可能有一些经济上的原因"，并指出"这种例子在医学上就很丰富"③。

早在20世纪80年代初，种明钊先生就在《马克思主义法学的理论基础与法经济学的建立》一文中指出，"马克思、恩格斯虽然没有直接地明确地提出法经济学的学科名称，但是他们关于政治经济学是法学的理论基础的思想，却给我们探索建立法经济学提供了根本依据"④。近年来，国内一些学者也对马克思和恩格斯的法经济学思想及其与现代法经济学的关系进行了研究，并认为，马克思是"法经济学的伟大先驱之一"⑤；马克思和恩格斯的法经济学思想"为西方法经济学学科的形成奠定了深厚的理论基础"，因为，如果"不接受和认可马恩关于'法决定于经济又对经济有反作用'这一普适性的法律变迁规律，当代西方法经济学就无法应用微观经济学来分析和研究法律制度"⑥。总而言之，马克思和恩格斯的法经济学思想对现代西方法经济学的形成和发展产生了重要影响。

五 启示

上述分析表明，很多现代西方著名新制度经济学家和法经济学家都认为，马克思实际上是科斯交易成本思想、企业理论、产权理论和法经济学思想的先驱者。这能够给予我们什么样的启示呢？

众所周知，以科斯、诺斯等为代表的新制度经济学派，由于将新古典经济学的分析方法用于分析制度，而最终被西方主流经济学所接纳。诺斯曾经指出，"在详细描述长期变迁的各种现存理论中"，"马克思的分析框架"之所以是"最有说服力的"，就是"因为它包括了新古典分析框架中所遗漏的所有因素：制度、产权、国家和意识形态"⑦。这就是

---

① Dias, Jurisprudence, fifth edition, Butterworths, London, 1985, p. 395. 转引自魏建、黄立君、李振宇《法经济学：基础与比较》，人民出版社，2004，第154页。

② 魏建、黄立君、李振宇：《法经济学：基础与比较》，人民出版社，2004，第153~180页。

③ 〔美〕理查德·A. 波斯纳：《超越法律》，苏力译，中国政法大学出版社，2001〔1995〕，第41页。

④ 种明钊：《马克思主义法学的理论基础与法经济学的建立》，《法学季刊》1983年第2期，第15~18页。

⑤ 黄立君、魏峰：《从〈资本论〉对英国工厂法的分析看马克思的法经济学思想》，《理论学刊》2010年第2期，第59~63页；汪军民：《法经济学建立的法理学基础探析》，《江汉论坛》2007年第5期，第20~23页。

⑥ 陈斌彬：《马克思和恩格斯的法经济学思想探析》，《中南财经政法大学学报》2007年第6期，第10~14页。

⑦ 〔美〕道格拉斯·C. 诺斯：《经济史中的结构与变迁》，陈郁、罗华平等译，上海三联书店，上海人民出版社，1994〔1981〕，第68页。

说，西方主流经济学对新制度经济学的接纳，表明它也开始重视曾经被其所遗漏的"制度、产权、国家和意识形态"等因素，因而实际上也是对马克思在这些方面所做的先驱性工作的肯定。正如1974年诺贝尔经济学奖获得者冈纳·缪尔达尔（Gunnar Myrdal）所说，"当人们不得不将马克思当作经济科学发展上伟大的经典著作家之一来看待时"，是"基于他开创制度经济学方面的成就"[①]。

马克思在《资本论》第1卷的序言中明确表示，"我要在本书研究的是资本主义生产方式以及和它适应的生产关系和交换关系"[②]。上述马克思所具有的交易成本、企业理论、产权理论和法经济学等方面的思想，就体现在他对资本主义生产关系的分析之中。他的这些思想为什么会与被现代西方主流经济学所接纳的科斯的相关思想产生共鸣呢？

国内有学者认为，虽然"以新古典经济学为代表的传统经济理论强调人与自然关系的研究"，但"新制度经济学则在考虑人与自然关系的同时，考虑到人与人之间关系，尤其注重人与人之间的利害冲突"[③]。事实确实如此，诺斯就曾明确指出，科斯的《社会成本问题》是"以分析的形式开始考察生产关系"[④]。国内也有学者论证，新制度经济学对人与人之间关系的研究，是从老制度主义经济学那里继承来的：康芒斯将"交易"作为经济学的基本分析单位，他所说的"交易"概念是与以往经济学的"生产"概念相对应的，即："生产"是人与自然的关系，"交易"是人与人之间的关系[⑤]；科斯在此基础之上，提出了交易成本理论，将康芒斯的无成本交易修正为有成本交易[⑥]。因而，可以这么说，所谓新制度经济学也就是用新古典经济学的方法研究康芒斯所提出的交易问题。所以，诺斯表示，"马克思强调，人的意识主要取决于他的生产关系，这仍然是一个重大贡献"[⑦]。

西方某些资产阶级经济学也可能在一定范围内和一定程度上研究生产关系或人与人之间的关系吗？对于这一问题，恩格斯早就给予了肯定的答复。他在《卡尔·马克思〈政治经济学批判〉》一文中说："经济学所研究的不是物，而是人和人之间的关系，归根到底是阶级和阶级之间的关系；可是这些关系总是同物结合着，并且作为物出现；诚然，这个或那个经济学家在个别场合也曾觉察到这种联系，而马克思第一次揭示出它对于整个经济学的意义，从而使最难的问题变得如此简单明了，甚至资产阶级经济学家现在也能理解了。"[⑧] 简而言之，在马克思之前就有某些资产阶级经济学家"在个别场合也曾觉察到这

① 〔瑞典〕冈纳·缪尔达尔：《反潮流：经济学批判论文集》，陈羽纶、许约翰译，商务印书馆，1992，第284页。

② 《马克思恩格斯全集》第23卷，人民出版社，1972，第8、11页。

③ 赵红军、尹伯成：《当代西方经济学发展若干新动向》，《河南社会科学》2005年第5期。

④ Douglass C. North, "Is It Worth Making Sense of Marx?" *Enquiry*, 1986, 29 (1), pp. 57 - 63.

⑤ 胡乐明：《"交易"范畴的演化——从康芒斯到威廉姆森》，《山东财政学院学报》2001年第1期。

⑥ 林海：《论法律经济学的经济学理论缺陷——评公共选择理论的"经济人"假说与交易费用理论》，《湖北经济学院学报》2005年第6期。

⑦ 〔美〕道格拉斯·诺斯：《经济史中的结构与变迁》，陈郁、罗华平等译，上海三联书店、上海人民出版社，1994［1981］，第206页。

⑧ 《马克思恩格斯全集》第13卷，人民出版社，1972，第533页。

种联系"，在"马克思第一次揭示出它对于整个经济学的意义"之后，资产阶级经济学家对此"也能理解了"。

当然，新制度经济学家们"所谈论的人与人的关系，是建立在个人之间理性契约基础上的关系"①，与马克思经济学所研究的人与人之间的关系有很大差异，但这毕竟也是在一定范围内和一定程度上研究了资本主义经济或市场经济中的人与人之间的关系。

总而言之，现代西方资产阶级者事实上也在一定范围内或一定程度上研究了人与人之间的关系，而且越来越重视这种研究，或者说，这种研究在现代西方经济学界的影响越来越大。尽管他们所研究的人与人之间的关系与马克思经济学所研究的人与人之间的关系有本质区别，他们研究的出发点或目的也与马克思大相径庭，但这也足以应验恩格斯当年所说的，"马克思第一次揭示出"的"经济学所研究的不是物，而是人和人之间的关系"，"对于整个经济学的意义"。

---

① 刘凤义：《论制度分析的个人主义方法、整体主义方法与唯物辩证法新制度经济学老制度经济学与马克思经济学之比较》，《社会科学家》2010 年第 1 期。

关于存在固定资本时价值量的计算与价值转形

余 斌[*]

斯蒂德曼曾经通过列举存在固定资本的简单经济的数值例子，得出负的折旧价值和负的旧机器价值，并得出在存在固定资本的场合，价值量对于利润率的决定是完全没有意义的结论，以否定马克思的劳动价值理论。但是，这些例子只不过表明他既不懂得马克思的劳动价值论，又对资本主义经济的现实无知。

一 斯蒂德曼关于固定资本的第一个数值举例

考察一个非常简单的资本主义简单再生产，只生产谷物和一种机器。不妨假设新机器是用谷物生产出来的，其生产时间为一年。然后使用新机器和谷物在下一年再生产出谷物，再然后使用已运转了一年的旧机器和谷物在第三年生产出谷物。机器使用两年后报废。

表1 三个不同生产过程的数量关系

	谷 物	新机器	旧机器	劳 动		谷 物	新机器	旧机器
	1	0	0	5	→	0	5	0
	9	5	0	10	→	10	0	5
	15	0	5	25	→	25	0	0
总 计	25	5	5	40	→	35	5	5

从表1的第二行和第三行可以看出，虽然在每一生产程式中每单位劳动时间生产谷物量相同，可是第三行每单位谷物产量所需的谷物投入和机器投入较少，即使用旧机器的生产程式与使用新机器的生产程式相比具有更高的效率。

在表1中，所花费的总劳动时间是40单位，而净产量是（35 – 25）= 10单位谷物。每单位谷物的价值 l_c 由下式给出

$$10l_c = 40$$

或者

$$l_c = 4 \tag{1}$$

* 余斌，中国社会科学院经济社会发展研究中心研究员。

把马克思价值公式应用于表 1 第一行，可以得到每台新机器的价值 l_n 为

$$l_c + 5 = 5l_n$$

或者

$$l_n = 1.8 \tag{2}$$

按照马克思的线性折旧方法，因机器正好能够使用两年，旧机器的价值 l_o 应该是

$$l_o = l_n/2 = 0.9$$

在新机器和旧机器的使用过程中，不变资本价值中的固定资本折旧值应该是 0.9。对于表 1 的第二行和第三行，马克思的价值计算是

（第二行）
$$9l_c + 5（0.9）+ 10 = 10l_c$$

或者

$$l_c = 14.5 \tag{3}$$

而（第三行）
$$15l_c + 5（0.9）+ 25 = 25l_c$$

或者

$$l_c = 2.95 \tag{4}$$

式（1）、式（3）和式（4）的结果各不相同，这是马克思的线性价值折旧的假设导致的不合理的计算结果。

正确的价值计算应当是用联合生产分析方法来解出 l_c、l_n 和 l_o 的相互一致的值。

（第一行）
$$l_c + 5 = 5l_n \tag{5}$$

（第二行）
$$9l_c + 5l_n + 10 = 10l_c + 5l_o \tag{6}$$

（第三行）
$$15l_c + 5l_o + 25 = 25l_c \tag{7}$$

由此解得

$$l_c = 4，l_n = 1.8，l_o = 3 \tag{8}$$

令人惊讶的是 l_o（ = 3）这一正确的解不仅不同于马克思计算中内含的解（0.9），而且实际上还大于 l_n，即旧机器比新机器具有更大的价值，所以在新机器的使用过程中正确的价值折旧值（ $= l_n - l_o = -1.2$）实际上是个负值。

二 斯蒂德曼关于固定资本的第二个数值举例

现在设表 1 各特定变量相应具有表 2 所给出的实物数量。使用旧机器的生产程序（第

三行）的效率低于使用新机器的生产程式（第二行）的效率，同样使用 3 台机器和 30 单位劳动生产谷物，前者的谷物净产量是 27 单位，而后者为 39 单位。

表 2　三个不同生产过程数量关系的再举例

	谷　物	新机器	旧机器	劳　动		谷　物	新机器	旧机器
	3	0	0	3	→	0	3	0
	49	3	0	30	→	88	0	3
	3	0	3	30	→	30	0	0
总　计	55	3	3	63	→	118	3	3

按照马克思的价值计算方法，表 2 有

（第一行）　　　　　　　　　　$3l_c + 3 = 3l_n$　　　　　　　　　　　　　（9）

（第二行）　　　　　　　$49l_c + 3l_n + 30 = 88l_c + 3l_o$　　　　　　　　（10）

（第三行）　　　　　　　　　$3l_c + 3l_o + 30 = 30l_c$　　　　　　　　　（11）

因为这个体系运用 63 单位劳动产出的净产量恰好是 63 （ = 118 – 55）单位谷物，解 $l_c = 1$ 可以从表 2 中直接得出。进而可解得下面的唯一解

$$l_c = 1,\ l_n = 2,\ l_o = -1 \qquad (12)$$

现在的例子中，l_o 小于 l_n 而且实际上是负的。在使用旧机器的生产程式中（表 2 的第三行）"不变资本价值"结果成了 $(3l_c + 3l_o) = 0$

假定每单位劳动时间的实际工资是（2/3）单位谷物，工资是预先支付的，利润率为 r，相对于谷物价格的新机器和旧机器的生产价格分别为 p_n 和 p_o，它们可以由下列方程决定

$$(1 + r)\ (3 + 2)\ = 3p_n \qquad (13)$$

$$(1 + r)\ (49 + 3p_n + 20)\ = 88 + 3p_o \qquad (14)$$

$$(1 + r)\ (3 + 3p_o + 20)\ = 30 \qquad (15)$$

在这里，表 2 中的每一劳动量都乘上了工资率（2/3），式（14）将旧机器作为联合产品处理。由此可以得到

$$r = 20\%,\ p_n = 2,\ p_o = (2/3) \qquad (16)$$

式（16）中的利润率与生产价格是直接由生产的物质条件和实际工资决定的，价值量——即使能从表 2 中正确地计算出来——与这一决定没有任何关系。

斯蒂德曼接着提出一个问题：使用旧机器的生产程式实际上会被采用吗？因为对于资本家来说，将使用一年的旧机器报废，将表 2 第三行中的投入重新配置来生产新机器，并

使用新机器来生产谷物，这在技术上是完全可行的。这时，利润率 r 将由下列方程决定

$$(1 + r)(3 + 2) = 3p_n \tag{17}$$

$$(1 + r)(49 + 3p_n + 20) = 88 \tag{18}$$

由于机器使用一年后就报废，p_o 现在是零。然而，式（17）和式（18）意味着

$$r = 17.6\%, \quad p_n = 1.96$$

这样，不使用旧机器的生产程式会产生较低的利润率。因此三个生产程式都应当假设被采用。

可以指出，如果工资率不是（2/3）而是大于 0.8，那么，报废使用了一年的旧机器确实会产生一个较高的利润率。如果将不使用旧机器这一事实看作 $l_o = 0$，表 3 的第一行意味着

$$3l_c + 3 = 3l_n$$

或者

$$49l_c + 3l_n + 30 = 88l_c$$

所得到的价值为

$$l_c = (11/12), \quad l_n = (23/12)$$

无论用何种方法决定商品价值，工资超过 0.8 时的商品价值和工资等于（2/3）时的商品价值是不会相同的。作为凝结劳动时间的价值不仅是生产的物质条件和实际工资的衍生物，而且还依存于一定的工资水平。在存在固定资本的情况下，价值量对于利润率的决定是完全没有意义的。

三　白暴力的评析

白暴力曾经专门撰文，对斯蒂德曼关于存在固定资本时价值量的计算进行过回应，但没有讨论价值量与利润率之间的关系即相应的价值转形问题。

白暴力认为，斯蒂德曼计算的根本性错误有两点：第一，错误地将一个时间系列问题作为一个空间并存关系来处理，将一个不同时间中的不同变量作为同一时间中的同一个变量来处理。例如，第一年的谷物投入并不是第一年生产的，而是前一年（记作第 0 年）生产的；因此，其价值量不是由第一年的生产条件决定的，而是由第 0 年生产条件决定的，对于表 2 中的生产体系来说，它是一个外生变量，不是内生变量。第二，斯蒂德曼关于机器价值折旧和旧机器价值确定的方法是错误的。

针对表 1，白暴力给出了如下的计算过程：

$$l_n = (l_{c0} + 5) / 5 = l_{c0}/5 + 1$$
$$l_o = \beta l_n = \beta (l_{c0}/5 + 1)$$
$$l_{c2} = (9l_{c0} + 5\alpha l_n + 10) / 10$$
$$l_{c3} = (15l_{c2} + 5\beta l_n + 25) / 25$$

其中，l_{c0}、l_{c2}、l_{c3} 分别代表第 0 年、第 2 年、第 3 年生产的谷物价值，α 表示新机器的价值折旧率，β 为旧机器存值率（$=1 - \alpha$）。

假定外生变量 $\alpha = 1/2$，$l_{c0} = 5$，可解得

$$l_n = 2, \quad l_o = 1, \quad l_{c2} = 6, \quad l_{c3} = 4.8$$

白暴力认为，在表 1 中，在第三年生产中，机器的效率比在第二年生产中提高了，因此谷物的价值应该降低了。但是，斯蒂德曼假定谷物的价值不变，于是第三年生产中，机器的折旧量就要大于第二年的折旧量。不仅如此，斯蒂德曼又将机器效率的提高假定到非常大且不合实际的地步，导致了第二年"负折旧"的出现。

针对表 2，白暴力给出了如下的计算过程

$$l_n = l_{c0} + 1$$
$$l_o = \beta (l_{c0} + 1)$$
$$l_{c2} = (49l_{c0} + 3\alpha l_n + 30) / 88$$
$$l_{c3} = (3l_{c2} + 3\beta l_n + 30) / 30$$

仍然假定外生变量 $\alpha = 1/2$，$l_{c0} = 5$，可解得

$$l_n = 6, \quad l_o = 3, \quad l_{c2} = 3.23, \quad l_{c3} = 3.62$$

白暴力认为，在表 2 中，在第三年生产中，机器的效率比在第二年生产中降低了，因此谷物价值应该上升。但是，在斯蒂德曼的计算中，假定谷物的价值不变。而且，斯蒂德曼又将机器效率的降低假定到非常大且不合实际的地步，在第二年生产中机器的折旧量就必须大于新机器本身的价值量，这就导致了旧机器"负价值"的出现。

但是，这里的计算结果 $l_{c3} = 3.62$ 应当是一个小失误，因为实际计算结果是 $l_{c3} = 1.62$，与白暴力所认为的谷物价值应该上升不符。

四　斯蒂德曼的第一个数值举例的错误与修正

实际上，负的折旧价值和负的旧机器价值，恰恰以归谬法的方式证明了斯蒂德曼的算法是错误的。虽然他把这个错误归咎于马克思的劳动价值论，但其实应当归咎于他对马克

思的劳动价值论的错误理解。

在斯蒂德曼的这两个数值举例中，都把旧机器作为使用新机器生产谷物时产出的一个联合产品。这样一来，旧机器就相当于生产过程中的一个新的产品，也就是把使用新机器的过程（两个表中的第二行）变成生产旧机器的过程，而谷物生产可以看成这一生产过程的副产品。于是，旧机器的价值就不是由新机器的价值扣除转移到谷物中的价值后的剩余价值部分组成；而是像谷物一样，其价值由新机器和谷物等不变资本转移的价值部分加上生产（旧机器的）过程中劳动所创造的新价值。这就使得旧机器在新机器的使用过程中获得了价值增量。这是斯蒂德曼的劳动价值论而不是马克思的劳动价值论，其导致的荒谬的结论只是对斯蒂德曼自己的否定。

白暴力所指出的，斯蒂德曼错误地将一个时间系列问题作为一个空间并存关系来处理，将一个不同时间中的不同变量作为同一时间中的同一个变量来处理，这个批评是成立的。

不过，我们可以考虑，不同的资本家开始进行生产的时间不同，某个资本家已经处于第三年时，另一个资本家才刚刚处于第一年或第二年。这样一来，时间上的相继，就可以转化成空间上的并列了。马克思也曾经指出，"棉花、棉纱和布——所有这一切不只是一个在一个之后，一个由另一个生产出来，而且也是同时并行地生产出来和再生产出来"。

下面我们就给出这种并列的一个算法。

设作为投入的谷物价值为 X，新机器的价值为 Y，旧机器的价值为 Z，作为产出的谷物价值为 X′，新机器的价值为 Y′，旧机器的价值为 Z′。则根据上面的表 1，我们有

$$X + 5 = 5Y' \tag{5$'$}$$

$$9X + 5（Y - Z'）+ 10 = 10X' \tag{6$'$}$$

$$15X + 5Z + 25 = 25X' \tag{7$'$}$$

在式（6′）中，我们把新机器的折旧价值放在等式的左边，而在等式的右边不出现旧机器的价值，这样做在数学上是一样的，但在经济学含义上大不相同。因为，旧机器在这里不是被生产的对象，也不是被生产出来的。在数学上，等号是没有方向性的，但在经济学上有，等式两边的项也是不可以随便移动的。

由线性折旧，我们有

$$Y = 2Z' \tag{19}$$

这里有六个未知数，却只有四个方程，因而，我们无法求解。也许有人会说，我们可以假定 X = X′，Y = Y′，Z = Z′，从而增加方程数来解。但是价值量是否相等，是要通过计算来比较的，而不是假定出来的。按照唯物史观，我们只能根据投入，来计算出产出。实际上，斯蒂德曼在第二个数值举例中提到了预先支付工资。但预先支付的不仅是工资，机器和原材料也同样要先支付，即便是赊购，其赊购价格也是事先决定的，而不是由后来

的生产过程来决定的。

假如为了投资进行生产，资本家在市场上只能以 $X = 4$，$Y = 1.8$ 来购买作为投入的谷物和新机器，于是，由式（19）有 $Z' = 0.9$。进一步假设上一年购买新机器的价值也是 1.8，从而按线性折旧 $Z = 0.9$，由此，我们可以由式（5′）得，$Y' = 1.8 = Y$；由式（6′）得 $X' = 5.05$，不同于斯蒂德曼在前面式（3）中计算的 14.5；由式（7′）得，$X' = 3.58$，也不同于斯蒂德曼在前面式（4）中计算的 2.95。此结果不同于由式（6′）计算出来的结果，并不意味着马克思错了。其原因在于生产同一商品的生产条件不同，其商品的个别价值本来就是不一样的。

马克思指出，从事一切需要较长时间经营的企业的商人或工业家知道，"就整个一段较长的时期来看，商品实际上既不是低于也不是高于平均价格，而是按照平均价格出售的"。因此，在新旧机器生产效率差异很大的情况下，我们可以从一段较长的时期，比如机器使用的一个完整周期来考察其产品谷物的价值。这样我们得到表3。

表 3　从完整生产周期考察的数量关系

	谷　物	新机器	旧机器	劳　动		谷　物	新机器	旧机器
	1	0	0	5	→	0	5	0
	24	5	0	35	→	35	0	0
总　计	25	5	0	40	→	35	5	0

由此我们有，

$$X + 5 = 5Y' \tag{5′}$$
$$24X + 5Y + 35 = 35X' \tag{7″}$$

将 $X = 4$，$Y = 1.8$ 代入上面两式得，

$$X' = 4$$

五　斯蒂德曼的第二个数值举例在价值计算上的错误

在这里，斯蒂德曼重犯了他在第一个数值举例中的错误。不同的是，在这里他计算了利润率，增添了新的内容，也犯了新的错误。

为了完整地说明此例，我们先重复上一小节的分析方式，看看他在价值计算上的错误。

仍然设作为投入的谷物价值为 X，新机器的价值为 Y，旧机器的价值为 Z，作为产出的谷物价值为 X′，新机器的价值为 Y′，旧机器的价值为 Z′。则根据上面的表 2，我们有

$$3X + 3 = 3Y' \tag{9′}$$

$$49X + 3（Y - Z'）+ 30 = 88X' \qquad (10')$$

$$3X + 3Z + 30 = 25X' \qquad (11')$$

仍然由线性折旧，我们有

$$Y = 2Z' \qquad (19)$$

假如为了投资进行生产，资本家在市场上只能以 $X = 1$，$Y = 2$ 来购买作为投入的谷物和新机器（参照了斯蒂德曼的计算结果），于是，由式（19）有 $Z' = 1$。进一步假设上一年购买新机器的价值也是2，从而按线性折旧 $Z = 1$，由此，我们可以式（9'）得，$Y' = 2 = Y$；由式（10'）得 $X' = 0.93$；由式（11'）得，$X' = 1.44$。此结果同样不同于由式（10'）计算出来的结果，两种生产谷物的生产程式的商品个别价值仍然是不一样的。正是这种差异的存在，而且由于使用旧机器生产的个别价值偏高，这就使得在一定条件下，可以淘汰使用旧机器的生产程式。

同样的，我们从一段较长的时期，比如机器使用的一个完整周期来考察其产品谷物的价值。这样我们得到表4。

表 4　从机器使用周期考察的谷物价值

	谷　物	新机器	旧机器	劳　动		谷　物	新机器	旧机器
	3	0	0	3	→	0	3	0
	52	3	0	60	→	118	0	0
总　计	55	3	0	63	→	118	3	0

由此我们有

$$3X + 3 = 3Y' \qquad (9')$$

$$52X + 3Y + 60 = 118X' \qquad (11'')$$

将 $X = 1$，$Y = 2$ 代入上面两式得

$$X' = 1$$

现在考虑淘汰使用旧机器的生产程式，于是新机器的价值量就要一次性地转移到所生产的谷物中，由此我们有

$$49X + 3Y + 30 = 88X' \qquad (10'')$$

将 $X = 1$，$Y = 2$ 代入上式得

$$X' = 0.966 < 1.$$

因此，在正常竞争的情况下，无论工资率是多少都应当淘汰使用旧机器的生产程式，

以便获得具有竞争优势的更低的单位商品价值量。

这表明，斯蒂德曼认为价值依存于工资水平的观点是错误的，而马克思的观点即工资的高低与商品的价值量无关并没有在这个数值例子中受到挑战。

六　斯蒂德曼的第二个数值举例在利润率计算上的错误

斯蒂德曼没有就第一个数值举例计算利润率，因此，我们只能讨论他在第二个数值举例中所犯的计算利润率上的错误。

从式（13）、式（14）和式（15）可以看到，斯蒂德曼认为，这三个生产程式具有相同的利润率。然而，在不同商品的生产形成统一的一般利润率之前，首先要在同一商品生产上形成统一的商品价值。"竞争首先是在一个部门内实现的，是使商品的不同的个别价值形成一个相同的市场价值和市场价格。但只有不同部门的资本的竞争，才能形成那种使不同部门之间的利润率平均化的生产价格。"而我们恰恰在前面的计算中看到第二个程式和第三个程式生产的谷物价值量是不同的。显然，我们不能直接把这三个程式并列来计算一般利润率和生产价格。而是要将生产谷物的生产程式合并以形成统一的谷物市场价值和市场价格，然后才能将生产谷物的生产程式与生产机器的生产程式并列来计算一般利润率和生产价格。

实际上，斯蒂德曼已发现了他的算法会导致荒唐的结果。这也是为什么他要在工资率大于 0.8 时报废旧机器即强令 $l_o = 0$ 的原因，否则的话 p_o 就会是负值。例如，将每单位劳动时间的实物工资调整为 0.9 单位谷物，则按照斯蒂德曼的算法，式（13）至式（15）就变成

$$(1 + r)(3 + 2.7) = 3p_n \tag{13'}$$

$$(1 + r)(49 + 3p_n + 27) = 88 + 3p_o \tag{14'}$$

$$(1 + r)(3 + 3p_o + 27) = 30 \tag{15'}$$

由此可得

$$r = 5.4\%,\ p_n = 2.0,\ p_o = -0.51 \tag{16'}$$

但是，谁会因为资本家使用旧机器而倒贴钱给他呢？

更有意思的是，我们可以把这个旧机器，换作第三种商品，而把新机器换作第二种商品，加上作为第一种商品的谷物，再将表 2 第二行的所有数字增加一倍，这样就构成三种商品的联合生产方式，从而斯蒂德曼的联合生产方式就会出现负的价格了。由于我们已经另文批判了斯蒂德曼的联合生产方式算法，这里不再赘述了。

事实上，就斯蒂德曼的第一个数值举例来说，我们应当根据表 3 来计算一般利润率和生产价格；而就他的第二个数值举例来说，则应当根据第一程式和第二程式来计算一般利润率和生产价格，而淘汰第三程式。我们曾经在修正斯拉法的计算错误时详细给出过相应的

算法，并讨论了再转形的情况，这里我们只简要地计算一下，不详细分析衍生的情况。

如上所述，我们将根据表 5 来计算一般利润率和生产价格。

表 5 从联合生产方式考察价值转形

	谷 物	机 器	劳 动		谷 物	机 器
	3	0	3	→	0	3
	49	3	30	→	88	0
总 计	52	3	33	→	88	3

假定每单位劳动时间的实际工资是（2/3）单位谷物，且每单位劳动时间形成 1 单位价值量；假定此前谷物的市场价值为 X = 1，机器的市场价值为 Y = 2。由此我们有，每单位劳动时间形成的剩余价值量为 1/3，总的剩余价值量即总利润量

$$M = 33 \times (1/3) = 11$$

总的成本

$$P = 52X + 3Y + 33 \times (2/3) = 80$$

于是，平均利润率

$$r = M/P = 13.75\%$$

由此，新生产的机器的生产价格

$$p_y = (1 + r)[3X + 3 \times (2/3)]/3 = 1.90$$

新生产的谷物的生产价格

$$p_x = (1 + r)[49X + 3Y + 30 \times (2/3)]/88 = 0.97$$

上述计算结果，明显地与斯蒂德曼根据式（17）和式（18）计算的结果不同。当然这里还存在一个与斯蒂德曼的不同之处，就是他是以单位谷物来计量价格的，但谷物自身的价值量和价格量也是变动的。

七 总 结

至此，继其他文章[①]之后，我们完成了对斯拉法和斯蒂德曼所举的所有数值例子的分

[①] 除参考文献中余斌所著的两篇文章以外，还有余斌的《从斯蒂德曼的非难看劳动价值理论及价值转形问题的计算》，载《教学与研究》2007 年第 3 期和余斌的《论价值理论与价值转形的若干问题》，载《马克思主义研究》2009 年第 1 期。

析批判与纠正，　　　表明了他们对马克思的劳动价值理论与价值转形分析的攻击是不成立的，同时也表明斯拉法的价格体系是不成立的。

总结这些文章，我们认为解决价值转形问题争论的核心在于明确马克思的以下论述：

（1）"作为生产条件进入生产过程的资本不变部分，在生产过程中是一个事先已知的价值，它必须再现在产品的价值中。""商品的成本价格是既定的，它是一个不以他即资本家的生产为转移的前提"。

因此，凡是在数学表达式中没有将作为投入品的不变资本的价值视为事先已知的分析，都是不成立的。而既定的、已知的部分也是不参与价值转形的，价值转形只涉及新生产出来的剩余价值的再分配。

（2）"商品价值 = 成本价格 + 剩余价值。"

（3）"商品的生产价格，……等于商品的成本价格加上平均利润。"

这表明，生产价格与商品价值是建立在同一个成本价格之上的，而不会各自有一个不同的成本价格。也就是说，当成本价格发生变化时，商品价值与商品的生产价格都要相应地发生变化。

（4）"我们原先假定，一个商品的成本价格，等于该商品生产中所消费的各种商品的价值。但一个商品的生产价格，对它的买者来说，就是它的成本价格，因而可以作为成本价格加入另一个商品的价格形成。因为生产价格可以偏离商品的价值，所以，一个商品的包含另一个商品的这个生产价格在内的成本价格，可以高于或低于它的总价值中由加到它里面的生产资料的价值构成的部分。必须记住成本价格这个修改了的意义".

很多人注意到了成本价格的修改，但却忘了根据修改了的成本价格去计算商品的价值，同时也忘记了这个修改了的成本价格在其商品作为生产条件进入的生产过程中仍然是一个事先已知的量，仍然是既定的，仍然是一个不以购买其商品的资本家的生产为转移的前提。

马克思两部类扩大再生产模型中的乘数、加速数

——基于投入产出分析方法

陶为群[*]

一 引言

乘数、加速数是凯恩斯宏观经济学中刻画某种作用机制的重要概念，在凯恩斯的宏观调控理论中有重要地位，乘数、加速数原理已经被广泛接受和运用。投资（消费）乘数指一定量的投资（消费）变动所能最终导致国民收入的变动比例。加速数指国民收入变动所能导致资本总额的变动比例。陶为群、陶川（2011）论述了马克思两部类扩大再生产模型中的投资乘数产生条件、作用机制，推导出并验证了其计算式，为进一步研究马克思两部类扩大再生产模型中的乘数、加速数提供了启示。

在投入产出分析中，已经确立了产品收入乘数行向量的概念。在政治经济学教科书中，也已经建立了马克思两部类再生产的投入产出表。陶为群（2011）论述了对于马克思两部类扩大再生产而言，总供给、总需求可以清晰地分离为投资品的供给与需求、消费品的供给与需求两个部分[4]。将这些研究结果结合起来，可以确定在马克思两部类再生产的投入产出表中，最终产品列向量有确切的投资、消费两个分量，因而能够借助直接消耗系数矩阵，使产品收入乘数行向量分别与扩大再生产的投资、消费明确关联，进而推导出马克思两部类扩大再生产模型中的投资乘数、消费乘数、加速数计算公式。

二 马克思两部类扩大再生产模型的特殊结构和投入产出表示

马克思再生产模型具有特殊的结构。把社会再生产中生产生产资料部类、消费资料的分别记为第 I 、第 II 部类，分别以 C_j , V_j , M_j , X_j 表示第 j 部类（$j = $ I ， II ）的不变资本、可变资本、剩余价值、总产值；以 h_j , e_j 表示资本有机构成、剩余价值率。那么按照

---

* 陶为群，男，江苏南京市人。中国人民银行南京分行副行长，高级经济师，研究方向为马克思主义经济学、数量经济。

经典的马克思再生产公式，在每个部类内部，不变资本、可变资本、剩余产品、总产值之间的关系被下面的定义方程所确定

$$
\begin{cases}
C_j \equiv h_j V_j \\
M_j \equiv e_j V_j \qquad\qquad j = \mathrm{I}, \mathrm{II} \\
X_j \equiv C_j + V_j + M_j
\end{cases}
\tag{1}
$$

对确定了含义的字母前面加符号 Δ 表示增量，以 M_{xj} 表示第 j 部类（$j = \mathrm{I}$，II）企业所有者把本部类生产的剩余价值中用于自身消费的部分，则在马克思两部类社会再生产模型中，每个部类的投入与产出都是完全清晰的。在政治经济学教科书中，已经将马克思再生产模型用投入产出表加以表示[①]。由于第 I、第 II 部类的产品分别是生产资料、消费资料，因而只有第 I 部类的产品用作了中间消耗；第 II 部类的产品全部成为最终产品。以 F_i 表示第 i 部类的最终产品（$i = \mathrm{I}$，II），有

$$
\begin{cases}
F_{\mathrm{I}} = V_{\mathrm{I}} + M_{\mathrm{I}} - C_{\mathrm{II}} \\
F_{\mathrm{II}} = C_{\mathrm{II}} + V_{\mathrm{II}} + M_{\mathrm{II}}
\end{cases}
\tag{2}
$$

以 a_{ij} 表示马克思两部类社会再生产模型的投入产出表中的直接消耗系数（$i, j = \mathrm{I}$，II），则再生产的投入产出基本数学模型是

$$
a_{i\mathrm{I}} X_{\mathrm{I}} + a_{i\mathrm{II}} X_{\mathrm{II}} + F_i = X_i \qquad i = \mathrm{I}, \mathrm{II}
\tag{3}
$$

根据直接消耗系数的定义和（1）式，能够确定

$$
a_{ij} =
\begin{cases}
\dfrac{h_j}{1 + h_j + e_j}, & \text{当 } i = \mathrm{I} \\[2mm]
0, & \text{当 } i = \mathrm{II}
\end{cases}
\qquad j = \mathrm{I}, \mathrm{II}
\tag{4}
$$

最终产品 F_{I} 的实物形态是生产资料，只能用于两个部类新增可变资本，也就是投资；F_{II} 的实物形态是消费资料，只能用于两个部类可变资本、新增可变资本、企业所有者自身消费的剩余价值，也就是全部消费。所以

$$
\begin{cases}
F_{\mathrm{I}} = \Delta C_{\mathrm{I}} + \Delta C_{\mathrm{II}} \\
F_{\mathrm{II}} = (V_{\mathrm{I}} + V_{\mathrm{II}}) + (\Delta V_{\mathrm{I}} + \Delta V_{\mathrm{II}}) + (M_{x\mathrm{I}} + M_{x\mathrm{II}})
\end{cases}
\tag{5}
$$

将（5）式代入（3）式，就是政治经济学教科书中列出的两部类扩大再生产的实现条件[②]，其中两个等式分别是生产资料、消费资料部类的总投入等于总产出。

---

① 程思富等：《中级现代政治经济学》，上海财经大学出版社，2012。

② 同上。

按照投入产出分析的基本做法，用矩阵和向量来表示表 1 中的结构关系式。以 a_{ij} 作为元素的矩阵 $A = (a_{ij})_{2\times2}$ 是直接消耗系数矩阵。记总产品列向量 $X = (X_{\mathrm{I}}, X_{\mathrm{II}})^T$，中间产品列向量 $Z = (Z_{\mathrm{I}}, Z_{\mathrm{II}})^T$，最终产品列向量 $F = (F_{\mathrm{I}}, F_{\mathrm{II}})^T$。根据（3）、（4）两式，中间产品向量是

$$Z = AX \tag{6}$$

最终产品向量是

$$F = X - Z = (I - A)X \tag{7}$$

三 马克思两部类扩大再生产模型中的投资乘数、消费乘数

根据投入产出分析理论，矩阵级数

$$I + \sum_{n=1}^{\infty} A^n \tag{8}$$

是收敛的，称为列昂惕夫逆矩阵，又称为完全需要系数矩阵，式中矩阵 I 是 2 阶单位矩阵。完全需要系数矩阵的第 i 行第 j 列元素，表示了生产单位第 j 种最终产品 F_j 对第 i 种总产品 X_i 的完全（直接和间接）需要量 $(i, j = \mathrm{I}, \mathrm{II})$[1]。其中矩阵 I 表示了直接需要量；矩阵 A^n 表示了第 n 次间接需要量。完全需要系数矩阵是矩阵 $(I - A)$ 的逆矩阵 $(I - A)^{-1}$。根据（7）、（8）两式

$$X = (I - A)^{-1} F = \left\{ I + \sum_{n=1}^{\infty} A^n \right\} F \tag{9}$$

记增加值行向量 $Y = (Y_{\mathrm{I}}, Y_{\mathrm{II}})$，则增加值系数行向量 $y = (y_{\mathrm{I}}, y_{\mathrm{II}}) = (Y_{\mathrm{I}}/X_{\mathrm{I}}, Y_{\mathrm{II}}/X_{\mathrm{II}})$。根据投入产出分析理论，行向量

$$y \left\{ I + \sum_{n=1}^{\infty} A^n \right\} \tag{10}$$

是产品收入乘数行向量。其中，第 j 个元素表明第 j 种最终产品的单位增量所相应产生的收入增量 $(j = \mathrm{I}, \mathrm{II})$。式中，行向量 $y\mathrm{I}$ 表示了所直接产生的收入增量；行向量 yA^n 表示了第 n 次所间接产生的收入增量。

（2）、（5）两式表明，最终产品列向量 F 的两个分量 F_{I}、F_{II} 分别表示投资和消费，

---

[1] 陈锡康等：《投入产出技术》，科学出版社，2011。

于是，两个分量的变动分别表示投资变动和消费变动。所以，针对两部类再生产模型的特殊结构，能够清晰地辨识出最终产品当中投资、消费变动的确切分离，为研究投资乘数和消费乘数提供了条件。

乘数、加速数作用机制发生的前提条件，是经济体系中存在可用于增加生产的生产资料和劳动力，也就是最终产品向量的两个分量都大于 0。从（2）式看到，分量 F_{I} 大于 0，恰好就是马克思给出的两部类扩大再生产条件

$$V_{\mathrm{I}} + M_{\mathrm{I}} > C_{\mathrm{II}} \tag{11}$$

所以，仅当扩大再生产情形下，才有可能存在乘数、加速数。

经典的投资乘数研究以假设全社会边际消费倾向（边际储蓄倾向）固定不变为前提，而从（2）、（5）两式可知，全社会消费倾向是被消费与投资之比 $F_{\mathrm{II}}/F_{\mathrm{I}}$ 决定，等价于被两个部类总产品之间的比例 $X_{\mathrm{II}}/X_{\mathrm{I}}$ 决定。当且仅当比例关系 $X_{\mathrm{II}}/X_{\mathrm{I}}$ 固定不变，全社会消费倾向固定不变，从而全社会边际消费倾向固定不变。当全社会最终投资发生一个单位的变动，必然相应发生 $F_{\mathrm{II}}/F_{\mathrm{I}}$ 个单位的消费变动；于是相应的最终产品列向量变动是 $(1, F_{\mathrm{II}}/F_{\mathrm{I}})^{T}$。同样道理，当全社会最终消费发生一个单位的变动，必然相应发生 $F_{\mathrm{I}}/F_{\mathrm{II}}$ 个单位的消费变动；于是相应的最终产品列向量变动是 $(F_{\mathrm{I}}/F_{\mathrm{II}}, 1)^{T}$。根据（9）、（2）两式，有

$$投资乘数 = y(I - A)^{-1}(1, F_{\mathrm{II}}/F_{\mathrm{I}})^{T} \tag{12}$$

和

$$消费乘数 = y(I - A)^{-1}(F_{\mathrm{I}}/F_{\mathrm{II}}, 1)^{T} \tag{13}$$

为了计算出投资乘数、消费乘数，需要分别计算出增加值系数行向量 y，完全需要系数矩阵 $(I - A)^{-1}$ 和消费与投资之比 $F_{\mathrm{II}}/F_{\mathrm{I}}$。

根据（4）式计算出

$$(I - A)^{-1} = \begin{pmatrix} \dfrac{1 + h_{\mathrm{I}} + e_{\mathrm{I}}}{1 + e_{\mathrm{I}}} & \dfrac{h_{\mathrm{II}}(1 + h_{\mathrm{I}} + e_{\mathrm{I}})}{(1 + e_{\mathrm{I}})(1 + h_{\mathrm{II}} + e_{\mathrm{II}})} \\ 0 & 1 \end{pmatrix} \tag{14}$$

为了计算出行向量 y，根据（4）式，计算出第 j 部类（$j = \mathrm{I}, \mathrm{II}$）的直接消耗系数合计是

$$\sum_{i=1}^{\mathrm{II}} a_{ij} = \frac{h_j}{1 + h_j + e_j} \quad j = \mathrm{I}, \mathrm{II} \tag{15}$$

分别以第 Ⅰ、第 Ⅱ 部类的直接消耗系数合计 $\displaystyle\sum_{i=1}^{\mathrm{II}} a_{ij}$ 作为元素构造 2 阶对角矩阵

A_c，即

$$A_c = diag\left(\sum_{i=1}^{\mathrm{II}} a_{i\mathrm{I}}, \sum_{i=1}^{\mathrm{II}} a_{i\mathrm{II}} \right) \qquad (16)$$

于是

$$y = (1,1)(I - A_c) \qquad (17)$$

再根据（2）式和（1）式

$$\frac{F_{\mathrm{II}}}{F_{\mathrm{I}}} = \frac{X_{\mathrm{II}}}{V_{\mathrm{I}} + M_{\mathrm{I}} - C_{\mathrm{II}}} = \frac{1}{\dfrac{1 + e_{\mathrm{I}}}{1 + h_{\mathrm{I}} + e_{\mathrm{I}}} - \dfrac{h_{\mathrm{II}}}{1 + h_{\mathrm{II}} + e_{\mathrm{II}}}\left(\dfrac{X_{\mathrm{II}}}{X_{\mathrm{I}}}\right)}\left(\dfrac{X_{\mathrm{II}}}{X_{\mathrm{I}}}\right) \qquad V_{\mathrm{I}} + M_{\mathrm{I}} > C_{\mathrm{II}} \qquad (18)$$

将（14）、（16）、（17）、（18）式都代入（12）、（13）式，计算出

$$投资乘数 = \frac{\dfrac{1 + e_{\mathrm{I}}}{1 + h_{\mathrm{I}} + e_{\mathrm{I}}} + \dfrac{1 + e_{\mathrm{II}}}{1 + h_{\mathrm{II}} + e_{\mathrm{II}}}\left(\dfrac{X_{\mathrm{II}}}{X_{\mathrm{I}}}\right)}{\dfrac{1 + e_{\mathrm{I}}}{1 + h_{\mathrm{I}} + e_{\mathrm{I}}} - \dfrac{h_{\mathrm{II}}}{1 + h_{\mathrm{II}} + e_{\mathrm{II}}}\left(\dfrac{X_{\mathrm{II}}}{X_{\mathrm{I}}}\right)} \qquad (19)$$

$$消费乘数 = \frac{1 + e_{\mathrm{II}}}{1 + h_{\mathrm{II}} + e_{\mathrm{II}}} + \frac{1 + e_{\mathrm{I}}}{1 + h_{\mathrm{I}} + e_{\mathrm{I}}}\left(\frac{X_{\mathrm{I}}}{X_{\mathrm{II}}}\right) \qquad (20)$$

投资乘数计算公式（19）与陶为群、陶川（2011）推导并验证了的投资乘数算式完全相同。

四　马克思两部类扩大再生产模型中的投资乘数、消费乘数的具体形成过程

关于马克思两部类扩大再生产模型中的投资乘数、消费乘数的具体形成过程，可以运用经典的凯恩斯乘数推导方法加以阐述。

当全社会最终投资发生一个单位的变动，从而相应发生最终产品列向量变动 $(1, F_{\mathrm{II}}/F_{\mathrm{I}})^T$，这个变动的列向量首先形成直接的总产品需要变动 $(1, F_{\mathrm{II}}/F_{\mathrm{I}})^T$；根据（6）式，它的中间消耗是 $A(1, F_{\mathrm{II}}/F_{\mathrm{I}})^T$，成为第 1 次间接需要总产品变动列向量；第 1 次间接需要变动列向量的中间消耗是 $A \times \{A(1, F_{\mathrm{II}}/F_{\mathrm{I}})^T\} = A^2(1, F_{\mathrm{II}}/F_{\mathrm{I}})^T$，成为第 2 次间接需要总产品变动列向量；……；如此不断继续下去，由于中间消耗而形成的第 n 次间接需要总产品变动列向量是 $A^n(1, F_{\mathrm{II}}/F_{\mathrm{I}})^T$。而每一次的直接、间接需要总产品变动列向量左乘增加值系数行向量 y，就是相应的收入变动量。所以，全社会最终投资发生一个单位的变动，而产生的收入变动总量即投资乘数是

$$投资乘数 = y\{I + \sum_{n=1}^{\infty} A^n\}(1, F_{II}/F_{I})^{T} = y(I - A)^{-1}(1, F_{II}/F_{I})^{T}$$

就是计算公式（12）。

当全社会最终消费发生一个单位的变动，从而相应发生最终产品列向量变动 $(F_{I}/F_{II}, 1)^{T}$，运用同样方法可以推导出消费乘数的计算公式（13）。

从（19）、（20）两式看到，在马克思两部类扩大再生产模型中，投资乘数、消费乘数都是被两个部类的资本有机构成、剩余价值率以及两部类之间的比例关系 X_{II}/X_{I} 这些结构参数决定的。所以，这两个乘数实质上体现了马克思两部类扩大再生产模型中的经济结构和按比例发展原理的作用。

五　马克思两部类扩大再生产模型中的加速数以及乘数—加速数作用机制

在宏观经济学中通常以 K 代表生产资本，加速数指国民收入变动所能导致资本总额的变动比例。即

$$\alpha = \frac{\Delta K}{\Delta Y} \tag{21}$$

在宏观经济学中，投资是指一个经济体系中新的资本形成，而按净额的口径，新的资本形成是当年新创造产品中没有被消费掉的那部分产品。前面已经指出，在马克思两部类扩大再生产模型中，没有被消费掉的那部分产品在实物形态上只能是生产资料，投资是新增生产资料。所以，新的资本形成也就是新增不变资本 ΔC。那么，资本存量的净增量 ΔK 在这里对应的就是新增不变资本 ΔC。即

$$\Delta K = \Delta C \qquad V_{I} + M_{I} > C_{II} \tag{22}$$

而 $\Delta C = \Delta C_{I} + \Delta C_{II}$。根据表 1 所列的关系和（10）式，两个部类新增不变资本列向量与新增总产品列向量 ΔX 的关系是

$$(\Delta C_{I}, \Delta C_{II})^{T} = A(\Delta X_{I}, \Delta X_{II})^{T} \tag{23}$$

根据（12）、（13）式，国民收入变动与最终需求中的投资、消费变动，以及总产品变动都是一一对应的。当全社会最终投资发生一个单位的变动，就相应发生最终产品列向量变动 $(1, F_{II}/F_{I})^{T}$，国民收入变动就是投资乘数；反之，如果发生了国民收入变动 ΔY，则除以投资乘数，根据（12）式可以解出消费与投资之比 F_{II}/F_{I}，从而得知对应发生的最终产品列向量相对变动是 $(1, F_{II}/F_{I})^{T}$。再根据（9）式，又可得知对应发生的总产品列向量相对变动 ΔX 是

$$\Delta X = (I - A)^{-1} (1, F_{II}/F_I)^T \tag{24}$$

将（24）式代入（23）式，可知当发生国民收入变动 ΔY 时，对应发生的两个部类新增不变资本列向量是

$$(\Delta C_I, \Delta C_{II})^T = A (I - A)^{-1} (1, F_{II}/F_I)^T \tag{25}$$

根据（21）、（22）、（25）和（19）式，得

$$\alpha = \frac{(1,1)(\Delta C_I, \Delta C_{II})^T}{投资乘数} = \frac{(1,1)A(I-A)^{-1}(1,F_{II}/F_I)^T}{投资乘数} \tag{26}$$

将（4）、（14）、（18）、（19）式代入上式，得

$$\alpha = \frac{\dfrac{h_I}{1+h_I+e_I} + \dfrac{h_{II}}{1+h_{II}+e_{II}}\left(\dfrac{X_{II}}{X_I}\right)}{\dfrac{1+e_I}{1+h_I+e_I} + \dfrac{1+e_{II}}{1+h_{II}+e_{II}}\left(\dfrac{X_{II}}{X_I}\right)} \qquad V_I + M_I > C_{II} \tag{27}$$

乘数—加速数作用机制指的是，投资增长通过乘数的作用引起总收入或总供给的增加，而总收入或总供给增加以后，将引起消费的增加，消费的增加又会引起投资即"引致投资"的增加，并且这种投资增长的速度要比总收入或总供给增长的速度快。在马克思两部类扩大再生产模型中，（26）式表示的加速数对于乘数—加速数作用机制作了清晰的反映。并且（19）、（20）、（27）式还进一步表明，乘数、加速数以及乘数—加速数作用机制，实质上都是体现了马克思两部类扩大再生产模型中的经济结构和按比例发展原理的作用。

六 以《资本论》中的举例验算

下面，用《资本论》第二卷第二十一章中的第一例，对以上论述分析的马克思两部类扩大再生产模型的乘数、加速数，做具体计算验证（见表1）。马克思用该例做了连续5年的扩大再生产计算，来说明两个部类的扩大再生产过程[①]。按照马克思的计算结果，在该例中从第2年起，两个部类总产品之间的比例关系 X_{II}/X_I 保持既定不变，满足了本文阐明的乘数、加速数形成条件。所以从第3年起，每年相对于上一年的最终产品向量变动 $(\Delta F_I, \Delta F_{II})^T$，与增加值变动行向量 $(\Delta Y_I, \Delta Y_{II})$ 之间，形成固定不变的关系，从而可以计算出乘数、加速数。表1中前4列数据都是直接引用该例给出的结果，后面各列数值，则是按照本文所阐述的各个内容，使用前4列数据算出。该例中设定两个部类结构参数 $h_I =$

[①] 《资本论》（第二卷），人民出版社，2004，第 574 – 579 页。

4，$h_{II} = 2$，$e_I = e_{II} = 1$，将这些数据分别带入（19）、（20）、（27）式，计算出从第 3 年起，两部类扩大再生产的投资乘数、消费乘数、加速数理论值分别是 6.33、1.1875、1.5789，表 1 中列出的第 3 年投资乘数算例值与理论值相等，第 4 年算例值与理论值略有偏差，是由于前 4 列数据取整数的舍入所致；第 3 年、第 4 年的消费乘数、加速数理论值都与算例值相等。这样就验证了以上论述分析的马克思两部类扩大再生产模型的乘数、加速数计算公式的正确性。

表 1　引用《资本论》第二卷第二十一章第一例计算验证

年度	部类	不变资本 C	可变资本 V、剩余价值 M	新创造价值 $Y = V + M$	总产品 $X = C + Y$	部类间比例 $\frac{X_{II}}{X_I}$	净投资 $I = \Delta C$	净投资比上年增量 ΔI	国民净收入比上年增量 ΔY	投资乘数值 $\frac{\Delta Y}{\Delta I}$	消费乘数值 $\frac{\Delta Y}{\Delta X_{II}}$	加速数值 $\frac{\Delta C}{\Delta Y}$
1	全社会	5500	1750	3500	9000	0.5	500					
	第 I 部类	4000	1000	2000	6000		400					
	第 II 部类	1500	750	1500	3000		100					
2	全社会	6000	1900	3800	9800	0.4848	600	100	300			
	第 I 部类	4400	1100	2200	6600		440					
	第 II 部类	1600	800	1600	3200		160					
3	全社会	6600	2090	4180	10780	0.4848	660	60	380	6.33	1.1875	1.5789
	第 I 部类	4840	1210	2420	7260		484					
	第 II 部类	1760	880	1760	3520		176					
4	全社会	7260	2299	4598	11858	0.4848	725	65	418	6.43	1.1875	1.5789
	第 I 部类	5324	1331	2662	7986		532					
	第 II 部类	1936	968	1936	3872		193					

韦斯科普夫对利润率动态的研究及其局限

孟 捷 李亚伟*

在 20 世纪 70 年代，马克思主义经济学关于利润率下降和危机的研究产生了三个流派。第一个流派主张，利润率下降和危机的爆发可归因于资本有机构成的提高。该流派的主要代表是曼德尔和谢克（也译赛克）。第二个流派则把利润率下降和危机归于实现困难，该流派的主要代表是以斯威齐为首的"《每月评论》派"。第三个流派的观点往往被称作"利润挤压论"，认为工资成本上涨侵蚀利润份额，是造成利润率下降和危机的主要原因。这一派的人数在三派中最多。调节学派、社会积累结构学派、日本宇野学派的主要人物都隶属于这一派。

1979 年，美国学者韦斯科普夫（Weisskopf，1979）提出了一个分析利润率变动的框架，试图整合上述三种理论，并利用相关数据对三种理论进行实证检验。他的研究结论维护了"利润挤压论"的观点，即工资成本上升是造成利润份额下降和利润率下降的主要原因。韦斯科普夫的研究产生了一定影响，赢得了一些追随者（如 Hahnel and Sherman，1982b；Henley，1987；Michl，1988；Bakir and Campbell，2006；Cámara，2013）。但也因方法的局限引发了一些学者的争论。本文试图梳理围绕韦斯科普夫的研究所产生的争论，探究其研究进路的长处和局限性。全文由四部分组成：第一部分介绍韦斯科普夫的基本观点；第二部分讨论芒利对韦斯科普夫的质疑，第三部分评述莫斯里和韦斯科普夫围绕生产性劳动问题的争论；第四部分是总结。

一 韦斯科普夫对利润率变动原因的研究

按照韦斯科普夫的观点，利润率可定义为利润总额和净资本存量的比率。该比率又可进一步分解为以下三项不同的因素，即利润份额、产能利用率和产能资本比率。

$$\rho = \frac{\Pi}{K} = \frac{\Pi}{Y} \cdot \frac{Y}{Z} \cdot \frac{Z}{K} = \sigma_\Pi \varphi \zeta \tag{1}$$

其中 Π 是利润量，K 是净资本存量总额，Y 是实际产出（或收入），Z 是潜在产出。这样一来，利润率 ρ 就等于利润份额 σ_Π、产能利用率 φ 和产能资本比 ζ 这三者的乘积。

---

* 孟捷，清华大学《资本论》与当代问题研究中心、清华大学社会科学学院经济学研究所，教授、博士生导师；李亚伟，中国人民大学经济学院博士生。

等式（1）通过将利润率分解为二项不同因素，概括了前述三种马克思主义危机理论。诞生于 20 世纪 70 年代的"利润挤压论"认为，长期高速的资本积累会增加劳工的谈判力量，打破劳动与资本之间的力量平衡，增加工资在国民收入中的份额 σ_W。由于实际产出 Y 可以看作利润 Π 和工资 W 之和，利润份额就可以表述为

$$\sigma_\Pi = \frac{\Pi}{Y} = \frac{Y - W}{Y} = 1 - \sigma_W \tag{2}$$

工资份额的提高将缩减利润份额，在产能利用率和产能资本比率不变时也将导致利润率下降。这便是"利润挤压论"的核心观点。

把利润率下降和危机归于实现克难的"实现失败论"假定，长期持续的资本积累将导致对商品的需求落后于对商品的生产，由此产生的需求不足将迫使资本家限制产出水平，或者降低产品价格，以降低未售出产品的库存。由于在当代资本主义经济的许多部门中都有限制降价的制度，所以资本家主要依靠减少生产，降低产能利用率以应对需求不足。换言之，"实现失败论"认为产能利用率 φ 的下降是利润率下降的根源。

韦斯科普夫指出，把利润率下降和危机归于资本有机构成提高的理论有两个基本假设，一是资本积累或迟或早会导致资本有机构成提高；二是剥削率在此过程中并无显著变动。他将资本有机构成 γ 定义为 $\gamma = K/W$，其中 K 为净资本存量，W（$= Y - \Pi$）为工资总额，Π 为利润。与方程式（1）相联系，资本有机构成 γ 可以分解为

$$\gamma = \frac{K}{W} = \frac{K}{Z} \cdot \frac{Z}{Y} \cdot \frac{Y}{W} = \frac{1}{\zeta} \cdot \frac{1}{\varphi} \cdot \frac{1}{\sigma_W} \tag{3}$$

按照韦斯科普夫的理解，上述"资本有机构成提高论"事实上假定剥削率 $\varepsilon = \Pi/W$ 为常数，这意味着利润份额 $\sigma_\Pi = \Pi/Y$ 以及工资份额 $\sigma_W = W/Y$ 保持不变。同时，这一理论也不依赖于对剩余生产能力的利用，即假定产能利用率 $\varphi = Y/Z$ 保持不变。这样一来，资本有机构成 $\gamma = K/W$ 的提高，只是引起产能资本比 ζ 的下降。换言之，方程（1）中的第三项即产能资本比 ζ 的下降构成了利润率下降的根源。

根据上述分析，通过对利润率进行分解而得到的方程（1）就囊括了三种马克思主义危机理论在解释利润率下降时所依赖的主要因素。可以设想，这三个因素各自的变化对利润率下降所造成的影响，分别反映了三种不同理论的解释力。为了验证这一点，韦斯科普夫把方程（1）转变为一个核算方程

$$\dot{\rho} = \dot{\sigma}_\Pi + \dot{\varphi} + \dot{\zeta} \tag{4}$$

在利用这一方程时，韦斯科普夫选取了美国非金融类公司部门（NFCB）作为考察对象，考察期为 1949 年第四季度到 1975 年第一季度。这一期间正好涵盖了五次完整的经济周期。几个主要变量的具体指标是：利润率 $\rho = \Pi/K$，Π 是税前净资本收入（包括公司利润加净利息），K 是净资本存量总额（包括固定资本和库存）。W 是全部雇员报酬，Π 与 W

合计等于 Y（即 NFCB 部门的净收入）。Z 为潜在净产出。

表 1 基本变量增长率：整个时期和周期之间

（全部数字均代表平均每年增长率）

单位:%

	整个时期	周　　期			
		I－II	II－III	III－IV	IV－V
利润率 $\dot{\rho}$	－1.20	－3.2	－1.5	＋2.2	－4.7
利润份额 $\dot{\sigma}_{\Pi}$	－1.24	－2.1	－1.1	＋0.7	－3.4
产能利用率 $\dot{\varphi}$	＋0.02	－0.5	－1.3	＋0.9	－0.4
产能资本比 $\dot{\zeta}$	＋0.02	－0.5	＋0.9	＋0.6	－0.9

资料来源：托马斯·韦斯科普夫：《马克思主义的危机理论和战后美国经济中的利润率》，《现代国外经济学论文集（第六辑）》，商务印书馆，1984，第 173 页。

韦斯科普夫在分析中使用了三组数据：第一组是在整个时期和历次周期之间基本变量的增长率，第二组是在周期的每个阶段①的基本变量增长率的平均值，第三组是在各次周期 B 阶段的基本变量增长率。表 1 展示的是第一组数据，从中可以明显地看出三个不同变量对利润率变化的影响，其中利润份额的变动对利润率的变化起着主要作用。在韦斯科普夫看来，与"实现失败论"和"有机构成提高论"相比，"利润挤压论"更有效地解释了战后美国 NFCB 部门的利润率下降。

上述分析虽能解释利润率下降的原因，但在韦斯科普夫看来仍有缺陷。他指出，第一，利润率 ρ 的三个基本构成变量，即利润份额 σ_{Π}、产能利用率 φ 和产能资本比 ζ，并非以唯一的或排他的方式与某一危机理论的假设联系在一起的。譬如，利润份额的变化并不只与劳工实力增强有关，它也可能反映产品实现的困难程度。第二，即使某一构成变量的变化可以精确反映某派理论的假设，却未必能区分这一派理论下属的各种不同的解释。比如，因劳工实力增强而导致的利润份额下降，究竟是由于实际工资的增速高于生产率增速，还是由于工资品价格的提高快于产出价格，在上述分析中就无从了解。为了弥补这些不足，韦斯科普夫还提出了以下更为精细的分析。

韦斯科普夫认为，某些工作如行政管理、工头等，其雇佣是由企业的生产能力或潜在产出所决定的，可以称为"间接雇员"；而另一些劳动的雇佣则由企业的实际产量来决定，可以称为"直接雇员"。当产品实现遇到困难，产能利用率下降时，直接雇员及其劳动可以被裁减到与实际产量成比例的程度，而间接雇员可能难以裁减。当产能利用率达到最佳水平时，间接雇员的数量恰好使每个人都能够在全部工作时间里进行有效的工作。当实际

---

① 韦斯科普夫把每个周期分为三个阶段，A 阶段是从 Y 波谷到 ρ 波峰，B 阶段是从 C_j 波峰到 V_j 波峰，C 阶段是从 M_j 波峰到 X_j 波谷。

产能利用率比最佳产能利用率低时，现实产量低于最佳产量，真正需要的间接劳动小时会相应减少，但从事间接劳动的雇员将继续工作，实际的间接劳动小时保持不变。

由于间接雇员及其劳动的存在，产能利用率的下降也和劳工实力的增强一样，可能引起工资份额的上升或利润份额的下降。为了区别引起工资份额上升的这两种原因，必须设法把产能利用率变化对工资份额的影响与劳工势力对工资份额的影响区分开来。[①] 为此，韦斯科普夫把工资份额分解为两部分：$\sigma_w = \sigma_w{}^* / \eta_w$。其中 $\eta_w = W^* / W$，W 是总工资，而 W^* 被定义为所谓真正需要的工资，即等于直接劳动的工资 + 真正需要的间接劳动的工资。由于总工资 W 的变化受到产能利用率的影响，故 η_w 与产能利用率有关，表示产能利用率的变化对工资份额的影响。$\sigma_w{}^*$ 定在此义为真正需要的工资份额，它的变动与产能利用率无关，只取决于劳工实力。

关于工资份额变动的原因，韦斯科普夫认为"利润挤压论"给出了两种解释，一是实际工资份额的变动，二是工资品和产品价格的相对变动。为了检验这两种观点，韦斯科普夫把真正需要的名义工资份额 $\sigma_w{}^*$ 进一步分解为两部分

$$\sigma_w{}^* = \frac{W^*}{Y} = \frac{P_w \bar{W}^*}{P_y \bar{Y}} = \frac{P_w}{P_y} \cdot \frac{\bar{w}^*}{\bar{y}^*} \tag{5}$$

其中 P_w 是工资品的价格指数，P_y 是 NFCB 部门产出的价格指数，P_w/P_y 表示工资品和产出价格的相对变化，韦斯科普夫认为这个比率代表的是"处于守势的劳工实力"。$\bar{w}^*$ 是真正需要的实际工资率，$\bar{y}^*$ 是真正需要的实际劳动生产率，$\bar{w}^*/\bar{y}^*$ 是真正需要的实际工资份额 ($\bar{W}^*/\bar{Y}$) 的转化形式，韦斯科普夫认为它代表的是"处于攻势的劳工实力"。

在做了这些区分之后，韦斯科普夫对增长核算方程（4）进行了修改，从利润份额的变动中剔除产能利用率的变动，并把利润份额的变动分解为两部分，一部分表示攻势劳工实力的变动，另一部分表示守势劳工实力的变动。这样就有了（6）式

$$\dot{\rho} = \dot{\rho}_l + \dot{\rho}_r + \dot{\rho}_c \tag{6}[②]$$

利用式（6）进行计量运算，韦斯科普夫发现，劳工实力的变动依然是利润率变动的主要影响因素，换言之，"利润挤压论"对美国战后 NFCB 部门的利润率下降仍然更具解

---

① 在一篇未发表的论文中（Munley，Frank，1979），芒利开创性地分析了产能利用率如何影响工资份额的特殊机制。他发现，在美国制造业者年度统计中，雇员报酬分为工资和薪金。薪金和增加值之间的比率与周期性变动的产能利用率高度（反向）相关，而工资与增加值的比率并不呈现周期性变动。与之相对应，芒利把雇员划分为生产工人和支薪雇员，生产工人获得工资，支薪雇员获得薪金，他发现产能利用率的降低会带来对生产工人的解雇，却很少会带来对支薪雇员的解雇，因而会导致工资份额提高。受芒利的启发，韦斯科普夫注意到把雇员报酬区分为薪金和工资的美国制造业者年度统计，并对间接劳动所引致的产能利用效应展开了分析。参见 Hahnel & Sherman（1982a）和 Weisskopf（1979）所做的介绍。

② 其中 $\dot{\rho}_l$ 衡量劳工实力变动对利润率的影响，$\dot{\rho}_r$ 衡量实现条件变动的影响，$\dot{\rho}_c$ 衡量资本有机构成变动的影响。$\dot{\rho}_l$ 包括两部分，一部分衡量攻势劳工实力变动的影响，另一部分衡量守势劳工实力变动的影响。

释力。韦斯科普夫同时还发现，在劳工实力的变动中，对利润率下降发挥主要作用的是守势劳工实力的增强，即工资品价格相对于产品价格的提升。

二　劳工实力的衡量指标及其修正

韦斯科普夫的论文发表后，一位作者芒利针对韦斯科普夫采用劳工实力概念及其衡量指标提出了三点意见。第一，芒利认为，韦斯科普夫以名义工资份额 σ_w^* 衡量劳工实力是不准确的。[①] 在芒利看来，劳工实力是一个多元化概念，既包括取得更高的工资、更高的实际消费以及更好的工作条件的能力，又包括对政府和公众的影响力。考虑到劳工实力的复杂性质，任何对它的单一定义都可能在某些方面存在缺陷，仅用名义变量来定义就更是如此。在通货膨胀期间，工人的名义工资可能增加，但实际购买力可能不变甚至下降，所以有必要以实际变量来衡量劳工实力。

第二，芒利认为，韦斯科普夫用来衡量攻势劳工实力的指标即实际工资份额 $\bar{\sigma}_w^* = \bar{w}^* / \bar{y}^*$，看起来与劳工的福利状况联系最为密切，但代表生产率的 $\bar{y}^*$ 不是一个衡量劳工实力的显而易见的指标。在韦斯科普夫界定的经济周期 B 阶段（即从 ρ 波峰到 $\bar{Y}$ 波峰），可能会出现追加雇佣缺乏足够培训的新工人、囤积劳动力和工人抗争等现象。在这三种现象中，前两者都与劳工实力无关。缺乏培训、劳动力囤积以及工人抗争都有可能阻碍生产率增长，但三者带来的影响难以彼此区分。此外，在工作场所推行民主化也是劳工实力增强的标志，但这一民主化有助于提高而不是降低生产率，因而也有利于资本。在芒利看来，只有实际工资率 $\bar{w}^*$ 才是一个衡量劳工实力的显而易见的指标。

第三，芒利认为，韦斯科普夫所定义的守势劳工实力及其衡量指标 P_w / P_y，所代表的仅仅是名义工资份额和实际工资份额之间的差别而已，并不能构成一种特殊类型的劳工实力。值得强调的是，鉴于韦斯科普夫的研究最终把利润率下降主要归因于守势劳工实力的增强，芒利对守势劳工实力概念的这一点批评在理论上就显得尤为重要（后文还将涉及这一点）。

韦斯科普夫承认，名义工资份额 σ_w^* 不是一个好的指标，但他也不认同实际工资率 $\bar{w}^*$ 是一个好的指标。在他看来，劳工实力是一个相对概念，表示的是两个阶级在就分配进行斗争时，相对于资本实力而言劳工实力的变化。对这一概念的衡量，可以采用表示相对比率的工资份额，而不是表示绝对值的实际工资。实际工资衡量的是工人真正带回家的福利，但它并不能表示相对于资本而言的劳工福利或权力。劳工实力增强的证据并不仅仅是生产率自身的变动，而是实际工资增速与生产率增速之比的变动。因而，韦斯科普夫主

---

①　在韦斯科普夫那里，加"*"的变量均表示"真正需要的……"，为了表述的方便，下文均省去"真正需要的"这几个字。比如 σ_w^* 表示真正需要的名义工资份额，此处及下文均直接表述为名义工资份额 σ_w^*。

张以实际工资份额即 $\bar{\sigma}_w{}^* = w^*/y^*$ 作为衡量劳工实力的指标。

面对芒利的第二点批评，韦斯科普夫还做出了下列回应：（1）芒利关于工作场所民主化导致生产率上升的例子，并不与韦斯科普夫对劳工实力的解释相矛盾。如果工作场所民主化导致生产率的提高超过实际工资的提高，劳工实力就被减弱。只有当工作场所民主化导致实际工资增速超过生产率增速时，才意味着劳工实力的增强。（2）在经济周期 B 阶段，伴随实际产出的增长，会追加雇用新的工人。韦斯科普夫承认，这些新工人因其缺乏必要的培训和技能，的确会导致劳动生产率的增长减速。但与此同时，这些新雇员的工资也比原有的工人要低。综合来看，即从新增雇员对实际工资份额（$\bar{\sigma}_w{}^* = \bar{w}^*/\bar{y}^*$）的影响来看，新增雇员给生产率增长带来的负面影响可能因其低工资而大致抵消。（3）韦斯科普夫承认，在 B 阶段囤积熟练工人的现象不能用劳工实力增强来解释，也承认在 B 阶段对生产工人和支薪雇员的囤积都比 A 阶段和 C 阶段更为普遍，囤积的生产工人不能由被解雇的支薪雇员所抵消。韦斯科普夫认为他在 B 阶段低估了产能利用效应（即真正需要的工资所占的比率 η_w），在 A 阶段和 C 阶段高估了这一效应。

面对芒利对劳工实力概念所做的批评，韦斯科普夫最终做出了让步。他将衡量整体劳工实力的指标由名义工资份额改为实际工资份额，并对攻势劳工实力和守势劳工实力做了重新界定。在式（7）中，实际工资份额被分解为两个部分

$$\bar{\sigma}_w{}^* = \frac{\bar{W}^*}{\bar{Y}^*} = \frac{\bar{W}^*}{\bar{Q}^*} \cdot \frac{\bar{Q}^*}{\bar{Y}^*} = \frac{\bar{w}^*}{\bar{q}^*} \cdot \frac{P_y}{P_q} \tag{7}$$

韦斯科普夫以 Q^* 表示产出的名义价值，Y^* 表示所对应收入的名义价值，二者相等，即有 $Q^* = Y^*$。P_q 是产出平减指数，以美国 NFCB 部门所生产的商品不变价格为基础，$\bar{Q}^* = Q^*/P_q$。P_y 是收入平减指数，以收入（包括工资和利润）所购买的商品的不变价格为基础，$\bar{Y}^* = Y^*/P_y$。由于 $Q^* = Y^*$，所以 $\bar{Q}^*/\bar{Y}^* = P_y/P_q$。$\bar{w}^*$ 表示实际工资率，$\bar{q}^*$ 表示实际生产率（以前用 $\bar{y}^*$ 表示，现在用 $\bar{q}^*$ 来表示，以强调它是由产品价格指数 P_q 平减后的产出来衡量，而不是由收入平减指数 P_y 平减后的收入来衡量），$\bar{W}^*/\bar{Q}^* = \bar{w}^*/\bar{q}^*$。

韦斯科普夫用 $\bar{w}^*/\bar{q}^*$ 衡量攻势劳工实力，用 P_y/P_q 衡量守势劳工实力。计算 P_q 所涉及的商品是 NFCB 部门的产品，可以近似地由美国国内生产的产品来代表。计算 P_y 所涉及的商品既包括国内生产的产品，又包括进口的产品。因此，P_y/P_q 的变动也与贸易条件有关。

在韦斯科普夫看来，即便以收入平减指数代替产出平减指数，名义工资份额的变动也与实际工资份额的变动也是大体一致的。在运用收入平减指数时，名义工资份额可以写为

$$\sigma_w{}^* = \frac{W^*}{Y^*} = \frac{P_w \bar{W}^*}{P_y \bar{Y}^*} = \frac{P_w}{P_y} \cdot \bar{\sigma}_w{}^* \tag{8}$$

在数学上，收入平减指数 P_Y 近似地等于 $P_W^{\sigma_W} P_{\pi}^{\sigma_{\pi}}$，其中 P_W 表示以工资购买的商品的价格指数，P_{π} 表示以利润购买的商品的价格指数。韦斯科普夫收集到的经验数据表明，σ_W 平均接近80%，σ_{π} 接近20%。利用 P_K（资本品价格指数）作为 P_{π} 的近似指标，[①] P_Y 就可以粗略地估算为 $P_W^{4/5} P_K^{1/5}$，P_W/P_Y 就等于 $(P_W/P_K)^{1/5}$。同时，经验数据还表明，P_W 与 P_k 的基本时间序列密切相关，从而 $(P_W/P_K)^{1/5}$ 就近似地等于一个接近1的常数。换言之，实际工资份额的变动就大体等于名义工资份额的变动。这样一来，韦斯科普夫就认为不必再把平减指数的改换应用到他的经验分析当中，因为这一改换不会给经验结果带来较大影响。

韦斯科普夫舍弃了先前采用的守势劳工势力的衡量指标 P_W/P_Y，改以 P_Y/P_Q 来衡量。但韦斯科普夫所做的这一改变，在我们看来并没有使芒利的批评失效。P_Y/P_Q 所表示的依然只是实际工资份额 $\bar{\sigma}_w{}^*$ 与 $\bar{w}^*/\bar{q}^*$ 之间的差别而已。P_Y/P_Q 本身是一个受贸易条件影响的价格比率，其变动有诸多复杂的原因，与劳工实力并无直接的联系。只是因为在数学表达式上 P_Y/P_Q 是实际工资份额 $\bar{\sigma}_w{}^*$ 的一个组成部分，韦斯科普夫就宣布 P_Y/P_Q 代表守势劳工实力，这是十分牵强的。在现实中若以 P_Y/P_Q 表达某种特殊类型的劳工实力，很容易得出荒谬的结论。譬如，美国从中国进口廉价的日用品会使 P_Y 下降，美国劳工阶层的生活质量也会因此得到一定程度的提升，如果 P_Q 没有同时发生明显的变化，与中国的这种贸易就会降低 P_Y/P_Q。在韦斯科普夫那里，该比率的下降意味着美国劳工实力的减弱。这种推论显然是难以让人信服的。

三　区分生产劳动和非生产劳动对估算利润率的影响

韦斯科普夫在估算利润份额时未区分生产劳动和非生产劳动，对此莫斯里提出了批评（Moseley，1985）。莫斯里认为，韦斯科普夫把利润份额作为衡量马克思剩余价值率的指标，但韦斯科普夫估算的利润份额在1949～1975年下降了28%，这与马克思的预期（剩余价值率将在长期中上升）相矛盾。按照马克思的论述，在资本主义条件下劳动生产率呈上升趋势，而劳动后备军的增长却会给工资增长带来下行的压力，因此劳动生产率的增速会超过实际工资的增速，剩余价值率在长期中将会上升。在莫斯里看来，韦斯科普夫的估算之所以与马克思的预期相矛盾，是因为韦斯科普夫没有考虑到马克思对于生产劳动和非生产劳动的区分。为此，莫斯里回顾了马克思对生产劳动和非生产劳动的定义，并在区分这两者的前提下对剩余价值率进行了估算，结果发现美国经济的剩余价值率在1949～1975年增长了15%。

基于马克思对生产劳动和非生产劳动的区分，莫斯里试图构造一种对战后美国经济利

---

① P_{π} 与 P_k 的区别在于，资本家以利润购买的商品既包括资本品又包括生活用品。

润份额下降的替代性解释。他所关注的是利润 - 工资比率 Π/W 而不是利润份额 Π/Y。Π/W 和 Π/Y 的变动方向和变动原因显然是一致的，但 Π/W 的变动更大一些。

引入生产劳动和非生产劳动的区别后，工资（W）等于可变资本（V）与非生产劳动的薪金（U）之和；利润（Π）等于剩余价值（S）与非生产劳动的薪金（U）之差。利润 - 工资比率可以表示为

$$\Pi/W = (S - U)/(V + U) = (S/V - U/V)/(1 + U/V) \tag{9}$$

等式（9）表明，利润 - 工资比率 Π/W 和剩余价值率 S/V 成正比，和非生产劳动的薪金与可变资本的比率 U/V 成反比。利润 - 工资比率 Π/W 的下降可能有两个原因，分别是剩余价值率的下降和 U/V 的上升。在 1949~1975 年，剩余价值率不仅没有下降，反而增长了 15%；而非生产薪金与可变资本的比率 U/V 则增长了 65%，从 1949 年的 0.57 增长到了 1975 年的 0.94。因此可以得出结论：利润 - 工资比率下降的原因是非生产薪金与可变资本的比率 U/V 的大幅度上升。

非生产薪金与可变资本的比率 U/V 等于

$$U/V = (L_u/L_p)(U_a/V_a) \tag{10}$$

其中 L_u 表示非生产雇员的数量，L_p 表示生产工人的数量，U_a 表示非生产雇员的平均工资，V_a 表示生产工人的平均工资。根据等式（10），U/V 的上升可以有两个原因：L_u/L_p 的上升或者 U_a/V_a 的上升。在 1949~1975 年，U_a/V_a 不仅没有上升，反而下降了 2%，而 L_u/L_p 则上升了 68%。非生产雇员的数量在这一时期里增长了一倍还多，而生产工人则只增长了 30%，所以 L_u/L_p 大幅度上升。在莫斯里看来，利润 - 工资比率下降（和利润份额的下降）的深层次原因是 L_u/L_p 的大幅度上升。

韦斯科普夫对莫斯里的批评做了如下回应（Weisskopf, 1985）。他首先申明，自己并未以利润份额作为衡量马克思剩余价值率的指标，他分析利润份额的目的并不是为了严格地以马克思的方式来测量剩余价值率，而是为了分析美国经济中利润率的变动。和难以观测的剩余价值率相比，利润份额这一变量对经济行为有着更加直接的影响。关于利润份额下降的原因，韦斯科普夫认为，莫斯里的证据仅仅是核算方程中相关变量的时间序列数据，但核算方程并不能表明变量之间的因果关系。莫斯里的数据虽然与他的结论（L_u/L_p 是利润份额下降的根本原因）相一致，利润份额的下降仍然可能有其他的原因。韦斯科普夫还提出，应该更细致地分析引发 L_u/L_p 上升的原因。在他看来，一种可能性是，60 年代末的充分就业形势增强了劳工在生产过程中的权力，企业被迫增加非生产雇员，以便加强对生产性工人的监督和控制。这样一来，韦斯科普夫最终又捍卫了利润挤压论的观点。

韦斯科普夫的回应有两点值得肯定。第一，L_u/L_p 的上升是和利润份额的下降相伴随的，但还不足以作为对后者的因果解释；第二，L_u/L_p 上升的原因本身也有待进一步的解

释。莫斯里的研究进路事实上来自另一位马克思主义经济学家吉尔曼，后者在研究 20 世纪初期美国的利润率下降时，也将其原因归于企业的非生产性支出的提高。但是，正如巴兰在评论吉尔曼的理论时所指出的，在有效需求不足的前提中，非生产性支出的提高有可能促进了剩余价值的实现，从而有助于提高利润率。[1] 这一批判是中肯的，在笔者看来，似乎也可运用于莫斯里的观点。从剩余价值生产和剩余价值实现的矛盾来看，非生产性支出的增长有可能是垄断资本为了克服实现困难而采取的举措，而非导致利润率下降的直接原因。

尽管如此，在估算利润份额和利润率时，引入生产性劳动和非生产性劳动的区别却是必要的。考虑到韦斯科普夫不仅是要计算利润率，而且是要验证马克思主义关于利润率下降的理论，他所采用的指标在多大程度上符合或接近马克思对利润率的界定，就是一个不容回避的问题。在评价韦斯科普夫和莫斯里的争论时，高峰教授指出，韦斯科普夫把作为剩余价值转化形式的利润等同于资产阶级纳税前的财产收入，把作为可变资本的工资等同于企业的全部雇员报酬，把上述二者之和等同于企业的净收入，这就从两方面低估了作为剩余价值转化形态的利润量及其增长程度。一方面，企业生产的净产值在转化为雇员报酬和雇主收入之前，有一部分要用于与销售有关的开支上，它们属于非生产性的"不变"费用，只能从剩余价值中补偿；另一方面，企业雇员中有一部分人从事与纯购销职能和监督职能有关的活动，他们的薪金报酬属于非生产性的"可变"费用，也只能从剩余价值中得到补偿。这两部分非生产费用实际上属于剩余价值或与其相当的利润范畴，韦斯科普夫却把他们排除在利润量之外，这就低估了利润量。由于这两部分非生产费用会随着资本主义的发展趋于增大，韦斯科普夫的计算方法也必然低估了利润量的增长程度。由于大大低估了利润量，尽管用不变资本代替全部资本作为分母，韦斯科普夫的计算仍然缩小了利润率的实际水平。由于缩小了剩余价值量和利润量，并夸大了可变资本量，所以他的计算也不能反映利润份额以及剩余价值率的变动趋势（高峰，1991）。

四　韦斯科普夫研究进路的局限性

韦斯科普夫的研究代表了马克思主义经济学对利润率动态进行理论和实证相结合分析的重要尝试。一方面，他的研究进路具有一些明显的优势。第一，他力图在一个统计的架构里概括三种不同的马克思主义流派的观点，并对各种观点的有效性分别进行实证检验。第二，这一研究所涉及的各种变量，可以较为容易地在官方统计中取得相应的数据，便于进行计量运算。基于这些原因，韦斯科普夫的论文引起了较大的反响，赢得了不少追随者。近年来，还有一些学者利用他的方法研究了 2008 年危机之前美国的利润

---

[1]　Howard，M. C.，and J. E. King，*A History of Marxian Economics*，Vol. 2，London：Macmillan，1992，pp. 141 – 142.

率长期动态。在此意义上，完全可以认为形成了一个关于各种利润率研究的韦斯科普夫学派。①

另一方面，韦斯科普夫的研究进路也存在一些局限性。在理论上，韦斯科普夫的观点隶属于 70 年代形成的"利润挤压论"。该理论认为，60 年代末美国制造业部门的利润率下降，是由劳工实力增强、工资成本上升过快造成的。这种单纯以劳资关系的变化来解释利润率下降的理论，受到了许多马克思主义者的批评。在其最初发表于 90 年代末的著作中，美国学者布伦纳就全面批判了"利润挤压论"，在学术界产生了广泛影响（Brenner，2006）。与此同时，和利润挤压论有竞争关系的其他理论流派，也在发展自己的理论。其中最为突出的大概是"《每月评论》派"，它把利润率下降的危机归因于剩余价值生产和剩余价值实现的矛盾。另外，所谓"资本有机构成提高论"也发展了自己的实证研究。最近克莱曼就提出，在 1947～2007 年间，美国公司部门的雇员报酬和利润在公司收入中所占的份额并没有发生明显的变化，而利润率出现了大幅度的下降，这一下降几乎全部归因于资本有机构成的提高（Kliman，2012）。

在实证方法上，韦斯科普夫的研究也存在一些缺陷。韦斯科普夫在概念界定和有关指标的选择上并未严格遵从马克思的概念，这大致体现在：（1）他以产能资本比的变动来代表资本有机构成；（2）他没有区分生产劳动和非生产劳动；（3）他所计算的是以现行成本（重置成本）衡量的利润率，而不是以历史成本衡量的利润率。由于上文已经讨论过第（2）点，这里只就其他各点略作讨论。

关于第（1）点。高峰教授曾指出（1991），只有在劳动生产率（即产量/劳动比率）不变时，产量/资本比率的上升才意味着资本/劳动比率的下降，在 1949 至 1975 年期间，美国的劳动生产率增长迅速，韦斯科普夫所计算的产能资本比的相对稳定，只能表明资本/劳动比率存在着提高的趋势。所以，韦斯科普夫利用产能资本比的变动来代表资本有机构成的变动是不适当的。

关于第（3）点。克莱曼对这种做法提出了质疑。他认为以现行成本衡量的利润率，所测算的并不是利润与预付资本之比，因为以现行成本衡量的固定资本净存量，是对预付固定资本的重新估算，而不是对预付固定资本本身。以现行成本衡量的利润率既不能准确地测算企业和投资者的实际收益率（即利润与初始投资量之比），也不能准确地测算企业和投资者的未来期望收益率，严格地说，它并不是通常所说的利润率中的任何一种。而以历史成本来衡量利润率则既与通常所说的利润率概念一致，又符合马克思对利润率的定义。克莱曼测算了以历史成本衡量的利润率，发现以历史成本衡量的利润率和以现行成本衡量的利润率自 20 世纪 80 年代以来具有明显不同的变动趋势，以它们作为实证基础将会得出截然不同的结论，所以必须对二者进行取舍（Kliman，2012）。克莱曼还指出，利用

---

① 追随韦斯科普夫的早期文献有：Hahnel and Sherman，1982b；Henley，1987；Michl，1988。近年来，把韦斯科普夫方法运用于新自由主义时代利润率动态的研究，则有 Bakir and Campbell，2006；Cámara，2013。

存货替代预付不变流动资本也是有问题的，因为在国民收入账户中，存货不仅包括原材料、半成品和在制品的存量，还包括尚未出售的产品，后者显然不属于马克思所说的预付资本（Kliman，2012）。克莱曼所指出的这些问题，显然都值得进一步的深入研究。

在笔者看来，韦斯科普夫在其实证分析中最为失败的，莫过于他对两种劳工势力的区分。正如上文已经指出的，所谓守势劳工势力，不管在定义上如何改变，事实上都是不成功的。这个问题得不到解决，必然使工资或利润份额变动的原因成为马克思所说的"混沌的表象"，其本身要由尚不明确的其他因素来解释；就像利润率变化的原因需要由各种不同因素来解释一样。这样一来，韦斯科普夫对利润率的研究就陷入了一个分析上的恶性循环。要摆脱这种恶性循环，就需要在理论和实证的研究中另寻一条新路。

马克思的闲暇思想与农民工包容性发展

——基于福建省政协的调查数据

蔡秀玲　陈贵珍[*]

伴随着科学技术的进步的，劳动生产率的提高，人类在创造巨大物质财富的同时，也使自己逐步从生产劳动中解放出来，获得大量的闲暇时间，从事闲暇活动。积极健康的闲暇活动能够高效地积累人力资本、营造优良的文化氛围和激发创新精神；而消极的闲暇活动会导致道德水准下降、吸毒、酗酒、暴力犯罪等文化危机。因此，我国经济发展方式的转变亟须生活方式的转变予以配套。但目前作为我国产业工人重要组成部分的农民工群体的"闲暇生活"状况却不容乐观，这必将成为政府管理的一个重要内容。本文借鉴马克思的闲暇思想，分析农民工的闲暇活动情况，用包容性发展理念，提出了初步的提升农民工闲暇活动层次的一些设想。

一　马克思的闲暇思想述要

劳动和闲暇是马克思关于人的全面发展的两个基点。闲暇是每个人所需要的，也是一种人生条件或人权。马克思认为闲暇时间是人的全面发展的基本保障条件，也是人类提升精神文明的基本保证。"时间实际上是人的积极的存在，它不仅是人的生命的尺度，而且是人的发展的空间。"[①] 闲暇活动是人类自我实现的过程，这个过程是对人的全面发展而言的。

（一）闲暇时间是实现人的全面发展的重要保障

马克思基于社会生产活动基础上，把时间分为"工作时间"和"自由时间"，其中，自由时间就是"广义的闲暇时间"。科学技术的进步和劳动方式的变化使社会生产力极大提高，单个工作日中必要劳动时间所占比例越来越小，剩余劳动时间越来越多，这就为个人丰富自己的个性发展提供了必要的自由时间保证。

首先，闲暇时间是个人分享人类物质和文化成果、发展自由个性的保证。"限制工作日以增加自由时间，不仅对于恢复构成每个民族骨干的工人阶级的健康和体力是必需的，而且对于保证工人有机会来发展智力，进行社交活动以及社会活动和政治活动，也是必需

---

　　* 蔡秀玲，福建师范大学经济学院教授；陈贵珍，福建师范大学经济学院。
　　① 《马克思恩格斯全集》，人民出版社，1979，第532页。

的"。① 马克思说 "个性得到自由发展，由此，并不是为了获得剩余劳动而缩减必要劳动时间，而是直接把社会必要劳动缩减到最低限度，那时，以此相适应，由于给所有人腾出了时间和创造了手段，个人会在艺术、科学等方面得到发展。"②

其次，闲暇时间可以生产出人力资本，提高生产者素质。因为增加自由时间 "即增加使个人得到充分发展的时间，而个人的充分发展又作为最大的生产力反作用于劳动生产力。从直接生产过程的角度来看，节约劳动时间可以看做生产固定资本，这种固定资本就是人本身"。③ 闲暇时间是衡量未来社会财富的重要尺度。马克思曾深刻地指出，真正的财富就是所有个人的发达的生产力。"那时，财富的尺度决不再是劳动时间，而是可以自由支配的时间。"④

社会越发展，用于衡量生产方式进步与否的必要劳动时间就越少，从而使用于人们发展自身的从剩余劳动时间中游离出来的自由时间就越多。现实财富的创造越来越多地取决于科学技术的新发明和新创造，而较少地取决于劳动时间的支出和直接劳动量的耗费。整个社会的必要劳动时间在日益缩短，剩余劳动时间在日益增多，人类在各个领域获得自由全面发展的条件日趋成熟。

（二） 闲暇是社会发展的重要保证

闲暇使得人们可以从事科学、艺术等创作，从而提升整个社会的精神文化生活，促进社会的发展。马克思指出，"剩余劳动创造出剩余产品，剩余产品把时间游离出来，给不劳动阶级提供了发展其他能力的自由支配的时间。因此，在一方产生剩余劳动时间，同时在另一方产生自由时间，整个人类的发展，就其超出对人的自然存在直接需要的发展来说，无非是对这种自由时间的运用，并且整个人类发展的前提就是把这种自由时间的运用作为必要的基础。"⑤

综上，闲暇时间与劳动时间形成一对范畴的两个方面，在保证劳动力再生产的过程中起着重要的作用，是劳动力日常生活的重要组成部分。闲暇时间不仅是个体自由支配的时间，更是每个社会成员全面发展自我的基本保障条件。

（三） 闲暇时间构成和闲暇活动层次

1. 闲暇时间构成

马克思对英国工人阶级的工作日进行了深入细致的实证分析，使用了生活时间分配调查的大量资料和数据对工人的生活时间进行了全面的论述，认为社会必要劳动时间是唯一

① 《马克思恩格斯全集》，人民出版社，1964，第 216 页。
② 《马克思恩格斯全集》（第 46 卷下），人民出版社，1980，第 218 ~ 219 页。
③ 《马克思恩格斯全集》（第 46 卷下），人民出版社，1980，第 225 页。
④ 同上。
⑤ 《马克思恩格斯全集》（第 47 卷），人民出版社，1979，第 216 页。

的经济资源。于是，个人总资源 = 生产时间 + 非生产时间（闲暇时间）。生产时间 = 必要劳动时间（用于生产劳动力价值） + 剩余劳动时间（用于生产剩余价值）。而广义的闲暇时间就是非生产劳动时间，狭义的闲暇时间是扣除生理必需时间和家务时间（见表1）。

表1 马克思生活时间构成

时间结构		组　　　成
生产时间	必要劳动时间	工作时间、加班时间。其他工作时间
	剩余劳动时间	
非生产时间（广义闲暇时间）	生理必需时间	睡眠时间、饮食时间、卫生时间、其他必需时间
	家　务　时　间	购物时间、准备食物时间、照料家人时间
	狭义闲暇时间	积累人力资本时间、精神活动时间、娱乐休养时间、消极行为时间

马克思认为，工人工作日的长短应存在最低和最高的界限。其最低界限就是"工人为维持自身而在一天当中必须从事必要劳动的那部分时间"，这部分时间显然是不可能用来自由支配的，否则工人就无以为生。当然，工作日也有一个最高界限，马克思认为这一最高界限取决于两点：第一是劳动力的生理界限。由于劳动不外乎是劳动力的消耗，如果劳动力在劳动后得不到或不能充分地得到营养补充和休息，就不能维持劳动力再生产，或不能很好地维持劳动力再生产。这部分时间在一个昼夜当中，虽然可以相对灵活地安排，却是无论如何不可挤掉的专项时间，是不能自由支配的。第二是道德界限。马克思认为"工人必须有时间满足精神的和社会的需要，这种需要的范围和数量由一般的文化状况决定。因此，工作日是在身体界限和社会界限之内变动的。但是这两个界限都有极大的伸缩性，有极大的变动余地"。①

2. 闲暇活动的层次

马克思在界定自由时间时，是以劳动时间的否定形式出现的，即自由时间是"非劳动时间"，这种时间不被直接生产劳动所吸收，而是用于娱乐和休息，从而为自由活动和发展开辟广阔天地。"自由时间"可以"用于闲暇"，"用于从事非直接的生产活动（如战争、国家的管理）"，"用于发展不追求任何实践目的的人的能力和社会的潜力（艺术、科学等等）"。②

马克思把闲暇活动分为低级和高级两个层次。低级层次的闲暇活动主要是指"用于娱乐和休息的闲暇时间"，即从事普通活动的闲暇时间。马克思针对当时工人阶级的闲暇活动，不无痛惜地指出："他们除了下流的娱乐之外，不可能有任何体育、智育或精神方面的消遣；他们与一切真正的生活乐趣是无缘的。"③ 高级层次的闲暇活动，主要是指"发

---

① 《马克思恩格斯全集》（第23卷），人民出版社，1972，第260页。
② 《马克思恩格斯全集》（第47卷），人民出版社，1979，第281页。
③ 《马克思恩格斯全集》（第47卷），人民出版社，1979，第281页。

展智力，在精神上掌握自由的时间"；是"非劳动时间"和"不被生产劳动所吸收的时间"，它包括"个人受教育的时间、发展智力的时间、履行社会职能的时间、进行社交活动的时间、自由运用体力和智力的时间"。①

二　农民工闲暇活动现状

根据国家统计局《2012 年全国农民工监测调查报告》，2012 年全国农民工总量已经达到 26261 万人。自从 2006 年《国务院关于解决农民工问题的若干意见》颁发以来，各级政府高度重视农民工的问题，逐步建立了覆盖农民工的社保、医疗卫生、子女教育、住房保障等社会公共服务体系，农民工的城市生存状况得到一定的改善。但限于种种原因，政府对农民工的闲暇问题关注则不足，在国家统计局所作的全国农民工监测报告中，除了少量关注到农民工的教育培训调查外，也基本上不涉及农民工闲暇问题的调查。农民工作为产业工人的一部分，城镇建设的重要力量之一，他们的闲暇活动情况，对促进其个人的身心发展，对原始性创新的形成，对构建和谐社会具有重大的影响。

为了全面地了解常住城市农民工（居住半年以上）工作和生活状况，福建省政协办公厅、民政厅、人力资源和社会保障厅、统计局、总工会、妇联于 2011 年底联合开展了对福建省农民工状况的调查。该调查发放问卷 2050 份，收回有效问卷 1967 份。在收回的有效问卷中，涉及男性 1154 人，女性 813 人，年龄在 20～40 岁的中青年农民工占 72.%。通过问卷数据分析，可以发现总体上农民工闲暇时间较为缺乏、闲暇活动层次较低。

1. 农民工闲暇时间较为缺乏

目前我国公民的法定节假日有 115 天之多，劳动者的法定自由时间和实际拥有的自由时间不断增多。调查数据显示，85.21% 的农民工法定节假日均有保证，但是仍有不少农民工每日工作时间较长，每月休息天数较少。在工作时间中，日工作时间少于或等于 8 小时的仅占总数的 67.7%；日工作时间大于 10 小时（包括 10 小时）的占比 20%。同时，每个月休息天数在 6 天以上的农民工只有 20.76%，农民工的月休息天数较少，这与国家统计局 2011 年的全国农民工监测调查数据基本一致：2011 年外出农民工每周工作超过 5 天的占 83.5%，每天工作超过 8 小时的占 42.4%，32.2% 的农民工每天工作 10 小时以上。与上年相比，尽管外出农民工劳动时间偏长的情况略有改善，但是每周工作时间超过劳动法规定的 44 小时的农民工仍高达 84.5%。

2. 农民工闲暇活动层次较低

根据福建省农民工状况调查结果，在接受调查的 1967 个农民工中，平时参加业余文化生活的有 1254 人，占比 63.75%，表示没有参加的有 685 人，占比 34.82%。另外有 28

① 《马克思恩格斯全集》，（第 47 卷），人民出版社，1979，第 281 页。

位农民工不做选择，占比1.42%。在平时最主要的三项闲暇活动选择中，看电视、上网和在宿舍休息的比例远高于其他活动（见图1）。

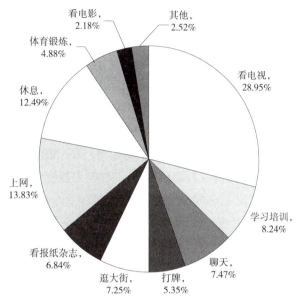

看电影，2.18%
其他，2.52%
体育锻炼，4.88%
看电视，28.95%
休息，12.49%
上网，13.83%
学习培训，8.24%
看报纸杂志，6.84%
逛大街，7.25%
打牌，5.35%
聊天，7.47%

图1　农民工业余文化生活选项（可选三项）

资料来源：福建省农民工状况调查（2011年）。

可见，从总体上看，农民工闲暇时间主要进行较低层次的闲暇活动，而用于发展智力、受教育、社交活动等较高层次的闲暇活动则较少，而农民工较高层次的闲暇活动又是农民工得到全面发展，提升自我素质所必需的。

三　农民工闲暇活动层次较低的原因

闲暇活动是人们对自己闲暇时间的自由支配。决定闲暇活动层次高低的要素，不仅仅取决于闲暇主体的意识，外在因素也不可或缺，那就是闲暇活动所需要的时间、享受闲暇供给所需要的费用、社会闲暇供给的状况。

1. 闲暇观念淡薄，只认识到较低层次的闲暇

由于所受到的教育和文化程度的限制，农民工一方面认为闲暇活动是可有可无的，没有认识到闲暇活动对人的全面发展的重要性。他们没有认识到"自由时间是人类发展的空间。一个人如果没有自己处置的自由时间，一生中除睡眠饮食等纯生理上必需的间断以外，都是替资本家服务，那么，他就不如一头载重的牲畜。他不过是一架为别人生产财富的机器，身体垮了，心智也狂野了"。[①] 另一方面大多数农民工认为闲暇仅仅是休息、聊天、和同乡好友吃饭等较为低层级的闲暇活动，而没有认识到闲暇可以发展智力，提升自

---

① 《马克思恩格斯全集》（第2卷），人民出版社，1964，第90页。

己的素质。在被调查农民工中，平时有参加业余文化生活的仅仅占比63.75%。观念的形成与改变需要一个较长的过程，甚至需要几代人，才有所改观。"而农民身上长期以来惯有的传统性和保守性又决定了农民休闲的自觉性不可能得到迅速提高"。[①]

2. 收入水平低，缺乏较高层次闲暇所需费用

在福建省农民工状况调查报告中，农民工主要的业余文化生活选项是看电视、上网和在宿舍休息这三项（见图1），这三项活动方式基本不要或只需少量花费。而技能培训、看电影等需要较高的消费支出的闲暇活动所占比例较低。这与农民工的可支配收入较低是密切相关的。在福建省此次接受调查的1967农民工中，月收入低于1000元的有687人，占总数的34.9%；月收入位于1000～2000元的共有733人，占总数的37.3%；月收入位于2000～3000元的共有339人，占总数的17.2%；月收入位于4000～6000元的共有110人，占总数的5.6%；月收入位于6000～8000元的共有20人，占总数的1.0%；月收入超过8000元的（包括8000元）共有8人，占总数的0.4%，另有70人数据缺失。由此数据可知，月收入低于2000元的农民工占了72.2%。这些农民工的收入情况与国家统计局2012年全国农民工监测调查报告第五部分农民工的收入情况调查中得出的数据也基本相符。2011年外出农民工月收入全国平均水平为2049元（而据国家统计年鉴显示，同年城镇在岗职工的年平均工资为42452元，即月平均工资为3538元），其中东部地区为2053元、中部地区为2006元、西部地区为1990元。2012年各地农民工的收入水平略有提高，但提高幅度比较有限。如此有限的收入扣除农民工每个月在务工地的生活支出，加上医疗、子女教育等支出，因此，限制了他们对较高层次休闲活动的选择。

3. 闲暇设施有效供给不足

一般而言，闲暇设施的供给可以分为两个部分：自我供给和社会供给。自我供给如散步、阅读、聊天等；社会供给又可分为公益性供给和市场供给。公益性供给如公园、健身器械、职工俱乐部等；市场供给如旅游、电影、网吧等[②]。中国城市化进程中的公共闲暇空间正在不断建设和完善中，2011年，我国支持建设乡镇农民体育健身工程966个，公园、美术馆、文化馆的免费开放也在逐步实施，但这些闲暇设施的供给远不能满足民众的需要，特别是农民工群体的需要。而免票公园、社区健身场所等公益性休闲设施也不能满足数目庞大的农民工群体，显然，适合农民工开展休闲活动的场所和设施严重缺乏。

（1）农民工居住偏远形成闲暇活动空间障碍

调查显示，农民工租用商品房或者棚户区和住在集体宿舍（包括建筑工棚）占比为70%。出于租金等生活费用支出的考量，这些地方一般都在城乡接合部，远离城市的公园、博物馆、文化馆、电影院等闲暇设施。而农民工就业的企业本身也缺乏为农民工提供闲暇设施和活动的动力。在被调查的农民工所在的企业中，建有健身房或文化娱乐设施的

---

① 范松仁：《论社会主义新农村建设中的农民休闲》，《改革与战略》2007年第12期。
② 刘德谦主编《2011中国休闲发展报告》，社会科学文献出版社，2011，第34页。

只有 47.89%。企业闲暇活动设施不足，而政府供给的公共设施又距离较远，影响了农民工闲暇活动的开展。

（2）农民工文化程度较低造成闲暇活动供需矛盾

较高级的闲暇活动如教育培训、文化演出等活动除了需要较高的费用外，还需要消费者具有一定的知识和文化基础，但大多数农民工文化程度较低，造成农民工无法享受这些闲暇活动。在福建省此次被调查的农民工中，拥有初中文化程度的农民工所占比重最高，占总数的 39.9%；次之为大专学历，占总数的 18.2%；高中文化教育程度，占总数的 18.1%；中专文化教育程度占总数的 15.0%；小学文化教育程度的人数占总数的 6.8%；未上过学的人数占总数的 0.8%。较低的文化教育程度限制了农民工参与高层次闲暇活动的进入。

（3）农民工身份阻碍闲暇活动进入

由于中国的社会保障制度还很不完善，各地免费为公众所提供的各类休闲设施远远不能够满足社会的需要，适合城市农民工休闲活动需要的设施就更少了。大多数的公立图书馆也将农民工拒之门外，城市社区的文体休闲活动也主要以市民为对象，很少有专门面向农民工的休闲项目。

四　提升农民工闲暇活动层次的政策建议

世界经济组织和各国政府为了关注弱势群体，最大限度地消除贫困和不平等现象，先后经历了"亲贫性增长"，"包容性增长"和"包容性发展"的理念和实践的发展。包容性发展，就是不仅实现经济发展，而且要实现社会的发展和人的发展。包容性发展的出发点和最终目的是人的发展。因此，解决我国农民工问题，不能仅限于提高农民工的收入水平和社保、医疗卫生、子女教育、住房保障等社会公共服务体系的建设，也必须重视农民工群体的闲暇活动。应该认识到，闲暇对个人生活方式的调整和国家经济结构的转型都有重要的意义，只有引领农民工进行健康的闲暇活动才能培养符合我国经济结构转型需要的产业工人。

（一）　政府要成为引导和提升农民工闲暇活动水平的重要力量

1. 培养农民工科学的闲暇观，引导农民工走向高层次的闲暇活动

观念是行为的先导，农民工参与闲暇活动的积极性不高，跟传统观念的影响有着密切的关系，因此，农民工树立科学的闲暇观对提高其闲暇活动层次具有重要的现实意义。马克思早就指出"消费生产出生产者的素质，因为它在生产者身上引起追求一定的目的的需要"。消费引起新的需要，并通过满足需要特别是满足享受和发展需要而使人的素质达到完美的程度。要让农民工明白闲暇不仅仅是休息、吃喝玩乐，闲暇具有多元化的潜在价值，如陶冶情操等，引导农民工理智地选择闲暇活动，合理利用时间，提高闲暇生活的质

量，在舒缓疲劳的同时，能够促进劳动力素质的全面发展。

2. 保障农民工的闲暇时间

马克思指出"事实上，自由王国只是在由必需和外在目的规定要做的劳动的终止的地方才开始，因而按照事物的本性来说，它存在于真正物质生产的彼岸"，物质生产领域"始终是一个必然王国。在这个必然王国的彼岸，作为目的本身的人的能力的发展，真正的自由王国，就开始了。但是，这个自由王国只有建立在必然王国的基础上才能繁荣起来。工作日的缩短是根本条件"。① 因此政府应督促企业严格执行劳动法等相关法规，保障农民工的闲暇时间。

3. 在农民工集聚的城乡接合部增设闲暇设施

调查显示，农民工最希望政府提供哪些文化服务项目中，25.76%的人选择免费公园；17.89%选择免费的文化站和图书馆；12.32%选择免费上网；11.91%选择组织农民工自己的文化体育活动；8.98%选择开放社区公共设施；7.84%选择免费体育馆；7.64%选择定期的文艺演出；6.59%选择免费的报纸杂志；6.59%选择可供选择的免费电影票；6.24%选择夜校；5.27%选择公共电视；0.09%选择其他服务。以上数据反映了农民工最希望政府提供的文化服务项目首先是免费公园，其次是免费的文化站和图书馆，再次是免费上网服务。因此，政府应该保障闲暇设施的建设，为城市农民工创造良好的闲暇环境。这些设施要考虑到农民工的居住地和文化程度，提供针对性强的文化材料。

4. 加强对农民工的综合培训

较高层次的闲暇活动需要农民工具备一定的精神文化素质，政府应该加强对农民工的教育和培训。除了与企业联手对农民工进行技能培训外，应重点加强对农民工的综合培训，以实现农民工的全面发展，促进农民工更快地融入城市生活。一方面，要培养农民工科学的闲暇观，引导农民工走向高层次的闲暇活动。另一方面，加强对农民工的闲暇教育。提高文化水平、增加文化艺术、审美知识等教育，以提高农民工的综合素质。

（二）企业要加强闲暇文化建设，让农民工共享企业发展成果

企业在经济发展的同时，要通过建立闲暇文化共享机制，让企业的所有员工都能够与企业互动，参与企业发展并且分享企业的发展成果，以求企业发展与员工发展同步。企业一方面可加强体育健身设施、职工书屋等的闲暇设施投资，这样既可锻炼员工的身体，又可有效舒缓员工工作的疲劳，提升员工的业务爱好。另一方面，可通过工会建立员工俱乐部，通过俱乐部举办和组织免费的上网、报刊阅读、体育比赛等项目，宣传企业文化，聚集企业向心力。

---

① 《马克思恩格斯全集》（第25卷），人民出版社，1974，第926~927页。

（三）社区应充分发挥公共服务的作用，吸纳广大农民工参与社区建设

调查显示，农民工参与社区选举和管理的热情较高，67.46%的农民工都认为应该参加社区选举活动，同时63.55%的农民工都有意愿参与居住社区的管理活动。农民工参与社区管理的目的具有多重性，这些目的主要集中在维护农民工群体利益、维护自身利益和出于社会责任感三个方面。社区应通过举办体育比赛、读书、文艺表演等各类文体活动，给农民工一个和市民交流的渠道。

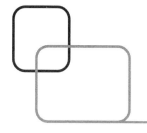

第二部分　西方经济理论研究与批判

基于席勒资产价格分析重新界定通货膨胀

程恩富　方兴起[*]

罗伯特·席勒与尤金·法马、拉尔斯·汉森因在资产价格方面所做的实证分析，而获得 2013 年诺贝尔经济学奖。具体来说，法马与几位合作者证明了股票价格在短期内极难预测，新的信息总是快速影响股价。席勒随后发现，股价短期内虽很难预测，但长期走势却可以预测。而汉森则研究出一种统计方法，能够适用于检测资产定价的合理性。因此，诺贝尔经济学奖评选委员会认为，可预期性是 2013 年获奖成就的核心。我们认为，回顾凯恩斯对短期预期和长期预期的分析，有助于正确看待诺贝尔经济学奖评选委员会所认为的可预期性。

一　短期预期与长期预期

在凯恩斯看来，无论是就短期而言还是就长期而言，都不具有可预期性，但"不应验"的短期预期或长期预期却会影响人们现在的行为。他说："在这个现实世界里，我们以前的预期很可能不应验，而现在对将来的预期可能影响我们今天的行为。"[①] 货币的最主要的特性是联系现在和将来的一种微妙的手段，除非利用货币，否则就不可能讨论变动中的预期对现行活动的影响。[②] 因为，通常的实践总是掌握现时情况，然后引申到将来，只是或多或少有具体理由预期将来会有变化时，才对引申进行修改。基于这一认识，凯恩斯将预期分为两种类型，即短期预期和长期预期。短期预期是关于价格的预期，即一个生产者决定用现有的机器设备开始生产产品时，他期望当产品生产出来后将能得到的预期收益。长期预期是关于投资的未来收益的预期，即企业主购买资本品以增加其资本设备或投机者购买证券时，所希望获得的预期收益。

在凯恩斯看来，"在现实中，修改短期预期的过程是一个逐渐的和连续的过程，也都是依据实现的结果而做出的。因此，预期的和实现的结果交织和重叠在一起施加影响。这是因为，虽然产量和就业量是由生产者的短期预期而不是由过去的结果所决定，但最近的结果在决定这些预期是什么当中，起着决定性的作用"，因此，"企业主对前景的预期会更经常地根据实现的结果而逐渐地加以修改，而不是根据由于预期到前景的变化而加以修

---

* 程恩富，中国社会科学院学部委员，马研学部主任，教授；方兴起，华南师范大学经济管理学院教授。
① 凯恩斯：《就业、利息和货币通论》，魏埙译，陕西人民出版社，2004，第 277~278 页。
② 凯恩斯：《就业、利息和货币通论》，魏埙译，陕西人民出版社，2004，第 135 页。

改"。这意味着因短期经济活动的不可预期性，适应性预期而非理性预期就成为短期预期的一种有效形式。而长期预期的一个特点，是它不能在短暂的时间间隔中用实现的结果来加以检验，它会受到信心的变化而突然的修改。因此，现行的长期预期不能被实现的结果所代替。因为这个理由，现时情况的事实就不成比例地进入长期预期的形成之中。凯恩斯强调，长期预期在相当大的程度上取决于信心或"自发的乐观情绪"，而这种乐观情绪受"动物精神"（animal spirits）所支配。"因为人们积极从事的大部分活动取决于一时的乐观冲动，而不取决于数学上的预期值。而无论这种乐观情绪是源于道德、享乐，还是经济方面。人们作出积极活动的决策（其整个结果要经过许多天后才出现）很可能仅仅只是动物精神的结果——自发迫切的行动，而不是谨慎行事，而且不是利益的数量乘以概率后的结果。因此，如果动物精神被减弱和自发的乐观情绪动摇，以致我们只有依赖数学预期值，则企业就会萎缩和衰亡。"[1] 由此，凯恩斯认为除由于投机引起经济不稳定之外，人类天性所独有的特征也会引起经济不稳定。另外，预期状态是处于经常变动之中，在先前的改变充分发挥其影响作用的很长时间以前，一个新的预期又加进来了。于是，在任何一个给定时间内，经济运行中存在大量的交错重叠的活动，它们的存在是由于多种过去的预期状态。因而，"在预期发挥作用的过程中，其微小的改变都有能力产生像经济周期性运动那样的动荡"。[2]

总之，凯恩斯认为，个人的主动性只有当合理的计算有动物精神作补充和支持时，才能充分发挥，也就是说取决于非理性的"心理浪潮"。"人们当前的决策（无论是个人的或是政治的，还是经济的）影响着未来。这种决策不可能取决于精确的数学预期值，因为进行这类计算的基础是不存在的。源于人们天性冲动的活动，推动着社会车轮的运转。人们在力所能及的范围内进行有理性的选择，能计算的就计算，但以人们的动机而论，往往会退回到兴致、情感和机遇。"这种非理性的动物精神不仅会加深萧条和衰退的程度，而且会导致经济过度繁荣。[3]

值得指出的是，凯恩斯提出基于非理性的动物精神的预期理论，其目的不在于提供一种机械的方法从而能给出万无一失的答案，而是为了提供一种解决具体问题的系统的和有秩序的思想方法。而且，"在我们对复杂的因素孤立地一一进行分析得出暂时的结论之后，我们又必须回过头来尽我们的可能顾及到这些复杂因素之间的可能的相互关系。这就是经济学思维的性质，应用我们思想的正式原则（没有这些原则，我们就会茫然无所适从）的任何其他的方式都会把我们引向错误"。

凯恩斯在这里讲的"任何其他的方式"主要指的是用数学方法将经济分析体系公式化和形式化。他说，"用虚假的数学方法把一个经济分析体系加以公式化和形式化，其最大的弊端即

---

① 凯恩斯：《就业、利息和货币通论》，魏埙译，陕西人民出版社，2004，第47~48页。
② 凯恩斯：《就业、利息和货币通论》（英文版），陕西人民出版社，2005，第130页。
③ 凯恩斯：《就业、利息和货币通论》（英文版），陕西人民出版社，2005，第40页。

在于，它明确地假设所包含的各个因素之间是严格地相互独立的；如果这些假定一旦不能成立，那么，这种方法就会完全丧失其说服力和权威性"。而采用凯恩斯的"正式原则"，则"在通常的论述中，我们并不是自动地推导，而是在任何时候都知道我们在做什么，文字的意义是什么。我们可以把必须保留的、限制条件和以后我们必然调整的都'保存于我们的头脑之中'"。显然，不能用虚假的数学方法，"即把偏微分所简化掉的复杂关系保存在几页代数的'背面'，而在这几页代数的推导中，又假设这些偏微分的导数都等于零"。基于这点，凯恩斯严厉地批评了其同时代的数理经济学家。他指出："近来的'数理'经济学只不过是混合品，其不精确如同它们所依赖的初始的假设条件那样。其作者则在自命不凡和毫无用处的符号的迷雾中把现实世界的复杂性和相互依赖性置之于不顾了。"①

凯恩斯特别强调"在像经济学这样复杂的研究中，我们不可能希望作出完全精确的一般性结论，而只想找出那些其变动对我们的问题起着主要决定作用的因素。我们最终的任务在于，在我们实际生活的这种经济体系中，选出那些中央当局能够慎重地加以控制或者管理的变量"。②不难看出，凯恩斯的预期理论是凯恩斯主张国家干预经济的理论依据，因为，在凯恩斯看来，非理性的动物精神决定着投资者对未来收益的预期。当预期利润下降到利息率所规定的水平以下时，就会阻碍新的投资，从而会导致经济的不稳定。因此，"安排现行的投资的责任决不能被置于私人手中"，而应"由社会控制投资量"，即实施一项"旨在取得最优国内就业水平的国家投资计划"。这不仅是避免现存经济制度完全被摧毁的唯一可行的手段，而且也是个人主动性能成功地发生作用的条件。③

到此，我们不难作出这样的判断：至少就席勒的理论而言，"可预期性"并不是他的理论体系的核心。作为凯恩斯主义者，席勒深知预期不一定能实现，但它影响人们现在的行为。实际上，席勒继承和发展了凯恩斯基于非理性的动物精神的预期理论（本文第二部分将会论及这点）。在我们看来，诺贝尔经济学奖评选委员会所讲的"可预期性"，只是一种可能。除此之外，还有另一种可能，就是"不可预期性"。因此，无论就短期而言还是就长期而言，两种可能性总是同时存在的。虽然席勒曾两次成功地预测到资产价格的发展趋势，但是恐怕连席勒自己也不能担保其今后的 n 次预测都能够成功。实际上，尽管市场中的 n 个人或机构，都会对未来进行预测，但没有一个人或机构，会自信到认为其所做的长期预期从来都不会出错，否则，我国还有必要从计划经济向市场经济过渡吗？所以，席勒非常坦率地承认"预测价格变化的艰难性"。

因此，我们不必在意诺贝尔经济学奖评选委员会所讲的"可预期性"，而应该关注席勒基于资产价格分析所提出的资产泡沫理论。席勒本人认为他的这一理论"与当今中国紧

---

① 凯恩斯：《就业、利息和货币通论》，魏埙译，陕西人民出版社，2004，第 280～281 页。
② 凯恩斯：《就业、利息和货币通论》，魏埙译，陕西人民出版社，2004，第 230 页。
③ 凯恩斯：《就业、利息和货币通论》，高鸿业译，商务印书馆，1999，第 332、337、360 页。

密相关"。在他看来，从金融化进程的角度来说，他的理论"对中国的意义远大于其他任何一个国家"。在 2013 年获得诺贝尔经济学奖的三位经济学家中，席勒与中国关系最为密切，曾多次到访中国，并多次直言中国房地产泡沫严重。他说"中国房地产现在泡沫严重，如果和美国一样泡沫破裂的话，这将会对中国经济产生打击"。

目前，中国一线城市的房价仍然以两位数的速度增长，中小城市的房价则在下降。温州已出现弃房现象，而广东全省 65 个县中有 33 个县的住宅待售率超过 30%，其中 9 个县（市）的待售率超过 50%。[①] 据报道，李嘉诚已在内地抛售房产套现。由此，国内外都在议论中国房地产泡沫破裂的时间点，有的认为在 2014 年 3 月，有的认为在 2015 年。中国政府吸取了日本的教训，不愿主动刺破房地产泡沫，而处于骑虎难下状态：既不能放任，又不能控死。因此，尽管直到现在出台了多项政策措施，都只能是"调而不控"。在这种形势下，研究和借鉴席勒的资产泡沫理论，或许可以使我们找到一条稳妥的出路。

二　席勒的资产泡沫理论

席勒的资产泡沫理论提出了两个值得关注的概念，即正态泡沫与负态泡沫。正态泡沫是指资产价格上涨，吸引更多人买入，从而进一步抬高价格，由此又引发新一轮的购入和价格上涨，随着这种循环不断重复，资产价格偏离其真实价值也就越来越严重，从而形成投机性泡沫；负态泡沫是指资产价格下降，促使人们卖出，从而导致价格进一步下降，由此又引发新一轮的卖出和价格下降，依此恶性循环。席勒认为，没有任何办法证明泡沫确实产生了，原因就是泡沫是无法被量化的。也没人能预知不论正态泡沫，还是负态泡沫到底何时破裂。

值得关注的是，席勒基于凯恩斯的"动物精神论"，分析了资产泡沫产生的原因。他认为，"泡沫的症结在于这是一个和普通人的普遍行为紧密相关的问题，而不是所谓市场这种抽象主体的行为问题"。因此，"我们现有的金融市场能够成功地为人们带来富裕的生活，这与其引导人性中的动物精神的方式有很大关系。所谓动物精神就是 n 个人内在的采取行动的应激性，一种被凯恩斯称为'主动采取行动的紧迫感'，而不是经过刻意的、仔细的谋划之后才做事情。他相信，真正的商业决策都是情绪化的，不是'定量利润乘以定量概率再求加权平均的结果……因此，如果我们的动物精神退化，主动的乐观精神被动摇，那么剩下的唯一可依赖的乎段就只有通过数学方式计算得出的预计值，在这种情况下，任何公司都是活不下去的'"[②]。也就是说，"即使我们能够远离投机活动所导致的市场波动，那些由人性的本质特征所引起的市场的不稳定性仍然存在。在我们所进行的积极

---

① 席勒：《金融与好的社会》，束宇译，中信出版社，2012，第 260 页。
② 席勒：《金融与好的社会》，束宇译，中信出版社，2012，第 252～253 页。

的经济活动中，大部分取决于自发的乐观主义精神，而不是理性的计算"。① 也许大部分决策是花费了大量的时间作出的，但它们往往是动物精神的结果。"这种自发的激励刺激着人们在不考虑平均的收益水平和风险的情况下去采取行动"。这样，"价格变动和金融活动是必然要受到动物精神驱动的"，从而"人性缺陷中最突出的特征，也就是市场总是朝着产生泡沫的方向发展"。"这个倾向性问题在历史上已经引发了无数次金融危机，其中当然也包括眼下正在蔓延的这一次"。从这个意义上说，凯恩斯提出的"动物精神"，"与所谓的'非理性繁荣'的含义是相同的"。非理性在本质上是一种错误的判断。"非理性繁荣"则恰当地描述了市场超出正常运行规律时的状态。"非理性繁荣是投机性泡沫的心理基础"②。

席勒强调，他的"泡沫理论不仅适用于股票市场和房地产市场，也适用于任何其他投机性市场"。③ 因为，这一理论是理解价格运动的"简单明了而又必不可少的反馈模型"。从这里不难看出，席勒论及的正态泡沫和负态泡沫，实际上把通常所说的通货膨胀和通货紧缩的现象都包括进去了。例如，从市场投机的角度看，通货膨胀，即物价持续的上涨与资产价格的持续上涨都属于同一个类型，即都是正态泡沫。

三 重新定义通货膨胀

如果承认物价的持续上涨与资产价格的持续上涨，都属于同一个类型，那么，借鉴席勒的泡沫理论，可以从一个新的视角来研究和应对资产价格的持续上涨现象，即从通货膨胀的视角，来研究和应对资产价格的上涨。具体来说，如果将中国的房地产泡沫视为一种类型的通货膨胀，那么，很可能带来理论和政策上的突破。

实际上，房地产泡沫，即资产价格的持续上涨，与物价的持续上涨都是一种货币现象，直接原因都是货币的超经济发行，或货币地区分布的超经济集聚。如果这样认识是正确的话，那么，传统的通货膨胀理论必须更新，否则，必将误导政府的决策。

传统的通货膨胀定义，是指商品的价格水平，即 PPI 或 CPI 持续上升。因此，一国是否发生通货膨胀，通货膨胀的程度如何，抑制通货膨胀的政策是否有效，只需盯住物价指数，特别是消费物价指数 CPI 即可。客观地说，基于传统的通货膨胀理论，在政策层面上以 CPI 为依据来判断和控制通货膨胀，在过去一个相当长的历史时期都是有效的。但是在当今世界，当资产（主要指房地产和股票，其他有价证券、证券化的金融衍生产品以及资产化的大宗商品和特殊商品等，在一定条件下都属于资产范畴）规模已大到足以影响整个经济体系时，由资产价格持续上涨所引发的通货膨胀（通常称为资产泡沫或经济泡沫）已

---

① 席勒：《金融与好的社会》，束宇译，中信出版社，2012，第 252～253 页。
② 席勒：《非理性繁荣》（第 2 版），李心丹等译，中国人民大学出版社，2008，第 11、12 页。
③ 席勒：《非理性繁荣》（第 2 版），李心丹等译，中国人民大学出版社，2008，第 26～27 页。

屡见不鲜，如日本在20世纪80年代末至90年代初因房地产价格和股价持续上涨所引发的资产型通货膨胀、美国在20世纪末因股价持续上涨所引发的资产型通货膨胀，以及美国在2001～2006年因房地产价格持续上涨所引发的资产型通货膨胀。其实，资产型的通货膨胀并不是新事物，远在1636年，所谓的"郁金香热"就是一种不典型的资产型通货膨胀，因为当时的人们实际上是将郁金香作为一种资产，而不是作为一种商品持有或交易的。而1719年的所谓法国密西西比泡沫和英国南海泡沫，以及1929年的美国股市泡沫都属于典型的资产型通货膨胀。

将通常所说的"资产泡沫"或"经济泡沫"，明确界定为一种类型的通货膨胀，则可以将通货膨胀分为三类：一是商品型的通货膨胀，即物价水平持续上涨而资产价格处于低水平，如我国1988年的通货膨胀和1993年的通货膨胀；二是资产型的通货膨胀，即资产价格持续上涨而物价处于低水平，如日本20世纪80年代末至90年代初的资产型通货膨胀和美国20世纪90年代末的资产型通货膨胀；三是商品和资产混合型的通货膨胀，即物价与资产价格都持续上涨，如中国2003年以来的通货膨胀，物价和资产价格同时上涨，是一种典型的混合型通货膨胀。

显然，将"资产泡沫"明确界定为一种类型的通货膨胀，无疑在学术界会引发争论，但是就决策层面来说，对政策取向具有极其重要的意义。因为在资产价格持续上涨的初期，政府很难判断是否产生了"资产泡沫"或"经济泡沫"。以美国股市为例，道·琼斯指数在1991年为3000点，到1995年，涨至4000点，而1年后的1996年10月，则高达5000点。时任美联储主席的格林斯潘公开指出美国股票市场处于"非理性繁荣"。不过，格林斯潘也坦承无法判断股票市场是否出现泡沫，从而难以采取具体措施。加之美联储在法律上，只有稳定物价的权力，没有稳定资产价格的权力，格林斯潘只能对股票市场采取放任的政策，否则就会被认为是非法干预市场。当1997年亚洲爆发金融危机时，各国政府都要求美联储降低基准利率，以救助亚洲的金融危机。但格林斯潘以美国面临通货膨胀压力为由，拒不采取宽松的货币政策。这表明，格林斯潘实际上将美国股价持续上涨，视作通货膨胀，虽然他无权采取积极的应对措施，但他选择了消极的应对办法，即不放松银根。即便如此，道·琼斯指数在不到3年的时间里，即1999年3月就攀升至10000点。而一旦真正形成了资产泡沫，政府则在决策上处于两难选择：既不能任其发展，又不能刺破它。任何一种选择所带来的后果都是难以承受的。日本政府主动刺破20世纪80年代末的房地产泡沫和股市泡沫，美联储放任2003年的房地产泡沫，都无不导致了灾难性的后果。前者导致日本经济陷入20余年的停滞期，后者导致美国经济陷入大衰退。

实际上，资产价格的持续上涨，与物价水平的持续上涨都同属于货币现象，都是货币超经济发行或货币地区分布的超经济集聚的产物。既然可以将后者界定为通货膨胀，为什么就不能将前者界定为通货膨胀呢？更为重要的是，如果将资产价格的持续上涨界定为一种类型的通货膨胀，那么，各国央行就有权干预。而就国际通行的管控通货膨胀的目标制来说，就可以将资产价格的升幅，限定在一定的幅度内（至于限定的升幅应该是百分之几，则需要通过试错法来加以确定）。这样，一旦其升幅超过所限定的范围，则可以采取抑制性的政策措施。因此，将资产价格的持续上涨界定为一种类型的通货膨胀，在决策层面上既容易判断，又便于采取措施，可操作性较强。

总之，从市场投机的角度看，物价持续上涨与资产价格持续上涨，都属于正态泡沫；而从通货膨胀的视角看，物价持续上涨与资产价格持续上涨，都属于货币现象。我国当前要避免房地产泡沫的破裂，就必须借鉴席勒的泡沫理论，突破传统的通货膨胀理论，不仅用消费物价指数来判断是否发生通货膨胀和通货膨胀的程度，而且要用资产价格指数来判断是否发生通货膨胀和通货膨胀的程度。

这样，就可以按管控通货膨胀的原则，政府对房地产价格的涨幅设置上限，以作为调控的依据。从长远的观点来看，依据物价指数和资产价格指数，重新界定通货膨胀，就可以对资产价格进行预调和微调，从而尽可能避免资产泡沫发展到严重的程度，以确保在政策上有充分的回旋余地，而不至于陷于两难的境地。

四　结论

就现象分析而言，席勒的资产泡沫理论值得肯定的方面在于：首先，席勒在研究资产泡沫现象时看到了泡沫的症结与普通人的普遍行为紧密相关，"而不是所谓市场这种抽象主体的行为问题"。这意味着，通常所说的市场配置资源，并非"市场这种抽象主体的行为"，而是千百万参与经济活动的"普通人的普遍行为"，即千百万普通人的投资、经营和消费决策行为，以及这种分散决策行为间的双向和多边影响起着配置资源的作用。与席勒相比，斯密的那只"看不见的手"将市场配置资源的功能神秘和抽象化了，以致他自己都搞不清楚这只"看不见的手"为何物，而不得不将它与上帝联系起来。对此，一位获诺贝尔经济学奖的经济学家曾一针见血地指出，这只"看不见的手"之所以看不见，是因为它根本就不存在。

其次，席勒看到千百万普通人的分散决策行为并非基于"理性的计算"或理性的预期，而是基于凯恩斯所说的非理性的"动物精神"。在新自由主义经济学家看来，斯密的那只"看不见的手"必然将市场导向均衡，席勒则认为受"动物精神"驱动下的千百万普通人的分散决策行为，必然导致市场总是朝着产生泡沫的方向发展。不断爆发的经济和金融危机，使席勒的观点反复得到证实，也使新自由主义经济学家的看法反复得到验证。不过，席勒在进一步解析"动物精神"时，却犯了一个低级的错误。他不是基于资本主义私有制或资本家追逐利润的贪婪去解析"动物精神"，而是基于一般人类的本性、心理，甚至脑神经来解析"动物精神"，从而得出"动物精神"是一种"脑故障"或"思想病毒"，"投机性泡沫就是多个脑故障对整个金融体系发生集体影响时产生的结果"的荒谬结论。实际上，凯恩斯的"动物精神"，应该是指作为"经济动物"的资本家追逐利润的冲动。形象地说，"资本害怕没有利润或利润太少，就象自然界害怕真空一样。一旦有适当的利润，资本就胆大起来。如果有10%的利润，它就保证到处被使用；有20%的利润，它就活跃起来；有50%的利润，它就铤而走险；为了100%的利润，它就敢践踏一切人间法律；有300%的利润，它就敢犯任何罪行，甚至冒绞首的危险。如果动乱和纷争能带来利润，它就会鼓励动乱和纷争"。因此，诺贝尔经济学奖得主斯蒂格利茨认为，"追求利润是资本主义的基础"，而"狂热追逐利润和高度追求个人利益不可能带来期望中的繁荣"。遗憾的是，席勒坚信"金融理论中绝对找不到任何一条原则引导人一心只赚取金钱"，从而出现了"脑故障"，而不能基于资本主义私有制去解析"动物精神"。

最后，席勒泡沫理论中的正态泡沫和负态泡沫概念启迪了我们从通货膨胀的视角来研究资产价格的持续上升现象，从而突破传统的通货膨胀理论，为政府管控当前房地产泡沫探寻新的对策。

值得指出的是，席勒是一位跨学科、跨领域的金融学家，因此，他的理论绝不限于金融领域，而是以金融为基础向其他领域延伸，从而，创立了金融与社会发展理论。前面谈及的泡沫理论，只是席勒的金融与社会发展理论体系中的一个构成部分。席勒能够获得诺贝尔经济学奖，是因为他在资产价格分析方面的成果，而不是他的金融与社会发展理论。我们认为，能够代表席勒所特有的研究方法（即基于凯恩斯的"动物精神"和斯密的利己利他共生性，所形成的心理与神经分析框架）、所特有的理论体系，以及所取得的系统性成果的是其金融与社会发展理论。该理论对"金融"的理解与流行的观点完全不同。金融教科书往往将金融定义为融通资金，而席勒则从广义上定义金融，认为，"金融系统实质是一个信息处理系统——一个建立在人力基础而非电子元件基础之上的系统"，因此，尽管现代社会信息技术发展十分迅速，但仍然需要"复杂沟通"和"专业思维"的技能，从而需要依赖具备这些技能的金融界从业者的决断引导行动的方向。另外，该理论对社会发展的理解与流行的观点不同。席勒认为，一个"好的社会"，"应该是一个人人平等的社会，人们相互欣赏、相互尊重"。现实的社会应该向着这种"美好的和谐社会"或"大同社会"发展。在席勒看来，金融与社会发展的关系在于：理想社会或大同社会的实现，完全"寄托于代表金融体系的各类制度的发展上"。这是因为在他看来，"在过去几十年里，我们亲眼目睹了金融体系的崛起，在这个新的体系里，一度曾经为工业生产服务的金融业一举成长为社会前进的主引擎"。针对当前严重的金融危机有悖于"好的社会"所要达成的目标，席勒认为，金融要能够帮助人们达成平等社会的终极目标，关键在于"金融应该作为全社会财富的托管人"，而不应该完全成为少数金融从业者不择手段追逐财富和权力的工具，"从而使得金融能更好地为所有人服务"。为此，席勒提出了金融民主化的主张及其具体的措施，"也就是通过对金融体系的民主化改造使其更好地服务于广大民众"。在我们看来，席勒的金融与社会发展理论，值得肯定的地方在于：主张金融不应该完全成为少数金融从业者不择手段追逐财富和权力的工具，而应该成为为所有人服务的工具，从而促进社会良性发展。但是，问题的关键在于，席勒的这一主张在金融垄断资本控制下的华尔街能够实现吗？显然，在不改变资本主义私有制的情况下，席勒的主张只能是一种乌托邦。

资产定价理论实证研究的扩展与应用

——2013 年度诺贝尔经济学奖得主主要经济理论贡献述评

李宝良　郭其友[*]

一　引言

　　金融学是研究人们在不确定的环境中如何跨期配置资源的学科。资产价格在不确定条件下的资源跨期配置决策中发挥着重要的作用。它不仅影响居民对银行存款或者股票投资等不同产品的选择，而且也通过影响厂商的投资决策来影响宏观经济的稳定运行。金融危机的历史也表明，资产的错误定价会对金融危机产生推波助澜的作用，它所导致的金融泡沫和随之而来的崩盘会极大地损害整体经济的运行。因此，理解资产价格的决定因素，有助于理解金融市场运行机制和宏观经济稳定性问题。

　　瑞典皇家科学院宣布将 2013 年度的诺贝尔经济学奖授予尤金·法玛（Eugene Fama）、罗伯特·希勒（Robert Shiller）和拉尔斯·彼得·汉森（Lars Peter Hansen）三位美国经济学家，以表彰他们对资产价格理论实证研究所做出的突出贡献。瑞典皇家科学院宣称，法玛、汉森和希勒开创了用于资产价格实证研究的方法；他们的贡献极大地提高了我们对资产价格决定因素的理解，揭示了很多重要的经验性规律以及这些规律背后的各种可能因素。在他们的研究的基础上，其他学者进一步研究了资产价格决定的理性因素和行为因素，从而扩展和融合了基于理性投资者假说的新古典金融学和基于投资者心理偏差的行为金融学，实证研究和理论研究相互促进、相互融合，构成了丰富多彩的金融学理论体系。

二　三位得主的生平及其主要论著概述

　　尤金·法玛，现为芝加哥大学布斯商学院罗伯特·麦克考米克金融学杰出贡献教授。他现在是美国金融学会会员、计量经济学会会员、美国艺术与科学院院士。此外，他还担任《金融经济学期刊》的顾问编委，以及芝加哥大学布斯商学院证券价格研究中心（CRSP）主任等职。

　　法玛被学界誉为"现代金融学之父"，尤以"有效市场假说"研究闻名于世。他早在

　　* 李宝良，华侨大学经济与金融学院助理教授；郭其友，厦门大学经济学院教授，博士生导师。

做博士学位论文《股票市场价格行为》（Fama，1964）时就开始研究有效市场假说问题，并且在《股票市场价格中的随机游走》（Fama，1965）一文中第一次正式地创造并使用"市场效率"和"有效市场"这两个术语。后来，他发表了许多深入研究有效市场假说及其检验问题的论文，其中最负盛名的论文是《股票价格对新信息的调整》（Fama，1969）和《有效资本市场：理论和实证研究综述》（Fama，1970）。他在前一篇论文中提出了用于"半强式有效市场"检验的事件研究法，而在后一篇论文中强调了"有效市场假设"检验中的联合假设检验问题。

法玛还致力于资本资产定价模型（CAPM）检验和扩展研究。1973年，法玛和麦克贝斯在《风险、收益与均衡实证检验》一文中采用一种简单的方法解决了横截面相关问题。1992年，法玛和French在《资产收益率的横截面分析》一文中提出了三因素模型，试图替代单因素CAPM模型，以更好地解释资产收益率变动问题。此外，法玛还将他的研究推广到了货币经济学、国际金融、代理理论和公司金融等领域，并且取得了丰硕的成果。

罗伯特·希勒，现任耶鲁大学斯特林（Sterling）经济学教授和耶鲁大学管理学院金融学国际中心金融学教授。希勒教授1980年起任美国全国经济研究所（NBER）助理研究员，曾担任美国经济学会副主席（2005）和东部经济学会主席（2006～2007）。

希勒以"过度波动"研究著称于世。他在1972年完成的博士学位论文《理性预期与利率期限结构》中发现了在有效市场框架下无法协调短期利率和长期利率的波动性。后来，他又在1979年发表的《长期利率波动率与利率期限结构的预期模型》一文中解释了长期利率大幅波动的原因，在1981年发表的《股票价格是否过度波动以致无法由随后的股利变动来合理解释？》（Shiller，1981a）一文中进一步将其过度波动的思想扩展到股票市场，并且在《使用波动率测度评估市场有效性》（Shiller，1981b）一文中指出众多市场异象可以由市场摩擦等因素来解释，然而资产价格的过度波动现象太大了，无法用市场摩擦因素来解释。1984年，他在《股票价格和社会动态学》一文中探讨了噪声交易者和理性套利者之间的相互作用问题，展示了社会传染的严重性，该文奠定了其行为金融学研究范式的基础。

此外，希勒通过研究资本市场来洞察宏观经济运行状况。20世纪90年代后期，美国股票市场在新经济神话的刺激下呈现空前的繁荣。希勒（2000）在出版的《非理性繁荣》一书中，以其敏锐的洞察力发现了表面繁荣背后隐藏的危机。2007年美国次贷危机爆发以后，当年希勒又出版了《次贷解决方案：全球金融危机如何发生和怎么办》一书，探讨了次贷危机的根源，并积极地提出了解决方案。2009年，与另一位诺奖得主阿克洛夫合著出版了《动物精神：人类心理如何推动经济发展以及对全球资本主义的影响》（Akerlof and Shiller，2009）一书，将研究领域扩展到了宏观经济学，他也因此而被视为新凯恩斯学派成员之一。2012年，希勒出版《金融和好的社会》（Shiller，2012）新著，试图系统阐述通过金融创新实现金融民主化的理念。

拉尔斯·彼特·汉森，现任芝加哥大学大卫·洛克菲勒经济学杰出贡献教授。汉森是美国国家科学院院士、计量经济学会主席（2007），同时是弗里德曼研究所的发起人和金融计量经济学会的创始人之一，并担任了《经济学和计量经济学最新进展》和《金融计量经济学手册》的联合主编。

汉森在计量经济学、资产定价实证研究和宏观经济学等领域做出了重大贡献。其中，对广义矩估计法（Generalized Method of Moments，GMM）的贡献最为著名。1982 年，汉森发表了《广义矩估计量的大样本性质》一文，奠定了广义矩估计法的基础；同年与 Singleton 合作发表的《非线性理性预期模型广义工具变量估计法》一文，展示了广义矩估计法在消费资本资产定价模型（Consumption CAPM 或 CCAPM）检验中的巨大潜力。后来，他又撰文进一步完善了广义矩估计法，如在《计算广义矩估计量渐进协方差矩阵边界的一种方法》（1985）一文中提出了一种利用最优工具变量计算可行 GMM 估计量有效性的方法，在《可供选择的 GMM 估计量有限样本的性质》（Hansen、Heaton and Yaron，1996）一文提出了连续更新 GMM 估计量，并在《矩估计法》（2002）一文中总结了广义矩估计法的发展和现状。汉森把广义矩估计法应用于消费资本资产定价模型检验，从而极大地推动了资产定价和金融经济学实证研究的发展。

三　资产定价理论实证研究的扩展与应用

三位诺奖得主对资产定价理论和实证的发展起到了极其重要的作用。其中，法玛提出了构成新古典金融学基础的有效市场假说（EMH），并且检验了资本资产定价模型（CAPM）以及发展了三因素模型；希勒质疑了有效市场假说，提出并检验了过度波动假说，推动了行为金融学的发展；汉森则提出了广义矩估计法（GMM），并将其应用于消费资本资产定价实证研究之中。

（一）有效市场假说、CAPM 检验和三因素模型

有效市场到底意味着什么呢？早在 1965 年，法玛第一次正式使用和定义市场效率与有效市场这两个术语（Fama，1965）。1970 年，法玛正式提出了有效市场假说（Efficient Markets Hypothesis，EMH），并对有效市场进行了定义：如果在一个证券市场上，价格能完全反映所有可以获得的信息，那么就称这个市场为有效市场（Fama，1970）。根据证券价格反映的信息集及其程度的不同，法玛将有效市场假说分成三个层次：弱式有效市场假说、半强式有效假说和强式有效假说。对市场是否真的有效的检验成为金融学理论的重要研究课题。

法玛综述了不同层次有效市场假说的各种检验方法及其结论（Fama，1970）。针对半强式有效市场假说检验，法玛提出了所谓的事件研究法（Fama 等，1969）。所谓的事件研究法，就是通过检验股票价格对某一特殊事件（如配股、购并、盈利公告等）发生前后的反应程度来检验价格是否充分地反映相关事件的信息。事件研究法以事件发生前后累积异

常收益率的变化来判断市场对事件的反应。要正确利用事件研究法检验半强式有效市场假说，关键在于正确设定基准；同样，要检验市场是否有效，必须有一个能够设定均衡预期收益率的定价模型。这就是法玛所强调的有效市场假设检验中的联合假设问题（Fama，1970）。因此，有效市场假说检验实际上就是对资产定价模型和有效市场进行联合检验。

此外，法玛还对资本资产定价模型（CAPM）实证检验研究做出了重要贡献。早期的CAPM检验通常分两步进行。先用资产收益率对市场收益率进行回归，以求得资产的 β 值；然后用资产的平均收益率对资产的 β 值进行横截面回归。根据 CAPM，β 值的系数为正，足以说明预期收益率的横截面差异。这样的检验面临的问题是残差存在横截面相关（cross-correlation）问题，从而会导致回归斜率的标准误太小。

法玛和麦克贝斯提出了一种简单的方法，解决了普通最小二乘法中的横截面相关问题。与早期用预期收益率对 β 值和其他变量进行回归不同，他们进行逐月回归，因此，斜率是投资组合的月回报率，其平均值可以用于检验 CAPM 模型预言的 β 值的风险溢价为正，以及其他变量不能增加对资产收益率横截面变动的解释力。回归斜率的逐月变动能反映回归残差横截面相关的所有效应以及这些效应自动嵌入斜率平均值的时间序列标准误。因此，这种现在被称为"法玛—麦克贝斯法"的简单方法只要求估计残差的协方差，而无须估计残差的方差协方差矩阵，并且成为采用横截面回归检验资产定价模型的标准方法。

法玛和麦克贝斯对 CAPM 的实证研究支持了 CAPM。然而，好景不长，有学者开始研究有关违背 CAPM 的市场现象，即市场异象（market anomalies），如公司规模效应、P/E效应、动量效应等（Fama，1996）。这些效应表明，β 值无法充分解释资产收益率的横截面差异，CAPM 预测存在系统性偏差。因此，资本资产定价模型和有效市场假说受到了质疑。

法玛等学者在前人研究的基础上提出了三因素模型，用以替代单因素的 CAPM 模型，以期更好地解释不同资产收益率之间的差异。除市场风险因素外，Fama 和 French（1992）又把规模因素（SMB）和市净率因素（HML）纳入模型。法玛等学者实证研究发现，规模溢价、市净率溢价的回归系数在统计学意义上显著，这表明三因子模型能捕捉到市场风险因素尚不能解释的信息。Fama 和 French（1996）又进一步研究了三因素模型能够解释而 CAPM 无法解释的市场异象问题。研究表明，三因素模型能够较好地解释由价格比率各种变体所导致的市场异象。在法玛理论的影响下，采用三因素模型或其变形作为投资组合或基金业绩评价，已经成为投资管理实践惯例。

（二）过度波动与行为金融学

虽然大量的实证研究表明，短期内无法预测资产价格——这与有效市场假说相一致，但也有越来越多的实证研究证实，从长期看证券市场存在某种程度的可预测性。这一观点是希勒（1981）在对"过度波动"进行检验后提出的。他在一系列实证研究中发现，相对于短期实际利率和股利而言，实际股票收益波幅要大得多，股票价格的波动远超出股利等因素波动所能解释的范围。后来，学界把这一现象称为"股票价格过度波动之谜"。

席勒有关过度波动和可预测性的研究发现是对新古典金融学的挑战。过度波动可能预示着金融市场存在"跟风"（fads）现象以及资产价格对基本面因素的过度反应（Shiller，1981）。希勒（1984）发表《股票价格和社会动态学》一文对此做了进一步阐述。首先，希勒在该文中证明了短期风险调整后价格的不可预测性并不能排除非理性投资者的存在，而非理性投资者的交易可能导致价格过度波动且出现噪声，进而导致短期内难以探测股票价格对其内在价值的偏离。其次，他在回顾了有关个人投资者决策偏差的心理学研究文献以后指出，股票价格容易受到心理偏差的影响，即心理偏差在群体心理的影响下容易被"跟风"所加强或放大，股票价格的波动犹如社会风尚及其变化一样具有大众性。再次，他通过构建一个简单经济体模型来论证自己的理论，发现，在某个假想的经济体中，普通投资者的交易会导致股票价格暂时偏离其内在价值，但这种偏离会导致对股利变化的过度反应、股价过度波动和均值回归现象，与高股利收益率能够用来预测未来股票价格的证据相一致。最后，他对行为金融学的弗里德曼批判作出了回应，并引发了有限套利研究（Shleifer and Vishny，1997）。有限套利研究现在又成为行为金融学的一个重要起点，希勒也成了行为金融学研究的主要推动者之一。为了进一步论证社会心理学的重要性，希勒（1987）将研究扩展到了股票市场以外的其他市场，另外还有一些学者转而寻找个体行为偏差的心理学证据，包括前景理论、过度自信和心理账户等（Barberis and Thaler，2003），这些基于心理学的金融行为学研究提出了新的资产定价模型，对市场异象提供了新的解释。总之，有限理性和有限套利研究现已成为行为金融学的两大基石，并且也成了与新古典金融学的理性研究范式相对应的一种新研究范式。

（三）消费资本资产定价模型和广义矩估计方法

新古典金融学与行为金融学的争论围绕市场异象展开。那么，有没有可能融合新古典金融学与行为金融学做出统一的解释呢？汉森的消费资本资产定价模型（CCAPM）及其扩展代表了这样一种努力。在消费资本资产定价模型中，投资者的风险偏好可以随着消费或财富变化而变化，由此导致风险溢价和收益率的可预测性。

最基本的消费资本资产定价模型假设经济中的代表性代理人（representative agent）在预算约束的条件下最大化其一生期望总效用函数。求解该问题的一阶条件，得到资产定价的基本公式

$$P_{i,t} = E[m_{t+1} x_{i,t+1} \mid I_t]$$

其中，m_{t+1} 是随机贴现因子，表示当前与未来消费的边际替代率；$x_{i,t+1}$ 是资产的未来支付。该式为统一解释资产价格短期不可预测性和长期可预测性提供了可能性。

从短期来看，当预测期限很短时，可以假设无风险利率近似等于零，且随机贴现因子不会发生太大的变化，风险也不是一个重要的问题。这些假设合在一起就等同于假设随机

贴现因子等于 1。此外，在短期内，资产不会有红利支付，资产的未来总收入等于其再次出售价格。将这两个条件代入上式，由此可知，短期内对未来资产价格的最好预测就是本期价格，而且资产价格变化或者收益率短期内具有不可预测性。

从长期来看，随着预期期限的延长，就不能忽视无风险利率和风险的影响。因此，资产价格不等于未来预期现金流按无风险利率贴现的现值，因为未来预期现金流是有风险的，所以必须进行风险调整。风险调整的大小取决于资产风险的大小和风险暴露程度。如果知道随机贴现因子的时间序列性质，那么就可以估计资产风险暴露的程度，从而预测资产价格。因此，上式提供了一种解释资产可预测性和过度波动可能性的工具。

然而，要解释资产的长期可预测性，必须理解随机贴现因子的性质：随机贴现因子的均值有多大，其波动的幅度有多大，其时间序列具有哪些性质，这又要求对消费资本资产定价模型进行实证研究。早期对 CCAPM 的实证研究遇到一个难以克服的问题——非线性动态方程。汉森于 1982 年提出的广义矩估计法有效地解决了这一问题。汉森通过扩展矩估计的方法，定义了以某种权重形式加权的预测误差的总和。广义矩估计法选择估计量使得预测误差总和达到最小。汉森证明了在一定的条件下用广义矩估计估计量具有一致性和渐进正态性等优良的统计性质。汉森进一步给出了 GMM 估计量的渐进有效下界，并且汉森提出了两步法进行估计；其后，汉森还提出了过度识别检验的方法。

汉森采用广义矩估计法，重新检验了消费资本资产定价模型（CCAPM），发现所有模型估计的相对风险厌恶系数接近于 1，具有合理的解释意义。但是，相对风险厌恶参数的实际估计值太小，又不足以解释美国股票市场和债券市场收益率之间的差异，这就是所谓的"风险溢价之谜"（Mehra and Prescott, 1985）。此外，在使用多个指数进行估计时，消费资本资产定价模型通常会被过度识别检验所拒绝。能够更好地与数据吻合的模型要求随机贴现因子具有某些性质，汉森和雅甘纳森证明，随机贴现因子的标准差与其均值之比不小于任意资产的夏普比率（Sharpe ratio），这就是汉森—雅甘纳森（1991）证明的"汉森—雅甘纳森下界"。

汉森的实证研究对资产定价产生了深远的影响。后来，学者们从不同的角度扩展了消费资本资产定价模型，试图在修正的 CCAPM 框架内解释资产价格的过度波动和可预测性。这些研究及其争议构成了当前金融经济学理论研究与实证热门话题。

四　资产定价理论实证研究的价值与意义

资产定价是金融经济学研究的核心课题。资产定价的发展推动了新古典金融学和行为金融学的发展和融合，有助于加深对金融市场运行机制的理解，从而为金融市场的完善和提高金融系统的运行效率提供更好的政策建议。例如，希勒在《宏观市场》一书中强调的像房价风险之类的主要社会风险，其重要性不言而喻，但缺乏相应的金融工具来进行风险管理，他在书中论证了大力发展基于价格指数的金融衍生品市场对冲风险的机理。

资产定价实证研究对金融实践活动也产生了深远的影响。20 世纪 70 年代消极管理型指数基金的问世以及投资组合业绩评价方法的提出和发展都是应用资产定价实证检验成果的产物；詹森指数已成为评价投资基金经理和投资基金业绩的标准工具，三因素模型的应用使得业绩评价更精确，等等。资产收益率可预测性和横截面收益差异研究也极大地改变了金融投资方式，使用数量因素和统计建模的所谓的"量化投资策略"也已成为机构投资者的主流投资决策方式。

对于我国深化金融体制改革，资产定价理论和实证研究也具有实践意义。经过 30 多年的改革，我国金融市场、金融机构和金融工具日益发展与完善。但是，金融系统仍然面临着新的挑战。因此，必须积极吸收和消化包括新古典金融学和行为金融学在内的现代金融学理论，结合我国国情，深入研究我国金融市场运行的具体特征，深化金融体制改革，制定有针对性的政策措施，为我国金融业发展开拓更大的空间。以养老保险改革为例，争议的误区是仅局限在养老金的范围内讨论如何分蛋糕，缺乏宏观视角。从长远来看，应该通过完善金融系统和提高金融市场的运行效率来为养老保险提供更多的投资机会和投资收益。又如，解决当前全社会所关注的房地产市场泡沫风险、地方政府融资平台风险和影子银行风险等问题，均需要合理的内在价值评估模型，而资产定价理论与实证研究可为建立合理的评价体系提供理论指导。

对于投资者，资产定价理论与实证的重要性也是不言而喻的。除了能指导投资者更好地评价投资策略和投资基金业绩之外，资产定价理论与实证还有助于引导投资者合理、科学地进行投资。如前不久发生了光大证券"乌龙指"事件之后，量化投资策略对于机构投资者的投资策略选择的作用日益凸显，量化投资策略在我国金融市场投资中的价值和潜在问题也亟待深入研究。总之，投资者如能更好地深入理解资产定价理论和实证研究的结论及其前提条件，就更有可能制定出合理的和科学的量化投资策略。

"通货膨胀"含义和译法探讨

李　翀[*]

一　问题的提出

读了笔者的同事白暴力教授在 2013 年第 2 期《学术评论》上发表的文章《通货膨胀是一个过时了近百年的词汇》以后，引起了笔者的兴趣，也想发表对这个问题的看法。

白暴力教授指出，在现代西方经济学中，"inflation"是指价格总水平的上涨，但是我国经济学界仍然将它翻译为通货膨胀，对我国宏观经济政策的制定产生一定的不利影响。因此，应该将"inflation"翻译为价格总水平的上涨。[①]

白暴力教授的意见使笔者想起 34 年前的一段往事。笔者是北京大学经济学院西方经济学专业 1978 级的硕士研究生。1979 年，北京大学胡代光教授和厉以宁教授邀请北京地区部分研究西方经济学的学者举行了一个小型研讨会，笔者作为研究生列席了会议。

当时，中国社会科学院罗元铮教授在会上提出了与白暴力教授相似的问题："inflation"已经不单纯是指货币的膨胀了，而是指价格总水平的持续上升，因此应该将它翻译为价格总水平的持续上升。后来，北京大学陈岱孙教授走上讲台，他在黑板上写下"deflation"后说道：如果将"inflation"翻译为价格总水平上升，那么是否应该将"deflation"翻译成价格总水平下降？

陈岱孙教授的意思很明确，在当时的经济学文献中，"deflation"具有两个含义：一是实际产量下降和失业增加，二是成本和价格水平下降。[②] 前一个含义是更为重要的含义。如果将"deflation"翻译成价格水平下降，则不能反映这个更为重要的含义。由于"deflation"与"inflation"是对应的，如果不应该将"deflation"翻译成价格水平下降，也就不应该将"inflation"翻译为价格水平上升。

30 多年来，我国的经济学者们对"inflation"的含义和译法已经习以为常了。现在，白暴力教授再次提出了这个问题，笔者认为这个讨论是有意义的，也想谈谈个人的见解。

---

[*] 李翀，北京师范大学经济与工商管理学院教授。

[①] 白暴力：《通货膨胀是一个过时了近百年的词汇》，《学术评论》2013 年第 2 期，第 6 页。

[②] 萨缪尔森：《经济学（上册）》，高鸿业译，商务印书馆，1979，第 338、380 页。

二 "通货膨胀"含义的演变

白暴力教授指出,"inflation"的词汇来源于第一次世界大战时期,各交战国为了筹措战争经费大量发行纸币,导致了通货膨胀。"inflation"主要是指流通中的货币膨胀,价格水平上升是通货膨胀的结果。白暴力教授对"inflation"原意的理解是正确的。通货膨胀会导致价格水平的上升,"inflation"强调的是通货膨胀这个原因,而不是价格水平上升这个结果。

但是,如果认真查阅"inflation"的词源,它最早不是出现在 20 世纪 10 年代,而是出现在 19 世纪 30 年代。据英语词源字典记载,"inflation"最早于 1838 年出现在美式英语中,它指的是流通中的货币数量增加导致价格水平的上升。[①] 从词源上看,"inflation"也是主要强调通货膨胀这个原因而不是价格水平上升这个结果。

在第二次世界大战结束以前,价格水平上升主要是通货膨胀因素导致的,对于"inflation"没有出现歧义。但是,在第二次世界大战以后,特别是 20 世纪 70 年代石油危机以后,价格水平上升的原因变得更为复杂,对于"inflation"的理解开始出现歧义。关于"inflation"有三种具有代表性的理解:

第一种理解是按照新自由主义学派代表人物哈耶克(F. A. Hayek)的看法,"inflation"的原意是货币数量过快增长,只有由于货币数量过快增长导致的价格水平上升才能称为"inflation",由于别的因素导致价格水平的上升不能称为"inflation"。[②]

第二种理解是按照货币学派代表人物弗里德曼(M. Friedman)的看法,"inflation"指的是价格水平的上升,但"inflation"随时随地都是货币现象。[③]

第三种理解是按照新古典综合派代表人物萨缪尔森(P. A. Samuelson)的看法,"inflation"指的是价格总水平的持续上升。不仅货币因素可以导致价格水平的上升,非货币因素也可以导致价格水平的上升。[④]

这样,关于"inflation"翻译变成不是一个简单的文字翻译问题,它带有经济思想的意味。根据弗里德曼的思想,将"inflation"翻译成通货膨胀是准确的。根据哈耶克的思想,"inflation"翻译成通货膨胀也是可取的,但不能将非货币因素导致的价格水平上升称为"inflation"。根据萨缪尔森的思想,就不应该将"inflation"翻译成通货膨胀,而是应该翻译成价格水平上升。白暴力教授的建议实际上暗含他同意萨缪

---

① inflation, Online Etymology Dictionary, http://www. Etymonline. com.
② 哈耶克:《无路可逃:失业必然跟随通货膨胀》,转引自胡代光《现代资产阶级通货膨胀理论批判》,中国财政经济出版社,1982,第 12～13 页。
③ 弗里德曼:《弗里德曼教授谈通货膨胀》,转引自胡代光《现代资产阶级通货膨胀理论批判》,中国财政经济出版社,1982,第 13 页;弗里德曼:《什么是价格指导线》,转引自刘凤良《货币主义》,经济日报出版社,2007,第 87 页。
④ 萨缪尔森:《经济学(上册)》,高鸿业译,商务印书馆,1979,第 380 页。

尔森的看法。

三　货币≠通货

从"inflation"的词源来看，通货膨胀的翻译是准确的，通货是指流通中的货币（the amount of money in circulation）。另外，从实践上来看，在20世纪30年代世界各国金本位解体以前，价格水平上升的原因往往是通货膨胀。在金本位制条件下，黄金就是货币。通货即纸币和硬币是黄金的符号，它代表黄金流通。如果通货脱离黄金的数量而过快增长，就会导致价格水平的上升。第一次世界大战期间各交战国的通货膨胀就是证明。正如白暴力教授所指出的，各交战国为了筹措战争经费大量发行纸币，金本位制受到破坏，结果发生了通货膨胀，导致价格水平的上升。

但是，在金本位解体以后，纸币只是通货的一个组成部分，而通货只是货币一个较小的组成部分。通货（currency）也称为现金（cash），包括纸币（note）和硬币（coin）。即使最严格定义的货币（money）除了包括通货以外，至少还包括商业银行的活期存款即存款货币（deposit money）或需求存款（demand deposits）。

各国货币存量的定义通常分为狭义货币存量M1和广义货币存量M2。我国狭义货币存量M1包括通货和活期存款。美国狭义货币存量M1包括如下货币：第一，在财政部、联邦储备银行、存款机构库存以外的通货。第二，非银行金融机构的旅行支票。第三，商业银行的需求存款，但扣除存款机构、政府、外国银行和官方机构在商业银行的需求存款。第四，其他可以用支票来使用的存款，包括可转让的存单（NOW）、自动转移服务的款项（ATS）。

以中国为例，表1说明，2000年以来，通货在狭义货币M1中的比例平均为20%左右。

表1　中国通货/M1的比例

单位：亿元，%

年　　月	2000年12月	2005年12月	2010年12月	2013年5月
通货	14652.65	24032.82	44628.17	54349.07
M1	53147.15	107279.91	266621.54	310150.16
通货/M1	27.57	22.40	16.74	17.52

资料来源：中国人民银行统计数据，http://www.pbc.gov.cn。

因此，在现代经济中，增加货币供给往往不是采用发行纸币的方式。即使从"inflation"词源的角度来看，它也不应该再翻译为通货膨胀，而是应该翻译为货币膨胀了。

四 价格水平上升只是货币原因吗?

弗里德曼断言价格水平上升一定是由于货币发行过多,笔者认为这种论断过于绝对。不错,价格是商品价值的货币表现,价格水平的上升往往是由于货币发行过多而造成的,但这并不意味着非货币因素就一定不可能造成价格水平上升。

经济学是一门实证学科,是一门应用学科。很多事例可以证明非货币因素也可以导致价格水平上升。例如,20世纪70年代,没有证据表明各国滥发货币,但石油危机的爆发导致石油价格暴涨,照样发生了世界性的价格水平上升。

关于价格水平上升的原因和机理,虽然笔者不敢认同白暴力教授提出的关于价格水平的上升导致被动性的货币膨胀的看法,但笔者认为白暴力教授的总体分析是可行的。实际上,萨缪尔森已经对价格水平上升以教科书的方式给予了比较全面的分析。[1] 笔者基本赞同萨缪尔森的看法。由于本文的重点不是全面讨论价格总水平上升的原因和机理,在这里就不再展开了。

五 关于"inflation"译法的建议

关于"inflation"的歧义,笔者认为有两种解决方法。

第一种解决方法是一种比较彻底的解决方法:各国经济学界在研究价格水平上升问题的时候,应该严格按照"inflation"的原意进行分析,避免违反"inflation"的原意来套用"inflation"。例如,赞成哈耶克观点的经济学者如果分析的是货币发行过多造成的价格水平上升,应该使用"inflation";在分析非货币因素造成的价格水平上升时,就应该使用类似于"价格总水平上升"(a increase in the general level of prices)的表述。再如,赞成弗里德曼观点的经济学者在分析价格水平上升的时候,直接使用"inflation"。又如,赞成萨缪尔森观点的经济学者如果分析货币因素导致价格水平的上升应该使用"inflation",如果分析非货币因素导致价格水平上升也应该使用价格总水平上升这样的表述。

很明显,既然认为非货币因素也会导致价格水平上升,为什么一定要将价格水平上升表达为"inflation"呢?如果经济学者们在进行研究的过程中都使用具有明确定义的概念,就不会产生歧义了。

第二种解决方法是根据不同的情况采用不同的翻译方法。如果西方经济学者坚持使用同一个词语"inflation"来表示有所区别的两种概念,就需要考虑如何翻译"inflation"了。在这个问题上,笔者不完全同意白暴力教授关于将"inflation"翻译为价格水平上升

---

[1] 萨缪尔森:《经济学(下册)》,萧琛等译,商务印书馆,2012,第1038~1078页。

的建议。问题并不在于陈岱孙教授当年的顾虑。在现在的经济学的文献中，"deflation"已经一般表达为价格总水平的下降（a fall in the general level of prices），[①] 陈岱孙教授的顾虑可以消除了。问题在于这样的翻译方法不准确。笔者建议翻译方法如下：如果经济学英语文献中的"inflation"是指货币因素导致价格水平上升，应该翻译为货币膨胀；如果是指非货币因素导致"inflation"，应该直接使用它的定义，翻译成价格总水平的上升。这样，似乎更忠实于"inflation"在不同场合下不同的真实意思。

---

① 萨缪尔森：《经济学》，双语经典版，人民邮电出版社，2007，第 735 页。

产权是所有权整体的"属性化"

——巴泽尔独特的产权思想研究

武建奇[*]

产权理论从马克思、斯密等的以"财产整体"为基础的所有权,到以科斯为代表的作为"权利束"的产权,再到巴泽尔典型的"所有权整体属性化"的产权,权利"核算单位"日趋缩小,分析日益准确,犹如军事上从过去对大致目标的"地毯式轰炸",到现代的导弹对具体目标的"精准打击"、"定点清除"一样,经济学上的权利激励和约束的方向也日益精确,更有效率。巴泽尔独具特色的产权思想极具价值,尚未引起学界应有重视,兹以我们的初步研究作为引玉之砖,期望推动该研究的进一步深入。

一 巴泽尔产权分析方法

新古典经济学的传统分析工具(如最大化目标、个人主义、供给需求分析、成本收益分析、边际分析、均衡分析等),加上新制度经济学的交易成本分析方法,再加上巴泽尔独特的交易成本内涵(产权界定成本)和独创的属性分析方法,构成了巴泽尔独特的"产权方法"。这个"产权方法",非常独到。它不再像科斯那样,虽然思想深刻,但表述沉闷得让人窒息。而巴泽尔对许多案例的产权分析,轻松自如,清新明快。他对自己独创的产权方法十分自信,宣称"适用于一切人类行为和人类制度",对此看似狂妄的挑战,居然无人反驳,而对科斯交易费用方法的质疑却不曾间断。

巴泽尔产权方法不是对传统经济学(新古典的传统和新制度的传统)的抛弃,而是改变了原来的假设条件(从零交易费用到正交易费用的转变)后,对经济学传统的继承和拓展。具体表现有:

1. 个人最大化

巴泽尔说:"个人最大化的含义是:不论何时个人察觉到某种行动能增加他们权利的价值,他们就会采取这种行动。"(P7)这里,巴泽尔作了两个改进:

一是关于最大化。最大化是经济学行为目标,也是方法。最大化意味着这样一种资源配置状态,如果不使其他方面状况变坏,就不能使某方面状况变得更好,这就是"帕累托

---

* 武建奇,经济学博士,博士生导师,河北经贸大学教授,副校长,《河北经贸大学学报》主编。研究方向:《资本论》、产权理论、经济学比较研究等。

最优"或"帕累托效率"。巴泽尔的特点是从产权、人与人利益关系的角度对最大化作了新的解释，而不是像新古典那样仅从物质或者技术角度、撇开人的关系来讲最大化或者效率。他把"最大化"理解为"浪费的最小化"，即并不是没有浪费。他现实地认为，对行为人来说，最优是"不存在可以避免的浪费"①。如果可以消除的浪费没有消除，其行为就仍有"边际调整"的空间，就要继续调整下去，直到浪费最小化即效益最大化为止。而他对浪费的定义也极具特色且非常深刻：浪费就是"花费资源获取非排他性收入"，也就是所谓的花了"冤枉钱"②。言外之意，就是说本来可以不花钱的东西，你花了钱才得到，这笔钱就是浪费了。效率，就是要消除花冤枉钱这样的情况。所以，巴泽尔的最大化就是浪费的最小化，就是"不花冤枉钱"。

二是关于个人主义。西方经济学家以个人主义方法论著称，新制度经济学家、新自由主义者的极端个人主义更加典型。表现在经济学上就是主张个人至上，最大化也是个人效率最大化，而个人主义与集体、与公有、与计划，甚至与政府水火不容。但巴泽尔的个人主义方法却不排斥公有、集体、计划和政府所有，并且批评"盲目私有化思潮"。"价格机制并不总是资源配置的最有效的方法"（P139）。"血液这种商品是说明非市场机制优于市场机制的一个明显的例证。"（P140）"只要经济在运行，就必然存在私人产权，而且政府无效这种观点也是错误的。"（P142）"私人经济"与"政府经济""这两种经济体制都能把追求最大利益的人们的行为后果反映出来，因此两种体制都必然讲究效率。"（P147）"先验的推理不能表明私人所有一定会比政府所有更具有效率……不能得出私人拥有比共同拥有会更好界定权利的结论。"（P97）

2. 供求分析

新古典经济学的供求分析告诉我们，市场经济中价格是调节供求的唯一工具，而且，只有均衡价格才是达到供求平衡、资配合理的条件，否则，不是供不应求（短缺），就是供过于求（过剩）。在市场自由波动中，价格与供求会互相适应，自动调节，而在政府控制价格下，固定的价格一般低于均衡价格，按照传统理论，必然会出现短缺，或者"强制替代"，或者"隐性通胀"，或者"票证配给"，或者"排队等候"等。巴泽尔的产权方法分析"非价格调节"时的供求变化，认为在"价格控制"条件下，

---

① 巴泽尔认为"无效率意味着存在可以避免的浪费"。（巴泽尔：《产权的经济分析》，上海三联书店，1997，第45页。）这里，巴泽尔接受了张五常的观点，"最大化假说意味着，所有这种浪费将是约束条件下的最小值。"（巴泽尔：《产权的经济分析》，上海三联书店，1997，第33页。）

② "'浪费'是指一种行动使某人受损而他人却无所获"（P142）。如排队购物所花费的时间资源，就是这样，是一种谁也得不到的"纯耗费"，故是浪费。在此意义上，"损人利己"并非浪费，因为这个"损"并没有被虚耗，而是对应着另一个人的"利"。从社会总福利角度看，浪费是对总福利的减少而不是"损人利己"。由此想到我们总是从"是否正常消费"意义上来界定浪费，由于"正常消费"的标准无从确定，所以对浪费的解释就流于一种价值观的层面而难以量化测度。巴泽尔的意思是只要满足人的市场需求就不是浪费，哪怕是奢侈品消费，而浪费必定是对社会财富的"虚耗"，即耗费了谁也得不到其价值的财富。在国人眼里，"奢侈消费"似乎是"非正常消费"（或者"浪费"）范畴，理解上加入了价值判断因素。与之相对应的范畴是"节约"，由于同样原因，节约研究也陷入困境。

市场也能实现供求平衡,但均衡的方法不是价格调节而是产权人针对价格控制所做出的"非价格行为调整"。

3. 边际分析

边际分析就是在"存量"和"增量"变化中更注重增量变化的影响,更注重观察自变量每增减一个单位时,对因变量所产生的有利或者不利的影响。边际分析实质上是趋势分析,注重事物发展的苗头、倾向。巴泽尔的贡献不在于运用了边际分析方法,而在于他对"是什么的边际"给出了新的答案。传统的"边际"无非是价格、收入、投入等的边际,而巴泽尔的"边际"是资产属性的边际,是在产权配置中对资产有价值属性边际的连续调整。

二 巴泽尔产权思想

巴泽尔的"产权方法"是巴泽尔本人提出的不同于传统的新古典方法,也不同于传统的制度和新制度经济学方法的独特的产权分析方法。目前还没有形成一个统一的方法能够概括不同产权经济学家所采用不同方法的"一般产权方法"。

(一) 公共领域:跳出"内化外部性"思路

产权研究存在两种不同思路:一种是"内化外部性"思路,另一种是公共领域思路。

西方产权思想起源于外部性。[①] 在没有外部性的地方,不同所有权相安无事。而在外部性影响所及超出了其有效权利界区时,就会出现马克思讲的"权利与权利相对抗"的"二律背反"[②] 情况,把过去一个所有权内部的事变成了两个所有权之间的事情(即所有权问题转变成了产权问题)。由此也可以看出,产权与所有权的不同,后者是人对物的所有,而前者是两个所有权之间的对抗。

科斯等的"内化外部性"传统。科斯研究产权问题的经典论文《社会成本问题》的第一节就是"外部损害问题",如同马克思从商品开始研究资本一样,科斯从"负外部性"开始他的产权分析。如他的"糖果制造商的机器引起的噪声和震动干扰了某医生的工作"之类的故事。[③] 德姆赛茨十分看重"产权和外部性之间的密切关系",认为"产权的一个主要功能是导引人们实现将外部性较大地内在化的激励。""这种收益与成本向所有者

---

① 张军说"外部性则是产权问题的发端"。张军:《现代产权经济学》,上海三联书店、上海人民出版社,1994,"序言"。
② 马克思在"工作日决定理论"中讲到资本家有权利任意使用自己购买的劳动力商品,工人有权利维护属于自己的劳动力权益,防止滥用。"于是这里出现了二律背反,权利同权利相对抗,而这两种权利都同样是商品交换规律所承认的。在平等的权利之间,力量就起决定作用。"两种合法权利之间具有相互外部性,产生了"权利与权利相对抗"的产权问题(见马克思《资本论》第一卷,人民出版社,1975,第262页)。
③ 科斯:《社会成本问题》,载科斯著《企业、市场与法律》,上海三联书店,1990,第76页。

的集中，产生了更有效地利用资源的激励。"①

巴泽尔的公共领域思路。与科斯传统不同，巴泽尔的产权研究另辟蹊径，几乎不使用"外部性"、"外部损害"一类术语。张五常、杨小凯等著名华人经济学家以为合同是产权问题的核心，而外部性不过是个合同问题，只要签了合同，外部性问题就自然消失。② 对此，巴泽尔并不反对，只是他认为有些合同之所以产权人未予签订，是由于对这些产权的界定"不值得"而被主动放入了"公共领域"，使这部分有价值的财产成为不被拥有的"共同财产"。"公共领域"是巴泽尔产权方法的核心范畴，大到太空、公海，小到可能被盗的苹果、饭店餐桌上顾客可以自由添加的调味品，无所不在。公共领域既不等于公有领域，也不同于一般的公共部门，公共领域是经过产权界定的"成本－收益分析"后被认为"不值得拥有"的无主财产的存放地。③ 但这个"值得"和"不值得"是随着产权界定的成本和收益的变化而变化的，所以，"曾经被认为不值得拥有的东西可能又会被认为值得拥有；相反，最初被拥有的也可能会被置入公共领域。"（P90）"在巴泽尔的产权理论里，'交易费用'概念已经不再起主要作用了。起着主要作用的是'公共领域'概念。"④ 这样，巴泽尔不谈外部性，也不用借助于法庭，按照个人最大化原则，当事人"以相当和平的方式"界定和再界定产权。

（二）产权属性："商品所有权的分割"

1. "产权属性"

巴泽尔产权思想的基础。无论是亚当·斯密，还是卡尔·马克思，以至新古典经济学，所使用的都是"所有权"概念，与现代"产权"概念含义不同，而巴泽尔又对现代产权概念作了一番别具一格的新解释。我们以为，巴泽尔产权概念本质上就是财产所有权整体的分割化、属性化，换句话说，产权被巴泽尔解释为把财产的整体所有变为属性所有的状况。虽然原来的产权经济学中就有"权利束"概念，表示产权不像所有权那样只是"一个"（对财产的"整体所有"）而是"一束"或多个（附着于财产之上的"一组权利"），但真正从理论上作了透彻论证并在分析中把产权确立为财产的属性所有的经济学家，只有巴泽尔。巴泽尔代表作《产权的经济分析》一书的中文译者认为，"财产的'属

---

① 德姆塞茨：《关于产权的理论》，载科斯、阿尔钦、诺斯等《财产权利与制度变迁——产权学派与新制度学派译文集》，上海三联书店、上海人民出版社，1994，第97、98、107页。

② 杨小凯：《贸易理论及增长理论的重新思考及产权经济学》，载汤敏、茅于轼主编《现代经济学前沿专题》第一集，商务印书馆，2002，第130页。

③ 与公有财产、公共部门财产不同的是，公共领域里的"共同财产"是无主的、不被拥有的。巴泽尔说："必须认识到，公有道路实际上并不是作为共同财产来管理的。""一种资产处于公共部门的现象并不意味着，它通常是被置于公共领域的。这种资产是被拥有的"。见巴泽尔《产权的经济分析》，上海三联书店，1997，第97、98页。

④ 汪丁丁：《中文版序》，见巴泽尔《产权的经济分析》，上海三联书店，1997，第4页。

性'（attributes）这一概念应该是 Y. 巴泽尔提出的"。① 把所有权"属性化"，是巴泽尔对产权概念的一个贡献。没有一个产权经济学家像巴泽尔那样把属性提高到这样的地位，用属性解释产权的分割和界定。现代产权理论中"一组"而不是"一个"产权的含义即"权利束"概念，在巴泽尔这里展示得如此淋漓尽致。

马克思也有商品属性说：商品的化学属性、物理属性、生物属性等，也有其社会属性，但这是马克思对商品使用价值的范围所做的分析，这些属性只是作为价值的物质承担体，本质上与价值无关，② 更没有被用于产权的分析中。巴泽尔从马克思的商品属性理论受到启发，借用了马克思的属性概念观察产权问题，发展了产权理论：马克思把属性当作商品价值的物质承担体，巴泽尔把商品属性当作财产权利的物质承担体。

巴泽尔把产权理解为所有权的属性化，为他的"产权方法"奠定了基础，是对产权理论最重要的贡献之一。段毅才说"巴泽尔最大的贡献是用资产的'属性'（altributes）以及由此形成的'共同财产'（commom property 或 public domain）来解释产权问题"。③ 事实上也正是如此，如果没有这一发现，就不能进行他以后的分析，也就没有他的独具一格的"产权方法"或者巴泽尔产权理论了。

2. "权利束"

关于财产的"整体所有"和"属性所有"问题，我们曾有过详论。④ 我们认为，"权利束"是现代产权经济学的标志性概念，也是标准产权概念下的特有用语。产权与所有权的区别从权利束概念上可以看得更为清楚：

> 在权利对象上，所有权关注的是所有物隶属，产权关注的却是附着于财产载体之上的"权利"，是与财产的各种"属性"有关的权利关系，如购置的某房产是否具有排斥在其附近设立化工厂的权利等。

在权利的"数目"上，"财产权 propertyrights，是一个复数名词，它表明产权是一种各种支配权组成的结构"。⑤ 一项财产的产权是"一组权利"，或者叫"产权束"（a bundle of rights）。地主对土地的所有权是土地地块对地主的整体归属，利益相关者对土地的产权则是相关的人们与该地快有关的各种权利，这就是"产权"是个"复数名词"的含义。所以，德姆塞茨说"当一种交易在市场中议定时，就发生了两束权利的交换"⑥，而不说

---

① 段毅才：《论"大产权"和"小产权"——关于产权概念的思考》，《经济研究参考》2005 年第 12 期，第 9 页。
② 马克思说："商品首先是一个外界的对象，一个靠自己的属性来满足人的某种需要的物。"（马克思：《资本论》第一卷，人民出版社，1975，第 47 页）。
③ 段毅才：《论"大产权"和"小产权"——关于产权概念的思考》，《经济研究参考》2005 年第 12 期，第 12 ~ 13 页。
④ 武建奇：《马克思的产权思想》，中国社会科学出版社，2008，第 112 ~ 115 页。
⑤ 刘诗白：《产权新论》，西南财经大学出版社，1993，第 37 页。
⑥ 德姆塞茨：《关于产权的理论》，载科斯、阿尔钦、诺斯等《财产权利与制度变迁——产权学派与新制度学派译文集》，上海三联书店、上海人民出版社，1994，第 96 页。

是"两个权利"的交换。

所有权则是个"单数名词"，是对财产客体这个权利载体的"整体拥有"，是一个而不是一组权利。"完整所有权"的各种权能虽然也可在不同人之间进行"分解"或"统一"，形成所有权、占有权、支配权、使用权的不同组合，但这只是对所有权纵向的"过程分解或组合"——比如耕种土地这种权利可以由个体农民一人独立行使，也可以由地主和租地农民分别行使，还可以由土地所有者、租地的农业资本家和受雇的农业工人等更多的主体分别行使。但无论土地所有权"分解"出多少个权利主体，他们所行使的都是"耕种土地"这同一种权利的不同部分，是一种纵向分解，与"现代产权"中的"权利束"和"一组权利"这种横向权利不同。所有权权能结构中的权利是有限的，产权权利束中的权利是无限的。随着关于制度的知识和关于技术的知识的增加，人们会发现附着在同一财产客体上的更多有价值的属性，从而以财产为载体、以属性为基础的权利束中权利的数目也会增加。

3. 巴泽尔对"所有权的分割"

"如果商品的初始所有者只转让商品的一部分属性而保留其余部分，那么来自交换的净得益常常就能增加。采取这种形式的交换导致单一商品的分割的产权：两个或两个以上个人可以拥有同一商品的不同属性。"（P5）[1] 这样，巴泽尔把原来完整的商品所有权概念"属性化"了，把原来对财产的整体所有概念，细化为对财产某种属性的所有权了。巴泽尔对商品的每一种属性都赋予了所有权，"划小了所有权的核算单位"，使所有权概念更加精准，更加明确，依此对产权的运作（激励、约束、管理）也更加有效率。

（三）"非价格方法"：巴泽尔产权方法的实质

新古典经济学描述市场经济一般均衡的经典模型是"瓦尔拉一般均衡"，瓦尔拉模型也是一种典型的"价格方法"。"产权方法与瓦尔拉模型""这两者之间的根本区别在于价格的作用。"（P11）在产权方法里，价格不再是唯一的甚至重要的调节手段，由于商品本身的异质性和多属性，使众多的"非价格因素"成了重要的调节工具。

产权概念把资产整体所有权转换成资产一个一个属性的所有权，是进行产权分析即非价格分析的基础。商品或资产的属性有多少，产权人行为调节的可能边际就有多少。在价格控制或者不变的情况下，按着个人最大化的目标，资源配置沿着这些属性边际进行连续调整，就可以实现"浪费的最小化"，消除"可以避免的浪费"，达到最优。而在传统理论中，价格是市场的唯一调节工具，如果没有价格的调节，就会出现短缺（在给定价格低于市场均衡价格时），或者出现过剩（在给定价格高于市场均衡价格时）。产权方法创造

---

[1] 另外，巴泽尔解释说，如"一家企业订有复印机的服务合同，它有对复印机的权利，但却不完全拥有复印机……服务提供者是复印机营运服务的剩余索取者……因此，他是复印机的部分所有者……而能免费私下使用复印机的雇员也是部分所有者"（见巴泽尔《产权的经济分析》，上海三联书店、上海人民出版社，1997，第6页）。

了奇迹，不用价格工具，同样能实现市场的供求平衡。

产权方法的作用甚大。巴泽尔说："这些不以产权为中心的模型的吸引力，要比产权模型的吸引力小得多。"（P14）前已述及，"产权分析方法适用于一切人类行为和人类制度"（P137）。"分析非价格调整或分析产权不一定要限于经济的市场部分或市场经济中；相反，此种分析的成果到处适用。它们像适用于中国香港那样适用于红卫兵时代的中国，也适用于那些完全没有市场体系的部落。""产权方法在最少使用市场价格、最少允许调整价格的制度中最有用处（瓦尔拉模型在这样的制度中用处最小）。"（P12～13）比如，如果"市场价格受到有意识的限制，瓦尔拉模型就失效了。它无法解释在那里资源是如何配置的；而产权分析方法却大显身手，被用来分析资源配置中的决策问题。"（P137）

（四）"中间状态"：产权从未"完全界定"过

产权界限清晰是交易的前提，明确了是"谁的商品"才知道与谁去交易，人们也不能出售不属于自己的东西。过去常听到对公有财产产权"界定不清"、"产权残缺"、"所有权不完整"等的指责。按照巴泽尔的理论，这些批评是没有道理的。巴泽尔产权理论证明，由于"产权界定的固有困难"，任何产权都不可能得到"完全界定"。把产权的完整界定作为改革目标，理论上也是不可能实现的。

产权的"中间状态"："经济学家们往往把所有权状况分为两类：全拥有和不拥有。"（P96）巴泽尔认为，产权既不可能不界定，也不可能"完全界定"，而是处于"完全界定"和"没界定"之间的"中间状态"。他用了几个十分简单的概念就颠覆了人们头脑中根深蒂固的"完全产权"观念。

"属性多样性"。资产的整体所有权只有一个，所有者可以全部拥有，法律上也能清晰、完全地界定。产权则不同。产权不是对资产本身而是对资产属性的所有，而资产属性多不可数，也不全知，所以，对资产的产权不可能"完全拥有"，当然也不会"不被拥有"，而只能是"部分拥有"这种"中间状态"。资产的有些有价值属性，别人不知道，连所有者本人也不知道，而且可能未来的所有者也不知道。对这些不被知道的有价值属性无法定价，实现其价值。因此，这些"未定价属性"只能被暂时放在"公共领域"，等于放弃了其所有权。

产权界定成本。巴泽尔对"交易成本"概念做了很深的研究，不同于科斯等的交易成本含义[①]。他说"我把交易成本定义为与转让、获取和保护产权有关的成本"（P3）。资产属性很多，对每一种属性都要弄清其用途、测定其价值，理论上是不可能的。马克思也讲过商品的自然属性多样性问题，要弄清楚一种商品到底有多少种属性，确实很难，要了解每一种属性的经济价值，就更难。做个"亲子鉴定"需要花费数万元的信息费，要对一种

---

① 科斯说："利用价格机制是有成本的。通过价格机制'组织'生产的最明显的成本就是所有发现相对价格的工作。"载科斯著《企业、市场与法律》，上海三联书店，1990，第5～6页。

资产的所有属性都进行检测化验，费用之高昂可想而知。"商品具有许多属性，其水平随商品不同而各异。要测量这些水平的成本极大，因此不能全面或完全精确。面对变化多端的情况，获得全面信息的困难有多大，界定产权的困难也就有多大。"（P4）这导致"产权作为经济问题从来没有被完全界定过"的情况。① 正是在这一意义上，巴泽尔说："如果追问一下：是谁拥有某种商品的一切特殊属性，什么样的'所有者'才能真正支配'自己的'那些商品，就已经很接近于探讨交易成本问题了"（P164）。

公共领域和共同财产。"如果交易成本大于零，产权就不能被完整地界定。"（P3）公共领域，就是未计价属性的所在地，是不值得拥有的财产的存放场，就是被放弃产权的垃圾站；共同财产，就是被放弃产权的有价值资源，是一种无主财产，是从"成本－收益分析"意义上"不值得拥有"的财产。因为，产权的界定是以财产多样性的有价值属性为基础、以交易成本为工具，对资产的有价值属性进行测度，然后再进行产权界定的"成本－收益分析"，经济上合算，就继续界定，把这部分产权归于自己名下；从经济上不值得，也就是当由于界定技术的限制而使产权界定成本高于界定后产权经济价值时，就停止界定，把那一部分"不值得界定"的有价值属性，作为"共同财产"（无主财产）放进"公共领域"。"商品具有多种属性，对这些属性也不可能一一计量"（P160），另外，还有一些认识不到的属性性质特征（其经济价值因知识、科技等发展会发生变化），所以，每次界定，总有一部分"未计价属性"被置于公共领域，形成"无主财产"即共同财产。"公共领域中的财产既可扩大，也能缩小。随着商品各种属性的价值不断变化，随着产权界定之测算成本与保护成本不断增减，人们会相应地改变原来的决定，放弃某些财产，使其化作公共领域的财产；或对现有的公共领域的财产进行重新界定，使之归于自己名下。"（P159）

因此，产权从来就没完全界定过。巴泽尔就此批评"科斯定理""说只要权利是明确界定的，那么不管谁负责任（或者是说谁承担变化性影响），资源配置就是有效的，便是毫无意义的。"（P75）

经济权利和法律权利不一致假说。作为法学院教授的科斯认为，产权就是法律权利，"产权是指一种权利。人们所享有的权利，包括处置这些桌椅的权利"。"你能联系某些事物根据法律界定你的权力是什么。"② 与科斯不同，巴泽尔并不满足于法律条文的权利规定，而是强调产权是一种能力和运用能力实际享受到的利益，他理解的产权"是完全实证性的，不具有任何的规范性内涵"③，他认同德姆塞茨"新的权利对应于新的经济力量而

---

① 巴泽尔说，"如果交易成本大于零"，"人们将发觉，得到'他们'资产的全部潜力是不值得的"，"因为完全界定的成本是高昂的"。载巴泽尔《产权的经济分析》，上海三联书店、上海人民出版社，1997，第3页。

② 《大师经济学纵横谈》，载高小勇、汪丁丁编《专访诺贝尔经济学奖得主》，朝华出版社，2005，第126页。

③ 巴泽尔：《国家理论——经济权利、法律权利与国家范围》，上海财经大学出版社，2006，第22页。他甚至认为"个体所保留的资产——包括他们自己的身体，都是其他人觉得费用太高而无法得到的东西。个体越无力（越不狡猾），他拥有的资产就越少。另外，个体还可以被奴役，即在其（大部分）人力资源上失去支配权和经济权利"（见该书第23页）。

产生"的观点（P89），指出"权利在从财产获益的能力的意义上来说，很大程度上是一个经济价值，而不是法律概念的问题"（P89）。"法律权利会增强经济权利，但是，对于后者的存在来说，前者既非必要条件，也非充分条件。人们对资产的权利……不是永久不变的，它们是他们自己直接努力加以保护、他人企图夺取和政府予以保护的函数。"（P2）如果产权人不自己努力保护，则法律上规定归你的资产也可能被人攫取，使名义财产与实际财产不一致。巴泽尔说，"经济上的产权与法律上的产权之间的区别因盗贼的存在而变得明显了，经济上的产权并非'绝对的权利'这一点也变得极为明显。盗贼对赃物并无合法的所有权，但他们有能力消费它，独吞它，靠它得到收入，还能卖掉它换钱。这些能力都具有所有权的味道；法律性产权如不到位，会降低这类能力的价值，但不能使之化为乌有"（P152）。"个人总得让出一部分财产权利来，将其留在公共领域。例如，当盗贼有办法偷走某人后院树上的苹果时，这户人家对其苹果就只能拥有部分所有权。"（P153）

（五）属性边际调整：产权界定的具体过程

1. 边际调整和产权均衡

科斯说，对产权的研究"必须从总体和边际的角度来看待这一问题"。[1] 巴泽尔的贡献在于开创了"属性的边际分析"方法和视角。产权界定也遵循边际效益递减规律：对产权的界定一般都是先易后难、界定成本先低后高的，产权界定的"财富最大化意味着，个人将会持续进行某一行为，直到边际单位的净收益[2]为零"（P24）。这时候，产权界定就达到了均衡：在产权均衡状态下，产权界定的边际收益＝边际成本。之前，边际收益＞边际成本，还有更多收益可挖，如果停止界定很可惜；此后，界定的边际收益＜边际成本，如果继续界定，经济上不合算、不值得。因此，在边际净收益为零这一点上，谁也不愿意再改变已有的产权格局。[3] 但产权界定不是一次性行为，而是不断的界定、再界定过程，是个无限的演进过程。这是因为产权界定的成本和收益并非一成不变，对产权的界定、再界定势不可免。

2. 调整"什么的边际"

资产"属性多样性"概念是巴泽尔提出的，此前的科斯并没有属性概念和属性分析方法，他说的"总量和边际"，也是资产整体的总量和边际，而不是资产属性的总量和属性的边际。任何资产整体的边际都只有一种，资产属性的边际却有许多，科斯考虑的是资产的量的调整，比较单一；而巴泽尔考虑的却是资产属性的调整，有许许多多。巴泽尔调整的是资源配置中多样化的属性边际。

---

① 科斯：《社会成本问题》，载科斯著《企业、市场与法律》，上海三联书店，1990，第76页。

② 这里，产权界定的成本－收益分析，是比较的边际成本和边际收益，而不是总成本和总收益，有人在解读巴泽尔产权界定和公共领域理论时存在误解。见王光庆《产权的公共领域——巴泽尔经济思想介评》，《贵州财经学院学报》2003年第3期，第51页。

③ 武建奇：《马克思的产权思想》，中国社会科学出版社，2008，第131～132页。

巴泽尔以油价控制为例说明加油站对"售油产权"边际调整的过程。当控制价格低于汽油的出清价格时，按照传统理论的解释，会出现短缺。巴泽尔认为"这种分析忽略了调整的可能性"，也否认了通过"调整，个人将实现最大化"。（P24）加油站由此带来的损失，无法通过作为最大化者的加油站行为调整来弥补。而巴泽尔的产权方法却能找到在控价条件下实现最大化的途径，这就是"连续的属性边际调整"。

巴泽尔认为，"售卖汽油"这一事件也有多种属性，如价格、质量、服务、营业时间、不受价格控制的商品与汽油搭配销售等，政府控制价格给企业造成的损失，完全可以通过售油的多种属性的边际调整来弥补，实现加油站的个人最大化。由于价格控制，"汽油部分地被置于公共领域中，而排队就用来确定对未被拥有部分的权利。"（P26）这时，"排队成为汽油价格的一部分"，买者"要支付货币价格和时间价格"（P27）。"买者通过排队可以获得对于控制价格与他们边际价值之间的差额的权利"（P27），这样，卖者就有机会通过其边际调整获益来弥补控价的损失，如降低汽油标号、降低服务质量或搭售高价润滑油等，放开供应，免除排队，但只要加油站边际调整给消费者带来的损失不超过排队等候的时间损失，他们就乐意接受。这就是"非价格方法"的作用，在价格控制时也实现了市场均衡，同时把浪费降低到最低程度。①

另外，通过巴泽尔的属性边际调整，交易过程也就是产权的重新界定过程。一个问题是：究竟是产权界定在先、交易在后，还是在交易过程中产权得到了明确界定？一般认为是产权界定在先，交易在后，不能拿别人的产权来交易；盛洪认为是先有交易，再有产权的；② 而巴泽尔的意思正是在反复交易（表现为签订合同）过程中，产权得到了进一步的界定和完善。

（六）交易合同：产权研究的核心

1. 合同研究的重要性

巴泽尔一再强调"把注意力集中在合同上的可取之处"（P135），认为"界定和再转让所有权的合同，是产权方法的核心"（P14）。他甚至反对科斯对企业和市场的"两分法"（市场上的契约关系和企业中的管理关系），认为企业和市场都可以还原为人与人之间联系着的一组合同，而"企业本身则可视为一个'合同之网'"（P164）。

从马克思经济学的观点看，合同之所以重要，因为它是市场经济中人与人之间的经济关系、社会关系、财产关系的反映形式、落实形式。市场经济是契约经济，市场中人与人之间复杂的利益关系凝结为文字就是契约即合同。巴泽尔说，"合同无论是正式的还是非正式的，都是签约方之间的权利的重新分配"（P38），即合同是人与人之间的产权关系。

---

① 排队是一种巴泽尔意义上的"浪费"：花资源获取非排他性收入，支出的等候时间谁也得不到。通过边际行为调整，加油站减少损失，消费者也没有增加负担，等于减少了浪费，即减少了社会福利总损失。

② 盛洪：《交易先于产权》，载《经济学精神》，四川文艺出版社，1996，第243～247页。

字面上看,合同记载的内容十分琐碎,但恰恰是这些记载规定和表达了人与人的权责利关系。如地契规定和表达地主与佃农、与租地者的利益关系;房契规定和表达房东与租户的利益关系等。总之,合同是签约人各方权利关系的格式化、文字化、条理化,是当事人权利内容的外在形式、文字表达形式。

研究人、重视人是经济学的传统,从斯密到马克思都是如此。新古典经济学撇开人而专注于物的关系的研究,把生产经营活动中的物质技术关系研究得炉火纯青,但对人的关系的忽视已经使它走了许多弯路。现在,新制度经济学重新重视人的研究,是西方经济学家吸取新古典经济学轻视对人的关系研究之教训的结果。比如,巴泽尔从过去新古典经济学只看到物的关系的地方看到了人与人的关系。他说,"对一个工人来说,努力是在他控制下的一个变量……由于技术关系必须由人力关系来补充,所以生产,特别是在它与成本的关系上,就失去其部分的技术单纯性"(P60)。当然,合同只反映了市场关系、表面关系、形式上平等的关系,而不能反映那种"事实上的不平等"关系。马克思所强调的那种由所有制所决定的生产关系,那种经济强制关系,交易合同里是反映不了的。所有制关系深入经济关系的深处,但它不是产权经济学研究的对象。

2. 合同形式规定剩余归属

合同研究之所以重要,还由于它的形式本身就规定了剩余索取权的归属。理论上,有权在合同规定的分配程序中"事后分余"的一方才是真正的"老板",而作为"事先扣除"取得固定收入者的收入只作为索取剩余的人为达到其目的而不得不支出的"成本"、"代价",事先获得固定收入者肯定是处于被雇佣地位。[①]

巴泽尔以土地经营的三种合同形式——"固定工资合同"、"固定租金合同"、"分成合同"等,来说明合同形式怎样规定了剩余的分配。"工人在每一种合同中所承受的变化性都与在其他合同中不同。相似地,雇主受制于依所选择的具体合同而定的变化性,因为它要承担互补的或剩余的变化性"(P78)。"按佣金支付的推销员比按固定工资支付的推销员更像是一个所有者"(P79)。合同对双方收益的规定无非是放开一头(变化性)或者固定一头(不变性),这种规定至关重要。如"固定工资合同"就是"土地雇佣劳动"合同,它把劳动者收入固定住,使地主获得剩余;"固定租金合同"是"劳动雇佣土地"合同,它把地主收入固定住,剩余索取权归于劳动者;"分成合同"是"土地和劳动相互雇佣"合同,使两头都不固定,双方按比例共担风险,共享剩余。

3. "要素变化性"决定合同形式

"变化性"对产出的重要性。要素变化性,指生产要素中影响产出的那些有用属性是否固定和易于测定。有的均质且易于测定,有的易变且不易测定。这种变化性,使不同要

---

① 武建奇曾经指出:"分余,余多多分,余少少分。事后分余,这是主人公地位的体现和证明,事先扣除则是'被利用'的表现。在私营企业中雇工工资是作为成本事先扣除的,只有老板才有权最后分余。股份企业中事先分配的优先股股东,在企业中就不能享有事后分余的普通股股东的同等权利。"(武建奇:《经济学教程——关于社会主义市场经济的理论》,河北教育出版社,1993,第90页)。

素对产出变化的影响也不同。可以想象，在地主和佃农的租地合同中，如果土地是均质且不变的，而劳动是可变的（其努力程度，即投入的数量、强度、技巧、技术等），那么，"土地不会构成产量变化的因素；于是，佃农预期产量只能作为他自己努力的函数而变化"（P44）。"当劳动是均质的时候，工资合同使预期产量只成为土地质量的函数。于是，地主就会有恰当的激励努力维护并改良他们的土壤"（P44）。

易变性要素应获得剩余。巴泽尔说："对合同选择来说，可变性的特征是至关重要的。"（P43）效率要求，应把剩余更多地分配给要素变化性大的一方，分配给对收入流变化影响倾向更大的一方。谁应"事后分余"，取决于影响收入流的各要素哪个更具有"变化性"：其特性固定的要素获取固定的收入，特性多变的要素获取剩余，这个剩余既可能是正的，也可能是负的。影响效率的那种相对固定、不易变化的要素，其对产出的贡献也相对固定，收入界定相对比较容易，所以，在收入分配或者合同形式上，应该采取该要素固定收入形式；其影响产量的特性易变且不易测量的要素对产出的贡献是可变的，其所获得的收入在分配中也应该是变化的，即让其所有者享受剩余索取权。这样，有利于对收入流影响倾向更大的要素提供更多的生产性努力，有利于效率提高。反之反是。事实上不仅变化性的要素如此，进一步地，由于"整体所有权的属性化"，应让资产的每个"有变化性的属性"的所有者都拥有该属性变化性的剩余索取权，这样，可以减少每个可变性属性偷懒的激励。

让对收入流影响更大的要素和属性获取更多收入的好处在于：得到固定收入的要素对收入流变化的影响也小，其激励不足所导致的偷懒损失，小于对于可变性要素的激励所增加的收入。

三　简要评述

巴泽尔的产权思想丰富、独到、精辟、实用、易读，其提出的一系列产权经济学新范畴、新理论给人以极大启发，但其"实例型"的思维和"微微观"研究视角也使其思想的解释力受到一定限制。

首先，巴泽尔的一系列新概念富有启发。其中公共领域、共同财产、属性、变化性等是巴泽尔产权理论一般性概念，对产权分析具有基础性、工具性意义，而奴隶产权等则是巴泽尔具体案例分析中产生的具体概念。巴泽尔产权理论当然以科斯的交易成本理论为基础，但交易成本概念被认为在巴泽尔理论中已经"不起主要作用"，起主要作用的变为公共领域概念了。公共领域和共同财产概念虽然不是巴泽尔首次提出但被他赋予了新的内涵，确立了它们在巴泽尔产权理论中的基础地位。属性是巴泽尔产权理论中更为基础的概念，资产属性的多样性是他的几乎所有的产权分析的出发点，由于资产有价值属性多不胜数，才导致了产权界定成本高昂和公共领域、共同财产的存在。而变化性则是巴泽尔用来说明合同形式选择、产权最优配置、剩余索取权归属的重要工具性概念。

　　其次，巴泽尔提出的诸多新思想振聋发聩。关于产权从未完全界定过、关于企业是对大型设备易产生的共同财产问题管理的组织、关于法律权利与经济权利不一致假说、关于产权不是一种"权力"而是一种"行为能力"的观点、关于交易成本过高是奴隶制废除原因，以及关于非价格方法优于价格方法和"非市场机制优于市场机制"的思想等，都令人耳目一新，有的堪称对常识的挑战但又令人信服。我们曾经追求改革中的"产权清晰"，却没有意识到只要交易成本大于零产权就不可能完全界定的道理；新制度经济学企业理论一度成为我国理论界的一个热点，但大多重复的都是科斯的"企业作为市场机制替代物"的理论，而企业解决大型设备易产生的共同财产问题的职能却少有谈及；对产权的经济学性质和法学性质的讨论也有很多，但只有在巴泽尔思路下把产权理解为自己努力保护、他人企图夺取和国家予以保护的程度的函数时，法律产权与经济产权的区别才彻底清晰；从唯物史观角度理解的奴隶制灭亡的根源我们都很熟悉，但从交易成本角度对奴隶制废除原因的分析却是别有洞天；另外，在新自由主义思潮风行的背景下，巴泽尔所阐明的不能"盲目自由化"、市场化的原理给了我们一个深深的震撼。

　　最后，巴泽尔的"实例型"和"微微观"研究方法具有两面性：它既生动直观、准确透彻，又使其理论的解释力和"一般化"过程受到某种局限。巴泽尔的许多概念都具有"实例型"和"微微观"的背景，定义针对性强，在那个特定场合对所分析的特定问题，非常贴切，极为实用。如他的产权概念是"个人对资产的产权由消费这些资产、从这些资产中取得收入和让渡这些资产的权利或权力构成"（P2），这在分析某个"资产的产权"时，是非常适合的。再如其交易成本被定义为"与转让、获取和保护产权有关的成本"（P3），这对分析与产权相关的交易成本来说，是交易成本最好的表述方式。但是，另一方面，巴泽尔如此微观、具体的定义又使他的在产权理论中具有基础性作用的概念的"一般性"、"普遍性"特征在一定程度上被弱化，使其解释力和适用性受到影响。如在分析一般产权（不是分析某笔"资产的产权"）时，在更广泛意义上，他的产权定义就不大好用了。同理，在分析其他方面的交易成本时，他的交易成本概念使用起来也难以得心应手。汪丁丁坦言，巴泽尔的交易成本概念"不是通常新制度经济学家使用的'交易成本'概念。后者被理解为任何一个制度的运行成本"。[①] 这些特点使巴泽尔的许多极具穿透力的概念定义很难上升为更为通用的一般化定义。

---

　　① 汪丁丁：《中文本序》，见巴泽尔《产权的经济分析》，上海三联书店，1997，中文版序第 8 页。

斯密"无形之手"思想发展及其影响再探讨

赵茂林　任志安[*]

一　引言

亚当·斯密（Adam smith，1723～1790）是英国工场手工业开始向机器大工业过渡时期的资产阶级古典经济学家、是经济学说史上一位开宗立派的百科全书式的思想巨人，他对经济学的历史以至于近代世界经济政治的发展都产生了深远的影响。他在1776年出版的《国富论》中，在对重商主义政策进行评述的过程中阐述"无形之手"（invisible hand）的思想，他用于解释为什么个人的自利行为会无意识地造成社会财富的增长，奠定了自由市场经济基础从而形成现代经济学的第一个完整的体系，该思想被誉为"经济学皇冠上的宝石"。对于"无形之手"思想的讨论一直是经济学理论的一个重要问题。

在众多讨论中不乏思辨批评的评价。例如，Emma Rothschild给出了对"无形之手"这一隐喻的详细说明，在她看来，斯密使用这一术语不过是开着一个"温和的、充满反讽的玩笑"。约翰·米尔斯（John Mills）认为，斯密的"无形之手"把"自利"贯穿始终的一条起统一作用的原理，被置于经济激励的核心地位解决了关于激励经济发展的动力问题，他提出的新理念（诸如自利、竞争的重要性、劳动分工的重要意义等）所具有的明晰性和精确性，以及他在所倡导自由贸易的好处和宣传消除贸易限制和垄断的好处时所表现的热诚，就是一些巨大成就。最重要的是斯密眼界开阔。他关注经济学在形成人类的整个状况方面所具有的威力。斯密之后很长时间，都没有人再如此广泛的探讨。但是，"他关于价值和价格的分析以及他关于价值和价格为什么会按各自所是那种情况得到分配的论述，并不那么令人满意和信服"。"显然，涉及物品和服务生产过程中的是成本而不是劳动，特别是除了劳动之外还有地租。有一点已经很明显了，那就是：在成本中，还应当把基本装备的供应的人应得的回报包含在内。总的来说，斯密实际上倾向于认为劳动生产成本才具有最重要的意义"。"斯密的劳动价值理论留下的遗产，促成了两种截然不同的传统。一种是在古典经济学家那里受到广泛接受的传统，认为各种生产要素之间是一种协调一致的和谐关系，而那些激进的批评家倾向于认为剥削

* 赵茂林，陕西省蒲城县人，安徽财经大学经济学院教授，硕士研究生导师，研究方向为政治经济学和经济思想史。任志安，安徽财经大学经济学院教授，经济学院副院长，硕士研究生导师，研究方向为西方经济学。

才是应当抓住的关键特点所在。"①

第三，缺乏对政府行为的自私性的分析。布坎南公共选择理论对其进行了扩展，产生了对 "政治市场" 的分析。

二 亚当·斯密 "无形之手" 的思想渊源

首先，其第一个重大思想渊源于苏格兰 "自然法" 哲学②的思想的影响。"自然法" 哲学源远流长，从古希腊的亚里士多德（Aristotle，公元前 384～前 322）、中世纪经院哲学家托马斯·阿奎那（Thomas Aquinas，1225～1274），一直延续到 17～18 世纪，逐渐被代表新兴资产阶级的思想家所继承和发展，成为他们在新的历史条件下锻造反对封建主义的思想武器。这种哲学思想的基本信条是：在物质世界中存在着某种根本秩序；通过对所研究现象的论辩或直觉的感受，可以发现这些秩序；遵循自然法则便可达到最好的状态。自然法体系可以被进一步引申为如下的基本信念：自然法是不能被人为地加以变更或取消；自由是达到和谐的必由之路，也是实现自然法的不可或缺的条件。③

在亚当·斯密生活的 18 世纪的启蒙时代（Age of Enlightenment），是彻底清除封建专制残污、进行理性主义反抗的时代，自然法哲学家从基督教中 "天赋自由和平等" 神学思想中进行跪着反抗，启蒙运动思想家的核心是对 "人类本性"（human nature）的重新估价和定位。在斯密看来 "对宇宙这个巨大有机体的管理，对一切有理智和有知觉的生物的普遍关怀，是神的职责，而不是人的职责。人们对自己的幸福、对他的家庭、朋友和国家的关心、朋友和国家的幸福的关心，被指定在一个很小的范围之内，但是，这却是一个更适合他那绵薄之力，也更适合他那窄小的理解力的范围。"④

其次，其第二个重大思想渊源于牛顿经典力学思想。斯密的 "无形之手" 思想还深受与其同处一个时代的牛顿经典力学理论的影响。斯密把牛顿体系描绘成 "有史以来人类最伟大的发现"。牛顿的自然哲学观把世界看成和谐的、有秩序的、质量卓绝的机械装置，斯密非常推崇牛顿体系，认为牛顿体系将成为所有科学体系的典范，在斯密创立经济学体系的过程中，他把世界是一个和谐而有秩序的机械装置这一思想运用于社会经济关系。斯密认为，如果经济运行过程是由上帝的手进行调节，那么他就不需要任何改进。试图改进经济运行的努力只能扰乱这种机制，打乱它按一种规则的方式发挥作用的能力。

最后，自由法则和私有产权思想的影响。斯密在国家和私有财产的起源上与洛克、休谟等人持有本质上相同的看法。他曾说："自然权利的来源是十分明显的。一个人有权利

---

① 约翰·米尔斯：《一种批判的经济学史》商务印书馆，2005，第 116～124 页。
② 自然法哲学是古希腊哲学中斯多噶派从所谓宇宙理性中引申出来的，认为 "自然法" 是超出人为法之上的，由神性支配的不变规律，人类的行为和社会都要服从它。认为人们本质是相同的，应拥有平等和自由的权利。
③ D·P·obrien，The classical Economics，1975，p. 22。
④ 亚当·斯密：《道德情操论》，蒋自强等译，商务印书馆，2004，第 307 页。

保护他的身体不受损害，而且在没有正当理由剥夺自由的情况下有权利保护他的自由不受侵犯，这是毫无疑问的。但是，取得的权利如财产权，则需要进一步的说明。财产权和政府在很大程度上是相互依存的。财产权的保护和财产的不平均是最初建立政府的原因，而财产权的状态总是随着政权的形式而有所不同。"① 现代政府的职能主要有三个："第一，保护社会，使不受其他独立社会的侵犯。第二，尽可能保护社会上各个人，使不受社会上任何其他人的侵害或压迫，这就是说，要设立严正的司法机关。第三，建设并维持某些公共事业及某些公共设施。"斯密认为，"一切特惠或限制的制度，一经完全废除，最明白最简单的自由制度就会树立起来。每一个人，在他不违反正义的法律时，都应听其完全自由，让他采取自己的方法，追求自己的利益，以其劳动和资本和其他任何人或其他任何阶级相竞争"。② 斯密呼吁天赋自由和自由放任时是有洛克的政治哲学作为支持的后盾的。斯密认为，公共利益要求自由放任，因为对私利的追求在竞争这一只"看不见的手"的引导下能够创造公共利益，而政府在经济领域的干预与其说有助于公共利益不如说通常会妨碍它的实现。

三 对亚当·斯密"无形之手"含义的正确理解

一般认为，"看不见的手"的实质，即其本质是市场机制，笔者认为进一步讲，这只"看不见的手"就是在一定条件下的市场经济中通过竞争机制、供求机制、价格机制共同发挥作用的剩余价值规律。蒋自强等在《经济思想通史》中认为，它指的就是今天的市场机制，他引述了《国富论》（下卷）第199页，说明"无形之手"就是经济系统在资源配置过程中的负反馈机制，它消除了个人利益与社会利益之间的矛盾。看不见的手在斯密的理论体系中占有重要的地位。"它对于把人们从封建时代的宗教伦理意识中解放出来起着进步的作用。……在欧洲中世纪，追求个人利益，作为一种明确宣布的思想意识，是不被赞赏的，在个人主义与社会公益之间架设一个桥梁，就成为新兴资产阶级的一个愿望"，"无形之手"正好起了这种桥梁作用，这样每一个人都可以心安理得地追求个人利益了。说明了资本主义经济发展的运行机制，这就可以掂出它的作用了。

"人类几乎随时随地都需要同胞的协助，想要仅仅依赖他人的恩惠，那是一定不行的。他如果能够刺激他们的利己心，使利于他，并告诉他们，给他做事，是对他们自己有利的，他要达到目的就容易多了。不论是谁，如果他要与旁人做买卖，他首先要这样提议。请给我以我所要的东西吧，同时，你也可以得到你所要的东西，这句话是交易的通义。我

---

① 坎南：《亚当·斯密关于法律、警察、岁入和军备的演讲》，陈福生、陈振华译，商务印书馆，1962，第35页。

② 亚当·斯密：《国民财富的性质和原因的研究（下）》，郭大力、王亚男译，商务印书馆，1974。

们所需要的互相帮忙,大部分是依照这个方法取得的。我们每天所需的食料和饮料,不是出自屠户、酿酒家或烙面师的恩惠,而是出于他们自利的打算。我们不说唤起他们利他心的话,而说唤起他们利己心的话。我们不说自己有需要,而说对他们有利。"

这是简单商品经济条件下的商品交换,这种"自利"和"利他",确实是商品经济的基本矛盾,即私人劳动与社会劳动的矛盾。

"确实,他通常既不打算促进公共的利益,也不知道他自己是在什么程度上促进那种利益。由于宁愿投资支持国内产业而不支持国外产业,他只是盘算他自己的安全;由于他管理产业的方式目的在于使其生产物的价值能达到最大程度,他所盘算的也只是他自己的利益。在这场合,象在其他许多场合一样,他受着一只看不见的手的指导,去尽力达到一个并非他本意想要达到的目的。也并不因为事非出于本意,就对社会有害。他追求自己的利益,往往使他能比在真正出于本意的情况下更有效地促进社会的利益。"《国富论》(下卷)第 27 页。

"个人的利害关系与情欲,自然会使他们把资本投在通常最有利于社会的用途。但若由于他们把资本过多投在此等用途,那末这些用途利润的降落,和其他用途利润的提高,立即使他们改变这错误的分配。用不着法律干涉,个人的利害关系与情欲,自然会引导人们把社会的资本,尽可能按照最适合于全社会利害关系的比例,分配到国内不同用途。"《国富论》(下卷)第 199 页。

斯密还谈到了市场机制运作的先决条件:

第一,"自由竞争"。亚当·斯密把听任个人完全自由或听任个人自然发展的制度,称作最明白、最单纯的"自然自由制度"。在这种制度之下,完全废除了一切个人经济特权、特惠或限制,政府不必对私人产业和私人投资进行干涉,也不应去具体监督和指导私人产业的发展。在斯密看来,每个人处在他自己的位置和境遇中,对自身的真正利益了解得最清楚。

第二,"经济秩序"。斯密一直把政府视为发挥"秩序赐予功能"(order – bestowing function)的核心力量,一个完全自由的社会中,政府不光承担重要的公共工作,即随着商业社会的扩展提供斯密所说的"有利于商业社会的制度",斯密反对的是将政府行为与自由市场的工作混为一谈。对于斯密来说,政府(国家)是一个商业社会赖以运转的最重要的制度,因为政府(国家)所提供的权威与安全是"人类自由、理性和幸福"得以旺盛成长的必要条件。而且,他相信一个良好运转的市场经济所生产的财富将使政府带来的经济负担变得可以承受。斯密关于法律的演讲中,就清晰地表达了这种观点。同时,斯密关于现代国家功能的观点来自于他对现代商业社会核心制度会产生的消极后果的分析。市场的成长与劳动分工的扩展诚然是文明社会利益的来源,同时它们可能是许多危险的源泉,而这些危险则有赖于立法者(政府)来加以避免,有赖于政府运用必要的手段来克服市场的消极后果维持市场秩序,这是作为"无形之手"的市场机制正常发挥功能的最起码的先决条件。

四 亚当·斯密"无形之手"的思想的发展

亚当·斯密之后，"看不见的手"所揭示的和谐经济秩序思想总体上沿着两条不同的出场路径向前发展。一条是马克思在批判地继承亚当·斯密和大卫·李嘉图的经济思想后，即汲取了"古典经济学"的有益成果而创立的科学社会主义的政治经济学体系。另一条就是西方经济学家沿着他们所界定的"古典经济学"而发展的庸俗的政治经济学体系。在这一种经济学体系内部则存在有众多观点和主张相异的经济流派。那么，总体上划分为两条出场路径的依据是什么呢？从前文对"古典经济学"的分析可以看出：一是马克思与西方经济学家划分的时段与人物不一样，二是研究范式与分析框架也不一样。

首先，马克思主义政治经济学体系。马克思在汲取了斯密劳动价值论理论的合理成分之后，将分析的重心主要集中在生产领域，也就是集中在剩余价值生产的领域。通过必要劳动和剩余劳动的区别与分析，揭露资本主义生产的剥削实质，也揭示市场经济运行中"价值规律"这个"看不见的手"的本质。马克思强调，这个"看不见的手"指引经济运转是由特定的历史环境所创造出来的，是特殊的社会组织的一种产物。正是在生产领域对资本主义生产方式内在矛盾的揭露，马克思得出的结论是：要实现人的自由全面发展和真正的社会经济和谐发展，只有消灭资本主义制度，建立社会主义制度。其次，被马克思称作庸俗经济学的资产阶级学者抛弃了对"社会阶级结构"的分析，将分析的对象转向了交换、消费（需求）领域。

西方经济学家则将经济分析重心放在交换和消费（需求）领域。他们在不否定资本主义基本制度的前提下，对市场经济内在的缺陷，对"看不见的手"在市场调节中的局限性，作了全面反思和深刻批判，从而提出了众多治标不治本的经济政策和主张。在西方经济学学派中，对"看不见的手"在实现和谐经济秩序中的作用的看法与认识主要有以下两个主张。

第一，在主张自由放任的经济学家看来，"看不见的手"的经济理论证明了自由的市场竞争使得社会和谐的经济秩序作为一个整体成功地实现了总体满足最大化。"当古典经济学家肯定市场社会中所有成员的正当利益和谐的原理时，他们强调两点：一是每个人都从维护社会劳动分工中得利，因为这种制度使人的劳动生产率倍增。二是在市场社会中消费者的需求最终引导所有的生产活动。"这样使得"在买者的利益和卖者的利益之间，在生产者的利益和消费者利益之间，没有什么冲突"。因此，国家的作用就是充当自由市场经济的"守夜人"。自20世纪40年代早期以来，哈耶克激活了"看不见的手"的经济理论的传统价值理念，这就是被称为"自发的秩序"传统。这个传统强调制度的进化，强调社会和谐后果的确是人的活动的结果，但不是实施任何人为设计与干预的结果。这个观念并不否认利益冲突，也不强调任何特别的社会福利原则，更不强调任何建立在宗教基础上的乐观，而是强调一种不是信赖某种直觉产生的，而是按一定秩序产生的结果的可能性，这种结果不是来自人为的精心设计，而是来自独立活动的个人自然的相互作用。用哈耶克的话说，"休戚与共和利他主义只能以某种有限的方式在一些小团体中有可能行得通"，如果用强制手段把整个团体的行为限制在这种目标上，会使每个成员之间相互合作的努力受到破坏，因为"相互合作的团体的成员的大多数生产活动一旦超出个人知觉的范围，遵守天生的利他主义本能这种古老的冲动，就会实际阻碍更大范围的秩序的形成"。① 这与斯密对一种自发秩序能否产生善果所作的判断是存在差异的。斯密是从一种具体的道德眼光并在一种具体的政治和历史环境中去判断的，斯密的道德眼光本身就是这个制度的参与者的道德眼光。哈耶克是基于自由的市场制度下的判断，他认为，比起在 18 世纪英格兰仍在实行的重商主义管制的制度，现代市场经济的参与者的处境无疑要好多了。但人类行动的非故意的结果而出现的那种秩序的优良与否，最终取决于人类在其中行动的规则与制度的种类，以及他们面临的各种真实的选择。在哈耶克看来，"看不见的手"固然能够使市场经济运转，但不一定能够保证结果最佳。

第二，在主张国家干预的经济学家看来，"看不见的手"是有内在缺陷的，因而调节经济和谐运行的作用是有限的。每个成员之间相互合作的努力受到破坏，因为"相互合作的团体的成员的大多数生产活动一旦超出个人知觉的范围，遵守天生的利他主义本能这种古老的冲动，就会实际阻碍更大范围的秩序的形成"。这与斯密对一种自发秩序能否产生善果所作的判断是存在差异的。综观西方国家干预学说的历史，主要有三个不同时期的理论学派的主张：一是 19 世纪初的德国历史学派。德国历史学派的先驱 F. 李斯特在其《政治经济学的国民体系》中，强调经济学的国别性和民族性，在各国、各民族经济发展不平衡的条件下，自由贸易有利于发达国家，落后的发展中国家并不会从中受益。他批判斯密没有就社会全体作完整的观察，没有把个人利益合并成一个和谐的整体，没有把国家放在个人的前面来考虑。二是 20 世纪初的福利经济学，从社会经济福利最大化的角度研究市场经济的优劣与效率。A. 庇古提出"市场外在性"的理论，他认为只有在边际私人净产值与边际社会净产值相等时，资源配置才能达到最优。在存在市场外在性的条件下，自由竞争的市场经济通过"看不见的手"根本就无法实现资源的最佳配置，所以国家必须对市场经济进行干预。三是 20 世纪 30 年代凯恩斯主义经济学。J·M. 凯恩斯（John Maynard Keynes，1883~1946）针对 1929~1933 年爆发的经济危机，对传统自由放任的经济理论提出为极为严厉的批评。他认为，以"萨伊定律"（即供给自动创造需求）为假设前提构建的市场自动调节经济运转与资源配置的理论，最终会导致"有效需求"不足的结果，造成商品过剩和失业。因此，他采用"总量分析"（宏观分析）的方法，提出了国家干预经济，以实现充分就业和经济增长的理论和政策。他认为国家不再是"守夜人"，而应是市场经济的积极干预者，去弥补市场这只"看不见的手"的不足与缺陷。在战后二十多年，由于资本主义国家普遍推行"凯恩斯主义"，在一定程度上缓和了资本主义的内在矛盾。

---

① F·A. 哈耶克：《致命的自负——社会主义的谬误》，中国社会科学出版社，2000。

但到了 70 年代却出现了更为严重的"滞胀"问题，"凯恩斯主义"理论本身出现了危机。自 70 年代以后，西方主流经济学派的理论建构都是在批判和修补凯恩斯经济理论的基础上进行的。

五 "无形之手"的思想对加快中国经济增长动力结构和机制转换的启示

从斯密的"看不见的手"的思想中，我们可以在完善市场经济的体制、进一步深化改革，形成经济内生的增长动力等方面得到很多的启示。中国经济在进入新的增长阶段之际，面临着新的经济增长机遇，能否抓住前所未遇的历史机遇，就在于我们能否借鉴斯密关于市场机制的"看不见的手"的原理，培育经济的内生增长驱动力和市场活力，为此，我们要进一步推动经济改革，关键是要切实加快相关领域的改革、创新和政策调整。

（一）对斯密经济增长理论的评价

第一，把考察经济增长的视角主要放在生产和供给方面，并判断出经济增长的根本源泉首先是劳动生产率提高，其次是参加生产性劳动的人数增加或比例提高。这种思想又进一步引出斯密对分工、资本、市场规模等各种因素的重视，从而认识到资本积累在经济增长中的重要作用。

因为在斯密的时代，影响生产率的主要因素是分工和专业化的程度，而分工和专业化程度又取决于资本和市场规模，因此资本积累对经济增长具有特别重要的作用。此外，斯密还认识到社会总资本的数量也是整个社会维持产业和雇佣劳动数量的主要制约因素。因此资本是经济增长的基础，或者反过来说，经济增长常常受到资本数量的限制或制约。

第二，斯密从对经济增长的基本认识出发得出的另一个正确结论，是国际贸易对经济增长的作用。

第三，斯密关于经济政策的基本观点是自由放任。

第四，关于经济增长的前景斯密也有论述。斯密认为经济增长是一个长期过程，因此讨论经济增长不仅要注意当前，而且要考虑未来。

（二）斯密经济增长理论的局限性的表现

局限性的第一个方面的是其财富观的狭隘性。虽然其财富理论比重商主义和重农学派的财富观念科学得多，但斯密只承认物质产品的价值，他认为只有可以积累或者储存起来的有形的劳动产品才是财富的观点却是错误的。其观点无法解释服务业占主体的现代经济的增长问题，而且还会导致对服务业的忽视，对经济发展有很大的不利影响。

斯密增长思想第二个方面的缺陷是对经济增长原因的分析。其可以分为以下两个方面。第一是对需求因素的忽视。第二是斯密背弃了自己关于劳动是财富生产和经济增长第一要素的正确的初始认识，滑向了"资本决定论"。

第三，斯密对国际贸易作用的认识同样也有不足。斯密对自由贸易的无条件支持是有缺陷的。

第四，斯密在国内经济政策方面一味强调自由放任也是片面的。

（三）斯密经济增长理论的启示

启示一：必须学习古典经济学家的"大理论"传统，把经济增长作为一个复杂的系统，全面科学地加以分析，而不是割裂开来看问题。

启示二：在经济增长研究中必须既重视供给方面，也重视需求方面，而且特别要重视人类的主观努力、人类行为在经济增长中的核心作用。

启示三：必须用发展的眼光去分析和理解各种理论，对任何理论都不应该盲目迷信，应该勇于理论创新。

（四）对我国经济增长的动力机制的政策思考

第一，推动我国铁路、公路等基础设施建设产业领域的改革。更重要的是切实放宽准入，引入包括民间资本在内的外部投资者。

第二，加快推进农民工的市民化。促进城乡生产要素的双向流动和优化配置。继续着力扩大就业，带动农业劳动力向非农产业转移。

第三，加大收入分配领域改革。既重视改善民生，更促进机会均等。

从诺贝尔经济学奖看现代宏观经济学的发展

王艳萍[*]

一　诺贝尔经济学奖所覆盖的宏观经济学领域

自 1969 年开始，诺贝尔经济学奖已有 43 年的历史，获奖贡献涉及宏观经济学、微观经济学以及（新的）经济分析方法三大领域。仅从宏观经济学领域来看，诺贝尔经济学奖涵盖了国民收入核算、消费理论、货币理论、经济增长与发展、国际经济与贸易、失业和通货膨胀、经济周期和波动、宏观经济政策等各方面的成就。[①]

1. 国民收入核算

诺贝尔经济学获得者托宾（1981）[②] 认为：四个不同而又相关的发展奠定了现代宏观经济学的基础。这四种发展是：国民收入核算理论与方法的建立、凯恩斯《通论》的发表、经济计量学的建立以及数学的发展及其在经济学上的运用。[③]

宏观经济学是研究整个国民经济的，因而，对整个国民经济的准确度量就成了至关重要的问题。以美国库兹涅茨（1971）为代表的"经验统计学派"开创性地对国民经济学进行年度例行统计，而以英国理查德·约翰·斯通（1984）为代表的"主流学派"成功推出的国民收入核算体系（SNA）更是为宏观经济分析奠定了数据基础。[④] 以斯通为代表的"主流学派"，以凯恩斯理论为基础，采用复试记账方法设计的一整套国民经济账户体系经联合国的推荐，为世界各国广泛应用，成为国际上普遍认可、共同遵守的准则。

2. 消费函数理论

消费函数理论用于研究国民收入与消费量之间的关系。自 1936 年凯恩斯在《通论》一书中提出绝对收入假说以后，消费函数理论得到了不断的充实与发展。弗兰克·莫迪利安尼（1985）于 1954 年与美国经济学家布伦伯格和艾伯特·安多共同提出了消费函数理论中的生命周期假说。这一假说以消费者行为理论为基础，提出人的消费是为了一生的效用最大化。1957 年，米尔顿·弗里德曼（1976）提出了持久收入假说。该理论认为，消

---

[*]　王艳萍，河南开封人，河南财经政法大学教授，经济学博士，研究方向：经济学说史。
① 参看附表"诺贝尔经济学奖所大致覆盖的宏观经济学领域一览表"。
② 本文中，所有经济学家姓名之后括号内的年份均代表其获得诺贝尔经济学奖的年份。
③ 除凯恩斯（诺贝尔经济学奖设立之前已经去世）《通论》以外，以上四种发展中的三个方面的研究分别于1984、1969、1970 年获得诺贝尔经济学奖。
④ 刘军、孙中震：《国民经济核算三大流派论》，《山东经济》2003 年第 3 期。

费者的消费支出不是由他的现期收入决定的，而是由他的持久收入决定的。如果政府出于应付经济萧条的需要，采取临时性的减税措施，以便增加居民的可支配收入和刺激消费，那么，按照持久收入假说，这一临时性的减税措施是无效的。20 世纪 70 年代后期和 80 年代初期，受理性预期革命的影响，霍尔于 1978 年将理性预期因素引入生命周期和持久收入假说，罗素·戴维森等则提出了误差修正机制，在此基础上产生了目前在国际上广为应用的随机游走假说和误差修正机制消费函数；20 世纪 80 年代以来，霍尔假说受到来自弗莱文的过度敏感性、坎贝尔和迪顿的过度平滑性的挑战，大量新假说如流动性约束假说、预防性储蓄假说、损失厌恶假说、近似理性假说等使消费函数研究步入新阶段。从整个发展历程来看，各种消费函数理论都是局部均衡分析，该领域的研究已经和经济计量学的高深技巧密不可分。[①]

3. 货币理论

货币对经济发展尤为重要，而宏观经济中货币政策的实施对经济稳定及经济增长至关重要。哈耶克（1974）与缪尔达尔（1974）因在货币和经济波动理论中的先驱工作而共享该年度诺贝尔经济学奖；米尔顿·弗里德曼（1976）建立了现代货币数量论模型，强调货币在经济活动中的作用，提出了"单一规制"的货币政策，以确保社会经济的稳定增长。

缪尔达尔（1974）的货币均衡理论认为，在讨论货币均衡时应区分时点（静态）与时期（动态）的概念。在分析动态均衡过程时，缪尔达尔还把收入、消费、储蓄、投资等变量区分为"事前的"和"事后的"分析。"事前的"是指分析期开始时的预期数值，"事后的"是指分析期结束时已实现的数值。缪尔达尔利用"事前的"、"事后的"两个概念来说明货币均衡条件（经济均衡条件），即社会的储蓄与投资等式的事前观察如何经过供给和需求的调整而达到事后的均衡。其最后结论是：维持货币均衡所必需的一般价格水平是变动的，其变动幅度是由实际生活中所存在的复杂因素决定的。消除或减轻商业循环的波动应当是货币政策的主要目标。资本主义经济仅仅靠自由竞争是难以实现货币均衡或经济均衡的，因而必须依靠国家干预，实行一定的货币政策来达到实现均衡的目标。

哈耶克（1974）的货币理论是关于货币对各种商品之间不同交换比例的影响的理论，包括货币中性论和"货币非国有化"思想。他认为，所谓的"货币中性"是指货币的数量对商品的相对价格不发生影响，不引起相对价格的失衡，不引起生产方向的误导，才可称之为"货币中性"。哈耶克曾断言，因为政府垄断了货币发行权，就可以肆无忌惮地利用财政、货币手段来干预经济，结果必将导致通货膨胀。通货膨胀的发生使得市场机制发生紊乱，资源配置失调，挫伤私人投资积极性，进而经济萧条，失业增加。而失业的增加又迫使政府对经济进行进一步的刺激，最终发生"滞胀"。所谓"货币非国有化"思想，

---

① 何智奇、邓小军、韩惠丽：《凯恩斯消费函数理论后继创新与发展》，《商业时代》，2008 年第 2 期，第56~58页。

就是主张取消国家对货币发行的垄断权，废除国家货币制度，而用私营银行的竞争性货币作为国家货币的替代物。哈耶克认为资本主义经济本身有一种自行趋于稳定的机能，任何形式的国家对经济的调节（包括财政调节、货币调节和行政干预）都是不必要的。①

弗里德曼（1976）将货币看作资产的一种形式，用消费者的需求和选择理论来分析人们对货币的需求。他认为，影响人们货币需求的第一类因素是预算约束，也就是说，个人所能够持有的货币以其总财富量为限。总财富中有人力财富和非人力财富。人力财富是指个人获得收入的能力，非人力财富即物质财富。弗里德曼将非人力财富占总财富的比率作为影响人们货币需求的一个重要变量；影响货币需求的第二类因素是货币及其他资产的预期收益率，包括货币的预期收益率、债券的预期收益率、股票的预期收益率、预期物价变动率；影响货币需求的第三类因素是财富持有者的偏好。将货币视同各种资产中的一种，通过对影响货币需求的以上各种因素的分析，提出了货币需求函数公式，并指出，货币需求函数具有稳定性，货币对于总体经济的影响主要来自于货币的供应方面。为了防止货币成为经济混乱的原因，最优的货币政策是按单一的规则控制货币供给量，其货币增长速度等于经济增长率加上通货膨胀率。

4. 经济周期和波动

现实中，把握经济周期对经济预测及经济政策的制定有着积极意义。哈耶克（1974）认为经济周期的根源在于信贷变动引起的投资变动，在此基础上，提出了货币投资过度理论，即银行信贷的扩大刺激了投资，一旦银行停止信贷扩张，经济就会由于缺乏资本而爆发危机。他相信资本主义经济本身有一种自行趋于稳定的机能，反对国家对于经济生活的干预。他把 20 世纪 70 年代资本主义的滞胀归罪于凯恩斯主义的理论和政策。

凡恩·基德兰德（2004）和爱德华·普雷斯科特（2004）对经济周期的内在驱动因素做了研究，提出了真实经济周期理论，解释了经济政策和技术的变化是如何驱动商业循环的。他们认为，经济波动是在完全竞争环境下生产者和消费者对技术冲击进行调整的最优反应，政府花费大量成本来稳定经济，但其结果很可能于经济不利，因此，政府无须干预经济。真实经济周期理论自诞生以来就伴随着争论。它蕴含的政策无效理论更使得一些在政府部门和中央银行工作的经济学家感到无所适从。20 世纪 80 ~ 90 年代，该模型在假设前提、模型结论等方面进行了修正和完善。作为现代宏观经济学的重要进展之一，争论和质疑并不影响该理论对经济学未来发展所具有的意义。

5. 经济增长和经济发展理论

库兹涅茨（1971）认为，经济增长主要依赖劳动生产率的提高，而劳动生产率提高的重心则应该放在推动技术进步上；罗伯特·莫顿·索罗（1987）则进一步假定劳动力和资本可以互换，并且考虑了技术进步的贡献，得出结论认为，技术进步对经济增长的贡献更为重要；西奥多·威廉·舒尔茨（1979）和威廉·阿瑟·刘易斯（1979）深入地研究了

---

① 刘辉：《哈耶克的货币经济周期理论及比较分析》，《中国外资》2011 年第 9 期，第 17 ~ 22 页。

发展中国家的经济发展问题。舒尔茨认为经济发展取决于人力资本，即对劳动力的投资。刘易斯较早地揭示了发展中国家并存着农村中以传统生产方式为主的农业和城市中以制造业为主的现代化部门，由于发展中国家农业中存在边际生产率为零的剩余劳动力，因此农业剩余劳动力的非农化转移能够促使二元经济结构逐步消减。对发展经济学做出突出贡献的还有印度经济学家阿马蒂亚·森。多年来，森（1998）一直致力于对发展中国家的经济政策以及发展路径等问题的研究。马克·布劳格曾说过："发展经济学是森（除了福利经济学以外）的另一个具有持久兴趣的领域。"森对发展经济学的贡献与对福利经济学的贡献是同等重要的。并且，在一定程度上，森的发展理论比他的福利经济学理论具有更强的可操作性。1999 年出版的《以自由看待发展》一书综合了森的各种发展思想。以"能力"、"权利"概念的提出为标志，森提出了以人为本的"能力发展观"，并阐释了自由与发展、文化与发展以及发展过程中政府与市场的关系。森的"能力方法"对《联合国人类发展报告》产生了重大影响，森参与了该报告的编写以及"人类发展指数"的设计。

6. 失业与通货膨胀

美国经济学家埃德蒙·费尔普斯（2006）在 20 世纪 60 年代后期对当时盛行的"菲利普斯曲线"提出了挑战。根据当时的这一理论，通货膨胀和失业之间存在稳定的负相关关系，即此消彼长的关系。费尔普斯指出，通货膨胀不仅与失业有关，也与企业和雇员对价格和工资增长的预期有关。费尔普斯的研究加深了人们对于通货膨胀和失业预期关系的理解，对经济学理论和宏观经济政策都产生了重要影响。

彼得·戴蒙德（2010）、戴尔·莫滕森（2010）和克里斯托弗·皮萨里季斯（2010）因解释经济政策如何影响失业率以及对"存在搜寻摩擦的市场"的分析在劳动经济学领域的奠基性贡献而获得诺贝尔经济学奖。他们建立的模型帮助我们理解了政府监管及经济政策以怎样的方式影响失业率、职位空缺及工资变动。三名经济学家的"搜寻和匹配"理论表明，光有在理论上能够达成交易的买家与卖家还不够，这些买家与卖家还必须找得到对方，并决定达成一项交易，而不是继续寻找，希望发现更好的匹配对象。在某些背景下——比如公共金融交易平台，买家与卖家可能会即刻达成交易。但在许多其他市场，只有在经历一番耗时又代价高昂的搜寻后，交易才会发生，这可能会导致供求出现无效率匹配或根本无法匹配的市场结局。在这些情况下，政府干预可能会提高市场的效率。

7. 国际经济与贸易理论

开放经济理论研究开放经济条件下一国国民收入的决定以及对外贸易、汇率、资本流动等对一国经济影响和各国经济之间的联系。戈特哈德·贝蒂·俄林（1977）和詹姆斯·爱德华·米德（1977）对国际贸易理论和国际资本流动作了开创性研究。贝蒂·俄林从师于赫克歇尔，与赫克歇尔一起最早提出了要素禀赋理论，即赫克歇尔－俄林理论（简称 H－O 定理）。H－O 理论（即赫克歇尔－俄林理论）以要素分布为客观基础，强调各个国家和地区不同要素禀赋和不同商品的不同生产函数对贸易产生的决定性作用。米德的主要贡献表现在经济政策对国际贸易的影响以及一个"开放经济"的社会如何制定政策稳定经济的问题。米德提出了一国双重的政策目标，即国内平衡和国外平衡，分析了实现双重目标的政策手段，并阐述了两大平衡及其政策手段经常发生的尖锐冲突以及如何协调才能同时保持两大平衡。

保罗·克鲁格曼（2008）创建的新国际贸易理论，分析解释了收入增长和不完善竞争对国际贸易的影响。传统国际贸易理论是以李嘉图的"比较优势理论"为支撑的，但是当代国际贸易的实践并不能充分地支持这一论断。克鲁格曼在20世纪末提出"规模经济是国际贸易产生的原因"，他以垄断竞争模型来分析规模经济及产业内部的贸易行为，深入阐述了规模经济、不完全竞争市场结构与国际贸易之间的关系。

8. 金融经济学

作为一门研究金融资源有效配置的科学，金融经济学从20世纪80年代后期开始，经过经济学家不断地运用经济学理论探索、研究金融学中的均衡与套利、单时期风险配置以及多时期风险配置、最优投资组合、均值方差分析、最优消费与投资、证券估值与定价等，逐渐形成并发展成为一门崭新的经济学与金融学交叉性的学科。在此领域做出突出贡献的经济学家主要有詹姆斯·托宾（1981）、米勒（1990）、马科维茨（1990）、夏普（1990）、默顿（1997）以及斯科尔斯（1997）等人。

詹姆斯·托宾（1981）的贡献涵盖经济研究的多个领域，诸如经济学方法、风险理论等，尤其是在对家庭和企业行为以及在宏观经济学纯理论和经济政策的应用分析方面独辟蹊径。托宾的最主要贡献建立在以描写各个家庭和企业怎样确定他们的资产构成的理论基础之上，这种理论被称为资产组合选择理论，他是极其重要的创始人之一。米勒（1990）通过解释资本资产结构和公司股利政策之间的关系，对公司财务研究理论产生了重大影响。作为现代资产选择理论的发展人，马科维茨（1990）提出了有关预期收益和风险之间相互关系的资产选择理论，成为资本市场理论的核心，其为现代证券投资理论的建立和发展奠定了基础。夏普（1990）的主要成就是在马科维茨的资产选择理论基础上建立了"资本资产定价模型"（GAPM）。迈伦·斯克尔斯（1997）在20世纪70年代提出创立的布莱克－斯科尔斯期权定价公式（OPT）已成为金融机构涉及金融新产品的思想方法。默顿（1997）对布莱克－斯科尔斯公式所依赖的假设条件做了进一步减弱，在许多方面对其做了推广。他们创立和发展的布莱克－斯克尔斯期权定价模型为包括股票、债券、货币、商品在内的新兴衍生金融市场的各种以市价价格变动定价的衍生金融工具的合理定价奠定了基础。

9. 宏观经济政策

保罗·安东尼·萨缪尔森（1970）、劳伦斯·克莱因（1980）、詹姆斯·托宾（1981）、罗伯特·索洛（1987）主张政府运用宏观经济政策，包括财政及货币政策，对经济萧条和经济膨胀进行有效性治理。萨缪尔森（1970）和索洛（1987）将菲利普斯曲线演变成解释失业与通货膨胀之间交替关系的曲线，此后，埃德蒙·费尔普斯

（2006）发展为附加预期菲利普斯曲线，将预期通货膨胀考虑入内。约翰·理查德·希克斯（1972）发展了 IS－LM 模型很好地解释了凯恩斯理论，用商品市场和货币市场的均衡来呈现财政政策和货币政策的运用。罗伯特·亚历山大·蒙代尔（1999）进一步发展为开放条件下的 IS－LM 模型，把对外贸易和资本流动引入了传统的 IS－LM 模型，阐明了稳定政策的效应将随国际资本流动的程度而变化。他论证了汇率体制的重要意义：在浮动汇率下货币政策比财政政策更有威力，在固定汇率下则相反。劳伦斯·罗伯特·克莱因（1980）也依据凯恩斯理论建立了大量的宏观经济模型。詹姆斯·托宾（1981）认为托宾 q 值和利率同样决定货币对于投资领域、生产领域和就业领域影响的大小。詹姆斯·爱德华·米德（1977）研究开放条件下的宏观经济政策，主张各国政策相结合，实现各国经济的双平衡。

相反，弗里德曼（1976）、哈耶克（1974）、卢卡斯（1995）、基德兰德（2004）和普雷斯科特（2004）以及萨金特（2011）等人反对政府干预，主张自由的市场经济。米尔顿·弗里德曼（1976）认为货币的发行量对短期经济以及物价水平有着重要的影响，而政府的财政政策很难实现其原始的目标。弗里德曼认为引起名义国民收入发生变化的主要原因，在于货币当局决定的货币供应量的变化。冯·哈耶克（1974）在自由经济上的主张同于弗里德曼。哈耶克认为对消费品的过度需求导致投资减少，也最终导致失业，而滞涨现象是实行国家干预和充分就业政策的必然后果。卢卡斯（1995）发展了理性预期理论，并将其应用于宏观经济分析，从而加深了大众对经济政策的理解。基德兰德（2004）和普雷斯科特（2004）研究经济政策的时间连续性，认为政策的不连续性往往使得政策制定者最初的政策无效甚至是得到相反的结果。托马斯·萨金特（2011）和克里斯托弗·西姆斯（2011）建立基于理性预期的宏观经济动态模型，通过对宏观经济中因果的实证研究，更为精确地指导经济政策的制定。卢卡斯、萨金特等人的研究都考虑进了预期，而他们的政策模型也因此而变得更具指导意义。

二 从诺贝尔经济学奖看现代宏观经济学的发展

在 20 世纪 30 年代之前，并没有系统的宏观经济学理论，这种状况被凯恩斯在 1936 年《就业，利息和货币通论》一书所打破。而罗斯福新政取得的成功使人们更加注重宏观经济学理论的研究。自凯恩斯之后至今，从历届诺贝尔经济学奖获得者的贡献可以看出，宏观经济学无论是在内容上还是在研究方法上都取得了显著发展。

1. 经济理论的纵深发展

诺贝尔经济学奖获奖者的贡献大多表现在对前人理论的发展与完善方面。以货币理论为例，弗里德曼（1976）的贡献表现在对凯恩斯理论的补充和发展，实现了货币理论及货币政策方面的创新。首先，弗里德曼在凯恩斯流动偏好函数基础上作了一些发展补充，建立自己的货币需求函数，解释了货币发行量对经济的影响。到 20 世纪 70 年代中期，货币主义者的观点成为新的主流观点，货币政策所具有的重要性也被大部分人所接受，倡导执行稳定化政策的人们也都将货币政策作为其政策工具。其次，货币主义者强调政策的长期效果也是对凯恩斯主义分析的重要补充。

以通货膨胀理论为例，凯恩斯主义经济学家 W. 菲利浦斯根据 90 多年 (1861 ~ 1957) 的资料分析，提出了货币工资变动率与失业率之间呈负相关关系的理论，即著名的"菲利浦斯曲线"，即通货膨胀和失业率之间存在着稳定的此消彼长的关系。但在 20 世纪 70 年代以后，西方发达国家出现了"滞胀"现象，鉴于"菲利浦斯曲线"对"滞胀"现象的无能为力，埃德蒙·费尔普斯 (2006) 对经济增长过程中出现的包括"滞胀"在内的诸多问题进行了全新的解释，对失业率与通货膨胀之间的内在关系，菲尔普斯的研究比菲利浦斯更加深入。费尔普斯把预期通货膨胀引入政策分析中，认为将来的政策稳定在某种程度上取决于今天的政策决定：今天的低通胀率也会导致未来的低通胀预期。这一研究成果增进了人们对经济政策长期和短期影响关系的理解。

2. 研究方法的日益完善

概括来说，现代经济科学的发展，已远远不止于概念范畴的补充和深化，也不仅仅是经济现象的简单描述，而是越来越明显地向定量、数量化发展。宏观经济学家们借用数学工具，极大地扩展了对经济现实的认识和判断能力，由此大幅度地提高了经济理论的精确性、可靠性和可操作性，使得经济政策的制定有了更可靠的数据基础。具体来说，从历届诺贝尔经济学奖获得者的贡献来看，研究方法的发展与完善主要表现在以下几个方面。

(1) 数学方法在经济学中的应用

作为美国第一位诺贝尔经济学奖获得者，保罗·萨缪尔森 (1970) 最主要的成就即是将数学分析方法引入经济学。在其博士学位论文《经济理论操作的重要性》基础上形成的《经济分析基础》一书为萨缪尔森赢得了 1970 年的诺贝尔经济学奖。1958 年，他与罗伯特·索洛 (1987) 和罗伯特·多夫曼合著了《线性规划与经济分析》一书，为经济学界新诞生的经济计量学做出了贡献。

(2) 经济计量学的创立及发展

把经济理论、数学和统计学结合在一起的经济计量学，通过建立经济计量模型解决实际经济问题。拉格纳·弗瑞希 (1969) 和简·丁伯根 (1969) 对经济计量学的创立和发展共同做出了的贡献，之后佳林·库普曼斯 (1975) 将数理统计学应用于经济计量学，从而使经济计量学有了新的发展。特里夫·哈维莫 (1989) 创立经济计量学的概念分析法对经济计量学的发展具有开拓性的影响，对经济预测起了极其重要的作用。劳伦斯·克莱因 (1980) 通过他所发表的论著和对各国研究团体的大量指导，促进了有关计量经济模型的研究和使用这些模型对经济政策的实际效果进行分析的可行性的研究。宏观经济学微观化的最早开拓者希克斯 (1972) 以及蒙代尔

（1999）对 IS – LM 一般均衡模型的建立和修正，使得经济政策的分析更加清晰。

（3）统计学在经济学中的大规模应用

国民经济统计在 20 世纪得到广泛的应用，并且还为经济计量学奠定了一个重要的基础。库兹涅茨（1971）创立国民收入核算账户体系，之后斯通（1984）开创了国民经济核算体系的理论和具体应用方法，极大地改进了经济实践分析的基础。库兹涅茨和斯通建立国民账户体系，使得经济分析及预测有了数据基础。

（4）静态分析向动态分析的发展

基德兰德和普雷斯科特（2004）的动态经济学研究方法把时间连续性考虑在内，使得经济政策的制定具有连续性并由此获得更高的可行性。基 – 普为宏观经济学提供的建模方法——动态一般均衡模型推动了宏观经济学向动态宏观经济学演进。经济系统内的许多变量，如经济人的目标函数、储蓄和投资等的任何分析都涉及时空问题。显然，仅从静态角度研究这些变量是不够的。动态分析方法，从微观经济主体的最优化行为出发建立模型，使对变量的分析更加符合实际情况。动态宏观经济学奠定了当代西方宏观经济学的标准研究方式。

3. 不同理论和政策观点的兼容

纵观诺贝尔经济学奖的历史，可以领略凯恩斯主义学派与自由主义的新古典宏观经济学派之间的权衡与较量。1936 年凯恩斯《就业、利息和货币通论》的发表标志着现代宏观经济学的建立。凯恩斯之后，真正继承凯恩斯思想的美国新古典综合派"全面地创造性地发展了凯恩斯主义"，并把它运用于美国的实践。一种理论的意义还在于它的效果。战后美国经济总体上所取得的成功，凯恩斯主义的经济政策是主要因素之一。尽管 20 世纪 70 年代由于美国"滞胀"的发生，人们对凯恩斯主义以及新古典综合派有过这样那样的评说与争议，但新古典综合派对宏观经济理论发展和政策运用的确功不可没。获诺奖的经济学家中，萨缪尔森（1970）、克莱因（1980）、托宾（1981）、莫迪利安尼（1985）、索洛（1987）都是新古典综合派的重要成员。20 世纪 80 年代后渐成主流的新凯恩斯主义者斯蒂格利茨也已在 2001 年获奖。凯恩斯认为，政府应在经济衰退时提出各种政策以刺激需求，进而达到减缓失业与恢复经济繁荣的目的。但在 1974 年至 1975 年以及 1980 年至 1982 年期间，欧美各国陷入二次大战之后最严重的经济衰退，因石油危机、高通货膨胀及高失业率产生的问题，使得凯恩斯理论受到挑战。与凯恩斯主义的国家干预相对抗，主张自由放任的货币主义者弗里德曼（1976）和理性预期学派卢卡斯（1995）、普雷斯科特（2004）、萨金特（2011）等分别获奖。但总体上看，凯恩斯学派的获奖者大都是由于经济学方法方面的贡献，而新古典宏观经济学派的获奖大都是因为宏观经济政策方面的贡献。

三　从诺贝尔经济学奖看现代宏观经济学的实用性

诺贝尔经济学奖项为世人所关注，更在于人们希望经济学理论能为解决现实经济问题提供有效的药方。因此，每当一年一度的诺贝尔经济学奖颁布后，人们首先联想到的是获奖理论的现实意义是什么？

一方面，从历届诺贝尔经济学奖来看，宏观经济学对现实的解释作用在一定程度上说是明显存在的。回顾发达国家经济发展历程，20世纪30年代大萧条之后，欧美各国不同程度的应用凯恩斯理论通过政府干预经济获得了经济上的复苏。20世纪70年代美国出现滞涨。这时，早已出现的货币主义、供给学派崭露头角，他们在一定程度上解释了影响经济滞涨的动因，并且提出了相应的对策。20世纪70年代中期以后，以卢卡斯（1995）为代表的经济学家把"理性预期假说"结合到货币主义模型中，形成"新货币主义"，被称为"理性预期学派"或者"新古典宏观经济学"。理性预期学派认为，实行需求管理的凯恩斯主义财政货币政策是无效的，理性预期学派和货币主义一样都试图解释滞涨的原因，将理性预期引入政策分析，加深了人们对经济政策的理解以及使经济政策更为精准。而当今社会宏观经济政策的制定也越来越多的引入理性预期。

但是，另一方面，我们还是应该看到宏观经济学理论以及政策建议的有限性。比如，2008年爆发的全球性金融危机，就与包括诺贝尔奖得主在内的经济学家们所提出的金融创新理论和金融工具有关。面对危机，他们要么毫无对策，要么提出的政策反而将经济弄得更糟。这就难怪诺贝尔物理学奖得主卡罗·鲁比亚（1984）要如此调侃："诺贝尔经济学奖不能算是科学奖"，"经济学家把这个世界搞乱了，经济学家在拯救世界经济中没起什么作用。"[1] 诺奖获得者斯蒂格利茨（2011）也曾说：对于经济运行来说，需要一系列的游戏规则，并且在制定这些规则的时候一定要非常小心，如果制定了错误的规则，经济运转就会失效。我们对宏观经济学、银行、金融等领域涉猎已久，但我们必须把它们有机结合起来形成宏观经济学模型。经济学家同意过去20年的宏观经济学模型是错误的，它们将全球经济金融带入了深渊，因此需要新的经济学思维。[2]

尽管如此，我们也不能因此而否定诺贝尔经济学奖的意义。未来宏观经济学的发展如果要更多考虑对政策实践的指导作用的话，就要求经济学的很多假设更加贴近现实，唯其如此，抽象的模型才能更好地与复杂的现实之间形成良好的映射。

四　未来宏观经济学的发展方向

通过对诺贝尔经济学奖所覆盖的宏观经济学领域的分析，笔者认为，未来的宏观经济学一方面需要继续向纵深发展，另一方面将呈现不同理论以及不同政策观点的融

---

[1] 张鑫：《诺贝尔经济学奖拒绝实用主义》，http：//business. sohu. com/20111017/n322365225. shtml。

[2] 斯蒂格利茨：《宏观经济学在美国的失败》，http：//www. caijing. com. cn/2011 - 03 - 21/110671130. html。

合趋势。

1. 经济理论和方法的进一步完善和发展

以国民收入核算为例，斯通（1984）SNA 体系的建立及其在世界范围的推广，对西方 20 世纪 50~60 年代的经济发展确实起了积极的作用。然而，经济增长在促进社会发展、提高人们生活质量的同时，也产生了诸如环境污染加剧、自然资源大量损耗、城市交通拥挤、贫富差别扩大等严重的社会问题。这些问题日益引起了人们的普遍关注。但现有经济核算体系无法有效地反映它们。这样，许多学者开始研究社会核算和环境核算，并取得了令人瞩目的成果，如美国的经济社会一体化核算研究、挪威的环境核算研究、联合国及其他一些国际组织的社会核算研究等。当前，国民经济核算面临的最大挑战是如何对经济、社会和环境进行宏观的整体核算，只有这种整体核算才更有利于对现实世界进行更全面、系统、客观地描述，以便为经济政策、社会政策及环境政策的制定提供更充实的依据。①

以经济周期和波动理论为例，2008 年全球金融危机中出现的新问题对宏观经济理论和政策提出了新挑战。这次金融危机的爆发证明 30 年来的宏观经济学存在巨大缺陷，同时以有效市场假说为代表的金融经济学也是有重大问题的。② 如何解决全球化背景下国与国之间宏观经济政策的协调、如何制约"国家道德风险"、价格稳定目标是否应当包括资产价格的稳定、央行如何有效监控和调节货币供应量、市场自由和政府干预的边界如何界定、收入和财富分配问题是否应该纳入宏观经济理论和政策视野等几个方面的挑战将推动宏观经济理论和政策研究的进一步深入。③

2. 未来宏观经济学的融合趋势

（1）新凯恩斯主义与新古典宏观经济学理论的融合

新古典宏观经济学与新凯恩斯主义在争论中相互吸收和借鉴对方的有利之处，二者具有了越来越多的共同点，出现了相互融合的趋势。两大流派的一致观点是：立足于微观个人行为分析宏观经济问题，认为个人行为是理性的，理性预期是理解宏观经济活动的关键，在构建宏观经济理论时广泛地采用信息经济学和博弈论的分析方法，并将宏观经济理论纳入均衡分析框架之中。

（2）政府干预与市场调节政策的融合

宏观经济学研究的实用性可以从两个方面来解读，一方面是指对人们的经验认识进行理论解释，进而指导人们的经济实践，另一方面是指经济理论具有明显的政策含义。从克莱因（1980）、托宾（1981）、卢卡斯（1995）、蒙代尔（1999）、基德兰德和普雷斯科特（2004）的贡献中我们可以看出，他们都试图运用各种方法提高经济政策的精确性，或是试图在不同的条件下研究各种政策可能及这种政策的后果。值得注意的是，越来越多的经

---

① P. Bartelmus. Beyond GDP – New Approaches to Applied Statistics. Review of Income and Wealth. 1998 （3）：108 – 110.

② 任若恩：《金融危机证明宏观经济学存在巨大缺陷》，http：//business. sohu. com/20111215/n329160412. shtml。

③ 于永臻：《全球金融危机对宏观经济理论和政策的新挑战》，《经济研究参考》2012 年第 22 期，第 55~58 页。

济学家主张政府干预和市场调节相结合的政策建议。这是因为主张绝对的自由主义和绝对的干预主义都是片面的，二者的互补才更适合经济的稳定发展。

（3）宏观经济分析与微观经济分析的融合

宏观经济分析与微观经济分析的融合主要指宏观经济学的微观化。宏观经济总量实际是微观个体数量之和，而微观数量又是经济个体行为的后果，宏观经济理论正确与否关键就在于微观经济个体的行为，微观行为是微观经济学研究的对象，所以宏观经济学必须以微观经济学为基础。经济学家们通过运用微观经济学工具来研究诸如失业和通货膨胀等宏观经济领域内的问题，将宏观经济学进行微观化研究，是对宏观经济学理论研究的一大突破。新古典宏观经济学强调宏观经济理论的微观基础，与其观点相对的新凯恩斯宏观经济学也强调宏观经济的微观基础。

附表　诺贝尔经济学奖所大致覆盖的宏观经济学领域一览表

宏观经济学领域	获奖者	获奖年份
国民收入核算	理查德·约翰·斯通（Richard Stone）	1984
消费理论	米尔顿·弗里德曼　Milton Friedman	1976
	弗兰科·莫迪利安尼　Franco Modigliani	1985
货币理论	冯·哈耶克（Friedrich August von Hayek） 纲纳·缪尔达尔（Gunnar Myrdal）	1974
	米尔顿·弗里德曼（Milton Friedman）	1976
经济增长与经济发展	罗伯特·索洛（Robert M. Solow）	1987
	西蒙·史密斯·库兹涅茨（Simon Kuznets）	1971
	威廉·阿瑟·刘易斯（William Arthur Lewis） 西奥多·舒尔茨（Theodore W. Schultz）	1979
	阿马蒂亚·森（Amartya Sen）	1998
就业（失业）和通货膨胀	埃德蒙德·菲尔普斯（Edmund Phelps）	2006
	彼得·戴蒙德（Peter A. Diamond） 戴尔·莫特森（Dale T. Mortensen） 克里斯托弗·皮萨里德斯（Christopher A. Pissarides）	2010
国际经济	贝蒂·俄林（Bertil Ohlin） 詹姆斯·爱德华·米德（James E. Meade）	1977
	保罗·克鲁格曼（Paul R. Krugman）	2008
金融经济学	詹姆斯·托宾（James Tobin）	1981
	默顿·米勒（Merton H. Miller） 哈里·马科维茨（Harry M. Markowitz） 威廉·夏普（William F. Sharpe）	1990
	罗伯特·默顿（Robert C. Merton） 迈伦·斯科尔斯（Myron S. Scholes）	1997

续表

宏观经济学领域	获奖者	获奖年份
经济周期和经济波动	冯·哈耶克（Friedrich August von Hayek） 纲纳·缪尔达尔（Gunnar Myrdal）	1974
	芬恩·基德兰德（Finn E. Kydland） 爱德华·普雷斯科特（Edward C. Prescott）	2004
宏观经济政策	小罗伯特·卢卡斯（Robert E. Lucas Jr.）	1995
	罗伯特·蒙代尔（Robert A. Mundell）	1999
	托马斯·萨金特（Thomas J. Sargent） 克里斯托弗·西姆斯（Christopher A. Sims）	2011

经济学发展趋势与中国经济学的新建构

周 文 孙 懿[*]

当今中国正处于经济改革与社会转型的关键期。如果市场化的经济改革是对强国富民"复兴之路"的探索，而向现代社会的转型又是市场经济良性发展的前提，那么"中国本土"的经济学现在所肩负的使命就是增强理论自信，通过理论创新，在中国深刻的社会转型中为经济改革明确方向。另外，当今世界正目睹庞大中国的和平崛起以及全球金融危机后强势西方文明的日渐式微。显然，中国经济学理论本身与作为全球第二大经济体的中国经济总量之间存在不对称。如果说全球化及金融危机所带来的新问题将全世界带入了一种徘徊或迷茫的话，那么"中国时代"的经济学所要担当的历史责任就是解开传统经济学的"认识上的枷锁"。不管"中国"二字如何理解，中国经济学只有在上述两个问题上形成有深入见地的理论体系，才会独立自成一派引领未来经济学发展趋势，从而真正在世界经济学之林占有一席之地。

一 "中国经济学"研究概述

60 多年前，王亚南先生就大力倡导建立中国经济学，并身体力行，留下大量重要著作；近年从林毅夫倡导经济学中国本土化、规范化、国际化[①]之后，又出现了大量的研究中国经济学的文献。这主要是因为中国发展面临双重任务："转型"与保持经济高速增长，同时中国经济在世界经济中的重要性也正逐步提高。而现有的主流经济学又不能直接解释中国问题，因此需要发展具有中国本土现实性与文化特性的经济学理论。对"中国经济学"中"中国"的丰富内涵，国内现有大量的研究文献做过分析：

（1）"中国"指"中国本土"。若将"中国"作为一个地域概念，中国经济学也就应理解为中国本土的经济学。从这一角度出发有以下几种观点：王亚南（1987）认为，中国经济学就是运用世界性的经济学一般原理研究中国经济问题的经济学[②]；黄泰岩（2000）认为，中国经济学是在马克思主义经济理论的中国化、国际化和中国实践的理论化中形成

* 周文，西南财经大学教授、博士，邮编：650221，邮件：zhou59201@163.com；孙懿，复旦大学经济学院博士生。

① 林毅夫：《本土化、规范化、国际化：祝贺创刊 40 周年》，《经济研究》1995 年第 10 期。林毅夫：《经济学研究方法与中国经济学科发展》，《经济研究》2001 年第 4 期。

② 王亚南：《关于中国经济学建立之可能与必要的问题》，《王亚南文集：第 1 卷》，福建教育出版社，1987。

的具有中国特色的经济理论①。而从李斯特强调经济学的民族性开始，大国崛起都伴随着本国经济学理论的创新，中国经济学也必然立足于本国的民族利益（白钦先，2012）。②因此，自民国时期起，中国的经济学者已开始关注这一学派诞生的渊源、保护主义政策以及历史主义方法，在构建本土经济学方面视德国历史学派为榜样并对其进行扬弃，成为探索中国经济学最早的思潮（严鹏，2011）。③

（2）"中国"指"中国时代"。许多人认为21世纪是中国的世纪，按此逻辑可以将"中国"理解为一个时代，即中国经济学是"中国时代"的经济学。而中国时代令人瞩目的事件有两个：中国内部的经济和政治体制改革以及中国崛起造成的世界政治经济秩序的调整。由此而来的问题是：中国如何改革？中国为何会崛起？对于转型国家、发展中国家，中国模式是否具有普遍意义？技术革命和全球化背景下，世界政治和经济秩序如何调整？对于这些问题的回答，实际上是从中国的实践经验出发，寻找一个特定历史时期的工具性的理论，进而升华出能为全人类所用的普遍性理论。

林毅夫（1995，2001）认为随着中国经济地位的提高，经济研究的重心将从美欧转移到中国，经济学在中国的本土化、规范化和国际化将产生代表这个时代的中国经济学④。沈越（2006）认为，中国经济学是在马克思主义指导下，研究中国经济问题的一门专门经济学，其研究对象既不是马克思主义经济学的生产关系及与之想适应的生产方式，也不是西方主流经济学的市场经济的一般运行规则，而是社会主义市场经济基本制度背景下的中国经济改革与经济发展。搭建一个能与一般经济学相并列的"中国经济学"理论框架可能永远是徒劳的，但是建设一门能反映中国市场经济体制特点和中国经济发展道路特色的中国经济学，完全有可能⑤。

这是将中国经济学划定在特定历史时期的代表性观点，而另一种观点认为中国经验及理论具有普适价值。最有代表性的是乔舒亚·库帕·拉莫（2004）提出的"北京共识"：中国通过艰苦努力、主动创新和大胆实践，摸索出了一个适合本国国情的发展模式，正对世界很多国家产生影响。可以总结为三个定理：①坚决进行改革创新和不断试验，利用创新减少改革中的摩擦损失；②超越人均GDP的衡量尺度，建立一种将经济可持续性和财富平等性分配成为首要考虑而非奢谈的发展模式；③政策自决和金融自主，运用杠杆推动欠发达国家对强权的牵制。他认为，中国的经济发展模式不仅适合中国，也是落后的发展中国家追求经济增长和改善人民生活足可效仿的成功榜样，是一些发展中国家如何寻求经

---

① 武京闽：《中国经济学与经济学的中国化访黄泰岩教授》，《中国人民大学学报》2000年第5期，第113～116页。

② 白钦先：《试论经济学的民族性特征》，《西南金融》2012年第5期。

③ 严鹏：《德国历史学派与民国时期中国经济学的发展》，《德国研究》2011年第2期。

④ 林毅夫：《本土化、规范化、国际化：祝贺创刊40周年》，《经济研究》1995年第10期。林毅夫：《经济学研究方法与中国经济学科发展》，《经济研究》2001年第4期。林毅夫、胡书东：《中国经济学百年回顾》，《经济学》（季刊）2001年第7期。

⑤ 沈越：《中国经济学建设与创新刍议》，《北京师范大学学报》（社会科学版）2006年第5期，第117～122页。

济增长和改善人民生活的模式。对全世界那些正苦苦寻找不仅发展自身，而且还要在融入国际秩序的同时、真正保持独立和保护自己生活方式和政治选择出路的国家来讲，"北京共识"提供了新的道路①。

然而，与"华盛顿共识"背后有新自由主义经济学支撑类似，所谓的"北京共识"要形成普适性的原则必须有强有力的经济理论作为基石。张志敏（2011）深入考察了新自由主义经济学及其对中国经济学的影响之后，强调中国经济学应站在"巨人的肩膀上"，站在国际高度进行理论创新，形成经济学范式新的革命。②

（3）"中国"指"中国文化"。当代主流经济学是建立在基督教文化之上的经济学，而中国是儒家文化的代表。另外，中国区别于西方，是坚持马克思主义的社会主义国家。"中国"如果当作一个文化范畴来看，那么中国经济学就是中国文化传统、马克思主义及主流经济学三者相融合所形成的新的理论范式。

朱富强（2008）的观点具有代表性，他认为：构建中国经济学范式需要面临两个层次的契合：一是把探究事物本质的马克思主义政治经济学和实证事物现状的现代西方主流经济学契合起来，这主要涉及探究当前经济学界两大分支的互补性和差异性问题；二是把西方学术界的经济理论与中国人的行为机理、社会文化契合起来，这涉及作为社会科学的经济学的本土性问题③。如同男性与女性的行为和心理特征的差异，西方文化与东方文化也存在着思维传统的差异。主流经济学是建立在西方文化的男性主义基础之上的，强调在斯多葛主义影响下的"理性"及"权利道德"所形成的基于分离个体上的机械的平衡秩序。因此，如果将女性主义的"责任道德"及东方文化中强调"知行合一"、"主客同体"、"和谐共存"等思想融入主流经济学中，那么经济学本身将更加具有科学性④。

上述三种对"中国"的不同理解，不仅反映"中国经济学"丰富的内涵，而且提出了不同层次的研究期望。"中国本土"强调研究中国的特殊性；"中国时代"不仅强调特殊性，而且还要求将其上升为普适理论；"中国文化"则在更深入的层次，要求将中国的文化精髓融入经济研究，重新补充和完善现有的经济学理论范式。前人在不同时期所做的这些研究，为"中国经济学"勾勒出了大致轮廓，堪称精辟。但是，这些研究涉及较少的是这样的问题：学术中心的转移将导致经济研究重心转移，经济理论发展的趋势也随之改变，那么"中国经济学"当前面临的研究重心是什么？要顺应的经济理论发展趋势是什么？进而要解决的根本问题是什么？本文将对这些问题作初步探讨。

---

① Joshua Cooper Ramo, "The Beijing Consensus," The Foreign Policy Centre, 2004.
② 张志敏：《新自由主义经济学及其对中国经济学的影响——兼论中国经济学的构建》，《求是学刊》2011年第3期。
③ 朱富强：《中国经济学范式思考：两个层次的契合》，《财经研究》2008年第5期。
④ 朱富强：《女性主义经济学与中国经济学的本土化》，《经济学家》2008年第6期。

二　经济学研究重心的转移

林毅夫（1995，2007）认为，21 世纪将会是中国经济学家的世纪，因为经济学研究的学术中心是随着现实中世界经济中心的转移而转移的，中国将成为未来世界经济的中心，所以经济学的学术中心将转移到中国。[①] 但是他没有探讨学术中心转移之后，经济研究的重心又会如何改变？重心的改变将决定经济理论的发展趋势，进而决定未来"中国经济学"的前途，因此必须首先从经济理论发展的角度，考察经济研究重心的变化。

我们认为，经济学理论是对经济现实的一种逻辑化解释，因此现实的变化推动了理论的变化。人类自古以来就有交换行为，当以交换为基础的商品经济转变为社会的主导经济形式时，人类便进入了市场经济时代。这种转变是在某种政治、法律、文化传统等环境下所产生的。与之对应的，人们之间的社会关系、生产方式、技术应用等方面也发生改变。当政治、道德伦理、哲学等领域的学者对市场经济作出深入思考，系统研究社会关系、生产制度及技术应用之后，经济学才成为一门独立的学科：古典政治经济学。由此，经济学涉及的领域可以归为四个方面：制度环境（政治、法律、文化传统的环境）、"人－人"关系（人们的社会关系）、"人－物"关系（生产方式）与"物－物"关系（技术应用）。经济学主要对后三者有系统研究，但后三者形成于前者的基础之上。历史学派试图将制度环境也纳入研究范围之内，但没有找到正确的方法。马克思主义政治经济学认为资本主义制度中后三者的变化必然导致制度环境变化，最终形成社会主义所需要的制度环境。

20 世纪之前，学术中心在欧洲，经济研究没有脱离这四个方面，并且以前两个方面为重心。而进入 20 世纪之后，随着经济中心逐渐向大西洋对岸的美国转移，经济学的学术中心转移到美国，新古典经济学逐渐成为主流，经济研究的重心转变，越来越侧重"人－物"和"物－物"关系，而忽视制度环境和"人－人"关系。我们认为，造成这种现象的根本原因是：学术中心的现实环境决定了研究重心，欧美社会现实环境的不同导致了经济研究重心的改变。20 世纪之前的欧洲社会并没有建立起完善的制度环境，当时的经济学家们都无法回避这个现实问题。而 20 世纪的美国则有着较为理想的市场经济的制度环境。因此，这里的经济学家不需要关注制度环境[②]。当美国引领电力及内燃机的第二次工业革命时，欧洲则在两次世界大战中衰落。现实中美国经济的模范作用，使得经济学的"主流"也逐渐"美国化"。以边际分析为核心的新古典经济学可以看作是"美国时代"的经济学，但边际分析的适用范围是"人－物"和"物－物"关系，对"人－人"关系和制度环境的研究并不适用。因此，当时的主流经济学关注的范围缩小为"人－

[①] 林毅夫：《本土化、规范化、国际化：祝贺创刊 40 周年》，《经济研究》1995 年第 10 期。林毅夫：《中国经济学的机遇和挑战》，《当代经济》2007 年第 7 期。

[②] 试想，如果美国的南北战争北方没有胜利，形成分裂格局或是南方胜利的结果，美国国内在 20 世纪也面临着制度环境转变的问题的话，新古典经济学或许就不会放弃制度分析了。

物"和"物－物"关系，其他则被划为非主流的经济学。

20世纪30年代的经济危机将新古典经济学带入了西方现代经济学。由此迎来凯恩斯革命，经济学分离为"微观经济学"和"宏观经济学"。而新古典经济学研究的主要内容被纳入"微观经济学"，而"宏观经济学"虽然没有直接研究"人－人"关系，但其构建的"通货膨胀率－利率－失业率"三角指标体系，使它成为一种解决"人－人"关系问题的"工具性"理论。由此，利益集团能够利用这三个指标体系为其利益辩护，经济学因而保住了它"显学"的地位。但边际主义仍然当道，新古典综合派又将边际分析变为主流，而货币主义、新凯恩斯主义等都没有脱离凯恩斯经济学的分析框架。

然而从20世纪后期开始，现实经济向着"人－人"关系越来越重要的方向发展。在技术进步的推动下，生产方式逐渐脱离了物质领域。单纯的物质生产虽然产出不断增加，但是价值却不断下降，从事物质生产的人数也不断减少。而知识生产、技术创新、服务交换逐渐成为经济的主导，在发达国家，这些部门的价值及从业人数都在总量中占大部分。简单的边际分析虽然适合物质生产或消费领域，但到了非物质的领域其适用性就非常有争议。因此，经济研究的重心又有重新转向"人－人"关系及制度环境领域的趋势。政治选择、产权、制度变迁等都被纳入经济分析的框架。新制度经济学将边际分析与制度分析相结合，从而进一步增强了主流经济学的解释力。但是边际分析是否适合"人－人"关系以及制度环境的研究？或者说是否有比它更适合的分析工具，比如博弈理论、人类行为理论等？这些都有待进一步研究。

因此，我们可以观察到，经济学学术中心的第一次转移，从大西洋东岸的欧洲到西岸的美国，经济研究的重心由于现实环境的改变，也随之从制度和社会关系的方面转向物质和技术方面。而未来（或当前已开始），经济学学术中心将面临第二次转移，从太平洋东岸的美国转向西岸的中国，并且经济研究的重心也有重新向制度与社会关系方面回归的趋势。而中国本身正经历着前所未有的制度变迁，这一现实环境必将推动经济研究重心实现真正的转变。

三　经济理论新的分化趋势

在上述研究重心改变下，进一步可以推断，经济学理论未来将有两个方面的分离：其一，在研究对象方面，制度环境及"人－人"关系与"人－物"及"物－物"关系相分离，经济学将分成"社会经济学"与"物质经济学"；其二，在理论功能方面，规律性理论与工具性理论的分离。

1. 社会经济学与物质经济学相分离

在研究对象方面，由于分析工具的适应性不同，在短期内无法找到统一的工具，经济学也许会分离为两个部分："社会经济学"和"物质经济学"。前者研究制度环境的变化机制以及"人－人"关系，以历史分析、人类行为分析、博弈论等作为主要分析工具；后

者研究 "人 - 物" 及 "物 - 物" 关系, 以边际分析为主。这涉及哲学上本体论的问题, 究竟何为本体? 是 "人或意识" 还是 "物"? 只有这个问题有定论, 物质经济学或社会经济学两者中的一个才能成为基础, 而另一个作为其附属, 否则就只能将它们暂时分立, 以避免错误。

国外一些经济学家和社会科学家深切地感受到了新古典主流对经济学的单一 "统制" 所造成的危害, 开始推动经济学的研究方法多元化。他们于 1993 年成立了经济学多元论国际联合会 (ICAPE)。该联合会认为, 在经济科学的理论和方法上都需要更大的多元化。多元论的新精神将推动各种不同方法的实践者开展更具有批判和建设性的对话。经济学学科需要基本的改革, 需要对经济行为更深入的各种跨学科的融合和研究开放。[①] 该学会 2011 年会议的主题是 "在经济困窘时反思经济学"。国内的主流经济学家也日益重视经济学研究必须回归制度与人性。例如, 张军 (2012) 指出, 发展、经济发展、经济发展与制度是当前经济学的核心命题。这些制度的问题和历史、文化、政治联系在一起, 过去不为经济学家所重视, 现在需要进行更多研究, 特别是对制度的来源、制度对经济发展、制度对经济增长到底有什么影响, 前者到底是原因还是结果等重大问题作出判断和回答。这方面的研究非常有前景, 将会成为未来 10 年或 20 年关于发展的制度研究热点, 可能变成主流经济学非常重要的内容。[②]

2. 规律性理论与工具性理论相分离

在理论功能方面, 经济学理论面临其规律性与工具性无法统一的矛盾。社会科学的理论对社会的实践意义, 在某些情况下并非理论真的揭示了规律, 而是理论影响了人们的观念进而通过理论之外的规律发挥作用。或者说, 很多理论起到的是一种工具性的作用, 相对于隐藏其后的现实意义而言, 其本身内容的真假对错已经不重要了。但是, 既然有人能够意识到理论背后的 "潜在规则", 那这些 "潜在规则" 的作用规律能否被人认识, 并形成理论? 一旦成为理论, 这些 "潜在规则" 是否还有作用?

至此, 我们必须将自然科学和社会科学区别开来看。自然科学只研究 "物 - 物" 关系, "物" 的规律的是其研究对象, 而人们工具性地使用这些理论的对象也是 "物"。因此自然科学理论的 "规律性" 和 "工具性" 是统一的, 因而也就不存在 "潜在" 和 "显在" 的问题。但社会科学所研究的是 "人 - 人" 及 "人 - 物" 关系, 人的行动规律是真正意义上的研究对象, 而这些理论在使用时, 使用者是 "人", 使用的对象也是 "人"。这样, 理论在被使用时本身是工具性的, 而这种使用是否符合 "规律性" 就不得而知了。

当我们依据某个理论建立正式规则时, 相应地会形成潜在的非正式的规则。如果人们的行为大都能为这个理论所解释, 那么可以说理论的 "规律性" 与 "工具性" 大致是统一的。但如果人们在非正式规则下的实际行为与这个理论相关性很小, 那么这个理论就只

① 贾根良:《中国经济学发展的西方主流化遭遇重大质疑》,《南开经济研究》2003 年第 2 期。

② 张军:《正义问题: 衡量中国经济学现代化的标尺》,《中国社会科学报》2012 年 6 月 11 日。

能作为"工具性"理论，即其实际的作用与其内容是不一致的，它仅仅作为一种形成某种机制的工具而存在。因此，经济学理论可以划分为两种：研究客观规律的规律性理论与为达到某种目的而建立的工具性理论。

这涉及认识的问题。如果研究者的认识能够涵盖大部分人的局部认识，那么他的理论就具有规律性，而根据这个理论所建立的正式规则就符合规律，非正式规则存在的余地就小。但随着现实的变化以及人们认识的扩展，研究者的认识慢于大多数人的局部认识的话，那么研究者的理论就会与大部分人的现实行为相脱节，这种理论也就成为"工具理论"。而另一种工具理论形成的可能是，随着社会分工的加深，人们的认知范围变小，但在小范围内的认识深度会增加。理论即使在广度上能涵盖大部分，但由于深度不够，最后导致其变为工具性理论。

唯理主义强调理论的"规律性"，而反唯理主义强调理论只有"工具性"。朱富强（2013）认为，现代主流经济学已经实现了从具有相当演化特性的英国古典经济学向具有唯理主义的现代经济学的转化，具有强烈的建构理性的唯理主义特征："一方面，它秉承自然主义的分析思路热衷于一般均衡模型的构建和分析，大量的相关研究者也因此而获得了诺贝尔经济学奖，这种思维导向和学术激励也是大量的理工科进入经济学领域的原因；另一方面，主流经济学热衷于基于效率原则的功能分析，并以此为社会提供政策建议，试图如自然科学般地对社会领域进行改造或指导。"[①]

因此，现代主流经济学理论很大程度上是被当作规律性理论创造出来，而被工具性地使用。当社会大众意识到某个理论与真正起作用的规律无关时，这个理论也就被完全当成工具性理论，仅仅是为了有个"答案"而存在，至于这个答案是否正确反而变得无关紧要。作为"显学"的经济学因此而落入"困窘"：一方面，经济学家自认为其理论表现了"真理"，大众使用其理论因而达到了实践目标，并且可以通过大量实证得以检验，经济学家们因此而"自得其乐"地赞颂或争吵；另一方面社会大众（经济活动的实践者）深知真正起作用的规律并非在经济理论本身的表述之中（或理论只表达了规律的一部分），但这种理论可以为其行为提供依据或表达工具，因而这些理论工具性地使用，成为"解释的科学"。

而从演化的视角，规律性理论必定会随着社会大众观念的转变而变为工具性理论，经济学理论因而要不断地创新才能确保其活力。因为从长期看，包括价值观、道德观念、意识形态等在内的社会大众观念会发生历史性地改变。对于某一状态的社会大众观念而言，某种理论可能是具有规律性的。但随着大众观念的改变，作为理论作用对象的"人"本身发生了变化，或者说现实中的"人"的观念已经变得与理论假设中的"人"的观念不一致了，这时理论的规律性就慢慢降低，在更有规律性的新理论出现之前，原先的理论就沦

---

① 朱富强：《现代主流经济学为何热衷于数理建模——兼析唯理主义在经济学中的渗透》，《贵州社会科学》2013 年第 1 期。

为工具性理论而被人们勉强接受。因此，经济理论的创新在本质上是在随"人"（理论的作用对象）的观念变化而变化，是一种适应性的演进过程。

近代以来，中国社会正经历着向现代社会的转型，从"五四"运动到新中国成立，到"文革"时期，再到改革开放时代，社会大众的观念经历了多次深刻的变革，各种经济理论也经历了从规律性向工具性的变化。因此，作为"中国本土"的中国经济学对于理论的规律性和工具性会有更深刻的体会与感悟；另外，当今以西方为主导的现代社会也正经历着大众观念的深刻调整。金观涛（2010）认为，现代社会是建立在工具理性、个人权利和民族认同三大支柱之上的，后面两个价值发生问题导致第一次全球化的危机，而在当前的第二次全球化浪潮中，工具理性（终极关怀与个人理性的分离）这个现代价值观未来将会改变，终极关怀或许将不再仅仅停留在私人领域，新的理性精神将被用来驾驭失去控制的工具理性。[①] 因此，作为"中国时代"的经济学，必定将会随着现代社会整体价值观念的改变而进行适应性的理论创新，原先的经济理论会沦为工具性理论，而以新价值观念的"人"为前提假设的创新将形成新的规律性理论。

由上述两点可以推断，中国经济学的构建必然顺应这两大趋势：第一，社会经济学与物质经济学分立为两大部分；第二，理论分为"工具性层面"和"规律性层面"。工具性层面的理论解决现实的问题，而规律性层面的理论则是为人类认识客观规律做出贡献。

四　中国经济学要解决的难题

在上述经济学理论的两个分离趋势下，中国经济学面临着一个根本难题：在本体论方面，必须确定实在本体究竟为何？哈耶克同时批判原子式的"伪个人主义"以及集体主义，认为它们分别把方法论上的"个人""集体"当成了本体论上的实在，从而导致了唯理主义[②]。但哈耶克理论无法解决的矛盾是，反唯理主义的理论本身其实也是一种唯理主义。我们认为，矛盾的根本原因是他的理论没有明确本体实在到底为何？不确定本体，那理论本身就失去意义。如果说个人和集体都不是本体论的范畴，那么物质和意识是属于本体论的范畴。如果物质是本体，那么意识就是物质性运动的产物。物质的客观规律是为大家所承认的，那么意识也是服从物质的客观规律的。这种观点会导致强调某种"目的"的唯理主义。如果意识是本体，物质仅仅是意识的经验性反映，那么意识的运动是没有规律性的。哈耶克理论或许是站在这个立场上的。虽然，当今大多数科学研究者都是唯物主义者，但即使以物质为本体，意识的主观性仍然是一个复杂问题，社会科学无法回避此矛盾。因此，中国经济学要有所建树，必须明确实在本体为何？在此基础上实现社会经济学与物质经济学的正确划分，并且实现理论的规律性与工具性的统一。

---

① 金观涛：《探索现代社会的起源》，社会科学文献出版社，2010，第 163 ~ 168 页。
② 邓正来：《规则、秩序、无知——关于哈耶克自由主义的研究》，生活·读书·新知三联书店，2004。

如果同时承认物质的本体属性与意识的自发性的话，那么包括经济活动在内的社会活动就应该是一个阶段性的演进过程，这符合历史唯物主义的观点。因为，从唯物主义的立场出发，社会活动本身是物质运动的一部分，必然有"均衡"的状态；而人的意识的自发性又会导致作为社会活动主体的人的自身观念发生变化，进而导致原先的"均衡"发生改变。因此，社会活动会呈现阶段性的演化特征。汪丁丁（2012）指出，如果将来有人说中国经济的奇迹造就了中国经济学，那么它应该是一种演化社会理论。因为中国是转型期的社会，很多公共政策论证过程涉及个体，他们的偏好在发生变化，体现在转型时期人们的认知能力、观念、社会方式、情感方式都在发生变化，这与西方社会有本质区别。因此，中国经济学解释中国经济行为的理论，它一定是基于演化的社会作为现实前提的，因为偏好的变化本身是导致演化的。而演化经济学"跃迁式均衡"的方法，可以解释研究中国的很多经济行为，是具有非常重要的基础性意义的。①

五　德国历史学派的启示

以上是经济理论发展趋势对中国经济学提出的要求。但是，另外，经济理论必须能够解决现实问题。中国经济学必须构建出理论框架，将当前中国所处的特定历史时期以及中国本身所具有的特殊文化传统囊括在内，进而形成抽象的普遍性理论。19世纪德国历史学派形成时的情况与中国经济学当下的情况相似，或许我们可以从中得到宝贵的经验。②

1. 德国历史学派的经验

19世纪的德国面临着实现国家统一、结束封建割据、扶持民族工业等问题，而当时主流的古典政治经济学对于德国的现实问题缺乏解释力。德国学者为了解决这些现实问题而产生了共识，形成历史学派：反对英国古典学派的抽象、演绎的自然主义方法，主张运用从历史实际情况出发的具体的实证的历史主义方法③。历史学派对经济学的发展做出了重要贡献，他们强调历史文化等非经济因素对经济发展的影响；强调对统计数据和历史资料的收集；提出经济发展的阶段论；在消除国家内部利益割据、实现民族工业发展、实现后发国家赶超先进国家、实现社会公平与和谐等问题上提出了解决方法。历史学派曾在19世纪后半期到20世纪初期主宰德国经济学的发展，但19世纪80年代在历史学派与奥地利学派之间爆发的"方法论之争"，使得历史学派的命运发生根本转折，逐渐被人遗忘。而经济学自身也从此走上了科学主义的方向。虽然如此，历史学派对于后世还是有很大的影响。他们留下了经济学可能的方向，即"社会经济学"④；在德国，主流经济学的本土名称变为了"国民经济学"，但德国仍然有一门本土经济学，即社会市场经济理论，或称

---

① 汪丁丁：《中国经济学还有待现代化》，《中国社会科学报》2012年6月11日。

② 贾根良、黄阳华：《德国历史学派再认识与中国经济学的自主创新》，《南开学报》2006年第4期。

③ 杨祖义：《德国历史学派的经济史学解析》，《中南财经大学学报》2001年第5期。

④ 何蓉：《德国历史学派与19世纪经济学方法论之争的启示》，《社会》2005年第3期。

为经济学的秩序理论①。在美国，李斯特的学生建立了旧制度学派；而在当代，将制度分析与新古典主义相结合形成的新制度经济学成为经济学发展的新反向。贾根良等（2006）更是将德国历史学派作为现代演化经济学的思想先驱。②

历史学派反对抽象演绎主张历史归纳的方法论，使人误认为其是反理论的。但何蓉（2005）认为，历史学派虽然没有能够构建出真正的理论，但他们并不反对理论。恰恰相反，他们追求的是既有自然科学的精确性又能最大限度地包含真实因素的理论③。但精确性和广泛真实性这本身是矛盾的，由于人们的认识能力有限，精确性只能在一定范围内的广泛真实性下才有效。历史学派试图"完美主义"地追求能够同时实现这两个极端的理论，自然会导致失败。

2. 历史学派对于中国经济学的启示

当前的中国与19世纪的德国有相似之处，两者都是经济与社会发展起步较晚，但自身的文化历史积淀厚重的国家；都面临着解决国内矛盾和追赶先进国家的压力；都在探索将主流经济学与本国现实相结合的方法。因此，对于中国经济学，我们可以从德国历史学派的经验中得到两点启示：

（1）新的理论派系必须有独特的思想基础

历史学派之所以能够成为独立学派，很关键的一点是，他们站在了一个独特的思想基础之上，从而为经济学的发展辨明一个新方向。为强调本国的特殊性而反对抽象演绎主张历史归纳的方法，历史学派的思想基础是浪漫主义和黑格尔的历史主义。虽然他们最终走向了罗列材料的极端，但客观上为经济学引入了新的方法。在"方法论之争"中，新古典经济学的科学主义倾向来自于培根以来的经验主义传统和自然主义传统；而德国的学术传统中有将源于古希腊 - 罗马时代的所谓"古典精神"和经院哲学的思辨精神相结合而创造出的"学问"理想。在此氛围中，始自官房学传统的德国经济学，受哲学与法学影响较大，因此造成了历史学派与崇尚"精密法则"的奥地利学派的对立。

由此看出，历史学派的研究方法及理论之所以能够独树一帜，非常重要的一点是其背后有深厚的哲学思想作支撑。而他们也正是抓住了经济学思想中某个缺失之处并对此进行补充发展，进而推动了经济学的发展。因此，中国经济学如果要独立成派，必须立足于本国的哲学基础，并且能够为经济学思想提供新鲜血液。中华文明五千年的文化积淀，包含丰富的哲学思想，这是孕育中国经济学的土壤。但德国与英法等国同属基督教文化，因此他们即使哲学基础不同，但争论也是在一个"话语体系"之中；而中国是儒家文化的代表，由于"体系"不同，即使我们与西方有许多相似的哲学思想，也无法与西方直接"对接"。因此，中国学者在"挖掘"的同时还必须做好"对接"工作，这可能是所谓中

---

① 沈越：《中国经济学建设与创新刍议》，《北京师范大学学报》（社会科学版）2006年第5期，第117~122页。

② 贾根良、黄阳华：《德国历史学派再认识与中国经济学的自主创新》，《南开学报》2006年第4期，第89~97页。

③ 何蓉：《德国历史学派与19世纪经济学方法论之争的启示》，《社会》2005年第3期。

国经济学"国际化"的真正含义。

（2）妥善处理抽象理论与现实应用的矛盾

德国历史学派为了强调理论的现实应用性，走向了两个极端：第一，否认普适性理论的存在，或者说构建不出能够包括所有真实因素在内的一般性理论；第二，为了达到最大限度的真实性，他们将无穷无尽的因素都纳入研究范围，堆砌起大量的资料，使这种最大限度真实的理论与普通的经验没有了区别。由此，我们必须吸取历史学派的教训，理论的抽象与现实的应用之间的矛盾必须妥善处理。但是深入思考会有一个疑问：有着深厚思辨传统的德国人怎么会在此问题上犯这种错误？难道这些当时的顶尖学者都没有思考过这个问题？

如果从"非正式规则"的角度来看这个问题，或许问题能够变得明朗。19 世纪的德国相对于英、法这样的统一的"国家民族"而言，是一个分散的"文化民族"。理想的或书面形式的统一虽然能够鼓舞人心，但人们意识到现实的政治更为重要，因此反理性的浪漫主义席卷当时的德意志①。正如哈耶克所认为的那样，人类社会存在着自动自发形成的非正式规则以及人为制定的正式规则。这些非正式规则是人类社会文化演化的产物，比正式规则更具有决定性作用②。当时的历史学派认识到了这一点，强调从历史文化的特殊性出发，在历史中抽象出理论。可以想见，在封建割据、利益集团当道的那个时代，德国社会的政治和经济秩序是由古典政治经济学中根本涉及不到的"非正式规则"所决定。因此，我们可以将历史学派的努力理解为探寻非正式规则形成机制的努力。然而，非正式规则本身是为了克服客观世界的无限的复杂性而形成的协调机制，历史学派却试图反过来通过将所有客观因素都归纳总结，而抽象出非正式规则的理论。但他们没有意识到人类的认识是有限的；并且归纳法本身的缺陷是不能穷尽所有，这点其实也是由于人类认识能力有限造成的。因此，他们的努力必然遭到失败。

另外，历史学派或许也遇到了哈耶克理论中的矛盾，即如果承认个人理性在社会生活中的有限作用，那么为了反对理性主义而形成的理论本身不也成了它自己所批判的对象？因此，在"方法论之争"中，历史学派选择了"反理论"的路线，这多少有些反唯理主义的色彩。但我们认为，如本文第一部分所述，更深层次的原因是，社会科学理论所具有的"规律性"与"工具性"无法统一的矛盾。

在中国数千年的文明所积累的文化传统下，中国社会存在着远比正式规则更强大的非正式规则。吴思的《潜规则》描述了中国古代官场的非正式规则，但不仅在官场，商业、文化、学术等各行各业都存在着"潜规则"，而且它们往往比"显规则"更加具有决定性作用。因此，"中国经济学"要做的不仅是在表层意义上，将中国社会现实的特殊性纳入理论分析框架，更有一点回避不了的问题是：如何研究非正式规则？新的理论如何实现规

---

① 何蓉：《德国历史学派与19世纪经济学方法论之争的启示》，《社会》2005 年第 3 期。
② 邓正来：《规则、秩序、无知——关于哈耶克自由主义的研究》，生活·读书·新知三联书店，2004。

律性和工具性的统一？中国社会正经历前所未有的转型与变革，复杂的现实与深厚的历史传统交织在一起，为这些问题的研究提供了一个难得的鲜活样本。因此，我们认为中国经济学的定位应该是在研究解决中国现实问题的基础上所形成的对一般性经济学问题的深入解答。历史学派的经验值得借鉴。从本国的历史及现实出发，在独特的思想基础上，形成独特的理论学派；但是必须处理好抽象理论与现实应用之间的矛盾。

六 总结与展望

综上所述，当今中国改革所面临的现实问题为经济学研究提供了鲜活的材料。如何实现强国富民？如何建立和完善社会主义市场经济体制？如何实现社会和谐与科学发展？这些问题的解决，需要将中国国情与一般经济理论相结合。不仅如此，中国的经验也必定能推动经济学理论的进一步发展。由此，"中国经济学"便呼之欲出。更深入地看，中国经济学必须解决好本体论的问题，在此基础上，才能正确把握"社会经济学"与"物质经济学"相分离、"规律性理论"与"工具性理论"相分离这两个经济学理论的变化趋势。而德国历史学派的经验值得借鉴：只有从本国的历史及现实出发，在独特的思想基础上，进而正确处理好抽象理论与现实应用之间的矛盾，才能形成独特的理论学派。

事实上，在美国经济崛起之时美国学派也与德国历史学派类似，批判当时主流的经济学理论，并形成了一整套保护主义的国民经济学说和政策方针。这是一种有关落后国家特别是发展中大国如何实行经济赶超的经济学说，对德国和日本的崛起也产生了重要影响。而对于当初发家史，现在的美国主流经济学者却刻意回避或傲慢地将其作为异端，非常值得令人深思。[①]

许多人认为 21 世纪是中国的时代，而在现实推动下经济学理论本身也面临新变革，因此"中国经济学"担负着艰巨的历史使命。那么中国的经济学者是否能够胜任？中国学者的理想是随着现实的变化而升华的，从追求政治独立与解放，到追求物质自由，再到追求思想解放。而新一代的经济学研究者，在追求精神自由的理想下，肩负历史使命，必将冲破名利的诱惑、体制与文化的局限，构建出名副其实的"中国经济学"，从而解开自我的枷锁、解开国人认识上的枷锁、解开全人类认识上的枷锁，推动中国经济学屹立于世界经济学之林。

---

① 贾根良：《美国学派：推进美国经济崛起的国民经济学说》，《中国社会科学》2011 年第 4 期，第 111～125 页。

"琼·罗宾逊的遗产"和经济学的批判与回归

王　璐[*]

　　琼·罗宾逊是"20世纪最伟大的经济学家之一，也是最伟大的女经济学家"。她生于1903年，卒于1983年，一生勤奋好学、著述颇丰。自1932年发表第一篇论文《经济学是一门严肃的学问》，并在次年即完成震动经济学界的《不完全竞争经济学》起，到1978年出版最后一部著作《发达和不发达问题纵横》为止，她的各种经济学著作和论文多达数百部，这些伴随其经济思想近50年历程的经济学文献在她逝世后"给经济思想史留下了一份重要的遗产"。而且难能可贵的是，一方面，源于与生俱来的反叛精神，她厌恶学术教条、不畏陈规陋习，坚持在批判主流经济学的各种理论争论中寻求新的非正统观念，并以"异端"身份成为新剑桥学派的领军人物；另一方面，秉承经济学家的道德和良心，她出身上流社会却关心人民大众，长期将改善分配制度和解决贫富分化最终实现"平等化的经济增长"为己任，并为此致力于在回归古典传统的基础上"重建政治经济学"。因此毫无疑问，罗宾逊是自1969年设立诺贝尔经济学奖以来最应该获得这一荣誉但却没有获得的著名经济学家之一。

一　经济危机与主流经济学的理论危机

　　1971年12月，罗宾逊在美国经济学协会举办的第84届年会上发表了题为《经济理论的第二次危机》的著名讲演，以其一贯的风格严厉抨击了主流经济学（即罗宾逊所谴责的"冒牌的美国凯恩斯主义"）遭遇20世纪70年代滞胀危机侵袭的束手无策，并强烈呼吁发起经济思想史上的"第二次凯恩斯革命"。[①]

　　罗宾逊认为，"经济理论的第一次危机"源于20世纪20～30年代的"大萧条"。当罗宾逊早年在剑桥大学求学时，由庇古传授的马歇尔《经济学原理》（1890）是当时英国各大学教授经济学的"圣经"，其理论涵盖了1870年"边际革命"以来西方主流经济学的主要内容。1932年，经济学家罗宾斯将其界定为"研究稀缺手段配置"，即"系统研究各种目的与具有多种用途的稀缺手段之间关系的人类行为的科学"。[②] 其标志是，把稀缺资

---

　　[*]　王璐，女，南开大学经济研究所副教授、经济学博士，主要研究领域为马克思经济学、凯恩斯经济学和经济思想史等。

　　[①]　罗宾逊：《经济理论的第二次危机》，罗宾逊等：《美英经济学家评凯恩斯主义》，商务印书馆，1975。
　　[②]　罗宾斯：《经济科学的性质和意义》，商务印书馆，2000，第1页。

源的最优配置作为基本经济问题,运用边际分析技术试图解决产量和效用最大化问题,并有一套长期竞争的均衡假设在其中起决定性作用的概念结构等,从而在研究主旨上有别于古典经济学家斯密、李嘉图等人确立的主要研究国民收入、财富增长及分配等问题的古典经济学,故称为新古典经济学。然而,1929~1933年席卷资本主义世界的"大萧条"彻底摧毁了新古典的充分就业神话,其自由放任的市场自动均衡理论只能将暂时失业归咎于工资过高却无法解释大萧条状态下长期持久的失业问题。于是,新古典经济学不可避免地遭遇了"经济理论的第一次危机"。

与此同时,"大萧条"也孕育了"凯恩斯革命"的诞生,其标志正是著名经济学家凯恩斯1936年发表的《就业、利息和货币通论》(以下简称《通论》)。该书阐述的有效需求不足原理及由此提出的政府干预的政策建议对于缓解"大萧条"起到了举足轻重的作用,《通论》也被誉为"和达尔文的《物种起源》以及马克思的《资本论》一起构成过去一百年中出现的最重要的著作"。[1] 关于"凯恩斯革命"的意义,罗宾逊认为主要在于三个方面:一是把资本主义制度看成制度的一种,即一种不断变化的事物和一个历史发展阶段;二是恢复被自由放任理论所取消的道德伦理问题;三是在经济理论中加进时间因素,从而使经济学理论与历史发生联系。[2] 当然,对于美国凯恩斯主义者来说,凯恩斯的贡献可能更在于其创立的宏观总量分析理论,它为所有流派的经济学家提供了一套新的概念。这包括:其一,明确总需求和总供给,从而使凯恩斯能够提出有效需求原理;其二,把货币理论与宏观经济活动一般理论的核心相结合,而不是把货币当作"面纱"或"润滑剂"。[3]

然而,"凯恩斯革命"实际上并未取代新古典理论在标准教科书中的典范作用。正如著名学者霍华德和金所指,在《通论》中"凯恩斯从未与正统理论决裂,而是把大量新古典的重要理论观点掺和进自己的论著"。[4] 所以,当萨缪尔森的《经济学》教科书把凯恩斯的宏观经济学与马歇尔的新古典经济学直接嫁接而成"新古典综合"时,这些美国学者随即被罗宾逊斥责为"冒牌的凯恩斯主义者"。特别是20世纪50~60年代,帕廷金的《货币、利息与价格》(1956)和克洛尔的《凯恩斯经济学反革命》(1965)两部著作的问世,更是把凯恩斯经济学的微观基础归之于瓦尔拉斯的新古典一般均衡。至此,"凯恩斯革命"被完全倒转,即凯恩斯经济学成为新古典的解释性理论或瓦尔拉斯一般均衡的应用经济学,由此导致了其理论套用中的一系列逻辑矛盾和宏观经济政策失效,最典型的例子是20世纪70年代普遍发生于西方发达国家的滞胀危机(即高通胀、高失业与低经济增长并行)。在罗宾逊看来,这场危机的主要原因在于战后经济增长的极度不平衡和由此带来

---

① 凯恩斯:《就业、利息和货币通论》(重译本),商务印书馆,1999,第3页。

② 特纳:《琼·罗宾逊与两个剑桥之争》,江西人民出版社,1991,第80页。

③ 迪恩:《凯恩斯以来经济学方法论的分歧》,外国经济学说研究会编《现代国外经济学论文选》第十四辑,商务印书馆,1992,第23页。

④ 霍华德和金:《马克思主义经济学史1929~1990》,中央编译出版社,2003,第91页。

的货币工资与物价上涨的恶性循环，她认为这正是由那些"冒牌的凯恩斯主义者"把凯恩斯经济学转变为自动稳定均衡理论的严重后果。毫无疑问，这一严重的经济衰退使主流经济学再次陷入经济理论的危机命运。

面对滞胀危机带来的"经济理论的第二次危机"，罗宾逊不无遗憾地承认"第一次凯恩斯革命"是"一出悲剧"。虽然"经济学是有些用处的。但是，如果凯恩斯革命真正获得成功的话，经济学的用处本来是应该大得多的"，并由此发出了"在经济理论的教学和经济政策的制定中仍要进行凯恩斯革命"的倡导，即"第二次凯恩斯革命"。① 作为长期与以正统经济学家自居的美国凯恩斯主义者论战的新剑桥派代表人物，罗宾逊认为"研究经济学的目的不是要得到对经济问题的一套现成的答案，而是学习怎样避免遭受经济学家的欺骗"。② 受斯拉法《用商品生产商品》（1960）的启发，罗宾逊指出新的经济学研究必须向古典经济学回归，即不能狭窄地集中于现存资源配置，而应当关注与现实世界有必然联系的资本积累、收入分配与经济发展等问题，并通过复兴古典学派和马克思经济学以及卡莱茨基的理论以试图重建经济学体系，特别是方法论上的争论构成主流经济学与罗宾逊经济学之间分歧的基础。

但是，发生在两个剑桥之间的一场从1953年延续至1983年的旷世论争即"剑桥资本争论"并没有决出胜负。虽然以萨缪尔森、托宾等人为首的论战一方承认了其体系中存在严重逻辑矛盾，尽管罗宾逊等人也完成了几乎可与萨缪尔森《经济学》教科书相媲美的《现代经济学导论》（1973），但1983年罗宾逊和斯拉法等人的相继去世使这场激烈争论就此中断。与此同时，其他西方经济学理论派别如货币主义、供给学派和理性预期学派等强调经济自由主义思想的学者们粉墨登场，由此推动了主流经济学不断吸纳各种非凯恩斯主义观点与方法的理论变革，但其核心内容依然是新古典自动稳定均衡理论而没有丝毫动摇。20世纪80年代，以哈耶克、弗里德曼为代表的新自由主义开始在否定凯恩斯主义的声浪中占据美英经济学主流地位，其理论主旨便是强烈反对国家干预，从而成为"对凯恩斯革命的反革命"。由此，罗宾逊倡导的"第二次凯恩斯革命"就此淹没于新自由主义的巨大洪流中。

然而，"剑桥资本争论"所揭示的逻辑悖论对于新古典理论是致命的。2008年爆发于美国华尔街并很快席卷全球的次贷危机以及接踵而来并绵延至今的欧债危机，在一定程度上也正是其经济理论和政策导向再次遭遇危机命运的深刻印证。特别是，当前这场危机在令世界主要发达资本主义国家经济相继遭受困扰的同时，也使其政治制度缺失尽显；甚至很多西方学者认为，当前资本主义面临的不仅是一场经济危机，更是一场严重的社会危机和制度危机。③ 但即使危机已对全球经济带来巨大影响和持久冲击力，主流经济学家也完

---

① 罗宾逊：《凯恩斯革命的结果怎样？》，罗宾逊编《凯恩斯以后》，商务印书馆，1985，第14页。
② 罗宾逊：《马克思、马歇尔和凯恩斯》，商务印书馆，1963，第31页。
③ 卢斯：《资本主义危机：美国的三种解读》，《金融时报》2012年3月26日。

全没有从根本上给予应有的重视，或者说像 20 世纪 30 年代"大萧条"那样带来一场整个西方经济学界的"凯恩斯革命"。经济危机预示着经济理论的危机。显然，主流经济学的解释并不能令人满意，这也促使我们在当前经济危机的深刻背景下重新思考困扰当今现实世界的次贷危机和欧债危机等系列危机问题，并在这种理论反思中重拾"琼·罗宾逊的遗产"，力图使我们今天的经济学研究能够在批判与回归中走向成熟并真正成为一门"富有道德与良心的学问"。

二　罗宾逊对主流经济学的批判

一般认为，罗宾逊在经济学理论发展史上有过三次革命性的创新，即不完全竞争理论的提出、对有效需求理论的阐释和拓展，以及对正统资本理论的毁灭性抨击。实际上，这三者都是针对当时主流经济学的理论批判而闻名于世的。[①]

1. 不完全竞争理论的提出

1933 年，剑桥大学的年轻教员罗宾逊在斯拉法《竞争条件下的收益规律》（1926）一文启示下，发表了她的第一本著作《不完全竞争经济学》。该书对马歇尔经济学中完全竞争市场的假设进行了批判和拓展，不仅开了微观经济理论对市场垄断行为研究的先河，也由此开始了她对主流经济学从质疑到抨击这一长达半个世纪的学术批判历程。

对主流经济学而言，完全竞争假设的含义是重要的，因为它是传统经济学分析的基础，特别是一般均衡分析的基础，而且也是劳动力接受其边际产品价值论点的基础。但是，罗宾逊在 20 世纪 30 年代萧条深重时出版的《不完全竞争经济学》试图建立一种新的理论，它能够解释与马歇尔理论的预言相反但在现实中时常存在的现象，即工厂会在低于生产能力的状态下进行运转。这无疑是对传统理论的极大讽刺，远在美国的著名经济学家熊彼特立即给予其高度评价，认为具有"真正的创造性"。他称赞罗宾逊为经济学增添了垄断概念，而且提供了与马克思社会学完全不同的剥削概念，即剥削不是源于阶级而是产生于市场结构；由此也就提供了一种新的分析视角，即如果企业是垄断或买方独家垄断，那就无法摆脱"劳动力剥削"的逻辑条件。对于诸如此类的赞扬，罗宾逊谦虚地认为她只是"提供了一箱分析工具"而已，而且由于研究的是经济分析方法而不是直接研究经济问题本身，所以只能对认识现实世界做出间接贡献。但她也认为这种类似整修工具箱的工作是必不可少的，因为只有把工具整修妥当且准确谨慎地使用时，才能使之成为解决现实问题的有力工具；而要做到这一点就必须使经济分析前提和实际情况相符合，即从完全竞争转向不完全竞争。

但作为一种研究方法，熊彼特认为《不完全竞争经济学》的核心仍然是传统马歇尔式

---

① 帕西内蒂：《罗宾逊，琼·瓦奥莱特（1903～1983 年）》，伊特韦尔等编《新帕尔格雷夫经济学大辞典》第 4 卷，经济科学出版社，1996，第 228～233 页。

的。"每一点都是马歇尔的：方法、基本'概念体系'、思想渊源、出发点和归宿，甚至一般社会远见都是如此。作者只是在边际收益曲线上走出了剑桥的圈子"。[①] 在此后数年走向批判主流经济学的道路上，罗宾逊充分认识到这本早期著作的缺陷，认为它不过是对马歇尔、庇古之均衡价格理论的前提作了修正，却未跳出其传统的静态均衡理论框架。因此该书出版后不久，罗宾逊就放弃了这方面的研究。无独有偶，身处大洋彼岸哈佛大学的张伯伦也在同年出版了一部相似著作《垄断竞争理论》。二者的分析基本一致，其内容都是针对非自由竞争条件下的价格形成问题，只是使用的概念和叙述方法有所不同。一般认为他们二人是这一理论的共同创立者，其研究内容后来亦成为经济学教科书中必不可少的重要组成部分。只不过，当张伯伦此后多年长期致力于垄断竞争理论的研究并八次再版其著作时，罗宾逊早就因主流经济学的逻辑缺陷而放弃了新古典理论框架的修补工作而全身心投入到协助凯恩斯完成《通论》及整个凯恩斯经济学理论体系构建的浩大工程中，其核心正是对有效需求理论的全面阐释。

2. 对有效需求理论的阐释和拓展

从严格意义上说，罗宾逊于1933年提出的不完全竞争理论并不能构成对主流经济学的批判，它实际上还是对马歇尔经济学的"完善和润色"，同样的问题也困扰着罗宾逊的剑桥同事——著名经济学家凯恩斯。"困难之处并不在于新思想，而在于旧学说"。在经历了"一个长期的挣扎过程，以求规避传统的思想与说法"后，凯恩斯于1936年发表《通论》。该书在标榜批判新古典理论基础上，采用全新概念建立起一个不同于主流经济学的宏观经济理论体系，其核心是以"供给创造自己需求"的萨伊定律为批判靶子的有效需求理论。

在《通论》开篇，凯恩斯明确指出，"古典学派（注：凯恩斯这里主要包括马歇尔、庇古等新古典学者）所假设的特殊情况的属性恰恰不能代表我们实际生活中的经济社会所含有的属性。结果，如果我们企图把古典理论应用于来自经验中的事实的话，它的教言会把人们引入歧途，而且会导致出灾难性的后果"。[②] 因此，凯恩斯否定了只适用于物物交易世界的萨伊定律，并在否定新古典经济学信奉的自由市场经济及其自由出清假定的基础上，表明总需求不足、非自愿失业和古典二分法失效是经济运行的一般状态，而新古典理论描述的只是一种极端特殊或理想化的自由市场经济。其中主要一点是，凯恩斯指出有效需求不足是现代市场经济或资本主义经济中特有的问题，即资本主义不能保证投资的数量足以弥补充分就业下的储蓄部分，从而导致市场上的购买力不足即有效需求问题，并在《通论》中使用消费函数、资本边际效率下降和货币的灵活偏好等三大心理规律来表述这一问题。

作为凯恩斯理论的追随者和热心倡导者，早在1937年即《通论》出版后不久，罗宾

---

① 转引自特纳《琼·罗宾逊与两个剑桥之争》，江西人民出版社，1991，第38页。
② 凯恩斯：《就业、利息和货币通论》（重译本），商务印书馆，1999，第7页。

逊即发表《就业理论引论》和《就业理论文集》以补充凯恩斯的有效需求理论。罗宾逊认为，有效需求理论的实质是从传统均衡概念向历史概念转变，即"从合理选择原理向以预测和惯例为依据的决策问题的转变"，历史地考虑问题就要考虑社会制度、社会关系因素给予经济的影响。这是她认为《通论》具备的重要因素，也是其后来批判新古典理论的基本观点。因此，罗宾逊二战后的论著主要集中于两方面：一是试图把凯恩斯的短期分析运用到长期发展；二是对仍然被广泛接受的新古典理论进行持续抨击。不过，对于集中体现这两种思想的罗宾逊的资本积累理论，与其说主要来源于凯恩斯有效需求理论，不如说主要来源于卡莱茨基。1933 年，波兰经济学家卡莱茨基利用马克思社会再生产公式推论出与《通论》主要论点基本相同的有效需求问题；即在假设工人工资全部用于消费条件下，当资本家的储蓄大于投资时将导致有效需求不足和利润下降，从而联系到资本家的盈利动机和资本主义长期动态发展。随后，罗宾逊在充分吸收卡莱茨基分析的基础上提出以工资和利润划分为基础的剑桥增长模型，即在卡莱茨基模型中加入资本存量，从而导出利润率不变的稳定状态的经济增长。

正是在卡莱茨基的影响下，罗宾逊开始研读马克思的著作，并于 1942 年发表了至今仍是西方学者研究马克思理论的经典文献——《论马克思经济学》。在绪论中，罗宾逊首先指出马克思经济学与传统正统经济学的两点本质分歧：第一，传统经济学家坚持资本主义制度是永恒自然规律的一部分，马克思认为只是一个发展阶段；第二，传统经济学家只看到社会各种利益的一致性，马克思则主张经济生活取决于利益的矛盾。在细节探讨中，罗宾逊尤其对马克思再生产理论中有效需求作用的分析深为赞赏；她认为有效需求的本质和意义的现代观念都是马克思创立的，包括卡莱茨基的动态经济理论以及哈罗德和多马的增长理论皆得益于马克思的启发。"在对有效需求的分析——就业论——中，现代经济学为资本主义运动规律的研究提供了一个基础，这一规律是马克思本人提示过但未以充分发展的。"[1] 罗宾逊认为，马克思经济学有三条思想线索联系到有效需求。其一是失业劳动后备军理论；其二是利润率下降理论；其三是资本货物工业和消费品工业关系论。她认为马克思这三种理论充分表明，资本主义制度已为其本身固有的矛盾所折磨并产生其本身崩溃的条件。[2] 在罗宾逊看来，虽然马克思并未使用有效需求概念，但上述问题的讨论是相辅相成的，实际上也是马克思对资本主义经济供过于求（或"生产相对过剩"）的剖析，即有效需求不足。

事实上，罗宾逊一直在寻求一种摆脱马歇尔的方法。如果说在《不完全竞争经济学》中还是质疑和补充，在凯恩斯经济学时代已是批判和拓展，那么在马克思经济学那里则终于表明正是"马克思的方法为有效需求分析提供了基础"，从而与主流新古典理论彻底决

---

[1] 罗宾逊：《论马克思经济学》，商务印书馆，1962，第 2 页。

[2] 虽然罗宾逊对马克思再生产理论和有效需求分析较为推崇，但对马克思的劳动价值论持否定态度，认为"马克思的论证中并没有什么实质的问题必须依赖于劳动价值论"，从而被著名马克思主义经济学家多布指责为偏离了马克思本意的"错误分离"。参见哈考特和科尔《琼·罗宾逊》，第 50 页。

裂。这其中既包含着她对凯恩斯的含蓄批评，也包含对她自己早期著述的隐含批评。[①] 此后，罗宾逊对马克思的研究也为自身经济理论打开了新的空间，她发现在很多方面应用马克思经济学可以对凯恩斯理论作出更有效的解释，而且对其收入分配理论的后凯恩斯分析及国内和国际资本主义发展等都产生了重要影响，其中最为著名的就是那场旷日持久的"剑桥资本争论"。

3. "剑桥资本争论"和对正统资本理论的严厉批判

《资本积累》是罗宾逊将凯恩斯理论长期化的典范，同时也引发了她对权威的挑战即著名"剑桥资本争论"有关主流经济学的批判。"剑桥资本争论"又称"两个剑桥之争"，是指发生于 20 世纪 50～80 年代、以英国剑桥大学罗宾逊为首的新剑桥学派和以美国麻省理工学院（地处麻省剑桥）萨缪尔森为首的新古典综合学派之间的一场论战。一般认为，前者秉承新古典技术关系的供求分析传统，强调技术关系在经济变量决定中的最终作用；后者秉承古典剩余经济的社会关系分析传统，强调社会关系（如所有权与经济制度）在经济变量决定中的最终作用。[②] 就争论主题而言，论战主要分为两个阶段，第一个是对资本含义的论战，第二个是技术转换问题的论战，争论焦点是一直在经济理论中具有核心地位的资本理论。

1953 年，罗宾逊发表了著名的《生产函数与资本理论》一文，率先对新古典经济学的生产函数与资本概念进行质疑和批判。生产函数是新古典理论的重要概念，但罗宾逊认为它作为"错误教育中一个有力的工具"误导了一代又一代学生。[③] 比如在新古典主义生产函数 $Y = F(k, l)$ 中，Y、k、l 分别代表企业的单一产出、劳动力和资本。一方面，现实中的资本作为异质品存在，不同资本品的量纲各不相同；就像罗宾逊指出的，资本由一组形状不同、功能各异的实物组成，由于缺乏一个共同单位而使生产函数中的资本无法进行实物衡量，只能通过其价值量（或是表现出的货币量）进行加总。另一方面，根据新古典边际生产力分配论，利息率（或利润率）由资本的边际产品决定；为获得资本的边际生产率需要预知资本数量，而实物资本的货币价值在新古典理论中则被认为等同于预期收益现值的总和，即

$$k = \frac{R_1}{1+r} + \frac{R_2}{(1+r)^2} + \cdots\cdots$$

（其中，k 代表资本的货币价值，r 代表利息率，R_1、R_2……代表各期预期收益。）

由此，要想求出资本的货币价值须先假定利息率为已知。这就出现了循环推论，即已知 r 求 k、再通过 k 求 r 的循环，从而表明单一数量测量的新古典资本概念在逻辑上不成立。实

---

① 霍华德和金：《马克思主义经济学史 1929～1990》，中央编译出版社，2003，第 97 页。

② Garegnani, P., *Value and Distribution in the Classical Economists and Mar*, Oxford Economic Papers, (36), 1984, pp. 291–325.

③ 罗宾逊：《生产函数与资本理论》，罗宾逊著《经济学论文集》第 2 卷，商务印书馆，1984，第 85 页。

际上，生产函数的目的主要在于表明利息率（或工资率）如何由技术条件和要素比例来决定；如果其中的资本概念难以加总和计量，那么作为新古典根基的生产函数也就失去了意义。

1960 年，新剑桥学者斯拉法出版了著名的《用商品生产商品》。根据该书投入－产出线性方程所表明的商品相对价格不能独立于收入分配的启示，罗宾逊进一步指出了新古典理论即使忽略资本加总的意义也仍然存在逻辑悖论的问题，即资本倒流和技术再转折。比如在新古典基本命题中，由于假定资本与劳动之间存在单调的相互替代关系，因而利润率与人均资本数量之间存在单调反向关系；即随着利息率（资本品价格）的下降，厂商将使用更多资本代替劳动，从而使得更低利息率与更高资本－劳动比率相联系。但现实中，这一结论并不总是成立，因为较低利润率也可能与较低人均资本数量相联系，这种现象被称为资本倒流。此外，根据新古典的瓦尔拉斯资本形成方程，市场均衡时不同资本品将获得统一利润率（或利息率）。当把这一均衡条件加入原有的表明各个市场供求均衡的联立方程时，资本和劳动之间将不再是单调替代关系；即随着利息率的下降厂商会选择更加资本密集型技术，而当利息率下降到一定程度时厂商又会重新选择更加劳动密集型技术，这就出现了技术再转折现象。

到了 20 世纪 80 年代初，新剑桥学派的重要经济学家如罗宾逊、斯拉法、卡尔多等人相继去世，使得有关剑桥资本理论的各种争论从此中止。与此同时，虽然萨缪尔森等人承认了其理论中的逻辑悖论和固有缺陷，但其后继者由于争论中止和一时难以取代而依然主导着当今欧美大学经济系的课堂。因此，论战的结果并没有任何一方获得绝对胜利，剩下的问题则是整个这场交锋是否毫无意义。正如特纳指出的，实际上这场论战的主要作用是使人们的注意力集中到重新检验现有学说的必要性上，特别是由此产生的两种可供选择的方法论的途径；因为争论过后的美国主流派经济学家都力图避免类似哲学问题的困扰而只从事经验主义研究，但新剑桥学者却用另一种声音表明了经济学研究决不能离开现实世界和真实的经济关系。[①] 罗宾逊始终坚信资本问题必然涉及深层的方法论错误，正是"它产生了新古典学说的主要谬误"。显然，如果脱离资本主义特有经济关系和资本主义制度对分配的作用，资本的生产能力就会被视为一种纯技术性或物质属性，从而整个生产就成为一种自然的或超社会的过程；而生产中的社会关系将消失，资本也就变得与历史和时间无关。然而，一旦离开真正的历史和社会关系，新古典经济学的资本概念及由此确立的边际生产力分配理论也就脱离了现实，这正是"剑桥资本争论"批判新古典资本理论的核心所在。

三 "琼·罗宾逊的遗产"：经济学的回归

毫无疑问，经济学理论的发展和研究方法的改进终究要回归现实。然而，现实经济中

---

① 特纳：《琼·罗宾逊与两个剑桥之争》，江西人民出版社，1991，第 150 页。

既有"黄金时代"，亦有大萧条和经济危机，关键是经济学理论能否依据经济事件的客观事实给出合理的解释和作出预测并阐释政策的有效性。但是，自1825年英国爆发世界上第一次大规模的经济危机以来，主流经济学的理论发展却从未有效地解释危机和预测危机。特别是当前由美国次贷危机延伸至欧元区各国的欧债危机，正在使世界经济经历着自大萧条以来最严重的经济危机。与"大萧条"之后"经济理论的第一次危机"和滞胀危机之后"经济理论的第二次危机"相比，当前这场危机似乎更加凸显了主流经济学的理论困境；其核心理念在受到学术界广泛质疑与批判的同时，也让更多学者开始反思主流经济学的理论轨迹。正如斯基德尔斯基总结的，"我深信当前这场危机的根源就是经济学的思想误区。……目前占据主导地位的新古典主义经济学所带来的祸害简直难以描述"。①

其实早在1971年的美国讲演中，罗宾逊就明确指出了主流经济学的理论危机在于缺少一个合适的理论框架来处理现代经济生活中的严重问题：贫困、种族主义、城市的拥堵和污染、人口增长过剩和战争等。她认为要解决这些问题，不仅要将社会的、政治的、文化的因素纳入经济分析，还必须对未能被彻底否定以致正在复活的传统理论谬误作深入批判。在罗宾逊看来，资本主义经济存在于真实的历史时间中，因而意识形态和经济分析往往密不可分地交织在一起，特别是主流意识形态对经济学科发挥着重大影响。因此，她反对现代经济学把微观和宏观区分开来的做法，强烈建议"对模型中存在的社会关系和经济制度作出假设"，认为这"是经济分析必不可少的基本要求"。如今，距离这次著名讲演已经过去40余年，罗宾逊本人也已离开我们整整30年，但她曾经严厉抨击过的这些"经济理论的危机"中无力阐释的诸多资本主义问题依然充斥着当今世界。相反，正如哈考特指出的，罗宾逊所倡导的经济学理论诉求首先在于关注现实、关注社会、关注具体的特定问题的相互关系。特别是，罗宾逊立志确立的政治经济学体系恰恰"是古典的和马克思的、凯恩斯的和卡莱茨基的灵感在闪动，它可以直接运用于现代世界问题的分析，直接运用于为现代世界问题开出政策处方"；而且，通过她所提供的"凯恩斯－马克思主义的理论框架"，后学者既可以有效阐释资本主义经济增长等现实问题，也可以妥善处理国民产出在资本主义各阶层之间的分配等重大理论问题，"这些是凯恩斯学派对现代经济增长和分配理论作出的最有影响的贡献"。② 显然，罗宾逊所构建的理论框架和她致力于长久从事的经济学分析路径正是一种不同于主流经济学的理论回归，即回归古典和真正的凯恩斯。

实际上，半个多世纪前的著名"剑桥资本争论"在给予主流经济学沉重打击的同时，一个重要意义就在于倡导经济学理论研究传统的回归。不容否认，由新剑桥学派发起的这场论战的典型意义在于，它令一个神话教条的错误，即一直被奉为主流经济学的新古典理论中的资本计量、技术再转换和资本倒流等一系列逻辑悖论被揭示出来。但同时，这场论

---

① 斯基德尔斯基：《重新发现凯恩斯》，机械工业出版社，2011。
② 哈考特和科尔：《琼·罗宾逊》，华夏出版社，2010，第267页。

战也以一个全新视角引入了新剑桥学派所要复兴的、曾被 1870 年以来新古典"边际革命"所湮没的古典剩余分析传统，从而再次引起西方经济学界对古典学派和马克思经济学的关注与反思。比如按照古典和马克思的剩余分析传统，当资本不是一种要素而是作为预付代表着资本主义关系时，社会产品的分配将不再遵循技术关系上的边际生产力分配原理，而是要从社会关系的角度来探讨收入分配问题，即社会产品的分配必然要与资本主义条件下的生产资料所有制格局相联系，由此决定资本家与劳动工人的分配关系。所以，要排除资本争论中涉及的各种逻辑矛盾，就必须改变新古典的理论假设而明确把特定社会关系作为经济分析的基础才能得到对现实问题更有说服力的解释，这正是回归古典研究传统的核心所在。

2009 年，美国经济学家克鲁格曼发表了《萧条经济学的回归与 2008 年金融危机》以倡导新世纪的凯恩斯回归。然而，克鲁格曼虽然表明了凯恩斯经济学的回归，并不意味着他对凯恩斯关于资本主义制度根本缺陷之理论批判的回归。相反只是凯恩斯主义作为萧条经济学一个特例的回归，因为占据主导地位的新古典理论并没有受到挑战，资本主义制度也没有遭到质疑；或者说，克鲁格曼只是认为政府的货币政策和监管制度出现了错误，从而将经济推向了凯恩斯"萧条经济学"中的"特例"。[①] 无疑，现实资本主义制度本身存在着固有矛盾并由此导致了资本主义周期波动和经济危机，正如马克思在三卷本伟大著作《资本论》中深刻批判的。但克鲁格曼等当代美国凯恩斯主义者既没有充分认识到源于资本主义经济体系内部的基本矛盾，也没有在阐释危机之时给予现实世界以道德和良心的追问，这显然与罗宾逊的"经济学回归"背道而驰。罗宾逊一直认为"经济学缺少爱"，其理论不仅反映现实问题还要为社会送去爱，所以她终其一生关注弱势群体利益而反对主流经济学始终站在既得利益者的立场上追求所谓自由竞争和最优效率的冷冰冰式的技术分析。显然，萧条经济学的回归并非真正的凯恩斯回归，克鲁格曼式的经济学反思距离罗宾逊的经济学回归还相距甚远。

2013 年 1 月，中国国家统计局在时隔 12 年后发布全国居民收入基尼系数。其中，2012 年中国基尼系数为 0.474，2008 年最高达到 0.491，此后逐步回落。此前，西南财经大学中国家庭金融调查与研究中心报告显示，2010 年中国家庭收入基尼系数达 0.61，远远超过警戒值，而 2010 年世界平均基尼系数是 0.44。虽然两种调查结果因样本抽取差异和统计误差而有所不同，但中国目前收入分配差距的严重程度不言而喻。实际上，2012 年 11 月党的十八大报告强调"必须深化收入分配制度改革"和 2013 年 2 月国务院发布《关于深化收入分配制度改革的若干意见》等，都在一定程度上表明收入分配问题已成为我国当前阶段亟待解决的重要问题。借鉴罗宾逊等新剑桥学者调整收入分配结构以实现均等化经济增长的经济理念，在今天国际国内形势日趋复杂和经济学理论急需变革的当代中国尤

---

① 福斯特：《失败的制度：资本主义全球化的世界危机及其对中国的影响》，《马克思主义与现实》2009 年第 3 期。

显重要。一方面在理论层面，经济学理论要向现实世界回归，减少对数学和模型的依赖；另一方面在现实层面，收入分配改革已刻不容缓，须努力缩小收入差距和减少分配不公，以真正实现"民主、公正和平等的社会"。正如罗宾逊对经济学理论所寄予的期望，"在这瞬息万变的时代，历史不断产生新的问题，旧的结论接着又成了疑问。尽管如此，我们希望，通过重新解释经济学说所能获得的论证方法和观察世界的方法，对于我们理解今天生活在其中的世界，仍然是有帮助的，而且也是必不可少的"。[①] 或许，这才是这位经济思想史上"最著名经济学家中唯一的女性"心中探求经济学回归的朴素写照。

---

① 罗宾逊和伊特韦尔：《现代经济学导论》，商务印书馆，1982，第69页。

效用可测量：一场"序数主义革命"的再革命

——一个心理学与经济学杂交的幸福经济学成果

熊 毅[*]

引 言

在 19 世纪 30 年代，经济理论发生了一个重大变化，引起这个变化的原因就是"序数主义革命"的兴起。在这场革命中，一个全新的思想得到大力的传扬。约翰·希克斯爵士（Sir John Hicks）、莱昂内尔·罗宾斯勋爵（Lord Lionel Robbins）和其他人声称，效用不可能测量，并且也不需要测量。这种思想主张成为现今微观经济学的一个主要命题，并被视作消费者行为理论中的一个主要的部分——或许是一个基本的部分。在所有现代微观经济理论教科书中，这点体现的是非常清楚、非常明显的。应该说，这场革命是一个很大的进步，它为微观经济学的运用开辟了广阔的道路，而且这种运用是卓有成效的，它不仅可以用来分析经济问题，而且也可以用来分析远远超出经济学范围的问题，从而有了经济学帝国主义之说。

遗憾的是，在引进心理学方法之前，传统经济理论中的效用理论是有问题的。不仅效用含义还需要进一步明确，而且错误地认为效用不可能测量，也不需要测量。在心理学进入经济学之后，两者联姻所产生的幸福经济学理论，颠覆了"序数主义革命"的主张，不仅厘清了效用的含义，而且证明效用不仅可以测量，而且也需要测量。效用能够测量，可以使我们的经济分析空间进一步扩展，特别是可使经济分析更加精确，从而引发了一场心理学与经济学携手推进的经济理论革命，这场革命被世界顶级幸福经济学家布鲁诺·弗雷称为"序数主义革命"的再革命。以下本文就对这场再革命的内容做一简单介绍。

一 效用可以测量

（一）测量什么效用

在分析效用可以测量之前，我们先要明确一个问题，效用是主观的还是客观的？

对于这个问题，标准经济学理论通过观察人们做出的行为选择，采用了一个"客观主

---

* 熊毅，中南财经政法大学经济学院教授。

义"立场。个人效用仅仅来自有形产品、服务和闲暇。依据人们的行为选择（或显示性偏好），就可以推断出他们的效用，反过来，也可以运用人们得到的效用，解释人们作出的行为选择。这种"现代"的效用观点，深受哲学上实证主义运动的影响。主观主义的经验（如通过调查获得的经验）被视作是"不科学"的，进而遭到排斥，因为它不是客观的，不是可观察的。最为重要的是，这种观点还认为，对于真实的需求理论来说，基数效用和人际间的可比性两者都是不必要的，依据奥卡姆剃刀原理，这种需求理论具有一个很大的优势（Robbins，1932；Hicks and Allen，1934）。公理性显示性偏好方法认为，人们做出的各种选择，本身就提供了推断效用这一结果所需要的信息，而且是全部的信息。

在现今的经济学中，实证主义观点仍然占据着主导地位。对此，阿玛蒂亚·森（Sen，1986）曾尖锐的批评道，"在经济学中，这种观点的流行，可能是由于一个令人困惑的关系，这种关系混合了显而易见的、使人着迷的关心和一个独特的信仰，这个独特的信仰就是选择……是唯一的、可以观察到的人的方面"。

虽说在微观经济学教科书中，实证主义的这种统治地位得到了充分反映，然而，并非所有现代经济学家都认同这个观点。

为数众多的学者已经从不同角度，挑战了现有经济理论中的标准效用观点。在经济学中，存在许多非客观主义理论分析的范例。在各种各样的范例中，学者广泛的分析考虑了情感（emotions）（Elster，1998）、自我表现（self - signaling）、目标实现（goal completion）、征服（mastery）和有意义的生活（meaning）（Loewenstein，1999）、内在动机（intrinsic motivation）（Frey，1997b；Osterloh and Frey，2000，2004，2006）、利他主义（altruism）、互惠（reciprocity）、合作（cooperation）（Schwarze and Winkelmann，2005；Fehr and Gächter，2007）、身份（identity）（Akerlof and Kranton，2005）、地位（status）（Frank，1985a，1999；de Botton，2000）、自尊和社会认同（esteem and social recognition）（Brennan and Pettit，2004，Frey，2006）。为了更好地解释人的行为，需要考虑的是相互依存的效用函数，而不是人际间独立的效用函数（Clark and Oswald，1998；Sobel，2005）。这种观点已经向现有的福利概念发起了挑战（Boskin and Sheshinski，1978；Holländer，2001；Layard，1980）。在大量有关异常决策的分析文献中（例如，Thaler，1992；Frey and Eichenberger，1994），对于效用通常来自观察到的行为选择的观点，学者已经对此进行了大量的质疑。[1] 许多研究（开始于 Allais，1953，也包括 Ellsberg，1961）已经证明，人的偏好是反复无常的。人们常常不知道的是，他们喜欢的事物往往会受到"投射偏差（projection bias）[2] 的制约"（Loewenstein，ODonoghue，and Rabin 2003），从而未能

---

[1] 神经经济学提供了一个新方法，研究独立于动机的行为。见 Fehr and Singer，2005；Fehr et al.，2005；Camerer，2007；Camerer et al.，2007。

[2] 对于 projection bias 一说，国内也有学者将其译作"预测偏差"。将金钱等同于幸福就是"投射偏差"所致，人们通常会以现在的自己投射未来的自己。投射偏差的实质在于，人们目前的状况是否与想象中的未来状况相符。如果不相符，人们的预测就始终不能精确。在现实中，人们在"投射偏差"下获取的实际效用往往低于此前的预测。这就是为什么人们总以为收入越高就会越幸福，而当收入真的增加时，情况却并非如此。因此，要追求真正的幸福，就必须注意到"投射偏差"的作用，平衡工作和闲暇的关系，而非工作与金钱。

实现体验效用（experienced utility）[①] 的最大化（与消费者行为选择中的决策效用相反）。[②]

客观主义方法体现的是一种结果效用，而结果并不是人们的行为的唯一重要方面，人们同样也注重过程方面，不同的过程也会影响人们的满足，这就是所谓的程序效用（procedural utility），程序效用超越了标准经济学中使用的结果效用，甚至会影响到结果效用。在客观主义方法中，程序效用是体现不出来的，但在分析人们的幸福感时，我们又不能忽视程序效用的作用，否则我们的分析就缺乏全面性、准确性。因此，标准经济理论对客观主义方法情有独钟的信赖，必须公开地接受理论上和经验上的怀疑。无论如何，标准经济理论所使用的方法，制约了理解和影响人们幸福感的可能性。

与客观主义方法相反，效用分析主观主义方法的出现，为学者研究世界开辟了另外一条道路，并且它还是一条富有成效的道路，其理由如下。

第一，这种方法容许学者直接测量个人的幸福感。从最宽泛的意义上讲，它采用了享乐主义的术语解释效用。这种效用通过体验效用术语得到强调，对于很多问题的研究，采用体验效用来代表决策效用是非常有用的。它为检验经济理论中的主要假设和命题奠定了一个基础，也为发展和检验新的、更广阔的人类行为理论奠定了一个基础。

第二，自陈的主观幸福感作为一种经验概念，它还可以应用到记忆效用（remembered utility）和预测效用（predicted utility）[③] 的研究之中（Kahneman et al.，1997，2004b；Kahneman and Riis，2005），同样也可以应用到程序效用的研究之中。

幸福（happiness）或生活满意度（life satisfaction）作为一个可测量的概念，让学者能够运用它们作为效用概念的代表，并且这种代表方式还可获得令人满意的效果。通过测量人们的主观幸福感（subjective well-being），可以得到大致的体验效用，采用这种效用能够拓展经济分析，并可将它运用到一些新的领域，特别重要的是，它能让学者分析很多的决策错误。标准经济理论往往将两种不同的效用等同起来，一种是在消费束（consumption bundles）之间做选择时，人们所期望得到的效用，另一种是在实际消费时，人们所体验的效用。并且认为，人们总是能够正确的追求自身效用最大化，仅仅只在一个随机的情况下才会犯错误。与此相反，幸福研究表明，当人们在多种选择中做出最佳决策时，往往会犯系统性的错误。例如：人们常常错误预测了这样一种效用，也就是从未来消费中获得的效用。表现在，人们高估了未来一个较高收入带来的满足，低估了从非物质方面获得的效用，诸如，友谊和社会关系等。作为这些错误判断的结果，人们往往发现自己的生活满意度较低，也就是低于依据自己的评价本可获得的生活满意

[①] 1997年，Kahneman、Wakker和Sarin三人在前人研究的基础上，把效用进一步区分为决策效用（decision utility）和体验效用（experienced utility）。决策效用是指决策处理过程中的主观感受。体验效用是由特定的刺激所产生的主观感受。

[②] 参见Kahneman and Thaler，2006。

[③] Kahneman et al.，将体验效用分为三类：瞬时效用、记忆效用、预测效用。其中，记忆效用是个体回忆式的总结性评估结果，即个体对过去某个情景进行回忆式总结性评估时，所产生的快乐或悲伤的情感性评价。

度。与此相似，当人们受制于重要的自我控制（self - control）问题时，他们得到的效用也是较低的，例如：当人们被诱导观看了较多的电视时，也就是多于他们认为自己本该观看的电视时，结果也是如此。

一些经济学家已经指出，在标准经济理论中，对于人们日常行为的分析，也可能存在着上述偏差，但是，这种见解却没有影响到传统的经济学原理。如果运用幸福研究成果，它不仅可让学者知晓这些行为的特点，而且也可运用实证方法分析这些行为。比较而言，如果运用标准经济理论，也就是扎根于显示性偏好土壤中的标准理论，则不可能分析这些行为，因为这种理论假设，观察到的人们的行为，就是他们计算效用最大化的结果，因此在这种计算中，人们是不会犯任何错误的。

（二）怎样测量个人效用

在引进心理学方法之前，传统经济理论坚持效用不能测量，直至 20 世纪 30 年代起，情况才发生了戏剧性的变化。心理学家教会了经济学家如何测量幸福，由此，就将丰富多彩的现实生活填进了经济学的效用概念之中。

作为一种主观主义效用观点，幸福研究认为，每个人都可以有他或她关于幸福和美好生活的梦想，观察到的行为只是反映个人幸福感的一个指标，而且还是一个不完善的指标。如果人们接受了这种观点，那么，人们的幸福就可以记录和分析，也即：可以询问一个人，他对自己的生活感到多大程度的满足。依靠有关人员自己的直接判断确定满足程度，这是经济学中的一个合理传统。人们被认为是自己生活总体质量的最好法官，询问人们自己的幸福感，这是一个直截了当的测量手段。当然，询问人们的幸福感如何，还是存在一些不同方法的。这些方法可以提供很多的信息，用来反映人们的情感状态，或用来反映人们对于自己的生活满意度或幸福感的评估。

世界上许多调查包括了总体的自陈生活满意度问题，或"全球的"自陈生活满意度问题。在一个人表明的分数背后，存在一种认知的评估，在什么程度上，人的总体生活质量用了一种合适的方式得到评价（Veenhoven，1993）。这些测量所用的概括性术语就是主观幸福感（subjective well - being）。在某种程度上讲，测量主观幸福感所用的不同方法，它们都体现了感情和认知两个基本概念。感情（Affect）是一个依附于情绪和情感的标签。对于发生在人们生活中的事件，感情引起了人们对事件的立即评价。认知的构成涉及的是主观幸福感的理性和理智方面。认知常常用来评估满意的程度。令人愉快的感情、不令人愉快的感情和生活满意，它们是可以分离的三个概念（Lucas，Diener，and Suh，1996），关于这一点已经得到证明。

这些"传统"的主观幸福感测量方法，在什么程度上精确地反映了幸福和个人幸福感的各种概念，这是可以争论的。在关于个人幸福感调查的问题中，一个常见的顾虑涉及对于短暂积极情感的强调。快乐主义的福利并不必然等同于幸福。依据自我实现（eudaimonic)① 的幸福观点，人们应当依据他们真实的自我展现生活。然后，依据深深根植于他们自身的价值观采取行动。幸福的根本原因可以看成自治、胜任和社会关系。这种观点与内在动机的价值密切相关（Deci，1971；Lindenberg，2001）。② 瑞安和德西斯（Ryan and Decis，2001）的自我决定理论认为，这些基本心理需要的满足，一般支持快乐主义以及自我实现的幸福。

现今学者可以运用多种各样的方式，测量个人幸福感或生活满意度，下面将仅仅讨论其中的一些。

1. 询问人们：个人生活满意度全球评价方法

学者试图运用这样一种方法，也就是通过询问构成样本代表的群体，他们的总体生活满意度状况如何，从而记录群体的幸福状况。在这方面，有一个单项问题调查的例子，这个例子非常著名，它调查的问题是以 1 到 3 的等级形式表示，这个例子是来自综合社会调查（GSS）（Davis，Smith and Marsden，2001）："总体说来，你如何评价这些日子的生活——你是生活的非常幸福、相当幸福或不太幸福？"在世界价值观调查（World Values Survey）中（Inglehart et al.，2000），生活满意度用 1 到 10 的等级形式表示，从 1 级（不满足）到 10 级（满足），人们被问"考虑所有的事情，在整个这些日子里，你的生活满意度有多大？"欧元晴雨表调查（The Euro – Barometer Surveys）覆盖了所有欧洲联盟成员国，它询问了一个相似的问题："总的来说，就你所过的生活而言，你是非常满足，相当满足，不非常满足，或根本不满足？"在多项问题调查方法中，最著名的要属生活满意度量表（the Satisfaction With Life Scale）（Pavot and Diener，1993），它由 5 个问题组成，每个问题以 1 到 7 的等级形式表示。③

因为主观调查数据是建立在人们判断基础之上的，所以，这些数据很可能存在大量的偏见。因此，对于事关人们幸福感的问题，必须检查人们是否确实能够和愿意给出有意义的答案。此外，人们自陈主观幸福感时，可能还会受到下列因素的影响：问题的排列顺序、问题表达的措辞、应用的规模、实际的心情和处理选择的信息。通常，测量幸福的主要目的，不是在绝对意义上比较水平，而是企图找出决定幸福的因素。出于这个目的，要求自陈的主观幸福感是基数的、可测量的，或者要求自陈的主观幸福感是人际间可比较的，两者都是没有必要的。由于自陈的主观幸福感越高，反映出个人的幸福感也越高，因此，运用计量经济学分析，可以将主观数据排出一个顺序。在心理评价研究中，幸福测量

① 有关幸福的概念与理论，可以归结为两种基本的类型：快乐论（hedonic）与实现论（eudaimonic）。快乐论认为，幸福是一种快乐的体验；而实现论则认为，幸福不仅仅是快乐，更是人的潜能实现，是人的本质实现与显现。基于不同的哲学传统，现代幸福感研究从一开始就存在两种取向，即主观幸福感（Subjective well – being，SWB）和心理幸福感（Psychology well – being，PWB）。主观幸福感是从快乐论发展而来的，认为人的幸福是由人的情感所表达的，幸福就是对生活的满意，拥有多的积极情感和少的消极情感。而心理幸福感则是由实现论演化而来的，认为幸福并不只是情感上的体验，而更应该关注个人的潜能实现。

② 有关经济分析，参见 Frey，1997b。

③ 有关主观幸福感的各种各样测量方法调查，参见 Andrews and Robinson，1991。

是否能够满足这个条件，这个问题已经引起了广泛的评估。[1]

到目前为止，在经济幸福研究方面开展的实证工作，几乎全部是建立在生活满意度全球评价基础之上的，该评价来自具有代表性的、大规模的抽样调查。这种测量方法有一个很大的优点，就是相对于该法的费用来说，相对于大量国家和大量时期的数据可得性来说，它具有良好的效果。例如，关于生活满意度的调查，就利用了当今世界价值观调查的数据，这项调查覆盖了80个国家，代表了超过80%的世界人口，总共进行了4次以上。

2. 体验取样法

体验取样法（Experience Sampling Method，ESM）方法收集的信息，来自人们在自然环境中的实时体验（Csikszentmihalyi and Hunter，2003；Scollon，Kim‑Prieto，and Diener，2003）。由于全球满意度调查中存在一些不足，设计该法就是用来处理其中存在的部分不足。

运用无线传呼机和便携式计算机工具，可以从人群中选择一个具有代表性的群体，然后，随机的要求他们快速回答一系列问题，这些问题是关于积极和消极情感方面的。被调查者还被要求说出他们的感情强度。这种电子操作的日记式记录，试图运用埃奇沃思（Edgeworth，1881）测量效用的一个特别想法，也就是运用可以立刻引起体验的一种"快乐度量"。通过汇集这些瞬间情感的陈述，人们的幸福也因此得以计算。

到目前为止，这种方法并未大规模的运用，其主要原因在于，比起全球生活满意度评估的代表性调查来，这种方法花费的成本太高。

3. 日重现法

日重现法（Day Reconstruction Method，DRM）方法收集的资料，描述了被调查者在某一天的具体体验，而反映这种体验的资料，是由随后一天被调查者的一个系统性再现形成（Kahneman et al.，2004b）的。该法依靠"时间预算（time budgets）"，记录人们在某项具体活动方面花费时间的多少。如此就能使该法与体验抽样法（ESM）存在一个合理的近似。

通过询问与具体事件相联系的感觉（事件回忆方法，the Event Recall Method），也可以收集到同样的信息。被调查者被要求填写结构式问卷，再现前一天（昨天）的活动和体验。首先，被调查者回忆前一天进行的活动，并将其转换成表现为一系列事件的工作记忆（working memory）[2]。然后，被调查者通过确定事件发生的时间、原因、地点和与谁一起，详细描述每一个事件。最后，被调查者依据不同的情感对这些事件进行评价，包括积极的影响（幸福的、温暖的/亲切的、享受自己）或消极的影响（失意的/气恼的、沮丧的/忧郁的、滋扰的/受摆布、发怒的/敌对的、发愁的/焦虑的、批评/奚落）。被调查者也被问，

---

[1] 有关测量问题的广泛讨论，参见 Andrews and Robinson，1999；Michalos，1991；Veenhoven，1993；Larsen and Fredrickson，1999；Schwarz and Strack，1999；Di Tella and MacCulloch，2006。

[2] 工作记忆属程序性记忆、短时记忆，是一短暂时刻的知觉，是一系列操作过程中的前后连接关系，后一项活动需要前项活动作为参照。

是否他们感到有能力、不耐烦结束事件或感到疲倦。

日重现法已经实际运用到了一个样本之中，这个样本来自美国得克萨斯妇女。结果表明，具有最高积极情感的活动，是男女之间亲密的性接触。① 然而，平均来说，在性活动方面，每天大约仅仅只花费 10 分钟的时间。相当大的愉快也源于社交和放松活动，它们占据了每天 2 个多小时。作为一个典型的德克萨斯妇女，祈祷、礼拜和冥想这些活动可以带来一个高的积极情感，平均说来，在这些活动方面，她们每天大约要花费 25 分钟的时间。德克萨斯妇女每天观看 2 个多小时的电视，并且还非常喜欢这项活动。对于她们来说，白天最少让人愉快的活动是做家务、上班和通勤。长时间通勤给她们带来了高的消极情感（平均说来，在通勤时间上，她们每天要花费 100 分钟），在德国，人们这种高的消极情感也已经被发现。

比起限制在某个问题的典型性调查来，运用日重现法记录的每天体验，可让我们得到一个更精确的幸福测量。仔细划分一天前的事件，减少了被调查者仔细思考在每个时间段他们感觉如何，被调查者也不易扭曲记忆，在情感回忆中，扭曲记忆也被认为是特别严重的问题（Robinson and Clore，2002）。

DRM 是一种全新的方法，目前，仅仅是在实验的基础上凭借经验使用。幸福研究将在什么程度上和哪一个特别的问题上使用该法，这些还有待于以后的观察。

4. U 指数

目前，在讨论的所有测量方法之中，学者还不能保证这一点，也就是使用的等级分（scales）描述的感觉，完全反映了基数价值数量的多少，而这种基数价值是用来进行不同人之间比较的，如此，也就存在着这样一个问题，回答"非常令人满意"的价值，它是否真的就是"不令人满意"价值的两倍。对此，卡尼曼和克鲁格（Kahneman and Krueger，2006）提出了一个"U 指数（The U – Index）"（U 表示不幸福），以便避免基数问题对于分析比较的影响。U 指数被定义为个人每天处在不幸福状态的时间部分。在某个事件中，如果某个人体验的最强烈情感是一个消极情感，这个事件就是令人不愉快的。U 指数依赖于观察，这种观察处于这样的一种情形之中，也就是大多数人在大多数时间的主导感情状态是积极的，因此，引起消极情感产生的任何事件，都是一个重大事件。由此，可以假定一个处于主导地位的消极情感，它会给整个事件抹上相应的色彩。显然，这是一个相当特别的假定，它专注于一种特殊的、不愉快的精神状态，而同时积极的体验却被忽略了。这种对消极情感的强调，不同于幸福研究中"积极心理学"（Diener and Seligman，2002）的理论，两者形成了一个强烈的对比，"积极心理学"作为一种运动，专注于幸福感分布的愉快部分，而在这方面，过去的心理学过多的专注于消极状态，例如沮丧。

5. 脑成像

现在，测量效用还有一种非常特别的方法，就是扫描人的脑活动，运用脑成像

---

① 参见 Blanchflower and Oswald，2004b。

（Brain Imaging）方法，可以测量出人们效用的大致数量。该法依靠功能性磁共振成像（fMRI）技术，使用血液氧合在磁性能方面产生的变化，跟踪人脑中的血液流动（Camerer, Loewenstein and Prelec, 2005；Zak, 2004；Fehr, Fischbacher and Kosfeld, 2005）。测量结果表明，幸福的人显示出了一个特有的电皮质活动图形。他们的左前额叶皮层的活动，比右前额叶皮层的活动要大。（Davidson, 2003；Pugno, 2004b；Urry et al. , 2004）。在较多幸福与较少幸福的人之间，他们前额叶皮层所呈现出的不平衡，不仅与自陈的幸福感测量相互关联，而且也与行为的激活相互关联（而不仅仅是抑制），甚至也与流感疫苗的抗体反应相互关联（Kahneman, 2004；Urry et al. , 2004）。

除了以上讨论的五种方法之外，还存在一些其他的测量方法。社会生产函数方法就是其中一种，它区分了普遍的情感目标、行为确认、身份地位、舒适和刺激，并通过测量它们，来反映人们的主观幸福感，通过这种方法构造的方程模型（Nieboer, Lindenberg, Boomsma, and Van Bruggen, 2005），已经得到了运用。目前，还有一些其他的测量方法正处在研究之中。

（三）个人效用测量方法评价

很明显，上述各种方法各有特点，没有一个单一的方法是完美的，在评定各种各样的方法是否有效时，必须依据以下两个方面，加以进一步的评判，这些方法试图说明的是什么，它们使用的目的又是什么。

不过，在测量主观幸福感的不同方法之间，相互具有很强的关联性（Fordyce, 1988）。无论对于是自陈还是非自陈的幸福感来说，幸福感的因素分析都已显示出一个统一的架构，这种架构成为这些测量方法有效性的基础（Sandvik, Diener and Seidlitz, 1993）。可靠性研究已经发现，自陈的主观幸福感对于生活环境改变的反应，是适度稳定和敏感的（Ehrhardt, Saris and Veenhoven, 2000；Headey and Wearing, 1991）。一致性检验表明，在社会交往过程中，幸福的人常常更多地保持微笑（Fernández – Dols and Ruiz – Belda 1995），朋友、家庭成员（Lepper, 1998；Sandvik, Diener and Seidlitz, 1993）和配偶（Costa and McCrae, 1988）也认为他们是幸福的，他们通常也不大可能出现自杀。在其他影响得到控制的情况下，哈里维尔（Helliwell, 2006a）发现，在国民的自杀率和生活满意度的测量之间存在很强的负相关。[1] 然而，对于生活在斯堪的纳维亚国家的人来说，虽然他们的主观幸福感评价很高，但并没有匹配相当低的自杀率。其原因可以归结于上帝信仰率低和离婚率高。由于自杀涉及显示行为（同前所述），有时，自杀也被认为是获得幸福更有效的方法。然而，自杀引起的精神幸福，它呈现的仅仅是一种尾分布（the tail end of the distribution）。在研究人们幸福感低的决定因素时，尽管这不是一个很大的问题，但是，它却妨碍了对于平均幸福感进行有意义的说明，从而也妨碍了对于福利进行的比

---

[1]　参见 Koivumaa et al. , 2001；Stevenson and Wolfers, 2006。

较。运用心理学的测量方法，学者的进一步验证表明：脑电活动和心率的变化，解释了自陈负面情感方面的重大变异（Davidson, Marshall, Tomarken and Henriques, 2000；Pugno, 2004b）。相应的，在一项早期的调查中，迪艾内（Diene）推断"（上述）测量方法似乎包括了大量真实有效的差异"（1984, p. 551）。

目前，从事幸福研究的大量经济学家，正在运用自陈的生活满意度调查报告分析问题，这种报告远远超过任何一个理想的效用测量。主观幸福感的测量还有一个潜在的缺陷，也就是存在这样一种可能性，随着时间的推移，人们认为的"幸福"含义，或许存在发生变化的可能性。比起运用调查方法得出的答案来，健康测量方法（例如，临床抑郁症、食欲不振、睡眠缺乏）较少是主观的，提供的结果也类似于运用幸福测量得到的答案（Luttmer, 2005）。

不过，实践已经证明，就许多任务而言，运用测量自陈生活满意度的方法，可以达到令人满意的效果，特别重要的是，对于经济学家最感兴趣的一些问题研究，效果更是如此。对于经济理论中使用的个人福利概念来说，目前，自陈的生活满意度是一个经验近似概念，也是一个最容易得到的经验近似概念。

目前，由于作为统计的前提条件存在着问题，所以，讨论的幸福决定因素还需进一步研究。除了统计的前提条件问题之外，如果以自陈的主观幸福感为基础，计划进行福利比较，那么，还需要满足进一步的条件。这些条件是个人陈述幸福感的基数比较和人际比较。对于要求的这两个条件，经济学家很可能抱有怀疑的态度。然而，值得注意的是，经济学家的这种怀疑态度，其实与他们在文献中的根深蒂固主张，两者是同时存在的，这些主张体现在收入不平等和贫穷、征税、风险等分析之中，经济学家在对这些问题进行的分析之中，已经隐含了基数效用的测量和人际间的比较。

即使从实践层面上看，而不是从理论层面上看，研究积累的证据也表明，对于基数效用和人际间的比较，这两方面存在的问题可能都不大（Kahneman, 1999）。黄有光（Ng, 1996）运用一个容易理解的增量概念，发明了一种新的方法，运用这种方法进行的幸福测量，可以满足人际间比较、时际间比较和国际间比较的需要。对于满意度分数进行的序数和基数处理，在数量上产生的结果，可以与微观计量经济学幸福函数非常近似（Frey and Stutzer, 2000），这种结果与收入评估方法（the income evalution approach）确认的结果相一致，收入评估方法专门将语言估计转换成数值数据，这些数据与上下文设置无关（van Praag, 1991）。由于基本间隔是大致相同的，一系列语言符号的含义与样本中所有人使用的含义相同，因此，语言等级也可以有效地加以应用。

目前的研究状况表明，对于许多用途来说，采用自陈的主观幸福感测量所得到的数据，具有足够的质量，完全可以满足学者研究经济和制度对幸福影响的需要；对于检验经济理论而言，运用这种方法可以得到一个经验上近似于个人福利的结果，而且它还是一个令人满意的近似结果。

二　效用可计量的重要性：应用

幸福研究之所以被认为是一场经济学中的革命，原因之一就在于其提出了效用可以测量的观点，从而开创了一条崭新的道路，然而，到目前为止，这种观点一直被人们所忽视，或一直被认为是非生产性的。效用可测量所具有的革命性，有两个例子可以支持这种主张，一个是来自微观经济学，另一个则是来自宏观经济学。

1. 在最佳税收理论中的应用

长期以来，在公共财政理论中，新古典经济学应用的最重要领域之一，一直就属于最佳税收理论（Bradford and Rosen，1976）。同样的方法也已用来分析下面两个问题，计算公共企业所提供产品的最优价格（Bös，1981）；制定对付逃避税收的最优政策（Allingham and Sandmo，1972；Sandmo，2005）。运用假设的个人效用函数某些特征，这种方法可以继续加以应用，通过促成这些效用最大化，可以导出最佳政策工具的运用。幸福研究可以为这种方法提供有益的帮助，因为它允许我们提供经验，支持（或拒绝）有关个人效用函数特征的假设。例如，随着收入增加，收入的边际效用出现下降，幸福研究可以得出的一个重要结论，就是这种下降会降到什么程度的结论。这种知识对最佳税收理论的意义最为重大，特别是考虑收入再分配时，更是如此。这种知识将引进一种实用性测量，在最优税收理论运用中，这种测量有时被遗漏了。

2. 在最优增长理论中的应用

在宏观经济学中，最优增长理论已经成为一个重要的研究领域。该理论研究收入中多大的份额应该转化为投资，以便人们能够获得最高水平的长期效用。如果投资份额低了，那么，经济增长率就会受到限制，人们未来的消费就会较少。相反，如果投资份额高了，那么，人们目前的消费就会较少，但是，人们将来消费就会更多。为了解决这个最优化问题，人们就必须做出关于福利函数特征的各种各样假设——特别重要的是，多少未来的消费需要贴现。

对于这种最优化问题，幸福研究可以提供有关的见解。特别是，随着收入增加，边际效用将会出现下降，但是，这种下降的强度有多大，对于这个非常重要的问题，可以援引幸福研究的经验证据来解决。或许更为重要的是，幸福研究可以指出人们对于较高收入水平的适应性，并且人们会同参照群体的人进行比较。在宏观经济学的增长理论中，这些方面影响着人们幸福感的可持续性，但是，它们被学者几乎完全忽略了，然而，幸福研究表明，这些方面具有极大的经验相关性。

三　结语

在经济学引入心理学的分析之后，幸福经济学得到长足发展，所产生的重大成果之一，就是效用可测量，通过主动的调查，学者可以得到反映人们主观幸福感的体验效用。而非像传统经济学那样，通过被动的观察收集人们的客观效用，而且这种效用也未区分体验效用和决策效用，也不能用来分析程序效用。如果体验效用可测量，那么，不仅可进一步拓宽经济分析的空间，更为重要的是，它可使经济分析更加精确，表现为一个变量变化的程度方面，甚至可使一些原本不能进行的分析得以进行。效用可测量可以认为是一场对"序数主义革命"的再革命。

需要再次指出的是，作为幸福研究的成果之一——体验效用可测量，它是否足够大，大到足以称之为一场"革命"，这的确是一个可以争论探讨的问题，但是，它起码可以改写，至少是丰富微观经济学教科书中的效用理论，而且它对于如何解构最优化的问题，确实也有着相当大的帮助，这一点是毋庸置疑的。

金融发展过度：最新研究进展评述

胡海峰　倪淑慧[*]

2008 年全球金融危机爆发后，学术界、实务界以及政府部门在探讨金融危机的成因和治理过程中，纷纷将目光聚焦在金融业的规模上，许多学者认为，一些发达国家（特别是美国）的金融业发展过大、过度。英国金融服务管理局主席 Adair Turner（2009）勋爵就大声疾呼，"不是所有的金融创新都是有价值的，不是所有的金融交易都是有用的，过大的金融系统不一定更好，金融部门已经超过其社会最优规模"。他指出，在过去 20～30 年，发达国家金融体系规模上的扩张并未带来经济增长的稳定，更多的是从实体经济赚取了租金收益，反而成为金融脆弱性和不稳定的重要诱因。金融发展过度的观点引起各界的广泛关注和激烈讨论，既有赞成者，也有反对者。那么金融发展是否真的过度，以至于金融发展对经济增长不再有促进作用，反而会阻碍经济增长呢？本文拟对最新的文献做一个全面、系统的回顾和评述。

一　引言

经济学家们在研究金融发展及其带来的社会价值时，多从金融发展与经济增长的关系入手，即研究金融体系在经济发展中的作用，如何建立有效的金融体系以最大限度地促进经济增长，如何合理利用金融资源以实现金融的可持续发展，从而带动经济的持续增长，这些研究构成金融发展理论。

金融发展理论的研究最早可追溯到 Bagehot（1873）和 Schumpeter（1912）。其中 Bagehot 和 Hicks（1969）认为，金融系统在工业革命中起到了关键作用。而 Schumpeter 则强调功能完善的银行能够发现成功概率较大的创新项目，并提供融资支持进而刺激创新，从而推动经济增长。后来的学者从不同角度对两者关系进行了研究，形成了金融抑制观、金融结构观、金融功能观（也称金融服务观）和金融法律观四大理论分支。

尽管现有文献更多的支持金融发展对经济增长有正向促进作用的观点[①]，但是由于理论假设过于严格而且研究方法和数据方面也存在很多不足，因而在现实中，我们很难判定

---

[*]　胡海峰，北京师范大学经济与工商管理学院教授，博士生导师，金融系主任。主要研究方向为公司金融理论与政策、金融风险管理、比较金融制度。倪淑慧，北京师范大学经济与工商管理学院，博士研究生。

[①]　实证文献可参阅：Goldsmith, 1969；McKinnon, 1973；Merton, 1990；King and Levine, 1993；Gunther et al., 1995；Minsky, 1995；Levine and Zervos, 1998；Levine et al., 2000；Arestis et al., 2001；Beck and Levine, 2004；Rioja and Valev, 2004a；Cheng and Degryse, 2010。

金融发展一定会促进经济增长[①]。就连该理论的权威人物 Levine 也不敢轻易做出判断，他曾公开表示对包括"金融体系较发达的国家，其增长速度也较快"在内的一系列结论，持有相当程度的怀疑态度[②]。

Levine 的怀疑在 Rioja & Valev（2004）的研究中得到了证实。他们选择不同的分位数作为高低两个分界点，把 74 个国家 1966～1995 年的金融发展水平分为高、中、低三个区间，然后使用广义矩方法对面板数据进行回归，结果表明：在不同阶段，金融发展与经济增长的关系不同，因此两者之间并不是简单的线性关系。具体来说，在一国金融发展的低水平阶段，金融对经济增长的作用是不确定的；在中等发展水平阶段，金融对经济增长具有比较大的正向作用；在高水平阶段，金融虽然对经济增长的作用也是正向的，但是比中等发展阶段的作用要小。

此外，上述只强调金融体系对经济增长的作用，但是未考虑金融部门的发展也要占用一定的社会资源，比如物质资本和人力资本。鉴于这个问题，Levine（1996）和 Da Rin & Hellmann（2002）将金融发展成本纳入研究，结果发现金融发展与经济增长的关系存在多重均衡，即金融的增长效应存在贫困性陷阱和"门槛"效应。随后，Rioja（2004）和 Graff（2005）实证研究证明了金融发展和经济增长之间的多重均衡和非线性关系。值得一提的是，基于两者的非线性关系，Islam & Stiglitz（2000）实证研究得到当私人部门信贷超过 GDP 的 100% 时，经济产出波动开始加剧的结果。

2008 年金融危机的爆发，学术界和实务界对金融发展是否具有增长效应的问题进行了激烈的讨论。Rousseau & Wachtel（2011）研究发现，1965～2004 年，当金融深化或者私人部门信贷超过一定规模时，对 GDP 增长的促进作用就消失了。因此许多学者认为当金融发展过度时，其不再能很好地发挥促进投资、优化资源配置、降低风险和便利交易的职能，因此对经济增长不再有促进作用，甚至给经济增长带来负面影响。现有文献的研究主要从两个视角来展开：一是从金融—增长功能的视角讨论集中在金融发展是否过度以至于对经济增长产生负影响，二是从金融部门视角，主要讨论作为一个独立的部门，金融部门是否发展过大或者过快，吸收了过多的物质和人力资源，造成社会资源配置的无效率。

二　从金融—增长功能视角来审视金融发展过度

许多现象表明在中等发展水平的国家，金融发展的增长作用最为显著，随着金融水平的不断提高，该作用呈现下降的趋势。那么，是否存在一个"门槛"，当超过这个"门槛"时，金融发展开始对经济增长产生负影响呢？

---

① 相关研究可参阅：Goldsmith，1969；Gurley & Shaw，1955；Patriek，1966；Porter，1966；Khatkhate，1972；Mckinnon，1973；Bhatia & Khatkhate，1975。

② Levine，R.（2003），"More on Finance and Growth：More Finance，More Growth？"，The Federal Reserve Bank of St. Louis，pp. 31 - 46.

（一） 金融发展过度的原因探析

2008 年全球金融危机的爆发，给全球经济增长带来了灾难性的影响。有许多学者对金融发展带来的积极影响提出了质疑。比如 Krugman & Wells（2011）对美国过去 40 年经济数据研究后发现，金融并未提高生产能力，反而是具有破坏性的。更偏激的学者甚至认为金融部门的过度增长非但没有提高金融稳定，还给经济带来破坏性影响，本次金融危机就是很好的证明。有学者认为金融发展过度，即信贷规模过大或者金融深化过度，可能是一些缺乏法律和监管的国家于 20 世纪 80 年代末和 90 年代初广泛推行金融自由化的结果。对此，Rousseau & Wachtel（2011）考察了金融自由化对金融—增长关系的影响。实证研究结果发现，金融自由化在减弱金融发展对经济增长的正向作用上，起到的作用并不大。考虑到不同国家金融市场结构的差异性，比如在一些国家，证券融资代替了债务融资，作者进一步考察了证券市场出现对两者关系的影响，发现证券融资代替债务融资，并未明显的减弱金融发展与经济增长的正向关系。

特别的，Arcand et al.（2013）通过建立信贷约束模型，证明在信贷配给和外生违约可能性的条件下，破产预期将导致金融部门超过社会最优规模，其中政府的破产和不完善的监管框架将导致社会的次优选择和过度借贷。具体来说，银行破产带来较大的外部成本使得银行业成为管制最为严格的部门。同时为保证存款人的利益，政府成立了各种显性或隐性的金融安全网。但是作者认为正是这些所谓的金融安全网，使得银行有激励承担更高的风险，盲目的扩张规模，发展过度，最终阻碍经济增长。

此外，有不少学者从银行危机的角度解释金融发展过度带来的负影响。Rousseau & Wachtel（2011）认为，银行危机是金融发展对经济增长正向作用消失的主要原因。De la Torre et al.（2011）讨论了金融发展过度和金融危机的关系，发现随着金融发展的不断推进，金融发展效益呈现递减趋势，而保持金融稳定成本呈现递增趋势，达到一定规模时，将超过金融发展带来的回报，更有可能带来金融危机。Chen（2012）基于 1960～2009 年150 个国家的面板数据，使用私人信贷占 GDP 比值作为衡量金融发展规模的指标，得到金融发展过度或者一个过大的金融部门容易提高系统性银行危机发生的概率，而权益市场资本规模的提高则会降低系统性银行危机发生的概率。基于金融部门混业经营的现状，Shleifer & Vishny（2010）认为，银行将资产投资于证券市场使其自身变得不稳定，更容易引发危机。

（二） 对金融发展过度观点的质疑

对金融发展过度观点，有许多学者从不同角度提出了反对意见。

首先，有学者认为衡量金融发展的指标过于简单和粗略，难以抓住高层次的金融发展。金融发展过度的实证研究在衡量金融发展程度时，多采用私人信贷总量占 GDP 的比值这个指标，但是面对日益复杂的金融活动，私人信贷总量已经不可能涵盖所有的金融发展，在很多国家权益市场融资规模远远超过私人信贷总量。比如 Demirgüc – Kunt & Huizinga （2010） 就认为金融部门的活动已经超过了传统金融中介的范围，呈现非中介金融活动的趋势。很多金融活动无法用简单的数据测量其社会效益，比如金融创新。当然对这个观点，也有学者提出反对意见，认为由于金融部门业务不断扩大，金融发展的社会效益确实无法靠简单的指标衡量，但是就目前金融部门的功能来看，除了提供融资，收取资产管理费用，增加房地产资产泡沫外，金融发展的社会效益并不明显。另外 Greenwood & Scharfstein （2013） 还提到金融也有很多负面效应无法测量，比如加大收入不公等。

其次，有学者认为不能简单地从私人信贷来源对信贷进行分类，而应该依据信贷的投放和流向对私人信贷进行分类。Beck et al. （2012） 根据私人信贷分别进入生产部门和家庭的现实，将私人信贷分为生产性信贷和消费性信贷；实证研究证明生产性信贷对经济增长有促进作用，而消费性信贷没有这个作用。现实中也确实如此，比如金融危机发生前，美国和英国的信贷多用于消费性的家庭房产借贷，这些信贷的增加带来的是资产泡沫，而不是经济增长；这也部分解释了在发达国家金融发展对经济增长的促进作用不是那么明显的现象。作者进一步将银行部门业务分为中介业务和非中介业务，中介业务即信贷业务，非中介业务包括衍生品和交易活动；基于 77 个国家 1980～2007 年的面板数据，得到如下结论：从长期来看，中介业务能促进经济增长并减少波动，但是非中介业务并没有这个功能。对此，也有学者提出质疑，认为如果扩大数据中的国家样本和时间样本，可能会得出过快的家庭信贷将会对经济增长产生负影响的结论。

再次，金融发展过度的研究并未考虑国家发展水平和金融结构，因为不同国家有不同的金融结构，而且银行发展和证券市场发展对经济增长的短期影响和长期影响并不一样。Cheng et al. （2012） 基于 15 个发展中国家和 15 个新兴国家 1976～2005 年的数据，研究发现长期的信贷增长在发达国家对经济增长是有益的，在发展中国家却是有害的；但是，证券市场发展和经济增长的关系在发达国家是有害的，在新兴国家是有益的，因此简单适用私人信贷数据不能得出普适的结论。

最后，金融发展过度的研究并没有考虑技术进步的作用。Ductor & Grechyna （2011） 使用传统的指标进行回归分析，发现在 1970～2005 年，当私人信贷占 GDP 比值为 122% 时，金融发展的正效应最大，过度的金融发展将对经济增长产生负影响。但是作者认为并不是金融发展过快了，而是生产部门的技术进步和创新没有赶上金融部门的发展速度，才使得金融发展对经济增长产生负影响。

三 从金融部门视角来剖析金融发展过度

与从金融—增长功能视角分析金融发展过度问题存在争议不同，在金融部门比其他部门发展过快并占用了过多的资源上，学者们达成了一致意见。甚至有学者提到，不论用何种指标和测量方法，包括部门产出占 GDP 的比值、金融资产数量、就业比例、平均工资等，在过去的几十年里到 2008 年金融危机爆发前，美国的金融部门以爆炸式的速度增长着。数据显示，在 20 世纪 50 年代，美国金融部门资产价值和本国 GDP 基本持平，在 2010 年已经增长至 GDP 的 4.5 倍。

实际上，在 20 世纪 80 年代就有学者意识到金融部门发展过度的问题。Tobin（1984）提到："我们把越来越多的资源，包括年轻的人力资本投入到远离生产产品和服务的金融活动中，投入到获取与其社会生产力不相称的高额私人收入的活动中……金融部门的社会产出低于其私人收入，过大的金融部门将从生产性部门中'偷取'人力资本，从而导致社会资源配置无效，最坏的结果是金融部门不再具有生产效益。"

全球金融危机爆发后，学者们纷纷提出，相比金融部门提供的服务，其占用了过多的人资资源，并获得了超额的管理费用，特别是发达国家的金融部门已经发展过度了。对此，学者从以下几个方面进行了论证。首先，通过对比实体经济部门和金融部门的发展速度，论证金融部门发展过快是导致对经济出现负影响的主要原因。其次，通过构建二元金融机构的职业选择模型，论证存在隐性信息的金融市场确实存在发展过度的可能性。此外，还有学者直接从金融部门自身的投入和产出进行分析，讨论其效率问题，即金融部门提供的金融服务是否弥补金融部门使用的经济资源。最后，有学者从金融部门的集中率上分析，讨论单个机构和单项交易是否存在过大或者过于集中的现象。

（一）通过两部门对比研究金融发展过度问题

通过不同部门发展速度的比较，可以判断某个部门是否存在过度发展的问题。Ductor & Grechyna（2011）在研究金融部门发展过度问题时，将经济分为生产性部门（包括制造企业和能源）和金融部门（包括金融服务），基于 33 个 OECD 国家的面板数据，证实了平稳顺畅的经济增长需要实体经济部门和金融部门的均衡增长，因此两部门之间均衡的技术进步是经济增长的必要条件。其中生产性部门的技术进步可以扩大经济的生产能力，而金融部门的技术进步使这些新生产能力得到有效应用。鉴于两部门技术进步对经济增长的不同作用，作者认为只要实体经济部门的增长速度超过金融部门，金融危机就不会发生。

在区分实体生产部门和金融两部门对经济增长的不同作用后，作者将金融部门发展过度定义为社会总产出下降时，金融部门和实际产出部门增长率之间的差额。具体来说，作者选取了衡量金融和生产部门差额的四个指标来考察金融部门是否发展过度了。第一个指标是金融部门和生产部门中产出增长的差额。其中金融部门产出指的是金融中介、房地产、租赁和其他经济活动产生的 GDP，生产部门的产出主要包括工业产出。研究发现当差额超过 4.45% 时，会对经济增长产生负影响。第二个指标是私人信贷占 GDP 的比值与生产性产出占 GDP 比值的差额，其中 GDP 为实际 GDP 增长。研究发现当差额超过 43.3% 时，会对经济增长产生负影响。第三个指标是金融部门和生产部门中单位劳动力成本增长的差额，研究发现当差额超过 1.33% 时，会对经济增长产生负影响。第四个指标是金融部门和生产部门中单位劳动力生产率增长的差额，这个指标在统计上并未得到显著结果。

此外，Cecchetti & Kharroubi（2012）选择金融部门就业人口占总就业人口的比重来衡量金融部门发展是否过度，作者认为这是衡量人力资本是否错配的最好指标。实证研究得出当金融部门就业人口占总就业人口的比重超过 3.5% 时，对经济增长产生负影响。但是根据五年内劳动力人均 GDP 增长率不同，不同国家之间这个比值在 2.7% ~ 3.9% 不等。作者还进一步研究了金融部门就业增长过快对经济增长的影响。选用金融部门就业人口在总就业人口比重的增长值作为衡量金融部门发展速度的指标，用以考量其与生产力增长的关系。研究发现当金融部门就业比重的增长率超过 1.3% 时，将对生产力增长产生负影响。当金融部门急剧扩张时，特别是就业比重年度增长 1.6% 时，人均 GDP 增长率将下降 0.5%。从中可以看出，金融部门的过快增长会给其他部门带来较高的负外部性。

（二）通过划分二元金融机构研究金融部门发展过度问题

考虑到金融市场的信息不对称问题，Bolton et al.（2011）创新地引入二元金融部门，即将金融市场分为标准交易市场和有隐性信息的 OTC（店头交易）市场。通过建立职业选择模型，论证了在信息不对称的 OTC 市场上，经纪人收取了过高的信息租金，同时也吸引了过多的人力资本进入金融部门。

在职业选择模型中，参与者可以选择在实体经济部门工作成为企业家，或者进入金融市场上，成为知情经纪人。当然成为知情经纪人需要具有评估交易资产价值的技术，因此进入金融市场是有成本的。此外，存在两类金融市场一个是具有透明信息的竞争金融市场，在这个市场上参与者进行统一标准的交易；另外一个是具有隐性信息的 OTC 市场，在该市场上知情经纪人具有信息优势和评估技能，能够为企业家在该市场上出售资产提供诱人条件和激励，当然在提供评估服务时，他们也收取信息租金。知情经纪人的这种"撇油"（cream skimming）行为，给规范交易施加了一个负的外部性，最终导致并不是很有价值的资产在该市场上交易，降低了市场的效率。

在该模型中，经纪人根据资产的特征来提供信息，但是信息并不会反映在市场价格中；因此多少人参与交易，信息在多少人之间传递，并不会改变资产价格；竞争最终只是简单地增加了信息租金，因而金融市场上的信息是生产过度了。该模型从侧面解释了金融行业存在的普遍现象，即知情方有激励退出规范交易市场，因为在 OTC 市场上交易的话，可以获取大额的信息租金。此外，两元金融市场的分析还有助于解释金融业急速上涨的佣金总是集中在一部分或者某一类型的金融机构里，主要包括场外交易市场的中介机构，这正是经纪自营商及大型商业银行代理经销商通过"撇油"获取高额信息租金的结果。

（三）通过对比金融部门投入和产出的研究

金融部门高额的收益，特别是资产评估费用和从业人员的工资，在金融危机期间受到各界人士的抨击，他们认为相比其提供的服务，金融部门获取了过多的收益。以金融部门从业人员的薪水为例，在 1980 年，金融部门从业人员的工资跟其他行业同等职位员工的薪水基本持平，但是截止到2006年，金融部门的工资至少比其他部门高出了70%（Phillipon & Reshef，2009）。高额的收入吸引了更多的人力资源进入该行业，1969~1973年，哈佛仅有6%的毕业生进入金融服务部门工作，到了2008年，有将近28%的毕业生选择投身金融行业（Goldin & Katz，2008）。因此，美国金融业已经变成熟练工人密集的行业（Phillipon & Reshef，2009）。

Epstein& Crotty（2013）通过比较金融部门的收入和金融部门提供的服务研究了美国金融部门规模的问题。作者首先考察了不同经济部门依靠外源融资和内源融资的情况，发现在过去一段时间内，非金融机构（部门）越来越多的依靠外源融资。为购买房产和耐用品，家庭从金融的净借出者变成净借入者，同时政府部门也更多地依靠外源融资。这些趋势使得金融活动脱离生产性投资转向消费性借贷，容易引发资产泡沫。在此基础上，作者选取金融部门工资和利润比上融资缺口（外源融资和内源融资的差额）作为衡量金融部门收入和其提供服务的指标。研究发现1946~1959年，金融部门每弥补1美元的融资缺口，平均可获得30美分的收益，在20世纪90年代可获得1.09美元，在21世纪初，可获得1.74美元。从上述数据可以看出，相比提供的服务，美国金融部门的收益确实有急剧上升的发展趋势。

（四）从金融部门集中率角度的研究

金融部门视角的研究，还讨论了金融部门的集中率问题。因为如果某类金融机构成长过快，某类金融资产过于集中，都会加剧金融部门的运行风险。这方面的研究多集中在美国，事实证明过去20~30年，美国部门的集中率确实有急剧上升的趋势。

关于单个金融机构相比整个金融部门的规模过大的讨论主要集中在银行部门特别是投资银行。Schoenmaker & Werkhoven（2012）认为，可以从下面两个视角衡量银行系统规模是否过大，一是金融部门规模应与本国经济能力相匹配，这就意味着政府有能力去救助问题银行，如果银行部门规模超过政府救助能力，将会引发危机；二是小国家能否拥有大型银行部门。在此基础上作者对实证研究选取的指标进行了评价：第一种方法下有银行资产价值占GDP的比值和银行权益的账面价值占GDP的比值两个指标，作者认为在巴塞尔Ⅲ下，银行要保证足够的资本充足率，因此第一个指标并不能说明大规模银行比小银行危险，而第二个指标可以说明，同时该比值也是衡量救助成本的合意指标。对于第二种视角，讨论主要基于客户导向的原则，认为银行部门是为其客户服务的，那么银行规模应该与家庭和企业的金融需要相一致。在这个意义上，私人部门信贷占GDP比值和金融部门增加值占GDP的比值这两个指标，并不是衡量金融发展的合意指标，因为GDP不能涵盖所有的社会产出和社会需求，而且每个国家有不同的金融需求，一国中金融机构、政府、非金融企业和家庭也都有不同的金融需求。比如在拥有一个或者多个大型跨国企业的国家，如果有一个大型的银行为其提供跨国服务，要比许多小银行为其提供服务更加有效。因此银行规模应该放在一个更宽泛的行业政策角度去判断。

由于引致金融危机的众多金融创新是由投资银行创造的，投资银行自 2007 年以后一直处于舆论的核心。有学者考察了美国投资银行的规模问题（Greenwood，R. and Scharfstein，D.，2013）。数据显示，1945 年至 1980 年期间，包括投资银行在内的证券行业的金融资产仅占全部金融部门金融资产的 1%，到 2008 年，已经上升到 5%。如果用其占 GDP 的比值来衡量，其发展速度更为显著，该比值已经从二战后的 1.5% 上升至 2007 年的 22%。此外，1990 年至 2000 年期间，投资银行的集中率也从 35% 上升至 65%。可见，过去 20~30 年，美国投资银行无论在规模还是集中率上，均发展过快了。

此外，有学者还从单个交易活动收入相比金融机构总收入比重过大，来研究主要金融机构的问题。一方面从衍生品交易收入来看：数据显示，美国五大商业银行和信托公司持有衍生工具合约名义总额的 95%，五大商业银行获得了衍生工具交易收入的 76%。另一方面从投机性交易收入在投资银行总收入的占比来看，2007 年金融危机爆发前，投资银行持有对冲基金总额占其总资产的比例则高达 19.1%。

四 现有研究不足及进一步研究的方向

（一）实证研究选取的指标过于粗略

目前在金融发展过度问题的文献中，多采用传统的私人信贷规模占 GDP 的比值这个指标量衡量金融发展。选取这个指标主要基于以下考虑：在横向考察多个国家的金融发展规模时，该指标数据比较容易获得，因而使得各国之间具有对比性。但在现实中，随着金融的不断发展，私人信贷占 GDP 的比值已经不再是一个合意的指标。特别是最近 20~30 年，影子银行发展迅速，而这些机构的信贷并未纳入计量范围，这就使得实证结果与现实存在较大的偏差，不断涌现的金融创新也加剧了衡量金融发展以及由此带来效益的难度。金融部门视角的研究也存在类似的问题，首先私人信贷是否能作为金融部门产出的指标有待进一步考量；另外，金融部门工资、利润及就业人口也不能完全衡量金融部门的全部投入。因此，目前研究仍缺乏衡量金融发展规模，金融部门投入和产出的合意指标和模型，后续学者应该将此作为研究的重点。

（二）未分析不同"门槛值"出现的原因

如果不同学者研究金融发展对经济增长产生负影响的"门槛值"出现不同，可以解释为采用的样本空间、模型和计量方法不同，那么在同一研究中，不同的"门槛值"的出现，应该如何解释呢？比如，Arcand et al.（2012）将样本时间从 1970~2000 年扩展至 1960~2005 年后，金融发展对经济增长的边际效应开始为负时，私人信贷占 GDP 的数值从 110% 下降为 100%；进一步将时间扩展至 1960~2010 年，得到的"门槛值"为 90%。那么在过去 15 年的时间内，究竟出现了哪些新的经济或者非经济事件或因素，使得"门槛值"出现下降的趋势呢? 作者并未对此进行进一步的研究。

此外，在正常流动性情况下，金融发展的边际效应变为负值的"门槛值"为80%左右，而在出现金融危机时，"门槛值"变成110%，这个结果意味着在发生危机时，可以容纳更大的金融部门或者更大的流动性，现实是否如此，也需要进一步研究。

（三）未考虑不同国家的特质因素

实证研究中，为了保证研究结果更接近于现实或者更具普适性，越来越多的国家被纳入样本空间。这样的做法不仅使得衡量金融发展的指标过于粗略和单一，也忽略了许多特质因素。比如随着跨国企业的不断发展，大额融资需求不断增加，相比分散的融资，有一家大型银行为其提供融资可能更加有效。因此如果一国拥有多个大型跨国企业，那么大型银行可能使得社会更加稳定，经济增长更快。此外，不同国家的金融结构、金融基础设施和金融监管法规也不尽一致，这些因素都会影响金融部门功能的发挥，也会直接影响金融部门的规模。Beck（2003a）就考察了禀赋对金融发展和经济增长关系的影响。使用前殖民地国家作为样本，作者检验了当初由殖民者引入的法律体系，以及殖民地当初的疾病与地理禀赋是否可解释今天的金融发展。结果显示，由殖民者引入的法律体系及殖民地最初的禀赋，均是股票市场发展和私人产权保护的重要决定因素。因此，有必要将研究转向国内，考察不同国家的特质因素，以便更好地寻找阻碍经济增长的因素，提供更符合本国金融发展现状的政策。

（四）未考虑经济增长、其他经济部门对金融发展的作用

Patrick（1966）最早研究金融发展与经济增长的因果关系，同时认为两者间的因果关系存在供给主导（supply - leading）和需求遵从（demand - following）两种可能。Beck et al.（2000）为两者间的因果关系提供了更多的证据，他使用了不同类型的工具和经济计量方法论证，得出金融和增长之间确实存在着因果关系。但是最近研究的重点，只集中在金融发展对经济增长的作用和金融部门对其他部门的影响上，而未考虑经济增长对金融发展的影响以及其他部门对金融部门的影响。但是在现实中，实体经济部门和金融部门关系变得更加复杂和对立，金融部门在提供便利和造成麻烦的同时，也被其他部门改变着（Orhangazi，2011）。因此，未来应该更多地关注经济增长对金融发展的影响，以及其他部门对金融部门的影响，使金融发展更加合理有效。

（五）需要进一步研究金融发展过度的原因

金融危机后，很多学者对金融部门提出了批评，认为危机带来的教训就是，对自身利益最大化的追求，特别是在金融部门，并未导致社会福利提高（Stiglitz，2010a），还有许多学者对金融发展过度带来的负影响进行了分析，但是关于导致金融发展过度的原因的研究相对较少。除了前面提到的信贷配给模型，也有学者从投资者行为角度进行了尝试。鉴

于金融部门收取了过多资产管理、信息等相关费用的现象，Burton（2013）从投资者过度自信和金融部门广告营销角度，分析了金融部门得以长期收取过多费用的原因。但是这些研究均从主观角度进行分析，很难据此对金融部门的有效发展提供可行的建议。因此，未来还应进一步研究金融发展过度的原因。

五　结论及对中国的启示

金融危机后关于金融发展过度的研究，确实迎合了各国加强金融监管的需要。尽管相关研究存在这样那样的不足，尤其是在金融部门导致社会资源配置无效，以及在金融发展规模对经济增长产生负影响上无法达成了一致，仍存在争议，这也恰恰说明了金融发展的复杂性，研究难以涵盖金融发展的方方面面，很多金融活动的成本和收益难以被准确衡量。此外，金融部门视角的研究多集中在发达国家，特别是美国。但是这些研究强调不能过分注重金融发展的规模，而应关注金融发展的功能，当金融发展超过一定规模时，应当对其进行限制、监管甚至缩减的观点，具有较强的针对性和现实意义，对中国金融业的发展也有一定的启示：

一是不能过多地强调金融发展规模，而应该注重金融发展的功能。随着金融的不断发展，其对经济增长的边际效应呈现递减趋势，因此当金融发展超过某一"门槛"时，将对社会产出产生负影响，因为此时的金融不再能很好地发挥其促进投资、优化资源配置、降低风险和便利交易的职能。在中国，金融市场发展还不是很完善，金融体制仍处于改革阶段，如果过于追求金融发展规模的扩张，势必催生金融泡沫，加大金融脆弱性。因此，金融发展过程中，不能盲目地推行金融自由化和金融创新，应该根据经济发展的切实需求，比如长期以来的中小企业融资难问题，调整金融市场结构，引导资金流向以提高社会资金使用效率，使其促进经济增长的职能得到更好发挥。

二是要确保金融部门和实体经济部门协调发展。金融部门能够甄选成功概率较大但是周期较长的投资项目，并为其提供融资，因而促进了经济增长；但是如果金融发展规模过大或者速度过快，超过实体经济部门发展的需求或者速度，社会资金将流向不具有生产能力的地方，比如消费者或者其他虚拟经济中，最终会降低资金使用效率甚至引发经济泡沫。以2013年第二季度中国银行业出现的"钱荒"现象为例，由于银行业将大量资金用于理财等其他金融创新产品中，忽略了实体经济部门的资金需求，导致企业投资意愿不强，发展减缓。针对该现象，政府提出要将这些不具有生产能力的资金"盘活"的方案，建议其流向具有发展潜力的新兴产业中，增强产业活力，加快产业升级。执行该政策时，还应该规范影子银行、民间借贷市场等非正规金融活动，切实保证金融部门和实体经济部门协调的发展速度。

三是要加大金融行业的信息披露，降低金融风险。信息不对称是市场经济发展中的常见现象，在金融交易中，具有信息优势的交易者可以通过提供信息服务获得高额的租金；

但是这种行为也给规范交易施加了一个负外部性，导致市场的逆向选择，降低了市场效率。长期以来，中国金融机构的透明度都比国际通行的惯例差，公众难以享受到应有的信息权。随着外资银行的全面进入，如果没有透明的信息披露制度环境，将引发中外银行的恶性竞争，加大金融风险，最终损害的仍是储户的利益。目前中国银行业、证券业的信息披露的法规建设还处于起步阶段，相关的法律法规包括《证券投资基金信息披露管理办法》和《商业银行信息披露办法》等还不完善。因此要进一步加强金融业信息披露制度建设，尽快与国际通行管理接轨，切实保护储户和投资者的权利，为金融机构的发展提供一个健康透明的制度环境。

四是要根据不同地区金融发展现状制定相关政策。在经济和金融发展的不同阶段，金融发展对经济增长的影响是不同的，因此要根据金融发展水平制定相关政策。在中国，不同省份之间，不同城市之间以及城乡之间经济和金融发展水平差距较大，因此在制定政策时不能搞一刀切。此外，各地区之间，资源禀赋、文化风俗以及法律环境也存在较大的差距，因此未来应该加强对这些特质因素的研究，只有这样才能制定出有效的金融政策。

公共债务扩张的机理与效应研究述评

郝宇彪[*]

一 公共债务的内涵辨析

公共债务是一个广泛使用而又含糊不清的概念。关于一国或一国政府担负的债务名称，目前国内外学术界及社会各方存在以下几种称谓：国家债务（national debt，简称国债）、政府债务（government debt）、公共债务（public debt）以及主权债务（sovereign debt）。关于这几个名词的内涵，现有的大多数文献并没有进行明确的界定，而且相当一部分的文献及媒体报道还存在混用的现象。然而，严格地讲，四个概念之间，尤其是主权债务与其他三个名词之间，存在明显差别，我们必须对其加以明确区分。

根据《新帕尔格雷夫经济学大辞典》，国债、政府债务与公共债务是通用的，即政府方面的一种法律义务，是由于政府向个人、公司、社会事业单位及他国政府借款而产生的。然而随着经济的不断发展，一国中央政府实际所担负的债务构成也在不断发生变化，并不仅仅局限于政府直接借贷，还包括政府相关机构借贷形成的债务。根据美国财政部网站提供的官方解释，国家债务是指美国政府的直接负债，在不同时期有几种不同的概念来表示国家债务。[②] 国家债务是一个笼统的称谓，以下三个层次的概念都可以代表美国的国债：联邦总债务（gross federal debt）、公共债务、公众持有的债务（debt held by the public），三者之间是包含与被包含的关系。具体而言，公共债务是指美国财政部发行的公共债券（public debt securities），主要由可交易债券（短期、中期和长期）和不可交易债券（储蓄债券和针对州、地方政府发行的特别债券）组成；按持有者来划分，公共债务可分为由联邦政府账户（government account）持有的债务与由公众持有的债务（debt held by the public），其中公众持有的债务是衡量政府通过借贷为财政赤字融资导致的债务累积余额，也是研究一国政府债务时最值得关注的指标。联邦总债务由公共债券和政府机构发行的债券（机构债）构成。而关于政府债务的概念，美国财政部网站并没有给出详细的解释。

审视上述的解释，笔者认为，对于国家债务、政府债务以及公共债务或许可以做如下的界定。

---

* 郝宇彪，北京师范大学经济与工商管理学院金融系博士生，研究方向：世界经济学、国际金融市场。

② 参见美国财政部网站：http://www.treasury.gov/resource - center/faqs/Markets/Pages/national - debt.aspx。

公共债务是一国财政部为了弥补国家财政赤字而发行的公共债券，即经济学研究中俗称的"国债"。这也是本文考察的对象。国家债务则是指一国政府担负债务的通俗称谓，因为国家是一个集合性或政治性的概念，并不是经济发展的参与主体，所谓的国家债务一般是由中央政府或政府相关机构承担。而就机构债而言，由于其发行一般是由中央政府（或联邦政府）担保，再加上道德风险的存在，因此其可以归为政府的或有债务。综上所述，广义而言，政府债务可以概括为政府需要承担的债务，由公共债务和机构债共同组成。当然，政府债务的具体构成会因不同时期和不同国家而发生改变，Hana Polackova Brixi（1998）提出了财政风险矩阵的分析框架，将政府债务的外延进行了扩展，政府的"隐性负债"和"或有负债"问题逐渐引起人们的注意。另外，从发行者的角度，当前学术界通常将政府债务分为中央政府债务和地方政府债务，此处所述的政府债务单指中央政府的债务。

关于主权债务的概念，国际货币基金组织和世界银行等权威部门并没有给出详细而统一的解释。根据 Jonathan Eaton（1992）、Jonathan Eaton & Raquel Fernandez（1995）、Mark Kruger & Miguel Messmacher（2004）、Stijn Claessens & M. Ayhan Kosel（2013）等的论述，主权债务并不能笼统地定义为主权国家政府发行的债务，而是指一国中央政府以自己的国家主权为担保向外（不管是向国际货币基金组织还是向世界银行，还是向其他国家）借来的债务，且债务的发行货币为该国的非主权货币。因此，主权债务完全不能等价于政府债务，只是政府所欠外债的一部分。学术界对主权债务风险的广泛关注源自 20 世纪 80 年代以来发展中国家主权债务危机的频频发生。2008 年国际金融危机发生以后，迪拜、冰岛乃至欧元区主权债务危机的发生，使得学术界对主权债务管理及违约风险的研究达到一个新的高度。主权债务危机发生的直接原因为债务国主权债务违约，即无法筹措足够的外币来偿还到期的主权债务。由此来看，判断一国是否面临主权债务风险，必须分析一国公共债务的结构，即观察其主权债务占 GDP 的比例，而不是仅仅笼统地看公共债务占 GDP 的比例。

二　公共债务扩张的内在机理

关于公共债务不断扩张的原因，现有文献分别从不同角度进行了考察。然而，根本而言，公共债务的不断增长是一国政府财政赤字不断积累的结果，没有财政赤字，公共债务也就无从谈起。因此，我们必须首先思考政府的理财观念或财政政策。

1. 债务扩张的思想基础：财政赤字观的四次转变

李翀（2011）首次提出财政赤字观的概念来代表政府的理财观念，即政府应不应该有财政赤字，或者应该有多大的财政赤字的理念和观点。财政赤字观的实施对于一国政府的财政操作具有直接指导作用，国内部分学者从这一角度对美国等世界主要国家公共债务扩张的原因进行了考察（王志伟、毛晖，2003；黄梅波、王珊珊，2012 等）。概括起来，世界上主要发达国家财政赤字观上要经历了四次转变：第一次转变：从 20 世纪 30 年代大萧条以前世界各主要国家恪守财政平衡的理念到凯恩斯提出政府该采用扩张性的财政政策即增加政府支出减少政府税收的方法去刺激总需求，意味着政府可以存在财政赤字；第二次转变：从扩张性财政政策到补偿性财政政策（20 世纪 50 年代），意味着财政赤字不应该常态化，而是周期性的平衡；第三次转变：从补偿性财政政策到增长性财政政策（20 世纪 60 年代），意味着政府不应该追求周期性的财政平衡，为了促进经济增长达到潜在产出，财政赤字可以长期持续存在；第四次转变：从增长性财政政策到《马斯特里赫特条约》，意味着只要政府的财政赤字和由此导致的政府债务没有达到有可能导致政府无法偿还债务的警戒线，财政赤字都是可以接受的。

就我国而言，新中国成立以后政府一直坚持预算平衡的理念。然而，我国改革开放的时候，正值西方发达国家发生财政赤字观第四次转变的时期，我国政府逐渐接受了财政赤字的理念，并形成了控制财政赤字和政府债务规模的政府预算原则。总的说来，20 世纪大萧条以后，世界主要国家总体上都实施了扩张性的赤字财政政策，无论是信奉凯恩斯主义还是信奉新自由主义的政府，最终在实际操作上都带来了财政赤字和政府债务的不断积累。

2. 债务扩张的直接原因：财政收支失衡

财政收支的不平衡无疑是造成财政赤字的最直接原因，因此，有些文献从财政收支结构的角度对美国等主要债务国家公共债务扩张的原因进行了考察。就政府支出与税收对美国公共债务扩张的贡献而言，卡托研究所 Chris Edwards（2006）认为，2001 ~ 2006 年，美国政府支出从 1.9 万亿美元增长至 2.7 万亿美元，而税收只减少了 2000 亿美元，因此美国公共债务扩张主要是由于美国政府支出的增加，而不是税收减少。就政府支出而言，主要有以下几方面原因：第一，巨额的国防开支及战争军费筹措，虽然稳中有降，但占比仍然较高（郭连成，2000；姚璐、朱邦宁，2012 等）；第二，当前主要债务国家面临的通病——社会政策类支出呈刚性增长态势，这类支出主要包括教育、职业技术教育、就业与社会服务、卫生、老年医疗保险、收入保险、社会保障、老战士补贴与服务（熊鹭，2011 等）；第三，公共债务利息支出不断扩大（王应贵、姚静，2011 等）。根据美国国会预算办公室预计，美国政府未来债务需要支付的利息将从目前占联邦税收收入的 9% 上升至 2020 年的 20%，2030 年的 36% 和 2040 年的 58%；而日本每年用于支付利息的支出居然占到税收收入的 50% 以上。①

然而，笔者认为，虽然税收减少的幅度远远小于财政支出增加的幅度，但并不能由此将公共债务扩张归咎于政府支出。如果税收制度完善，那么通过财政刺激导致的经济增长会扩大税基，进而增加政府税收，最终会实现政府收支的周期性动态平衡。然而，需要我

---

① 中国经济网，《日本政府债务利息支出占税收一半以上》，http://intl.ce.cn/sjjj/qy/201112/27/t20111227_22953940.shtml，2011 年 12 月 27 日。

们思考的是，伴随着财政支出规模的不断增加，财政赤字也在不断扩大，那么只有两种可能：一是财政支出的经济增长效应有限；二是税收制度不合理，没能有效地将财政刺激的经济增长效应转化为政府税收收入的同步提升。因此，就财政收支的视角而言，我们还需要从政府收入为何未能同步增长的角度进一步研究公共债务扩大的原因。

3. 债务扩张的动力支持：经济增长乏力

政府的收支状况取决于经济发展状况，因此，关于财政支出不断增加而财政收入不断减少的原因，有些学者从经济增长乏力的视角对公共债务扩张的原因进行了考察（William R. Easterly，2001 等）。当经济增长步入萧条甚至危机阶段，为了熨平经济周期，财政自动稳定器以及反危机措施导致财政支出增加而税收收入减少，导致财政赤字扩大，进而导致为赤字融资的公共债务规模扩张。关于公共债务扩张与经济衰退之间的关系，学术界存在一些争议：究竟是债务扩张导致经济衰退还是经济衰退引发债务扩张？Carmen M. Reinhart & Kenneth S. Rogoff（2010）运用 44 个国家近 200 年的数据进行实证研究得出，当公共债务占 GDP 的比例低于 90% 时，债务规模与经济增长呈负相关，而当公共债务占 GDP 的比例超过 90% 时，这些国家 GDP 增长率的中位数下降 1%，平均增长率则下降更多。而 Paul Krugman（2011）反驳了上述观点，认为经济增长低迷是公共债务扩张的原因。William R. Easterly（2001）通过实证研究证明，1975 年以后世界范围的经济增长下滑对各国财政造成冲击，大多数国家都未能扭转公共债务占 GDP 不断上升的趋势，经济增长收缩不仅引发了 20 世纪 80 ~ 90 年代发展中国家债务危机，更是导致了发达国家在这一时期债务负担的不断加重。对此，我们认为，如果公共债务的挤出效应成立，经济增长疲软与公共债务扩张或将陷入恶性循环。但挤出效应存在一系列前提假设，其是否成立还要视各国情况而定。[1]

4. 债务扩张的政治支撑：西方国家民主选举制度

政府预算和财政政策不仅仅涉及经济问题，在实际执行中更多的是一个政治过程。因此，除了上述经济的视角，部分文献还从西方国家政治制度的角度对美国等发达国家公共债务扩张的原因进行了分析（James M. Buchanan，1966；James M. Buchanan & Richard E. Wagner，1977；蔡立辉等，2012 等）。布坎南（1966）通过运用意大利财政学家普维亚尼的垄断统治阶级下的国家财政组织理论提出了现代民主政治制度下的"财政幻觉"（fiscal illusion）思想，即以布坎南为代表的公共选择学派认为，在民主政治制度下，精英阶层同样不会让公众看到预算计划的规模和真正性质，在选民们看来，在任何情况下，实际公共支出率的增加都只有直接的和现实的获益者，而没有受损者。换句话说，多数选民希望政府扩大开支却不希望政府增加税收来保证财政盈余，政府为了讨好选民会将更多的款项运用到"受人欢迎的"计划上。这种倾向有利于赤字的产生，而当民主社会允许凯恩斯主义修正其财政体制时，政府将倾向于超额地利用债务集资。而债务财政将使选民和政治

---

① 后文会对公共债务扩张的经济效应进行详细归纳阐述。

家偏好更高水平的赤字，一方面，在债务财政下，选民将低估政府商品和劳务的"直观成本"，偏好更高的预算开支水平；另一方面，与现期征税相比，政府发行公债的"直观成本"更低，政治家举债面临的选民压力较小，加上公债的财政责任不明确，也进一步增加了政府举债的倾向（赵理尘，1990）。

5. 债务扩张的根本原因：资本主义基本矛盾导致的有效需求不足

从以上评述可以看出，无论是从经济方面，还是从政治方面，美日英等老牌资本主义国家发展都表现出对赤字财政的依赖性，甚至可以说，赤字财政或公共债务已经成为资本主义经济的一种增长模式。为什么会这样呢？我们认为，政府支出日益扩大的表象背后其实是资本主义国家有效需求的长期不足。凯恩斯运用边际消费递减规律、资本边际效率递减规律以及流动性偏好等三大基本规律解释了有效需求不足的原因，从而为政府实施扩张性财政政策提供了坚实的思想基础。然而，资本主义国家经济危机不断发生的事实表明，凯恩斯主义的调控政策存在明显的局限性。其原因在于凯恩斯主义的宏观调控并没有触及有效需求不足的根本原因——资本主义的基本矛盾导致的收入分配不断恶化。基于此，部分学者从资本主义基本矛盾及资本主义体系演化的角度对公共债务不断扩张甚至爆发债务危机的原因进行了讨论（袁志田、刘厚俊，2012 等）。具体而言，第一，资本主义体系从自由竞争资本主义发展到垄断资本主义，再到国家垄断资本主义和当前的金融资本主义，资本主义的基本矛盾不断加剧，居民收入差距进一步加剧，政府为了调控经济和调和阶级矛盾，政府支出不断扩大。第二，20 世纪 80 年代以来，为了应对滞涨带来的经济衰退，美欧等资本主义国家实施了减税等刺激供给的财政政策，政府收入减少。另外，就结构而言，资本需要承担的税负减少，劳动力收入承担的税负增加，进一步加剧了贫富差距。第三，资本主义体系范围内资本家之间的激烈竞争降低了实体经济的投资回报，促使资本向金融部门转移，从而加剧了资本主义金融化的趋势，规模庞大的虚拟金融资产为资本主义国家政府发债提供了低成本的资金供给，加剧了政府的发债冲动。

三　公共债务扩张的宏观效应

总的来说，政府发行公共债务是为了支持政府的赤字财政，财政赤字是宏观经济调控中应用最普遍的一个经济变量，政府在很多时候都会应用财政赤字政策来调节国内经济。然而，财政政策究竟在经济发展过程中扮演了什么样的角色，学术界对此并无定论。

1. 公共债务扩张的积极效应

简而言之，公共债务扩张的积极效应就是指赤字财政政策是有效的，即可以有效地促进经济增长。支持财政政策有效性的观点认为，从供给效应出发，由于市场存在缺陷，政府提供公共产品，对私人产权进行有效保护，教育支出，转移支付制度等，弥补市场缺陷的合理政府支出是有利于经济可持续发展的；从需求效应出发，凯恩斯主义观点指出，财政支出可以有效弥补有效需求不足，从而促进经济发展。至于财政支出可能产生的挤出效应，其前提假设，例如弹性工资、理性通胀预期等，在现实经济中并不能得到满足（Theodore Pelagidis & Evangelia Desli，2004）。国内外许多学者就这一问题进行了翔实的实证研究。Ram Rati（1986）对 115 个国家的数据进行分析，结果表明政府支出与经济增长正相关；Olivier J. Blanchard & Roberto Perotti（2002）运用结构性 VAR 模型对美国的政府支出和税收对经济产出的影响进行了研究，结果得出：政府支出增加对经济产出有积极作用，但在大多数情况下，政府支出乘数较小，接近于 1；但就 GDP 的不同组成部分而言，政府支出增加能促进个人消费增加，但对个人投资、进出口具有抑制作用。

然而，不同性质的政府支出与经济增长之间存在不同的相关性。

第一，政府的消费性支出对经济增长影响不大甚至有负影响（David Alan Aschauer，1988；Barth James R. & Bradley Michael D.，1988）。例如，Robert J. Barro（1991）利用 98个国家 1960～1985 年的数据，分析了政府真实消费购买支出减去教育和国防支出后占真实 GDP 的比率对经济增长的影响，发现两者呈显著负相关，其解释是政府消费对经济造成了扭曲如高税率，但同时没有对投资和经济增长提供抵消性的激励。

第二，政府的资本性支出可以促进经济增长（David Alan Aschauer，1989；Ratner J. B.，1983；Fernald，1998）。例如，Olivier J. Blanchard & Francesco Giavazzi（2004）认为，相对于较严格的赤字或债务规则而言，黄金财政规则（Golden Fiscal Rule，GFR）即允许政府发行公债为公共物质资本投资融资（但必须保持经常性预算的平衡），不仅有助于解决公共物质资本投资面临的资金约束问题，从而避免公共物质资本投资下降对经济增长的不利影响，而且有助于增强预算和政府债务管理的透明性，遏止政府借助各种隐性担保为公共物质资本投资进行融资的行为及其对金融体系和财政安全造成的潜在威胁。

2. 公共债务扩张的消极效应

上述文献指出，公共债务的适度扩张支撑的赤字财政政策具有积极的宏观经济效应。然而，也有一些研究指出，赤字财政并非有效，超过一定规模的公共债务会对一国经济发展带来负面影响，甚至引发债务危机。反对财政政策有效性的研究模型通常基于这样的假设：在完全竞争均衡条件下，基于信息的可获得性，个人做出消费和生产最优化决策。在这样的假设条件下，一些研究指出政府的商品和服务支出会造成经济扭曲效应。Grier Kevin B. & Gordon Tullock（1989）通过对若干发达国家的实证分析发现政府支出规模与经济增长率之间存在负相关。Engen E. & J. Skinner（1992）则指出这种负相关可能是经济增长率和政府支出规模变动之间的伪回归导致的，而且经济超高速增长时期，政府支出规模增长率有可能下降；不过即便采用他们的两阶段工具变量法，得出的实证结果仍是负相关。

也有一些文献直接对公共债务扩张的负面影响进行了研究。公共债务无论对经济的短期增长还是长期增长都有重要影响。传统的观点认为，在短期内，为财政赤字融资产生的公共债务对总需求和总产出具有刺激作用（假设非凯恩斯效应不存在）；但是在长期将会产生挤出效应，从而降低产出（Elmendorf D. & N. G. Mankiw，1999）。庞大的公共债务对中长期经济增长产生负面影响主要通过以下几种传导机制：第一，高额的公共债务导致长期利率上升，从而对资本的积累和增长产生负面影响，政府发债成本上升，甚至可能引发主权债务风险（Gale W. & P. Orszag，2003；E. Baldacci & M. S. Kumar，2010）；第二，对未来税收体系造成高度扭曲，影响资源的优化配置（Robert J. Barro，1979；Michael Dotsey，1994）；第三，造成通货膨胀以及对经济政策和发展前景带来不确定性（T. Sargent & N. Wallace，1981；Robert J. Barro，1995）。另外，公共债务负担过重还会制约政府实施反周期的财政政策，从而导致经济波动加剧以及未来经济发展陷入低迷（P. Aghion & E. Kharroubi，2007；Jaejoon Woo，2009）。

上述文献都是选择一些中间变量，间接地研究了公共债务扩张可能对经济造成的影响。还有一些文献运用实证分析直接考察了公共债务与 GDP 增长的关系。部分研究指出，公共债务与经济增长之间呈负相关关系，特别是当债务率达到 100% 时，负相关关系更显著（Reinhart & Rogoff，2010a，b；Kumar and Woo，2010；Cecchetti，Mohanty and Zampolli，2011；Checherita & Rother，2010）。例如，Manmohan S. Kumar & Jaejoon Woo（2010）利用包含新兴经济体和发达国家的面板数据模型研究了负债率对长期经济增长的影响，研究结论认为，一国初始债务水平与后续的经济增长呈逆相关，在控制其他决定性变量的前提下，平均水平而言，初始债务负担率每上升 10 个百分点人均真实 GDP 年增长率则下降 0.2 个百分点，发达国家为 0.15 个百分点，而逆相关的原因在于债务水平上升导致资本存量增长率降低从而导致劳动生产率下降。然而，Ugo Panizza & Andrea F. Presbitero（2012）认为，负相关并不意味着因果关系，也可能是低增长导致的高负债。因此，他们采用引入工具变量的方式来考察两者的因果关系，但检验结果并不显著。但这并不意味着一国的债务水平可以不受限制，当债务率过高时，其扭曲效应必将显现。C. Emre Alper & Lorenzo Forni（2011）利用 2002~2010 年一组发达国家的面板数据模型重估了政府债务比率上升对长期实际利率的影响及其溢出效应。研究结论显示，当发达国家债务率超过 50% 时，其扩张会导致长期实际利率上升；当发达国家债务率达到 70%~80%，其预期债务率（尤其是美国的债务率）每上升 1 个百分点，会对新兴经济体国家的长期利率造成显著影响；另外，美国的债务率上升还会影响其他发达经济体的筹资成本。

最后，关于公共债务扩张与债务危机的关系，我们需要思考的一个问题是：公共债务扩张是否必然引起债务危机？关于债务危机的研究文献表明，各国发生债务危机的原因并没有一个统一的解释。对此，我们认为，债务危机一定是债务扩张的后果，只不过各国对应的可能导致危机的债务临界值不同。究竟债务负担率达到多少就会引发债务风险，这与各国的政治制度、经济状况、财政状况、债务结构以及金融发展相关（James A. Hanson，2007）。日本是当前全球发达经济体中公共债务占比最高的国家，但并未爆发公共债务危机，其原因主要在于：第一，日本国债的 95% 都由国内机构和个人持有，而且对外为主要债权国，不容易受到外部信心波动的影响；第二，日本尽管对内负债累累，但对外是主要的债权国之一；第三，日本家庭储蓄率一直维持在较高的水平，支持了日本政府的债务融资；第四，日本的金融机构投资较为谨慎，倾向于购买风险较低的国债；第五，日本的公司部门也为债券提供了大量融资（何帆、黄懿杰，2012）。另外，健康的实体经济、稳健的金融业以及相对较低的失业率为公共债务提供了信用支撑以及低通胀、低利率降低了发债成本也是日本公共债务危机尚未爆发的原因（姜洪，2012）。

四 结论及进一步研究的方向

通过以上论述，我们可以得出以下几点结论：第一，关于公共债务的概念，学术界尚未形成一个统一而规范的认识，存在概念混淆的现象。第二，就当前世界主要国家公共债务扩张的内在原因而言，财政赤字观的四次转变是思想基础，财政收支失衡是直接原因，经济增长乏力是动力支持，西方的民主选举制度是政治支撑，而资本主义基本矛盾导致的有效需求不足才是公共债务不断扩张的根本所在。第三，关于公共债务扩张的经济效应，可以得出，在一定范围内，如果公共债务扩张用于资本性支出，则可以促进经济增长；如果用于消费性支出，则对经济增长影响不大甚至有负面影响。如果公共债务超出一定规模，无论用于何种支出，都会危害经济增长。

总结而言，当前的研究还存在以下不足：第一，缺乏从历史的角度对当前的公共债务问题进行考察；第二，对财政失衡的考察集中于财政支出方面，缺乏从财政收入乏力的视角进行详细研究；第三，赤字财政的根源在于保证经济正常运转的有效需求不足，现行研究缺乏运用马克思主义的基本理论对这一问题进行思考。基于当前的学术研究与现实状况，笔者认为，对如何能够有效地约束公共债务的扩张需要深入研究，而从政府财政赤字观的视角切入，反思政府的财政职能，进而构建合理的政府理财观念才是从根本上避免当前美日欧等国家面临的政府债务风险的有效途径。

魏克赛尔累积过程理论与住房价格

孔凡保*

克尼特·魏克赛尔是活跃于 19 世纪末 20 世纪早期的瑞典著名经济学家，在价格理论、货币理论、财政政策和资本理论等方面均做出了卓越的贡献。他是最早关心通货膨胀的经济学家之一，并别具匠心地建议将住房租金纳入消费者价格指数。[①] 这与将累积过程理论与住房价格联系起来仅有一步之遥。利用魏克赛尔的累积过程理论来解释中国城市住房价格的持续上涨，不但可以使我们摆脱只见树木、不见森林的窘境，而且可以为政府干预住房价格提供理论依据。

一　利率与住房价格

自从 20 世纪末中国开放房地产市场以来，不但一线城市的住房价格逐年攀升，而且逐渐地蔓延到了二、三线城市。对于这一现象，学者们给出了不同的解释。例如收入水平的提高、城市化与移民（刚性需求）、投资需求、土地财政、税收，等等。毫无疑问，这些解释均从不同的侧面揭示了推动城市住房价格上涨的因素，但总给人以瞎子摸象的感觉，缺乏一种系统的理论来解释住房价格持续上涨的现象。

魏克赛尔累积过程理论的核心内容就是两分法，即自然利率和市场利率。当预期的自然利率高于贷款的市场利率时，企业家就会增加投资需求，甚至出现过度投资的现象。在这一过程中企业家不但会获得正常利润，而且还会获得超额垄断利润，即两利率差。此时的一般物价就会出现持续上涨现象（通货膨胀）。如果预期的自然利率低于货币的市场利率，企业家就会减少贷款需求，一般物价就会出现下降（通货紧缩）。

累积过程理论涉及了三个主要角色：企业家、银行家和消费者。按照魏克赛尔的分析，银行家和企业家之间存在严重的信息不对称问题。企业家能够准确地掌握预期的自然利率，而银行家很难掌握这一信息。银行家之间存在"囚徒悖论"现象。银行相互之间的竞争使得提高贷款利率几乎是不可能的。如果有实力的大银行降低贷款利率，那么小银行就只能尾随其后，否则就会被驱逐出市场。

魏克赛尔提出累积过程理论的本意是为了解释通货膨胀产生的原因，以期为政府的货币政策提供决策依据。这在西方发达国家普遍实行金本位制度时期无疑是一个天才式的见

---

* 孔凡保，经济学博士，河南大学工商管理学院经济学教授，主要研究方向为发展宏观经济学。
① 魏克赛尔：《利息与价格》，蔡受百、程伯执译，商务印书馆，1982，第 13 页。

解，他也因此成为最早提出货币政策的经济学家之一。虽然他提出了将住房租金纳入消费者价格指数的建议，但是他没有预料到低通胀条件下的资产价格，尤其是城市住房价格的持续上涨。这一现象很快就在大洋彼岸的美国出现了。

20 世纪 20 年代的美国在宽松货币政策的刺激下经济持续繁荣，但并没有出现经济学家们所预料的通货膨胀现象。深受魏克赛尔累积过程理论影响的欧文·费雪极力在美国宣传这一理论，甚至古斯塔夫·卡塞尔也到美国的国会参加稳定货币购买力的听证会。无论是当时的美联储还是商界，对于这一理论均嗤之以鼻。因为当时的美国并没有出现通货膨胀，倒是出现了资产价格的持续上涨。① 这一现象在 20 世纪 80 年代的日本和 21 世纪次贷危机爆发前的美国同样出现过。

为什么会出现货币市场的低利率和低通胀并存的现象呢？低利率并不一定意味着会出现通货膨胀，关键要看这一利率是否低于企业家预期的资本边际生产率。但低利率极有可能会引起资产价格，尤其是住房价格的上涨。在基本的生活水平得到满足后，人们会用剩余的资金来进行资产投资，尤其是房地产投资。美国和日本的经验已经证明了这一点。我们可以利用魏克赛尔的累积过程理论来解释这一现象。

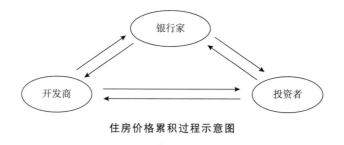

住房价格累积过程示意图

如上图所示，房地产开发商首先有一个预期的边际资本生产率，如果这一预期的自然利率高于银行的贷款利率，那么开发商就会增加住房的供给量，但银行家并不十分清楚开发商的自然利率是多少。住房购买者也有一个预期的投资回报率，如果这一回报率高于银行的贷款利率，那么潜在的购房者就会申请银行贷款，增加住房投资。

不难看出，银行家、开发商和投资者之间存在严重的信息不对称。如果三方市场均为完全竞争性的，那么住房市场就会处于均衡状态，开发商的预期资本边际生产率就会和银行的贷款利率相等，投资者的预期回报率也会等于开发商的回报率。问题的关键在于，市场参与者三方均是不完全竞争型的。处于市场主导地位的任何一方都有可能推动房价上涨，从而策动了市场对房地产市场的盲目乐观。信息不对称在这一过程中起了推波助澜的作用。

当然，导致市场出现波动的诱导性因素是货币的市场利率。如果这一利率过低，那么

---

① Fisher, Irving (1935), Stabilised Money: A Short History of The Movement, London: George Allen & Unwin, chp. 5 – 7.

开发商和投资者的预期投资回报率极有可能会高于货币的市场利率。由于过低的市场利率使得银行家可供支配的现金富裕起来，增加了其向开发商和投资者提供资金的概率。在这种情况下，过度投资的情形就会不可避免地出现，直到泡沫被刺破为止。

二　政府应该干预住房价格吗？

既然魏克赛尔的累积过程理论能够非常好地解释住房价格，那么也应该为政府干预房地产市场提供理论依据。然而，无论是魏克赛尔本人，还是后来的新古典主义经济学家，均不赞成政府干预这一市场，任凭市场的力量对宏观经济造成极大的冲击。

就魏克赛尔本人而言，累积过程理论解释对象是一般价格的涨落，或者说他关注的是通货膨胀和紧缩对宏观经济的影响。他在《利息与价格》一书中提及了四种衡量一般物价上涨的方法，即算数平均数、几何平均数、调和平均数与消费者价格指数。[①] 可惜的是，魏克赛尔的前进步伐到此戛然而止了。作为一个新古典主义经济学家，他坚持认为银行利率调整的主要目的在于调节价格；认为价格稳定就可以克服经济萧条是不可能的。[②] 在后来出版的《国民经济学讲义》中，魏克赛尔进一步将经济周期的波动归之于技术和商业上的进步。当这种情况出现时，人们就会出现对投资的需求，经济就会处于繁荣期；当这些进步带来的机会被付诸实施后，没有新投资机会再现，人们的投资需求自然会减少，经济就会出现萧条。[③]

不难看出，作为新古典主义经济学家，魏克赛尔始终是从供给角度来解释经济周期的。他不可能从自己的货币理论逻辑中得出政府干预经济的结论。只可惜，魏克赛尔在1926年就去世了，他不可能有20世纪30年代大萧条的经历。低通胀和资产价格急剧膨胀的情形恐怕是他不可能想象到的。然而，这一历史现象在20世纪80年代的日本和21世纪初期的美国竟然神奇般地再现了。其给宏观经济造成的伤害也是难以估量的。

那么现在要解决的问题是：政府应该干预资产价格，尤其是住房价格吗？如果按照魏克赛尔的逻辑，消费者价格指数中有了住房租金的权重，政府只要盯住消费者价格指数就可以了。

将住房租金纳入消费者价格指数的权重从表面上看是极其合理的，因为房租也会随着一般价格水平的上涨而提高。租金和住房供给价格理论上讲应该是反向关系，因为住房供给越多，房租的价格就应该下降。因此，将房租纳入到消费者价格指数的权重中有其严重的不合理性，它不可能为政府的宏观经济决策提供可靠的信息，甚至会产生误导作用。如果房地产市场价值在 GDP 中所占比重过大，那么政治人物为了自己的私利可以完全不关

---

① 参见魏克赛尔《利息与价格》，蔡受百、程伯撝译，商务印书馆，1982，第 7～13 页。
② 参见魏克赛尔《利息与价格》，蔡受百、程伯撝译，商务印书馆，1982，第 156 页。
③ 魏克塞尔：《国民经济学讲义》，蔡受百、程伯撝译，上海译文出版社，1983，第 388～393 页。

注房地产市场。道理很简单，因为消费者价格指数较为稳定，政府没有动用货币政策干预房地产市场的理由。

那么新古典主义经济学家为什么不赞成政府干预住房价格呢？其理论和现实基础是什么呢？我们这里仅举本·伯南克的观点作为参考，因为这一观点具有代表性。

本·伯南克和马克·格特勒（Mark Gertler）明确提出货币政策应该优先关注通货膨胀和紧缩带来的压力，而不是资产价格问题。原因在于稳定资产价格本身就有许多问题，更不要说准确地确定资产价格的变化是来源于基本经济因素、非基本因素或两者都有基本上是不可能的。就由资产价格变动所产生的通货膨胀和紧缩压力而言，央行可以有效地对资产价格飙升和破灭的有害影响作出积极的反应，不必考虑什么是基本因素引起的，什么不是。它也可以避免重蹈历史覆辙，即泡沫一旦被刺破，就会演变为金融恐慌。最后，由于通胀目标有助于提供稳定的宏观经济条件，也暗含资产价格景气时期（通胀性的）利率会上升，资产价格下降（紧缩性的）时期利率会下降，这种思路会减少金融恐慌出现的潜在性。[1] 这种观点在西方国家货币政策决策圈内极具代表性，且被阿伦·格林斯潘（Alan Greenspan）[2]、弗里德里希·米什金（Frederic S. Mishkin）[3] 以及唐纳德·科恩（Donald L. Kohn）[4] 等人阐述过。

虽然伯南克和格特勒的观点并没有直接说明住房价格问题，但显然已经间接地论述了这一问题。政府直接干预股票价格是有问题的，因为影响股票市场的因素的确太多了，但房地产市场的情况似乎另当别论。正如魏克赛尔累积过程理论所显示的，银行在助推住房价格上涨过程中起了核心作用。如果银行深陷其中，那么极有可能会威胁到整个金融系统的稳定。由于众所周知的原因，银行是受到政府隐性保护的。任何政府决不会坐视银行系统的崩溃而袖手旁观，因为无论是以银行为基础的还是以市场为基础的金融系统，银行都是企业家的主要资金来源。

伯南克在就任美联储主席后一方面实行量化宽松的货币政策来应付美国的通货紧缩，另一方面又对身陷次贷危机泥潭的华尔街采取营救措施。表面上看这些措施与其理论观点是一致的，但实际上是矛盾的。在经济泡沫破灭时使用宽松的货币政策未必起作用。美国学者辜朝明在对美国20世纪30年代、日本20世纪90年代以及美国的次贷危机进行深入的分析后认为，这些经济衰退是由于股票和不动产价格大幅缩水后企业家的贷款需求不足引起的。资产价格的缩水使得企业的资产负债表出现了严重失衡，负债远超出了资产，企业实际上处于破产状态。为了避免破产，企业家只有将能够利用的资金用来还债而不是贷

---

① Bennanke, Ben S. and Mark Gertler (1999), "Monetary Policy and Asset Volatility", Federal Reserve Bank of Kansas City Economic Review, 84 (4): 17 – 52.

② Greenspan, Alan (2004), "Risk and Uncertainty in Monetary Policy", American Economic Review, 94 (2): 33 – 40.

③ Mishkin, Frederic S. (2008), "How Should We Respond to Asset Price Bubbles?" http: //www.federalreserve.gov/newsevents/speech/mishkin20080515a.htm.

④ Kohn, Donald L. (2009), "Monetary Policy and Asset Prices Revisited", Cato Journal, 29 (1): 31 – 44.

款来扩大生产。[①] 实际上我们所看到的情况是，不但企业家会减少贷款甚至停贷，普通的消费者也有可能由于负资产而减少消费，造成消费者价格指数下降。在这样的情况下，传统的货币政策是完全不起作用的。

以上分析可以看得很清楚，央行使用利率工具来对付通货膨胀是有效的，但使用宽松的货币政策来应对资产价格破灭后的经济衰退可能是无效的。如果单单使用货币政策来应对通货膨胀和紧缩，而忽略资产价格尤其是住房价格，那么极有可能使整个经济陷入长期衰退。由此看来，央行采取适当的措施干预住房价格是完全有必要的。

三　中国的住房价格

自从1998年开放房地产市场以来，中国城市居民告别了福利分房时代。这无疑是一个巨大的历史进步。翻一翻近年的《中国统计年鉴》，中国每年新建和在建的商品住房都在逐年攀升，城市人均居住面积达到了32.7平方米，但大中城市的住房价格一直在一路飙升。当时的中央决策层几乎难以想象到房地产市场价格是如此的疯狂，以至于成为中央政府频频干预的对象。据统计，中国2013年7月70个大中城市住房价格与上年同期相比上涨的达到了67个，最高涨幅达到了15.3%。政府的屡次干预与住房价格的一路攀升，已经使政府的公信力严重下降。

那么，是什么因素使中国的城市住房价格一路飙升呢？我们可以列出许多个因素，例如收入水平、人口结构、投资需求、土地财政，等等。不可否认，这些均涉及了问题的一个方面，但给人以只见树木、不见森林的感觉。其实，中国城市的住房价格和西方发达国家以往形成的房地产泡沫没有什么不同，完全可以利用魏克赛尔的累积过程理论来解释。只不过中国的制度环境和发达国家有所不同而已。

中国实行的是土地国有制度，具体表现为地方政府所有。地方政府出于自身利益的最大化考虑，在住房价格比较稳定时少出让土地，在住房价格飙升时积极出让土地。这是有别于发达国家的一个极其重要的因素。市场经济中的政府扮演的是"守夜人"的角色。土地财政现象的存在表面上看似乎有其制度基础，实际上是向购房者变相收税。与其这样，倒不如直接向住房所有者征税。

与发达国家不同的是，中国普遍实行住房预售制度。购房者提前向开发商预支资金，等于向其传达了准确的住房需求信息。实际上这一信息是不准确的，因为开发商并不知道当地的住房空置率是多少。因此，这种制度安排只能助长住房价格而不是相反。

中国的商业银行虽然已经进行了公司化改造，但中央政府仍然是这些商业银行的第一大股东。表面上看这种制度安排在抑制城市住房价格方面应该有其独特的优势，比如实行

---

① 辜朝明：《大衰退：如何在金融危机中幸存和发展》，喻海翔译，东方出版社，2008。详细观点可以参见该书的作者自序。

严格的信贷配给制度，实际上这种优势已经荡然无存。房地产市场的参与者可以通过各种途径绕过这些制度壁垒。商业银行为了自身的利益，对这些行为也听之任之。当然这种现象在发达国家也并不是不存在。例如 20 世纪 80 年代的日本就是这样。[①] 当居民、企业和金融机构都成了房地产市场的投机者时，这一市场距离崩盘就不远了。

尽管有这些特殊因素存在，累积过程的核心角色——银行是不变的。如果开发商得不到商业银行的贷款，或者无法通过间接渠道获得贷款，那么政府出让土地、获得巨大经济利益的动机就会受到遏制。如果商业银行没有政府的隐性担保，那么其参与房地产市场的动力就会减少。如果购房者得不到银行的贷款，或者贷款的成本比较高，那么进入这一市场的家庭就会减少。如果贷款利率过低，那么使那些本不该涉足这一市场的家庭也变得蠢蠢欲动起来。在这种条件下，我们没有办法分清哪些是刚性需求，哪些是投机需求。

一言以蔽之，如果开发商的预期资本边际生产率和银行的贷款利率基本相等，购房家庭的贷款利率和预期收益率相等，中国的住房价格就会处于一个相对稳定的态势。

四　政策性建议

世界上恐怕没有哪一个国家的地方政府是依靠土地出让金来维系财政的。这种方式和向居民征税在本质上并没有任何不同。即使在土地国有化制度下，政府也应该以土地出让的方式来抑制住房价格的上涨而不是相反。为了缓解由此带来的财政收入紧张，政府完全可以采取征收不动产税的方式来解决这一问题。这样既减少了政府财政收入对土地的依赖，又可以对现有空置房拥有者形成压力，增加住房的供给。显然，征收不动产税也有利于社会公平与正义的实现。

累积过程理论的核心是银行的贷款利率。为了避免房地产市场出现过度投机，可以使用利率杠杆来抑制住房价格的过度上涨。从理论上讲，我们无须知道开发商的预期边际生产率是多少，住房投机者的收益率和银行贷款利率是否存在过大的差距。只要住房价格上涨，就可以使用贷款利率这一政策性工具。

住房预售制度在住房价格累积性上涨过程中起了不良作用。它不能反映真正的住房需求，向开发商传达了错误的市场信号。适时公布当地住房空置状况，并辅之以不动产税的征收，可以间接对冲预售制度带来的负面效应。

中国是一个发展中大国，面临的基本问题是如何缩小与发达国家的差距。尽管差距是多方面的，但基本表现为技术差距。我们不可能无限制地追求 GDP 的数量扩张，而忽视技术进步在经济增长中所发挥的基本作用。我们更不能忽视房地产泡沫破灭给实体经济造成的伤害。鉴于此，我们特给出以上参考性建议。

---

① 日本学者奥村洋彦对 20 世纪 80 年代日本的企业、家庭以及金融机构的异常行为有精辟分析。参见奥村洋彦《日本"泡沫经济"与金融改革》，余燨宁译、余明校，中国金融出版社，2000，第 5 章第 2 节。

明斯基金融危机理论及对我国的借鉴意义

贺双庆[*]

海曼·明斯基（Hyman P．Minsky）是美国的金融经济学家，毕生致力于金融危机内在机制的研究，形成了金融不稳定性及脆弱性的独特理论，但其不被主流经济学认可。2007 年爆发于美国的次贷危机，进而引发了全球性金融动荡，在主流经济理论未预知也无法解释的尴尬困境下，明斯基对金融危机爆发的预见和精准描述，引起了关注和重视，"明斯基时刻"（Minsky moment）一时成为媒体和学术界的流行语，深入研究明斯基理论有着重要的现实意义。

一　明斯基金融危机理论的形成和基本内容

20 世纪 30 年代"大萧条"是现代经济理论各种流派的源头，对这场前所未有的金融危机和经济衰退的经济学思考，直接催生了凯恩斯主义等主流经济理论，并盛极一时，明斯基撰写的《凯恩斯传》相当深刻，他的理论是在凯恩斯基本分析框架上，加上金融制度、金融惯例及其变化，并吸收费雪"债务——通货紧缩理论"、熊彼特"非常信用"理论形成的，自认为是"金融凯恩斯主义者"。

1963 年，明斯基发表了《"它"会再次发生吗?》（"它"指大萧条），随后 30 多年，他集中对金融体系、总需求的决定、经济周期表现、金融危机等因素及相互关系进行研究，形成了独特的理论体系。1974 年，明斯基首次提出了"金融不稳定假说"（简称 FIH），1975 年出版的 *Jonh Maynad Keynes* 提出了关于经济周期的"金融投资理论"，1986 年在其著作 *Stabilize the Unstable Economy* 中进行了系统性阐述，1991 年整理出一个逻辑完备的标准文本，进行了全面总结。他尖锐批评了主流经济理论，认为凯恩斯主义对经济的解释简单教条，是基于简单实物交易的"拍卖均衡"，没有系统分析金融因素在周期变动中的作用，忽视了债务结构对经济主体行为的影响，犯了方向性错误，其政策建议也是危险的。

明斯基理论起点始自资本主义经济是一种具有昂贵的资本和复杂的金融安排的经济，金融因素——金融机构的行为、企业平衡表状况、融资成本和融资渠道等，在投资波动中起至关重要的作用，离开金融因素就不能解释投资的易波动性和资本主义经济的内在不稳定性，他从宏观视角分析微观中各要素的关系，提出了"华尔街范式"，即不确定性、利

---

* 贺双庆，首都经济贸易大学。

润、投资和债务是互相作用的四个关键要素：不确定性影响着金融市场和资本资产的预期收益；在不确定性环境中，利润驱动着企业为其带来报酬；投资是利润的主要决定因素；大型而昂贵的长期投资都是由债务提供融资的。四个要素的有机联系构成了明斯基的理论框架和逻辑。

明斯基认为投资决定利润，金融影响经济，是因为金融能左右投资。投资联系着过去、现在和未来，实现着"现在货币"与"未来货币"之间的转换。现在的货币用来投资，投资获得的利润即为未来的货币，为投资而融资所产生的对银行等金融机构的负债则是确定期限的货币承诺，获得的利润又将投入下一期投资，因此，总投资增长了，总利润也会增加，在总投资的带动下，经济便会繁荣起来。

为了揭示投资的内在决定机制，明斯基提出了"双重价格"体系，在经济生活中有两个价格体系，当前产出的价格体系，包括消费、投资、政府和出口，由劳动力成本及其加成决定，资本资产价格体系则是资本可能产生的预期利润及金融资产未来现金流的贴现值。前一种价格构成投资的供给条件，后一种价格则决定投资的需求，维持经济繁荣，必须使资本资产价格维持在高于投资的供给价格的基础上，保证利润空间，诱使足够的投资。金融通过影响资本资产的价格及资本资产的价格相对投资的供给价格之差，进而左右投资的规模和结构。

明斯基借用凯恩斯的"借款人风险"和"贷款人风险"概念，把不确定性和金融关系的作用联系在一起，并看作投资行为的主要决定因素。在不确定的环境中，企业的融资结构、外部融资的可获得性和成本是投资水平的重要决定因素。

明斯基认为，对投资进行融资是经济中不稳定性的重要来源，投机理财放大了金融系统风险。经济行为主体可分三种类型：套期保值者、投机理财、庞氏借贷者。套期保值者，指经营性现金收入和债务人支付承诺的现金收入大大超过现金流出，一般不会发生支付困难，是最安全、最谨慎的。投机理财，指经营和债务兑现形成的现金流入不足以支付到期应付债务的本金，利用短期资金为长期头寸融资，能维持正常经营，这种高财务杠杆率行为主体具有投机性质。庞氏借贷者，指现金收入不足以还本付息，需要"借新债还旧账"、"拆东墙补西墙"，或变卖资产，或累积新的债务，以这种非常危险的方式维持经营。经济的稳定性取决于三类行为主体所占的比重，套期保值者占支配地位，经济处于稳健状态，能够自我平衡，外部冲击影响有限，投机理财和庞氏借贷者占的比重大，则非常不稳定、非常脆弱，"相比之下，经济就越有可能成为一个偏差放大系统"，小的冲击就可能引发危机，这就是"金融不稳定假说"（FIH）的偏差放大机制。

经济周期中，经济有从强健转向脆弱的内在倾向。经济周期分三个阶段：第一阶段，正向冲击改变了经济预期。技术发明、金融制度变革等因素，对经济的冲击是正面的，当超过预期利润时，各行为主体得到充分的流动性，融资条件宽松，高流动性资产价格下跌，用低流动性、高营利性资产替换高流动性资产，提高财务杠杆率，套期保值者也逐渐带有投机性。第二阶段，信用扩张和经济繁荣互相推动，资本资产价格不断攀升，利润预期更高，借贷更活跃，使经济超过"临界点"，出现纯粹"投机"活动，向庞氏骗局转变，资产价格明显地、大量地偏离基本面，经济泡沫形成。第三阶段，负向冲击与"泡沫"崩溃。当市场达到一定高度，部分行为主体接受现有利润，出售投机商品，市场价格下滑，出现令人不安的"财务困境"，随后是恐慌性抛售，价格急剧下跌，利润成为负数，靠借入流动性维持经营已无法继续，投机理财沦为庞氏借贷者，而庞氏借贷者则因资金链条断裂，不得不为维持头寸而出售头寸，导致资产价值崩溃和金融危机，这个转折点被称为"明斯基时刻"。市场崩溃的导火索可能是某个行为主体（银行、金融机构或企业）因债务压力而倒闭，或金融诈骗的曝光，或政策的变化等，但根源是金融风险的累积量变最终导致金融危机。

明斯基认为金融危机是内生的，无法根本消除，如果制度和政策约束强大，经济周期和金融危机会以"不完全的或萎缩的形式"发生，甚至能遏制和抵消造成金融恐慌和大萧条的力量。二战后资本主义经济衰退次数减少就是通过自动稳定器的作用，政府预算赤字为就业、个人收入以及利润流量提供了一个下限，缓解了行为主体收入的下降，稳定了总需求，只有"大政府"，政府支出占国内生产总值比重很大，才能产生较大的自动稳定器效应。经济紧缩时期，政府赤字可以维持利润水平，有助于避免经济系统的交互违约，避免经济由低迷转为萧条。明斯基认为中央银行是稳定金融内在不稳定性的决定性因素，如果没有中央银行的干预，经济将陷入导致萧条的反复发作的金融崩溃中，中央银行作为最后的贷款者，通过直接购买支付困难企业和银行的资产、发行无风险债务或直接提供贷款实施救援，虽会产生副作用，但别无选择，这也是实施"大银行"政策的原因。

二　明斯基金融危机理论的局限和不足

明斯基对经济周期与金融风险关联性的认识，对微观行为主体债务积累过程的分析是非常深刻的。历次经济危机，都伴随着债务和信用的扩张，实例证实了明斯基所具有的预见性、洞察力和"解释力"，明斯基理论也存在明显的不足，主要表现在以下几个方面。

首先，缺乏统一、坚实的模型基础，没有形成有说服力的理论框架。明斯基理论具有直觉意义上的洞察力，对主流经济理论的批评只是针对某一项或某几项假说，不能提供一个新的更有说服力的分析框架，20世纪80年代初期，主流经济学重新关注金融因素对投资和经济的影响，似乎印证了明斯基的先见之明，这种变化"来自堡垒内部"，是主流经济理论自身逻辑发展的结果，并不是受明斯基理论的影响，主流经济理论文献很少引用明斯基的理论成果。

其次，明斯基金融危机理论是描述性的，缺乏实质性反思。明斯基对经济周期波动与金融风险上升的认识是不完全的，没有从制度层面，特别是资本主义经济制度层面进行思考，经济危机的根本原因是生产相对过剩，金融危机只是表面形式，资本虚拟化对生产过剩的暂时缓解却造成了未来更加严重的生产过剩，当脱离实体经济基础的经济泡沫破裂后，金融危机和经济危机将交互作用造成严重后果，金融危机实质上是资本主义内在经济矛盾不可调和的产物。

再次，对具体因素及相互关系的分析不深入、不透彻。明斯基没令人信服地说明不断增长的金融脆弱性和追求利润率的动力之间的关系，金融结构和金融关系为什么会随着时间的推移愈加趋向于投机性，并朝着这样脆弱的结构发展，在现金流产生和负债率意义上论述利润率，投机理财或庞氏借贷者肯定不如套期保值者有利可图，转向投机性岂不荒谬，对如此强烈的朝向投机理财的趋势应做出解释，推动转向更多的投机性理财乃至庞氏骗局的诱因和动力是什么。制度和政策在阻止和允许金融向脆弱性发展方面具有重要性，什么样的制度和政策是有效的，还有许多类似问题。

最后，从实证分析的角度看，历史上历次金融危机，发生的具体原因和背景千差万别，对经济的影响也不尽相同，明斯基理论可以解释美国"次贷危机"等资产泡沫因素引发的金融危机，但很难解读在发展中国家频发的其他类型的金融危机，因此，不能仅凭金融因素表象而忽视了治本。

三　对我国的借鉴意义

明斯基金融危机理论有许多合理的内核，强调投机性泡沫的危害，重视政策制定纳入资产价格因素，等等，美联储已经将明斯基因素纳入政策体系中。明斯基理论对中国经济的持续、健康发展也有许多重要启示。

第一，正确处理经济发展和金融创新的关系。我国经济连续几十年的高增长，本身就孕育了很多不合理因素，如过度依赖出口，出口对我国 GDP 的贡献率达 40%，部分行业产能过剩，房地产泡沫，累积了过度的投资和信贷，但是，金融资本是现代经济运行的润滑剂，没有足够的润滑剂，经济也无法顺畅地运转，只有金融创新，运用新的方式、新的工具引导经济泡沫运行疏散，才能对实体经济结构进行有效调整，把握好资产交易同实体经济运行的耦合，金融才能成为经济发展的助推器，而不是定时炸弹。

第二，关于影子银行问题。近几年，我国影子银行，包括银信合作理财、委托贷款、小额贷款公司、担保公司、信托公司、财务公司、金融租赁公司、地下钱庄、民间借贷、网络借贷和典当行等机构和业务发展很快，规模达 20 万亿元左右，相当于我国 GDP 的三分之一，银行体系资产的 12% ~15%。影子银行以高额回报率吸收其他金融机构和社会闲散流动性，投资于长期市场，改变了我国信贷需求结构，为投机理财和庞氏借贷者提供了空前的空间，长期资产变现难度大，易导致流动性风险，影子银行在全球范围内配置资产，受到风险冲击时，能传递给全球主要金融市场和金融机构，危害无穷。鉴于影子银行具有高风险高杠杆的特征，必须将其纳入严格监管之下，近期要严格按时间表做好表外转表内，限制发行，打击非法集资，维持金融市场秩序。

第三，关于地方政府债务问题。我国地方政府债务包括银行贷款、地方政府债、融资平台债券（包括城投企业债和城投中票）、地方政府信托融资和地方 BT 融资，总额 19.41 万亿元，地方债务可偿债资产包括财政收入、地方政府性基金收入、地方国有企业经营收益、地方国企净资产、国有非经营性资产、资源性资产，总额 76.5 万亿元，偿债率为 25.4%，没达到风险临界点，扣除资源性和非经营性资产，总收入是 14.2 万亿元，偿债率 136.4%，考虑期限因素，偿债率为 27%～35%，高于 20% 的国际安全线，必须未雨绸缪，防止陷入"明斯基时刻"，督促地方政府消减支出，降低债务存量水平，引进社会资金，进行债务组合，还可以"售后返租"，限制信托、融资租赁等融资模式，降低利息成本。

第四，关于房地产泡沫问题。近年来，我国房地产市场呈现房价高企的特点，投资或投机性购房比例逐步上升，贷款是开发企业重要资金来源，要占全部资金的 25%，开发贷款余额以年均 30% 的速度递增，2007 年房地产开发贷款 4.3 万亿元，占全部金融机构贷款余额的 17.13%，2013 年 6 月末房地产开发贷款余额为 3.5 万亿元，风险主要集中在银行，自 2007 年以来，国家采取一系列措施控制房价过快增长，但房价仍维持在较高价位，并持续攀升，银根宽松，违规放贷，助长了房地产泡沫的形成，必须采取应对措施，限制房价，防止房地产市场由套期保值者发展为投机性或庞氏借贷者。

第五，关于金融监管问题。中央银行要强化金融机构监管，特别是系统风险监管，建立风险预警机制，金融业是高风险行业，金融危机往往是金融风险累积的结果，事先监督和控制潜在风险，防患于未然十分重要。要建立风险补偿机制，如存款保险制度和再保险制度，维护金融体系稳定。保持银行系统和资本市场的适当距离，建立银行体系和资本市场之间的防火墙，防止风险在货币市场和资本市场之间互相传递。构建稳健运行的金融机制，营造良好的运行环境，特别注重法治层面建设、金融体制建设和微观组织建设。

贫困家庭的孩子为什么不读书：
风险、人力资本代际传递和贫困陷阱

邹　薇　郑　浩[*]

一　人力资本代际传递模型

本文将考察人力资本投资风险对于教育决策的影响。模型假设经济体中只生产一种商品，市场的无风险利率为0。经济体中每个个体只存活一期，各个个体有且只有一个孩子；孩子将从父母那里获取遗产 x。在生命之初，每个个体可以选择如下两种职业之一：

第一种选择，不进行人力资本投资直接参加传统部门一份通常回报技术的工作

$$Y = \bar{w}L \tag{1}$$

其中 Y 为产出，L 为该部门的全部劳动投入，$\bar{w}$ 为生产技术参数。个体将用尽其劳动禀赋 l_t，那么 $w_t = \bar{w}l_t$ 则为选择该职业的回报。假定 l_t 是随机变化的，从而 w_t 也是随机变动的。

第二种选择，以成本 F 进行人力资本投资，该项目的投资收益为 Q_t。财富水平为 $x_t < F$ 的个体可以通过借款来弥补投资成本不足的部分，借款利率为 $i > 0$，其中借款利率高出无风险利率的溢价程度反映了信贷市场的不完美。在这种情形下可以认为这些强加于借款人身上的借款成本是由于监督和执行合同的需要（Galor and Zeira，1993）传导至借款人身上。

假设模型中的两个随机生产技术参数 w_t 和 Q_t 的联合概率密度函数为 φ，不妨设经济体中的劳动禀赋标量化为1，也即 $E[l_t] = 1$。同时设 $E[w_t] = \bar{w} < E[Q_t] - F$，这意味着参与人力资本投资的期望净收益要高于平均工资水平。但是，即使人力资本投资的期望净收益要高，个体仍然可能选择在工资水平 w_t 处工作，原因在于工资水平过低的个体在决定进行人力资本投资时需要以利率 $i > 0$ 进行融资，这可能导致上述两种选择的投资回报不同。

*　邹薇，武汉大学经济与管理学院教授、博士生导师、中华外国经济学说研究会理事；郑浩，武汉大学经济与管理学院博士。

首先考察每个个体的人力资本投资决策，那些拥有遗产为 x 的个体的终身受益为

$$y = \begin{cases} x + w & \text{如果不进行人力资本投资} \\ (x - F)(1 + i) + Q & \text{如果进行人力资本投资但 } x < F \\ (x - F) + Q & \text{如果进行人力资本投资且 } x \geqslant F \end{cases} \tag{2}$$

假设每个个体的效用函数为

$$u(c, b) = (1 - \theta)\ln c + \theta \ln b \tag{3}$$

其中参数 $\theta \in [0, 1]$，c 为消费，b 为留给下一代的遗产。因此，每个个体留下的遗产为其自身收入 y 的一个比例 θ，剩下的 $1 - \theta$ 将被用来消费。因此个体的间接效用函数表达式为

$$v(y) = \gamma + \delta \ln y \tag{4}$$

其中 $\gamma, \delta > 0$ 为常数。

对上述两部门模型中的固定成本 F 有如下两方面解释。一种是对于模型中涉及的人力资本投资项目，其设立成本是需要先行垫付的，F 可能是先期的教育成本，Q 是熟练工人的收益支付。正如 Loury（1981）等人所强调，人力资本类的投资项目最不易通过抵押担保融资，因为靠人力资本投资后获得的资产很难抵偿投资项目失败的风险。另一种解释是，投资项目可以理解为能帮助低收入者跳出贫困的机遇，同时先期垫付的固定成本 F 和由 i 表示的信贷市场不完美程度构成了跳出贫困的阻碍。

（一）不存在风险的情形

首先考虑不存在风险的情形。假定每个个体在做出人力资本投资决策之前都能观测到当期风险 (w, Q)，那么对于 $x \geqslant F$ 的个体，将在 $(x - F) + Q > x + w$ 时，也即 $Q - F \geqslant w$ 时选择进行人力资本投资；对于 $x < F$ 的个体，将在 $(x - F)(1 + i) + Q \geqslant x + w$ 时，也即 $x \geqslant \hat{x} = \dfrac{w - Q + F(1 + i)}{i}$ 时选择进行人力资本投资。于是可以得到该经济体中每个家族代际间的财富转移方程为：

$$x_{t+1} \overset{\triangle}{=} s_t(x_t) = \theta \times \begin{cases} x_t + w_t & \text{如果 } x_t \leqslant \hat{x}_t \\ (x_t - F)(1 + i) + Q_t & \text{如果 } x_t \in (\hat{x}_t, F) \\ (x_t - F) + Q_t & \text{如果 } x_t \geqslant F \end{cases} \tag{5}$$

（二）存在风险的情形

其次考虑存在风险的情形。这意味着每个个体在做出人力资本投资决策前都无法观测

到当期冲击 (w, Q)，此时生产参数围绕着其均值随机变动。这种情形更具现实性，并且将能够刻画各收入阶层的家族财富动态转移情况。假定生产参数 w_t 和 Q_t 满足二元对数正态分布。此时，转移方程也将随着时间随机变动。

二 实证检验

根据前面两部分的模型分析和数值模拟，我们得知在不同的风险水平下，个体的初始财富对于人力资本投资决策的影响是不同的。我们待检验的结论是：在无风险情形下，影响教育决策的关键因素是个体的初始财富水平；在有风险的情形下，当风险冲击平稳时，影响教育决策的关键因素是个体初始财富水平和传统部门的工资波动；当风险冲击非平稳时，影响教育决策的关键因素将不完全是个体的初始财富水平，有可能是因为人力资本投资的预期收益太低而机会成本过大。本部分将基于前述模型实施进一步的实证分析和检验。

（一）实证模型

根据前式可知，在存在风险的情况下，每个个体决定进行人力资本投资的方程是其初始财富水平属于集合 $D \triangleq \{x : E[v(x + w_t)] < E[v(x - F + Q_t)]\}$，即进行人力资本投资的预期收益所带来的期望效用会高于机会成本所带来的期望效用。

不妨设每个个体 i 的初始财富水平为 x_i，在第 t 期进行人力资本投资的预期收益和机会成本分别是 $y_{i,t} = x_i - F + Q_t$，$z_{i,t} = x_i + w_t$，那么根据前述分析式可知人力资本投资的决策方程为

$$e_{i,t} = \begin{cases} 1 & \text{进行人力资本投资如果 } E[v(z_{i,t})] < E[v(y_{i,t})] \\ 0 & \text{不进行人力资本投资如果 } E[v(z_{i,t})] \geq E[v(y_{i,t})] \end{cases} \tag{6}$$

根据本文设立的模型从方程（4）可知间接效用函数表达式为 $v(y) = \gamma + \delta \ln y$，通过泰勒展开式可知

$$v(z_{i,t}) = \gamma + \delta \ln(x_i + w_t) = \gamma + \delta \cdot \left(\ln\left(1 + \frac{w_t}{x_i}\right) + \ln(x_i) \right) \doteq \gamma + \delta \cdot \frac{w_t}{x_i} + \delta \cdot \ln(x_i) \tag{7}$$

同时假设 Q_t 和 w_t 分别满足对数正态分布：$\ln w_t \sim N(\mu_{w_t}, \sigma_{w_t})$，$\ln Q_t \sim N(\mu_{Q_t}, \sigma_{Q_t})$，于是可得：

$$E[v(z_{i,t})] = \gamma + \delta \cdot E\left(\frac{w_t}{x_i}\right) + \delta \cdot \ln(x_i) = \gamma + \delta \cdot \frac{1}{x_i} \cdot \exp\left(\mu_{w_t} + \frac{\sigma_{w_t}^2}{2}\right) + \delta \cdot \ln(x_i) \tag{8}$$

$$E[v(y_{i,t})] = \gamma + \delta \cdot E\left(\frac{Q_t}{x_i - F}\right) + \delta \cdot \ln(x_i - F) = \gamma + \delta \cdot \frac{1}{x_i - F} \cdot \exp\left(\mu_{Q_t} + \frac{\sigma_{Q_t}^2}{2}\right) + \delta \cdot \ln(x_i - F)$$

$$(9)$$

$$E[v(y_{i,t})] - E[v(z_{i,t})] = \delta \cdot \ln\left(1 - \frac{F}{x_i}\right) + \delta \cdot \frac{1}{x_i - F} \cdot \exp\left(\mu_{Q_t} + \frac{\sigma_{Q_t}^2}{2}\right) - \delta \cdot \frac{1}{x_i} \cdot \exp\left(\mu_{w_t} + \frac{\sigma_{w_t}^2}{2}\right)$$

$$= \delta \cdot \left\{ -\frac{F}{x_i} + \frac{1}{x_i - F} \cdot \left(1 + \mu_{Q_t} + \frac{\sigma_{Q_t}^2}{2}\right) - \frac{1}{x_i} \cdot \left(1 + \mu_{w_t} + \frac{\sigma_{w_t}^2}{2}\right)\right\} + \delta \cdot o\left(\frac{F}{x_i}, \mu_{Q_t} + \frac{\sigma_{Q_t}^2}{2}, \mu_{w_t} + \frac{\sigma_{w_t}^2}{2}\right)$$

$$\sim -\frac{F}{x_i} + \frac{1}{x_i - F} \cdot \left(1 + \mu_{Q_t} + \frac{\sigma_{Q_t}^2}{2}\right) - \frac{1}{x_i} \cdot \left(1 + \mu_{w_t} + \frac{\sigma_{w_t}^2}{2}\right)$$

$$(10)$$

在（10）式中的第二个等号中依然使用了泰勒公式进行线性化处理，其中最后一项 $o\left(\frac{F}{x_i}, \mu_{Q_t} + \frac{\sigma_{Q_t}^2}{2}, \mu_{w_t} + \frac{\sigma_{w_t}^2}{2}\right)$ 表示这三者的高阶无穷小，本文选取人力资本投资决策的潜变量 y^* 为

$$y_{i,t}^* = -\frac{F}{x_i} + \frac{1}{x_i - F} \cdot \left(1 + \mu_{Q_t} + \frac{\sigma_{Q_t}^2}{2}\right) - \frac{1}{x_i} \cdot \left(1 + \mu_{w_t} + \frac{\sigma_{w_t}^2}{2}\right)$$

$$(11)$$

根据（11）式可以归结待检验的假说如下。

假说 1　在人力资本投资的成本、预期收益和风险、机会成本[1]和风险水平一定的情况下：当个体财富水平低于投资成本时，个体决定接受教育进行人力资本投资的意愿与个体的财富水平正相关。

假说 2　在个体财富水平和人力资本投资成本一定的情况下，个体决定接受教育进行人力资本投资的意愿与机会成本及其波动程度负相关。

假说 3　在个体的财富水平和人力资本投资成本一定的情况下：当个体财富水平高于投资成本时，个体决定接受教育进行人力资本投资的意愿与投资的预期收益水平正相关，与预期收益的波动程度正相关；当个体财富水平低于投资成本时，个体决定接受教育进行人力资本投资的意愿与投资的预期收益水平负相关、与预期收益的波动程度负相关。

假说 1 源于（11）式中的第二项，当人力资本投资的成本、预期收益和风险、机会成本和风险水平一定时，个体财富水平低于投资成本将使得（11）式中三项的符号都为负，且负向程度随着个体财富水平的降低而增强，这意味着对于财富低于投资门槛的个体来说，个体财富水平越低，越不愿意进行人力资本投资。

---

① 贝克尔在分析人力资本形成过程的时候，着重分析了高校教育、在职培训方式的投资与收益之间的关系。他认为人力资本投资成本，包括接受正规教育和培训教育所花的直接成本、受教育所放弃的工作收入、保持健康所花的成本、迁移和收集信息的成本。本文分析时的机会成本仅考虑的是不进行人力资本投资的预期收益。

假说 2 源于（11）式中的第三项，在个体财富水平和人力资本投资成本一定时，第三项交叉项的符号为负，这意味着进行人力资本投资的机会成本和波动水平越高，那么进行投资的意愿越弱，且意愿强度随着个体财富水平的降低而增强。

假说 3 源于（11）式中的第二项，在个体的财富水平和人力资本投资成本一定的情况下：当个体财富水平高于投资成本时，（11）式中的第二项的符号为正；当个体财富水平低于投资成本时，其符号为负。

（二）数据和检验方法

本文采用中国健康与营养调查（China Health and Nutrition Survey，简称 CHNS）数据，该数据由美国北卡罗来纳大学和中国疾病预防控制中心营养与食品安全所联合采集，其调查旨在探讨中国社会和经济转型与计划生育政策对人们健康和营养的影响，数据中家户的特征及个体的信息比较全面。数据至今已经调查了八轮，分别为 1989、1991、1993、1997、2000、2004、2006 和 2009 年，根据本文待检验模型的需要选取了合适的变量及说明。

为了检验本章的模型，本文首先选取了六项指标，包括教育决策的潜变量观察值、个体收入、接受教育的预期收益、接受教育的收益风险、不接受教育的预期收益和不接受教育的收益风险。我们分别构造了三组教育决策的回归模型：是否接受初中教育、是否接受高中教育和是否接受大学教育。之所以拆分成三组是由于我们缺少各教育层次的成本数据，而且这三类不同的教育成本水平显然不尽相同。除了基于本文的教育决策模型所建立的实证方程外，本文还考虑了与之相对应的经验方程，即考虑了各家庭所处的外在环境。根据 CHNS 中可获得的数据，本章选择以下变量来进行反映：社区变量（社区平均教育水平、社区内的升学率和社区内的失业率），个体特征变量（个体年龄、性别、是否居住在城市和所处区域）以及一些家户特征变量（户主教育程度、家户规模和户主工作状态等）。

根据被解释变量的离散特征，我们主要考虑了基于离散选择模型来对方程式（11）中教育决策潜变量所满足的三个假说进行检验。面板数据的离散 Logit 模型为

$$P(y_{it} = j \mid x) = \begin{cases} \dfrac{\exp(x'_{it}\beta_j)}{1 + \sum_{k=2}^{J} \exp(x'_{it}\beta_k)} (j = 2, \cdots, J) \\ \dfrac{1}{1 + \sum_{k=2}^{J} \exp(x'_{it}\beta_k)} (j = 1) \end{cases} \tag{12}$$

其中，$j = 1$ 所对应的选择被称为"参照组"，以上各项选择的概率之和为 1。在这个模型中，第 i 个体的对数似然函数为 $\ln L_i(\beta_1, \cdots, \beta_J) = \sum_{j=1}^{J} 1(y_i = j) \ln P(y_i = j \mid x)$，其中 $1(\cdot)$ 为示性函数。将所有个体样本的对数似然函数加总，即得到整个样本的对数似然函数，将其最大化则得到系数估计值 β_{MLE}。这里我们假定家庭财富水平、教育投资成本、预期收益和风险水平在模型中各个选择满足"无关选择的独立性"。

在待检验的三个假说中，我们尤其关注低收入个体决定接受教育进行人力资本投资的意愿与其财富水平之间的正向关系以及与投资收益和风险间的关系。分别根据假说 1 和假说 3，当个体财富水平低于投资成本时，个体决定接受教育进行人力资本投资的意愿与个体的财富水平正相关；当个体财富水平高于投资成本时，个体决定接受教育进行人力资本投资的意愿与投资的预期收益水平正相关。由于我们缺少各教育层次的成本数据，而且高中和大学这两类不同的教育成本显然不尽相同。因此首先需要判明个体接受教育进行人力资本投资的意愿是否确实存在因投资成本为界的情况，对此我们分别进行了关键变量虚拟方程式构造、二次型回归和分样本处理：将样本根据历年家户收入的 50% 分位线分为了低收入家户和高收入家户两个子样本，并基于 Chow 式统计分别检验在这两类样本中回归系数的差异。

在经过上述初步的分样本处理之后，一旦确认个体接受教育进行人力资本投资的意愿确实存在因投资成本为界的情况，那么可以进一步对模型提出的假说关系进行检验。由于在初步处理过程中，基于家户收入的 50% 分位线进行分样本处理较为主观，且均值回归仅着重考察了解释变量对被解释变量的条件期望的影响，而后者很难反映整个条件分布的全貌，尤其是本章认为被解释变量不是对称分布，因此我们将使用分位数回归对待验证的关系做进一步的分析。

（三） 实证分析结果

本部分通过 CHNS 八个年度的非平衡面板数据的实证分析来进一步了解影响人力资本投资意愿的因素。我们在初步分析中首先进行了分样本的 Chow 式统计，通过将样本根据历年家户收入的 50% 分位线分为了低收入家户和高收入家户两个子样本，并检验在这两类样本回归中系数的是否发生突变。另外，我们也分别通过构造关键变量的虚拟项方程式和二次型方程式对人力资本投资的意愿与个体的财富水平之间的关系进行了检验。Hausman 检验的结果显示，基于面板数据的离散选择回归分析是不拒绝原假设的，这说明随机效应模型估计的结果是一致的，因此本文选择随机效应模型。估计的结果如表 1 和表 2 所示。

表 1 影响个体接受高中教育因素的实证分析结果

是否接受高中教育	样本：低收入家户		样本：高收入家户		全样本		全样本		全样本：二次型	
	系数	z-值	系数	z-值	系数	z-值	系数	z-值	系数	z-值
常数项	-4.847	(-0.38)	-3.036	(-0.96)	-0.829	(-0.36)	1.018	(0.32)	-13.61	(-0.21)
个体收入 (x_i)	0.209*	(1.78)	-0.0646	(0.19)	0.166	(0.82)	-0.383*	(-2.00)	-2.217	(-1.05)
个体收入的平方 (x_i^2)									-0.0982*	(1.87)
接受教育的预期收益 (μ_Q)	-0.0481	(-0.12)	0.407*	(1.92)	-0.0563	(-0.15)	-0.749*	(-2.14)	-0.746*	(-2.12)

续表

是否接受高中教育	样本：低收入家户		样本：高收入家户		全样本		全样本		全样本：二次型	
	系数	z-值	系数	z-值	系数	z-值	系数	z-值	系数	z-值
接受教育的收益风险 ($\sigma^2_{Q_i}$)	0.0931	(0.70)	0.0369	(0.29)	0.0890	(0.70)	0.382**	(3.04)	0.381**	(3.01)
不接受教育的预期收益 (μ_{w_i})	-0.316*	(-1.67)	-0.0642*	(-2.17)	-0.129	(-0.29)	-1.167*	(-2.26)	-1.220*	(-2.32)
不接受教育的收益风险 ($\sigma^2_{w_i}$)	0.0550	(0.37)	-0.0614	(-0.62)	0.00681	(0.05)	0.120	(0.72)	0.120	(0.72)
哑变量：收入高/低于中位数 $1_{x_i<x_i^{mm}}$					-1.919*	(-2.01)				
交叉项：$1_{x_i<x_i^{mm}} \cdot \mu_{Q_i}$					0.228	(0.42)				
$1_{x_i<x_i^{mm}} \cdot \sigma^2_{Q_i}$					-0.0264	(-0.15)				
$1_{x_i<x_i^{mm}} \cdot \mu_{w_i}$					0.0836	(0.15)				
$1_{x_i<x_i^{mm}} \cdot \sigma^2_{w_i}$					-0.0608	(-0.37)				
个体年龄							0.440***	(5.18)	0.444***	(5.21)
个体性别							-0.521	(-1.91)	-0.529	(-1.94)
家户规模							0.294	(1.93)	0.323*	(2.06)
户主教育年限							-0.0449	(-0.45)	-0.0347	(-0.35)
时间趋势							0.126**	(2.77)	0.130**	(2.82)
社区平均教育水平							0.566*	(2.33)	0.549	(1.29)
社区内的高中学历者失业率										
所处城乡							-0.449	(-1.09)	-0.407	(-0.98)
地区（辽宁为参照变量）										
黑龙江							1.390	(1.40)	1.375	(1.38)
江苏							1.272	(1.74)	1.270	(1.74)
山东							0.382	(0.61)	0.363	(0.58)
河南							-0.965	(-1.63)	-1.064	(-1.76)
湖北							-0.507	(-0.92)	-0.564	(-1.02)
湖南							-0.333	(-0.58)	-0.441	(-0.75)
广西							0.705	(1.21)	0.616	(1.04)
贵州							0.646	(0.97)	0.658	(0.99)
样本数	94		118		212		204		204	
统计量	Wald chi2 (5) =2.68 Prob > chi2 =0.7491		Wald chi2 (5) =3.34 Prob > chi2 = 0.6484		Wald chi2 (10) =10.97 Prob > chi2 =0.3598		Wald chi2 (20) =48.55 Prob > chi2 = 0.0004		Wald chi2 (21) =48.70 Prob > chi2 = 0.0006	
	Chow test： LR chi2 (7) = 11.91 Prob > chi2 = 0.0934									

注：***,**,*分别表示在置信水平1%，5%，10%上是显著的。

表 2 影响个体接受大学教育因素的实证分析结果

是否接受大学教育	样本：低收入家户		样本：高收入家户		全样本		全样本		全样本：二次型	
	系数	z-值	系数	z-值	系数	z-值	系数	z-值	系数	z-值
常数项	-14.41	(-0.22)	-14.82	(-0.22)	-2.037	(-0.77)	-30.49**	(-2.93)	-13.29	(-0.46)
个体收入（x_i）	0.905**	(-2.62)	-0.229*	(2.15)	-0.563	(-0.79)	0.0699	(0.20)	-3.214	(-0.61)
个体收入的平方（x_i^2）									0.158	(0.63)
接受教育的预期收益（μ_{Q_i}）	0.692	(0.78)	0.286**	(2.91)	-3.101	(-1.65)	1.498	(1.84)	1.453	(1.78)
接受教育的收益风险（$\sigma_{Q_i}^2$）	-0.539*	(-2.40)	0.0131	(0.20)	-0.0296	(-0.14)	-0.193	(-1.52)	-0.197	(-1.53)
不接受教育的预期收益（μ_{w_i}）	1.567	(1.22)	-0.391	(-1.02)	3.685	(1.36)	-0.0231	(-0.02)	-0.0279	(-0.03)
不接受教育的收益风险（$\sigma_{w_i}^2$）	-0.667	(-1.51)	0.0346	(0.33)	-0.244**	(-2.64)	0.161	(0.72)	0.174	(0.76)
哑变量：收入高/低于中位数 $1_{x_i<x_i^{50\%}}$					-6.120*	(-2.10)				
交叉项：$1_{x_i<x_i^{50\%}} \cdot \mu_{Q_i}$					2.751	(1.36)				
$1_{x_i<x_i^{50\%}} \cdot \sigma_{Q_i}^2$					0.208	(0.85)				
$1_{x_i<x_i^{50\%}} \cdot \mu_{w_i}$					-2.533	(-0.91)				
$1_{x_i<x_i^{50\%}} \cdot \sigma_{w_i}^2$					0.0959	(0.16)				
个体年龄							0.421***	(4.86)	0.426***	(4.80)
个体性别							0.434	(1.17)	0.443	(1.18)
家户规模							0.0457	(0.26)	0.0453	(0.26)
户主教育年限							0.253	(1.03)	0.246	(1.00)
时间趋势							-0.221	(-1.77)	-0.218	(-1.70)
社区平均教育水平							-0.402	(-0.72)	-0.370	(-0.66)
社区内的大学学历者失业率										
所处城乡							0.898	(1.86)	0.931	(1.89)
地区（辽宁为参照变量）										
黑龙江							0.529	(0.78)	0.594	(0.85)
江苏							-0.714	(-0.81)	-0.711	(-0.79)
山东							0.202	(0.27)	0.255	(0.34)
河南							-0.239	(-0.29)	-0.211	(-0.26)
湖北							0.0401	(0.05)	0.0556	(0.07)
湖南							-0.0600	(-0.09)	-0.0259	(-0.04)

续表

是否接受高中教育	样本：低收入家户		样本：高收入家户		全样本		全样本		全样本：二次型	
	系数	z－值	系数	z－值	系数	z－值	系数	z－值	系数	z－值
广西							－0.777	（－0.68）	－0.785	（－0.67）
贵州							0.884	（0.90）	0.936	（0.94）
样本数	29		184		68		182		182	
统计量	Wald chi2（5）=7.53 Prob > chi2 = 0.1842		Wald chi2（5）=5.18 Prob > chi2 = 0.3948		Wald chi2（10）=10.12 Prob > chi2 = 0.4299		Wald chi2（20）=34.80 Prob > chi2 = 0.0212		Wald chi2（21）=34.04 Prob > chi2 = 0.0359	
	Chow test: LR chi2（7）= 16.82 Prob > chi2 = 0.0186									

注：***，**，* 分别表示在置信水平1%，5%，10%上是显著的。

　　分样本处理和 Chow 式统计的结果表明，在是否接受高中教育和大学教育这两类人力资本投资的选择问题上，高、低两个收入群体的财富水平与投资意愿之间确实显示出不同的关系，且在 10% 的置信水平上都通过了 Chow 式检验。依据个体收入水平分样本处理后的结果表明：在低收入家户中，个体进行人力资本投资的意愿与其收入水平正相关，这意味着越是贫穷的家户进行人力资本投资的意愿会越低；在高收入家户中，个体进行人力资本投资的意愿与其收入水平负相关，但关系较弱。同样，关键变量的虚拟变量模型和二次型回归的结果也印证了上述结论。从回归分析的效果来看，高中决策和大学决策这两组回归的效果都较弱，这可能与经过处理后的样本容量偏低和调查问卷中可能存在的选择性偏误有关。相对而言，高中教育决策组的分析结果与基于本文模型提出的三个假说在统计意义上更为相近。

　　在影响人力资本投资意愿的其他几个主要变量中，回归结果显示：在高收入家户组中，人力资本投资意愿与人力资本投资的预期收益正相关，但是与收益风险的关系并不显著；在低收入家户组中，人力资本投资意愿与不进行人力资本投资的预期收益负相关，这两点与假说 2 和假说 3 的表述内容是部分一致的。对于假说 2 中的内容，回归分析结果部分表明了个体决定接受教育进行人力资本投资的意愿与机会成本及其波动程度之间的负相关关系，不接受教育的预期收益的影响在高中教育决策组中获得了通过，但在大学决策组中未获通过，且收益波动的影响都不显著。

　　与教育相关的环境变量也对个体的人力资本投资意愿产生显著的影响。其中，从高中教育决策组来看，个体的年龄、社区教育水平和时间趋势对于个体进行教育决策的影响较为显著。随着个体年龄的增长，个体接受教育的意愿在增加；随着时间的推移，个体的教育投资意愿也在显著上升的；社区的平均教育水平越高，个体选择接受教育进行人力资本投资的意愿会越强，这表明个体的选择行为会受到周边环境的影响，表现出一定的群体效应。值得注意的是，回归结果发现家户规模和个体的性别差异并没有对个体选择接受教育的意愿产生显著影响，这与我国通常的男尊女卑的思想表现不相一致，有可能是随着我国计划生育政策的施行，各家户子女较少，对子女教育进行人力资本投资的意识已广泛增强。

与通常的直观认识相悖，人力资本投资意愿与地区的经济发展水平之间并没有表现出显著的统计关系。在地区特征上，农村和城市之间并未表现出显著的差异；在省份的差异上，各省份相互之间的个体的人力资本投资意愿并未有明显的差异。在通常的宏观经验研究中，人力资本投资对于经济增长的促进作用是显著的，在本文的离散选择分析中，个体的微观选择行为与地区经济发展水平并不一致这与前述研究并不矛盾，因为宏观分析中考虑了地区的人口基数和教育设施等人力资本投资的代理变量，这些是与地区宏观经济发展保持一致的因素。本文的实证分析结果也从侧面说明了经济强省未必就是教育大省，学校匮乏、师源缺少地区的个体未必不愿意接受教育。

为了进一步考察个体不同程度的人力资本投资意愿的影响表现，本文还通过分位数回归进行了分析。从表3的分位数回归分析结果可以看出，随着分位数的增加，个体收入对于个体接受高中教育的分位数回归系数呈现先降后升的趋势，这表明个体收入对个体接受高中教育意愿的条件分布的两端影响大于其对于中间部分的影响，因此个体收入的变动对于处于人力资本投资意愿两端的家户影响要大，而对于中间阶层的影响相对要小。与个体收入的影响类型相一致的还包括接受教育的收益风险和不受教育的收益风险这两个因素。

表3 影响个体接受高中教育因素的分位数回归分析结果

是否接受高中教育	10% 分位数回归		50% 分位数回归		90% 分位数回归	
	系数	t - 值	系数	t - 值	系数	t - 值
常数项	- 0.577	(- 1.45)	- 2.275 ***	(- 6.12)	6.120 ***	(4.49e + 09)
个体收入（ x_i ）	- 0.00393	(- 0.19)	- 0.0866 ***	(- 8.79)	- 0.0341 ***	(- 9.33e + 08)
接受教育的预期收益（ μ_{Q_t} ）	- 0.164 ***	(- 8.24)	- 0.00642	(- 0.23)	0.131 ***	(1.19e + 09)
接受教育的收益风险（ $\sigma^2_{Q_t}$ ）	0.00384	(0.69)	- 0.0224 **	(- 3.43)	0.0151 ***	(6.09e + 08)
不接受教育的预期收益（ μ_{w_t} ）	0.0582 ***	(3.62)	- 0.0300	(- 1.69)	- 0.419 ***	(- 6.49e + 09)
不接受教育的收益风险（ $\sigma^2_{w_t}$ ）	0.0131 ***	(3.83)	0.00517	(1.54)	0.0343 ***	(2.68e + 09)
个体年龄	0.0503 ***	(30.60)	0.0490 ***	(50.94)	0.0374 ***	(1.12e + 10)
个体性别	- 0.0231	(- 1.19)	- 0.113 ***	(- 9.63)	- 0.168 ***	(- 3.90e + 09)
家户规模	- 0.0196	(- 1.99)	- 0.000722	(- 0.12)	- 0.0892 ***	(- 3.31e + 09)
户主教育年限	0.00415	(0.28)	0.101 ***	(7.19)	- 0.166 ***	(- 3.16e + 09)
时间趋势	0.00708 **	(3.05)	0.0143 ***	(5.99)	0.0627 ***	(6.55e + 09)
社区平均教育水平	0.0552 ***	(3.61)	- 0.0199	(- 1.42)	0.0518 ***	(8.77e + 08)
社区内的高中学历者失业率	0.0921 **	(2.91)	0.597 ***	(18.99)	0.201 ***	(1.77e + 09)

续表

是否接受高中教育	10% 分位数回归		50% 分位数回归		90% 分位数回归	
	系数	t - 值	系数	t - 值	系数	t - 值
所处城乡	- 0.0569 *	（ - 2.44）	- 0.0964 ***	（ - 5.78）	- 0.0485 ***	（ - 6.90e + 08）
地区（辽宁为参照变量）						
黑龙江	- 0.0436	（ - 1.70）	- 0.0193	（ - 0.60）	- 0.0465 ***	（ - 3.97e + 08）
江苏	0.0372	（1.83）	0.0845 ***	（3.50）	0.124 ***	（1.33e + 09）
山东	0.0935 ***	（5.35）	0.0270	（1.21）	0.474 ***	（5.69e + 09）
河南	0.126 ***	（3.63）	0.402 ***	（19.53）	0.579 ***	（6.83e + 09）
湖北	0.0606 *	（2.11）	0.0447 *	（2.22）	0.341 ***	（4.53e + 09）
湖南	0.0706 ***	（4.35）	- 0.0572 **	（ - 2.90）	- 0.0946 ***	（ - 1.25e + 09）
广西	0.123 ***	（6.41）	0.142 ***	（5.85）	0.618 ***	（5.91e + 09）
贵州	0.0266	（1.37）	- 0.00821	（ - 0.32）	0.0434 ***	（4.38e + 08）
样本数	82		82		82	
	Pseudo R2 = 0.4198		Pseudo R2 = 0.5723		Pseudo R2 = 0.2376	

注：*** ，** ，* 分别表示在置信水平 1% ，5% ，10% 上是显著的。

另外，接受教育的预期收益对于个体接受高中教育的分位数回归系数呈现先升后降的趋势，这表明接受教育的预期收益对个体接受高中教育意愿的条件分布的两端影响小于其对于中间部分的影响，因此接受教育的预期收益的变动对于处于人力资本投资意愿两端的家户影响要小，而对于中间阶层的影响相对要大。另外，在进行的分位数回归结果中，右侧估计系数的标准差持续扩大，这表明对于条件分布右端的分位数回归系数的估计不太准确。

三 结论

本文构建了一个关于教育投资决策的人力资本代际传递模型，重点研究了风险对于贫困家庭人力资本代际传递的影响，并利用 CHNS（1989 ~ 2009）八个调查年度的数据，通过非平衡面板的离散选择模型和分位数回归分析，对影响个体接受教育进行人力资本投资意愿的因素进行了分析，本文研究主要显示了以下结果。

第一，通过模型分析发现，在人力资本投资的成本、预期收益和风险、机会成本和风险水平一定的情况下，当个体财富水平低于投资成本时，个体决定接受教育进行人力资本投资的意愿与个体的财富水平正相关；在个体财富水平和人力资本投资成本一定的情况下，个体决定接受教育进行人力资本投资的意愿与机会成本及其波动程度负相关；在个体的财富水平和人力资本投资成本一定的情况下：当个体财富水平高于投资成本时，个体决定接受教育进行人力资本投资的意愿与投资的预期收益水平正相关，与预期收益的波动程度正相关；当个体财富水平低于投资成本时，个体决定接受教育进行人力资本投资的意愿与投资的预期收益水平负相关、与预期收益的波动程度负相关。

第二，分样本处理和 Chow 式统计的结果表明，在是否接受高中教育和大学教育这两类人力资本投资的选择问题上，高、低两个收入群体的财富水平与投资意愿之间确实显示出不同的关系，且在 10% 的置信水平上都通过了 Chow 式检验。依据个体收入水平分样本处理后的结果表明：在低收入家户中，个体进行人力资本投资的意愿与其收入水平正相关，这意味着越是贫穷的家户进行人力资本投资的意愿会越低；在高收入家户中，个体进行人力资本投资的意愿与其收入水平负相关，但关系较弱。同样，关键变量的虚拟变量模型和二次型回归的结果也印证了上述结论。因此，政府应当特别关注低收入家户个体的教育选择行为，防止其人力资本投资意愿会由于家庭贫困而被削弱。

第三，与通常的直观认识相悖，人力资本投资意愿与地区的经济发展水平之间并没有表现出显著的统计关系。在地区特征上，农村和城市之间并未表现出显著的差异；在省份的差异上，各省份相互之间的个体的人力资本投资意愿并未有明显的差异。在通常的宏观经验研究中，人力资本投资对于经济增长的促进作用是显著的，在本文的离散选择分析中，个体的微观选择行为与地区经济发展水平并不一致这与前述研究并不矛盾，因为宏观分析中考虑了地区的人口基数和教育设施等人力资本投资的代理变量，这些是与地区宏观经济发展保持一致的因素。本文的实证分析结果也从侧面说明了经济强省未必就是教育大省，学校匮乏、师源缺少地区的个体未必不愿意接受教育。

第四，通过分位数回归分析发现，个体收入对于个体接受高中教育的分位数回归系数呈现先降后升的趋势，这表明个体收入对个体接受高中教育意愿的条件分布的两端影响大于其对于中间部分的影响，与个体收入的影响类型相一致的还包括接受教育的收益风险和不接受教育的收益风险这两个因素，影响类型相反的因素包括接受教育的预期收益及波动。这说明了对于决定接受或不接受人力资本投资意愿特别强烈的个体，个体收入的变动对他们原来意愿的改变有很强的影响；处于中间意愿的个体，人力资本投资的预期收益和机会成本对其意愿改变的影响更大。

总之，微观个体的人力资本投资意愿应该引起政府的关注。在对贫困地区、贫困人群的扶贫过程中，应有效地消除低收入群体人力资本投资不足导致的持续性贫困。为此，要注重考虑低收入个体在人力资本投资决策时对于投资成本过高的担心，同时也要积极维护就业市场、稳定人力资本投资的预期和风险引导中高收入群体的投资意愿，另外，扶持政策也要注重结合个体所在社区的具体教育环境和各家户自身的教育氛围。

本文的研究还可以在理论上和实证上继续扩展。就理论而言，建立更长期的研究，可以放松人力资本投资的预期收益和风险是平稳的假设。就实证而言，本文经过对 CHNS 数据的二次处理之后样本容量偏小，且由于抽样统计有选择性偏差，对数据的有效性有一定影响，未来需要更完备的数据来进一步提高结论的有效性。

流通理论的缺失与其思想渊源：
主流经济学研究传统的致命要害

丁　涛[*]

流通理论在中国曾有一段独立发展的历史，也是我国学者立足于中国实际而对马克思政治经济学的丰富与发展，它缘起于我国著名经济学家孙冶方的一系列开创性研究。孙冶方流通理论激发了国内学界的研究热情，尤其到了改革开放初期，有不少学者开始探究构建一门专门的"流通经济学"。遗憾的是，流通理论的研究热潮并没有持续下去，到 90 年代之后，流通理论研究仍处于"小众"化研究阶段。其根本原因是，我国经济学在西方学术思想的影响下，走上一条"新古典主流化和数学形式化"的发展路线（贾根良，2003），而主流经济学是缺少流通理论的。商品流通过程作为一个重要的经济过程，本应该是经济研究关注的重点，但却被以新古典经济学为主流的经济学排除在外。主流经济学对商品流通过程的忽视很早就引起了一些学者的注意。美国早期的商品流通或营销学者曾对这个问题有深刻反思。阿尔德森和库克斯认为，正统经济学的不现实假定使其缺少时间和空间的概念，因而把具体的商品流通过程抽象掉了，因此，营销学的任务就在于解决这些被忽视的具体问题（Alderson & Cox，1948）。然而，营销学没有如他们预想的那样，而是在新古典微观经济学的影响下演变成为一门营销管理学（夏春玉、丁涛，2013）。国内学者的相关研究也表明，主流经济学过于简化的研究方式导致了流通理论的贫困，这显然是主流经济学的一个严重缺陷（夏春玉、郑文全，2000；夏春玉、丁涛，2011），但没有引起国内外学界的广泛关注。这主要是因为新古典经济学的研究范式已经固化为一种研究传统，长期统治着经济学。这一研究传统是如何形成的？将商品流通过程抽象掉的理论依据或思想根源是什么？本文将在上述学者相关研究的基础上，探究西方主流经济学研究传统的起源和发展，揭示其抽象掉流通过程的历史渊源和哲学基础。

一　魁奈、马克思与商品流通

重农学派堪称学术思想史上第一个真正意义的经济学派，其领袖弗朗斯瓦·魁奈（1694～1774）以他的"经济表"和"自然秩序"著称，并由此成为将流通过程抽象掉

---

* 丁涛，男，山东日照人，曲阜师范大学管理学院讲师，管理学博士。

的始作俑者。经济表对后来的经济学家而言带有太多的神秘色彩，以至于亚当·斯密等经济学大师都未能对其做出解释或避而不谈，但都无形中受到了自然秩序思想的深刻影响。在经济表问世的近百年时间里，揭示出经济表奥秘的第一人当属马克思。马克思不仅阐释了魁奈的经济表，而且还设计出了自己的经济表。马克思的经济表是对魁奈之经济表的继承和发展，也是其《资本论》的雏形。因此，本文将魁奈与马克思的经济表放在一起讨论。

（一）从魁奈与马克思的经济表说起

尽管马克思的《资本论》中大量出现了"商品流通（circulation of commodities）"，但马克思的流通理论实质上是资本循环和再生产理论，其目的是揭示资本家对工人的剥削本质，很少涉及商品流通的具体组织过程。显然，在马克思看来，流通环节不能创造价值，只能依靠剥削为生，因此，苏联在实践马克思主义经济理论时，就完全排除了批发、零售等流通环节，建立了一个无流通的经济体系。受此影响，我国也奉行了无流通的思想路线，尤其是"大跃进"和"文化大革命"两次极"左"思潮，给我国流通和商品经济造成了极大的破坏（杨敏，1981）。可以看出，马克思在研究过程中，一方面认为流通不创造价值，如上文所述，这可能是受西方轻商思想传统的影响；另一方面没有探讨具体的商品流通过程。马克思的这种研究方式直接受到了魁奈的深刻影响。以亚当·斯密、大卫·李嘉图等为代表的古典经济学是马克思政治经济学的主要来源，但马克思的资本流通理论或再生产理论却主要来自魁奈领导的重农学派，诚如熊彼特所言："马克思从魁奈那儿推衍出了他的关于整个经济过程的基本概念"（熊彼特，1979）。尤其是魁奈的"经济表"，马克思称为政治经济学中"最天才的创见"。

魁奈本人是一位著名的医生，很容易把资本流通或再生产比喻为血液循环过程，由此也就提出了"循环流转"（circuit-flow）的概念。其实，在魁奈之前，威廉·配第和一些重商主义者就已经把商品或货币流通比喻为血液循环。而重农主义先驱理查德·坎梯隆（1680~1734）也在魁奈之前把循环流转的整个图景描绘出来，但没有将其浓缩为一张图表（熊彼特，2010）。魁奈凭其丰富的想象力和高超的抽象思维能力将循环流转的图景描绘成一张简要的图表，即著名的经济表①。经济表在当时西方学者看来极具魅力，被他的信徒誉为继文字和货币之后的第三大发明，被后来的马克思称赞为最具天才的创见。然而，这张充满魔力的经济表晦涩难懂，在魁奈之后的一个世纪里，没有学者给出令人满意的解读，包括亚当·斯密、李嘉图等在内的伟大经济学家都只是继承了魁奈的"循环流转"，但对经济表往往避而不谈，因而经济表中描绘的再生产理论也被抛弃了（胡世凯，

---

① 国内外有一些学者认为，魁奈创作经济表的灵感可能来自中国的《易经》。《易经》传入西方后，被誉为世界级瑰宝。魁奈是《易经》的崇拜者之一，尤其被其中"谜一般的线条"所感染，并把解开易经之谜的功绩归于孔子（谈敏，1990）。如此看来，马克思的《资本论》或许与中国文化也有些许不解之缘。

1980；韩凌，1983）。因此，这张著名的表也就被马克思称为"斯芬克斯之谜"。马克思大胆和极富洞见地对经济表做出了自己的解读，并在此基础上设计了新的经济表①，绘制出了他自己的社会再生产和资本循环理论（黄公元，1983）。正是因为马克思第一次对经济表做出了深入的解读才被熊彼特誉为"是唯一给予魁奈以正确评价的第一流经济学家"（熊彼特，2010）。

从研究目的和研究方法来看，魁奈的经济表是为了揭示社会总产品的再生产和流通，但这一过程极其复杂，因而需要很高的抽象和概括能力。魁奈首先将整个社会概括为三个阶级，即生产阶级、土地所有者阶级和不生产阶级，进而用五条线来表示这三个阶级间的五种流通行为，由此，被马克思誉为天才构想的经济表仅仅用了五根线就把整个社会的再生产过程揭示出来（高荣贵，1962；王松柏，1982；韩凌，1983）。与其研究目的相对应，魁奈采用了一种宏观或总体的分析方法，对经济学的发展产生了深远影响。现代经济学家在总结其经济表功绩时，认为经济表是最早的总体分析方法，应该把宏观经济分析的基本概念归功于重农学派（谈敏，1991）。美国著名经济学家瓦西里·里昂惕夫创立的投入产出分析法也被誉为"二十世纪的魁奈经济表"。马克思继承和发展了魁奈的研究方法，并在魁奈经济表的基础上设计了自己的经济表。马克思的经济表是为了阐释资本主义社会再生产过程，并揭示资产阶级与无产阶级之间的剥削关系，因而总体上看是两大部类之间及其与社会总生产之间的流通，并将社会总产品划分为不变资本、可变资本和剩余价值，进而揭示了利润、地租、利息都是来自工人创造的剩余价值。可以看出，马克思的经济表已经展现出资本主义的再生产过程并揭示出资本家与雇佣工人之间的剥削关系，实际上形成了《资本论》第二卷"资本的流通过程"的雏形（于洪波，1982；黄公元，1983）。由此看来，马克思的流通理论在一定程度上溯源于魁奈的经济表。马克思的经济表与魁奈的经济表二者的目的都是为了揭示出社会再生产过程，研究方法也基本一致，根本区别在于马克思以劳动价值论为基础，区分了不变资本和可变资本，明确了剩余价值来源于可变资本，即工人的劳动，而非魁奈所谓的源自自然生命力的"纯产品"②。

从上述分析可知，基于研究目的和研究方法的考虑，马克思和魁奈都没有研究具体的商品流通过程，在他们的经济表中，所有的流通过程都用直线来表示，每一条线实际上都是对千万次商品交换的理论抽象（姚迈，1984）。也就是说，他们把具体的商品流通过程抽象掉了。从经济表中可以看出，他们的流通过程全部用货币流通来表示，货币流通被比喻为血液循环，因而循环流转的概念也是针对货币流通而言的。究其原因，在铸币时代，货币只是被视为一种特殊的商品，与其他商品相比除了具有更适合充当交易媒介物理或化学性质之外，没有其他特别属性。由此，以货币流通代替所有的商品流通就是易于被接受

---

① 马克思在 1861~1863 年经济学手稿中，提出了两张反映社会资本再生产全过程的图标，并对恩格斯指出，要用其中的第二张表来代替魁奈的表（高荣贵，1962）。

② 魁奈的"纯产品"是由土地的自然生命力所生产的，也就是说所有的剩余价值都来源于土地，工商业不能创造价值。马克思的"剩余价值论"受到魁奈的启发，但认为剩余价值全部来自人的劳动，而非土地。

的。不仅马克思，古典经济学也完全继承了这一观点，如古典经济学的集大成者穆勒说："引入货币只是增加一种商品而已，这种商品的价值同其他一切商品的价值一样，受同一法则的支配"（穆勒，1991）。尽管后来有学者开始识别货币不同于商品的特性，但占据主流的新古典经济学依然把所有的流通过程抽象为自动完成的货币流通。对此，我们可对经济学文献中的"流通"（Circulation）做一简要考察。

在国内学者吴斐丹、张草纫选译《魁奈经济著作选集》中大量出现了"流通"，但分别只有一处指"商品流通（199 页）、产品流通（325 页）、货物流通（383 页）"（魁奈，2007），其余基本上是指货币流通①。对古典经济学和新古典经济学的著作我们无须一一考察，从熊彼特的鸿篇巨制《经济分析史》中可窥见全貌。熊彼特在这部巨著中对于古典和新古典经济学的回顾，凡涉及"流通"的地方，几乎都是指货币流通。总之，从重农学派之后，经济学大多受魁奈的"流通"所支配（康芒斯，2006a）。因此，在从重农主义到新古典经济学的发展历程中，流通（Circulation）始终是指货币流通，它"始终是一种比喻，一种从硬币时代遗留下来，并从血液循环推论出来的比喻"（康芒斯，2006b）。

通过对概念的上述考察，我们看到，"商品流通"这个概念几乎消失在古典和新古典经济学中。其实，Circulation 本身就有"循环"（circle）之意，如果我们仔细考究会发现，"循环"适用于货币流通而不适用于商品流通，因为正常情况下货币是循环往复使用的，而商品从生产到消费的流通过程是单向的。当然，从马克思的分析中也可以明确看出这一点，他说："每一个商品在流通中走第一步，即进行第一次形式变换，就退出流通……"（马克思，2004a）。这里我们所说的商品流通是马克思所说的第一次形式变换。从这个意义上讲，Circulation 被译为商品流通不够确切，但目前还有很多国内学者采用了这一译法。西方文献中与商品流通最为接近甚至完全等同的是出现在美国早期营销学文献中的"Distribution"和"Marketing"，但后者早已经被约定俗成为"市场营销"，而前者在经济学文献中多指"分配"。因此，从这些专业术语的界定来看，商品流通也是极容易被忽视的。

当然，仅仅通过对词汇的考究还难以触及思想的根源。为此，我们需要进一步探究，魁奈为什么就把流通过程抽象为一条线？难道纯属突发奇想？不是的，那是来自他著名的自然秩序思想。

（二）自然秩序把商品流通视为自动完成的过程

魁奈的循环流转和经济表中有一种经济均衡的预设，即描述了一个均衡的经济系统（熊彼特，2010；贾根良，2010）。马克思完全继承了魁奈的"经济均衡"思想，并把这一图景更加明确地展现在他自己的经济表中。无论是从横向看，还是从纵向看，马克思的

---

① 在魁奈之前，重农主义先驱坎梯隆的《商业性质概论》中也大量的出现了"流通"（Circulation）这个概念，但绝大部分是指金银货币的流通，只有极个别地方提到"商品或产品流通"。

经济表都体现了从局部均衡（各部类内部的均衡）到整体均衡的各种均衡关系。由于每个均衡关系都可以明确的用公式表示出来，因而马克思在《资本论》中就不再使用表，而直接使用公式来探讨他的资本流通或再生产理论。由此可知，经济表可能是解读《资本论》的一把钥匙，但马克思用公式替代了表以后，就容易使读者忽视经济表的重要意义。显然，魁奈和马克思的经济均衡体系类似于牛顿力学中的均衡体系，两者都可以用一系列的数学等式表示出来。在牛顿力学体系中，均衡是通过物质自身的运动规律实现的，而在魁奈经济体系中，均衡是通过"自然秩序"实现的①。

魁奈指出："为了认识时间和空间的规律性，控制航海，保证贸易，必须正确地观察和计算天体运动的规律。同样为了认识结合成社会的人的自然权利的范围，必须尽可能以作为最好统治基础的自然法为依据。这个人们必须服从的统治，对于结合成社会的人来说，是最有利的自然秩序，同时也是实定法的秩序"（魁奈，2007）。从中可以看出，魁奈受自然科学的影响，认为人类社会如同宇宙与自然也具有规律性，即自然秩序②。

马克思的经济表所描绘的经济均衡体系，显然也是由魁奈的自然秩序所支配的，其中的商品流通过程或马克思所谓的第一次形式变化（W—G）也是自动完成的。与魁奈明显不同的是，马克思在他的经济表中揭示出了资本主义的剥削关系。在马克思看来，自然秩序或自由放任所支配的经济均衡体系，实际上就是资本主义生产关系的体现，其中包含资本家对工人的剥削。所以，马克思是不支持自然秩序或自由贸易思想的，因为在表中可以看出，自由放任就意味着任由资本家对工人的剥削。可见，马克思在魁奈的经济表中看到了资本主义生产关系的图景，并用自己的新表更明确地描绘了出来，因此，他说："重农主义体系是对资本主义生产的第一个系统的理解"（马克思，2004b）。从马克思所处的时代背景看，自由放任的发展路线已经为资本主义经济带来了空前的繁荣，但资本家对工人的剥削却有增无减，贫富差距拉大，社会矛盾开始激化。因此，马克思对自由放任的市场经济持反对态度也是符合时代需要的。西方资本主义国家开始通过政府干预来抵制资本家对工人的剥削，以维护社会公平。由此，自由放任的市场经济逐渐转向政府干预的市场经济。可以说，马克思对西方市场经济体制的完善发挥了至关重要的作用。

---

① "重农主义"的法文本意即自然的统治，也被定义为"自然秩序的科学"。

② 魁奈自幼勤奋好学，研习过医学、化学、植物学、数学和哲学等。尤其在医学方面，魁奈本人颇有造诣，使他成为一名著名的医学专家，得到许多上层贵族和知名人士的认可，并被任命为宫廷御医。这个专业背景对于魁奈提出"自然秩序"很有帮助。他最早提出自由放任思想是在1747年发表第二版《动物经济论》中。大约在60岁以后，魁奈才开始转而研究经济学。魁奈因受皇宫贵族的青睐而跃升为一贵族人士，这就不难理解，在他的自然秩序中还包含用来为封建专制辩护的"道德秩序"（康芒斯，2006a），类似于中国封建社会的"礼"，因而魁奈对中国的专制制度大加赞赏。魁奈的自然秩序一方面包含对资本主义经济的向往，另一方面又力求维护封建专制，因而陷入了自我矛盾之中。他为封建专制辩护的道德秩序被后来的经济学家完全抛弃。本文对魁奈自然秩序的探讨，都是针对经济过程的自然秩序而言的。

二　机械唯物论使西方主流经济学永远抽象掉了流通

（一）自然秩序与机械唯物论

魁奈的自然秩序是西方自然法哲学的一个分支（熊彼特，2010）。自然法思想在古希腊罗马就产生了，后来被基督教吸收并同化，成为中世纪神学体系的一个组成部分，因而这个时期的自然法又被称为神学自然法。中世纪的神学带有迷信和愚民的性质，尤其是教皇和教会利用人们的蒙昧，宣称自己是上帝的代言人，决定一个人死后的灵魂能否上天堂，进而疯狂搜刮世俗的财富。所谓的自然法也被教会控制，他们借上帝的名义，按自己的需要来对此做出解释，使之沦为他们压榨世俗和束缚人们思想的工具。随着教会的腐化和商人阶级的兴起，人们的观念逐渐发生转变，开始摆脱宗教神学的束缚，引发了 14～16 世纪文艺复兴和宗教改革运动。经过这两次思想解放运动后，人们从宗教神权中解放出来，强调上帝面前人人平等，教会不再是人与上帝之间的中介，世俗之人可以与上帝直接沟通。人们不必脱离尘世，也不必躲在修道院里修心苦行，而是通过感觉和体验上帝创造的万事万物来实现与上帝的直接接触。因此，对上帝的理解和赞美要通过对宇宙和自然的思索和探究才能做到（陈蓉霞，1991；杨渝玲，2010）。由此，人们摆脱了对上帝的虚幻而转向理性的思考，实现了由经院哲学到世俗哲学的转变，理性主义随之兴起，成为中世纪之后整个西方文明的根基，它促成自然法由神学向理性的转变，同时也迎来了科学革命的胜利。

16、17 世纪自然科学取得了决定性的胜利。从 16 世纪哥白尼的日心说和萨维留斯的人体构造论到 17 世纪牛顿的力学体系，这些科学成就向人们展示了宇宙、物质世界和人体结构的真实面目，从而揭穿了传统宗教神学的荒诞。统治中世纪的神学体系在自然科学面前轰然崩塌。自然科学家都有一个共同的信仰，即自然是有秩序的，并由法来管理（苏曼，1990）。这里"法"就是自然规律，它支配着整个自然界的运行，而上帝则不进行任何的干预。但他们依然给予上帝最高的尊位，视上帝为"第一推动力"，即上帝创造了一个世界后，宇宙和自然就会根据上帝制定的法则进行永恒的机械运动，如同地球围绕太阳做永恒的转动一样，科学的任务就是发现那些恒久不变的规律，这就是 17 世纪盛行的机械论哲学观[①]。对于自然规律的探究，自然科学家继承了古希腊哲学家德谟克利特（约公元前 460～前 370）原子唯物主义世界观，即把世界的本源归结为原子，进而把世界万物的一切差异都还原为原子在形状、大小和组合形式的不同。原子的形状、大小和组合形式

[①]　这种哲学观也发端于宗教改革运动。按照加尔文的预定论，上帝靠创世时制定的天条就预先决定了世界上一切的事情，而"这些天条无异于自然规律，这一来自神学上的宿命论就为机械论决定论的哲学开辟了道路"（梅森，1980）。

都是可以度量的特征，因而任何物体的质都可以由量的加减来表示，这就为数学方法的广泛应用开辟了道路（徐大建，1985）。机械力学与原子唯物主义相结合就成为机械唯物主义，即"把物质的一切特性、千变万化的自然现象都还原为物质微粒的数量组合、空间排列和机械运动"（吕大吉，1980）。当然，他们的唯物主义包含对上帝的信仰，不是彻底的唯物主义。国内外学者称这种唯物主义为自然神论，一方面相信上帝是自然的创造者或第一推动力，另一方面排除了上帝在自然运动中的干预，即自然的运动只是按照规律做机械运动，上帝不再干预（赵林，1996）。最终，伟大的牛顿力学向人们展示了自然和宇宙的机械运动规律是可以用数学公式表示出来的。自然法这个概念在自然科学革命的冲击下也逐渐与自然规律画上了等号。17世纪的科学家们"已经公开地、明确地使用'自然法'来指称我们今天所说的'自然规律'或'科学定律'了"（吴忠，1985）。

　　魁奈所描述的经济系统类似于宇宙和自然界，在自然秩序的支配下进行永久的机械运动，自动实现各个部分的均衡。自然秩序也如同物理学的科学定律，不受人类意志的干预，研究经济过程的目的是发现和认识这些规律，而不是创造人为秩序。显然，魁奈的自然秩序思想来源于自然科学的机械唯物论。当然，魁奈的思想并非都直接来自自然科学，他同时受到17世纪自然法哲学家霍布斯、洛克等自然法哲学家的影响①。16、17世纪的自然科学和自然法哲学家的思想也成为18世纪的主流，尤其影响了法国伟大的思想启蒙家们，魁奈就是其中的一员。这些启蒙思想家无一例外的崇尚牛顿力学和洛克的哲学，都试图将机械唯物论移植到社会科学中②。所以，17、18世纪是自然科学的时代，也是机械唯物论的时代，正是机械唯物论锁定了经济学的发展路径。

　　魁奈的自然秩序发展为亚当·斯密的"看不见的手"以后，自由主义市场经济就成为西方经济学家们永恒的信条。他们认为，经济系统也是符合自然规律的，自由竞争一定能得到合理的均衡价格，进而使资源得到有效的配置，这一过程是自动或自发完成的，不应该受到人为的干预。这种一直流行至今的观点，寻根究底，实质上就是把物理学中机械论移植到了经济学中的结果。但这一过程是潜移默化的，很多经济学家似乎对此全然不知。按照机械论的观点，宇宙与自然界符合恒久不变的运动规律，正如地球围绕着太阳旋转那样。显然，对于这种运行规律，人既不能去创造也不能去改变，只能去发现和认识。同样，经济系统也存在这种永恒的规律或自然秩序，人们不是要干预它，而是去发现和认

---

　　① 受机械力学的影响，霍布斯认为人也是像钟表一样的机械装置，进而用机械论来解释思维和人类社会，建立了历史上第一个机械唯物论的哲学体系（卢良梅、鲍宗豪，1989）。洛克吸收霍布斯的观点，并将牛顿力学体系中机械唯物论融合到自己的哲学体系中，直接影响了法国启蒙思想家（刘海龙，1989）。

　　② 法国启蒙思想家在自然科学领域也颇有研究，如伏尔泰、孟德斯鸠、狄德罗等。伏尔泰（1694～1778）推动了牛顿和洛克的学说在法国的广泛传播，对法国启蒙运动产生了具有决定意义的影响。孟德斯鸠（1689～1755）受机械唯物论的启发，提出了对后人影响甚大的"地理环境决定论"。他最为著名的三权分立学说继承和发展了洛克的分权理论。引导法国启蒙运动进入决定性胜利阶段的是伟大思想家狄德罗（1713～1784），他发起并主持编写一部《百科全书》。这部书是一项宏伟的事业，也代表着法国启蒙运动的最高成就。魁奈的《谷物论》和《租地农场主论》等著名论文曾在《百科全书》上发表。

识它。

由此，经济学家就排除了一切人为的秩序或制度因素[①]。那么，经济学家的任务就局限于发现那个均衡价格，而不必去研究经济组织问题，更无须研究如何组织商品流通的问题，因为那些都是由自然秩序自动完成的。因此，只要主流经济学依然奉行自然科学的机械论，那么经济学中就很难有流通理论的立足之地。我们曾经提出，流通经济学的研究范式与主流经济学相冲突（夏春玉、丁涛，2011），上文则进一步揭示了二者相互冲突的哲学根源。如果新古典经济学这一哲学基础不发生动摇，那么流通理论在主流经济学中的命运就不会发生根本转变。当前主流经济学所面临的种种挑战，似乎预示着其哲学基础开始发生动摇，进而预示着流通经济学发展机遇的到来。但不可忽视的是，精美的数学模型已成为新古典经济学范式的强大保护壳。

（二） 数学形式化对机械唯物论的掩饰和保护

在新古典经济学框架中，我们看到市场经济的价格均衡规律就如同宇宙和自然的机械运动规律那样，可以用一系列的数学公式来表示。然而，经济学家在追求数学形式化的同时，将人类个体简化成为类似物理学中的质点，正如霍奇逊所言："在新古典学派那里，个人被看作仅仅是循着一个设计好了的追求最优化的模式来对经济环境作出反应，偏好一旦确定，选择于是就确定了。个人被置于一个机械的世界里，其中质点总是对合力直接作出反应"（霍奇逊，1993）。也就是说，新古典经济学中的经济人只是一个与人的能动性或目的性割裂开来的原子或质点，所谓的理性选择也只不过是可以被公式化的机械运动而已（赖纳特，2005）。当经济学家沉浸在这种对物理学的羡慕和对数学形式化的追求中时，同时也把人的目的性和心智等社会科学中最关键的因素抛弃了，因为"数学是目的论显然没有立足之地的一个知识领域"（沃尔夫，2011）。奉行这种研究范式的结果只能是，"当数学化过程越来越完善时，经济学的主题却消失了"（赖纳特、达斯特，2007）。因此，新古典经济学甚至不再是社会科学，而成为数学高手们演练技能的舞台，正如克鲁格曼2009年在《纽约时报》撰文指出："经济学失败的根源在于经济学家们追求那种无所不包、充满才智而优雅的研究方式，从而使他们有机会表现其高超的数学技能。"

如今经济学已经被"科学"而华丽的数学模型所装饰，其奉行的机械唯物论也被巧妙的掩饰起来。毕竟，数学只是一种工具，不应该被当成目的，我们应该透过数学外壳反思今日之主流经济学。前文已论述，主流经济学所遵循的研究传统早从魁奈领导的重农主义就开始了，后经大卫·李嘉图、"庸俗经济学"和边际革命传递给今日之新古典经济学。

[①] 这个问题有进一步讨论的意义。在自然秩序体系中，排除人为制度的同时也就意味着人的活动是被动的，因而人的主动选择性也被忽略，尤其是对生产活动的选择。在自由贸易主义的思想浪潮中，发展中国家依据所谓的比较优势被动地选择生产活动，并被束缚在低端生产活动的环节上。而实际上，一些非主流经济学者的研究表明，相对落后的国家也可以通过主动选择来实现赶超。

这一经济学传统受机械唯物论或牛顿主义的影响，将人类社会类比为自然界，遵循自然秩序和自由主义思想，进而从一套人为设定的公理出发，演绎出经济系统所遵循的永恒规律。显然，这一公理演绎体系是从假定出发的，实际上人为设计出一个机械的、静态的和封闭的经济系统，排除了现实经济中诸多重要方面（贾根良，2010）。显然，真实世界的经济系统是有机的、动态的和开放的。经济学另外一种研究传统正是从现实或真实的历史出发解释真实世界的经济学，这一传统主要代表是 19 世纪的美国学派和德国历史学派。然而，这种经济学长期被主流经济学所排斥，并将其重要的理论贡献从经济思想史中删除，致使学界对其普遍陌生（赖纳特，2005）。如今想要复兴的这一传统的经济学都被视为是非主流经济学或异端经济学。

总之，自重农主义经济学派产生起，西方经济学的发展就受到机械唯物论的统治，影响至今。今日之主流经济学家可能会对哲学避而不谈[1]，更不会承认自己已经深陷在机械唯物论的哲学困境中，但其研究方式无不折射出这个事实（贾根良，2010）。机械唯物论由于假设经济体系的均衡是自发实现的，因而奉行自由放任的市场经济，排斥任何的人为干预。由此，人为的经济组织和制度问题被排除在主流经济学研究的视野之外，经济学家的任务就是求证均衡价格。均衡价格由类似于力学体系的一系列数学公式表达出来，这些公式中看不到经济组织的形成过程，商品流通也完全被抽象掉。主流经济学的这种简化方法由于忽视了现实世界中的各种经济现象，因而不断遭到诟病，也是各种非主流（或异端）经济学派得以产生并生存下去的原因。下文就以美国的经济发展为例，论证一种非主流的经济学传统在 19 世纪的美国是如何取得胜利的。

三　非主流经济学研究传统：以美国学派为例

行文至此，我们已经从两个方面分析了西方经济学轻视流通理论的思想根源。如果只从这两个方面来看，美国不同于欧洲国家，一方面，它没有轻商思想的包袱；另一方面，在 20 个世纪 40 年代之前，美国的主流经济学是美国学派和美国制度学派，而新古典经济学直到二战后才开始主导美国经济学。本文认为，这两个方面加之美国独特的地缘环境可以解释为什么美国曾经兴起过流通理论研究。

（一）　美国没有轻商的思想包袱

美国完全不同于欧洲诸国，它自诞生之日起就没有任何封建社会的思想包袱，因而自希腊产生并流传至中世纪的轻商思想从来就没有在美国扎根[2]。美国是由美洲的英属殖民

---

[1]　主流经济学高举实证主义的旗帜，将哲学问题（或他们所理解的形而上学）排除在经济学的研究之外。

[2]　这并不是说美国完全没有轻商思想，如 Bartles 认为，在美国中间商也曾被视为寄生虫，尤其是批发商（Bartels，1976）。但美国对中间商的歧视没有如同欧洲那样有很深刻的历史渊源。

地发展而来的，其特殊性在于殖民地的居民多属于清教徒或较为激进的加尔文主义者，他们刚登上这块新大陆时就与当地印第安人开展了广泛的贸易。受 16 世纪加尔文宗教改革运动的影响，英国产生了同天主教会抗争的新教流派。在英格兰，亨利八世统治时期（1509～1547）启动了宗教改革，然而，在大多数虔诚的英国新教信徒看来，亨利八世的宗教改革远未完成。改革后英国国教在教义和教规上依然保持着天主教会传统，新教信徒主张将改革进行到底，清除天主教的传统，因而被称为清教徒（Puritan）①，这个头衔在一开始充满嘲讽之意（凯利，2008）。亨利八世之后的历代国王都保留着天主教会和封建王权的传统，因而清教徒历尽曲折和磨难②，开始寻求一个能安身立命的新世界。1620 年，著名的"五月花号"为新大陆的普利茅斯送来了第一批清教徒，他们拟定了美国历史上第一个完整的基础性政治文件，即《五月花号公约》。查理一世在位期间（1625～1649），由于遭受政治迫害，开始有大量的清教徒向新大陆流亡，掀起了第一次清教徒向美国的移民潮。在 18 世纪，来自爱尔兰的清教徒大批地移居美国，掀起第二次清教徒移民潮。到美国 1776 年独立战争爆发，北美 13 个殖民地的总人口约 300 万人，其中 2/3 属于清教徒的阵营（凯利，2008）。因此，清教徒的加尔文主义成为决定美国文化传统的主要因素。西欧的资本主义社会是从封建社会过渡而来的，而罗马天主教会如同蜘蛛网一样贯穿于整个西欧封建社会中，因而西欧在进行宗教改革时，总是难以清除天主教会的传统，从而也就无法摆脱封建主义的思想包袱。而美国恰恰是由那些不受天主教会影响的清教徒建立的，这种特殊的文化背景是美国能够快速获得独立并形成其独特经济思想的一个影响因素。

（二）与古典经济学对立的美国经济思想

1776～1783 年独立战争后，美国尽管在政治上实现了国家独立，但在经济上依然依附英国。英国成为工业强国后，强力向美国宣扬自由贸易思想，其理论依据来自亚当·斯密的"看不见的手"和李嘉图的比较优势原理。美国具有丰富的自然资源并在农业上具有明显的比较优势，因而在国际分工中应该专注于农业生产，而不要将资本投在工业制造活动上。因此，在国际贸易中，美国适合成为英国的原材料供应国和其工业品的进口国。毋庸置疑，亚当·斯密和李嘉图等伟大经济学家在人们心中的地位几乎是无法撼动的，但他们的理论并不适应于当时依然落后的美国。美国在国际分工的自由贸易中并没有实现经济上的飞跃，反而有陷入生态破坏、资源枯竭、城乡发展失衡等不可持

①　尽管"清教徒"这个头衔最初来自英格兰，但其与苏格兰、爱尔兰等较为激进的加尔文主义者反对天主教和封建王权的立场是一致的，后文统称为为清教徒。

②　继亨利八世之后的爱德华六世（1547～1553）似乎站在了清教徒的一边，但英年早逝；玛丽女王在位时（1553～1558）使清教徒遭受了血的洗礼，玛丽因此也被称为"血腥玛丽"；伊丽莎白即位后（1558～1603）则站在了天主教与新教的中间，类似于他父亲亨利八世的立场，这同样使清教徒颇为失望。英格兰和苏格兰合并后的英国第一任国王詹姆士一世在位期间（1603～1625）奉行绝对君主制，没有对清教徒让步，他的儿子查理一世登基后（1625～1649）则对清教徒进行了残酷的迫害。1660 年查理二世复辟后，又开始了有计划地对清教徒进行迫害。

续性发展困境的危险，尤其是美国农业已经表现出"竭泽而渔"的生产方式（贾根良，2011）。一些美国学者已经意识到，自由贸易学说反映的只是英国自身的利益，其目的是巩固英国作为世界工业强国的地位，并将美国锁定在"担水劈柴"地位上（赫德森，2010）。因此，美国经济的起飞必须摆脱对英国的依赖，大力发展国内市场，走自给自足的保护主义路线。

这一经济思想最早体现在 1787 年美国宪法中，后由第一任财政部长亚历山大·汉密尔顿（1757～1804）在 1791 年正式提出，经过马修·凯里（1760～1839）、亨利·克莱（1777～1852）、弗里德里希·李斯特（1789～1846）、西蒙·帕腾（1852～1922）、理查德·伊里（1854～1943）等的继承和发展，形成一个与古典经济学对立的美国经济思想体系，这一思想体系的支持者（包括学者、政治家和实业家）被称为"美国学派"。南北战争①后，这一学派引领了美国的工业化进程，使美国在 20 世纪初成为世界超级强国。

在美国学派看来，在英美双方势力悬殊的国际贸易中，自由贸易和比较优势理论无助于美国经济发展，因而极力主张推进国家工业化进程。在国际市场的竞争中，美国的民族工业显然无法与英国抗衡，因而美国必须采取高额关税等保护主义路线，使民族工业避开国际竞争。这同时也意味着美国不得不放弃国际市场，转向培育国内市场，即为工业品和农产品建立一个健康而稳定的国内市场。美国恰恰在这方面具备得天独厚的优势，正如美国学派的重要代表亚历山大·埃弗雷特所言："美国拥有广阔的领土、大量的人口以及用之不竭且多样化的自然资源，这些优势足以使美国'成为一个在世界上自给自足并具有独立自主地位的国家'"（赫德森，2010）。美国学派深谙这一优势的巨大潜力，并提出"国内市场（内需）"说（贾根良，2011），即致力于建立一个国内统一市场，使国内的工业与农业、城市与乡村协调发展，形成一个具有可持续性和可循环的经济系统。建立国内统一市场，关键在于开展国内自由贸易和降低国内流通成本，为此美国学派提出了"内部改善"纲领②。在这方面，美国突出表现在交通运输条件的改善，爆发了美国的"交通革命"③。值得关注的是，他们对公共事业或公共投资持有的理念是"公共投资所获得的回报不能通过它产生的收益来测量，而是应该按照它在降低整个经济的总体成本上的作用来衡量"（贾根良，2012）。这种理念促使美国的交通革命演变为大幅降低运输成本的革命，如 1870～1910 年，铁路货运每吨每英里的运费由 22 美分降至 0.75 美分（王旭，1986）。因此，美国崛起的背后是国内统一市场的形成，以迅速发展国内贸易来带动美国的工业化进程。

---

① 南北战争（1861～1865）前，美国是一个南北分裂的二元经济体，北方适合于发展制造业，致力于促进国内工业、农业部门之间的城乡平衡，支持美国学派的保护主义思想；而南方种植园经济则依赖海外市场，支持英国的自由贸易思想（赫德森，2010）。因此，北方的胜利为美国学派落实行动扫清了障碍。

② 1824 年美国著名政治家亨利·克莱发明了"美国制度（体系）（American System）"一词，用来描述他的三部分纲领：保护性关税、国内（内部）改善和国家银行（赫德森，2010）。

③ 最为突出的是铁路建设，1860～1890 年，全国铁路线从 31246 英里增加到 166703 英里，比 1890 年整个欧洲的铁路线（139000 英里）还要长（何顺果，1986）。

20 世纪 40 年代后，德国历史学派和美国老制度经济学相继走向衰落，[①] 他们的重要贡献也随之为新古典经济学埋没，致使美国的流通理论也消失了。尽管在一些营销学文献中对美国早期流通理论有所讨论，但营销学在第二次世界大战以后也受新古典经济学的影响而演变为一门营销管理学，流通理论实际上被排除在营销学之外（夏春玉、丁涛，2013）。幸运的是，国内外一些学者正在为复兴非主流经济学的研究传统开展积极的工作，[②] 而这一研究传统的复兴也必将有助于推动我国流通经济学的发展。

四　结语

与以往的研究相比，本文更倾向于刨根问底式的探索。现有的很多研究都已经明确指出主流经济学过于简化的分析范式把重要的经济组织问题抽象掉了，尤其是商品流通过程。本文沿着这些研究成果继续探究下去，对西方主流研究范式开展寻根究底的探索。研究发现，西方也存在轻商的文化传统，这是西方经济学无流通理论的一个影响因素。西方经济学抽象掉流通过程的始作俑者是重农学派领袖魁奈，他不仅锁定了西方正统经济学的研究路径，也对马克思产生了深远影响。魁奈抽象掉流通过程的思想根源是他那著名的自然秩序，自然秩序是自然科学发展的产物，即机械唯物论的哲学观。西方主流经济学继承了魁奈的自然秩序，其研究传统实际上也是建立在机械唯物论的基础之上。但数学形式化的包装和发达国家对自由主义思想的大肆宣扬，使经济学研究忽视了经济学理论大厦得以建立的哲学基础。可见，新古典经济学的哲学观或研究范式决定了其无法真正将流通问题纳入到它的研究对象中。因此，摆脱流通经济学的贫困，需要其他的经济学范式，因而我们转向对德国和美国等非主流经济学派。德国历史学派和美国制度学派显然反对将机械唯物论移植到社会科学中来，他们强调人为秩序在社会科学中的重要性，关注重点应该是经济组织与制度问题。

在考察了上述两个因素后，我们继而考察了与众不同的美国。美国没有轻商传统的思想包袱，同时其主流的经济学范式在二战之前是制度经济学而非新古典经济学，这在很大程度上解释了为什么美国从 19 世纪末开始出现了大量的商品流通或营销学文献。在 19 世纪经济起飞的年代，美国的主流经济学思想与正统经济学是完全对立的，他们奉行保护主义的发展路线，因而放弃了国际市场，转向国内市场。事实证明，美国的国内市场战略取得了成功。美国地大物博，具备建立国内统一市场的先天优势，这一点与中国是类似的。

[①] 关于两个学派衰落的具体原因，参见杰弗里·M. 霍奇逊《经济学是如何忘记历史的：社会科学中的历史特性问题》，第 31～33、150～153 页。杰弗里·M. 霍奇逊《制度经济学的演化：美国制度主义中的能动性、结构和达尔文主义》，杨虎涛等译，北京大学出版社，2012，第 376～390 页。

[②] 在这方面做出重要贡献的西方学者有霍奇逊、赖纳特、赫德森、张夏准等，他们的一些重要著述已被译为中文。国内重要的代表作参见贾根良《西方异端经济学主要流派研究》，中国人民大学出版社，2010。目前，商务印书馆正在隆重推出一套《西方非正统经济学译丛》，将会有更多的非主流经济学名作问世中国。

但目前中国走上了一条出口导向型的发展路线。非常遗憾，加入 WTO 前，我国的经济学家们没有研究美国 19 世纪崛起的那段历史，也没有研究德国经济学传统。究其原因，发达国家把亚当·斯密和李嘉图的思想奉为一种世界主义经济学，适应于世界任何国家。

然而，发达国家的实际行动恰恰证明了相反的结论。如同今日之发达国家的做法，英国在 19 世纪向美国鼓吹自由贸易主义，但美国是通过恰恰相反的路线实现了强国之路；而当美国取得经济强权后，把那段强国之路的历史隐藏起来，又转而向发展中国家宣扬自由贸易主义。这足以说明，经济学理论在不同的地域和不同的时间都有不同的适应对象，因此经济学绝非世界主义的，而是国家的、历史的、相对的。美国崛起的历史给予我们最大的启示是，对于今日之中国，研究国内统一市场的建立，以及研究国内贸易或流通问题是急迫的。但如前所述，由于主流经济学的理论框架与研究范式是以不存在流通问题为前提的，因此，很难用主流经济学的理论框架与研究范式对国内贸易或流通问题进行深入研究，而有必要尝试已被忽视的德国历史学派、美国制度学派等非主流研究范式来研究流通问题。

"逆城市化"还是"伪逆城市化"

——西方"逆城市化"与我国"逆城市化"比较研究

引　言

"逆城市化"概念是美国地理学家波恩在 1976 年提出来的。它是指西方国家"城市化"发展到一定阶段之后,大都市发展开始趋缓,大量城市人口和资源流向农村和小城镇的过程。美国城市地理学家诺瑟姆(Ray. M. Northam)1979 年的研究进一步验证了"逆城市化"是城镇化发展过程中的一个阶段。他通过对西方国家城镇化的实证分析,提出城镇化发展过程呈现一条稍被拉平的"S"形曲线(即诺瑟姆曲线)。基于此,他把城镇化过程分为起步阶段(城镇化率低于 30%)、加速阶段(城镇化率高于 30%,低于 70%)和稳定发展阶段(城镇化率大于 70%)三个阶段。在城镇化的后期,城镇化增速趋缓甚至停滞,出现"逆城市化"现象。至此,"逆城市化"不仅是城镇化发展过程的一个阶段,而且成了一种理论观点被人们广泛作为研究城镇化问题的一个理论参照,甚至被看作城镇化发展过程不可逆转的规律。

我国从 20 世纪 80 年代末开始出现对"逆城市化"问题的关注(张善余,1987),直到 20 世纪 90 年代中期,这个时期主要是对西方"逆城市化"现象和理论的介绍。20 世纪 90 年代末,随着城镇化规模的扩大和速度的加快,开始在研究西方"逆城市化"问题的过程中注重对我国的警示作用的研究(黄小花,1997)。进入 21 世纪,尤其是从 2003 年开始,一波一波上演的"民工荒"和一些把户口从城市迁往农村的现象,引起学界较多的关注,并被视为中国也出现了"逆城市化"。

如何看待西方的"逆城市化"理论和实践、如何准确认识我国当前出现的所谓"逆城市化"现象,不仅关系到对城镇化发展总体规律的认识,而且关系到我国城镇化道路的战略性抉择,关系到我国新一轮城镇化的走向和效果。在对中国所谓"逆城市化"问题进行研究的过程中,基本上是以西方的"逆城市化"为参照,因为"逆城市化"无论是从实践还是理论上都是始于西方。廖筠(2003)、陈伯君(2007)、郭文婧(2010)等把我

---

* 段学慧,女,陕西三原人,淮北师范大学经济学院副教授,主要从事政治经济学、社会主义经济理论研究。
戴凤礼,男,安徽砀山人,淮北师范大学经济学院,院长,副教授,主要从事社会主义经济理论研究。

国出现的"非转农"以及农民工回流等人口从大城市向农村或小城镇倒流的现象称为"逆城市化"现象，并认为我国当前出现的"逆城市化"是城乡一体化发展的契机和动力。其论证依据是"逆城市化"是城市规模发展到一定程度后必然出现的客观现象，是城市发展的客观规律，借助"逆城市化"机遇发展小城镇，从而形成中心城市与中小城镇、乡村彼此产业呼应、优势互补、良性循环的"城乡一体"发展格局，使城市化在新的格局下得以持续发展。这种观点从表面上看似乎很有道理，但深究起来好像有不分青红皂白把西方城镇化的所谓发展"规律"全盘照搬的嫌疑，也有对中国目前"逆城市化"的特点缺乏深究从而把中国的"逆城市化"与西方的"逆城市化"混为一谈的缺憾。这样，在理论上和实践上都是有害的。所幸的是也有学者（袁晓玲，2005）注意到了西方国家"逆城市化"并非普遍适用的规律，而是其城市化发展达到相当的高度，一系列城市病和社会矛盾进一步加剧的产物，暴露了发达国家工业化过程中先发展大城市后建设小城镇的城市化道路的诸多弊端，我国的城市化发展显然不能走发达国家的老路。宋时飞（2010）、袁亚飞（2011）把我国当今的所谓"逆城市化"称为"伪逆城市化"，郎咸平（2012）也认为"我们的逆城市化""并不是真正的'逆城市化'"。但就论证上来看比较简单，最多只是一种观点的表达，缺乏系统、深入的理论论证。

综上所述，由于目前对西方"逆城市化"问题的研究还不够系统和深入，因而照搬西方"逆城市化"理论的现象比较严重；对中国目前出现的所谓"逆城市化"现象的研究还停留在现象分析层面；与西方"逆城市化"的比较研究还相当缺乏。本文旨在通过对西方的"逆城市化"的实质的深入研究及其与中国当下所谓"逆城市化"的比较研究，厘清关于"逆城市化"理论的偏见和种种缺憾，以期对我国正在如火如荼地开展的城镇化"运动"有所启示。

一 西方"逆城市化"理论、实践和条件

（一）西方"逆城市化"理论与实践

"逆城市化"实践始于"二战"以后，西方少数经济发达的国家，大城市人口停止增长甚至减少，人口和其他资源开始向中小城市，特别是大城市周围的小城镇和农村流动。英国伦敦城市人口从1950年到1970年的20年间，减少了10万人，其他像法国、德国、美国、日本等国，每年城市人口都有不同程度的减少，且呈逐年上升趋势。到了20世纪70年代，"逆城市化"的速度和规模出现加速趋势。以英国为例，英国城市人口20世纪50年代每年减少2万人，60年代每年减少4万人，到了70年代每年减少9万人。同样的现象也发生在美国，由于东北部的制造业开始衰退，大量的人口迁移到西部和南部的阳光地带，使西部和东部地区的人口增长占全国增长的96%，非大都市市区人口增长率超过大都市市区人口增长率。1970年3月到1974年4月期间，美国大都市人口减少了180万人。

在此期间，西方其他发达国家也程度不同地出现了"逆城市化"现象。"逆城市化"使西方发达国家缩小了城乡差距，实现了城乡一体化。

美国地理学家波恩和诺瑟姆所做的正是对"逆城市化"现象的理论概括，而真正导致逆城市化潮流和现象的理论主张和先导，最早可以追溯到1898年英国人霍华德发表的具有划时代意义的专著《明天的田园城市》。他针对英国日益严重的"城市病"，第一次提出了"田园城市思想"和"城乡一体化"理念。后来，20世纪30年代美国学者赖特提出的"广亩城设想"，芬兰建筑师 E. 沙里宁提出的"城市有机疏散思想"以及1966年美国学者刘易斯·芒福德提出的"城乡统筹发展"思想，这些思想作为理论先导，使西方国家不断反思城镇化道路，为"逆城市化"实践奠定了理论基础。

然而，在古典自由市场经济理论流行的时代，政府面对"城市病"因为不能突破理论"瓶颈"而无能为力，真正促使"逆城市化"成为现实的是凯恩斯主义。凯恩斯针对1929～1933年的"大萧条"提出政府要实行积极的财政政策和货币政策进行"需求管理"，从而实现充分就业。凯恩斯的理论观点和政策主张颠覆了古典自由市场经济理论，为政府进行宏观调控提供了理论依据，使得政府在治理"城市病"和城乡差距这些市场失灵问题上，可以有所作为。

（二）"逆城市化"的内在驱动力

作为城市主体的无外乎就是城市生产和生活的供给者和需求者，即居民和企业。在城市这个空间里，居民既是劳动力的供给者和生产者，也是产品、环境、秩序的需求者；企业作为生产的组织者，既是各种生产要素的需求者，又是产品的生产者，环境的再创造者。对于居民来说，追求的是相对较低的生活成本和较高的生活质量。在一个由于人口拥挤而导致房价高企、交通拥堵、交通成本提高、生活污染和生产污染、生存环境恶化、失业增加、城市秩序甚忧、犯罪率上升的城市里，居民越来越向往村镇低成本居住、低成本生活和对大自然的拥抱。于是，居住在大城市的经济条件优越者纷纷迁居城外。对于企业来说，城市化的功能，本来在于通过要素集聚，从而降低要素使用成本，提高要素使用效率。但当城市规模发展到一定程度以后，当大城市企业的聚集度（要素的需求程度）大于要素的聚集度（要素的供给程度）时，企业的用地成本、劳动力成本等生产要素成本就会不断上升，使企业的生产成本不断提高，企业为了寻求更低的成本和更高的利润空间，于是迁往土地等生产要素成本低的乡村，这是生产要素配置和流动的结果。

（三）"逆城市化"的外部条件

（1）"逆城市化"的技术条件。现代信息技术和现代交通技术的发展，为消除城乡之间的空间隔离，实现城乡之间的联系和互动创造了技术条件。公用及家用汽车的普及，不仅满足了城市人回归自然的需要，而且使各种要素在城乡之间得以自由流动；电信、光纤技术的发展使居民和企业获得信息不再受空间的限制，消除了居民和企业在农村无法分享文明世界（城市）各种信息的顾虑。

（2）"逆城市化"的政策支持。如果没有政府的政策支持，教育社会福利体系的健全、医疗卫生条件的改进、公共交通体系、光纤、网络等基本公共服务和基础设施向农村的延伸就不可能实现，即使现代信息技术和交通技术很发达，"逆城市化"也无从谈起。"二战"以后，西方国家政府推崇凯恩斯宏观调控理论，一方面为了治理"城市病"和解决城乡二元经济矛盾，另一方面为了支持私人垄断资本的发展，普遍实施了反哺农业、回馈农村的城乡关系政策，加强农村基础设施建设，提高农村公共服务水平，缩小了城乡之间的基础设施和公共服务差距，从而为吸引人口、资本等要素不断从大城市向农村和小城镇转移奠定了物质基础。

二 "伪城市化"下的"伪逆城市化"——我国"逆城市化"假象

改革开放以来，我国的城镇化率从 1978 年的 17.9% 上升为 2012 年的 52.57%，按照公安部的户籍统计，有将近 2.4 亿的城镇人口只是常住城镇却没有城镇户籍，户籍城镇化率只有 35.2%。因而，我国人口的城镇化只是表象，而户籍的城镇化才是实质。因为中国的户籍制度不仅是一个身份差别的标志，而且是权利和福利水平的差异。附加在户籍上的诸如就业、入学、社会保障等权利的平等性，决定了真实的城镇化水平。因此学术界将官方公布的城镇化率称为"伪城镇化率"。

在这种"伪城镇化率"下，那些没有城镇户籍的"城镇人口"就成了所谓"逆城市化"的主力。概括起来有以下三种情况：一是"非转农"。由于城镇化过程中土地红利的巨大诱惑，使一些已经取得城镇户籍的人群，为了在农村享受村集体经济分红、征地补偿、回迁安置房等利益，把户籍迁往农村享受拥有农村户籍所带来的土地红利。二是"民工荒"和"逃离北上广"。在城市打工 6 个月以上却没有城镇户籍的农民工，因为在城市没有根基，收入水平低，不能和城市人口享受同样福利，不甚忍受大城市高房价、高生活成本，"自愿"放弃城市的工作回到农村。而大学生也由于同样的原因放弃当初在大城市的梦想和追求，选择了"逃离北上广"，回到二、三线城市。三是"回乡创业型"。由于就业形势和就业观念的变化，有些大学毕业生不再留在人才扎堆的大城市，而是选择回乡创业。加之各地实施"回归工程"、"引智工程"，引导外出务工有成人员回乡创业。此三种情况的出现，被学界相当一部分学者视为中国出现了"逆城市化"。

那么，我国出现的所谓"逆城市化"，是真的"逆城市化"吗？答案是否定的。原因如下：

第一，目前出现的人口外迁，严格地说不是"逆城市化"，而是一种"郊区化"现象。首先，"非转农"现象主要出现在广东珠三角、浙江东南沿海、苏南经济发达地区，以及城市郊区被征地的那部分人群，由于城镇规模的扩大把原来城市附近的农村纳入了城镇的范围，于是为了获得征地补偿等利益而采取了"非转农"手段，而真正离城较远的农村，这种"非转农"几乎不存在。其次，"逃离北上广"现象主要发生在生活压力较大的几个特大城市，不仅不具有普遍性，而且"逃离北上广"的群体大都表现为由一线特大城市向二、三线城市转移，并没有"逆"回到农村地区。最后，大学生和农民工回乡创业者人数寥寥。据 2009 年 1 月北京市协作者文化传播中心对北京、江苏、陕西、重庆等 15 省市的调查研究，仅有 6.8% 的农民工选择在家创业。大学生回乡创业的人数占比更少，根据教育部的统计，大学生自主创业的只占毕业总数的 0.4% 左右，更何况创业者回乡不一定是回农村，而是回到原籍所在的省市借助大学生创业基地等平台自主创业，而回农村工作和服务的大学生较少，且流失率相当严重，有的地方高达 70% 以上。

第二，城市人口的流入和流出是一个动态过程，是城市的向心力和离心力综合作用的结果。以上所说的三种流出情况，除了"非转农"可以确定为城市人口正流出以外，其他两种情况都难以确定是一种正流出。年龄大的农民工在回流的同时，年轻的打工者依然在源源不断地流出。目前几乎所有的为了证明我国已经出现了"逆城市化"的研究，都只看到了回流的一面，却没有看到农村新生代农民工还在源源不断地流出。因而从总体上来说，认为中国出现了"逆城市化"还为时过早，城市化仍然是主流。目前出现的"逆城市化"现象在一定程度上可以说是大部分进城者没有"城市化"的结果。

第三，从人口的流动的实质来看，不管是哪种形式的人口回流，都不能与西方的"逆城市化"相提并论。在西方国家，城市流向郊区乃至农村的人群，最早的是富人，后来是中产阶层，这种流动是为了追求更高的生活质量，是一种自发的、心甘情愿的流动。而中国的情况恰恰相反，人口从城市流向郊区乃至农村的人群，主要是社会中下层，是为生活所迫而进行的一种被迫的、无奈的流动，并非人们对乡村生活的发自内心的向往，就目前来说主要是捆绑在户籍上的利益驱动的结果。户籍本是维护社会秩序、确认公民权利和义务的一种手段。然而计划经济年代遗留下来的城乡户籍分类管理分类对待，造成了城镇居民与农村居民在诸如社会保障、就业等公民权利上的不平等。在市场经济条件下，依然延续了计划经济下的户籍管理模式。这种管理模式造成了两种"病态"的返乡，一种是渴望获得城镇户口的农民工，因不能与城市市民享有同等社会福利和择业、子女入学等平等权利，而成为城镇人口返乡的主力。另一种相反的现象就是把已获得的城镇户口转为农村户口，即"非转农"，以获得城镇化过程中土地出让的收益。"非转农"不仅不是真正的"逆城市化"，而且会影响城镇化进程。另外，土地制度和土地市场的城乡分割，也成为人口回流的主要原因。由于城乡土地市场的分割，导致城市土地价格不断上涨，成为房价居高不下进而成为城市生活成本上升的主要原因，也直接诱发了"非转农"现象。这些城市人口的回流现象，不仅不是真正的"逆城市化"，而且会影响城镇化进程。

第四，从"逆城市化"的条件来看，西方的"逆城市化"是在城乡基础设施和公共服务均等化或一体化的前提下实现的，而目前我国的城乡基础设施和公共服务差距还非常大。目前虽然我国"逆城市化"的技术条件已经成熟，现代信息技术和交通技术已经在城市相当普及，但是网络、光纤、交通技术和设施还没有普及到农村，城乡教育、医疗卫生条件差距还很大，所以如果不是农村户籍可以获得城镇化过程中的土地补偿，如果不是为生活所迫，人口从城市向农村的倒流是不可能发生的。所以，所谓"逆城市化"，显然是一种"伪逆城市化"，也就是说是一种非正常的"逆城市化"。

综上所述，我国的"伪逆城市化"并不是市场经济规律作用的结果，而是城乡二元经济体制下城乡分割的户籍制度、土地制度以及基础设施和公共服务的城乡差异所导致的利益驱动和无奈选择。

三　西方"逆城市化"述评及我国城镇化道路的选择

第一，波恩和诺瑟姆提出的"逆城市化"理论是对西方城镇化路径的总结，有参考价值但不可以照搬。从研究方法上来看，他们的研究方法都是实证分析法（empirical analysis）或经验分析法，即对事例或经验的归纳。通俗地说就是把已经发生过的事件或现象通过归纳得出已经发生的事件的"规律性"①。这种研究是在一定的假定前提下进行的，其所得出的结论，只有当现实经济生活条件与这种假设前提相吻合的情况下才适用，一旦条件发生了变化，实证分析所得出的结论就不再具有适用性。波恩和诺瑟姆关于"逆城市化"的理论的研究，其基本假设前提就是西方资本主义市场经济，所得出的结论只是说明了城镇化的技术路线，却没有从体制、制度上说明西方国家城镇化在加速发展阶段出现"城市病"的原因以及"逆城市化"产生的体制背景，更不可能提出西方国家从一开始就应当避免"城市病"，进而避免走"逆城市化"道路带来的土地资源的浪费等新的弊端，反而把这一过程看作是城镇化的普遍规律。我们是在社会主义市场经济体制下搞城镇化，制度背景与西方不同，如果我们把它当作普遍规律，就会把"城市病"和"逆城市化"都看作是城镇化发展过程中不可避免的现象，进而为业已出现的"城市病"找借口。这显然影响对城镇化问题的科学分析和研究，误导城镇化的实践。

第二，西方城镇化的实践告诉我们，西方国家"逆城市化"使"城市病"问题得到缓解并实现了城乡一体化，但我们不能等"城市病"泛滥后再通过"逆城市化"来解决。"城市病"和城乡分化是西方城镇化过程中"政府缺位"的表现，因为西方城镇化的初期和快速发展时期是城镇化的自由发展时期，是在市场的自发调节下进行的，没有政府的调控。而"逆城市化"是在政府干预和政策支持下进行的，从而缓解了"城市病"，缩小了城乡差距，实现了城乡一体化。可见，西方国家城镇化是沿着先集中后分散、先剥夺后反哺、先污染后治理的路径进行。可以假设，如果西方国家从一开始就有规划地基于城乡协调发展的角度进行城市化，就不可能出现城市病等一系列问题，也就没有所谓"逆城市

---

① 严格来说，实证分析法只有归纳缺乏演绎，得出的是一定条件下的变量之间的关系。它不是从逻辑上进行严格的演绎，变量之间的因果关系不一定是本质的、内在的因果关系即规律，有的结论只是现象因果关系甚至是伪相关，所以此处用了带引号的"规律性"。

化"之说。这从正反两方面给予我们可资借鉴的经验和教训：城镇化是不可以完全放给市场的，应当发挥政府宏观调控作用。目前正是我国城镇化快速发展时期，只有发挥政府的宏观调控作用，才能把"城市病"消灭在萌芽状态而不至于使其泛滥；只有发挥政府的宏观调控作用，才能在新型城镇化建设中逐步缩小城乡差距，从而实现城乡一体化。

第三，要打破城镇化的制度瓶颈，进行制度创新。城镇化的实质是让更多的人或者说让城乡居民都能够分享现代文明，而不是居住的空间和身份的认定。就目前来说，一方面要让已经进城农民有充分的就业和完全的市民权益，另一方面要让没有进城的农民就地享受和城市市民同等的公共服务，逐步缩小城乡差距，最终淡化"城"和"乡"的概念，实现城乡一体化。现有的户籍制度、土地制度以及城乡二元财政投入体制是城镇化的最大障碍。改革户籍制度不仅仅是放开城镇户籍管制，让农民工市民化，更重要的是要剥离附着在户籍上的种种福利差别，使户籍不再成为城乡居民"高低贵贱"的身份标志，通过户籍这个法律证书实现城乡居民身份的平等；要改革城乡二元财政投入体制，加大对农村基础设施和公共服务等公共产品的财政投入，实现公共资源在城乡之间的公平合理有效配置，实现农村公共产品与城市的均等化，为城乡居民自主选择"或城""或乡"的生活奠定物质基础；改革土地制度，建立城乡统一的土地市场，通过农村土地物权化、资本化、市场化，实现土地在城乡之间的合理配置，不仅可以使农村居民对土地收益有一个合理预期，而不是一味地往城里"挤"，而且可以杜绝因为土地制度的不统一而导致的"非转农"；不仅可以通过释放农村土地，缓解城市的高房价，而且避免城镇化过程中的各种不规范征地现象，缓解社会矛盾。

第四，"逆城市化"并非我们理解的单纯人口由城市流向农村的流动，也不是大城市被分解了，而是城市布局的分散化和功能的优化，是城市空间布局结构的优化。不要以为西方国家的"逆城市化"是向农村地区的延伸（农村城镇化），而忽略了大城市的发展。西方国家在"逆城市化"的同时，国际大都市还是在不断发展。大城市不仅在发展，而且形成了大中小城市功能互补、协调发展的格局。所以，我们任何时候都要坚持大中小城市功能互补、协调发展的道路。不要一个时期发展大城市，一个时期发展中小城市，现在又把所有的精力都放在农村城镇化上，这样是不科学的。要做好大中小城市城市群的空间布局规划，形成大城市发挥辐射带动作用、中小城市和城镇的主体功能明确又相互补充的格局，促进各类城市协调发展。

第五，目前不仅要关注"城市病"，也要关注城镇化过程中的"农村病"。伴随着城镇化进程的加快，农村青壮劳动力都出去打工了，剩下"三八""五九""六一"部队，进而带来农村土地荒芜、迷信、赌博、隐性失业、治安等一系列问题。这些问题要通过农村城镇化留住农村人才、留住建设社会主义新农村的主力军来实现，更要通过农业的现代化来实现。理论界普遍认为工业化是城镇化的动力，岂不知，农业是城镇化的原始动力。只有通过农业现代化提高农业劳动生产率，才能实现劳动力向城镇的转移，进而支撑城镇化。没有农业现代化，没有农业的产业化，农村城镇化就会成为没有灵魂的躯壳。

反思科斯定理、库兹涅茨假说与比较优势原则

陈　弘[*]

一　科斯定理、库兹涅茨假说与比较优势理论在中国

（一）科斯定理

科斯（Coase，R. H.）20 世纪 30 年代和 50 年代的两篇文献——《企业的性质》和《社会成本问题》中"交易成本"（transaction cost）——生产成本以外的成本的概念成就了西方经济学的产权（property rights）理论。1991 年，科斯因"发现并澄清了制度结构中交易成本和产权的重要性以及其的经济功能"获得了诺贝尔经济学奖后，科斯的产权理论成了国内最具影响力的西方经济思潮之一。

在《社会成本问题》中，科斯将"负外部性"问题的解决与市场联系起来指出，"如果定价制度的运行毫无成本，最终的结果（产值最大）不受法律状况影响"；"一旦考察到市场交易的成本，……合法权利的初始界定就会对经济制度运行效率产生影响"。[①] 这一阐释后来被斯蒂格勒（Stigler，G. J）概括为"科斯定理"（Coase Theorem）[②]——在零交易成本的理论世界里，无论初始的产权怎样安排，当事人均可以通过自由交易实现帕累托最优（科斯第一定理）；在正交易成本的现实世界里，不同的产权安排对经济效率有着决定性的影响；实现资源配置优化，就必须制定恰当的产权制度安排（科斯第二定理）。而现实的世界是一个正交易成本的世界，"合法权利的初始界定"就是市场经济效率的产权基础；稀缺性资源的竞争性有效配置这个经济学的基本问题，就成了一个"产权应如何界定与交换以及应采取怎样的形式的问题"。[③]

21 世纪 90 年代初西方产权理论进入国内之后，产权概念逐渐替代了马克思主义经济学中的所有权概念。强调以产权替代所有权必要性的最普遍解读是："所有权与产权在经

---

[*]　陈弘，南开大学马克思主义教育学院，教授，博士生导师。

[①]　Coase. R. H，The Problem of Social Costs，Journal of Law and Economics. Oct. 1960.

[②]　Stiger. G. J. The Theory of Price，New York ，Macmillan ，1966.

[③]　E. G. 菲莒博腾等：《产权与经济理论：近期文献的一个综述》，载《财产权利与制度变迁》上海三联书店，1994.

济学意义上是有区别的：其一，所有权是绝对或普遍的权利，……除了法律禁止，所有者可以自由行使对自己财产的各种权利；产权是相对权利，是不同的所有权主体在交易中形成的权利关系……其二，产权是一组权利，在交易中是可以分解的……其三，产权与所有权相比有着更广的外延，它不仅包括通常的物权，还包括股权、债权、专利权、商标权、名誉权等其他权利形式。其四，所有权通常是指财产所有者支配自己财产的权利，而产权还指人们是否有权利用自己的财产去损害他人的权益。……这种使自己或他人受益或受损的权利也是产权。因此，当我们讨论市场经济条件下资源配置的效率时，就需要引入产权范畴。"①

而"产权"与"所有权"、"所有制"等人们熟悉的概念的称谓差异，则也是一些研究者重视产权理论的原因——产权这个新称谓可以将一些研究者彻底否定公有制的理论主张包藏起来。一位自认"最早"向国内传播科斯理论的学者②自述，其与一些经济学家在1991 年科斯获得诺奖之后一致认为"有必要把他的理论介绍到中国来"使人们"认识到产权改革的重要性"；后来随着社会政治环境的宽松，这位不再需要"产权"掩饰的学者就明确宣称说，在中国改革的关键是公有制变成私有制"。

（二）"库兹涅茨假说"

1955 年，美国经济学家库兹涅茨（Kuznets，S.）依据一系列横截面数据提出了经济增长与收入分配关系的"库兹涅茨假说"（Kuznets Hypothesis）——"收入分配不平等的长期趋势可以假设为：在前工业文明向工业文明过渡的经济增长早期阶段迅速扩大，尔后是短暂的稳定，增长的后期阶段则逐渐缩小。"③

"库兹涅茨假说"对追求经济增长的发展中经济体有着强烈的政策暗示——增长动力源自储蓄转化的投资，高收入阶层比低收入阶层的储蓄倾向更高，所以收入分配差距越大对经济增长的推动就越大。如刘易斯（Lewis，W. A.）所言，"经济发展理论的中心问题是去理解一个由原先的储蓄和投资占不到国民收入 4% 或 5% 的社会本身变为一个自愿储蓄增加到国民收入 12% 到 15% 以上的经济过程"；由于"所有的储蓄都是由获得利润和地租的人们进行"，因而"经济发展的中心事实是收入分配变得有利于储蓄阶级。"④ 而经济增长的成果则会通过"向下涓流"（truckle – down）的扩散逐步惠及穷人——收入分配平等必须"在变得更好之前要变得更坏"。

面对我国市场化改革中收入分配差距扩大的状况，"库兹涅茨假说"成了最重要的理论解读依据。而最引人注意的是奉"库兹涅茨假说"为圭臬对我国市场化改革中的收入分配差距扩大的分析。这样的研究强调，我国收入分配差距的扩大"是工业化过程造成的"、

---

① 杨瑞龙：《所有制·所有权·产权》，《人民日报》2004 年 11 月 9 日。
② 在内地第一个介绍科斯理论的是香港经济学家张五常。参见张五常《卖桔者言》，四川人民出版社，1988。
③ Kuz Nets, S. Economic Growth and Income Inequality，［J］，American Economic Review, Mar.，1955.
④ 刘易斯：《二元经济论》，北京经济学院出版社，1989，第 15～16 页。

"是发展的一个过程"；① "处于城市化和工业化进程中的国家，基尼系数往往要高于完成城市化和工业化后的国家，这是正常现象"。② 为夯实"正常"之说，研究者们釜底抽薪地质疑基尼系数的科学性："基尼系数是工业化后一元结构社会贫富的一个表达，对于中国这个城乡二元结构，加上东西部差距，可以说是多元结构的社会，本质上是不适用的"；③ 基尼系数 0.4 的警戒线"主要是基于西方国家经验的抽象"，"教条地使用 0.4 作为警戒线"，混淆了"收入差距判断与收入差距影响判断"，"中国的基尼系数超过 0.4，……对于经济的负面影响并不突出"，"不能据此判断中国收入差距影响也超过了警戒线"。④

（三）比较优势理论

李嘉图（Ricardo, D.）在 1817 年首版的《政治经济学及赋税原理》中以劳动价值论为基础论证：资本和劳动在不同国家间的不流动，使"支配一个国家中商品相对价值的法则不能支配两个或更多国家间相互交换的商品的相对价值"；⑤ 这样，即使一国生产任何一种商品的劳动成本都高于另一个国家，倘若两国分别生产并出口劳动耗费量相对低的商品，就都能通过国际分工与贸易获得福利增加——这就是被概括为"两利择其重，两弊取其轻"的比较优势（Comparative Advantage）理论。后来瑞典经济学家俄林（Ohlin, B.）在赫克歇尔（Hechscher, E.）思想启发下提出的要素禀赋论（Factors Endowments Theory）——赫克歇尔—俄林定理（Heckscher – Ohlin Theory），将资本要素引入李嘉图模型中，指出由于不同产品生产的资本/劳动要素投入比不相同，不同国家生产要素自然禀赋的差异，决定了每个国家各自集中生产那些密集使用本国相对充裕要素的产品与密集使用本国稀缺要素的产品交换，将获得比较优势带来的福利改善。⑥

比较优势原则深刻地影响着落后经济体的经济开放。国内支持比较优势原则的观点认为，历史上"日本、四小龙赶上发达国家的秘诀在于它们在发展的每一个阶段都较好地利用了它们的比较优势来做产业和技术选择；其他发展中国家、包括社会主义国家，经济发展上的诸多问题也在于它们违背了比较优势原则，结果欲速则不达"；"热衷追求一些与我国当前要素禀赋所决定的比较优势不相符的产业的优先发展"是"不切实际的赶超思想"作怪。⑦

---

① 茅于轼：《我国收入分配的差距扩大为一历史过程》，《经济观察报》2007 年 1 月 9 日。

② 王明峰：《本报记者独家专访经济学家魏杰：收入差距不要迷信基尼系数》，《人民日报》（海外版）2006 年 7 月 14 日。

③ 刘吉：《从"郎旋风"看否定改革的第三次思潮》，《改革内参》2006 年第 17 期。

④ 魏杰，谭伟：《基尼系数理论与中国现实的碰撞》，《光明日报》2006 年 2 月 14 日。

⑤ 李嘉图：《政治经济学及赋税原理》，斯拉法：《李嘉图著作和通信集》，商务印书馆，1981，第 113 页。

⑥ Ohlin, B. *Interregional and International Trade*. Cambrideg: Harvard University Press, 1933.

⑦ 林毅夫：《胡书东加入世界贸易组织：挑战与机遇》北京大学中国研究中心，No. C2000004，2000 年 3 月。

二　对科斯定理、"库兹涅茨假说"与比较优势的质疑

（一）科斯定理的核心是私有化吗？

被广泛用于论证公共财产私有化依据的科斯定理，是西方经济学中早已存在的主流认识。与科斯定理的逻辑相近，戈登（Gordon，H. S.）论证："所有人的财产就不是任何人的财产。所有人都可自由取得的财富对任何人都没有价值，因为一个人如果愚蠢到要等到一个合适的时间它，就只会发现别人早已捷足先登。"[1] 哈丁（Hardin，G.）还创造了"公地的悲剧"（The Tragedy of the Commons）这一词汇专门刻画了由于产权界定不清而导致的公共资源耗尽。而以私有化的方式"清晰地界定产权"都被认为是避免公共财产"悲剧"解决方案。

而国内的研究者对科斯做了过于片面的解读。科斯在《企业的性质》中提问，如果市场是有效率的，为什么市场经济社会中会存在具有显著计划体制性质的企业？科斯当然不会认为计划优于市场，但他对政府作用有着客观的认识；科斯同时强调，现代国家庞大的官僚机构、日益繁复的法律程序，可能使政府的正确决策因错过时机而失去意义；政府更会为压力集团绑架制定错误决策。所以，科斯才会认为政府、市场、企业是相互替代的社会组织，确定各自边界的恰当组合才是经济发展必需的制度保障。遗憾的是，在热衷的传播者们的笔下，面对西方经济学家兜售自由市场经济时疾呼的科斯成了无条件地支持私有化的代表，"合法权利的初始界定"则被唯一地解读为建立要私有产权制度。

在这种片面的解读中，科斯定理就是对私有制的支持，也只有私有产权制度才能与市场经济匹配；而这种选择性地片面解读大量存在。哈丁在那篇著名文献中破解"公地的悲剧"的方案之一是私有化；但哈丁提供的另一个方案却几乎无人提及——"若干个选项可以被我们选择。我们可以将其出售给私人建立私有产权。我们也可以在为其注入权利配置的前提下保持其公共财产的性质（keep them as public property）"。哈丁提示过我们，社会主义市场经济必须有在"保持公共财产性质"框架下清晰界定产权的可行方案；如果"清晰地界定产权"只意味着私有化、只意味着建立私有产权制度，那"产权清晰、权责明确、政企分开、管理科学"的国有企业改革目标，岂不是天大的笑话？

（二）倒 U 型轨迹是经济增长与收入分配平等变动的规律吗？

众多的时序数据检验证明库兹涅茨假说描述的倒 U 型轨迹并非经济增长与收入分配平等变动的唯一趋势；菲尔兹（Fields，G. S）以及 Fei，Ranis 和 Kuo 对"亚洲四小"的检验还显示了收入分配平等改善与经济增长的双赢。而更多证据还否定了"向下涓流"的利

---

[1] Gordon，H. S. *The Economic Theory of a Common - Property Resource*；*The Fishery*，The Journal of Political Economy，Vol. 62，2（Apr.，1954）.

益扩散通道——"发展好处非但没有自动地间接流下，发展过程却反而典型地使好处间接流上，受惠的是中产阶级和富人"；① 发展中经济体的"迅速增长对它们的三分之一人民来说，获益不大，甚至可以说基本没有获益"。②

无法否认的是，绝大多数发展中经济体的经济成长历程印证的是倒 U 型轨迹的前半段；而他们今天则面临着比"先进"的先行者更为严峻威胁着平等的改善与经济的增长的挑战。"变得更坏才能变得更好"成立的前提条件是经济封闭，在没有向外漏出的经济中，富人更多的储蓄转化的投资以及更多的消费才是促进本国经济增长的动力。自 20 世纪 80 年代迅猛发展的经济全球化几近彻底穿透了所有经济体的封闭状态，而开放经济条件下富人的储蓄、投资以及消费，将因向外漏出而不再构成促进本经济体经济增长的动力。收入分配不平等的"更坏"就瓦解了"变得更好"依赖的经济增长基础。而 20 世纪 90 年代异军突起的金融化（financialisation）带来的财富向上迁移效应，成了平等改善的掣肘。被金融化卷入的发展中经济体，在财富向上迁移中更难以使平等"变得跟好"；倘若发展中经济体的实体经济被金融化过渡挤压，同样将瓦解平等"变得更好"所依赖的经济增长基础。

库兹涅茨在那篇经典的文献中指出，在经济增长到一定阶段后，人们将重新评价作为经济增长代价的收入不平等；这种重新评价促使政府采取的遗产税、累进税、救济与无偿援助等干预措施，对倒 U 型曲线拐点形成起到了至关重要的作用。毋庸讳言，发达经济体的经济发展历程基本与倒 U 型轨迹相符；但因此认为收入分配平等会在经济增长中自然改善，于理论上是对库兹涅茨假说的误读，于政策上是逃避责任的借口。

（三）比较优势是后进经济体参与国际分工的最佳原则吗？

李嘉图的比较优势理论暗示：生产效率低并非落后经济体值得担心的问题，只要这些国家遵循比较利益原则与先进的国家展开国际分工就足以促进福利水平提高。但在生产效率不变的条件下促进福利水平的提高，后进者获得比较利益只能以不断降低自己密集拥有的生产要素报酬才能争取到贸易利益和外国投资者的青睐。20 世纪 50 年代，美国经济学家里昂惕夫（Leontief, W. W.）对美国 1947 年对外贸易的实证检验发现，美国进口商品的资本/劳动比率大于出口商品的资本/劳动比率，与赫克歇尔—俄林定理恰好相反。经济学家对这一被称为"里昂惕夫悖论"（Leontiev Paradox）的解释表明，同一种产品在不同国家的生产函数也是不相同的，要素效率的差别不应该被排除在贸易利益分布的考察之外。而经济的全球化更瓦解了生产要素的不可流动这一比较优势利益的前提条件；资本跨国流动条件下，一个经济体具有的比较优势仅仅是一种不一定能转化为现实福利的潜在优势，外国直接投资的介入会将比较利益的福利转移他们手中。以后进经济体最普遍的优势劳动力为例，这种要素丰裕的优势集中体现在产业资本循环的生产阶段，后进经济体能否得到比较优势福利还要看它们是否在为生产做准备的购买

---

① Fei J, Ranis G, Kuo S W Y. *Growth with Equity*: *Taiwan Case*. New York: Oxford University Press, 1979.

② 威尔伯：《发达与不发达问题的政治经济学》，中国社会科学出版社，1984。

阶段和实现商品价值的销售阶段也具有优势。加尔布雷斯（Galbruith，J. K.）曾经指出，控制"最难获得或最难替代的生产要素"① 就会拥有权力；资本的跨国流动会让劳动力丰裕优势的比较利益滑向控制比劳动力更难获得和更难替代的生产要素的所有者。

而比较优势理论最诡异的是，后进经济体获取比较优势利益的前提是生产效率更高、拥有全面绝对优势的先进者让渡不具备相对优势产品的生产；倘若占有全面优势的先进者出于任一因素的考虑不向后进者让渡，滞后经济体的经济开放就会演变为一场开放的灾难。

三 总结：理论传播的政治经济学

经济学理论是在假定（Assumption）基础上对经济变量间互相联系判断的假说（Hypothesis）以及依据假说演绎的预测（Prediction）。19 世纪 70 年代"边际革命"之后，数理模型成为经济学的"科学"表征；而尽管其后一代又一代的经济学家们纯熟地借助数学工具完美地演绎着经济学的数理逻辑演绎，但试图以数学模型刻画和指导人类经济行为存在着显著的漏洞：数理逻辑的完美必须依赖严格的假定与约束条件，不同假定与约束条件下证明的理论会有南辕北辙的结论。经济学家可以将通过法律案例讨论概括的科斯定理进行数理化提纯、可以以数理模型将"库兹涅茨假说"形式化，而它们与比较优势理论一样都是一种具有完美理论逻辑的假说。所有的经济学理论也都无法进入实验室检验而只能由社会实践验证，这样的验证几无例外地会有相左的结论；检验的社会成本则无须经济学们担负。所以，即使"某种经济学思想导致了世界近半数人口遭受痛苦"，② 也不妨碍这种经济学理论的逻辑正确。

问题是，什么使"逻辑正确"理论为社会选择？

历史地看，任何一种经济学理论都是一定利益集团利益的反映；一种经济学理论的盛行必定是对社会有莫大影响力利益集团支持的结果。科斯定理、库兹涅茨假说与比较优势理论都是逻辑正确的经济学理论，三者对我国改革开放进程的推动也毋庸置疑——科斯定理契合并推动了我国国有企业改革；库兹涅茨假说是冲破平均主义羁绊的"效率优先、兼顾公平"战略的重要理论支撑；比较优势理论推动了顺应经济全球化潮流的对方开放。而我们也不能忽略，这些理论在国内盛行背后那一列小众利益集团的身影：他们希望科斯定理为他们在国有企业产权改革中谋取经济利益奠定理论基础；他们希望库兹涅茨假说掩饰住并合法化他们在市场化进程中的贪婪；他们希望比较利益的不设防原则成为他们与国际垄断巨头串谋的工具。

而理论研究者的"经济人"本性也在推波助澜。那些最具有"经济人"理性的经济学家最善于在给定成本条件下从众多的买家需求中选择能使他们获取最大收益的理论推向

---

① Galbraith，J，K，*The New Industrial State*，Boston：Houghton Mifflin Harcourt Publishing Company，1971.

② 斯蒂格利茨：《社会主义向何处去？》，吉林人民出版社，1998。

市场——这是一种再正常不过的市场行为，社会也无理由强制学者不为强势利益集团代言；但这警醒我们审慎地对待盛行的理论。而更重要的是，社会必须为所有的利益集团打造一个得以聚集、表达利益的制度环境。一个社会的制度安排只尊重某些利益集团的利益而忽视另一些利益集团的利益才是最危险的。从经济学学理上分析，这样的市场均衡将是偏离"帕累托最优"的"垄断均衡"；在这样的市场上，决定理论流行的"不再是这个或那个原理是否正确，而是它对资本有利还是有害，方便还是不方便"。①

---

① 《马克思恩格斯选集》（第 2 卷），人民出版社，1995。

企业的思考：回顾企业理论的发展与面临的挑战

赵　娟[*]

市场中的企业是企业理论的研究对象。作为微观经济学的一个分支，企业理论现在已经成为一个很重要的研究领域。经济学家早已超越了原有将企业仅仅视为黑箱的研究，转而研究企业的激励机制、内部组织和企业的边界。如今，企业理论具有发展迅速、数学化程度高，以及与多学科交叉发展等特点。

本文将从以下几个方面回顾企业理论的发展，其中主要涉及经济学界的观点，不包括大量非经济学家的研究成果，尤其是社会学家和组织行为学家等。第一，简述现代企业的发展状况；第二，回顾教科书中有关企业的观点；第三，简述有关企业的四种理论；第四，讨论企业理论仍然存在的问题。

一　现代企业的发展

现代企业是一个相对较新的现象（Spulber，2009）。以美国为例，18世纪时，企业主要由农民、工匠和商人经营，以家庭为主。商家购买和出售所有类型的产品，并提供基本的商业功能。19世纪40年代，出现了不同类型的专业化企业，但是，这些企业仍然由所有者亲自执掌，或者由与所有者关系亲密的经理管理。19世纪铁路公司的出现促成了美国现代企业管理制度的发展。到了19世纪后半期，社会上开始出现大型多层级的工商业企业，这时很多公司转而由薪金很少或根本不享有企业权益的经理掌管（Chandler，1977，1990）。

企业发展到今天，大企业无处不在，而且横跨多个国家经营。以全球最大零售连锁企业沃尔玛为例，其是美国最大的私人雇主，同时也是世界上雇员最多的企业。截止到2013年，沃尔玛在全球27个国家开设了超过10000家商场，下设69个品牌，全球员工总数220多万人。除了大企业之外，还存在着许多其他类型的企业，如独资企业、合伙企业、专业合作社、互助企业、非营利组织和国有企业，等等。面对这些不同的企业形式，自然会提出一个问题：是应该寻求一种包括所有企业形式的理论？还是应该寻求多个不同的理

* 赵娟，女，首都经济贸易大学经济学院经济学系副教授，经济学博士。主要研究方向：法经济学与经济学说史。

论？（Hart，2011）

二　企业的教科书观点

新古典微观经济学又被称为价格理论，无论是局部均衡，还是一般均衡，都是研究市场交易，其主题是价格在平衡供求关系中的作用（钱颖一，1986）。企业由生产函数或生产集这些纯技术形式表示。企业由经理负责，经理是企业所有者的代表。由于通常假定企业在完全竞争条件下运作，企业的目标就是"使利润最大化"，正如消费者使效用最大化一样。在这种研究传统下，企业本身是一个"黑箱"。

为了研究价格的作用，企业的这种简化十分必要。这种方法有助于理解，当价格发生变化时，企业如何进行生产决策，并预测行业的整体行为。此外，一旦突破了完全竞争的假设，这种方法可以用来研究企业间的策略互动。

但是，仔细观察一下现实经济活动，就会发现，很多情况下，这种研究视角还不够充分。例如，有关企业边界的决定因素、大型企业的组织、合作社企业的形式、合约的本质，以及企业内部的融资决策和最优执行补偿等问题，都需要进一步地解释（Hart，2011）。因此，打开"黑箱"，就是企业理论的任务。

三　四种标准的企业理论

第一篇试图打开"黑箱"的文章是 Coase 在 1937 年发表的《企业的性质》一文。Coase 认为，与市场通过契约形式完成交易不同，企业依靠权威在其内部完成交易。企业形成的原因，是通过把交易转移到企业内部，从而降低市场交易的费用。其结论是，企业的规模受到交易费用的影响，即企业会扩大到如此程度，使得在企业内部再进行一次交易的费用等于同样的交易在市场上完成的费用。

Coase 之后几十年里，该领域处于停滞状态。直到 20 世纪 70 年代和 80 年代，新古典理论中的局限才重新被经济学界所关注。深受 Coase 的影响，Alchian 和 Demsetz（1972）从团队生产的角度发现，计量每个人边际生产贡献与回报之间的关系存在困难，因此每一个参加者都企图"免费搭车"，这时需要有人监督。但是监督人也会偷懒，那么如何激励监督人呢？必须把企业的剩余收入给他。这个获取剩余收入的人就是企业家。Alchian 和 Demsetz 关于"监督作用"和"明确产权"的观点对后来的研究产生了很大影响，但是他们反对 Coase 坚持的"企业的权威特性"，这一点受到很多经济学家的批判。Arrow（1974）认为不完全信息带来的外部性是企业（或其他组织）存在的重要原因。他认为企业组织内部的信息系统可以优于市场上的信息系统。只可惜，Arrow 并没有给出令人满意的解释。

现代企业理论在以上几位经济学家的思想影响下发展起来。本文中，将企业理论的发展总结为四种标准理论：（1）"寻租"理论。出现在非正式的理论讨论中，如 Williamson（1971，1979，1985）和 Klein 等人（1978）。还包括，Monteverde 和 Teece（1982），Anderson 和 Schmittlein（1984），Masten（1984）和 Joskow（1985）的早期经验性工作。（2）"财产权利"理论。主要是 Grossman 和 Hart（1986），Hart 和 Moore（1990），Hart（1995）。（3）"激励机制"的理论。其中包括 Holmstrom 和 Milgrom（1991，1994）的正式模型，Holmstrom 和 Tirole（1991），Holmstrom（1999）。（4）"适应"理论。可以参见一些非正式的理论争论，如 Simon（1951），Williamson（1971，1973，1975，1991），以及 Klein 和 Murphy（1988，1997），Klein（1996，2000a）。

（一）寻租

在企业的寻租理论（Williamson，1971，1979，1985；Klein et al.，1978）中，兼并可以停止具有社会破坏性的讨价还价。例如，Williamson（1971）认为，由于存在"可占用准租金"（以下简称 AQRs），相对于讨价还价，命令（fiat）往往是一个解决小冲突的更有效方式。

威廉姆森侧重于研究当事人在何种情况下使用特定关系投资。这种投资在内部关系上比在外部更加值得。典型的例子是 1926 年通用汽车（GM）收购费雪车体（Fisher Body）的案例，内部化的目的主要是为了防止签约之后的敲竹杠问题，正如 Klein（1988，2000b，2004）等人所描述的。理想的情况下，包含着特殊关系投资的交易将会形成一份长期的合约，但在实践中，这种合约很难制定，因为预测未来非常困难。任何类似的合约将是不完整的，事后不得不重新修订或重新谈判。威廉姆森认为，重新谈判的过程是有成本的。鉴于私有信息的存在，重新谈判可能会完全失败。其结果是，可能会丢失相当数量的剩余。通用和费雪之间的正式合同被认为是鼓励费雪采取社会低效的行动（如关于工厂选置），从而增加费雪的利润，而与通用的支出不成比例。为了制止这种套牢，通用汽车公司最终收购了费雪。

企业的寻租理论在很大程度上是非正式的，并且留下了一些开放式的重要问题，例如，权威如何在兼并企业中施加影响，兼并的成本是什么，以及兼并到底意味着什么。Grossman 和 Hart（1986），Hart 和 Moore（1990），以及 Hart（1995）等试图对上述问题进行回答。但是，这并没有阻止寻租理论的实证研究，如 Monteverde 和 Teece（1982），Anderson 和 Schmittlein，Masten（1984），Joskow（1985）。这些实证研究继续沿用 GM - Fisher 的故事：当 AQRs 较大时，更容易产生破坏性的讨价还价，所以出现兼并有其合理性。在寻租理论中，特定投资可能会创造出激励低效的讨价还价的 AQRs，签约可以规范投机行为。

与其他非正式的理论相同，企业寻租理论的假设条件并不完全清晰。例如，寻租理论假定兼并能够阻止 AQRs 带来的讨价还价，但是这个明确假设需要隐含地专注于某些特定种类的讨价还价。具体而言，如果通过操纵可让渡（比方说，物理）资本完成讨价还价，那么，兼并可能从讨价还价方删除相关的控制权，但是如果通过操纵不可让渡（比如，人力）资本完成讨价还价，那么兼并不能阻止寻租。因此，企业寻租理论与众不同的一点是所有权可以通过可让渡工具（instruments）以阻止讨价还价。

然而，在实践中，发现许多企业之间的敲竹杠现象并没有导致兼并。为了解释这些观察到的现象，寻租理论有两种选择：（1）断言观察到的套牢现象中利用了不可让渡的工具，以至于出现不可让渡的套牢现象；（2）认为观察到的套牢现象要比其选择兼并带来的问题少，从而丰富了理论，并涉及了兼并的缺点。除此之外，寻租理论并没有说明兼并属于两害相权取其轻，这就使得上述预测存在缺陷：到目前为止，较大的 AQRs 使得不兼并更加昂贵，但是，由于没有明确给出有关兼并成本的信息，因此不能得出有关兼并可能性的结论。

（二）财产权

正如上文所述，财产权理论（Grossman and Hart，1986；Hart and Moore，1990；Hart，1995）试图回答如下问题：权威如何在兼并企业中施加影响，兼并的成本是什么，以及兼并到底意味着什么。

Grossman 和 Hart（1986）模型将兼并定义为统一控制，并且强调合约不完全是兼并非常重要的条件。合约不完全是指，在最初的合约中，并没有包含所有可能关系上必须做出的决定。那么，谁做出这些不明确的决定？他们认为，在合约没有规定的条件下，非人力资本的所有者有权决定资产应如何使用，在这个世界里，所有权将变为"剩余控制权"。

这种方法产生了资产所有权和企业边界的理论。在标准模型中，一旦出现合约中没有包含的意外事件，双方就会意识到合约不完全。当协商发生在对称信息的条件下，即双方都观察到了意外事件，那么，双方将达成事后有效率的结果。然而，剩余部分取决于资产所有权的分配。假设你和我都可以承担没有写入合同的投资，只要我们拥有资产 A，这些投资就能给我们带来更多的产出。如果我拥有 A，然后我就可以用我的剩余控制权拒绝给你分成，从而减少你事后剩余的份额，这会降低你的投资激励。另外，如果你拥有资产 A，那么你就可以使用剩余控制权，让我靠边站。一旦了解到这些信息，我就会减少投资。因此，A 资产的所有权应分配给投资更重要的那一方。该理论很好地解释了：为什么人们有时会选择成为一个企业家（使用自有资产），为什么有时会选择成为一个雇员（不拥有资产）。

Grossman - Hart - Moore（GHM）或财产权模型的主要贡献之一是为兼并的成本和收益提供了统一的解释，即假定经济环境固定，他们分析了选择性的治理结构，并比较结果。这是所有企业理论必须面对的一个挑战，但是在此之前，没有任何正式理论解释这个问题。

然而，企业财产权理论与企业寻租理论不同。在财产权理论中，高效的谈判引起各方分享其特定投资的剩余。各方的剩余份额又决定着各方的投资激励。反过来，每一方的资产所有权决定着该方的剩余份额。在一定的可分性假设下，拥有更多资产就保证了更大的剩余份额，所以会创造出更强的投资激励。因此，在这些假设下，如果最大化一方的投资很重要，则该方应拥有全部资产；而如果各方的投资激励都是重要的，那么在各方之间分配资产是有效的。总之，财产权理论假设高效率的谈判，而寻租理论设想事后具有社会破坏性的讨价还价；在财产权利理论中，兼并决策决定事前投资和（此后）总剩余，而在寻租理论中，兼并决策决定着事后讨价还价和（此后）总剩余。这些区别已经明确表示，财产权利理论绝不是形式化的寻租理论，即，Grossman－Hart 并没有形式化 Williamson 的理论（Holmstrom and Roberts，1998）。

财产权理论和寻租理论之所以会出现上述差异，是因为涉及其假定的企业内部组织不同。Hart（2011）认为，财产权理论的一个重要特征不仅为了它定义和评估一体化下的生活，而且它这样做是为了相同的环境下，它定义和评估的非一体化下的生活。没有了这个功能，财产权理论就不能提供兼并的成本和收益的统一解释。然而，财产权理论仅仅描述了独自经营的企业家（拥有整个资产组合）和不劳而获的员工（不拥有资产），并没有分析经理人的活动。换言之，财产权模型假定有效的事后重新谈判，这意味着它不太可能有助于了解大企业的内部组织。

（三）激励机制

企业的激励机制理论（Holmstrom 和 Milgrom，1991，1994；Holmstrom 和 Tirole，1991；Holmstrom，1999）可以被视为非主流的企业理论。它并没有关注寻租和产权理论提出的"制造和购买（make－or－buy）"问题，激励机制理论重视委托人和代理人之间的激励问题。然而，作为该代理理论侧重的结果，企业的激励机制理论有利于分析内部激励，避免财产权理论中不劳而获员工的问题。

经理人和所有者之间的利益冲突，是目前大量委托—代理文献讨论的焦点。在 James A. Mirrlees（1999）和 Bengt Holmstrom（1979）早期的道德风险模型中，假定经理人是风险回避的，并且在激励和风险分担的权衡中存在最优的补偿合约。Holmstrom 和 Milgrom（1991）认为，研究的重点应放在代理人存在多任务时，会采取怎样的行为。在这种多任务的文献中，多倍奖励是昂贵的，即高额激励有成本，不是因为经理人承受太大的风险，而是因为激励会导致经理专注于企业所有者眼中错误的活动。

在标准的委托—代理文献中，通常是假设企业所有者选择最优激励机制。但是，在大型上市公司的背景下，股东往往是分散的，企业由经理人掌管（而经理人受制于董事会）。在这种情况下，会很自然地假设，经理人选择激励机制；在某些情况下，也会选择资本结构。并不奇怪，这一含义非常重要。例如，如果经理人选择适合自己的奖励计划，他们可能会选择高工资，而不是（高）绩效工资。这个问题与最优执行补偿的讨论有关。

类似于财产权理论，企业的激励机制理论提供了对于兼并的成本和收益的统一解释。此外，激励系统理论补救了产权理论的一个缺点：现在员工面临着激励，所以他们不会再无所事事。但是，大部分员工都没有受到正式激励合约的管辖（MacLeod 和 Parent，1999）。更重要的是，基本的激励机制理论忽略了一个寻租和产权理论的中心和有吸引力的方面：控制。即，在基本的激励机制理论中，代理人是否拥有资产影响到代理人的支付函数，但不是代理人的行动空间。

（四）适应

企业的适应理论（Simon，1951；Williamson，1971，1973，1975，1991；Klein 和 Murphy，1988，1997；Klein，1996，2000a）提出了一个这样的问题：在不确定性随着时间的推移得到解决的环境中，是兼并还是不兼并哪一个更好地促进了"自适应的，连续的决策"（Williamson，1975）。发展这一理论的关键性理论挑战是定义一种环境，其中，在不确定性解决之后，既不是事前合约，也不是事后的重新谈判可以产生最优适应，以至于次优的解决方案可能集中在权威"老板"的手中，然后权威在不确定性解决以后做出（潜在的自利）决策。这种强调老板的权威与将控制作为核心问题的寻租理论一起放在了适应理论中（激励机制理论忽略了有利于激励的控制，产权理论将二者融合在了一起）。

Williamson（1971）的文章包含着企业寻租理论的关键性思想，同时也暗示了企业的适应理论，认为"相对于从事内部组织问题，未编程的适应性的需要会被引入市场"。Williamson（1975）再次进一步发展了这一思想。具体而言，Williamson（1975）运用了Simon（1951）的"正式雇佣关系理论"来解释为什么许多劳动力交易在一家公司内部会比在市场中更加有效。在 Simon 的模型中，双方会在两种情况之间做出选择：第一，在不确定性得到解决之前，商谈决定；第二，在不确定性得到解决之后，将权力分配给一方（"老板"），然后他做出对自己有利的决策。Simon 称后者为雇佣合约。在这种合约的条件下，下属面临着灵活性和受剥削之间的权衡：通过锁定现在的决策，员工可以牺牲灵活性，或通过允许老板后来的决定其可以冒险忍受剥削。Simon 提供了貌似合理的条件（粗略地看，各方的回报很重要地依赖于针对当时状况的裁决，以及这种裁决下的双方的偏好是否过于发散），在这种条件下，双方选择最优的就业合约。

四 面临的挑战

本文简单地回顾了企业理论的相关发展，当然现在该理论还面临着一些问题。例如，如何更好地研究内部组织。针对这一问题，一些学者尝试着分配事后低效和分配权力事项（Hart 和 Moore，2008；Hart，2009；Hart 和 Holmstrom，2010）。从某种意义上说，这项工作可以被看作交易成本和产权文献的"融合"。这种融合是否会取得成功还有待观察（Hart，2011）。

Lafontaine 和 Slade（2007）估计，美国企业的交易价值近似等于美国市场的价值。Raghuram G. Rajan 和 Luigi Zingales（1998）发现，在 43 个国家和地区的样本中，在 20 世纪 80 年代的增长行业三分之二的增长来自现有企业规模的增长。很显然，大量的经济活动发生在企业内部。但是运用哪种模型可以更好地解释这一现象，好像还没有达成共识。原因之一就在于这个领域的大多数模型无法区分企业间和企业内部的交易行为。

　　企业文化和规范非常重要，鉴于此，不同的企业可能会随着企业目标的不同而采取不同的行为。这就提出了一个问题：是否应该把企业的目标函数作为分析的出发点呢？或者是否需要深入了解，并从公司治理结构、经理人的激励机制和文化等方面推断出企业的行为？这些都是需要继续探讨的问题。

企业规模研究的新方法

——基于分布规律的视角

方明月[*]

  企业规模是现代企业理论的核心问题之一。肇始于科斯的主流企业理论，在"企业—市场"的二分法下，围绕"制造还是购买"来探讨企业边界问题，并引发了无数学者对"什么决定了企业的最佳规模"的研究（聂辉华等，2006；Lafontaine & Slade，2007）。然而这些文献多在一个静态的理论框架下分析单个企业规模的决定问题，进行的是"一棵棵树木"般的"显微镜"式研究，缺乏"整片树林"般的"望远镜"式研究，因而难以揭示经济中企业整体规模的全貌及其动态演化过程。我们不禁要问，企业在长期成长和演化的过程中是否会呈现某种特定的分布规律？如果回答是肯定的，那么进一步地，企业整体规模分布的内在形成机制是什么？哪些因素促进了或干扰了经济中企业整体的动态变迁？围绕这些问题，在产业组织理论领域，西方经济学者试图从整体上揭开企业规模分布的"面纱"，并深入讨论市场结构、企业进入和退出、企业并购以及产业动态演化等问题。从整体上把握企业规模的研究思路集中体现在对两种分布规律的揭示上：吉尔布瑞特规律（Gibrat's law）和帕累托—齐夫规律（Pareto-Zipf's law）。吉尔布瑞特规律和帕累托—齐夫规律的主要差别在于，企业规模分布的特征事实究竟是服从对数正态分布还是帕累托—齐夫分布？企业规模分布是否由企业成长的随机过程决定？在国内，经济学者主要研究企业规模的决定因素，目前几乎没有人从整体上考察企业规模分布的特征。本文主要综述了半个多世纪以来研究企业规模分布问题的经验文献，其结构安排如下：第一部分阐述了企业规模分布规律的由来，按照两种规律分别介绍其发展；第二部分着重论述吉尔布瑞特规律及其主要假设，并围绕主要假设从吉尔布瑞特规律的证实和证伪两个方面，结合数据结构、计量方法等维度进行综述；第三部分着重阐述帕累托—齐夫规律；第四部分分析了吉尔布瑞特规律和帕累托—齐夫规律之间的交融；第五部分为小结。

一 企业规模分布规律的由来及其发展

（一）吉尔布瑞特规律的提出

  Gibrat（1931）最先提出了以之命名的吉尔布瑞特规律，其基本思想是，企业的成长

---

  * 方明月，首都经济贸易大学经济学院讲师，经济学博士。

是一个随机过程（random process），独立于初始规模。换言之，一段时期内，经济中所有的企业按相同的比率成长，不管它们的初始规模是大还是小。这一观点又被称为比例效应规律（law of proportionate effect）[①]。由此进一步得出，企业的规模服从对数正态分布（log-normal distribution）。Kalecki（1945）和 Steindl（1965）将这一规律数学化为：假设第 t 期企业的初始规模为 S_t，从第 t−1 期到第 t 期企业的增长率为 $(S_t - S_{t-1})/S_{t-1} = \eta_t$，则 $S_t = S_{t-1}(1 + \eta_t) = S_0(1 + \eta_1)(1 + \eta_2)\cdots(1 + \eta_t)$。两边同时取对数，根据 $\log(1 + \eta_t) \approx \eta_t$，有 $\log S_t = \log S_0 + \eta_1 + \eta_2 + \cdots + \eta_t$。当 $t \to \infty$ 时，$\log S_0$ 变得相对不重要，如果 $\eta_t \sim i.i.d. N(\mu, \sigma^2)$，那么 $\log S_t \sim N(\mu t, \sigma^2 t)$，即企业规模收敛于对数正态分布。

Gibrat（1931）先后在收入分布和制造业企业的规模分布两个领域检验了这一规律。他利用 1896~1921 年法国农业和商业等全国性部门以及一些区域性部门的数据，发现这一规律具有惊人的拟合优度。随后，Kalecki（1945）发现对于企业数目固定的经济而言，比例效应规律表明规模分布的方差将会无限增大，这一过程相对很多经济现象（如收入分布）不具有现实性，于是又提出了一些附带约束条件、允许未设定的经济因素推动成长的随机过程，并对美国企业规模分布和英国收入分布进行了检验。结果发现，美国企业规模很好地服从对数正态分布，遵循原始的吉尔布瑞特规律，而英国高收入者（收入超过 250 英镑）的收入分布则较好地收敛于对数正态分布，即服从修正的吉尔布瑞特规律。

（二）帕累托—齐夫规律的由来

Pareto（1897）发现，个人收入分布在高收入领域遵循幂律法则（power law），即个人收入 X 不小于某个临界值 x 的概率与 x 的常数次幂存在简单的反比关系，表示为 $P(X > x) = x^{-\mu}$，μ 为帕累托指数，该规律被称为帕累托规律。这一思想经 Auerbach（1913）发展后，被 Zipf（1949）进一步完善。Zipf（1949）指出，美国企业的资产不仅服从帕累托分布，且幂指数为 1，即 $s_r \sim 1/r$，其中，s_r 为将资产按从大到小的顺序排列，排名在 r 位的企业规模。齐夫定律由此得来。自齐夫后，这一规律被广泛应用到对经济学中收入分布、城市规模分布和企业规模分布的研究。就企业规模分布而言，这一规律的简单表述为：企业规模至少在上尾（upper tail）遵循帕累托分布（pareto distributon），或幂律规则。特殊地，幂指数为 1。具体的表述为，企业规模 S 大于临界值 x 的概率反比例于 x，即 $F(x) = P(S > x) = k/x^\alpha$，且 $\alpha > 0, k > 0$，两边同时取对数，有 $\ln P(S > x) = c - \alpha \ln x$。经验上，用 lnrank 替代 $\ln P(S > x)$，即通过 OLS 方法对计量方程 $lnrank = c - \alpha \ln x$ 进行回归得出 α。α 的经济含义为：幂指数 α 为 1 是帕累托规律的特例，即齐夫定律。α 偏离 1 时，α 越小，企业规模分布越不均匀；α 越接近于 1，企业规模分布越均匀。故这一规律统

[①] 虽然吉尔布瑞特规律又被称为比例效应规律，但在本文中，比例效应规律仅指企业成长的随机过程，即企业的成长独立于规模，不包括对数正态分布的特征事实。

称为帕累托—齐夫规律①。

（三）企业规模分布规律的争论

吉尔布瑞特规律和帕累托—齐夫规律的争论集中围绕以下两个问题展开：第一，企业规模分布的特征事实究竟是怎样的？是服从对数正态分布还是帕累托—齐夫分布？第二，这一企业规模分布是否由企业成长的随机过程得出？对于第一点，围绕两种分布形态众说纷纭。企业规模的对数正态分布论以 Hart & Prais（1956，1962）为代表，而企业规模的帕累托—齐夫分布论则以 Simon & Bonini（1958）和 Ijiri & Simon（1964，1967，1971，1974，1977）为代表。而对于第二点，即企业规模分布的成因，自争论之初就呈现出模糊的局面。肇始于 Gibrat 的企业规模对数正态分布论认为，是企业成长的随机过程②导致了这一分布特征的形成；而以 Simon 为代表的企业规模帕累托分布（早期称为 Yule 分布）论认为，原始的比例效应规律未考虑现实经济因素，如企业的出生与死亡、企业之间的并购等。因此，他们在原始比例效应规律基础上施加了一些约束条件，如恒定的企业出生率，门槛效应等，他们认为附加约束条件的企业成长随机过程使企业规模的帕累托分布区分于对数正态分布③。换言之，在企业成长的随机过程方面，二者的看法在某种程度上有着一致性，只是对"随机"的界定存在不同。

实际上，对企业规模分布规律的检验主要围绕企业规模分布的特征事实和企业成长的随机过程展开。对吉尔布瑞特规律的检验，除少数学者单独检验分布特征外，多数学者集中考察企业成长的随机过程。而对帕累托—齐夫规律的考察，主要是检验其分布特征，通过放松企业成长的随机过程的假设和附加其他约束条件，论证这一企业成长的动态过程导致企业的规模分布收敛于帕累托分布。下面分别阐述对这两种企业规模分布规律的经验检验。

二 吉尔布瑞特规律的主要假设和经验检验

Gibrat 具有开创性的理论假说和经验研究激发了后来的学者对企业规模分布特征事实及其内在机制的浓厚兴趣。④从 Hart & Prais（1956）起，人们从吉尔布瑞特规律理论假说的不同层面，运用不同的数据和计量方法，进行了广泛的检验，涌现出一系列经验文献，

---

① 幂律规则（power law）、帕累托规律（Pareto law）和齐夫定律（Zipf law）指的基本是同一种规律，其中，齐夫定律是企业规模分布均匀的特殊情形。上述概念出现在不同的文献中，为保证统一性，本文统一称为帕累托—齐夫规律（Pareto - Zipf law），参见 Gabaix（2006）。

② 这里指原始的不考虑任何约束条件的比例效应规律。

③ 本文根据争议的第一点，即企业规模分布特征事实的差异，将 Simon 等人的观点放在对帕累托—齐夫规律的综述中。

④ 对吉尔布瑞特规律的综述，比较著名的是 Sutton（1997）。本文综述与其区别在于，侧重于经验文献，且追踪了一些最新的文献。

从不同角度丰富和完善了吉尔布瑞特规律。归纳起来，吉尔布瑞特规律的主要假设有：（1）不同规模等级的企业有着相同的平均成长率；（2）不同规模等级企业的成长率的方差相同；（3）企业的成长不存在自相关性；（4）企业之间不存在互动；（5）企业规模服从对数正态分布。前面提到，对吉尔布瑞特规律的考察集中检验比例效应规律，即企业的成长是否遵循随机过程，具体来说，企业的成长与规模是否有关。经验检验的结论是混合的，如 Hart & Prais（1956）、Hart（1962）认为企业的成长与规模无关。但更多的经验证据表明，企业的成长与规模相关，例如 Mansfield（1962），Kumar（1985）等人的研究，主要分为正相关和负相关，正相关论认为大企业成长更快，而负相关论认为小企业成长更快。此外，对企业成长是否存在自相关性的结论也是模棱两可的。对吉尔布瑞特规律的文献综述主要按照时间顺序，围绕关键假设，结合三个维度，综合考虑数据结构和计量方法，详细介绍了文献的研究思路、考察方法和基本结论。

（一）早期研究

对吉尔布瑞特规律的考察发端于 Hart & Prais（1956），经历了20世纪60年代和70年代的高度繁荣，在 Ijiri & Simon（1977）的《偏态分布和企业规模》一书中达到顶峰。总的来说，这一时期的研究主要基于小样本的横截面数据和短期面板数据[①]，通过对 $y_{it} = \beta y_{i,t-1} + \varepsilon_{it}$ 的 OLS 回归来检验 β 是否偏离 1。其中，y_{it} 为第 t 期的企业对数规模，$y_{i,t-1}$ 为第 $t-1$ 期的企业对数规模，ε_{it} 为白噪声。或者将企业按照规模分类，检验不同规模级别的企业平均成长率和方差是否有显著差异。研究的基本结论是：基于个别产业的小样本，吉尔布瑞特规律成立，企业成长与规模无关；但基于更多行业和更多企业的样本来说，吉尔布瑞特规律不成立，主要表现在企业成长与规模正相关或负相关，企业成长存在自相关性等。

最初，Hart & Prais（1956）[②]以市场价值作为度量企业规模的主要指标，用对数规模的方差来衡量企业规模分布，从比较静态和动态两个层面，考察了1885年至1950年这个时间段内在英国伦敦证券交易所上市的采矿业、制造业和分配业企业[③]的规模分布变化，主要得出半个多世纪内经济中企业规模分布的变化不大的核心结论。接着，Hart（1962）用利润度量企业规模，通过四组样本的检验得出吉尔布瑞特规律基本成立的结论。计量结果表明，对于酿造、棉纺和饮料三个产业的上市公司样本以及私企和合伙制企业的非上市公司样本而言，大企业和小企业之间的平均规模无显著差异。酿造和饮料两个产业中大企业和小企业之间的方差有差异，棉纺行业上市公司样本与私企和合伙制企业的非上市公司样本中大企业和小企业之间的方差则无显著差异。

---

① 主要基于两位数产业分类的加总数据。
② 该文中，将企业规模的对数正态分布作为主要的分析性假设。
③ 这里的企业不同于一般法律意义上的公司，类似于包括母公司和母公司占有50%份额的子公司的结合体。

Mansfiled（1962）利用 1916～1957 年美国钢铁、石油和轮胎行业的所有企业数据来检验吉尔布瑞特规律，其方法是将最终规模（以资产度量）对初始规模回归，检验系数是否为 1。若系数为 1，则吉尔布瑞特规律成立，即企业的成长是一个随机游走过程；若系数小于 1，则表明小企业比大企业成长更快；反之，则大企业成长更快。作者发现，若考虑所有企业（包括这一时间已消亡的企业），则 7/10 的样本不满足吉尔布瑞特规律；若仅考虑生存企业，则 4/10 的样本不满足吉尔布瑞特规律。作者认为，经验证据偏离吉尔布瑞特规律的原因可能在于，一方面，小企业更易消亡；另一方面，小企业创新活跃，成长快。

Hymer & Pashigian（1962）利用 1946～1955 年美国 1000 个大的工业企业成长率数据，通过比较不同规模等级的企业成长率的分布来检验比例效应规律。结果表明，尽管不同规模等级的企业平均成长率是相同的，但小企业成长率方差的变动呈现出大于大企业的系统趋势，并且方差的变动随规模的增大而递减。这在一定程度上拒绝了吉尔布瑞特规律。

Singh & Whittington（1975）利用英国 1948～1960 年 21 个产业 2000 个企业的数据，以净资产价值度量规模，研究发现，企业成长和规模有正的弱相关性，企业成长的方差随规模的增加而减小。此外，作者用企业的最终规模对初始规模进行回归，发现系数大于 1，这也拒绝了比例效应规律。在检验成长的自相关性时，发现系数显著大于 0，即存在自相关性。作者认为，成长的自相关性可能是规模与成长呈现弱相关性的主要原因。

由于样本较小，且考察对象多为大企业和在位企业，早期的研究忽略了企业的动态进入和退出等因素对企业规模的影响（Ijiri & Simon，1971，1974）。此外，较少控制其他相关变量，也很少考察 OLS 回归中出现的自选择、测量误差、异方差和自相关等计量问题。因而，可能导致估计结果是不一致的，尤其在吉尔布瑞特规律不成立的情况下。这引发了20 世纪 80 年代以后的进一步研究。

（二）对计量问题的重视和对更多因素的考察

20 世纪 80 年代以后[①]，对传统 OLS 回归中忽略的自选择、测量误差、异方差以及函数形式的非线性问题的考察越来越多地出现在经验文献中。与此同时，随着管理学和现代企业理论的渗透，对企业成长的考察也涉及更多的因素，如吸收了企业成长的生命周期理论，开始探讨企业的学习效应。此外，融入了对企业内部组织结构的分析，体现在经验上则是对企业子公司的考察。理论模型中，比较经典的是 Jovanovic（1982）提出的学习模型，该模型认为企业在时间的推移中通过贝叶斯学习过程，逐渐发现自身真实的效率。经验检验中，比较有代表性的是 Kumar（1985）、Evans（1987a，b）、Hall（1987）、Dunne et al.（1989）和 Dunne & Hughes（1994）的文章。

---

① Chesher（1979）首次强调传统 OLS 回归中忽略的计量问题之一——误差项的自相关性所导致的估计系数的非一致性。

Kumar（1985）利用 1960～1976 年英国制造业和服务业 2000 多个上市公司的数据检验了企业规模、企业成长和并购活动的关系。作者分别用净资产、物质资产、股票资产、员工人数和销售额度量规模，在成长度量方面，突出了并购活动，将成长来源分为并购和新投资。在模型设置上，通过纳入企业过去的成长来考察自相关问题。研究结果表明：（1）企业成长和规模呈现一定的负相关性；（2）企业的成长呈现弱自相关性；（3）制造业中的企业规模和由并购引起的成长之间呈现弱的负相关性；（4）对所有企业而言，在企业规模和并购成长之间不存在系统性的关系，并购成长的自相关性弱稳定于总成长；（5）并购成长的方差随企业规模的增加而显著下降。

Evans（1987a）利用 1976～1980 年美国 100 个制造业 42339 个企业构成的样本来检验企业动态问题—企业成长、消亡和成长变动以及企业的关键特征—规模、年龄和子公司数目的关系。在模型设置方面，作者综合考虑了非线性、样本选择和异方差等计量问题以及企业进入与退出效应的影响，引入企业生存的 Probit 模型，构建了样本选择模型，并利用最大似然方法估计了各参数。研究发现：（1）企业成长随企业规模和年龄而递减，这拒绝了吉尔布瑞特规律，但对该定律的偏离于小企业更严重，而年龄和成长的负相关性则验证了 Jovanovic（1982）的学习模型；（2）企业生存的概率随规模和年龄递增；（3）企业成长的方差随年龄而递减，成长的方差与规模的关系在 80% 的样本中呈现负相关性。Evans（1987b）利用 1976～1982 年美国制造业企业的样本，更深入地考察了样本选择效应和不同形式的成长函数的假设对研究结果的影响，得出了与 Evans（1987a）类似的结论。

Dunne、Roberts & Samuelsons（1989）利用在三个美国制造业普查（US Census of Manufactures）年份（1967、1972 和 1977 年）进入样本且至少在一个普查年拥有 5 个雇佣工人的 219754 个工厂（plants）数据，考察了 1967～1977 年制造业工厂成长、消亡与规模、年龄和所有制类型①的关系。研究发现，所有制类型对工厂的成长有着显著的影响，由单一工厂企业拥有的工厂的平均成长率随规模和年龄而下降，由多工厂企业拥有的工厂的平均成长率随规模和年龄而上升。而所有工厂的成长率方差均随规模和年龄而下降。

Dunne & Hughes（1994）利用 1975～1985 年英国金融行业和非金融行业的全部上市公司和大的非上市公司的数据，用净资产度量规模，来检验企业规模、年龄、成长和消亡的关系，以及成长的自相关性问题。对企业死亡率的研究表明，较小的企业有较高的死亡率，但最大和最小的企业都不易被收购，此外，作者在最大似然样本选择模型框架下使用 Probit 生存分析重估规模—年龄—成长 OLS 回归，在剔除样本选择效应后，发现小企业比大企业成长更快，企业的成长与年龄负相关。

这一时期的文献突出强调了早期研究中简单 OLS 回归忽略的计量问题，综合考察了企业进入与退出、企业并购、企业内部组织结构等因素对企业成长的影响，突出强调了企业

---

① 这里的所有制类型（ownership type）是指某一工厂是由拥有单一工厂的企业（single - unit plants）所有，还是由拥有多工厂的企业（multiunit plants）所有。这一变量考察了公司多元化经营对企业成长的影响。

的学习效应，基本得出吉尔布瑞特规律不成立的结论。

（三）更复杂的计量方法和对吉尔布瑞特规律的进一步背离与拓展

从 20 世纪 90 年代中期至今，更复杂的计量方法开始引入到对吉尔布瑞特规律的检验中。如计算机模拟、分位点回归、长期面板数据的时间序列分析和非参数估计等。随着更全面的样本数据的获取，以及更细致的经济因素的考虑，吉尔布瑞特规律有着不同形式的背离与拓展，如认为企业成长率的分布呈现帐篷状（tent - shape），企业规模分布在长期演化中并未呈现出收敛趋势，以及对比例效应规律的进一步拓展，认为企业获取新的商业机会的能力与机会的数量成正比。

McCloughan（1995）从修改的 Gibrat 式成长—进入 - 退出过程模拟了不同的偏离吉尔布瑞特规律的效应，并指出规模—成长的关系的性质是企业规模演化的重要因素。作者认为，吉尔布瑞特规律对企业数目固定的假设忽略了进入和退出的影响，以往的随机模型有均衡解，但修改后的吉尔布瑞特规律没有封闭的形式。此外，计算机模拟排除了并购的影响，忽略了年龄效应。

Machado & Mata（2000）使用 Box - Cox 分位点回归模型，分析了 1983 年和 1991 年葡萄牙制造业的企业规模分布，特别估计了产业特征对企业条件规模分布的位置、尺度、偏度和峰度的影响。研究发现，（1）从 1983 年到 1991 年，企业规模分布更加集中于中小企业（左偏），整个样本拒绝了企业规模的对数正态分布假说，但是在 1983 年，对数正态分布是企业条件规模分布的合理描述。作者认为，企业规模分布偏向小企业主要源于经济对产业特征的反应方式而非产业特征水平本身的变化。（2）在整个分布中，产业特征以相同的方向影响企业规模，但在最大分位点处影响较大。

Geroski et al.（2003）为了考察企业规模的长期分布，通过对英国 147 个大的上市公司 30 年内（1955 ~ 1985）的持续追踪，以净资产度量规模，研究发现，企业的成长率随时间的推移是高度变动的，企业成长率之间的差异不会持续长久。此外，企业规模分布并未呈现出收敛趋势。

Cabral & Mata（2003）利用 1984 ~ 1991 年西班牙全部制造业企业的数据，以员工人数来度量企业规模，使用非参数估计方法，并控制了样本选择效应，研究发现，企业规模的对数正态分布在更全面的样本中不成立，但企业规模分布开始时是右偏的，在时间的演化中趋近对数正态分布。在此基础上，作者提出资本约束理论来解释企业规模的演化。

Bottazzi & Secchi（2006）利用 1989 ~ 1996 年 8091 个大企业的样本，验证了企业成长率的概率分布呈现帐篷状，并在 Ijiri&Simon（1977）和 Sutton（1998）等人的岛模型（islands models）的基础上，提出了解释这一新的分布的模型。在该模型中，企业的成长取决于所获取的商业机会的数量。

与 20 世纪 80 年代后对 OLS 回归中的自选择、异方差、自相关等计量问题的重视相比，20 世纪 90 年代中期后的复杂计量方法更多的是基于更全面样本信息的利用，特别是考察了企业所处的外部异质性环境对企业成长的影响以及企业整体规模分布的动态演化过程。更重要的是，这些研究在进一步背离经典吉尔布瑞特规律的同时，也在新的解释框架下为其赋予了更逼近现实的经济含义。

三 帕累托—齐夫规律

与吉尔布瑞特规律浩如烟海的研究文献相比，对帕累托—齐夫规律的研究更多的是散佚在对收入分布、财富分布、城市规模分布、股票收益和交易量以及企业规模分布的各类研究中（Gabaix，2006）。鉴于此，对企业规模分布的帕累托—齐夫规律的综述主要围绕企业规模分布的特征事实和成因展开，同时涉及其在经济学其他领域的研究成果。

（一）Simon – Bonini – Ijiri 框架：从企业规模帕累托分布形成的随机过程说起

前面提到，在 Simon – Bonini – Ijiri 框架中，比例效应规律与企业规模分布的帕累托特征是同时并存的。Simon 等从放松约束条件的不同随机过程推演出了企业规模分布的帕累托特征事实，并考虑了不同经济因素的扰动引致的对企业规模帕累托分布的偏离。

Simon & Bonini（1958）认为企业规模帕累托分布的形成是比例效应规律和新企业的恒定出生率这两种机制综合作用的结果，但新企业的恒定出生率假设导致了企业规模服从帕累托分布而不是对数正态分布。作者运用 1955 年财富杂志上发布的 1954 ~ 1955 年和 1954 ~ 1956 年美国 500 个大的工业企业的数据验证了比例效应规律。此外，在美国的钢铁行业，企业规模分布服从 Yule 分布（类似于帕累托分布）。

Ijiri & Simon（1964）提出了一种可以产生近似 Yule 分布的新的随机过程。在该过程中，企业的期望成长率与企业之前规模增量的时间现值之和这一权重成比例，因此，这一过程也修改了比例效应规律，允许单个企业的期望成长率有不同的变动[①]。

Ijiri & Simon（1971）利用 1956 年和 1957 年美国 500 个大企业的经验数据检验了并购对企业集中的效应，结果发现，并购并不影响企业的规模分布。另外美国 500 个大企业近 20 年的规模分布图表明帕累托曲线的形状具有相对稳定性，作者认为，这验证了帕累托分布形成的一个重要条件——比例效应规律是成立的。与之不同的是，Ijiri & Simon（1974）利用更全面的样本，发现 log（size）– log（rank）的双对数拟合图偏离了直线型的帕累托分布。作者认为，有两种原因可对这一偏离进行解释：一是企业的成长呈现出自相关性，但规模对企业成长的效应是指数衰减的；二是并购的影响，基于 1948 ~ 1969 年

---

① Ijiri & Simon（1967）提出了另一个可以得出企业规模帕累托分布的随机成长过程的模型。在该模型中，企业的成长被看成是产业因素和企业个体因素共同作用的结果，其中，企业个体因素作用的成长由一期马尔科夫过程实现。

大样本的企业并购数据表明并购可以提高企业的集中度。

（二）帕累托规律的特例：对齐夫定律的探讨

早期对帕累托—齐夫规律内在机制的阐释主要体现在 Simon – Bonini – Ijiri 框架中，即从企业成长的随机过程出发，通过不断放松约束条件，来逐渐逼近这一分布。自 Simon 后，对企业规模分布的帕累托—齐夫规律的检验出现了较长的沉寂。20 世纪 90 年代中后期至 21 世纪初，经验文献开始重新活跃，着重于对企业规模分布均匀的理想状况——齐夫规律的考察。

Axtell（2001）利用 1988～1997 年美国纳税企业的全体样本，发现对于企业规模的不同度量指标，企业规模分布均服从齐夫定律。

Fujiwara et al.（2004）利用 1992～2001 年 45 个欧洲国家 260000 个大企业的数据，以总资产、销售额和员工人数度量企业规模，发现企业规模分布的上尾遵循齐夫分布。

Luttmer（2007）利用 2002 年美国统计局的数据，使用对数正态分布的最大似然估计方法，发现对于不同的规模度量指标，企业规模分布的右尾服从齐夫分布，齐夫系数为 1.06。

Gabaix & Landier（2008）利用 2004 年美国 500 强企业的数据，以市场价值（股权和债权之和）度量企业规模，进一步验证了美国大企业的规模分布服从齐夫定律，且系数为 1.01。

这一时期的经验事实集中于探讨帕累托规律的特例——齐夫定律，主要是利用发达国家的数据，反复验证 Axtell（2001, p. 1820）指出的"齐夫分布是任何经验上准确的企业理论必须符合的标准"这一论断。但与 Simon – Bonini – Ijiri 框架对企业规模分布形成机制的考察相比，经验文献呈现相对停滞的局面。

四　吉尔布瑞特规律和帕累托—齐夫规律的交融

企业规模分布是企业动态成长的结果，但正如 Growiec et al.（2008）指出，很少有学者同时解释企业规模和企业成长率问题。而这源于吉尔布瑞特规律和帕累托—齐夫规律的内在冲突。吉尔布瑞特规律认为，企业的成长独立于规模（比例效应规律），从而企业规模分布收敛于对数正态分布。帕累托—齐夫规律则认为企业规模分布至少在上尾服从帕累托分布，理想状况为齐夫分布。二者难以兼容的原因在于，比例效应规律在极限意义上导致对数正态分布，而不是帕累托—齐夫分布。但是，一些学者通过放松约束假设，发现比例效应规律也能导致帕累托—齐夫分布。如 Champernowne（1953）对个人收入分布的研究，Simon – Bonini – Ijiri 框架（1958, 1964, 1967, 1971, 1974）对企业规模分布的研究，Gabaix（1999）和 Ioannides & Overman（2003）对城市规模分布的研究。特别是，Simon – Bonini – Ijiri 框架认为新企业的恒定出生率和比例效应规律这两个条件共同导致了帕累托分布，区分这两种分布的关键因素在于新企业的恒定出生率，而不是比例效应规律。经验研究中，大企业对比例效应规律的偏离较小。此外，对帕累托分布的偏离也是源于以上两个假设条件的不符合。可见，在 Simon – Bonini – Ijiri 框架中，比例效应规律和帕累托规律在一定条件下是同一的。上述研究的共同点在于，在个人收入分布、企业规模分布和城市规模分布中存在门槛效应，其核心思想是，在个人收入、企业和城市规模分布的上尾，如果成长过程遵循比例效应规律，则规模分布将会收敛于帕累托分布，特殊地为齐夫分布。

五　小结

形象地说，在经济学中，企业规模分布的两种规律——吉尔布瑞特规律和帕累托—齐夫规律是半个多世纪以来经验研究领域中的两朵"奇葩"。西方经济学者主要基于市场发育成熟的国家，利用不同的国别数据和研究方法来反复验证以上两种分布规律，并通过构建不同的理论模型来解释相应的形成机制。尽管如此，这两种规律的有效性仍然依赖于具体的条件。一般来说，吉尔布瑞特规律对样本中的大企业多数是成立的。而对帕累托—齐夫规律形成机制的研究，代表性的结论是：如果在企业规模分布的上尾，企业的成长遵循随机过程，则企业规模分布收敛于帕累托—齐夫分布。

进一步地，基于分布规律的视角，利用概率模型和大样本数据来考察企业规模的整体分布情况，进而判断企业规模分布是否合理和优化，一方面，这在理论上提供了一种与"企业——市场"微观二分法相得益彰的宏观分析范式。另一方面，就现实意义而言，成熟市场经济的企业规模分布研究也为对中国的企业规模问题的探讨提供了可以观摩的标尺。作为世界上最大的发展中国家，政府"有形之手"在经济转型过程中扮演着重要的角色。因而，在政府和市场的互动过程中，中国企业的整体规模分布是遵循成熟市场经济中企业规模分布的普遍规律，还是表现出自己的特殊性？如果是后者，政府对企业影响的具体机制是什么？这种影响的长远结果会怎样？这有待于国内学者从理论上和经验上进行更深入的研究。

第三部分　当代世界经济问题研究

再生产结构与资本主义经济周期的演化路径

胡乐明　刘　刚 [*]

一　问题的提出

经济危机与经济周期是一个具体的现实的过程。曼德尔（Ernest Mandel，1964）将资本主义经济周期的原因分为由"商品和商品的货币等价物之间的矛盾"构成的"一般可能性"，"利润率的波动"所揭露的"调整资本主义再生产条件的一般意义"，以及需要进一步说明的"具体原因"。在他看来，说明"具体原因"就是说明资本主义生产过程"周期性地、必然地产生比例失调"。在此基础上，曼德尔提供了一个关于经济周期四阶段的过程分析，这是马克思主义经济学关于经济周期过程的经典的多部门动态模型。然而，曼德尔的分析主要集中在经济系统对再生产平衡结构的偏离与回归，并未深入解释平衡结构的重塑与演变过程，这也是传统的"比例失调论"的主要不足。随着经济的增长，经济系统会发生深刻的结构变革，符合"平衡结构"的结构比例并非一成不变，也就是说经济系统存在"多重再生产平衡结构"。经济增长是经济系统不断从一个平衡结构过渡到另一个平衡结构的动态过程。因此，在动态上，再生产结构的约束效应不是将经济系统限定于某个唯一的"平衡结构"，而是要求经济系统必须遵守动态的结构演进路径。基于这个动态的结构演进路径界定"比例失调"，需要构建一个兼容不同平衡结构的动态的结构论框架。但是，由于传统研究缺乏操作这一问题的演化分析工具，传统的"比例失调论"未能成功构建类似的结构论框架。以曼德尔为例，在后来的研究（Ernest Mandel，1975，1980）中曼德尔分析了经济系统存在的各种再生产平衡结构，形成了"多重平衡结构"思想，但是由于他的分析视角更多地集中于技术和利润率等因素，经济系统在不同平衡结构之间的动态演变过程未能获得恰当的动态分析。在我们看来，要弥补传统"比例失调论"的不足，阐明各类经济周期在"具体原因"层面的动态路径，关键在于解析经济系统在多重平衡结构之间的演化过程。综上所述，经济周期理论不仅需要研究再生产平衡结构的"约束"，更需要解释再生产平衡结构的"重塑"。换言之，需要在理论上回答：经济系统对平衡结构的偏离，是违背原有平衡结构的"短期动向"，还是导向新平衡结构的"长期态势"？

---

[*]　胡乐明，中国社会科学院马克思主义研究院原理部主任、研究员。刘刚，曲阜师范大学经济学院副教授。本文为中国社会科学院创新工程项目"经济危机与经济周期的马克思主义研究"的阶段性成果。

西方经济学和马克思主义经济学的已有理论，都未能有效回答上述问题。西方经济学的经济增长和经济周期理论往往过于关注总量关系而直接抽象掉了部门间的结构约束。马克思主义经济学学者的注意力尽管越来越倾向于技术、制度、"积累条制"和外部市场等因素对经济周期的影响，但是这些因素借以发挥影响的结构约束和动态路径，则往往被视为"题中应有之意"而未获得细致的探讨，马克思再生产图式所蕴含的结构分析的思想反而在里昂惕夫、斯拉法、冯诺伊曼和帕西内蒂等结构论学者那里获得了一定程度的继承和发扬，关于内生经济增长机制的过程分析，也逐渐成为演化经济学的专长。回归再生产图式的结构论框架，借鉴演化经济学的过程论分析工具（胡乐明、刘刚，2012），探究资本主义经济周期的动态路径，是马克思主义经济周期理论的发展方向。

在《资本论》第3卷第49章"关于生产过程的分析"中，我们可以发现很多可供开发的"跨期结构"思想。我们尝试以此为基础，参考冯诺伊曼和帕西内蒂等人的多部门经济增长模型，借鉴演化经济学家阿瑟·布赖恩提出的"自我强化"和"锁定效应"，为经济系统的周期性波动提供一个动态的"结构论"解释。这一解释将说明：经济周期在其具体路径上应还原为结构问题和生产周期问题；技术、积累体制和利润率等影响经济周期的因素，都内置于资本主义经济无计划的动态不可逆的再生产过程之中，通过激化资本主义各部门强制性结构约束与异质性生产周期之间的矛盾，引发经济系统的周期波动；相关治理措施则通过缓和这一矛盾降低经济波动的危害。

二 供求关联、报酬递增与"多重平衡结构"

在彼此联系的社会分工体系中，各产业部门之间存在"交互供求"的关联机制。在这个交换体系中，一个部门的产出依赖其他各部门在生产和消费过程中对这一部门形成的需求。只有各部门之间的生产规模符合相应的结构约束，产品才不会"过剩"，经济增长才能顺利进行。这就是供求关联思想。供求关联与报酬递增机制的结合，形成"多重平衡结构"。

（一）总量增长与结构变迁的统一性

1. 无结构的增长与周期理论

除少数结构论学者之外，西方经济学经济增长理论和经济周期理论都以总量生产函数为基础。其一般形式为 $Y = A \cdot F (L, K)$，其中 Y 表示产出量，A 表示技术水平，L 和 K 分别表示劳动和资本数量。在这一生产函数中，部门间的结构和比例问题被抽象掉了。经济增长和经济周期研究，所探讨的都是总产出 Y 或人均产出 Y/L 的数量变化。经济增长实际上是各经济部门作为一个整体的增长，国民经济各部门的增长都是同速度、成比例的。显然，这一认识与经济增长过程中各部门结构比例的深刻变革并不相符。结合供求关联思想，这种前提假定的局限性就更为明显。总量生产函数在抽象掉部门间结构比例的同时，也抽象掉了各部门产品因部门间比例失调和供求失衡而遭遇的"实现的困难"。这种抽象，相当于预先假定了"供求平衡"和"市场自动出清"，认定产品"有多少卖多少"，从根本上排斥了产品"相对过剩"的可能性。因此，在这些理论中，经济增长的困难和经济系统的周期性波动仅来自外在的技术扰动（如真实经济周期理论）和货币周期（货币学派和卢卡斯）等因素；内生的供求失衡等更为关键的不稳定因素，则被排斥在分析视野之外。

2. 总量与结构相统一的再生产理论

在马克思的再生产图式模型中，扩大再生产必须遵守部门间的结构约束，其条件为 I $(V + \triangle V + M/X)$ = II $(C + \triangle C)$。这意味着总量增长与结构变迁是统一的。我们在简单再生产条件与扩大再生产之间做一个简要的过程分析，来说明这一点。我们加入一个假定：资本家和工人消费的产品不同，资本家消费的奢侈品较多。在简单再生产条件下，资本家将所有的剩余价值都用于个人消费。将简单再生产转变为扩大再生产，资本家首先需要减少奢侈品的消费，其省下的剩余价值 $(M - M/X)$ 则用于购买生产资料和劳动力，由此，经济系统发生相应的结构变动。由于奢侈品生产部门的需求要相对缩小，奢侈品部门的库存会相应增长。同时由于被雇用的劳动力增多，消费品部门的生产需要扩大。扩大再生产后形成的更大规模的剩余价值记为 M'，$M' > M$。如果在新的水平上资本家的消费量 $M'/X = M$，即资本家在扩大再生产之后形成的新的消费量与扩大再生产之前相等，那么奢侈品部门的库存将最终被消化，奢侈品部门只出现了短期产量和利润率波动。如果出现 $M'/X < M$，奢侈品部门可能形成生产规模的萎缩，一部分原先就业于奢侈品部门的劳动力，将陷入失业或进入其他部门。总结上述过程不难发现：正是原先用于购买消费品的一部分剩余价值改作其他用途，才导致市场上消费资料需求量和生产资料需求量发生了相应变化，从而推动生产规模、就业量和价值总量的扩张。总量增长以结构变迁为前提，同时总量增长后经济系统形成了新的平衡结构，总量与结构相统一是再生产图式模型基本的方法论特性。

（二）部门间的供求关联机制

我们结合再生产图式模型，进一步明确各部间的供求关联机制，分析这一机制对产品交换比例的决定作用。简单再生产条件下 I $(C + V + M)$ = IC + IIC，II $(C + V + M)$ = I $(V + M)$ + II $(V + M)$；扩大再生产条件下 I $(C + V + M)$ = I $(C + \triangle C)$ + II $(C + \triangle C)$，II $(C + V + M)$ = I $(V + \triangle V + M/X)$ + II $(V + \triangle V + M/X)$。上述两个结论是简单再生产和扩大再生产条件的推论。在这两个推论中，部门间分工和结构关系决定了市场上的不同产品之间的交易规模。形成这一原理的核心假定是，不同产品不能完全替代。如果市场上供给不足的产品可以由其他产品替换，那么不同部门之间强制的结构约束将消失。从这个意义上讲，马克思将各种产品划分为具体用途上难以相互替代的"生产资料"和"消费资料"两大部类，有效地抓住了各类产品的独特功能和不可替代性。这一假定也体现在里昂惕夫"投入—产出"理论的"互补性生产函数"和"中间产品消耗系数矩阵"上。部门间交互决定供求关系的原理，依托里昂惕夫的"消耗系数矩阵"形成了标准化的量化模型。随着萨缪尔森将这一模型应用于劳动价值论"转形问题"的讨论，这一模型及其"互补性技术关联"思想，也被逐步引入数理马克思主义经济学领域。

我们也可以基于马克思"价值形式"理论，运用供求关联原理在再生产结构中，进一步明确供求关联机制对于各部门产品交换比例和交易规模的决定作用。各部门生产其产品的目的不是获得产品的使用价值，而是获得产品的价值。表现产品价值的，正是各部门在交换体系中所获得的其他产品。一个部门的收入，不取决于自己的产品数量，而取决于在再生产结构中它从其他部门所换得的产品的数量。我们将在"非均衡"的条件下运用这一原理来探讨再生产结构中的各产品的交换比例。"如果市场的胃口不能以每码2先令的正常价格吞下麻布的总量，这就证明，在全部的社会劳动时间中，以织麻布的形式耗费的劳动时间太多了。其结果就像每个织布者花在他个人的产品上的时间超过了社会必要劳动时间一样。正像俗语所说：'一起捉住，一起绞死。'"（马克思，1972，第126页）著名的"第二种社会必要劳动时间"和各部门"按比例分配劳动"等理论也充分论述了这一原理，我们不再赘述。

综上所述，在马克思主义经济学中，需求和购买力并非来自哪一方收入水平的变化，而是取决于社会分工体系下存在供求关联的各部门的生产规模。相应的，收入来自各部门在交换过程中所换得的等价物数量，各部门在交换体系中所能换得的产品数量决定其收入水平。

（三）报酬递增与多重再生产结构

自亚当·斯密开始，报酬递增就是古典经济学的基本理论（贾根良，1998）。马克思的分工理论、协作理论以及马克思对机器大工业的分析中，都明确强调了生产规模扩大对于节约生产资源降低生产成本的意义。这些分析是典型的规模经济和报酬递增思想。"竞争斗争是通过使商品便宜来进行的。在其他条件不变时，商品的便宜取决于劳动生产率，而劳动生产率又取决于生产规模。因此，较大的资本战胜较小的资本"（马克思，1972，第686~687页）。"在论述协作、分工和机器时，我们已经指出，生产条件的节约（这是大规模生产的特征）本质上是这样产生的：这些条件……它们在生产过程中由总体工人共同消费，……在一个有一台或两台中央发动机的大工厂内，发动机的费用，不会和发动机的马力，因而不会和它们的可能的作用范围，按相同的比例增加；……燃料、照明等等的支出，也是这样"（马克思，1974，第94页）。同时，企业内部更大规模的生产和分工，又要求产业规模和社会分工的扩充。"工场手工业的分工要求社会内部的分工已经达到一定的发展程度。相反地，工场手工业分工又会发生反作用，发展并增加社会分工"（马克思，1972，第391页）。

古典经济学的广义报酬递增机制不同于新古典经济学生产函数中狭义的要素边际报酬

递增，而是囊括了经济总量扩张所推进的各种形式的效率提升机制。这一思想也成为演化经济学分析经济内生发展过程的重要理论基础（贾根良，1999）。一般认为，源于古典经济学的广义报酬递增机制包括规模经济、技术进步和结构变迁三个方面①。

将报酬递增与供求关联机制相结合②就可以阐释经济发展过程中存在的"多重平衡结构"。劳动生产率提高，依赖各部门生产规模的扩大，而一个部门产业规模的提升，又取决于其他部门规模的相应扩大。在其他部门生产规模未扩大的条件下，某一个产业"单独"地扩大其生产规模，其市场需求规模和收入水平将被限定，更高技术因生产规模无法扩充而不能实现更低的成本，从而造成亏损，使预付的生产资料和固定资本形成"资本消灭"。因此，在报酬递增的条件下，各部门在生产规模上的"结构约束"和"规模依赖"，成为各部门技术进步的相互依赖。技术进步的实现，以各部门之间符合供求比例的再生产结构的重建为条件。相应的，不同的技术水平和经济发展阶段上，存在"多重平衡结构"。

演化经济学的代表人物阿瑟·布赖恩（Arthur，W. B.，1988，1989）分析了经济发展过程中的"自我强化"（self-reinforcing）和"锁定效应"（lock-in）。借鉴布赖恩的观点，我们认为：如果在各个平衡结构存在相应的"结构引力"，那么，在经济系统由低到高接近某个平衡结构时，"结构引力"将成为经济运行向上的拉动，形成平衡结构的"自我强化"；在达到某个平衡结构之后，"结构引力"会成为经济运行向下的拉动，形成平衡结构的"锁定效应"。"多重平衡结构"的"结构引力"的交替作用，导致经济运行周期性地出现不同平衡结构的"自我强化"和"锁定效应"，从而形成周期性经济波动。

三　结构引力与周期性波动的内在机理

强制的结构约束通过价值革命和资本消灭迫使经济系统回归平衡结构，构成"结构引力"。各部门生产周期的异质性导致经济系统交替性地偏离和回归"平衡结构"，形成"发散—收敛"过程，构成"结构引力"具体的作用形式。部门间结构比例的跨期约束与生产周期的异质性之间的矛盾，是理解结构引力及其"发散—收敛"过程的关键。

（一）结构约束、价值革命与"结构引力"

供求关联机制形成部门间结构约束。在供求关联系统内，一个部门的收入取决于他在交换供求关联系统内所换得的产品数量。因此，一个部门的扩张需要其他部门相应扩张，否则单独扩张的部门将遭遇"价值革命"和"资本消灭"，从而迫使经济系统重新回归平

---

① 除规模经济和分工理论外，马克思也曾系统论述规模扩张推进协作分工和技术进步的动态机制；并通过资本有机构成提高等因素描述经济增长过程的技术进步。此外，生产力与生产关系的矛盾以及"工厂法"等理论也深入地研究了经济增长对制度变迁的推进作用。

② 在西方经济学中，报酬递增与产业间供求关联机制的结合就是高级发展经济学的理论基础："金融外部经济"（杜曙光、刘刚，2013）。

衡结构。这就是部门间结构约束形成的"结构引力"。同时，"产业链"上游某些环节的"中间产品"可能需要到下一生产周期才被下游环节所使用和补偿，从而导致各部门的生产存在跨期的结构约束。但是，由即期结构形成的交换比例可能违背跨期结构约束所指定的比例关系。考虑到跨期结构与即期结构之间的矛盾，"价值革命"的可能性将大大增加。马克思的《资本论》第3卷第49章"关于生产过程的分析"就蕴含了丰富的跨期结构思想。

在马克思的再生产图式模型中，跨越生产周期的影响因素被限制在很小的范围内。马克思假定所有生产资料在考察期内，都会转化到产品中去，都会获得补偿。但是，不能由此认定马克思的分析中不存在跨期问题。问题的关键就在于，在"产业链"视角下，第一部类生产的产品是充当"生产资料"的中间产品，就即期而言，这些产品已经被购买，获得了补偿。但是，就这些生产资料的最终使命（最终要应用于消费资料的生产）而言，这些产品还将作为下游产品价值的 C 部分沉淀下来，从而获得跨期补偿。由此，生产资料部门除了受到当期补偿的结构性约束，还要面临跨期补偿的结构性约束。在"关于生产过程的分析"中，马克思在同一个生产周期内，天才地阐述了这种"当期补偿"与"跨期风险"并存的现象。马克思在批判"三位一体公式"的同时强调：在社会总产品的实现与补偿过程中，当期投入的劳动量对应当期收入量，但是，当期投入与当期补偿之间的对应关系，不能解决所有产品的补偿问题，即收入不能补偿所有的产品的价值。"最后，形成不变资本的一部分产品，会以实物形式或者通过不变资本的生产者之间的相互交换而得到补偿；这是一个同消费者毫无关系的过程"（马克思，1974）。即资本家预付资本中用于购买不变资本的那部分投资，实际上补偿了尚未进入消费领域的生产资料的价值。资本家与资本家之间的交互购买还可以获得更为全面的概括。著名的卡莱斯基法则（Kalecki，C. M.，1980）在此基础上阐述了更为全面的等式关系：$IM + IIM = I（\triangle C + \triangle V + M/X）+ II（\triangle C + \triangle V + M/X）$，即利润 = 投资 + 资本家消费，"资本家阶级的利润决定于他们自己的投资，而不是相反"（孟捷，2004）。但是，如果因此就认定资本家之间"自我增殖"的资本积累可以顺利地无限循环下去，就会进入错误的方向。生产资料的价值，最终必须用于生产消费品。因此，所有的生产资料，最终都要进入未来的生产过程中成为 IIC 的构成部分。

关于 IIC 部分，马克思认为"价值革命"和"资本消灭"是客观存在的："在再生产的正常状态下，只有一部分新追加的劳动用在不变资本的生产上，因而用在不变资本的补偿上，这就是原来用来补偿生产消费资料即收入的物质要素时用掉的不变资本的那部分（此外，从价值方面来看，由于劳动生产力的变化，这个不变资本也可能贬值；但这种情况只与单个资本家有关），这个不变资本在再生产过程中，从物质方面看，总是会处在各种会使它遭到损失的意外和风险中。……因此利润的一部分，即剩余价值的一部分，从而只体现新追加劳动的剩余产品（从价值方面来看）的一部分，必须充当保险基金"（马克思，1974，第957~958页）。这里的"保险基金"指的是剩余价值中用于填补"价值革命"形成的损失，而不能用作"消费基金"和"积累基金"的那部分。马克思的分析指出，由于消费品可能无法获得补偿或无法投入生产（需求不足形成过剩产能），沉淀于消费品中的生产资料的价值可能因此而损耗。在调整经济结构的过程中，需要由"保险基金"去填补的价值损耗，可能会经常出现，其数额可能是庞大的。我们将这种分析称为马克思的"跨期结构"思想。

马克思"跨期结构"思想说明，当期获得补偿的生产资料最终要在未来的生产周期中沉淀在具体产品中获得补偿。但是，在未来的生产周期中，产品能够在交换体系中换得多少其他产品，不取决于跨期结构，而由即期部门间的结构比例决定。沉淀在消费品中作为 IIC 部分的价值，可能遭遇"价值革命"。例如，依据结构约束，某些部门扩张其生产资料投资的同时，其他与之相交换的部门需相应扩大生产能力。否则，未来的生产周期中，由即期的部门间产量结构所决定的交换体系内，产能扩张的部门将无法在交换中获得足够的其他产品，从而出现过剩产品或过剩产能，形成"价值革命"。只有先行部门缩减其生产能力或其他部门的生产规模跟进，经济系统回归"平衡结构"，"价值革命"的惩罚才会结束。"价值革命"强制经济系统遵守结构约束，形成迫使经济系统回归"平衡结构"的"结构引力"。

（二）部门间生产周期的异质性

"结构引力"在解释演化经济学"自我强化"和"锁定效应"的同时，也导致另一个悖论：如果"结构引力"是经济增长过程中唯一的僵化的动态法则，经济系统将在"结构引力"的作用下固守"平衡结构"，平稳增长。那么，增长速度的周期性波动，将不是经济系统内生的不稳定性因素导致的，而只能是由外在因素的冲击造成的。可见，将"结构约束"作为唯一的动态法则，将不可避免地滑入西方经济增长理论的"稳态路径"信仰。克服这一局限，需引入各部门生产周期的异质性。

如果各部门的生产周期是同质的，那么，各部门按照"平衡结构"的要求"步调一致"地扩大规模、提高技术将是可能的，甚至是有保障的。生产周期同质性也是西方经济学经济增长模型"稳态路径"背后的重要假定。在此基础上，经济的周期性波动只能来自技术、货币、制度甚至心理等因素的外在冲击。即使将这些因素"内生"到经济增长过程中，通过这些"内生因素"的"扰动"解释经济系统的周期性波动，也不是完全的经济周期"内生"理论。经济系统生产周期自身所蕴含的波动性，才是经济周期最根本的内生基因。结构约束限定了各部门经济增长的动态法则。生产周期的异质性则导致各部门"步调不一"的生产周期难以符合结构约束所限定的动态法则。两者的矛盾性就是资本主义经济内生的不稳定基因。技术和制度等因素通过激化生产周期异质性与结构约束性之间的矛盾导致经济波动加剧。同时，经济系统对"平衡结构"的偏离和重塑，也需以此为基础展开讨论。

固定资本是异质性生产周期的典型代表。除固定资本更新外，各生产部门从投资到完成全部预付资本的周转，其生产周期也各不相同。但我们只选取最典型的固定资本更新问题阐述经济增长过程的内在不稳定性。为了表述的方便，我们细化固定资产"生产周期"的两方面含义：从开始投资到建成投产，称为"投产周期"；从开始投入使用到完成周转最终报废，称为"周转周期"或"运转周期"。

回到我们在第一部分所举的例子。如果资本家形成的奢侈品消费在较长时期没有恢复到其原有水平，那么，奢侈品领域将出现不可避免的"资本消灭"。考虑固定资本一旦形成无法回收，其"资本消灭"的规模将很大。在这种情况下"资本消灭"与整体生产规模的扩张是同时发生的。固定资产生产周期较长的特点还会导致"加速数"作用。在我们的例子中，消费品部门会发生持续的扩张，消费品部门对固定资产的需求，会形成固定资产生产规模的扩张。假定固定资本折旧占不变资本的比重为 50%，折旧率为 10%，那么，消费品生产规模扩大引发的固定资本扩张的比例将是 $[（C×50\%）/（C+V+M）]/10\%$。记剩余价值率为 m'，资本有机构成比率为 c'，固定资本折旧在不变资本中的比率为 λ，折旧率为 γ，这一比例为 $（c'·\lambda）/[（1+c'+m'）\gamma] = （\lambda/\gamma）/[1+（1/c'）+（m'/c'）]$。这一比率与折旧率负相关，与资本有机构成正相关。在剩余价值率 m' 和生产资料中固定资本所占比率 λ 不变的前提下，资本有机构成越高，单位产品价值中固定资本折旧所占比重越大，产品需求引发的固定资本生产规模的扩张幅度越大。

传统上将 （C+V）视为"预付资本总量"的同时抽象掉了固定资本。考虑到产品价值总量中不变资本 C 的一部分是固定资本形成的折旧，预付的投资规模将不再是 $C+V=V（1+c'）$ 而是 $V+C·[（1-\lambda）+（\lambda/\gamma）] = V（1+C'）[（1-\lambda）+（\lambda/\gamma）]$。在结构平衡，过剩产能消失时（通常为经济周期的恢复或繁荣阶段），固定资本"完全开工"，增加一单位就业所需增加的生产资料数量不是 c'，而是 $c'·[（1-\lambda）+（\lambda/\gamma）]$。相应的，在固定资本未能"完全开工"的条件下（通常为经济周期的危机和萧条阶段），增加一单位就业所需增加的生产资料则降低为 $c'·（1-\lambda）$。固定资产投资的意义并非局限于固定资本投资自身，而是投资一旦形成就已经预先地指定固定资本生产部门的生产规模。一单位最终消费品的生产需要经历不同的"中间产品"阶段，每个阶段都存在相应的"固定资本投资"，制造这些"固定资本"又会引发固定资本制造领域形成的更大规模固定资本投入。因此，就业量和消费品需求规模增加引发投资加倍增长的倍数（或加速数）和波长都将非常可观。另外，一旦固定资本投资形成了"过剩的生产能力"，就业增长过程中所需生产资料的投入量也将大幅度萎缩。由于固定资本的存在，经济周期不同阶段投资额与边际就业量[①]之间的比率将出现剧烈的波动，这是影响经济周期的重要因素。

（三）"发散—收敛"过程

结构约束与生产周期异质性的矛盾引发经济系统周期性偏离和回归"平衡结构"，

---

① "边际就业量"是我们想到的最为准确的表述，当然这里完全排除了边际主义的均衡性和稳定性意味。

形成动态的"发散—收敛"过程。我们从处于"平衡结构"的稳定状态开始展开这一动态过程。为了标识多部门"步调不一致"的增长过程，我们以就业量，即再生产图式的 V，作为经济增长过程的参照物，假定存在一个匀速的人口增长速度即就业增长速度。

经济系统处于"平衡结构"，过剩产能消失，就业量和消费品需求规模的增加，引发相应的"加速投资"，其规模将非常庞大，因此在接下来的生产周期中形成更大规模的就业量和消费品需求规模。由于生产资料和固定资本生产部门的资本有机构成较高，这些部门生产扩大形成的就业量增长幅度相对较低。所以，消费品产量和就业量增速低于第 I 部类增长速度，生产资料和固定资产的"潜在生产能力"会超过就业量增速，从而超出部门间供求体系所能吸收的范围。但是，由于大量的固定资本投资尚处于"投产周期"，潜在的生产能力尚未释放，供给过多的市场价格信号不会形成，因此已经处于相对过剩状态的固定资本的投资不会停止。随着固定资本结束"投资周期"，形成实际产能，就业量和消费品产量将难以吸收先行部门形成的生产能力，从而导致一些部门的产能超出"平衡结构"的比例约束，形成过剩产品或过剩产能，价值革命和"资本消灭"不可避免。可见，受部门间生产周期异质性的影响，经济系统不会在供求关联的约束下"平滑"地停止于某个符合"规模约束比例"的"平衡结构"上。相反，在"供求平衡"、"过剩产能"消失的条件下，部门间的供求关联机制反而充当了生产资料和固定资产投资"过度加速"的"传送带"。在进入符合比例要求的"平衡结构"之前，经济系统不是平滑"收敛"的，反而会形成"发散"式增长，使一部分部门的生产超出结构约束。甚至可以这样认定：部分周期较长的生产部门形成生产能力和产品的过剩，是经济系统进入"平衡结构"的前奏。

生产资料和固定资产生产部门的过度增长，形成经济系统偏离"平衡结构"的"发散"过程。固定资产结束"投产周期"过剩产品进入市场，"发散"结果显露的同时，"收敛"过程开始。这个"收敛"过程也是"平衡结构"形成的动态过程。处于"过剩状态"的生产部门会出现利润率下滑，停止固定资产投资。在这个过程中，就业量依然继续增加，伴随就业量增长的投资规模则仅限定在流动资本的投资规模上，其比例由 $c' \cdot [(1-\lambda) + (\lambda/\gamma)]$ 下降为 $c' \cdot (1-\lambda)$。在这个过程中，"过剩部门"存在一个能够承受"亏损"状态的"承受周期"。如果"承受周期"内就业量和消费品需求规模能够跟上来，"过剩部门"的过剩状态将结束，利润率也将恢复。否则，"过剩部门"的某些固定资产将最终报废，甚至减缩其就业规模，劳动力将转移到后进部门[①]。这是一个经济增长速度相对下降的过程，同时各部门之间的规模比例"收敛"到符合供求关联要求的

---

① 这是一个"资本消失"过程，企业的各类资产价值将因此而下降，企业因资产价值下降形成"现期成本"减少。在此基础上，企业的利润率会因"资本消失"和"现成成本"下降而提高，从而恢复生产。这是一个"利润率"波动与"价值革命"交互融合的动态过程。

"平衡结构"上。

周而复始"收敛"的完成，也是下一轮"发散"的开始。随着后进部门赶上，或"先行部门"生产能力因"亏损"而被破坏，"先行部门"的生产过剩状态将结束，就业量增长对固定资产投资和生产资料部门的"加速"拉动又将重新开启。

综上所述，部门间跨期结构约束和异质性生产周期之间的矛盾，导致经济系统形成周而复始的"发散—收敛"过程。在这个过程中，"平衡结构"被反复违背和遵守，形成周期性的"结构重复"过程。这就是"结构引力"发挥作用的具体形式。在上述过程中，匀速的就业增长是经济增长的唯一动力[①]，经济增长速度围绕就业增长速度上下波动。如果我们在上述分析中取消人口和就业量的增长，经济系统将在进入"平衡结构"后停滞于原有规模上，经济的周期性波动，将完全取决于固定资本耗尽后的更新过程。

四 结构变迁、结构重塑与不同波长的经济周期

上述"发散—收敛"过程只是对既有平衡结构的不断"重复"，未"重塑"新的平衡结构。实现对"过程分析"与"多重平衡结构"的综合，关键是解释经济系统如何"重塑"出新的平衡结构，从而就经济系统在不同平衡结构之间"转换"，进行具体的过程分析。明确了这一转换过程也将明确回答经济系统对既有平衡结构的偏离是违背原结构的短期动向，还是导向新平衡结构的长期态势。我们将这一转换过程称为"结构变迁"过程。在每一次结构变迁过程中，既有平衡结构的"锁定效应"和新平衡结构的"自我强化"交替发挥作用，形成经济增长速度的周期性波动。结构重复和结构重塑都会形成不同幅度的经济波动，具体而言可分为三个层级结构变迁与四种波长的经济周期。

（一）结构变迁：不同平衡结构之间演化的比较静态分析

经济系统从既有"平衡结构"向下一个"平衡结构"过渡的过程，就是"结构变迁"过程。在这个过程中，经济系统脱离既有平衡结构的"锁定效应"，受下一个平衡结构的"结构引力"的吸引，进入"自我强化"路径。这一过程能否成功，决定于经济系统对既有平衡结构的偏离，是违背既有结构的短期动向还是导向下一个平衡结构的长期态势。在理论上对两者做出界分，关键在于说明两个平衡结构如何交替发挥作用，也就是说，两个"平衡结构"是否会同时形成"结构引力"？是否存在两个平衡结构的"结构引力"相互"拉锯"的状态？解开这些疑问首先需回答：新平衡结构被"重塑"的同时，旧平衡结构

---

① 以匀速的人口增长速度作为经济总量扩张的动力和参照，是经济增长和经济周期理论的基本惯例之一。正是人口和就业数量的增长，构成经济系统持续获得总量扩张的动力。就业增长只是经济增长的外在动因，而非经济波动的内因。即使没有人口增长，随着固定资产的耗尽和更新，结构约束与异质性生产周期之间的矛盾也会周期性爆发。另外，考虑到后面的分析，这里外置的匀速就业增长，也可以视为经济系统"市场扩张"的形式之一。

是否依然有效，其"结构引力"是否继续发挥作用？我们认为问题的关键在于说明平衡结构从何而来，一个平衡结构在什么条件下得以形成并获得其"结构引力"。

解开上述疑问，需对"平衡结构"进行更为细致的剖析。我们先明确本文的"结构关联"和"平衡结构"思想。不同产品不能相互替代，即各部门之间的交叉供求弹性稳定不变①，各部门之间形成"交互供求"的交换体系。各部门的规模比例，决定各种产品之间的交换规模和单位产品的交换比例。在结构比例"不平衡"时，交换体系中某些产量或产能过多的部门将无法在交换中获得足够的补偿，形成"价值革命"和"资本消失"。相应的，如果不同产品之间的交换比例准确反映产品的价值或生产价格，资本获得平均利润，经济系统不必在"价值革命"和"资本消失"强制下进行调整，各部门的比例结构就达到了平衡结构。平衡结构下各部门之间的结构比例和交换比例，反映各部门产品的价值和生产价格，而产品的价值和生产价格又取决于各部门的生产率水平。

上述结论以产品不能相互替代，部门间交叉需求弹性固定为前提。外生的分配关系、技术联系和生活方式变革，会改变各部门之间的交叉需求弹性。例如，各部门劳动者与资本家的收入比例变化，或劳动者消费习惯改变，各部门收入增长所形成的消费品购买结构会发生变化；技术变革会导致最终产品所需的"中间产品"数量或种类发生变化。需要指出的是，如果上述分配关系、技术联系和生活方式变化未影响各部门的"生产率"水平，那么，上述因素形成的"结构变迁"，只是各部门依据新的交叉需求弹性调整其生产数量的动态过程，各部门之间的交换规模发生变化，但单位产品之间的交换比例不会改变。后者依旧取决于各产品的价值或生产价格。或者说，交叉需求弹性改变导致的"结构变迁"只是各部门适应新的交叉需求弹性，使部门间单位产品的交换比例在新的交换规模上重新体现产品价值和生产价格的调整过程。各部门生产率是决定"平衡结构"最为关键的因素。综上所述，各部门生产率水平、分配关系、技术联系和生活方式等因素是决定"平衡结构"的基本要素。生产率水平决定不同平衡结构下单位产品之间的交换比例，其他因素决定部门间交叉需求弹性和交换规模。

明确了"平衡结构"的决定因素，回答前面提出的各种疑问就相对容易了。我们可以明确，在两个相邻的"平衡结构"之间不会出现它们的"结构引力"相互"拉锯"的状态。"平衡结构"取决于经济系统的生产率水平、分配关系、技术联系和生活方式。一旦这些因素确定，经济系统导向哪个"平衡结构"将被确定下来。因此，经济系统不会同时出现两个有效的"平衡结构"。如果这些决定因素发生了变化，既有平衡结构的"结构引力"将消失，经济系统的"发散—收敛"过程将服从新平衡结构的"结构引力"。即使原平衡结构在消失前已经释放反映其"结构引力"的价格和需求拉动等信号，这些信号也无

---

① 一般而言，产品类别划分越细，相邻类别的产品进行替代的可能性越大，例如肉、菜、水果等产品之间的相互替代；如果实行较宽口径的产业部门划分标准，上述产品均列入食品类别，食品与其他产品之间的相互替代程度将基本消失。同样道理，生产资料的"替代性"也往往局限于细分的相邻部门之间。

法形成抗衡新平衡结构的"结构引力"。因为在"发散—收敛"过程的作用下，经济系统持续处于不稳定的波动状态，只有持续不断的价格和需求拉动信号才能够形成足够强的"结构引力"，否则原有市场信号所形成的产量变化，将形成新结构下的"价值革命"和"资本消灭"，迫使经济系统导向新平衡结构。

（二）结构重塑：新平衡结构形成的动态演化过程

明确了平衡结构的决定因素，"结构重塑"问题也就相应解决了。各部门生产率水平、分配关系、技术联系和生活方式变化之后，经济系统符合新的决定因素的平衡结构也将相应调整，新的平衡结构将被"重塑"。那么，这些平衡结构的影响因素是外生给定的还是由经济系统内生决定的？我们认为，"中间状态"可能更为合理，生产率水平、分配关系、技术联系和生活方式等因素，既受外生的技术变革和制度变迁等因素影响，也会受到经济增长过程的影响，在经济增长和经济波动的视角下，处于"半内生"状态。这也是曼德尔在晚近资本主义和经济长波理论中所采取的观点（孟捷，2011）。

在阐述"结构引力"和平衡结构的决定性因素时，我们暂时搁置了广义"报酬递增"假定。重新引入"报酬递增"条件，生产率水平、分配关系、技术联系和生活方式等因素，将不再完全为外生因素。经济系统将在报酬递增机制的影响下，影响这些决定平衡结构的相关因素，形成动态演化的"结构重塑"过程。报酬递增机制是指经济系统随着总量规模的扩张形成的效率提升过程，其具体机制包括规模经济、技术进步和制度变迁三个方面。简言之，报酬递增是指更大的生产规模往往可以形成较高的规模经济效应，推进技术进步或催生更为高效的制度安排，从而提高经济运行的效率。在广义报酬递增机制的作用下，经济系统将在经济增长的同时，通过影响生产率水平、分配关系、技术联系和生活方式等因素，实现"结构重塑"。第一，在生产率水平方面，在报酬递增提升各部门生产率水平的过程中，各部门生产率的提升幅度往往各不相同；因此，由生产率水平决定的单位产品交换比例需相应调整，从而形成新平衡结构。第二，在分配关系方面，报酬递增机制的作用下，各部门可能在总量扩张的过程形成新的分工协作关系和组织关系，生产单位产品所需的工人数量、熟练工人所占比重以及劳资力量对比等因素可能发生相应变化，从而形成新的分配格局，导致各部门收入所对应的消费品购买结构发生变化，改变部门间交叉需求弹性，形成新的平衡结构。第三，在技术联系方面，在报酬递增机制的作用下，各部门在规模扩大的过程中，随着专业化水平的提高，促进技术变革，新的技术可能带来生产工具和原材料的变革，改变上下游产业之间的技术联系，从而在各部门之间形成新的交叉需求弹性。第四，在生活方式方面，报酬递增在提升总体生产效率的同时，提高了资本家和工人的人均收入水平，随着人们的消费水平提高，消费结构将发生变化，从而改变部门间的交叉需求弹性。

报酬递增机制影响下生产率、分配关系、技术关联和生活方式伴随经济总量增长而形成的变化，都具有"半内生"的演化性质。除了报酬递增机制下总量规模对相关因素的影响外，技术水平、工艺流程、生活方式、消费习惯、分配格局等因素也具有其相对独立性，受各自发展规律和历史路径的影响，也可能受到外生的政策导向、文化背景和偶然事件的影响。

（三）三个层级的"结构变迁"与四个波长的经济周期

在结构重塑的过程中，新结构与既有结构的差异越大，结构变迁过程中"自我强化"和"锁定效应"的作用强度和影响周期越大，由此形成的经济波动的波长越大。视幅度大小，"结构变迁"分为不同层级，每一层级的"结构变迁"对应相应波长的经济周期。由此，不同波长的经济周期，不仅可以依据经验数据进行划分，也被赋予不同层级的理论含义。

"结构重复"的"发散—收敛"过程，对于解释经济系统内生的波动性路径具有重要的意义。它表明，经济系统一旦达到某种"平衡结构"的同时就会自然地形成脱离"平衡"的不稳定性因素，说明不稳定性内在于经济系统的增长过程之中。这种未能"重塑"新平衡结构的经济波动，其波动幅度很小，甚至不易察觉。我们将这种最低层级的周期性波动，称为第一层级的波动，这也是波长最小的经济周期。这种波动具有两方面的内容。第一，随着人口或就业量的匀速增长，新增人口和就业量增长引发的消费品需求形成加速的固定资本更新和第I部类扩张，导致经济系统交替偏离和回归既有平衡结构，形成动态的"发散—收敛"过程。第二，随着最陈旧的固定资产结束其"周转周期"，固定资产的更新导致加速增长，从而引起类似的"发散—收敛"过程。这两方面内容往往会彼此交融，共同作用。

除上述最低层级的周期性波动，如果经济系统能够"重塑"新的平衡结构，形成"结构变迁"，将导致在"多重平衡结构"之间，经济系统在"结构引力"的作用下，在经过具体"平衡结构"前后交替出现"自我强化"和"锁定效应"。在这个过程中，经济系统将形成较大幅度的经济波动，形成波长较长的经济周期。仅就其逻辑层级而言，视变动幅度的大小，至少存在三个层级的"结构变迁"，从而赋予"多重平衡结构"、"自我强化"和"锁定效应"三个层级的差别，形成三个层级和波长的"周期性波动"。

（1）"规模经济"提升生产率形成的"结构变迁"与周期性波动。这种层级的"结构变迁"其实是"结构重复"的"伴生现象"。换言之，绝对的"结构重复"只有纯粹的理论意义。受规模经济的影响，经济系统在总量增长的过程中，往往难以保持各部门生产率提升的同步性。生产条件差异形成"规模经济"效应的差别，从而导致各部门生产率水平的差异，形成新的平衡结构。在既定技术水平上，完全由规模经济因素导致的"结构重塑"，其新平衡结构与既有平衡结构的差异往往相对较小，由此形成的"自我强化"和"锁定效应"也相对不明显。所以，这一层级的"结构变迁"对应波动幅度较小的第二层级的经济周期。在上述过程中，新平衡结构发挥"结构引力"具体的作用形式是"发散—收敛"过程。相应的，在这种"结构引力"的作用下形成"波动"的过程中，也伴随着第一种层级的波动。简言之，这一层级的"结构重塑"以"结构重复"为具体路径，这种"结构重塑"形成的第二层级的"周期性波动"以第一层级的波动为具体路径。高层级的"结构变迁"和"周期性波动"以次级的"结构变迁（重复）"和"周期性波动"为具体路径——这是不同层级的结构变迁和经济波动的基本规律。

（2）"技术变革"提升生产率形成的"结构变迁"与周期性波动。上述规模经济条件下的"效率提升"可以视为规模扩大形成的"成本节约"，是相同的生产技术在更高的生产规模上形成的"生产率"差异所导致的。各生产部门除了规模变动形成的效率扰动外，生产中也可能形成"工艺创新"、"技术改造"、"技术升级"，这些技术的变动，同样会形成更高水平的"生产率"，从而导致各部门的生产率水平形成更大幅度的差异，进而改变部门间单位产品的交换比例，"重塑"新的平衡结构。另外，新技术的产生也可能带来原材料和生产工具的变革，改变部门间技术联系，通过影响部门间交叉需求弹性，重塑平衡结构。总之，技术变革通过影响生产率水平和部门间技术联系，引发较大幅度的"结构变迁"，形成第二层级的"结构变迁"和第三层级的周期性波动。

（3）生产方式变革（产品创新＋制度变迁）形成的"结构变迁"与"周期性波动"。较大幅度的技术变革，往往伴随产品创新和制度变迁，甚至从根本上改变经济社会的生产方式和生活方式。相对于前面两种类型的"结构变迁"，产品创新会形成再生产结构的"质变"。由于原先不存在的产品形成，或原有产品被淘汰，参与再生产结构的生产部门发生了变化，经济系统会进入"全新的"再生产结构。相应的，整个社会的组织结构、制度规范甚至生活方式都可能形成较大幅度的变革。这种更高层级的"结构变迁"，我们可以称之为第三层级的"结构变迁"。这种结构变迁所造成的"自我强化"和"锁定效应"则形成第四层级的"周期性波动"。资本主义经济的长周期通常体现为经济系统对"全新的"平衡结构的"重塑"过程。

五　结论与政策启示

部门间供求关联机制与各部门报酬递增机制的共同作用，导致资本主义经济在增长过程中存在多重"平衡结构"。经济系统违背平衡结构所遭遇的"价值革命"和"资本消失"，构成强制经济系统遵守平衡结构的"结构引力"。经济系统在经过不同"平衡结构"前后，受"结构引力"吸引，交替出现的"自我强化"和"锁定效应"，构成经济周期的结构论解释。部门间跨期结构约束与异质性生产周期的矛盾，导致系统围绕"平衡结构"形成"发散—收敛"过程，构成"结构引力"动态的作用形式。以经济系统内生的"发散—收敛"过程为具体路径，资本主义经济不断经历不同层级的"结构重塑（重复）"，形成不同波长的周期性波动。每一层级的"结构变迁"和"周期性波动"以次级的"变迁"和"波动"为具体路径。技术、积累体制、利润率和外部市场等因素，通过激化或缓和部门间结构约束与异质性生产周期之间的矛盾影响经济系统的周期性波动。分析这些具体的影响因素及其发挥作用的动态路径，可以实现与不同经济周期理论的对话，并为经济周期的治理提供相应的政策启示。具体而言，政策启示至少包括以下三个方面的内容。

第一，制定长期的技术进步和制度创新战略。防范经济波动危害的关键在于避免经济周期下行阶段形成的经济衰退和危机。较大幅度和较长时期的经济衰退，来自较大幅度"结构变迁"之后高层级的"平衡结构"所引发的"锁定效应"。制定长期的技术进步和制度创新战略，为持续的"结构重塑"制定长远的战略规划，是避免经济增长陷入长期衰退的关键。在这方面，发达国家既有的技术进步和制度变迁历史，已经向发展中国家显示长远的结构变迁所需的技术和制度条件，有助于发展中国家结合其他国家的经验教训，制定和执行长期的技术进步和创新战略。

第二，提高先行部门的带动能力。无论是最低层级的"发散—收敛"过程，还是较高层级的"结构变迁"，经济系统的结构调整和经济波动过程都存在率先扩张的"先行部门"。部分生产周期较长的产业部门往往会在率先扩张之后形成"过剩产能"，面临"价值革命"造成的经济损失。降低经济波动的关键就在于降低这些"先行部门"率先扩张的代价，提高先行部门的带动能力，加速后进部门的跟进速度。应选择那些带动范围大，带动作用强的先行部门作为战略产业。在后进部门尚未跟进，或战略产业畏惧潜在风险不敢率先扩张时进行适当保护，以补贴和信贷支持等手段为战略部门提供相对宽松的资金链条件，提高其对潜在风险和产能过剩的承受能力。同时，优化战略产业与关联产业之间的交易条件，加强技术和商务联系，提升带动能力。

第三，优化对外扩展，坚持以我为主。除技术进步和制度创新外，利用外部市场克服对系统内各部门的需求依赖，弱化形成"锁定效应"的"结构引力"，也是克服"结构锁定"加速"结构重塑"的重要途径。因此，加强外部市场扩展，为国内"先行扩张"的产业部门提供更大的"回旋余地"是推进经济系统顺利实现"结构变迁"的重要保障。需要强调的是，就克服"结构锁定"而言，外部市场扩展的关键在于服务国内的结构调整，而非仅仅占领国外市场。由于国外市场也处于其他国家的生产结构体系之中，过多依赖国外市场，容易遭遇外国经济波动的损害。在加强外部市场扩展的同时，坚持以我为主，以推进国内结构调整为主线加强对外开放的战略规划，对于改进我国的对外开放战略，具有重要的意义。

当代资本主义经济危机的马克思主义解读

侯为民*

迄今为止，关于资本主义前途与命运的争论，大多和经济危机的理论有着直接或潜在的关联。在最近一次席卷欧美的巨大金融和经济危机之后，即使是西方的中立学者（斯图尔特·杰弗里斯，2012）现在也不得不承认："正当我们艰难地渡过经济衰退的时候，马克思主义除了对阶级斗争的分析以外还对我们有一些教导，那就是对经济危机的分析。"[1]尽管马克思本人并没有将经济危机作为资本主义直接崩溃的依据，但在他之后，对资本主义制度的反思却更多地来自对经济危机的分析和批判。当代西方学者提出的各种替代资本主义的方案中，如何消除和避免经济危机已经成为不可或缺的选项。

如果将注意力重新回到对资本主义发展的长期历史趋势的分析，那么就应当说，经济危机在短期内的克服与否并不是马克思对资本主义分析的重点。指出这一点，并不否认马克思关于经济危机理论的重要意义，只是要说明，对马克思经济危机理论的理解必须放在一个更大的历史视野中来把握。克拉克认为："危机理论在马克思主义传统中扮演着中心角色，但同时又是马克思主义理论中最为薄弱、最有待发展的领域。"[2]在某种程度上，应当说这是一种误解。不过，这从另一侧面说明，随着资本主义社会的发展，人们关于马克思经济危机理论的认识的确在日益深化。实际上，近年来西方学者在关于经济危机根源的探讨中，对马克思经济危机理论进行了大量的解读，进一步拓展了关于资本主义经济危机的研究视角。整合这些分析内容，可以加深对马克思主义经济危机理论的整体性理解。

一　全球化条件下的商品和资本双重过剩

在凯恩斯主义兴起之前，商品过剩是西方经济危机的主要表现形式。正如人们所熟知的，对于商品过剩带来严重社会问题（主要是因社会再生产的中断）的恐惧，促使资产阶级政府利用扩张性的财政和货币手段，通过释放流动性来缓解资本紧缺并度过危机。其结局只能是过多负债导致资本泛滥，最终使资本主义增长陷于停滞，面临所谓"增长极限"难题。新自由主义盛行以后，资本借助于自身的垄断力量获得比自由资本主义时期更快的

---

* 侯为民，中国社会科学院马克思主义研究院副研究员，经济社会发展研究中心副主任。主要研究方向：社会主义经济理论与实践。

[1] Brenner. R. , The Eeonomics of Global Turbulence, New Left Review (229), 1998 (5 - 6)：25 - 26.

[2] Clarke S：Marx' Theory of Crisis . NewYork：St. Martin' s Press, 1994.5.

爆炸性增长，不仅原有的生产过剩问题在全球更加严重，资本过剩的问题开始凸显。特别是 2007 年国际金融危机爆发后，生产和资本的双重过剩问题，在世界范围内使劳资对立空前激烈，同时也加剧了国际垄断资本和民族资本的矛盾。

生产过剩与经济危机有着本质的联系，是进入资本主义社会以后才出现的现象。在《共产党宣言》中，马克思曾一针见血地指出："在危机期间，发生一种在过去一切时代看来都是荒唐现象的社会瘟疫，即生产过剩的瘟疫。"[①] 按照传统的对马克思经济危机理论的理解，资本主义危机是一种生产相对过剩的危机，主要体现为社会生产出来的商品相对于劳动有限群众购买力的过剩。正如马克思指出的："一切真正的危机的最根本的原因，总不外乎群众的贫困和他们的有限的消费，资本主义生产却不顾这种情况而力图发展生产力，好象只有社会的绝对的消费能力才是生产力发展的界限。"[②]

对于马克思经济危机理论的阐释中，一个引起争论的问题是关于资本的过剩问题。表面看来，商品过剩是由于投资过度导致生产能力过剩，进而产生产品的过剩。这需要通过社会消费的扩大来解决。而投资过度情况下资本在现实中已经实现转化，不再存在寻找出路的问题。换句话说，此时资本过剩的情形是不存在的。但是，资本过剩则一般是由于平均利润率的下降导致投资不足，使社会生产停滞进而产生危机。前者是西斯蒙第和马尔萨斯的观点，认为资本主义经济危机根源于消费不足；而后者正是凯恩斯主义的主题。可见，资本过剩问题与资本积累乃至平均利润率的问题相关，似乎遵循了一个不同于商品过剩的逻辑。基于此，伊藤诚认为马克思有两种危机理论，即资本过剩的危机理论和商品过剩的危机理论，且这两种理论"在逻辑上是相互对立的"。[③] 尽管这一观点并不广为学界认同。

从资本主义的现实看，在战后的经济繁荣消退以后，在美国盛行的消费不足理论因陷于滞胀而破产，促进了利润率下降理论的崛起。剩余价值的积累在繁荣时苦于寻找出路，被经济停滞年代的积累不足所取代。相应的，理论上要求更多地降低实际工资以维持正常的资本积累，国家力量此时也被用来削减劳动者阶层福利的工具。然而作为其结果的却是，生产过剩在商品领域和资本领域同时显现，成为当代金融和经济危机的典型特征。

当前的世界危机发生以来，西方社会相当多的学者认识到资本主义生产体系处于双重过剩的困境。如弗朗索瓦·沙奈和路易斯·吉尔认为，当今世界经济危机是积累过剩与商品生产过剩的危机，这是真正意义上的马克思的生产过剩危机。罗伯特·布伦纳则认为，从利润率角度看，资本过剩已经成为全球现象，且这种现象源于全球制造业的生产能力和产量过剩。日本学者的场昭弘则提出，资本主义社会的扩大再生产使过剩商品成为常态。一国暂时无法消费的产品，必须或是由信用创造的内需（提前消费）吸收，或是由海外市

---

① 马克思：《马克思恩格斯全集》第 23 卷，人民出版社，1975。
② 马克思：《马克思恩格斯全集》第 24 卷，人民出版社，1975。
③ 伊藤诚：《价值与危机》，中国社会科学出版社，1990，第 79 页。

场所吸收。而在资本主义生产过程中，过剩资本和过剩生产随着资本主义的发展而不断积累。他为此指出，在研究当今世界经济不景气的相关问题时，马克思的理论是有用的。

显然，当代资本主义危机的确有别于过去经济危机的一面。不过，当代资本主义危机显示出的双重过剩现象与马克思提示的资本主义危机的逻辑并不矛盾。我们都知道，与亚当·斯密不同，马克思并不将资本主义经济危机简单地看作一般的生产过剩危机，也不单纯地将之看作消费不足的后果。恩格斯为此曾指出："群众的消费水平低，是一切建立在剥削基础上的社会形式，从而也是资本主义社会形式的一个必然条件；但是，只有资本主义的生产形式才使这种情况达到危机的地步。因此，群众的消费水平低，也是危机的一个先决条件，而且在危机中起着一种早已被承认的作用；但是它决没有向我们说明过去不存在危机的原因，也没有向我们说明现时存在危机的原因。"在马克思的分析中，商品过剩和资本过剩是相对生产过剩的必然现象。这个相对过剩的生产现象，既体现为生产相对于有货币支付能力的需求的过剩，也体现为生产相对于一定价格水平下的需求和一定市场规模的过剩。最关键的是，作为资本过剩，它实质上还体现为生产相对于保存资本价值和增值资本价值的过剩，或相对于一定利润的过剩。

在当代资本主义危机下，单纯地指出一国内部生产和消费、积累和利润间的失衡，已经是远远不够的。即使不是全球化本身的影响，生产过剩在世界性的资本主义生产体系范围内的出现也是必然的。这是因为在资本主义生产关系主导的全球化条件下，发达国家特别是美国的货币本身具有充当世界货币的职能，并进而成为国际信用关系的基础。不仅发达资本主义国家的资本过剩与发展中国家的商品过剩可以同时并存，而且，它们还为商品的国际性流动和资本的国际性积累创造了全新的条件，在全球范围内加剧了商品和资本的同时过剩（当然，是一种相对的过剩）。而现实的资本主义世界也大致如马克思预见的那样，一切国家同时出口过剩（也就是生产过剩）和进口过剩（也就是贸易过剩），物价在一切国家上涨，信用在一切国家膨胀，接着就在一切国家发生同样的总崩溃。

二　实际工资、利润率和生产过剩

在对当代资本主义生产相对过剩原因的探讨中，实际工资水平和利润率是一个受到较多关注的问题。在对利润率的分析中，克里斯·哈曼认为资本主义国家 20 世纪 60 年代末以来面临利润率下降的压力，作为应对措施，各主要资本主义国家普遍采用压低工资水平、恶化工作条件等提高剥削率。不过，在现实中因为垄断资本力量的增强和国家力量的支持，出于"大而不能倒"的理由，剥削率的提高并没有能够长期维持。作为结果，资本主义生产体系在扩大生产能力的同时，难以寻找到相应扩大的投资品需求来替代因实际工资水平下降而丢失的消费品需求，加剧了生产的相对过剩。哈曼的结论："各企业和国家对利润率下降作出了各种反应，而这些反应的后果则是进一步减少了生产性积累的可利用资源",① 因而, 对于资本主义生产体系来说, 是陷入了一个恶性的循环。

布伦纳则从另一个角度提供了新的解释。他认为, 新技术的大规模采用导致的生产成本降低, 是当代资本主义生产过剩的主要原因。由于利润最大化是资本主义生产关系下的行为准则和积累的条件, 导致单个资本甘愿冒失败的风险, 对更先进的生产手段进行大规模投资。其结果是率先采用新技术的企业能够获得较高利润率并能通过降价打击对手, 促使了利润率的普遍下降, 并进而造成生产过剩状态的出现。在其分析中, 需求不足、劳动后备军枯竭等是一种外在的条件, 而资本有机构成提高、工资挤占利润等则是内在因素, 共同导致了生产能力的过剩和淘汰的困难。

与布伦纳从技术层面的分析不同, 大卫·科茨更注重资本主义制度演变对经济危机的影响。在大卫·科茨看来, 资本主义经济危机是不可避免的。尽管以私有制为基础的资本主义经济在本质没有什么不同, 但相比于有管制的资本主义, 新自由主义的资本主义具有自身独特的形式, 是西方经济危机的引爆点和加速器。新自由主义的资本主义一方面放松对经济和金融的管制、减少政府的干预并削减社会福利, 另一方面其政府却和大型企业一道打击、削弱工会力量, 推行自由、残酷的竞争, 并通过推动商品、服务和资本在不同国家之间相对自由地流动, 将这种做法推向全球。其逻辑结果和现实结局只能是一方面加强资本一方的力量, 另一方面却削弱了劳动者一方的抗争努力。换言之, 政府和市场、资本和劳动之间的急剧失衡, 是诱发危机的重要因素。②

安瓦尔·谢赫通过利率与利润率的持续变化, 试图对西方国家近几十年来资本积累的进程及其后果进行一个危机导向的解释。他们认为, 刺激资本积累的是减去借贷资本成本后的净利润率 (即利率), 而不是人们通常认为的利润率。根据其分析, 主要利息率 (企业关心的利率) 自 20 世纪 80 年代中期后进入一个逐渐下降的长期的通道, 使得消费者债务长期增长。相应的劳动阶层的还款债务也大量增加, 最终导致积累进程的中断。

克鲁格曼 (Paul Krugman, 2007) 认为, 自 20 世纪 80 年代《底特律条约》让位于主张自由市场的 "华盛顿共识" 以来, 欧美国家针对高收入者的税率急剧下降, 由于私营部门工会瓦解, 导致原有的最低实际工资也大幅减少。其结果是将绝大多数工人从分享生产力增长收益的群众中排斥掉, 这种不平等的增长在有利于富人从事资本积累的同时, 加剧了全球生产过剩从而发生危机。③ 然后, 他关注的目光并没有超出新凯恩斯主义者的眼界, 而更寄希望于扭转不平等的发展路径, 强调通过调整再分配的政策来缓解危机。

然而, 在生产过剩的情形下, 将资本主义的命运寄托于提高民众购买力, 显然是看不到出路的。新一轮世界性经济危机已经宣告新自由主义的失败。不过, 在凯恩斯主义者看

---

① 克里斯·哈曼:《20 世纪 30 年代的大萧条与当前金融危机》 (下), 曹浩瀚、高耿松译,《国外理论动态》 2009 年第 7 期。

② 大卫·科兹:《资本主义的新自由主义体制危机——评析当前金融经济危机》,《中国社会科学内部文稿》 2009 年第 3 期。

③ Paul Krugman, The Conscience of a Liberal, New York: W. W. Norton & Company, 2007.

来，采取扩张的财政政策和促进消费仍然是消除危机的良方。塞缪尔·布里坦（2011）就曾乐观地表示："马克思所说的资本主义的矛盾是指什么？基本上是在说，资本主义制度生产出的商品和服务越来越多，而贫困的无产阶级却无力购买。……即使这种分析是正确的，解决手段也是错误的。财富再分配的理由关乎道德。如果资本主义唯一的错误之处在于群众购买力不足，那么解决办法肯定是米尔顿·弗里德曼所设想的用直升机撒钱。就此而言，我们不太需要一场政治变革，而是需要一场思想变革，也就是说要抛弃对于预算平衡的迷恋。"[①]对此我们只能说，如果通过凯恩斯主义政策可以化解危机，那么资本主义早就得到了拯救。

三 资本的全球性积累与债务泡沫的崩溃

不论从哪个角度看，债务泡沫的破灭都是当代资本主义危机的典型表现形式。的确，新自由主义的市场经济创造了一个巨大的债务泡沫。乔尔·戈伊尔指出，仅在 2007 年的前 20 年间，信贷市场的债务大约翻了 4 倍，从近 110 亿美元猛增到 480 亿美元，远远超出了经济增长率。他认为，当代资本主义经济危机作为新自由主义的产物具有两面性：在创造了一个巨大的债务泡沫之外，美国能够利用自身所建立的贸易体系，通过负债来扩大消费。后者正是维持债务泡沫的重要条件。

关于全球债务泡沫的分析，首先要提到美国《每月评论》学派的约翰·贝拉米·福斯特和弗雷德·马格多夫的分析。与单纯关注实体经济层的危机分析不同，他们将实体经济与虚拟资本相合起来进行了阐释。福斯特认为："资本主义金融化——经济活动的重心从生产（以及甚至从不断增长的服务部门）转向金融——是我们时代的主要问题之一。"[②] 在他们看来，西方战后繁荣结束后实体经济中的生产和投资一直处于停滞趋势，而资本主义延续生命的办法是使经济金融化。由于资本积累过程越来越金融化，并成为经济增长的主要力量，无形中使金融泡沫恶性膨胀，与实体经济之间形成巨大的鸿沟。这种垄断金融资本的形成，不仅证明资本主义进入晚期停滞阶段，还使资本主义金融体制成为"恐怖体制"。

英国左派理论家罗宾·布莱克本同样认为，放松管制进而使金融成为资源配置的独立领域，意味着资本主义就越来越"金融化"，必然会诱使资产者想方设法利用信息和权力的不对称来获得还没有实现的预期收益。由于在金融化的世界里，没有必要进行从商品到货币的"惊险的跳跃"，就很可能"导致家庭的行为类似于企业，企业的行为类似于银行，银行的行为类似于对冲基金"。

---

① 塞缪尔·布里坦：《提防华尔街错误的马克思主义时刻》，《金融时报》2011 年 8 月 31 日，参见《经济危机让马克思主义复兴?》，《新华国际》2011 年 9 月 2 日。

② John B. Foster, Is Over Competition the Problems. Monthly Review, June 1999: 31.

关于债务泡沫的形成，井村喜代子等认为，转向新自由主义政策所带来的"金融变质"是一个重要原因。金融变质使金融信用创造挣脱了现实资本产生的利润的限制，产生了"虚拟金融收益"，从而加大了金融活动与实体经济的背离。而罗伯特·布伦纳则认为，西方国家采取经济刺激政策拖延了过剩生产能力和过剩资本的应该受到的摧毁，产生了所谓"资产价格凯恩斯主义"，是债务泡沫日益膨胀的一个重要原因。

应当指出，无论债务泡沫形成的直接原因是什么，它最初总是在国际垄断资本的全球性积累基础上形成的。作为资本积累，西方的国际垄断资本在过去的数十年中加剧了对其国内劳动者的剥削，通过削减国家福利、打压工会力量和压低工资增长等方式，加快了由工人阶级向大资产者的财富转移。作为资本的全球性积累，实质上是国际垄断资本通过国内积累的资本开拓和征服全球市场，攫取他国劳动者的财富的过程。不过，国际垄断金融资本在当代资本主义生产体系中的作用，的确是一个决定性的因素。马克思曾指出："在生产过剩的普遍危机中，矛盾并不是出现在各种生产资本之间，而是出现在产业资本和借贷资本之间，即出现在直接包含在生产过程中的资本和在生产过程以外独立（相对独立）地作为货币出现的资本之间。"金融体系的本质是反映资本运动的规律。在马克思的分析中，由资本主义基本矛盾决定的剩余价值的生产、分配、交换，以及相应的资本循环与周转、利润平均化过程等，都支配着现代金融体系的运行。换言之，资本主义制度的整体结构决定着现代社会金融体系的运动规律。在现代社会中，金融资本作为资本的纯粹形式，实际上扩大了资本主义社会的内在矛盾。与实际的资本相比，金融资本一旦化身为虚拟资本，其投机性便极度增强，相应地导致风险性更高，给社会再生产体系带来的危害也会更大。

不过，在当代资本主义生产体系中，债务泡沫的形成离不开银行信用体系的作用。资本过剩条件下的债务泡沫之所以能够形成，与新自由主义放松对银行管制是紧密相关的。在自由化的银行管制下，一方面银行系统的自律机制因所谓的金融创新而破坏，如商业银行使用各种手段将不同类型的贷款和投资从账面上进行模糊化，从而逃避监管；另一方面，杠杆机制也被滥用，以确保银行在资本储备量达不到要求时，仍能通过对债务产品的包装从事信贷交易，进而使投放市场中的信贷资产量急剧膨胀。显然，债务泡沫因高投机性的丰厚利润而产生，因宽松的管制而强化，并最终因不断抬高的资产价格而导致不可避免的崩溃。

四　作为整体意义上的马克思经济危机理论

无论是从哪种角度，当代西方学者对马克思经济危机理论的解读都在一定程度上反映了现实资本主义生产关系的矛盾。这些不同观点间的分歧，很难说是因其对马克思经济危机理论的误读而产生，但这些观点相互之间常常又彼此脱离，从而削弱了人们对马克思危机理论本身的关注。在当代情境下从整体上理解马克思的经济危机理论，一个最重要的问题在于：如何将当代资本主义社会矛盾的特点和表现形式整合进马克思的理论体系中。针对马克思经济危机理论在现实中的遭遇，米夏埃尔·亨利希就提出了质疑。他在《存在马克思的危机理论吗？》一文中指出："这不仅说明，马克思没有完成危机理论，而且说明马克思完全可能以要求'可靠性'为名，正如他多次尝试的那样，使危机理论'更加完善'或'合理布局'，也是令人怀疑的。既然马克思的论证逻辑不清晰，那么，他也就不能清晰地继续叙述危机理论观点。必要时我们可以表述与马克思的重要论证相一致的危机概念，但是要讨论这些危机概念中哪一个是真正'可靠的'，这似乎是一种毫无希望的冒险。"①

米夏埃尔·亨利希的观点显然过于偏激。的确，马克思关于资本主义经济危机的论述毋宁说相对显得零散，或者更准确地说，是穿插于其对资本主义经济活动的整体分析之中。唯其如此，在对资本主义经济危机的分析中，因应不同场合叙述关联性的需要，马克思实际上提供了多种视角。其一，在生产领域中，生产能力的过剩和作为生产成果的商品的相对过剩，实际上转化成为相互对立的两极；其二，与上述经济过程同时发生的，在消费领域是由于劳动者实际工资水平下降导致的低消费水平的维持；其三，生产力水平提高基础上一般信用资本向国际垄断金融资本的转化，使资本积累采取了更加直接的形式，在全球范围内攫取活劳动并占有财富；如此等等。马克思早就指出："在货币市场上作为危机表现出来的，实际上不过是表现生产过程和再生产过程本身的失常。"即使资本主义进入大众消费或者大众投资时代，也不能避免作为资本积累形式的虚拟资本在价值形式上的崩溃。

自由主义学派主张危机的外部冲击论，新老凯恩斯主义者尽管承认资本主义危机的内生性质，但试图通过外在的政府调控手段化解危机。这些理论无论经过多少次的演化，都不能提供一个能够从根源上和全貌上认识资本主义危机的分析工具。当代社会的虚拟资本扩张和债务泡沫化，只有在马克思奠定的内生于资本主义制度的经济危机理论框架下才能得到合理的解释。《联合早报》2012 年 8 月 19 日在题为"努里尔·鲁比尼：资本主义完蛋了吗？"的文章中，对当前的金融动荡以及美债和欧债危机进行了分析，认为"马克思认为全球化和金融中介会失去控制，收入和财富由劳动向资本再分配终将导致资本主义自我毁灭的说法部分是正确的"②。而在笔者看来，马克思经济危机理论的正确性就在于它建立在一个统一的基础上，即资本主义基本矛盾决定的剩余价值规律。这一规律的展开形式，实质上是一个有机的整体，包含三个内在统一的组成部分：（1）剩余价值实现的基础和条件；（2）剩余价值实现的手段；（3）剩余价值规律作用的后果。在当代资本主义生产体系中，商品和资本的双重相对过剩，是国际金融垄断资本攫取剩余价值面对的新的历史条件。在压低实际工资水平、恶化劳动条件甚至将国际范围内劳动者的消费资料纳入剥

---

① 亨利希：《存在马克思的危机理论吗？》，《马克思恩格斯列宁斯大林研究》2000 年第 1 期，第 58 页。
② 爱德华·卢斯：《美国对资本主义危机的三种解读方式》，《新华国际》2012 年 3 月 21 日

夺范围的基础上，维持作为资本主义生产目的的利润率，是国际垄断资本获得剩余价值的手段。最后，作为规律作用后果的国际范围内的资本积累及与其相伴随的债务泡沫的崩溃，是资本主义的必然宿命。当代资本主义社会矛盾运动的新的形式和新的特点，在马克思经济危机的理论框架内可以给予合理的整合和提供科学的解释。

其实，债务泡沫的破灭，不过是资本主义私人占有和社会化生产之间矛盾运动的必然结果，其内在的发展逻辑，只能是通过现实资本的运动导向"用资本本身来消灭资本"。马克思（1995）早就指出："决不能因为资本把每一个这样的界限都当作限制，因而在观念上超越它，所以就得出结论说，资本已在实际上克服了它，并且，因为每一个这样的限制都是同资本的使命相矛盾的，所以资本主义生产是在矛盾中运动的，这些矛盾不断地被克服，但又不断地产生出来。不仅如此。资本不可遏止地追求的普遍性，在资本本身的性质上遇到了界限，这些界限在资本发展到一定阶段时，会使人们认识到资本本身就是这种趋势的最大限制，因而驱使人们利用资本本身来消灭资本。"① 如果说，资本主义崩溃的主题被斯威齐从危机理论讨论中驱逐出去的话，那也是暂时的。日本学者的场昭弘认为，尽管全球化条件下过剩资本和过剩生产能够随着资本主义的扩张而不断积累，然而，经济危机成为一种社会清理的方式，最终却会将这种积累一扫而空。②

正如一个正常有机体最终会面临死亡一样，资本主义生产体系尽管对这种"社会清理"充满了恐惧，并会采取各种手段延缓其到来，但这种清理还是会不断到来。固然，这每一次的"清理"并不能直接将资本主义送入坟墓，但马克思坚信的是，遭受并直接承担这种痛苦的社会大众最终会挣脱资本的锁链，进而掌握自己的命运。美国著名马克思主义研究者雷斯尼克敏锐地指出："马克思主义最好的'朋友'是资本主义。资本主义的基本矛盾——不断的商业循环和对工人的持续剥削——为马克思主义的产生提供了丰腴的土壤。……不管哪一种资本主义、哪一种经济理论，都没有提出解决阶级剥削和经济发展不均衡的有效方法。而马克思主义站在这两者的对立面上，提出了观察社会的新的方法。"③ 正是由于这个原因，才使马克思主义的设想在西方社会至今仍然成为引人注目的制度替代方案。

---

① 《马克思恩格斯全集》，第 30 卷，人民出版社，1995，第 390 页。
② 《日刊：马克思准确指出当今资本主义弊端》，《新华国际》2012 年 3 月 14 日，
③ 塞缪尔·布里坦：《提防华尔街错误的马克思主义时刻》，《金融时报》2011 年 8 月 31 日，参见《经济危机让马克思主义复兴？》，《新华国际》2011 年 9 月 2 日。

重视 TTIP 谈判对全球贸易规则的重大影响

石士钧*

最近以来，全球的区域经济一体化进程出现了两个相当瞩目的事件，一个是美国等12个国家之间开展的 TPP 谈判，另一个是美国与欧盟加快了它们之间的《跨大西洋贸易和投资协议》（TTIP）谈判。相对而言，我国比较重视 TPP 谈判及其进展。其实，TTIP 谈判同样值得我国密切关注和认真应对。

一

必须看到，美国与欧盟之间开展的 TTIP 谈判，作为目前正在进行的区域经济一体化实践，与 TPP 谈判一样，有着不容置疑的正当性和积极作用。

第一，它有利于进一步推动全球经济贸易的自由化进程。

目前，WTO 的多哈贸易谈判处于停滞不前的尴尬境地，让全球贸易的自由化进程面临严峻的挑战。相当多的有识之士不禁萌生了深切的担忧和紧迫的改革意识。一方面，它们十分警惕自由贸易精神被篡改。WTO 体系的基本精神在于推动国际贸易自由化，它的重要原则和主要规则也建立在这个基础之上。但是，贸易自由化对于每个成员方来说，毕竟既会获取众多的经济利益，又需要付出一定的代价和损失。如果它的成员对贸易自由化采取实用主义的态度，有利于自己时便大力支持，对自己某些领域或行业造成明显经济冲击时就横加阻拦和反对，那么，多边贸易体系根本就无法沿着这个方向不断发展，随时面临停滞不前甚或瓦解的危局。例如，发达国家对待农产品贸易自由化的态度就是这种典型例证，弄不好便可能导致多哈回合最终失败。

同时，WTO 提倡的自由贸易具有比较务实可行的特征，并不是那种当今世界还无法实行的所谓纯粹自由贸易。它坚持机会与利益大致平衡的原则，充分关注发展中国家的增长需要和实际困难。它允许适度的贸易保护，并为此规定了相关的特定条件。它提倡"规则导向"作为其运作主轴，据此有步骤地扩大自由贸易的范围。因此，曲解或篡改国际贸易自由化精神的这些内涵，都在有意无意地动摇和铲除现行多边贸易体制得以安身立命的基础。这需要认真对待。

另一方面，它们力主 WTO 体制进一步改革。应该看到，现行的 WTO 体制刚刚从原先那种具有临时适用性的 GATT 体制脱胎不久，其自由贸易规则体系尚需进一步覆盖和统领

* 石士钧，上海对外经贸大学国际经贸学院，教授，博士生导师。

的领域和范围还不小，需要修订和完善的内容更是众多。尤其是，在过去 GATT 时期和 WTO 的开始阶段，广大发展中成员并未能充分享受它们所拥有的权利，也没有获取足够的贸易利益，显然成了 WTO 体系里边的"弱势群体"。这意味着，适当调整和改造现有的多边贸易体制，使之保证和推进发展中成员的经济权利和贸易利益，是其得以健康运作和顺利前进的不可或缺的战略性任务。

同时，随着国际贸易的迅猛发展，它越来越需要在更多的领域确立系统的国际规则来规范各国的贸易行为。于是，尽快在贸易便利化、贸易与环境、贸易与体制等方面出台国际规则，实属箭在弦上。可是，从实际进程来看，却令人大失所望。如何为此殚精竭虑地予以推动，值得各国尤其是负责任大国深入思考和认真处置。

因此，在目前多哈回合谈判陷入困境的情势下，一些国家通过强有力的区域贸易谈判，来推进相关领域的贸易自由化进程，来促使多边贸易体制的进一步改革，自然是应予肯定的积极之举。

第二，它有利于突破传统区域经济一体化做法的局限性。

近年来，全球的区域经济一体化实践虽然开展得红红火火，可是，其遭遇的重要难题都是相关各国必须直面的。比方说，如何解决区域经济一体化不断深化带来的负面效应，如世界贸易体系中的不稳定因素增加、贸易的交易成本提高、多边贸易自由化的推动更加困难和无法保证对多边领域的足够投入与关注等；如何有效解决区域一体化组织内部与外部相关利益明显不平衡的问题，如某些区域外成员就可能面临负和博弈的结果；如何看待和处置区域经济一体化组织运作不当给予自身及全球经济的严重冲击，如欧盟目前因主权债务危机而引发的经济困境；如何预警和防止区域经济一体化的做法实际上在阻碍和损害多边贸易体制的发展，如有些国家热衷前者而明显冷落后者等。

特别是，在进入 21 世纪之后，区域经济一体化的深入发展更需要密切关注和有效解决好如下几个问题。这样，这种国际经济合作形式才能得到切实的发展。

例如，它拉大了某种内外不平衡。按照区域经济一体化理论提出者的设计，自由贸易区一类组织作为走向全球自由贸易的一种中继形态，其第一步追求的是地区自由贸易架构的形成、发展和完善。但是，实际状况是，区域内实行有效率的自由贸易，却成为区域外国家的一种贸易壁垒，导致它们受到了实际上的歧视待遇。如何有效解决这种经济失衡以及带来的负面效果，至今似乎并未找到可行的思路和途径。

又如，它被作了超经济的解读和运作。区域经济一体化理论或实践的提出或推进，从它的初衷、依据和制度设计等方面来看，都完全着眼于国际经济贸易活动。可是，现在有些人对此的解读和应用却超越了经济范畴。最典型的例证便是，欧盟前些年徒劳地试图通过一部各成员国共同遵守的宪法，从经济一体化走向政治一体化。这里存在不易逾越的重大障碍。欧盟有权利去追求政治一体化，可它依据经济一体化理论是不够用的。一句话，对经济一体化理论作这种超经济的解读，毕竟有失偏颇了。

再如，它的深入运作较具复杂性。区域经济一体化具有多种组织形式，而较为高级的组织形式就会遭遇比较复杂的情况。欧盟一度被认为是一个成功的典型，事实上这种经济联盟必然会遭遇不少颇为棘手的问题。比方说，随着其成员国数目的增多，它们之间的决策协调就令人头疼，制定和实施统一的货币和财政政策更是困难重重，而各自国内制度与机制带来的经济危局尤其让其他成员国进退维谷。近年来欧盟接二连三地陷入经济困境的严峻事实告诫人们，必须正视这类运作的复杂性。

在这样的状况之下，一些有重大影响力的国家愿意联手打造一个规模巨大的区域经济一体化组织，并努力制定一些自由化程度更高的贸易规则，以弥补和改进以往经济一体化实践的不足和缺陷，以进一步推进多边贸易体制的完善。不能不说，这种经济努力当然顺应了经济全球化的历史潮流。

第三，它有利于切实刺激世界经济的稳步发展。

近年来，全球经济一直处于萧条或动荡之中。如何寻觅到一条摆脱这种经济困局的道路，一直是人们煞费苦心讨论的主题。其中，国际服务贸易的开放与自由化，和进一步推进投资自由化，就是重振世界经济的有效途径。不过，按照传统的定义，自由贸易区一体化组织仅仅涉及货物贸易的自由开展。相反，当今经济一体化的大量实践却已经在广泛摸索和推进这些方面的自由化进程。某种程度上讲，这些做法非但没有违反 WTO 的相关规则，反而还得到了它们的间接支持。问题在于，由于围绕这些问题存有各不相同的主张和看法，至今没有达成更大范围的共识，也没有形成更具推动力量的国际规则。

现在，一些发达国家试图在这方面努力有所进取，即在一定范围之内先凝聚更多的共识，并予以具体实践，从而既有益于世界经济的复苏和重振雄风，又可以给其他国家提供借鉴和参考。显然，其积极作用是比较明显的。

由此可见，在当今的经济背景下，全球最大的经济体和唯一的超级大国之间形成一个在一定贸易规则引领下的经济一体化组织，无论对于突破 WTO 多哈贸易谈判的僵局，还是完善区域经济一体化的运作效率，抑或推动目前困难重重的世界经济，都有着不可否定的积极作用。从这个视角而言，中国作为一个负责任的大国，没有理由去反对它的积极推进和正常运作。

二

与 TPP 相比，TTIP 谈判有着自己不同的特点。如果说 TPP 更多地把谈判重点放在了贸易与投资本身的话，那么，TTIP 则在"贸易与投资"的名义下，可能直接对下述领域给予更加突出的关注。显然，它们将对相关国际经贸规则的形成与发展，产生非常直接和重要的影响。

一是贸易与环境的关系。

众所周知，欧盟长期高度重视环境保护问题，无疑起着全球领头羊的作用。从欧盟业已出台的有关协议来看，它的做法既独树一帜，又影响深远，因而颇值得高度重视。

欧盟的环境政策明确贯彻了一些重要原则。它们是预警性原则，即在遇到严重或不可逆转的损害威胁时，即使缺乏充分和科学的确实证据，也可采取措施防止环境恶化；防止及优先整治环境源原则，即从防止环境破坏发生时入手，治理环境损害应该从源头抓起；污染者付费原则，即环境污染行为或者后果的实施者应当承担污染防止、治理和纠正的费用，使得污染环境成本内部化；一体化要求原则，即环保政策要系统地融合到欧盟其他各项政策之中，在制定经济政策时均应考虑它们对环境的影响，应将有关环保要求整合到这些政策当中。

据此，欧盟的环境政策很有一些相对特殊且效果明显的做法。第一，把污染者付费的原则从生产过程延伸到最终产品本身。这就使得外国商品进入欧盟的费用提高、难度增大。第二，落实防止与优先整治环境源的原则，率先从产品本身及包装延伸到相关的生产工艺和方法等方面。这是对 TBT 协议附件一有关规定的一种应用，却使得其产品法规逐渐产生了国际管辖的实际效果，且大大提升了外国商品进入欧盟的困难。第三，预防性原则得到越来越频繁的应用。它导致一种不应有现象的出现，即在没有得到足够科学支撑的情况下，也以损害环境为名对一些商品和行为采取限制措施。而且，预防性原则的频繁使用还易于引发或激化国际贸易摩擦。第四，用自己的科技优势进一步强化产品的环保要求。显然，这种进入壁垒被高筑的最大受害者自然是广大发展中国家。第五，试图在国际范围内推行新的经济惩罚手段。例如，欧盟一度打算对民航客机征收"碳关税"，就是其欲在这方面有所突破的第一步。这样一来，它的技术性壁垒可谓全世界最难逾越的贸易进入门槛之一。

同样，美国主导制定的《北美自由贸易协定》高度重视生态环境问题。其第一章"目标"的内容，在阐述自己的 6 个目标之后，就仅仅提及了它同两方面的关系，一个是与《关税与贸易总协定》等其他协定的关系，另一个则是与环境和保护协定的关系。不难看出，环境问题在该协定中占据着何等显赫的位置。事实上，在美国政府的提倡下，这三个成员国已经把环境协定及劳工协定当作北美自由贸易协定的核心。所以，墨西哥的严重环境污染顽症此后得到了遏制和改善。试想，由这两个全球最大的经济体形成的自由贸易协定，怎么可能不把贸易与环境的关系纳入其核心内容之中呢？

二是贸易与劳动者权利的关系。

如前所述，美、加和墨三国参加的北美自由贸易区十分重视劳工问题。据此，在该区域经济一体化组织里，其所设置的劳动合作委员会已经具有超国家的明确目标，如以合作的方式改善劳动条件、提高生活水平和改革工作纪律等。而且，这类机构确实也建立了一些有益的规则。如接受非政府组织提出的申诉，去解决跨境劳工管理中的侵权问题等。

同样，美国还试图把劳工问题纳入 WTO 的规则体系。1999 年西雅图会议之所以失败，没有能够开启 WTO 新一轮贸易谈判，其中的重大原因就在于，当时美国总统克林顿坚持要将贸易与劳动者权利列入贸易谈判议题，而大多数发展中成员则予以坚决的抵制。这些都表明美国政府对于国际贸易与劳工问题这个主题的深切关注。

至于作为自由、平等和博爱口号的发源地，欧洲国家更是历来强调人权问题。在经济领域，这种人权首先就集中表现在劳动者的地位与待遇上。于是，贸易与劳工的主题自然是欧洲人追求的一项重要目标。例如，欧盟在20世纪90年代初推行了第二次社会行动计划，其主要目标：加强健康和安全措施；保障工人参加工会的权利，确定工作时间的最高限度和保障工人拥有参与企业决策的权利等。可以说，这是一项比较全面体现劳动者权利的社会政策。

鉴于此，劳工在经济生产活动中的地位与待遇自然同样成为其贸易政策的重要关注之一。例如，有些欧洲厂商甚至要对我国出口企业进行实地考察，在劳动者的工资收入、福利待遇和生产条件达到他们认可的标准之后，才会正式发放订单。而欧盟本身对于进口商品还设置了不少以这种经济伦理为背景的蓝色壁垒，有时还借此兜售一些贸易保护主义的私货。这样一来，必然使得一些来自发展中国家的产品难以逾越。

可以肯定，对于美国与欧盟而言，劳工问题作为谈判议题之一乃是势至必然的事情，它们之间的分歧只会出现在具体的利益分割上。诚然，欧美这类做法虽然经常也带有强加于人的色彩，可是，充分尊重劳动者的基本地位和权利，毕竟是社会进步的重要体现，有着相当积极和合理的成分。可见，围绕这个主题所形成的贸易规则给予广大发展中国家的压力之大，也是不言而喻的。

三是贸易与竞争政策的关系。

建立统一的竞争政策是欧美国家近年来大力宣扬的贸易谈判目标。从欧盟来看，其竞争政策虽则首先用于约束其内部的经济行为，却同时涉及市场准入的某些规定，因而值得密切关注。如防止大企业滥用优势地位，即反对它们不受市场竞争的约束；警惕垄断行业的反市场举措，即它们的商业化服务要引入竞争机制；关注政府给予企业的补贴，即不允许通过政府补贴让其他企业处于竞争劣势。正是依据这些规定，欧盟以垄断行为的理由处罚了比尔·盖茨的微软公司，以及对中国大型国有企业的某些贸易行为公开向 WTO 提出诉讼等。

美国更是把贸易与竞争政策纳入 WTO 贸易谈判议题的积极推动者。这些年来，美国或直接用自己的国内法衡量和制裁外国进口商品，或直接用自己的国内法解读或扭曲国际法，或直接用国内法影响国际协议的规定，实际上它已经试图用自己的竞争政策来影响和改变全球的贸易秩序。特别是，它近年高筑反补贴壁垒，设置特保措施机制，大做国营贸易文章，既表明了其应对国际经贸摩擦的锋芒所向，又凸显出它所追求的"统一竞争政策"的特征。在与欧盟的相关谈判中间，美国必定会在这方面大显身手。

综上所述，可以预料的是，这三方面的主题一定会在 TTIP 谈判的最终协议中占据显眼的地位，相反，它们在 TPP 谈判中的位置则相对有限。因之，TTIP 谈判和美国主导开展的 TPP 谈判一起在引领着全球贸易规则的发展分析和基本框架，但是，TTIP 谈判比 TPP 谈判可能更具前瞻性和深刻性，即尽管其确立的新贸易规则在全球得以实施需要更长的时期，可它们给予发展中国家的经济冲击力则更为巨大和深入。

三

还必须强调指出的是，倘若 TTIP 和 TPP 这类贸易谈判被有偏差地引导，那么，它完全可能产生明显的消极后果，其中以下方面的负面影响尤为突出。

一是贸易多边主义可能被严重侵蚀。

WTO 作为一种顺应经济全球化潮流的多边贸易体制，是以成员们奉行贸易多边主义为基本条件的。这就是说，WTO 成员必须积极参与多边贸易规则的谈判和制定，认真遵守业已达成共识和协议的各种规则，大力推进多边贸易体制的日益健全和完善。在这里，贸易单边主义乃是最大的危害。如果有些国家特别是具有重大影响力的国家推行单边主义，在国际贸易事务中一味考虑自身的经济利益而不顾 WTO 体系的健康运作，对相关贸易规则采取有利自己者用之、不利自己者弃之的态度，那么，这种贸易体制就不可能真正具有多边性质，难以长期地正常运行和顺利发展。

现在，推行变相的单边主义来削弱贸易多边主义，已经开始冲击和危及 WTO 的实际运作和发展前景，其负面后果绝对不容低估。随着国际经济力量的重新组合，广大发展中国家的话语权明显上升而发达国家对多边贸易组织的控制力不断削弱，于是，这类做法呈现出愈演愈烈的势头。现在，人们越来越担忧这种实际危险的明显逼近。即发达国家利用 WTO 认可的区域经济一体化形式，一方面热衷于推进双边自由贸易协定以及某些一体化组织协定的谈判与签署，借以获取更多的贸易利益，另一方面则故意冷落和延缓多哈回合的贸易谈判，力图避免自由贸易进程给予自身的某些经济冲击（如农产品贸易等）。简言之，它们在用贸易多边主义认可的手段来削弱贸易多边主义自身。所以，一定要高度警惕这种单边主义是否会在 TTIP 谈判和 TPP 谈判中泛起和肆虐，并坚决维护和推进这个来之不易的多边贸易体制。事实上，对于判断有关区域经济一体化的做法是否与 WTO 规则一致的问题，WTO 一直提供着两个重要渠道，一个是区域贸易协定委员会的审议，另一个是贸易争端解决机制。

二是新兴经济体被明显边缘化。

不能不看到，这类看似正当合理的贸易谈判背后，却可能蕴含着某些发达国家的特别算计。随着一些新兴经济体的逐步崛起，多边贸易体制内部的力量对比发生了微妙的变化，开始不怎么有利于发达国家像以往那样的操控大局。农产品贸易自由化这个多哈回合中的争论焦点，就是以巴西、印度等新兴经济体为一方与欧美国家另一方之间展开了激烈博弈。

可是，现在意欲引领全球贸易规则的 TPP 谈判和 TTIP 谈判，却意味深长地具有一个重要特色，即那些瞩目的新兴经济体目前基本上都是缺席者。这就是说，这类谈判进展越有成效，其形成的贸易规则就越能占据全球的制高点，就越可能会导致那些瞩目的新兴经济体处于被边缘化的境地。换言之，进入 21 世纪之后出现的那种经济力量的微妙变化，又将面临重新洗牌。其中，首当其冲者就是已经较为平稳地融入多边贸易体制的中国。可见，人们不能不考虑，这类贸易谈判会不会是发达国家用以重新洗牌的一种策略？

三是发展中国家的经贸利益被重新忽略。

大概在 20 年之前，美国就试图推动建立一个美洲自由贸易区，把拉丁美洲国家都纳入自己主导的一体化组织，可至今未获成功。其中一大原因就在于，拉美国家还无法承受美国围绕环境和劳工问题所提标准的实际后果。这意味着，欧美之间形成这些方面的高标准规则，显然是广大发展中国家短时期里难以接受的。因此，如果让 TTIP 谈判所形成的规则来引领全球贸易，那么，围绕相关贸易规则的制定与遵循的重大博弈，发展中国家必然陷于被动招架和差距拉大的困境。其最终的实际后果必然是，只可能越来越忽视或偏离广大发展中国家的基本经贸利益。这样，好不容易列入 WTO 根本宗旨的一个重要内容，即重视发展中国家的经济发展和贸易利益，就非常可能在实际上被重新忽视甚或搁置一边。

总之，这一切都告诫我们，如果没有高度关注这类别出心裁的贸易谈判，并及时确定我国相应的博弈策略，那么，在不久的将来，我国不仅会失去许许多多由多边贸易体制所提供的经济机会和贸易利益，而且要花费极其巨大的代价去面对重新融入国际经济轨道的艰难历程。这是千万不能等闲视之的。

模仿陷阱、自主创新与经济赶超[*]

魏　枫[**]

引　言

国家间经济增长的成绩相差悬殊，特别是"二战"后新兴工业化国家的经济增长在发展中国家阵营中异军突起，是什么原因使得部分国家能够顺利实现工业化与经济赶超，而另一些国家则陷入经济停滞的困境，引起了众多经济学家的关注。从新古典增长理论到内生增长理论，最为突出的研究方法进展就是在总结世界各国经济的典型化增长事实的基础上，构建增长模型，并以模型对于典型化增长事实的描述与拟合程度，判断该增长模型的优劣。Kaldor（1961）的著名研究对当时的经济增长过程中的典型化事实加以总结，并被视为新古典增长理论的试金石，具体地认为一般性的经济增长特征包括：人均产出持续增长，且其增长率并不趋于下降；人均物质资本持续增长；资本回报率近乎稳定；物质资本—产出比几乎稳定；劳动和物质资本在国民收入中所占份额近乎稳定；人均产出的增长率在各国之间差异巨大[①]。Jones 和 Romer（2009）在 Kaldor 事实被提出的五十年后，重新做了类似的工作，并归纳出最近半个世纪以来各国经济增长出现的新的典型化事实：随着全球化与城市化、市场化程度不断提高；部分经济体增长加速；随着离世界技术前沿的距离越远，人均 GDP 增长率差异性越大；收入与 TFP 的差别显著，投入能够解释的跨国人均 GDP 不足各国差距的一半；全世界工人人均人力资本量显著增长；人力资本的数量相对于非技术工人不断增长，但这并没有引发相对工资的持续下降[②]。

上述经济增长的典型化事实主要是针对处于世界发展前沿的成熟市场经济得出的，对于发展中国家的经济增长大致可分为两类，即能够实现经济赶超的和未能加速发展甚至陷于停滞的国家，我们希望能够建立可以解释发展中国家经济增长过程的模型，并能够同时刻画上述两种可能。中国可视为继新兴工业化国家之后的有望实现经济赶超国家

---

* 本文获得 2013 年度国家社科基金项目青年项目（13CJL022）"我国收入倍增战略阶段适配性研究"资助。

** 魏枫，黑龙江省哈尔滨市人，黑龙江大学经济与工商管理学院副教授、经济学博士、副院长，研究方向为经济增长。

① Kaldor, N. , "Capital Accumulation and Economic Growth" . F. A. Lutz 与 D. C. Hague. Proceedings of a Conference Held by the International Economics Association, London：1963.

② Jones, C. I. and P. M. Romer, "The New Kaldor Facts：Ideas, Institutions, Population, and Human Capital", NBER Working Paper 15094, 2009.

的代表，中国的增长为我们提供了良好的研究对象。回顾战后各国经济发展历程，我们可以看到世界经济发展的两种趋势日益明显。第一是技术创新对经济增长的贡献越来越大；第二是世界各国开放程度与相互依赖不断加深。此两种趋势相互影响，便利的交通通信，使得创新国之间以及创新国与跟随国的交流更加频繁，有助于新发明和新想法的快速推广，对于技术跟随者而言，选择推动技术进步的途径就扩展为对外模仿与自主研发。一般来说，20世纪后半期经济成功实现赶超的国家（以日本和亚洲四小龙为代表），其发展战略存在显著的相似性，即政府人为地压低生产要素价格，通过财税政策高估企业获利能力，激励社会资源由非生产领域向生产领域转移，提高本国生产能力；同时还要配合贬值本国货币，扩大出口来消化那些因国内劳动力低价格而无法消费掉的产出。通过归纳中国大陆、日本、韩国及中国台湾等经济体的发展历程，总结为下述特征：

（1）投资率先升后降，依靠高投资率跨越贫困陷阱，而后保持高位，经济增长加速；在进入上中等收入国家行列后，投资率开始下降，经济增长率随之下降。

（2）居民收入差距先扩大后缩小。前期收入差距扩大，激励生产资源流动已实现优化配置；后期收入差距缩小，提高中产人群比重，维护社会稳定。

（3）先模仿后创新。前期模仿世界前沿技术，节省成本，充分发挥本国的后发优势；后期转而自主研发，保证经济获得持续增长动力。

总体上看，经济增长成功实现赶超的国家的经济增长率都会经历一段加速期，而后恢复正常状态，或者说该国的经济增长率会随着时间的演进呈倒U字曲线的形状。本文正是源自此方面的考虑，构建了适合技术跟随的发展中国家的内生增长模型，通过为发展中国家的厂商赋予模仿与创新两种推动技术进步的方式选择，从技术进步的角度来分析发展中国家的经济增长过程，寻找何种状态可以实现赶超，又是什么原因使得一些国家陷于停滞。参照贫困陷阱的说法，在本文的分析框架中，提出了模仿陷阱的概念来描述上述这一状态[①]。模仿陷阱就是指发展中国家在技术进步路径仍处于模仿阶段之中时，经济已经收敛至稳态，因而无法进入依靠自主创新来推动技术进步阶段的一种状态。如果说贫困陷阱主要是从一国的人均收入水平来分析经济停滞的现象，那么模仿陷阱则主要是从一国的技术进步路径的层面来分析其经济水平存在停滞的可能性。二者虽然都描述了发展中国家经济停滞的状态，但是致使经济增长停滞的原因则大不相同，摆脱陷阱的策略选择也就随之会有不同，所以，能够解决贫困陷阱的策略未必是帮助陷于模仿陷阱国家脱离困境的良方。压制消费，扩大储蓄率只是能够增加投资，或许可以帮

---

① 已有文献主要是关注收入阶段背景下的后发国家经济持续发展与停滞并存的典型化事实，将世界各后发国家步入中等收入阶段以后的经济发展历程大致分为两种情况：或者如日韩等为代表的新兴工业化国家，顺利跨过中等收入阶段，进入高收入国家行列；或者如阿根廷、墨西哥等为代表的国家，其发展水平长期停滞于中等收入组，处于后一种情况的国家被称为陷入中等收入陷阱的国家。与已有文献着重讨论发展的结果，或者说是陷入经济停滞的状态不同，我们这里主要是从后发国家陷入经济停滞的原因着手，即以后发国家推动技术进步的主体形式内在演化的规律来讨论该国成功实现经济赶超和陷入停滞并存的可能性，同时讨论政府在这一过程中能够发挥的作用。

助发展中国家脱离贫困陷阱，但如果此时厂商的新增投资仍然是投向模仿国外先进技术，对于国内的自主研发不做丝毫改变，那么就不会对摆脱模仿陷阱起到正的影响。这种认识对于欲实现技术自主创新，快速发展并最终实现经济总体水平赶超的国家在制定发展政策时，具有重要的指导意义。

一　理论假说——仅考虑模仿行为推动技术进步的基本模型

经济中的商品存在三种形式：最终产品、中间产品和劳动。最终产品可直接用于消费、研发［以购置先进设备为主要形式，赵志耘（2007）较详细地分析了中国资本积累中存在的技术进步现象①。发现对于中国而言，设备引进是技术引进的主要形式，1988～1995 年设备引进占中国技术引进的83% 以上］和生产投资。资本投资用来生产中间产品，技术进步将体现在新增的设备中。本文的技术进步采用 Romer（1990）提出的技术进步体现为经济系统中中间产品的种类增多的思想。劳动供给量为常数，且劳动供给无弹性。

1. 最终产品生产厂商行为

厂商在完全竞争市场下，使用劳动和中间产品来生产最终产品，形式如下：

$$Y_t = \left[\int_0^n x_{tj}{}^\alpha \cdot L \mathrm{d}j \right]^{\frac{1}{\alpha}}, 0 < \alpha < 1 \tag{1}$$

Y_t 是社会的总产出，x_{tj} 是厂商使用的第 j 种专业化中间产品的数量，单独增加一种中间品的投入数量具有递减的边际生产率，若同时增加所有的中间品投入，则生产函数具有规模报酬不变的特征。生产函数中的劳动假定为常数，可被单位化为 1，以简化问题的讨论。$(x_{tj})^\alpha$ 的可加可分形式表明，一个新产品对既有的产品既没有直接的替代关系，也没有直接的互补关系。

2. 中间品厂商行为

我们假定中间品由厂商只通过资本来垄断生产，并假定其生产过程为线性的，即 $x_{it} = K_{it}$，K_{it} 是 i 部门 t 时期的资本投入。所使用资本的边际成本取决于资本租金率 R_t，所以每单位中间产品的边际成本是 R_t。与新古典模型一样，我们假定固定的储蓄率为 s。新增的资本用于生产中间产品和购买包含新技术的设备。为简单起见，我们不考虑折旧问题，所有资本一期内全部消耗掉。$K_t = \sum_{i=1}^n K_{it} = Y_t - C_t - I_t = sY_t - I_t$，其中 I_t 表示 t 期时购置包含新技术设备的全部支出。在一个对称均衡中，所有的投入都有同样的价格，而且中间品的制造厂商会生产相同数量的中间品 $x(j) = x$，中间品的生产函数对应为 $x(j) = K/n$，这样产出就为 $xn^{\frac{1}{\alpha}}$。

---

① 赵志耘、吕冰洋等：《资本积累与技术进步的动态融合：中国经济增长的一个典型事实》，《经济研究》2007 年第 11 期。

中间品的垄断生产厂商以加成法来确定中间品的价格：$p_x = R_t / \alpha$，因为生产最终产品的市场结构已被假定为完全竞争市场，所以所有中间产品的总价值量与最终产值相等，我们假定将其单位化为一，有 $\sum_{j=1}^{n} p_x^j x_j = n p_x x = P_y Y = 1$。

这样，垄断利润就可以表示为

$$\pi_t = p_{xt} x_t - R_t K_t / n = \frac{1 - \alpha}{n}$$

令 $v(t)$ 表示对在时间 t 运营企业的无限期利润流的要求权被贴现至 t 期的和，即

$$v(t) = \int_t^\infty e^{-[R(\tau) - R(t)]} \pi(\tau) d\tau \tag{2}$$

3. 技术研发部门行为

企业也可以进入研究与开发的领域，本文假定企业获取技术进步的唯一途径就是引进包含先进技术的机器设备，通过投资于更先进的设备来推动技术进步。Romer（1990）[①]，Barro 和 Sala – I – Martin（1997）都简单地假设创新者只要支付一定的资源（R&D 成本），就可以自由地进入 R&D 部门，Romer（1990）假设创新成本是递减函数，Barro 和 Sala – I – Martin（1997）则假定创新成本为常数。只要企业家获得收益超过引进设备所支付的成本，就会有足够的激励去从事创新活动。如果某企业在时段 dt 投入 I 数量的资本用于设备引进，它将得到生产 $dn = (\frac{I}{a}) dt$ 种新产品的能力，式中 a 是调整系数，表明增加一单位中间产品数量 n，所需要投资于设备引进的资本数量，我们假定其为常数。投资于进口先进技术的量越多，以中间产品数量为代表的技术进步速度越快。

因为每一种新技术的市场价值为 v，所以这样的进口设备行为能够为企业带来的价值为 $v(\frac{I}{a}) dt$。设备购置成本为 $RI dt$。逐利的厂商在 $(\frac{v}{a}) > R$ 时，厂商才会投资于购进更为先进的技术设备推进技术进步，$\dot{n} > 0$。

在 $(\frac{v}{a}) \leqslant R$ 时，厂商不会投资进行模仿，此时全社会所有储蓄均用于中间产品生产，技术进步停滞时，存在 $\bar{v} = aR = \frac{a\alpha}{nx}$，使得当 $v \leqslant \bar{v}$ 时，$\dot{n} = 0$。

4. 市场均衡

静态均衡要求以资本品为具体形式的总产出应与总需求相等，任一时间总产出 Y 或用于消费，或用于生产中间产品，或用于投资新设备来推动技术进步。产品种类的数目将遵循如下动态演进路径：

---

① Romer, P. M., "Endogenous Technological Change", *The Journal of Political Economy*, 1990, 98 (5): 71 – 102.

$$\dot{n} = \begin{cases} (sn^{\frac{1-\alpha}{\alpha}} - 1)\cdot\dfrac{1}{ap} & v > \bar{v} \\ 0 & v \le \bar{v} \end{cases} \tag{3}$$

其中，暗含约束 $s > n^{-\left(\frac{1-\alpha}{\alpha}\right)} > 0$，在这样的模型框架下，一个社会必须要有一定数量的储蓄，否则中间产品的数目无法提高，社会只能从事简单再生产。

在资本市场上，投资于研发还是生产的资本在本质上是没有区别的，必然要获得相同的收益流，否则就会导致资本在部门间的流动，这就是资本的非套利条件。在 t 到 $t+dt$ 的时间段内，企业所有者能够得到的全部利润还应包括自身价值的变动净值，即 $\pi dt + \dot{v}dt$。对于规模为 v 的无风险债务的投资收益为 $rvdt$。假定资本的边际成本资本租金率 R_{t} 等于无风险债务的投资收益率 r，研发厂商是风险中性的，资本市场的均衡条件要求下列等式成立：

$$\pi + \dot{v} = rv \Rightarrow \dot{v} = rv - \frac{1-\alpha}{n} \tag{4}$$

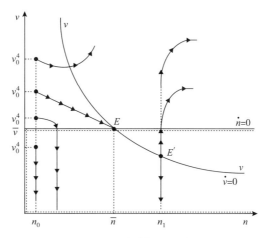

图1　企业仅能选择模仿的相位

连同上面中间产品种类的微分方程，式（3）、式（4）构成一个动力系统，如图1所示，其中 $\dot{v} = 0$，即 $v = \dfrac{1-\alpha}{rn}$ 斜率为负，表明了代表性企业的价值暂时不变时，v 值越高，相应要求生产中间产品厂商的垄断利润越高，因而进入竞争的中间品种类数 n 就应越少。在 $v-v$ 曲线上方的点，其 v 值会进一步上升；在 $v-v$ 曲线下方的点，其 v 值会进一步下降[①]。在水平线 $v \le \bar{v}$ 时，即 $\dot{n} = 0$ 下方，差异产品种类数 n 保持不变。因为当企业的价值较低，且小于 $\bar{v}$ 时，企业引进先进设备带来的收入不足以弥补购置成本，所有点的运动轨迹均垂直

---

① 若 (v_{0}, n_{0}) 满足 $\dot{v} = rv_{1}\dfrac{1-a}{n_{0}} = 0$，则 (v_{1}, n_{0}) 使得 $\dot{v} = rv_{1}\dfrac{1-a}{n_{0}} - \dfrac{1-a}{n_{0}} = 0$，其中 $v_{1} > v_{0}$。

朝下，这一区域内没有产品开发；当 $v > \bar{v}$ 时，企业引进先进设备带来的收入超过购置成本，这为企业从事技术引进提供了充足的激励，中间品种类 n 因而持续增加。在 E 点和在该点之下的 $v - v$ 线上各点，经济处于稳定均衡，此段上面的各点均可以称作休息点（rest point）。给定经济中的中间品初始状态是 $n_0 < \bar{n}$ 时，只有 (v_0^2, n_0) 点所在的运动路径是唯一能够收敛到稳态点的鞍点收敛路径，期初中间品的种类小于 $\bar{n}$，生产新种类中间产品的更高技术的设备被购进，n 逐渐增长，长期内以 $\bar{n}$ 为极值，经济体系达到稳定均衡。

二 理论假说——同时考虑模仿和自主创新均可推动技术进步的扩展模型

该模型与基本模型的差异主要源于关于企业行为假定的放松，这里企业获取技术进步的途径既可以选择通过投资于更先进的设备来推动技术进步也可以选择通过投资于自主的研发活动来实现技术进步。

自主研发实现技术进步，主要是通过对于研发活动本身的投资 I 和特定阶段该国技术水平所达到的程度 n 的水平来共同决定的。若在时段 dt 投入 I 数量的资本用于自主研发，将得到生产 $dn = f(I, n)dt$ 种新产品的能力。一般而言，在其他条件相对保持不变的条件下，投资于研发活动的资金越大，原有技术水平越高，则相应的人力资本储备、研发能力和研发经验都会相应地处于较高水平，因而也就更有利于研发的成功实现。不失一般性的，我们可以假定 $f_I > 0, f_n > 0$。陈晓光（2006）借助于 Jones（1995）使用的数据，计算了日本"二战"以后经济起飞阶段 TFP 的结构突变是由规模效应的变化引起的，日本 1965～1969 年确实存在规模效应，但此后的 1970～1987 年规模效应不复存在。Madsen（2007）发现对于 OECD 国家不能拒绝 R&D 投入具有常回报率的假定。对于发展中国家而言，一般在经济发展较低的阶段，研发投入的规模效应是存在的，当然这有着阶段性的特征，在达到一定的发展阶段之后，规模效应就会逐步减小。中国尽管多年来技术取得了很大的进步，但与世界发达国家仍有差距，所以在这里我们出于将假定更贴近现实的考虑，设定自主研发的生产函数具有规模效应；另外，也是出于简化模型的考虑，为了便于后边的分析，也将自主研发的微分方程设为线性的形式，即 $dn = b \cdot n \cdot I dt$。式中 b 是系数，表明增加一单位中间产品数量 n，所需投资于研发活动的资本数量，我们假定其为常数。通过对研发部门生产函数的变形，可以得到中间产品数量的增长率 $\frac{\dot{n}}{n} = bI$，即用于研发活动的投资量越多，研发新中间产品的增长率就越大，该国技术进步的速度就越快。

每种新技术的市场价值仍为 v，所以特定时间阶段进口设备的技术模仿行为能够为企业带来的价值为 $v(\frac{I}{a})dt$，相应的自主研发为企业实现的价值为 $v(b \cdot n \cdot I)dt$。每项投资活动因投资额相同，所以成本均为 $RIdt$。

逐利的厂商在成本给定的情况下，最优选择必然是能够带来最大收益的技术进步路线。如果成本小于收益，厂商就会比较模仿与自主创新之间哪种选择能够带来的收益更大而进行选择，进而决定国家宏观的技术进步路线。单位时间内，厂商的行为选择取决于下列条件（见表1）。

表1　四种情况下厂商的行为选择与中间产品种类数变动率

条　　件	n < 1/ab		n > 1/ab	
	$(v/a) > R$	$(v/a) < R$	$v(bn) > R$	$v(bn) < R$
厂商行为	模仿	不模仿、不研发	自主研发	不模仿也不研发
中间产品种类数变动率	大于零	等于零	大于零	等于零

产品种类的数目以 $\hat{n} = 1/ab$ 为分界点，前后有不同的动态演进路径：

$$当\ n < \hat{n}\ 时,\ \dot{n} = \begin{cases} (sn^{\frac{1-\alpha}{\alpha}} - 1) \cdot \dfrac{1}{ap}, & if\ \ v > \bar{v} \\[2mm] 0, & if\ \ v \leqslant \bar{v} \end{cases} \tag{5}$$

$$当\ n > \hat{n}\ 时,\ \dot{n} = \begin{cases} b(sn^{\frac{1}{\alpha}} - n) \cdot \dfrac{1}{p}, & if\ \ v > \bar{v} \\[2mm] 0, & if\ \ v \leqslant \bar{v} \end{cases} \tag{6}$$

一同决定了分段函数

$$v = \begin{cases} \bar{v}, & if\ \ n < \hat{n} \\[1mm] \tilde{v}, & if\ \ n > \hat{n} \end{cases} \tag{7}$$

该函数通过分段分割第一象限描述了 n 的运动特征，在此分段函数值之上的点 $\dot{n} > 0$，在此分段函数值及其之下的点 $\dot{n} = 0$，代表了商品市场的微分方程。

资本市场的均衡条件仍然是式（4），这样式（4）～式（7）共同构成了扩展模型的动力系统，它们将刻画出经济中微观主体可以选择模仿或者自主创新时，经济增长的动态路径。在进行具体分析之前，我们要对前文设定的 $\hat{n} = 1/a$ 与在基本模型中的稳定均衡点所对应的 $\bar{n}$ 的数值大小进行讨论[①]：

情形一：陷于模仿陷阱，国家无法实现创新的稳态均衡。

当 $\hat{n} > \bar{n}$ 时，此系统的相位图如图2所示。图2中 $\dot{v} = 0$ 的曲线斜率为负，$\dot{n} = 0$ 的曲线是一条分段水平线，所以 $v - v$ 曲线和 $\dot{n} = 0$ 曲线必有交点，该系统均衡一定存在。但交点数不一定唯一。当 $\hat{n} > \bar{n}$ 且相距较近时，$v - v$ 曲线将与 $\dot{n} = 0$ 曲线相交两次，即存在

---

① 基本模型中 $\bar{n}$ 的取值应使得 $\dot{n} = 0$，即有 $\bar{n} = s^{-(a/1-a)}$。

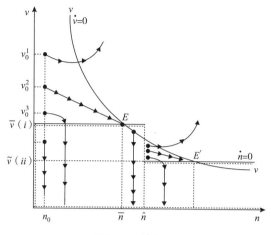

图 2　系统相位

两个均衡 E 和 E'，图 2 所示即为此种情况；当 $\hat{n} > \bar{n}$ 且相距较远时，$v-v$ 曲线将与 $\dot{n}=0$ 曲线相交一次，即存在唯一均衡 E[①]。

这里我们考虑存在两个均衡的情况下，此动力系统的均衡点是否稳定。在分段函数式 (7) 图像之下，即 $\dot{n}=0$ 下方的点，差异产品种类数 n 保持不变。因为当企业的价值较低（图像中包括：一是当 $n < \hat{n}$ 时，小于 $\bar{v}$ 的企业价值点；二是当 $n > \hat{n}$ 时，小于 $\tilde{v}$ 的企业价值点），企业引进先进设备，或者进行自主研发，带来的收入不足以弥补成本，所有的点的运动轨迹均垂直朝下，这一区域内没有产品开发；在分段函数图像之上时，企业引进先进设备，或者进行自主研发，带来的收入超过成本，这为企业从事技术引进提供了充足的激励，中间品种类 n 因而持续增加（在图像中也包括两部分：一是当 $n < \hat{n}$ 时，大于 $\bar{v}$ 的企业价值点；二是当 $n > \hat{n}$ 时，大于 $\tilde{v}$ 的企业价值点）。这样，通向两个均衡点 E 和 E'，各有一条稳态路径存在，但是二者并不连续。给定发展中国家期初技术水平为 n_0 的较低情况，系统自身的收敛轨迹只能到达稳态均衡点 E。假定表示商品种类的技术水平 n 是连续变动的，这样社会也就无法进入自主创新的经济增长阶段了。此种状态下的国家，其技术进步路径将会停滞在模仿阶段，无法进入依靠自主创新来推动技术进步的阶段，类似于发展经济学文献中常用的"贫困陷阱"[②] 一词，我们将这种状态称为模仿陷阱。此时只要保持 $\hat{n}$ 和 $\bar{n}$ 的相对大小关系不变，那么对于模型中任何系数的微小扰动，都不会改变该国陷于只能模仿的增长状态。除非借助于外力，将 $v-v$ 曲线显著向上移动，使其与 $\dot{n}=0$

①　此种单一均衡状态对应的相位图是情形一中所给出相位图的一种变形，即将图中的 $v-v$ 曲线向左平移至仅与第一阶段分段函数相交，与第二阶段无交点的情形。对于初始技术水平较低的发展中国家，单一均衡的分析类似于正文中关于两个均衡点的分析，因而此处不再赘言。

②　贫困陷阱被理解为一个有着低水平的人均产出和资本存量的稳定状态。之所以被称为"陷阱"，是因为即使有人试图打破这种低收入状态，但经济本身却具有内生的动力使得经济回复低水平稳态的趋势。这一概念，较早是由 Lewis、W. A（1954）提出的，此后，Murphy、Shleifer 和 Vishny（1989）做了较好的现代形式的表述。

的分段函数在 v　$\bar{v}$ 处没有交点，这样才能够使该国脱离模仿陷阱，进入可以实现由模仿向创新转型的稳态均衡。

当 $\dot{n} > \bar{n}$ 且相距较远时，存在唯一均衡 E。此系统的稳态路径与基本模型的稳态路径基本一致，但值得说明的是，此种情况下的发展中国家陷于模仿陷阱更为严重，需要更大的外力才有可能从陷阱中走出。

情形二：可以实现由模仿向创新转型的稳态均衡。

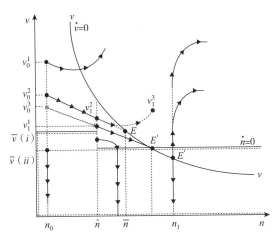

图3　系统稳态路径基本模型

当 $\dot{n} < \bar{n}$ 时，控制 $\dot{n}$ 数值的是 v 的分段函数式（7），加入约束式（4）后的动力系统的动态过程可以使用如下的向位图来分析：

图3中 $\dot{v} = 0$，即 $v = \dfrac{1-\alpha}{rn}$ 斜率为负，表明了代表性企业的价值暂时不变时，v 值越高，相应要求生产中间产品厂商的垄断利润越高，因而进入竞争的中间产品种类数 n 就应越少。在分段函数式（7）图像之下，即 $\dot{n} = 0$ 下方的点，差异产品种类数 n 保持不变；在分段函数式（7）图像之上时，中间产品种类 n 持续增加。在基本模型中的均衡点 $E(\bar{n}, \dot{v})$ 位于分段函数式（7）的第二段，则该动力系统在到达稳定均衡点之前，就已经由模仿阶段进入自主创新阶段，稳定的收敛路径会在 $n = \bar{n}$ 处，出现跳跃。

在包含了厂商可以自主创新选择的可能性的模型中，新的均衡点记为 E' 点，它是 $v-v$ 线和 $\dot{n} = 0$ 线的交点，此时 n, v 的值均不会再发生变化，经济处于稳定均衡。给定经济中的中间品初始状态是 $n_0 < \bar{n}$，图3中画出了几条代表性的运动路径，如果微观主体具有理性预期的能力，就可以选择此模型中唯一的均衡收敛路径。

从图3中可以看出，以 (v_0^3, n_0) 为初始点的收敛路径分为两段，在第二阶段的该路径是系统自身的稳态路径，而在第一阶段的该路径并非模仿阶段的稳态路径，而是在模仿阶段稳态路径之下。对于有限期间的动态转移路径，根据"收费公路"（turnpike theorem）理论，最优时间路径应是无限的靠近稳态收敛路径。所以，这里还存在另外一种增长路径，能够实现最优时间增长。点 (v_0^2, n_0) 所在的运动路径是在基本模型中，唯一能够收敛到稳态点的鞍点收敛路径，"收费公路"理论证明最优时间路径就是无限靠近 (v_0^2, n_0) 到 $(v_1^2, \hat{n})$ 这条线段。在向着基本模型的均衡 E 运动的过程中 n 的值会不断增长，一旦突破 $\hat{n}$ 以后，原来的均衡点 $E(\bar{n}, \bar{v})$ 现在位于 $\dot{n} = 0$ 之上，不再是稳定的均衡点。为能够收敛到达新的均衡点 E'，就要求该路径在 $n = \hat{n}$ 有一个跳跃，即原有的收敛路径在 $(v_1^2, \hat{n})$ 处向下跳跃至 $(v_1^1, \hat{n})$ 所在的对应新阶段的新的收敛路径，这样才能实现向稳态均衡点 E' 的收敛。最优时间收敛路径在自主创新阶段与此动力系统的稳态收敛路径无异；但在模仿引进技术阶段最优时间收敛路径会在此动力系统的稳态收敛路径之上，相应的要求具有更大的企业价值。

三　均衡的比较静态分析

陷于模仿陷阱的发展中国家如何摆脱无法实现走上自主创新推动技术进步之路呢？我们发现一国是否会陷入模仿陷阱的决定因素之一是 $\hat{n}$ 和 $\bar{n}$ 的大小关系。

当某国陷于模仿陷阱时，相应的有 $\hat{n} > \bar{n}$。如果要摆脱这种只能模仿，无法自主创新的状况，可以通过改变此模型的外生变量，降低模仿阶段与创新阶段的转化点处的中间产品种类数 $\hat{n}$，或者提高收敛到模仿阶段稳态均衡的中间产品种类数 $\bar{n}$ 的值，使得条件 $\hat{n} < \bar{n}$ 满足，进入上述能够由模仿顺利进入自主创新增长路径的第二种形式。

降低 $\hat{n}$ 的值，可以通过增加 a 或者 b 的值来实现。增加 b 值意味着研发效率提高，用于自主研发的单位资本能够实现更多的中间产品种类数增加，会带来更多的利润。这样，当企业面临模仿与创新两种选择时，就会选择创新。增加 a 值意味着模仿先进技术的效率下降，购进设备的单位资本只能实现更少的中间产品种类数的增加，带来的利润更少，当企业面临模仿与创新两种选择时，也更可能选择创新，起到与增加 b 值相同的作用。提高 $\bar{n}$ 的值，可以通过降低资本价格 r 来实现。

下面，我们将上述几种偏导数关系转换为经济学语言和可操作的政策措施。当发展中国家的技术进步路径指向模仿陷阱时，政府可以通过税收优惠、财政补贴等财政政策的实施，降低企业选择模仿行为所获得的利润水平，提高企业选择自主创新行为所获得的利润水平。特别的，可以通过压低资本价格等手段，帮助本国顺利转变技术进步方式，由模仿推动转入自主研发主导的增长道路，实现世界范围内的赶超。从这个层面，我们找到了政府提供低利率甚至负利率的贷款来支持企业发展，加快经济增长并实现跨越模仿阶段的理论依据。

支持和鼓励企业增加研究开发投入的税收政策激励，来提高企业的广义研发效率。实质上这是对科技投入的支撑，降低企业自主创新的成本，税收政策与其他政策工具的作用相比要更直接。对企业自主研究开发的税收激励政策在具体操作时，通常有两种不同的实施方案，即"应税收入抵扣"（政府从企业应付所得税额中扣除部分或全部的特定研究开发支出）和"所得税减免"（政府允许企业从应税收入中扣除比实际研究开发支出更多的金额）。除税收补贴以外，国家财政补贴也能够有效激励自主研发行为，政府还可以直接购买创新型企业的产品。创新型国家的实践证明，通过合理的政府采购政策可以有效地促进企业的自主研发活动。通过支持创新的政府采购政策，可以保护并促进本国产业的发展，可以扶持弱小但技术创新活跃的中小企业，可以引导各种资源投入国家急需的重点技术项目，从而贯彻国家的科技政策，吸引更多的社会生产资源由模仿转向创新部门。

对于提高企业的模仿效率，政府可以选择的政策工具也较多。政府可以制定鼓励企业引进先进技术设备并进行模仿以推动技术进步的税收政策，为企业购置先进设备提供一系列的税收优惠措施，如税额减免、加速折旧等。这些措施对企业加速设备更新、优先采用先进技术设备，确保企业在经过成本收益分析之后，能够更多地选择模仿。在一国处于技术进步的模仿阶段时，确实会起到加快增长速度的作用。但是对于陷于模仿陷阱的国家则会起到固化技术进步形式的作用。所以对于要摆脱模仿陷阱困境的国家，就要选择相反的政策措施来提高企业进行模仿的成本，如对于购置设备活动征税、延长折旧期等。

降低资本价格有助于发展中国家摆脱模仿陷阱的结论较为有趣，其内在的传导机制是，通过降低资本价格，提高企业的获利能力，进而提高在每一时刻的企业价值 v。这就为原本在特定中间产品种类数已无利可图的厂商提供了进一步实现技术进步，并继续获取垄断利润的激励。随着中间产品种类数的进一步增加，模仿成本随之上升，因而就会使企业放弃模仿而转向创新。这里我们看到降低资本价格对于跨越模仿陷阱，成功实现赶超的作用显著，只是这种作用具有阶段性。当经济已经脱离模仿陷阱并进入创新阶段时，对经济增长的正向意义也就随之消失，这时才会要求从根本上转变，并建立银行的市场化行为准则。

四 技术进步视角下后发国家经济实现赶超的一般化路径

总体来说，后发国家经济实现赶超的完整路径可以划分为五个阶段：第一阶段为起飞前阶段：具体是后发国家在踏入经济增长轨道之前的状态，此时的经济水平较低，生产能力落后，国内储蓄率过低，人均国民收入长期徘徊在几百美元左右，代表国家有埃塞俄比亚、布隆迪等；如果此类国家能够吸引外资，提高储蓄率，就有可能顺利跨越贫困陷阱，进入中等收入国家行列。第二阶段为模仿阶段 I：此阶段是脱离贫困陷阱的国家不断提升自身生产能力的阶段，代表国家有叙利亚和越南等；此类国家尚处于利用外资的初级阶段，生产技术处于相对领先国家的绝对控制下，只是模仿现有技术进行生产；如果此类国家能在模仿的同时，尽量组建本国的基础产业与之配套，缩小与领先者之间的技术差距，就可能顺利升级，进入上中等收入国家行列。第三个阶段是模仿阶段 II：此阶段是赶超国家继续积累赶超力量的阶段，代表国家有马来西亚和泰国；此类国家的工业发展相应地进入了聚集阶段，并有自己的支柱型产业，只是技术进步的形式仍以向更高水平国家模仿为主。摆在此类国家面前的是较难跨越的模仿陷阱，其主要任务是推进该国技术进步的主要形式发生根本性的变化，即由模仿为主转为以自主创新为主推进技术。中国目前正处于这一发展阶段。第四个阶段是创新阶段Ⅰ：此阶段的国家已经成功跨越模仿陷阱，表现为已掌握管理能力和一定的技术，能独立研发和生产高质产品，代表国家有韩国、中国台湾等；除收入水平较高外，此类国家和地区的共同特征是实现了技术进步由模仿向创新的转变。此后，若本国没有政局动荡、战乱等影响因素，自可顺利升入更高的发展阶段，真正实现经济赶超。第五个阶段是创新阶段Ⅱ：此阶段的国家可以实行全面创新，产品设计，其技术水平与研发能力在全球处于领先地位，代表国家有现在的日本、美国、欧盟等经济体。

如果从第一阶段到第二阶段的过渡不成功，就会陷入贫困收入陷阱；而如果从第二阶段到第三、第四阶段的过度不成功，就会陷入模仿陷阱，其根本原因在于没能从对外模仿转而走上自主研发来实现本国技术进步的增长道路。对外开放、吸引外资以模仿领先国家的先进技术，虽可以使得后发国家达到中等收入，但仅靠此则很难跨域中等收入和高收入之间的鸿沟。这就要求在模仿阶段能够加快实现经济增长速度的赶超战略（包括向下扭曲要素价格以高估企业获利能力，超贬汇率支持出口导向战略等），在将要进入新的发展阶段时，适时作出调整。

从贸易和投资的发展演变看中韩
经济一体化的历史演进[*]

刘 文 郭 婧[**]

从历史发展看，影响中韩经济一体化的因素较多，随着国际局势的变化和经济全球化的发展，这些因素在不断发展变化，影响着两国经济合作的进程。本文试图从中韩贸易和投资的发展演变入手，通过对影响两国贸易和投资发展因素的分析，更深入地理解两国经济一体化的发展动因和制约因素以及发展前景，为区域经济一体化的理论研究提供新的视角。本文遵循巴拉萨对经济一体化的定义，巴拉萨[①]从动态和静态两个方面诠释经济一体化，即经济一体化是一种过程，又是一种状态，各国通过经济往来接触逐步认可，消除彼此经济单位之间的歧视，可以理解为通过这种"过程"所达到的"状态"。更进一步的，"区域经济一体化是状态与过程、手段与目的统一"[②]。

一 中韩贸易的发展演变

（一）"二战"后至 20 世纪 70 年代：民间贸易促进的中韩贸易

1876 年朝鲜与日本签订《朝日通商章程》后，中国商人和士兵进入了朝鲜，自此以后双方开始频繁的民间贸易往来。二战结束后，日本撤出韩国。朝鲜战争爆发，中国的参战，使得韩国国民眼中的中国从以前的朝贡中心国变成了敌国，对中国进行了全面封锁。另一方面，美国驻军韩国，美国用尽各种手段反共反华扶植国民党，韩国成为美国对抗中国的一个砝码。中国与苏联一个阵营，与朝鲜建立友邦关系，中韩中断政治、经济、文化往来 43 年。为了保护不多的民间贸易顺利进行，双方互设贸易代表处以便促进民间贸易的发展，民间贸易主要通过日本、香港进行。

---

[*] 基金项目：教育部人文社科规划课题（13YJAZH056）。

[**] 刘文，山东大学（威海）商学院教授、博士生导师，中华外国经济学说研究会理事；郭婧，山东大学（威海）商学院硕士生。

[①] Bela A. Balassa, 1965, The Theory of Economic Integration. London, George Allen And Unwin LTD: 1.

[②] 孟庆民：《区域经济一体化的概念和机制》，《开发研究》2011 年第 2 期，第 47 页。

（二）20世纪70年代～1999年：中韩建交成为国际合作历史上的"合作典范"

20世纪70年代，中韩关系出现了转机。由于中苏关系恶化，中美关系出现回暖，美国开始主动改善与中国的关系，为中韩关系的解冻提供了催化剂。1972年中日建交与尼克松访华，中国地位的上升引起周边国家的重视，韩国开始重视与中国的外交关系。此时的中国在韩国人眼中敌国的形象开始模糊，"改革楷模"的形象逐渐形成，认为中国不但走出甲午战败国的阴影，而且实现了民族独立与快速发展，并用中国的改革来反思韩国现状。这纠正了"冷战"时期韩国人对中国扭曲的印象，是中韩关系改善的良好开端（白永瑞，2011）。1978年中国改革开放、中美建交两件震撼世界的大事让韩国开始积极寻求与中国的合作之路。同时，韩国内部也发生了变化，全斗焕的下台和1987年新宪法的出台，为中韩两国关系的发展创造了条件。

1979年石油危机是中韩经济关系改善的直接动因。西方国家设置反倾销、出口自律等非贸易壁垒对韩国等新兴国家实施了贸易保护措施，美国因与韩国的贸易逆差增大对韩国施加压力，要求韩国开放农产品和服务业市场。中国先后与日本、美国两大经济强国的建交也加重了韩国的危机感，而中国改革开放后经济发展迅速，开拓中国广大的市场就成为韩国平衡贸易的重要途径，这加快了韩国对中国的经济外交进程。随着中国外交政策的调整及改革开放的需要，中韩关系开始转变。1983年5月11日，中国民航296航班被暴徒卓长仁劫持飞往韩国被美军拦截，韩国主动建议与中国政府谈判而非"台湾政府"，这是韩国向中国表达建立友好外交所递出的橄榄枝。这次劫机事件戏剧性地为中韩接触提供了契机，促进了日后中韩关系的好转，双方都意识到了中韩关系改善的战略意义。

"北方政策"的推行促成了1990年苏联与韩国的建交，这对韩苏双边关系和东北亚地区发展都有重要的战略意义。同年朝鲜半岛南北方进行了总理的双方会谈，朝韩双方局势有所缓解，中国对"北方政策"开始做出回应。为了扫除中国对于"北方政策"推行的最后一个疑虑和障碍，中韩于1992年4月至7月妥善处理了台湾问题，为两国建交创造了条件。1992年8月两国建交，为巩固两国之间的经济关系，双方分别就贸易、投资、技术等签订了协议。1993年，为了进一步完善贸易环境，中韩又在海运、通信、环境使用等方面达成协议。1994年3月，新任韩国总统金泳三访问中国，双方就汽车、飞机、程控交换机、高清晰度电视机以及核电等五大领域的合作进行了协商，这标志着中韩经济合作由投资贸易合作转向产业合作。1994年10月，中国李鹏总理访问韩国，提出中韩经济关系四项原则：平等互利、优势互补、真诚合作、共同发展，当时中国需要引进更多的韩国投资，同时双方在环保、电力方面亟须加强合作。

中韩建交促进了双边贸易。1989年，中韩贸易额为8.9亿美元，中方为贸易顺差国，到1992年，双方贸易额达到50.28亿美元，但中方为贸易逆差2.18亿美元，自此开始了中韩贸易中中方持续的贸易逆差，并且逆差数量越来越大。自1996年起韩国成为中国第四位贸易合作伙伴。然而，中韩建交后双方的互动与发展，使韩国国民认为中国已经迅速成为亚洲均衡势力之一，对中国改革开放的成就肯定而担忧。1995年12月，中国、朝鲜、俄国、韩国和蒙古国在纽约正式签署关于开发图们江地区的三项协定，使东北亚地区国际合作进入一个新的阶段，图们江开发也意味着中韩国际合作的进一步加强。

1998年中国对韩国的出口额同比下降了31.48%，因东南亚危机中人民币不贬值导致中国出口下降，而韩国对中国的出口额与1997年基本持平，由于韩国当年陷入经济危机，大幅度削减了对中国的投资。至2011年中国对韩贸易逆差高达797.9亿美元，建交20年间逆差达4000多亿美元。

中韩两国贸易经历了互补性产业间贸易、垂直型产业内贸易阶段，正在向水平型产业内贸易发展，表明两国经济发展态势和产业结构的变化。韩国对中国进出口产品结构的变化体现了这种发展态势：一次产品的比重波动中呈下降趋势，中间产品的比重虽有下降但一直占较大比重，最终产品的比重总体呈下降趋势。2011年，韩国对中国出口产品排在前五位的是电子零部件（31.2%）、石化产品（16.1%）、矿物燃料（8.2%）、工业电子制品（7.7%）、汽车（6.4%）；进口前五位的是电子零配件（16.3%）、工业电子制品（14.3%）、钢铁制品（14.1%）、纺织品（5.1%）和精密化学品（5.0%）。

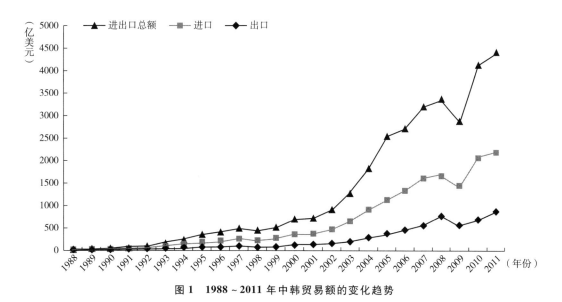

图1　1988～2011年中韩贸易额的变化趋势

注：图中出口：中国向韩国出口；进口：中国向韩国进口。

资料来源：中华人民共和国驻大韩民国大使馆经济商务参赞处，http://kr.mofcom.gov.cn/index.shtml；历年中国《海关统计》。

中韩贸易的高速发展凸显出中国入世后的贸易创造和贸易转移效应，是中国作为"世界加工厂"在外部市场需求基础上创造的。中韩双边产业内贸易的发展也是其对华投资推动的：为降低生产成本，利用中国劳动力成本优势，韩国企业将其劳动密集型的加工、组装环节转移到中国，从母公司或其他子公司进口原材料、零部件，再将完成的半成品和成品销到美日欧，或销回本国。这使中韩贸易形态发生了本质的变化，由于双边贸易中的中间产品——零配件和半成品贸易比重增加，促成产业间贸易向产业内贸易的深度发展。而且，中韩两国作为一体化组织向区外市场提供产品，促成中国对美国贸易顺差的形成和增加，也使两国贸易同时面临外部冲击的风险。2008 年，中韩贸易因美国次贷危机下降16% 即显示了其影响（胡艺、沈铭辉，2012）。

二　中韩投资的发展演变

（一）韩国对中国的投资分析

20 世纪 80 年代中期，韩国企业主要通过日本、香港等地对中国进行投资，在 1988 年中韩关系明朗后，中韩开始有了直接投资，民间投资互动加强，韩国利用其低汇率、低油价和低利率等有利条件大力开拓中国市场。同时，随着韩国与西方国家贸易争端与摩擦的日益增加，韩国不得不调整经济外交策略以降低对西方国家的经济依赖程度。而随着韩国经济结构的优化与升级，中国劳动力成本低，资源丰富，市场广阔，对于韩国经济发展具有吸引力。中韩两国的经济结构互补性强，产品结构的比较优势也比较明显，韩国资金充裕、拥有先进的技术，双方合作可提高国际竞争力。

1. 韩国对华投资的规模分析

截至 2010 年，韩国 FDI 在全球的比重不高，一直低于 1.5%，但韩国对华投资比重较高，而且呈增长趋势。2001～2010 年，平均有 35% 的韩国 FDI 流向了中国，中国已成为韩国第一大海外投资对象国。韩国对华投资从 2001 年的 21.52 亿美元，上升到 2004 年的62.48 亿美元，韩资占所有外资比重跃升至 10.30%。但从 2005 年开始，韩国外商对华投资的绝对额和相对值都呈逐年递减的趋势。到 2010 年，中国实际利用韩国外商投资额下降到 26.92 亿美元，仅占中国利用外商投资额的 2.55%，低于 2001 年韩资的利用比例（见表 1）。

表 1　2001～2010 年韩国 FDI 输出及对华投资

单位：亿美元，%

年份	韩国 FDI 输出	占全球比重	对华投资项目个数	占全国比重	实际使用韩资金额	占全国比重
2001	24.20	0.29	2909	11.13	21.52	4.59
2002	26.17	0.42	4008	11.73	27.21	5.16

续表

年份	韩国 FDI 输出	占全球比重	对华投资项目个数	占全国比重	实际使用韩资金额	占全国比重
2003	34.26	0.61	4920	11.98	44.89	8.39
2004	47.59	0.65	5625	12.88	62.48	10.30
2005	63.59	0.72	6115	13.90	51.68	8.57
2006	111.75	0.80	4262	10.28	39.93	6.07
2007	197.20	0.91	3452	9.12	36.78	4.92
2008	202.51	1.06	2226	8.09	31.35	3.39
2009	171.97	1.47	1669	7.12	27.00	3.00
2010	192.30	1.45	1695	6.18	26.92	2.55

资料来源：中国商务部外国投资管理局，2011 年中国外商投资报告。

从单个项目投资的金额看，2001～2010 年，韩商对华投资单个项目投资金额平均为 224.7 万美元，略低于同期全国外资单项金额 228.3 万美元。而且，从 2007 年之后，韩国对华投资项目单项金额开始低于全国水平，并且这种差距在逐渐增大。但是相比中韩建交初始单个项目金额不足 50 万美元，韩国对华投资项目规模已经有所扩大。

韩国对华投资的减少与其对华贸易的增加有直接关系。研究表明，国际贸易与直接投资具有密切的联系。一方面国际间的直接投资既可以替代也可以促进贸易；另一方面要素流动和商品贸易之间不仅存在替代性而且还存在互补关系，贸易政策的改变在一定的宏观条件下又会成为对外直接投资的重要原因（Robert A. Mundell，1957）。韩国对华投资促进了两国的贸易发展，随着两国贸易发展的深入，替代作用又使韩国对华投资减少。

2. 韩国外商对华投资的行业分布

表 2　2001～2010 年韩国对华直接投资的行业分布情况

单位：亿美元,%

年份	2001	2002	2003	2004	2005	2006	2007	2008	2009	2010
投资金额总计	38.13	46.6	77.8	108.55	89.9	69.4	62.8	52	44.2	44.2
农、林、牧、渔业	1.34	2.94	1.61	1.50	1.33	0.62	0.57	0.42	1.36	0.88
制造业	51.01	50.60	51.36	50.79	51.07	49.48	48.73	48.10	47.46	47.51
农副食品加工业	1.70	3.09	3.03	4.05	4.06	1.21	1.42	2.29	1.45	0.72
纺织业	1.47	2.53	2.98	2.17	2.02	1.54	1.32	1.10	0.88	1.18
纺织服装、鞋、帽业	1.49	4.66	4.95	4.31	4.07	3.96	2.55	2.21	1.27	1.04
皮革、毛皮、羽毛（绒）及其制品业	0.94	1.91	1.94	1.93	1.77	1.25	0.83	0.38	0.27	0.29

续表

年份	2001	2002	2003	2004	2005	2006	2007	2008	2009	2010
化学原料及化学制品业	2.52	3.05	1.85	2.73	2.74	3.31	1.26	1.27	3.80	3.30
塑料制造业	0.92	1.72	2.26	1.76	1.37	0.99	0.65	0.65	0.59	0.45
非金属矿物制品业	1.42	2.04	1.81	1.59	1.72	1.47	1.37	1.87	1.02	1.72
黑色金属冶炼及压延加工业	0.29	1.12	1.59	1.68	0.58	1.30	0.38	0.15	0.27	0.00
金属制品业	0.97	2.90	2.03	1.79	2.25	1.70	1.32	1.96	2.15	1.67
通用设备业	0.87	3.37	3.68	3.48	3.14	1.96	2.36	3.00	1.27	2.01
专用设备业	0.68	2.06	2.10	2.41	2.27	1.53	1.42	1.87	2.06	2.78
交通运输设备业	0.81	1.91	4.05	3.92	4.40	6.51	9.12	13.10	10.99	5.22
电气机械及器材业	1.73	2.10	1.95	2.42	2.60	2.13	1.77	3.17	2.94	4.84
通信设备、计算机及其他电子设备业	4.75	10.11	9.85	8.85	10.05	13.42	17.19	9.52	12.93	17.88
工艺品及其他制造业	25.41	1.33	0.94	1.31	1.45	2.49	1.21	1.23	0.63	1.02
批发和零售业	0.26	0.62	0.50	0.44	0.67	1.17	1.50	1.73	3.75	4.86
房地产业	1.15	1.09	0.76	2.03	0.67	1.51	2.72	3.48	2.60	0.97
租赁和商务服务业	0.26	0.86	0.76	0.83	1.77	2.46	2.32	2.50	2.33	1.65

注：投资金额总计条目的数据单位为亿美元，其他各行业条目的数据单位为%，即各行业投资在总投资中所占的比重。

资料来源：商务部外国投资管理局，商务部投资促进事务局，2011 年中国外商投资报告。

韩国对外投资与对象国的产业优势密切契合，其对华投资的重点行业一直是制造业。对制造业投资绝对量上呈现出波浪式增长趋势：2001 年至 2004 年，投资金额逐年上升，从 19.45 亿美元飙升至 55.13 亿美元；2005 年之后，对制造业投资出现持续下降趋势，至 2010 年制造业投资金额已降至 21.02 亿美元。虽然从相对量上看，韩商在制造业上的投资表现出稳步的减缓趋势，但是，目前制造业仍然是韩国对华投资的重点行业，10 年间平均占所有行业投资比重的 49.61%。同时，韩国加大了对华在电气机械及器材业和通信设备、计算机及其他电子设备业的投资，这两个行业的投资比重也持续上升（见表 2）。2011 年，韩国对中国制造业投资比重又上升，占韩国当年对华投资总额的 77%。

（二）中国对韩国的投资分析

1. 中国对韩国直接投资的规模分析

表3　2001～2012年中国对韩国直接投资

单位：项，万美元

时间	2001	2002	2003	2004	2005	2006	2007	2008	2009	2010	2011	2012
金额	1165	249380	50206	1164760	68414	37887	384131	335481	159607	414177	650768	727052
项	812	442	552	596	672	334	365	389	538	616	404	512

资料来源：韩国知识经济部"外国人投资统计"，http://www.mke.go.kr/。

中韩建交以来，中国对韩国的直接投资不断增长。1999年，中国为了推动出口贸易的发展，加快产业结构的调整，向海外转移国内成熟的技术和产业，提出鼓励有实力的境内企业到海外投资办企业，这一年中国对韩国的直接投资出现迅猛增长。2000年世界经济情况的恶化引起了外国直接投资大幅度减少，中国对韩国直接投资有所下降。2002年中国对韩直接投资慢慢恢复，到了2004年出现中国企业的大型并购（M&A）事件，即上海汽车公司并购韩国双龙汽车公司及京东科技集团公司（BOE）收购韩国TFE-LCD业务部。中国经济的快速发展和综合国力不断增强，为中国企业对外投资奠定了良好的物质基础，与此同时，中国政府鼓励和支持有条件的各类所有制企业对外投资和跨国经营，积极参与经济全球化。2007年，中国对韩国的直接投资处在较高水平。2009年，受金融危机的影响，中国对韩国的直接投资有所下降。2010年以来，随着经济的好转中国对韩国的直接投资又开始增加，2010年的投资额是2001年的356倍（见表3）。

2. 中国对韩国直接投资的行业分布

表4　中国对韩国直接投资的行业分布

单位：项，万美元

时间	农、畜、水产、矿业		制造业		服务业		电、气、水、建筑	
	数量	金额	数量	金额	数量	金额	数量	金额
2004	2	140	47	1219062	543	35179	4	380
2005	5	300	45	28293	620	39572	2	250
2006	5	1614	29	10638	296	25323	2	312
2007	3	164	35	33426	321	350314	4	227
2008	5	383	31	4276	348	330170	4	651
2009	6	745	50	17164	572	139979	9	1719
2010	16	1763	75	310414	516	101144	1	855

资料来源：同表3。

中国对韩国的直接投资集中在服务业和制造业。除2004年和2010年以外，2005年至

2009 年，中国对韩国服务业的投资高于制造业，对农林水畜产业、矿业和水、电等基础设施领域的投资较少。从 2004 年到 2010 年，中国对韩国农林水畜产业、矿业领域的投资从 140 万美元增加到 1763 万美元，增加了 11.59 倍；对水、电等基础设施的投资从 380 万美元增加到 855 美元，增加了 1.25 倍；2004 年对制造业投资最高，为 1219062 万美元，2005 年以后下降，2010 年增加到 310414 万美元，但仍不如 2004 年的投资额；服务业投资从 35179 万美元增加到 101144 万美元，增加了 1.88 倍。

三　中韩 FTA 的探索与构建

中韩自由贸易区谈判，是继中韩建交、中国入世之后对中韩经济关系发展具有标志性意义的第三个重大事件。2004 年 11 月，双方领导人对启动中韩自由贸易区达成共识，树立了官产学的研究信心。2005 年 3 月 21 日，中韩双边自由贸易区民间联合研究启动。2005 年 3 月，双方签署了中韩自由贸易区可行性备忘录，该备忘录的签署预示着中韩自由贸易区谈判的启动，由此，中韩双方就中韩自由贸易区的研究做出了重大的努力。2007 年 3 月进入官产学联合研究阶段，2008 年的金融危机导致研究中断，直到 2010 年 4 月双方才再次确认，继续自由贸易区的研究并签署了备忘录，该备忘录的签署被认为是拉开了中韩自由贸易区的谈判序幕。

2012 年中韩 FTA 加快了进程，两国高密度、频繁的互动使得中韩经济一体化进程开始了"加速度"快跑（见表 5）。

表 5　2012 年中韩 FTA 的进程

时　间	地　点	内　容
5 月 2 日	中国北京	中国商务部长陈德铭与韩国外交通商部部长朴泰镐举行中韩经贸部长会议，并发表了《部长联合声明》，宣布正式启动中韩自由贸易协定谈判。商定在 5 月举行第一轮谈判。
5 月 13 日	中国北京	第五次中日韩领导人会议举行，《中华人民共和国政府、日本国政府及大韩民国政府关于促进、便利和保护投资的协定》（简称"中日韩投资协定"）正式签署。作为中日韩第一个促进和保护三国间投资行为的法律文件和制度安排，该协定的签署将为中日韩 FTA 建设提供重要基础。
5 月 14 日	中国北京	举行自贸区首轮谈判。就货物贸易、服务贸易、投资和其他领域的谈判模式和谈判的范围等具体安排进行了初步商讨。
7 月 3～5 日	韩国济州岛	举行第二轮谈判。双方就货物贸易降税模式、设立工作组和专家组、谈判范围和领域、下一轮谈判安排等议题，深入交换了意见，并就商品、服务、投资等领域的谈判指南进行磋商。
8 月 22～24 日	中国威海	举行第三轮谈判。中韩双方就商品、服务、投资、原产地以及通关和贸易领域的谈判原则进行协商，并就政府采购、知识产权等领域举行专家组会议，围绕技术性问题交换了意见。

续表

时　　间	地　点	内　　容
10月30日～ 11月2日	韩国庆州	举行中韩FTA第4次筹备工作会议，将知识产权领域包含在FTA谈判之中达成了协议。两国决定从第5次工作会议起，在电子商务领域另建工作小组，讨论谈判的基本原则和技术性问题。
11月20日	柬埔寨金边	东亚领导人系列会议期间，中日韩三国经贸部长举行会晤，宣布启动中日韩自贸区谈判。

资料来源：根据中华人民共和国大使馆驻韩国使馆经商处《经贸新闻》、人民网等新闻资料整理。

2013年4月26日至28日，中韩自由贸易区第五轮谈判在中国哈尔滨举行，这是两国新政府上台后首次举行的谈判。双方围绕商品领域的开放程度、非关税壁垒等进行了沟通，在海关程序及贸易便利化、贸易救济、服务贸易、投资、原产地规则、竞争、知识产权、技术性贸易壁垒、卫生和植物卫生措施、政府采购、透明性等领域的谈判基本方针、谈判范围等方面进行了深入探讨，还首次举行了环境领域的专家会议。此次谈判再次显示了中韩双方推进自由贸易区进程的强烈意愿。

四　结论和建议

中韩经济合作的演变过程表明，两国经济一体化的发展是按照巴拉萨所述，从"消极一体化"向"积极一体化"逐步过渡的，两国合作具有坚实的经济基础和客观条件，中韩自贸区构建是两国经济往来的必然要求，对两国的发展和东北亚地位的提升起着不可或缺的作用。自贸区的构建潜力巨大，但两国在农产品贸易、制度构建、投资政策等方面存在的问题影响了两国经济一体化的广度、深度和进度，为此，需要两国在这些问题上共同努力，为经济一体化创造良好条件。

（1）确立中韩双方均可接受的农产品自由贸易安排。韩国的农产品贸易，中国的石化、电子机械、钢铁、造船、汽车等，都是双方十分敏感的领域。在照顾双方敏感领域的前提下达成一个高水平的协定，是中韩FTA构建中面临的严峻任务。为此，可借鉴中国—东盟自由贸易区构建的经验，将农产品分类安排，设定时限，渐进式地推进一体化进程。中国可通过在农产品贸易问题上的酌情让步，换取石化、电子机械、钢铁、造船、汽车等自身敏感领域的有利安排（曾文革、陈晓芳，2012）。

（2）韩国需要针对投资促进条款制定更具体的保障措施。为吸引外资，中国政府自1978年起就对外国企业在投资方式、税收、土地等方面制定了一系列的政策性立法，并采取一系列改善投资环境的政策性措施。2012年5月2日《中日韩投资协定》签订后，中国政府又提出多方面的政策支持。韩国为吸引中国投资亦创造了许多条件，但是，劳动力成本，土地成本，两国不同的经营管理模式，韩国强大的工会组织和文化，中国企业在韩国投资失败的案例，经济的波动以及朝鲜半岛的不稳定因素都可能成为中国企业对韩国投资的障碍。因此，韩国政府针对投资促进条款，制定更具体的保障措施，将是推进中韩

FTA 进程需要关注的一个重要方面。

（3）两国应加强在制度、能力、人力资源培训和技术援助方面的沟通和合作。由于已签订的投资协议"基本上沿袭了美式双边投资协议的高标准"（李国学，2012），主要条款明显"攀高"，这对中国的压力是显而易见的。韩国是准发达国家，人均受教育水平处在世界前列，中国是世界上最大的发展中国家，人力资源丰富，人力资本水平较低[①]，国际化人才稀缺，技术和管理经验不足，政府也需要继续提高政策透明度，对国内政策和经济体制框架进行调整。中韩两国应重视加强在制度建设、能力、人力资源培训和技术援助方面的沟通和合作，以提高双方履行所签协议义务的能力和效率。

（4）两国需要对非生产领域投资进行探讨并做出具体的安排。已签订的投资协议中尚未对医疗、教育、文化等社会服务类型的投资做出界定和安排。因此，两国在医疗、教育、文化等社会服务类型的投资安排方面需进行深入探讨，通过促进两国文化交流和民间往来，构建政治、经济互信互认机制，推动经济一体化的深度发展。

---

① 刘文、黄玉业：《中韩人力资本投资比较研究》，《东北亚论坛》，2011 年第 2 期，第 37～49 页。

虚拟经济与实体经济之间为什么没有联动效应？

——基于三次产业的实证分析[*]

徐丹丹　刘　欢　赵祥汉[**]

一　引言

虚拟资本是马克思在《资本论》中首先提出来的，具体指在借贷资本和银行信用基础上产生的，包括股票、债券、不动产抵押单等。从虚拟经济演化发展角度看，纸币的出现标志着商品价值开始虚拟化，信用制度和股份制建立则标志着资本的虚拟化，随后金融衍生品的诞生和交易标志着虚拟资本的虚拟化，虚拟经济开始作为一个独立的经济形态与实体经济共同构成社会经济活动的两大领域。目前，虚拟经济已从传统的虚拟资本交易活动扩展为通过互联网络等信息技术载体进行的一切虚拟的经济活动。实体经济主要指物质和精神产品的生产、流通、服务等经济活动。一般而言，虚拟经济和实体经济是两个相对独立的经济范畴，二者相互依存，相互制约。一方面，实体经济是虚拟经济产生和发展的基础，其发展能够促进虚拟经济的发展；另一方面，虚拟经济对实体经济的发展也有反作用，可以提高社会资本的配置效率，提高整个经济体系的运行效率，分散实体经济主体的经营风险。但 1997 年以来金融危机在世界范围内不同程度的多次爆发，特别是 2008 年美国次贷危机引发的国际金融危机开始在全球范围内蔓延，很多学者（陈继勇、盛杨怿、周琪，2009；沈悦、闵亮，2009；郑湘明，2013）开始过分强调虚拟经济对实体经济的消极影响，认为虚拟经济过度发展危害了实体经济的稳健运行，但是对如何发展虚拟经济的问题避而不谈。相应的，金融危机之后，中国广义货币供应量余额快速上升，由 2008 年的 47.52 万亿元快速上升到 2012 年的 97.42 万亿元，其中仅 2012 年便新增余额 12.26 万亿元，占全球新增广义货币供应量的 46.7%，有关中国虚拟经济过度发展的观点也甚嚣尘上（盛宏清，2013；黄涛，2013；徐云松，2013）。基于这些现实，本文抛弃了一般意义上的虚拟经济与实体经济量的比较，及由此得出的虚拟经济是否过度的简单结论，而是关注二者关系的实质，即研究虚拟经济与

---

[*]　基金项目：北京市教委科研基地建设—科技创新平台项目（PXM2013_ 014213_ 000031），北京市哲学社会科学规划重点项目（项目编号：12JGA012）。

[**]　徐丹丹，黑龙江七台河人，北京工商大学经济学院教授，经济学博士；刘欢，河北省廊坊人，北京工商大学经济学院硕士研究生；赵祥汉，黑龙江佳木斯人，辽宁大学经济学院本科生。

实体经济协调与偏离的联动效应。

国内有关虚拟经济与实体经济联动效应研究集中在二者背离和互动两个方面。刘骏民、伍超明（2004）和伍超明（2004）分别从股票市场收益率和货币流通速度角度研究了我国虚拟经济与实体经济之间存在背离；吴德礼（2009）发现国际金融危机背景下，我国的虚拟经济和实体经济之间由于互动机制不健全，呈现出背离的趋势。刘金全（2004）和何宜庆（2004）则分别对虚拟经济指标和实体经济指标进行拆分，发现虚拟经济和实体经济之间存在互动关系；进一步的，周莹莹、刘传哲（2011）以虚拟经济中的资本市场和金融衍生品市场为例，证明我国虚拟经济与实体经济之间存在长期的协整关系。还有一些学者研究了虚拟经济和实体经济的单向关系，李正辉（2013）将虚拟经济指标设定为股票市场和房地产市场，发现中国虚拟经济有较为微弱的财富效应，不同虚拟经济形态财富效应具有差异性；杨玲（2011）运用 VAR 模型发现实体经济内部以及实体经济与虚拟经济之间存在相关性，虚拟经济主要依托实体经济的发展；董俊华（2011）选取了股票市值和国内生产总值分别作为虚拟经济和实体经济的衡量指标，采用 1992～2008 年的年度数据，对二者关系进行格兰杰因果检验，只证明了实体经济增长是虚拟经济增长的格兰杰原因。

国外有关研究发现，不同国家虚拟经济发展程度不同，其与实体经济的联动效应也不一样，虚拟经济越发达，对实体经济的支持作用越明显；而国内对虚拟经济与实体经济联动关系的研究自 1997 年以来发展较快，研究成果也较为丰富，但由于指标选取和研究角度的差别，对于中国虚拟经济与实体经济二者关系的研究结论并不一致。

值得注意的是，中国资本市场尚不发达，企业融资较多采用间接融资方式，而现有文献多选取股票市场总值、股票市场成交额、证券投资基金成交额、商品期货成交额等作为虚拟经济衡量指标，这些指标不能客观全面反映我国虚拟经济发展状态，特别是在中国广义货币供应量是否超发引起学者广泛关注，其与实体经济之间的相互影响已成为研究焦点的背景下，虚拟经济的衡量指标确定需要思考。同时现有实体经济的衡量指标通常选用国内生产总值（GDP）、工业增加值等，这些指标又不能细化中国虚拟经济和实体经济发展的联动效应。基于此，本文选取马歇尔 K 值（M2/GDP）和三次产业与国内生产总值比值作为虚拟经济和实体经济的衡量指标，力图研究基于货币供应量的虚拟经济与实体经济之间缺乏联动效应的原因。

二 中国虚拟经济与实体经济发展现状

（一）虚拟经济发展迅速

马歇尔 K 值，具体为本国的广义货币供应量（M2）余额与本国的国内生产总值（GDP）比值（M2/GDP）。1997～2012 年，中国的马歇尔 K 值从 1.15 上升到了 1.88，尤其是 2009 年，因为金融危机的爆发，中国实行适度宽松的货币政策，马歇尔 K 值从 2008

年的 1.51 快速上涨到了 2009 年的 1.78，并在随后几年依然保持了持续的增长。

值得注意的是，2012 年末中国 M2 余额为 97.42 万亿元，接近全球货币供应总量的 25%。为了更加明确中国虚拟经济发展现状，本文将中国与世界其他各国的马歇尔 K 值进行横向对比。

通过不同国家马歇尔 K 值的横向对比，我们发现 2012 年中国的马歇尔 K 值仅低于韩国，高于美国、日本、英国等发达国家，也高于巴西、俄罗斯等新兴市场经济国家。可见，近年来中国虚拟经济发展迅速。

（二） 实体经济稳定增长

本文将国内生产总值按照三次产业进行划分，选取三次产业与国内生产总值比值作为实体经济衡量指标。

1997 年中国国内生产总值（GDP）总量为 7.9 万亿元人民币，2012 年达到 51.9 万亿元人民币，增长了 5.57 倍。分产业来看，1997 年我国的第一产业、第二产业和第三产业的国内生产总值分别为 1.44 万亿元、3.75 万亿元和 2.70 万亿元，分别占国内生产总值的 18.3%、47.5% 和 34.2%；2012 年分别达到 5.24 万亿元、23.53 万亿元和 23.16 万亿元，占国内生产总值的比例达到 10.1%、45.3% 和 44.6%。可见，1997～2012 年中国三次产业的国内生产总值占比变化很大，其中第一产业的占比由 18.3% 下降到了 10.1%；第二产业的占比从 47.5% 微降到 45.3%，相对比较稳定，第三产业占比上升较快，从 34.2% 提高到了 44.6%，但是依然没有超过第二产业。

通过上述数据可以看出，1997 年亚洲金融危机爆发后，中国经济依然保持了较快的发展速度，以国内生产总值为代表的各项实体经济指标稳定增长。到 2012 年，中国国内生产总值已经跃居世界第二位。同时中国的广义货币供应量（M2）余额也快速上升，相应的，虚拟经济衡量指标马歇尔 K 值也上升较快。但二者增长中的互动贡献如何呢？为此，本文建立了虚拟经济与实体经济实证模型，分析虚拟经济与实体经济之间是否存在联动效应。

三 虚拟经济与实体经济联动效应的实证分析

（一） 样本数据选取

1997 年亚洲金融危机爆发，正是以这次危机为契机，中国有关虚拟经济的研究开始活跃起来。本文将样本数据时间起始点设为 1998 年，观察亚洲金融危机之后中国虚拟经济与实体经济联动效应，样本观察的时间区间为 1998～2012 年。实证分析中，选取马歇尔 K 值（M2/GDP）作为虚拟经济衡量指标，中国国内生产总值按照三次产业进行分类，将第一产业、第二产业和第三产业与国内生产总值（GDP）比值作为实体经济衡量指标，研究中国虚拟经济与三次产业之间的互动关系，其中虚拟经济衡量指标（马歇尔 K 值）记为 K，第一产业与国内生产总值比值记为 $PGDP$，第二产业与国内生产总值比值记为 $SGDP$，第三产业与国内生产总值比值记为 $TGDP$，如表 1 所示。

表 1　变量符号及定义

变量符号	变量名称	变量定义
K	马歇尔 K 值	广义货币供应量与国内生产总值比值
DK	马歇尔 K 值一阶差分	
$PGDP$	第一产业	第一产业占国内生产总值份额
$SGDP$	第二产业	第二产业占国内生产总值份额
$DSGDP$	第二产业一阶差分	
$TGDP$	第三产业	第三产业占国内生产总值份额
$DTGDP$	第三产业一阶差分	

（二）样本数据分析

1. 单位根检验

由于所要研究的变量是时间序列数据，而时间序列数据会出现非平稳现象，故需对所选数据进行平稳性检验。本文采用 ADF 单位根检验方法对数据进行平稳性检验，检验结果如表 2 所示。

表 2　变量的 ADF 单位根检验结果

变量名称	检验形式 (C, T, P)	ADF	1%	5%	10%	P 值	结　论
K	$(Y, N, 2)$	-1.1330	-4.0044	-3.0989	-2.6904	0.6709	不平稳
DK	$(Y, N, 2)$	-3.3726**	-4.0579	-3.1199	-2.7011	0.0326	平　稳
$PGDP$	$(Y, N, 2)$	-3.0791*	-4.0044	-3.0989	-2.6904	0.0517	平　稳
$SGDP$	$(Y, N, 1)$	-1.1419	-4.0044	-3.0989	-2.6904	0.5427	不平稳
$DSGDP$	$(Y, N, 2)$	-3.0014*	-4.0579	-3.1199	-2.7011	0.0610	平　稳
$TGDP$	$(Y, N, 2)$	-1.8423	-4.0044	-3.0989	-2.6904	0.3469	不平稳
$DTGDP$	$(Y, N, 2)$	-2.8562*	-4.0579	-3.1199	-2.7011	0.0776	平　稳

注：（1）***、**、* 分别代表变量差分后的序列在 1%、5% 和 10% 的水平上显著。

（2）检验形式（C，T，P）中的 C、T、P 分别代表单位根检验方程中包含的常数项、时间项和滞后阶数。

资料来源：Eviews 6.0 软件输出结果。

由表 2 变量的 ADF 单位根检验结果可知，K 和 $PGDP$、$SGDP$、$TGDP$ 分别为马歇尔 K 值以及第一产业、第二产业和第三产业与国内生产总值（GDP）比值的变量符号，DK、$DSGDP$ 和 $DTGDP$ 分别为马歇尔 K 值、第二产业和第三产业的一阶差分变量符号。$PGDP$ 的 ADF 值为 -3.079，在 10% 水平上为平稳序列，不需要进行差分；K 和 $SGDP$、$TGDP$ 都是非平稳序列。我们对上述三个变量进行一阶差分后，再进行 ADF 检验，发现三者均是一阶单整序列，DK 在 5% 水平上显著，$DSGDP$ 和 $DTGDP$ 均在 10% 水平上显著。

2. 协整检验

由进行协整检验条件可知，K 和 $PGDP$ 的稳定性不同阶，因此不能进行协整检验，而 K 与 $SGDP$、$TGDP$ 同阶单整，可以进行协整检验。

首先，运用 E－G 两步法，分别将 $SGDP$、$TGDP$ 与 K 构成的回归模型的残差序列进行单位根检验，结果如表 3 所示。

表 3 残差的 ADF 单位根检验结果

变量名称	差分次数	检验形式 (C, T, P)	ADF	1%	5%	10%	P 值	结论
$E2$	0	$(N, N, 2)$	-3.5708***	-2.7719	-1.9740	-1.6029	0.0019	平稳
$E3$	0	$(N, N, 2)$	-3.5837***	-2.7719	-1.9740	-1.6029	0.0019	平稳

注：（1）$E2$ 和 $E3$ 分别为 $SGDP$ 和 $TGDP$ 与马歇尔 K 值（K）回归后的残差序列；
（2）***、**、* 分别代表变量差分后的序列在 1%、5% 和 10% 的水平上显著；
（3）检验形式（C, T, P）中的 C、T、P 分别代表单位根检验方程中包含的常数项、时间项和滞后阶数。
资料来源：Eviews 6.0 软件输出结果。

可以看到，$E2$ 的 ADF 检验统计量为 -3.75 在 1% 水平上显著，表明 $E2$ 残差序列是平稳的；$E3$ 的 ADF 检验统计量在 1% 水平上显著，表明 $E3$ 残差序列也是平稳的，可知，K 与 $SGDP$、$TGDP$ 之间存在协整关系。

为了进一步验证虚拟经济与第二产业和第三产业之间的协整关系，我们采用 Johansen 协整检验。通过 VAR 滞后阶数选取，确定虚拟经济与第二产业之间的最优滞后阶数为滞后 3 阶，虚拟经济与第三产业之间的最优滞后阶数为滞后 2 阶。检验结果如表 4 和表 5 所示。

表 4 虚拟经济与第二产业的 Johansen 协整检验结果

原假设（特征向量个数）	特征根	迹统计量	0.05 临界值	P 值**
None*	0.8524	21.0525	15.4947	0.0065
At most 1	0.0004	0.0043	3.8415	0.9465

注：在 5% 显著水平下有一个协整关系；* 表示在 5% 显著性水平下拒绝原假设。
资料来源：Eviews 6.0 软件输出结果。

表5 虚拟经济与第三产业的 Johansen 协整检验结果

原假设（特征向量个数）	特征根	迹统计量	0.05 临界值	P 值**
None*	0.7937	19.0188	15.4947	0.0141
At most 1	0.0064	0.0770	3.8415	0.7814

注：在5%显著水平下有一个协整关系；* 表示在5%显著性水平下拒绝原假设。

资料来源：Eviews 6.0 软件输出结果。

由表4和表5的检验结果可以看出，马歇尔 K 值与第二产业和第三产业之间分别在3阶滞后和2阶滞后的条件下存在一个长期的协整关系，但不能确定相互之间的影响方向。所以，我们需要进行虚拟经济与第二产业和第三产业之间的 Granger 因果检验。

3. Granger 因果检验

由协整检验可知，虚拟经济指标马歇尔 K 值与实体经济指标第二产业与国内生产总值比值和第三产业与国内生产总值比值之间存在长期协整关系，但虚拟经济与第二、第三产业之间的因果关系并不确定，因此需要进行 Granger 因果检验，确定变量之间的因果关系。

表6 Granger 因果检验

原假设	滞后期	F 统计量	P 值	结论
第二产业不是马歇尔 K 值的格兰杰原因	2	4.5152*	0.0550	拒绝
马歇尔 K 值不是第二产业的格兰杰原因	2	0.8665	0.4611	接受
第三产业不是马歇尔 K 值的格兰杰原因	2	3.4915*	0.0888	拒绝
马歇尔 K 值不是第三产业的格兰杰原因	2	1.5621	0.2748	接受

注：***、**、*分别代表变量差分后的序列在1%、5%和10%的水平上显著。

资料来源：Eviews 6.0 软件输出结果。

由表6的检验结果可以看出，Granger 因果检验分别在10%水平上拒绝了"第二产业不是马歇尔 K 值的格兰杰原因"和"第三产业不是马歇尔 K 值的格兰杰原因"两个假设，其余假设接受。表明第二产业和第三产业的变化会对虚拟经济（K）产生影响。由此可以得出结论，虚拟经济对实体经济的影响并不明显，而实体经济会对虚拟经济的发展产生作用，具体来说，第二产业和第三产业是虚拟经济发展的 Granger 原因，所以，我们分别建立虚拟经济与第二产业和第三产业的 VAR 模型，进一步研究二者关系。

（三）虚拟经济与第二、第三产业 VAR 模型

VAR 模型是将系统中每个内生变量作为系统中所有内生变量的滞后值的函数来建立模型，它经常用于预测相互联系的时间序列系统以及分析随机扰动对变量系统的动态冲击，从而解释各种冲击对内生变量的影响。

为了进一步研究第二产业和第三产业对虚拟经济的影响，我们采用时间序列 DK 与 DSGDP 和 DTGDP 分别建立 VAR 模型，根据 AIC 和 SC 最小原则确定 DK 与 DSGDP 的最优

滞后区间为一阶到三阶，DK 与 $DTGDP$ 的最优滞后区间为一阶到一阶，将 K 作为内生变量，采用最小二乘法进行估计，模型设定如下：

$$DK_t = \alpha + \beta_1^* DK_{t-1} + \beta_2^* DK_{t-2} + \beta_3^* DK_{t-3} + \beta_4^* DSGDP_{t-1} + \beta_5^* DSGDP_{t-2} + \beta_6^* DSGDP_{t-3} + \varepsilon$$

（模型 1）

$$DK_t = \alpha + \beta_1^* DK_{t-1} + \beta_2^* DK_{t-2} + \beta_3^* DK_{t-1} + \beta_4^* DSGDP_{t-2} + \varepsilon$$

（模型 2）

表 7　虚拟经济与第二产业和第三产业的 VAR 模型回归结果

模型 1：虚拟经济与第二产业 VAR 模型

因变量：DK	系数	T 值
C	0.1254 ***	2.8145
DK_{t-1}	− 0.7135 *	− 1.8065
DK_{t-2}	− 0.8441 ***	− 2.6379
DK_{t-3}	− 0.1626	− 0.4519
$DSGDP_{t-1}$	− 4.1467	− 1.2235
$DSGDP_{t-2}$	− 11.4241 ***	− 3.0493
$DSGDP_{t-3}$	− 7.4337	− 1.4649
$R-square$	0.7716	
$Adjusted\ R-square$	0.4291	
F	2.2528	
AIC	− 2.2160	
SC	− 1.9628	

模型 2：虚拟经济与第三产业 VAR 模型

因变量：DK	系数	T 值
C	0.0456	1.5281
DK_{t-1}	0.1749	0.5765
DK_{t-2}	− 0.9104 ***	− 2.6798
$DTGDP_{t-1}$	− 5.1493	− 1.2901
$DTGDP_{t-2}$	9.7700 ***	3.6973
$R-square$	0.5575	
$Adjusted\ R-square$	0.3047	
F	2.2052	
AIC	− 2.0571	
SC	− 1.8551	

注：（1）***、**、* 分别代表变量在 1%、5% 和 10% 的水平上显著；
（2）AIC 和 SC 分别为赤池信息量准则和施瓦尔茨信息量准则。
资料来源：Eviews 6.0 软件输出结果。

表 7 中模型 1 回归结果显示，DSGDPt – 2 对虚拟经济的影响显著为负，表明在短期第二产业的发展不利于虚拟经济的成长，DSGDPt – 1 和 DSGDPt – 3 的系数也为负，但是不显著，表明在长期第二产业对虚拟经济发展的影响不确定。

表 7 中模型 2 回归结果显示，DTGDPt – 1 的系数为负，但是不显著，DTGDPt – 2 的系数显著为正，表明在长期第三产业的发展对虚拟经济有促进作用。

（四）脉冲响应函数分析

由协整检验可知，虚拟经济与第二产业和第三产业之间存在长期均衡关系，但在短期可能受到各种随机干扰，变量可能暂时偏离均衡状态，为了分析变量的单位变化对虚拟经济的扰动，我们分别进行虚拟经济与第二、第三产业的脉冲响应函数分析。

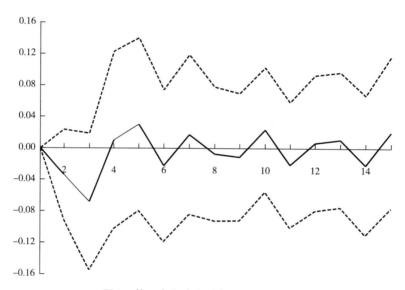

图 1　第二产业冲击对虚拟经济的影响

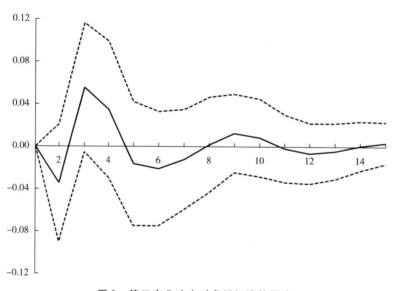

图 2　第三产业冲击对虚拟经济的影响

图 1 显示了第二产业的一个标准差冲击对虚拟经济的影响。当本期给第二产业　个标准差冲击后，虚拟经济迅速下降，在第 3 期达到最低点，在之后几期有所上升，并呈现出平稳拨动的特点。

图 2 显示了第三产业的一个标准差冲击对虚拟经济的影响，当本期给第三产业一个标准差冲击后，虚拟经济在起初有所下降，但是从第 3 期开始上升，并在当期达到最高点，从第 4 期开始，第三产业对虚拟经济的冲击开始变得平缓，在经历了第 5 期到第 10 期的小幅波动后，第三产业对虚拟经济的影响在样本期末变得平缓。

（五）方差分解

通过脉冲响应函数可以得出第二产业和第三产业对虚拟经济产生的效应，但是不能得出对其变动的贡献率，因此我们采用方差分解进一步研究。

表 8　第二产业对虚拟经济变动贡献率

Period	S. E.	DK	DSGDP
1	0.070124	100.0000	0.000000
2	0.101203	88.69373	11.30627
3	0.144482	72.18215	27.81785
4	0.144857	71.82918	28.17082
5	0.149438	69.43097	30.56903
6	0.151351	68.04271	31.95729
7	0.152428	67.21148	32.78852
8	0.152677	67.09230	32.90770
9	0.153144	66.76604	33.23396
10	0.154957	65.21846	34.78154
11	0.156386	64.03183	35.96817
12	0.156535	63.92122	36.07878
13	0.156927	63.63439	36.36561
14	0.158423	62.45846	37.54154
15	0.159707	61.45859	38.54141

Cholesky　Ordering：　DK　DSGDP

观察表 8 我们发现，第二产业对虚拟经济在期初并没有影响，但是随着时间推移，第二产业对虚拟经济变动的贡献率从第 2 期开始逐渐显现，在第 5 期上升到 30% 左右，之后几期的贡献率上升平缓，并最终稳定在38%的水平上。

表9 第三产业对虚拟经济变动贡献率

Period	S. E.	DK	DTGDP
1	0.074670	100.0000	0.000000
2	0.083342	82.75103	17.24897
3	0.100555	57.66668	42.33332
4	0.106434	51.52114	48.47886
5	0.108198	50.79693	49.20307
6	0.110242	48.95647	51.04353
7	0.111240	48.63804	51.36196
8	0.111291	48.66174	51.33826
9	0.111999	48.06724	51.93276
10	0.112351	47.84398	52.15602
11	0.112385	47.85096	52.14904
12	0.112572	47.69489	52.30511
13	0.112672	47.63894	52.36106
14	0.112679	47.64285	52.35715
15	0.112732	47.59864	52.40136

Cholesky Ordering: DK DSGDP

分析表9我们发现，第三产业对虚拟经济在期初并没有影响，但是随着时间推移，第三产业对虚拟经济变动的贡献率从第2期开始逐渐显现，在第10期上升到52%左右，但最终稳定在这一水平上。

通过对样本数据进行实证检验，我们将虚拟经济衡量指标马歇尔K值与第二产业和第三产业衡量指标分别建立VAR模型，并进行脉冲响应函数分析和方差分解。我们最终发现：第一产业与虚拟经济发展不相关；第二产业在短期对虚拟经济有负向影响，而在长期对虚拟经济的影响不确定，给第二产业一个标准差冲击，在短期会导致虚拟经济的下滑；第三产业对虚拟经济在期初并没有影响，但是随着时间推移，第三产业对虚拟经济变动的贡献率有所上升，但最终稳定在一个水平上。因此可以推断中国的虚拟经济与实体经济的联动支持效应不足。

四 虚拟经济与实体经济缺乏联动效应原因探析

2012年中国广义货币余额M2公布后，中国是否存在"货币超发"在坊间引起极大争论。本文通过实证研究，跳出了"货币是否超发"这一争论，将研究的关注点放在虚拟经济与实体经济的联动效应上，但是经过实证研究我们发现：实体经济对虚拟经济有一定影响，但虚拟经济却不是实体经济变动的原因。这种实体经济和虚拟经济之间缺乏联动效应的原因，我们认为主要有以下几点：

（1）经济的货币化进程。随着中国市场经济范围的不断扩展，中国经济的货币化进程也相应深化。经济改革和开放产生了吸纳超额货币的新的经济领域，股票市场和房地产市场的不断扩容对货币供给提出了更高的需求，2008年金融危机后，政府的反危机公共干预更是加速了中国经济的货币化。但是值得注意的是，高额的货币供应量多滞留在金融系统内空转，资金使用效率低下，难以形成对实体经济发展的支撑。

（2）金融市场尚不发达。有关虚拟经济过度发展的认识源于中国货币供应量较高，其形成的一个重要的原因在于间接融资是中国企业的主要融资方式，为了满足企业资金需求和社会发展需要，央行持续发行货币。观察我国的经济形势便可以发现，欠发达的中西部地区与东部地区相比，尚处于流动性匮乏状态，银行倾向于向央企等大型企业发放贷款，中小企业及农村地区依然面临较高的融资约束，金融资源在地区和企业间的配置失衡，使我国尚不发达的金融市场难以形成对实体经济发展的有效支撑，这是虚拟经济与实体经济联动效应不足的第二个原因。

（3）外汇占款导致货币政策有效性下降。中国实行固定汇率制度，在我国对外贸易顺差的大背景下，央行为了维持汇率稳定，在外汇市场买入外汇，增加在本国市场的货币投放，这是我国虚拟经济指标马歇尔K值较高的原因之一。可以认为，中国虚拟经济的发展并不是源于实体经济的内在需求，而是源于本国的货币管理制度。固定汇率制度导致外汇占款现象存在，货币政策的有效性被削弱，这是虚拟经济与实体经济缺乏联动效应的第三个原因。

五　结论与建议

（一）结论

本文基于三次产业进行虚拟经济与实体经济联动效应的实证研究，能够得出以下结论：

（1）中国当前虚拟经济与实体经济没有联动效应，第一产业与虚拟经济发展不相关；第二产业在短期对虚拟经济有负向影响，在长期对虚拟经济的影响不确定，而且给第二产业一个标准差冲击，在短期会导致虚拟经济的下滑；第三产业对虚拟经济在期初并没有影响，但是随着时间推移，第三产业对虚拟经济变动的贡献率有所上升，但不持续。

（2）我国当前虚拟经济与实体经济缺乏联动效应的原因在于经济的货币化进程不断深入，高额的货币供应量多滞留在金融系统内空转；金融市场尚不发达，间接融资是中国企业的主要融资方式，金融资源在地区和企业间的配置失衡，使我国尚不发达的金融市场难以形成对实体经济发展的有效支撑；固定汇率制度下外汇占款导致货币政策有效性下降，等等。

3. 中国当前的问题不是虚拟经济发展过度，而是货币资金的利用效率较低。因此，中国的主要问题不是控制货币超发，而是如何激活货币存量。

（二）政策建议

（1）完善三大金融市场，促进虚拟经济服务实体经济功能的发挥。通过实证分析我们发现，中国当前的问题不是虚拟经济是否过度，而是对实体经济支持效应如何发挥。为了实现虚拟经济与实体经济联动效应，我国一是要进行货币市场传导机制改革，加快利率市场化的步伐，增强其对实体经济的流动性供给；二是要丰富保险市场的资金投资渠道，保险资金过去过多投资在国债和储蓄存款市场，未来应进一步放松保险资金进入实体经济的管制，扩大提高其进入实体经济的规模、比例，强化保险市场对实体经济的保险、保障功能；三是要建立多层次资本市场，为实体经济提供多种股权资金，完善企业资本结构，降低资产负债率，驱动企业的融资方式从间接融资向直接融资转变。

（2）重视产业结构的调整和升级，发挥实体经济对虚拟经济发展的支撑作用。本文通过实证分析证明了第一产业与虚拟经济发展不相关；针对第二产业在短期对虚拟经济有负向影响，而在长期其对虚拟经济发展的影响却不确定，可以注重第二产业的结构升级和科技含量的提高，同时综合利用税收、法律等手段为符合我国产业发展方向的企业营造良好的外部环境，实现第二产业的发展壮大和长期可持续发展，这样才能增加其反哺虚拟经济的能力；针对第三产业对虚拟经济在期初并没有影响，以及长期贡献率不持续的问题，我们应该鼓励现代的生产服务业、消费性服务业和社会公共服务业等科技含量高的新兴第三产业发展，同时强化对第三产业发展的政策引导和扶持，以实现其对虚拟经济具有的长期推动作用。

（3）实现虚拟经济与实体经济良性互动。从长期来看，实体经济的不断发展是虚拟经济发展的有效支撑，虚拟经济繁荣也会促进实体经济的进一步发展。具体说来，一方面虚拟经济应避免只追求其自身利益，放弃对实体经济的支持贡献；另一方面实体经济应提高发展质量，增强对虚拟经济的回报。同时，要加强对虚拟经济发展的监管与约束，维护我国经济发展的稳定性和持续性。

参考文献

[1] 陈继勇、盛杨怿、周琪：《解读美国金融危机——基于实体经济的视角》，《经济评论》，2009 年第 2 期。

[2] 董俊华：《虚拟经济与实体经济关系实证研究》，《中南民族大学学报》（人文社会科学版）2011 年第

? 期。

[3] 何宜庆、王浣尘:《虚拟经济对我国二元实体经济影响的实证分析》,《中国软科学》2004 年第 1 期。

[4] 《货币是否超发?》,《中国农村金融》2013 年第 8 期。

[5] 李钢、廖建辉、向奕霓:《中国产业升级的方向与路径——中国第二产业占 GDP 的比例过高了吗》,《中国工业经济》2011 年第 10 期。

[6] 李凯:《我国第二产业发展及投资结构现状分析》,《特区经济》2012 年第 5 期。

[7] 李正辉、刘畅、王易涵:《中国虚拟经济的财富效应研究》,《统计与决策》2013 年第 2 期。

[8] 刘金全:《虚拟经济与实体经济之间关联性的计量检验》,《中国社会科学》2004 年第 4 期。

[9] 刘骏民,伍超明:《虚拟经济与实体经济关系模型——对我国当前股市与实体经济关系的一种解释》,《经济研究》2004 年第 4 期。

[10] 刘明志:《货币供应量和利率作为货币政策中介目标的适用性》,《金融研究》2006 年第 1 期。

[11] 刘颖:《浅析人民币货币超发对我国宏观经济的影响》,《新西部》(理论版) 2013 年第 7 期。

[12] 马克思:《资本论》(第 3 卷),人民出版社,1975。

[13] 沈悦、闵亮:《金融危机传染性、银行稳定与实体经济免疫力关系探析》,《陕西师范大学学报》(哲学社会科学版) 2009 年第 5 期。

[14] 王爱俭、陈杰:《资本市场效率视角:中国虚拟经济规模适度性研究》,《现代财经》(天津财经大学学报) 2006 年第 9 期。

[15] 伍超明:《货币流通速度的再认识——对中国 1993 ~ 2003 年虚拟经济与实体经济关系的分析》,《经济研究》2004 年第 9 期。

[16] 吴德礼、李惠彬、徐仕政:《国际金融危机背景下我国虚拟经济与实体经济发展问题研究》,《南方金融》2009 年第 8 期。

[17] 吴晓求:《中国资本市场未来 10 年发展的战略目标与政策重心》,《中国人民大学学报》2012 年第 2 期。

[18] 徐云松:《货币超发:原因探析与实证检验》,《经济与管理》2013 年第 3 期。

[19] 杨玲:《实体经济与虚拟经济价值体系关联度——基于中美两国虚实经济体实证分析》,《经济管理》2011 年第 2 期。

[20] 张涛:《中国货币化进程行至拐点》,《经济观察报》2012 年 9 月 24 日。

[21] 郑湘明:《论我国实体经济的持续健康发展》,《中央财经大学学报》2013 年第 5 期。

[22] 周莹莹、刘传哲:《我国虚拟经济与实体经济的联动效应——基于资本市场、金融衍生品市场与实体经济数据的实证研究》,《山西财经大学学报》2011 年第 5 期。

[23] Georgia G. Gregoriou, Stephen J. Gotts, Huihui Zhou, Robert Desimone, High - Frequency, Long - Range Coupling Between Prefrontal and Visual Cortex During Attention: Science Magazine, 2009: 1207 - 1210.

[24] T Gehrig, L Menkhoff, The use of flow analysis in foreign exchange: exploratory evidence, Journal of International Money and Finance, 2004: 573 - 594.

[25] CEV Borio, N Kennedy, SD Prowse, Exploring aggregate asset price fluctuations across countries: measurement, determinants and monetary policy implications, 1994.

[26] Greta R. Krippner, The financialization of the American economy: Journal of professions and Organization, 2005: 173 - 208.

[27] Guttmann Robert, How Credit - Money Shapes the Economy. Armonk:M. E. Sharpe, 1994.

资本的全球扩张、剩余榨取与依附性发展

——依附学派对世界经济不平衡发展的研究

黎贵才　王碧英[*]

一　从贸易依附到金融、技术依附：拉美学派对依附理论的发展

依附理论的进一步发展，不仅是出于对拉美经济委员会的观点和政策主张局限性的一种反映，也是对主流经济学家罗斯托在《经济增长的各阶段》一书中所提出的发展观点和对国际货币基金组织和货币主义新古典观点及政策主张的一种激进反映。根据帕尔马（G. Palma）的观点，拉美依附论经过发展演变为三个主要流派：一是以福塔多（Furta-do）、桑克尔（Sunkel）为代表的依附论，他们主要将依附归因于外围国家（或地区）内部存在的问题，并试图重构理论来克服拉美经济委员会分析的局限性；二是以弗兰克（Frank）为代表，并由桑多斯（Santos）等人继承和发展的依附论，他们否定拉美资本主义发展的可能性，认为资本主义导致了"不发达的发展"；三是以卡多索和法勒多（Cardos and Faletto）为代表的依附论，他们承认外围国家在依附条件下资本主义发展的可能性，而他们的分析主要集中在拉美依附的具体形式上。[①]

1. 以福塔多、桑克尔为代表的"停滞主义"的依附论流派

巴西经济学家福塔多曾是拉美经济委员会较为激进的学者中最有影响的一位。他曾对巴西20世纪50年代经济快速增长表现出相当的乐观，但后来成为60年代停滞主义观点的主要支持者。

福塔多从经济增长的驱动角度对中心与外围国家进行了对比分析。福塔多认为，在发达资本主义国家，大众消费是构成本地产品市场需求的主要来源，并以消费诱导投资，实现消费与投资的相互促进，这种良性互动构成了发达资本主义国家经济持续增长的基础。但在外围国家，消费与投资的这种相互促进的基础并不存在。福塔多认为，由于杜森伯里的"示范效应"，外围国家中高收入群体，出于对发达资本主义国家消费模式的模仿，倾向于购买中高端进口产品和国内相应的进口替代产品，他们的消费——而不是大众消

* 黎贵才，吉林财经大学马克思主义经济学研究中心副教授，硕士生导师，主要从事马克思主义经济学研究。王碧英，长春职业技术学院图书馆讲师，主要从事比较经济学研究。

① G. Palma, Dependency: A Formal Theory of Underdevelopment or a Methodology for the Analysis of Concrete Situations of Underdevelopment? World Development, 1978, 6.

费——构成了拉美国家进口替代发展战略的国内主要市场需求来源。而生产进口替代工业产品所需要的进口技术具有资金密集的倾向，因此工业增长逐渐具有资本密集的特征，这种增长模式加剧了收入和资本的集中，导致大部分人口的边缘化。①

福塔多认为，正是这种消费方式与传统社会结构（建立于殖民主义统治时期）的结合，决定了拉美国家进口替代工业化的发展进程和与发达国家间的"中心依附机制"。福塔多发现，拉美经济委员会的进口替代战略不仅没有减少反而增加了对外国的依附，因为奢侈消费品的进口被更加需要的中间产品、资本货物以及技术的进口所替代，同时也加重了对初级产品出口的依赖，因为它们是增加进口所需的外汇收入的主要来源。福塔多认为，进口替代工业部门与国内传统经济部门生产技术上的差异，是造成外围国家收入分配恶化和对外国依附的重要原因，因此，福塔多特别强调需加强经济结构改革，以使现代技术能够尽快地渗透到所有生产部门，从而改善收入分配状况和减少边缘化。福塔多还强调需提高外围国家的自主程度，特别是一定程度上的技术自主，以摆脱依附。②

智利经济学家桑克尔进一步分析了依附形成的其他四种机制：一是因保留传统社会结构而出现传统农业的停滞，粮食进口越来越多，出口增长缓慢，贸易失衡加剧；二是出口商品持续高度集中，经济结构失衡成为常态；三是随着进口替代工业化进程的推进，对外国技术和外国资本依赖日益严重；四是公共部门扩张性财政造成预算赤字不断增加，由于政府开支过度依赖出口税，但税收不足以维持政府高支出，诱发外债不断上升。桑克尔指出，"正是由于不得不求助于外国资金，导致了依附态势"。③桑克尔由于看到拉美国家对对外关系的高度依赖，同福塔多一样，强调发展民族经济来改变这种"中心—外围"格局。他特别强调发展农业、提高农业生产率的重要性。

桑克尔认为跨国公司是造成拉美国家依附和不发达的直接原因。他把世界经济的"中心"定义为包括不发达国家的"现代"部门和发达资本主义大部分经济部门的"跨国资本主义"，而把"外围"（或"边缘"）定义为包括工业化国家的一些落后部门和不发达国家中那些停滞或边缘化的部门。可见，桑克尔的分析打破了国家界限，在他的分析框架中，中心体制是跨国公司，他认为一国之内和国家之间都会产生两极分化。④不过，桑克尔和福塔多都相信，制定有效的经济发展战略，特别是通过扩大出口和推进区域经济一体化，可以增强拉美经济的自主性。

2. 以弗兰克、桑托斯为代表的"不发达的发展"的依附论流派

美籍德国经济学家弗兰克长期致力于研究拉丁美洲的社会经济发展问题，是西方依附

---

① C. Furtado, Development and Underdevelopment. Berkeley：University of California Press, 1964, pp. 21 – 78.

② C. Furtado, Development and Underdevelopment. Berkeley：University of California Press, 1964, pp. 78 – 182.

③ O. Sunkel, National Development Policy and External Dependency in Latin America. Journal of Development Studies, 1969, 1（1）, p. 31.

④ O. Sunkel, National Development Policy and External Dependency in Latin America. Journal of Development Studies, 1969, 1（1）.

理论的重要创始人之一，他在其代表作《拉美资本主义与不发达》（1969）中，试图从全球资本主义扩张角度来探讨外围国家和地区的不发达。弗兰克认为，既然资本主义的生产是以市场和利润为目的的，那么，发达资本主义的商业扩张必然促成殖民地经济与世界经济的融合，殖民地经济也被相应地转变成资本主义经济，最终从国际、国家到地方各层次上都变成统一的资本主义。但各个层次上的资本主义并不是平等关系，而是剥削与被剥削的关系，是自上而下的剥削性的"都市—卫星城"关系等级链。在等级链中，每个都市都分得部分的或全部的由它所控制的卫星城所产生的经济剩余，而且每个卫星城在等级结构中又充当了它下面卫星城的都市。[①]

弗兰克认为，中心国家向外围国家所进行的投资、贸易和国际援助，都是其榨取外围国家剩余价值的渠道。区域一体化只能起到加强榨取的作用，而不能改变这种不平等的关系格局，除非现存的国内或国际的"都市—卫星城"结构被推翻，否则工业化、进口替代或其他途径都不可能打破"剩余价值榨取——不发达"这个恶性循环。[②]

弗兰克关于"不发达的发展"的中心观点，被巴西社会学家桑托斯批判性地继承。桑托斯认为，拉美国家的经济社会完全属于资本主义性质，拉美的"不发达"，不是先于资本主义的一个落后阶段，而是资本主义的一种后果，是资本主义发展的一种特殊形式，即是依附性的资本主义。但桑托斯不同意弗兰克将外部剥削作为造成外围国家不发达的原因。他认为外围国家的不发达，根源在于某些受依附性国际关系所制约的内部结构。[③]

桑托斯将依附分为三种形式，即"殖民地商业—出口依附"、"金融—工业依附"和"工业—技术依附"，前两者是"二战"前的主要形式，而后者是"二战"后形成的新依附。桑托斯认为，第一种形态的依附主要体现在拉美殖民统治时期，表现为商业金融资本与殖民主义国家机构相勾结，通过贸易手段支配着欧洲和殖民地国家的经济关系；第二种形态的依附主要体现在19世纪末，表现为各统治中心占支配地位的大资本不断向外扩张，主要投资于原料和农产品生产部门，以满足统治中心的消费需要，而依附国则形成了专门从事这类产品出口的生产结构，这即是拉美委员会所提倡的"外向型发展"。

桑托斯着重分析了第三种形态的依附，这种形态的依附是拉美学派对依附理论的最重要的发展。桑托斯认为，"二战"后拉美国家替代工业的发展取决于是否具有足够的外汇来购买国内不能生产的机器和材料，因此，拉美的工业发展不仅受制于拉美出口创汇能力，还受制于发达国家的专利垄断。

首先，工业发展取决于是否有一个能够创造外汇以购买工业生产所需投入品的出口部门。这种依附的第一个后果就是必须保留传统的出口部门。由于这个部门保留着落后的生产关系，因此国内市场得不到发展。而在政治上，传统和没落的寡头集团控制着政权。如

---

① 桑托斯：《帝国主义与依附》，社会科学文献出版社，1999，第11~186页。

② A. Frank, Capitalism and Underdevelopment in Latin America: Historical Studies of Chile and Brazil. New York: Monthly Review Press, 1969, pp. 147–285.

③ D. Santos, *The Structure of Dependence*. American Economic Review, 1970, 60（2）.

果这些国家的出口部门受制于外国资本,那就意味着大量利润汇出国外,政治上则依附这些利益集团。

其次,工业发展与国际收支状况密切相关。正是由于这种依附性关系,国际收支出现长期逆差。一是因为国际市场是高度垄断的。中心资本主义国家的垄断组织为了获取超额垄断利润,必然压低原材料价格,而抬高工业制成品价格,造成经常账户上的逆差。二是资本账户的"非资本化"。外国资本非法控制了经济中最有活力的部门并给资本来源国带去巨额利润,造成流出资本大大超过流入资本,从而造成资本账户上压倒性的逆差。

最后,也是最重要的,工业发展决定性地受制于中心国家所施行的技术垄断。由于拉美国家发展工业必须向中心国家购买生产所需的机器设备和材料,而这些材料都受专利权的保护,这迫使拉美国家必须为外资的进入提供各种方便和优惠,外资在这些优惠条件下获得高额利润,并可以自由地将利润用于投资。[①]

桑托斯认为,这种依附性结构影响着依附国的生产体制,形成一种恰恰以其依附为特征的特殊发展形式,其积累模式严重受制于帝国主义中心对技术和金融的控制,受制于国际收支状况和国家的经济政策。这种生产体制严重影响国内市场的发展。一是这种生产结构将劳动力置于具有高度剥削性的生产关系之下,从而限制了他们的购买力;二是由于采用资本集约度高的技术,新增就业机会相对下降,限制了新收入来源的增加,从而与前者一同限制了消费市场的扩大;三是利润汇出国外抽走了国内创造的部分经济盈余。[②]

因此,主张"不发达的发展"的依附论者虽没有直接将外围地区落后的责任归咎于中心国家,但弗兰克和桑托斯还是明确指出,都市—卫星城的关系是前者对后者剥削的基础。对于这些理论家来说,依附概念不仅仅指来自外部的控制,而依附的内部动力通常认为具有渗透功能,在很多方面更为微妙,更难打破。他们的一个共识是,试图以"资产阶级的民族主义"、"民族资本主义"或"国家资本主义"来解决问题,注定是会失败的。因为这些方法所依靠的阶级本身受制于它们在国际体系中的作用。只要它们走资本主义道路,继续依靠外国资本,最终将不得不向外国势力妥协和讨好,打破依附即意味着打破资本主义秩序。

3. 以卡多索和法勒多为代表的"批判主义"的依附论流派

这一学派并不认为依附和外围国家的发展必然是不相容的,他们的观点与传统马克思主义关于资本主义发展的分析比较接近,强调阶级冲突。他们也像其他依附流派一样,把拉美经济看成世界资本主义体系的一部分。但他们认为,"外部控制"实际上是一个内部现象,外部控制是通过一些内部集团和阶层来实现的,内部集团和外部控制者有着共同利益和价值取向。他们不赞同把世界资本主义体系看成一部分是"发展的",而另一部分是

---

① O. Sunkel, *National Development Policy and External Dependency in Latin America*, Journal of Development Studies, 1969, 1 (1), p. 265.

② O. Sunkel. National Development Policy and External Dependency in Latin America. Journal of Development Studies, 1969, 1 (1), pp. 271 - 272.

"不发展的"。

卡多索和法勒多也发现跨国公司已经开始担任中心角色，但他们与其他依附论者不同的是，他们认识到跨国公司正越来越多地投资面向本地市场的生产。而且那些工业化的努力，即以前被视为反对资本主义的努力，正逐渐成为外国投资者的目标。因此，在卡多索和法勒斯看来，依附与工业化不再是相互矛盾的，对部分外围国家来说，"依附发展"的道路是可行的。当然，他们发现，这种依附关系将给高收入群体带来更多的利益，因而造成收入分配上更大的不平等性，如果这种不平等性超出了一定的范围，这一发展道路就有了严重的政治局限，进一步的工业化就需要一场"深刻的政治—社会变革"，或者"向外国资本开放市场"，或者"进行一场转向社会主义的剧烈的政治运动"。

二 资本主义积累与世界经济的不平衡发展：依附的非洲视角

萨米尔·阿明（Samir Amin）是非洲对依附理论做出最重要贡献的经济学家，他一直致力于研究发展中国家的不发达问题，发表了一系列论述非洲及发展中国家的发展道路和资本主义矛盾等问题的著作，对一批发展中国家，尤其是非洲和阿拉伯国家的发展实践产生显著影响。

《世界规模的资本积累——欠发达理论批判》（英文版，1974；中文版，2008）是阿明的主要代表作，也是依附理论的奠基之作。阿明在该著作中吸收了拉美结构主义和依附论者的观点，对中心国家的单极增长和外围国家的不发达发展等问题做了较详细的阐述。阿明在该著作中还将中心国对外围国剩余的榨取，看成造成外围国家不发达的主要原因。在其分析模式中，阿明将工资率差异视为不平等交换机制的决定性因素。阿明认为，这种机制既是由资本主义积累的动力决定，也是由阶级斗争所决定的。[1]

阿明在该著作中分析了中心国家单极发展的可能性。阿明认为，工业化中心国家的经济，能够将劳动生产率上升所带来的收益的增加部分地转变为工人的工资，即具有将经济增长与工资增长相"挂钩"的积累机制，因此，工人的消费能力能够随着产出的增加而提高。这种机制能够在消费与投资之间和各生产部门之间创造动态平衡的可能性。当然，他也发现，工业化中心国家也存在消费不足和资金闲置的潜在趋势，这种趋势迫使利润率下降。政府的干预对延缓这种趋势的发生起到一定的作用。但当工业化中心国家的政府干预不能有效克服利润率下降压力时，外部解决方法就被用作中心国家的第二类平衡机制，这将对外围国家产生破坏性的后果。[2]

阿明在《不平等的发展》（英文版，1976；中文版，2000）一书中对此做了进一步分析。阿明认为，自资本主义从自由竞争发展到垄断资本占统治地位以来，外围国家在世界

---

① 萨米尔·阿明：《世界规模的积累——欠发达理论批判》，社会科学文献出版社，2008，第 16~83 页。
② 萨米尔·阿明：《世界规模的积累——欠发达理论批判》，社会科学文献出版社，2008，第 111~134 页。

经济中发挥着两个功能的作用：一是作为中心国家的产品销售场所，二是作为中心国家的资本输出场所。在垄断资本主义早期阶段，中心国家主要是将外围国家作为产品的销售市场。这一时期，由于全世界工资都较低，因而还不存在贸易方面的不平等。但随着垄断资本的扩大，由于中心国家的工资随着劳动生产率的提高而上升，垄断资本的利润率开始下降。为维持较高的利润率，工资相对较低的外围国家就成为垄断资本大规模输出的场所。此时，不平等交换开始出现。根据阿明的分析，不平等交换和利润的回流在短期内阻止了利润率的下降，为中心国家的发展建立了新的平衡，尽管是不稳定的。但对外围国家而言，特定时期特定部门可能发生快速增长，但不平等交换和利润外流则严重阻碍了资本积累。[①]

阿明进而分析了世界资本主义的积累体系特征。阿明认为，外围国家的外贸不仅服从于中心国家自主积累的要求，而且是中心国家自主积累的手段。换言之，外围国家的外贸实则是中心国家为了自身利益，强加给外围国家的一种不平等的国际专业化。[②] 而外围国家积累模式与中心国家是截然不同的。外围国家建立出口部门是由于能够获得比中心国家成本更低的劳动力和资本。中心国家之所以能够接受外围国家的产品，是由于外围国家的劳动力报酬低于中心地区。但外围国家则不具备中心国家所具有的劳动力报酬与生产力发展水平挂钩的这种关联特征。外围国家生产力发展水平也不像中心国家那样分布均匀，即出口部门是先进的而其他部门则是落后的。[③] 因此，外围国家是高度二元化的：增长往往发生在出口品生产部门，或按当地收入水平来看是奢侈品的资本主义生产部门；而大众消费品的生产往往存在于资本主义之外，并停滞不前；资本品的生产部门基本不存在。全球不平衡发展的代价主要由非资本主义生产部门的贫困大众来承担。

总之，阿明认为，外围国家从功能上被融合进了自我再生产的世界积累体系，这一体系阻碍了外围国家资本主义的积累和发展。为求发展，外围国家需要将消费与资本品生产相"挂钩"，而要获得发展并与这一体系分离，则必须"斩断"与帝国主义的联系。

三 金融垄断资本的扩张与依附：美国每月评论派对依附理论的新发展

《每月评论》（Monthly Review）是美国一家具有 60 年以上历史的左翼杂志。由于它长期致力于对美国及世界资本主义经济发展规律的研究，并对各种新变化寻求比较一贯的理论解释，成为美国激进政治经济学中很有影响的一派，其代表人物有巴兰（Baran）、斯威齐（Paul Sweezy）、马格多夫（Magdoff）、福斯特（Foster）等，他们也是依附理论的重

---

① 萨米尔·阿明：《不平等的发展》，商务印书馆，2000。
② 萨米尔·阿明：《不平等的发展》，商务印书馆，2000，第 57~60 页。
③ 萨米尔·阿明：《不平等的发展》，商务印书馆，2000，第 80 页。

要代表人物。

巴兰在其著作《增长的政治经济学》（1957）中认为，发展中国家欠发达的原因是，传统统治阶层和国家的存在，以及生产的无效率和支出的浪费，导致许多潜在剩余得不到实现，而且还存在许多实际剩余以外国投资者的利润形式汇回国外，或以外方借贷支出和当地统治阶层资本外逃的形式被转移到国外。[①]

巴兰和斯威齐在其合著的《垄断资本》（1966）中认为，"垄断资本主义是一个自相矛盾的制度，它总是形成越来越多的剩余，可是它不能提供吸收日益增长的剩余所需的因而是这个制度和谐运转所需的消费和投资出路。"[②] 所以，垄断资本主义生产必然出现生产停滞趋势。他们认为，资本输出是解决中心国家剩余的重要出路，但跨国公司向外围国家输出资本并汇回利润，即是掠夺了外围国家可供投资的剩余，从而阻碍了外围国家生产力的发展。[③]

但他们又认为，"二战"后垄断资本主义最终摆脱不了停滞的趋势。这是因为，资本主义发展没有像工业革命时期那样的划时代的创新来推动资本积累，资本缺乏有利可图的投资途径，而政府的财政赤字政策虽然能够消费部分剩余资本，但终究推动作用有限。[④] 自《垄断资本》出版到20世纪80年代，资本主义又有了相当大的发展，斯威齐认为自己当年在《垄断资本》中没有预见到金融部门的极度膨胀最终使剩余找到了合适的投资场所。[⑤]

马格多夫和斯威齐在《生产与金融》（1983）一文中延续了《垄断资本》的分析思路，认为金融资本的扩张是垄断资本主义消化经济剩余的一种重要方式。面对金融的迅速扩张，美国经济学界存在两种对立的观点：主流经济学认为金融是为生产融资服务的，金融是生产扩张的前提，会推动实际生产投资；而某些左派论者则认为，金融资本的过度扩张，使资本从生产领域流向金融领域，这是生产资本的漏出，从而不利于资本主义生产的发展。一方面马格多夫和斯威齐指出，主流经济学上述观点成立的前提是，买卖金融资产的必须是生产资本家，但实际上现实中绝大部分金融交易已经完全脱离实物生产和商品贸易，现实数据并不支持金融扩张是为生产融资的结论；另一方面，马格多夫和斯威齐又反对左派的金融抑制论，认为这些左派论者倒果为因，事实正是资本主义生产停滞导致了金融的扩张，而不是相反。他们认为，20世纪80年代以来，如果没有金融的扩张，资源也不会被实物生产吸收，而只会增加资源闲置，金融资本实质上对资本积累有积极作用。[⑥]

20世纪80年代开始金融资本日渐膨胀，90年代出现爆炸性增长并向全球扩张。"资

① P. Baran. The Political Economy of Growth. New York：Monthly Review Press, 1957.
② P. Baran, P. Sweezy. Monopoly Capital. New York：Monthly Review Press, 1966, p. 156.
③ P. Baran, P. Sweezy. Monopoly Capital. New York：Monthly Review Press, 1966, p. 189.
④ P. Baran, P. Sweezy. Monopoly Capital. New York：Monthly Review Press, 1966, p. 226.
⑤ P. Sweezy. Monopoly Capital after Twenty – Five Years. Monthly Review, 1991, 43（7）.
⑥ H. Magdoff, P. Sweezy. Production and Finance. Monthly Review, 1983, 27（1）.

本主义经济金融化"已成为当代资本主义的核心特征。福斯特针对资本主义经济金融化发展，提出了资本主义双重积累体制。他认为在资本主义早期阶段，资本主义积累不仅是生产资本的积累，同时也是货币资本的积累，这两者包含资本积累的同一过程。两者的分化，即金融资本脱离生产资本周期而发展为独立的积累过程，需要有一个成熟的金融市场，而这只能是资本主义发展到垄断阶段才可能出现。在福斯特的双重积累体制的理论框架中，一方面金融资本的积累已脱离生产资本积累周期，不再随着产业资本的扩张而扩张，相反在产业资本积累进入萧条期时，金融领域成为货币资本继续发挥作用而持续扩张的场所；另一方面，不论金融资本如何远离产业资本，它所依托的基础和它的最终利润来源，是产业资本循环过程中的剩余价值的积累。金融资本的收益仍不过是剩余价值的再分配。没有产业资本积累过程支持的金融积累，必将产生金融危机。①

福斯特运用双积累机制解释了 20 世纪 80 年代以来的新自由主义、全球化和新帝国主义，认为资本主义从来都是在全球范围内实现其积累的，中心国家的积累必然对外围国家的发展产生影响，也只能是对外围国家更多剩余的榨取。福斯特在《垄断金融资本的时代》一文中写道："资本主义世界经济核心区的停滞与金融化与低工资的外围地区出口导向型工业化的新兴经济体有着结构性的关系。新自由主义的金融全球化与外围国家的债务危机也有着密切的联系。金融全球化在不发达经济体创造出的新的'金融结构'，引起了欠发达经济体的新的金融依赖，……使得这些国家产生的经济剩余从外部渠道转移出来。"②

四 结语：对依附理论的评价

各地区发展不平衡是世界经济发展的主旋律，然而，在资本主义发展阶段，尤其是垄断资本占统治地位阶段，这种不平衡就尤为显著。这种不平衡主要表现为发达资本主义国家与发展中国家之间严重的两极分化。

西方主流理论对此的解释是，发展中国家由于其自身落后的社会制度和文化传统，阻碍了它们现代工业化进程的出现和发展，因而与发达国家发展的差距越拉越大。换言之，主流理论将发展中国家的不发达完全归咎于它们的内部因素，与发达国家毫不相干。它们认为，在资本主义全球化背景下，发展中国家虽相继开始了现代化进程，但由于其自身内在的局限性，其现代化往往半途而废。③

依附理论的产生，既是一批拉美学者对发展中国家尤其是拉美国家对现实发展困境的思考，也是对西方主流发展理论的一种批判性回应。依附学派坚决反对主流理论只从发展

---

① J. Foster. The Age of Monopoly – Finance Capital. Monthly Review, 2010, 61（2）.

② J. Foster. The Age of Monopoly – Finance Capital. Monthly Review, 2010, 61（2）.

③ 芮成钢、格拉斯·诺斯:《会飞的经济学家》,《北京青年报》2002 年 5 月 13 日。

中国家的内部因素来看发展中国家的不发达问题，而主张还应该从发达国家对发展中国家的控制及其所造成的后者对前者的依附状态，来解释发展中国家的不发达。

依附理论尽管在许多方面都还没有取得共识，即还没有形成统一的理论体系，但正如前文分析，依附各流派对"什么造成了发展中国家的不发达"等问题的看法基本上是一致的。他们认为，居于"中心"地位的发达资本主义国家，凭借其在世界经济格局中的统治地位，通过不平等的贸易关系和对外投资，控制和剥削发展中国家，迫使发展中国家成为不得不依附于中心国家并为它们的发展提供市场和资源条件的"外围"，从而形成"中心—外围"的依附格局。这种依附格局在资本主义不同的发展阶段可能表现为不同的形态，但发达国家对发展中国家的剥削本质是不会发生改变的。

在当代，不少西方发展中国家，尤其是拉美国家，曾接受过西方主流理论和倡导主流思想一些机构（如世界银行组织和国际货币基金组织等）所开出的改革"良方"，即在政治体制上引进西方发达国家的民主制度，在经济体制上实行自由主义政策，这即是所谓的"华盛顿共识"。这些国家在实施自由化政策以后，经济上虽获得一定的增长，但传统体制遭到严重破坏，主流理论所倡导的理想体制模式却始终没有建立起来。而对西方发达国家的依附格局不仅没有打破，而且这种依附格局反而比以前更加牢固。1994年墨西哥的金融危机、1999年巴西的货币危机、2001年阿根廷的债务危机等，可以说是它们实施自由化政策所造成的后果。由此可见，依附理论对现代西方主流理论的批判仍然是有效的。

当然，依附理论对现实批判的有效性并不意味着它们所有的政策建议都是合理的。弗兰克、阿明等激进依附论者曾认为，依附只能导致不发达，发展中国家要求发展，就必须与发达国家脱钩，切断与它们的联系。然而，在当今资本全球化的大背景下，要在封闭状态下发展经济是不可能的，也是不现实的。实行对外开放，参与国际大分工是发展的前提。诚然，开放容易陷入依附，而封闭又不能实现发展，这确实是个两难选择。如何权衡利弊，找到平衡点，以摆脱依附，实现自主发展，是每一个发展中国家都必须慎重对待的问题。

依附理论由于开放式的研究方法，理论上也相对显得缺乏严谨性，因而也招致学术界的各方批评。这些批评既来自主流学界的，也有来自马克思主义学界的。西方主流学者劳尔（Lall，1975）曾认为，不发达理论中，"依附"如有意义，应满足两个标准：一是依附理论必须阐明某些在非依附经济中不会出现的经济特征；二是这些特征必须表明对依附国家发展道路和模式起到不利的影响。就第二条标准，劳尔发现依附的静止特征与不发达之间没有因果关系，因此劳尔认为拉美不发达理论也就失去了基础。有些马克思主义者对依附理论也持批评态度，认为造成发展中国家不发达的原因不是其他，而是阻碍生产力发展的内部阶级结构。[1]

当然，学术界存在对依附理论的各种批评，并不意味着依附理论就丧失了生命力。一

---

[1]　C. Kay. Development and Underdevelopment：A Marxist Analysis. New York：St. Martin's Press, 1975：38.

种理论的价值，不仅在于其是否具有对现实较强的洞察力，还在于其能否提供较好的认识问题和分析问题的方法。依附理论不仅较好地揭示了发达国家对发展中国家的控制和剥削关系，而所采用的结构主义分析方法和分析范畴，对于认识和分析当今国际经济关系也仍然是有效的。简而言之，依附理论作为主流发展理论的"不同声音"，可以说，它为我们分析当今世界的经济格局提供了新思维、新视角。

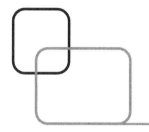

第四部分　中国现实经济问题研究

加入 TPP 与我国转变经济发展方式的战略方针背道而驰

贾根良[*]

本文通过对所有赞成加入 TPP 的观点的批评，提出如果我国加入 TPP，美国和日本等发达国家将通过 TPP 控制和支配我国高端产业和国内市场，压制我国转变经济发展方式的努力。反之，如果我国不加入 TPP，TPP 国家的贸易转向将"倒逼"我国加快转变经济发展方式。

一 不加入 TPP 将"倒逼"我国加快转变经济发展方式

国内有人从中国不加入 TPP 将丧失对美日一部分出口市场的角度建议我国加入 TPP，按照这种观点，如果 TPP 在中国不加入的情况下成功地签署实施，那么，中国对美国和日本的出口企业将受到直接影响，因为它们将直接面对来自越南、马来西亚等国生产商的不平等竞争。日本人斋藤德彦在分析中国缘何改变对 TPP 置之不理的态度时，甚至把这一因素看作关键性的："中国开始谈及此前从未涉及的参加《跨太平洋战略经济伙伴协定》（TPP）问题。这一动向的背景是，中国对本国可能被排除于世界贸易秩序之外感到焦虑。'中国模式'就是作为'世界工厂'而大量出口产品，但这一模式并非坚如磐石。中国国内的人力费用正在急剧上升，在'廉价'这一领域已被东南亚赶超。如果越南加入 TPP 并获得关税减免，今后中国在竞争中还将陷入更加不利的局面。"（见新华国际《外媒分析：中国缘何对 TPP 改变姿态》，2013 年 6 月 2 日。）

确实，TPP 由于越南等低端产品向美日出口的增加将减少我国低端产品对发达国家的出口，但我国没有必要为这种贸易量的减少而担心，因为这正是我国结构调整所要压缩的出口。赞成加入 TPP 的人之所以对这种贸易量的减少大惊失色，原因就在于没有从我国转变经济发展方式的角度认识这一问题。试想，如果要实现从"进口高端产品、出口低端产品"到"进口低端产品、出口高端产品"的历史性转变，不压缩这种出口怎么有可能达到这一目标呢？既然这种低端产品出口的减少是与我国压缩这种出口的目标不谋而合的，我们还有必要对 TPP 恐惧吗？如果从我国转型升级的角度思考这一问题，我们恰恰可以得出与赞成加入 TPP 相反的结论：为了与越南和马来西亚等国家争夺对美国和日本低端产品

* 贾根良，中国人民大学经济学院教授。

出口而加入 TPP，无疑将阻碍我国转变对外经济发展方式；而不加入 TPP，TPP 国家的这种贸易转向将"倒逼"我国加快转变经济发展方式。

二　加入 TPP 将压制我国转变经济发展方式的努力

经济史研究表明，美国和英国都是在通过贸易保护和限制外国直接投资的情况下崛起的。继英美崛起之后，德国、日本和韩国的后发工业化之所以获得成功还得益于其他一些措施，例如，这些国家还采取了兴建国有企业、对农业保护和政府通过银行业分配和协调工业信贷等措施。在目前的 WTO 框架下，虽然这些先发工业化国家曾经采取的一些措施被禁止了，但仍允许发展中国家对上述国有企业、农业保护和金融业问题具有自主权，允许未加入 WTO 政府采购协定的国家使用政府采购支持自主创新。因此，在 WTO 框架下，虽然发展中国家对发达国家技术经济追赶的空间被大大压缩了，但仍然存在追赶的可能。

然而，在美国主导的所谓高标准自由贸易协定的 TPP 中，发展中国家在 WTO 框架下对国有企业、农业保护和金融业等方面的自主权被禁止了，发展中国家技术经济追赶所能采取的政策空间极大地被压缩了，这对中国改变在全球价值链低端地位的努力非常不利。

首先，工农业产品贸易零关税和知识产权问题。TPP 的零关税将为美国、日本、韩国和新加坡等发达国家的高端产品全面占领我国市场创造条件，我国产业的价值链高端将彻底地被跨国公司所控制，我国将完全丧失在全球价值链中从低端到高端转型升级的可能性，不言而喻，加入 TPP 与我国转变对外经济发展方式的既定战略是背道而驰的。在知识产权方面，奥巴马已经把《反仿冒贸易协定》秘密编入遏制中国的 TPP 之中，《反仿冒贸易协定》的目的是避开世贸组织和其他国际性仲裁机构，并捏造理由来查封中国、印度等发展中国家的商品，甚至无须确凿的仿冒证据，只需宣称有"合理理由"怀疑。所以，印度和印度尼西亚这些发展中大国都不考虑加入。

其次，国有企业问题。TPP 提出了全新的关于国有企业的提案，该议题要求消除政府通过国有企业采取措施支持产业升级的做法，其目的就是扼杀发展中国家与跨国公司相抗衡的力量。按照格申克隆的理论，一国经济越落后，它就越没有现代企业组织与发达国家富可敌国的国际垄断企业相竞争，这就需要国家通过建立国有企业，创造比较优势，引导私人经济进入报酬递增的高端经济活动之中，在这方面它发挥着特殊企业家的作用，是发展中国家先进技术和先进组织的引导者，这就是为什么目前国有企业的产值在新加坡的GDP 中仍占 20% 的原因。

最后，投资争端解决机制。在投资争端解决机制上，美国拒绝在 TPP 中采用 WTO 的"国家间争端解决"方式，主张当外资企业遭遇争端时，诉诸"投资者—国家争端解决"方式，直接委托国际投资争端解决中心（ICSID）解决。由于"投资者—国家争端解决机制"赋予企业起诉国家的权利，弱化了东道国对外来投资及其投资者的控制权，而且 IC-SID 是世界银行集团的机构，受到美国支配，其裁决有利于美国及其公司在所难免，所以该条款遭到澳大利亚的坚决反对。

三　不加入 TPP 中国可走的路很宽

赞成加入 TPP 的另一主要观点认为，替代 TPP 的思路不可行，早日加入 TPP 可以提高中国对新一代贸易规则制定的话语权。这种观点是天真的和草率的，它既不考虑 TPP 的性质，也不考虑加入 TPP 有害还是有利于中国国家利益，而是天生地相信强者设定的规则范围是不可挑战的，中国只能在美国划的圈中讨价还价。如果 TPP 不符合中国国家利益，不符合亚太地区广大发展中国家的利益，加入它难道不是"助纣为虐"吗？而且，在美国主导、美日联盟的情况下，所谓提高中国对贸易新规则制定话语权只不过是幻想而已。在对外经济关系上，排除美国和自由化程度较低的"区域全面经济伙伴关系协议"（RCEP），在亚太地区显然是替代 TPP 的一种思路，而且是比 TPP 更可行的道路；除此之外，我国还可以实施比 RCEP 更有发展空间的"亚欧大陆发展战略"，甚至可以向"拉丁美洲及加勒比共同体"提出与拉丁美洲 33 国建立"33＋1"自由贸易区的动议。中国并不是除了 TPP 无路可走，而是可走的路很宽广。从这个角度来看，企图以 TPP 围堵中国只不过是一只"纸老虎"而已。

四　加快转变经济发展方式是应对 TPP 的根本措施

我们认为，美国在 TPP 上对中国采取了"欲擒故纵"的战略，故意不邀请中国，使中国产生在国际贸易中被孤立、将丧失海外市场的焦虑感，美国经济战略家深知，在这种情况下，中国国内占统治地位的西方主流经济学将会按照其理论不断地渲染和夸大不加入 TPP 的严重后果，最终在新自由主义思潮的推动下，诱使中国政府在较长时期犹豫、观望之后，下决心加入 TPP 谈判中。然而，一旦中国介入 TPP 谈判，就会被美国牵着鼻子走，陷入再也无法转变经济发展方式的陷阱之中，最终使美国经济战略家达到"请君入瓮"的目的。最近两个月来国内舆论在加入 TPP 谈判上的呼声高涨已经证明这一点：自 2013 年 6 月以来，从过去大多数学者认为中国加入的时机不成熟已经转变到媒体上发表的文章绝大多数学者认为中国应该尽快加入。

正如 2012 年底中央经济工作会议指出的，当前我们面临的机遇，不再是简单纳入全球分工体系、扩大出口、加快投资的传统机遇，而是倒逼我们扩大内需、提高创新能力、促进经济发展方式转变的新机遇。笔者认为，这才是我们正确认识 TPP 的指导思想，按照这种精神，我国在推进上述"区域全面经济伙伴关系协议"等应对 TPP 战略措施的同时，应该通过国内经济一体化、加快结构调整和自主创新，从而加快进出口结构的调整，应对全球化形势的新变化。如果我国在今后几年内在这方面仍不能取得明显的进展，那么，一旦 TPP 国家谈判完成，我国的出口导向型经济发展模式确实将面临更大的困难，美国通过

TPP 围堵中国产品海外市场的目的将有可能得逞。因此，笔者希望我国政府明察秋毫，不要被赞成加入 TPP 的错误观点所误导，不要做出重大决策失误，坚定地拒绝加入 TPP，把精力完全集中到加快进出口结构的调整和新的战略布局上，否则，我国将彻底丧失转变对外经济发展方式的可能。

中国开放型经济的转型升级研究

——基于东部地区对外贸易的视角

卜 海[*]

在开放型经济中，对外贸易是最直接最重要的载体，它首先体现为国家或区域在对外开放过程中形成和确立各类进出口商品的市场布局，同时又会以贸易投资一体化的发展，带动国家或者区域的对外直接投资和"走出去"战略的实施，以更大的力度支撑和稳定国民经济的增长。因此，研究中国东部地区开放型经济的转型升级，首先必须对其外贸发展的转型升级进行研究。

一 中国东部地区外贸的转型发展势在必行

世界经济的发展表明，国际贸易的水平和方式要与不同国家的经济和社会发展阶段相吻合。改革开放以来，中国外贸已经实现跨越式发展，全国外贸总额从 1978 年的 355 亿元人民币，提高到 2012 年的 38667.6 亿美元，增长了 107.92 倍，而东部地区的外贸发展更快（见表 1）。

表 1 东部地区外贸总额的增长发展情况

	1978 年（亿美元）	2012 年（亿美元）	增长倍数
北京市	3.0	4079.2	1358.73
天津市	9.9	1156.2	115.79
河北省	3.0	505.5	167.50
上海市	30.3	4367.6	143.15
江苏省	4.3	5480.9	1273.63
浙江省	0.7	3122.4	4459.57
福建省	3.5	1559.3	444.51
山东省	8.7	2455.4	281.23
广东省	15.9	9838.2	617.75
海南省	—	143.3	—

说明：1. 海南于 1988 年建省，1978 年数字空缺，无法计算增长倍数。

2. 根据各省市的经济年鉴数据计算，外贸总额保留一位小数。

---

* 卜海，南京师范大学商学院，教授，博士生导师。

1. 服务贸易发展滞后

东部地区的服务贸易发展领先全国，2012 年全国各省服务贸易进出口总额排名，上海、北京、广东、江苏、浙江、山东、天津、福建等全部进入前十名，其中上海的服务贸易进出口总额为 1515.6 亿美元，同比增长 17.2%，约占全国服务贸易总额的 32.21%，是公认的全国服务贸易第一强省。广东省则以 1064.76 亿美元的服务贸易总额紧随其后，而同比增长速度达到了 20.33%。

但是，东部地区的服务贸易同其货物贸易的发展相比，仍然有着较大的差距：一是总量规模差距大，例如江苏省 2011 年外贸进出口总额已经高达 5397.6 亿美元，但服务贸易的总额才刚刚突破 300 亿美元，货物贸易与服务贸易之比接近 18:1。二是服务贸易的结构不尽合理，以上海为例，其服务贸易主要以进口为主，2012 年的服务贸易总额中进口约占 66.8%，特别是服务贸易项目中仍然以传统服务项目为主，新兴服务贸易项目占比只有 24.9%。三是服务贸易的逆差扩大快于全国水平。2011 年全国服务贸易逆差由上年的 219.3 亿美元扩大至 549.2 亿美元，同比增长了 1.5 倍；而同期东部地区的服务贸易逆差则提高了 2.7 倍。

2. 一般贸易与加工贸易的差别明显

贸易结构中最重要的内容之一是加工贸易和一般贸易的比值，其理想的状态则是两者应当协调发展。但是，目前东部地区开放型经济中的一般贸易与加工贸易之比存在较大的差别（见表 2）。从表 2 可以看出，东部地区南方省市开放型经济中的一般贸易与加工贸易之比差别不大，但北方省市开放型经济中的一般贸易与加工贸易之比差别则明显偏大，如河北省为 7:1，而北京市达到了 9:1。因此，继续推进加工贸易发展的同时做强一般贸易，对于东部地区开放型经济转型升级意义十分重大。

表 2　东部地区部分省市 2011 年贸易方式情况

单位：亿美元

项　目	贸易总额	加工贸易总额	一般贸易总额	其他贸易总额
北京市	3895.83	366.15	3274.64	67.84
河北省	535.99	62.17	459.38	0.24
上海市	8123.14	2795.17	4250.28	91.39
山东省	2359.92	834.23	1303.12	222.07
福建省	1435.22	418.08	934.26	74.12
广东省	9134.80	5077.12	3208.80	848.62
江苏省	5397.60	2714.54	2143.30	539.76

资料来源：根据商务部门公布的数据计算，保留小数点后两位。浙江、天津、海南暂缺。

3. 出口产品中低附加值的劳动密集型产品多

东部地区开放型经济中，广东省的加工贸易最为发达，从事外贸的技术密集型、资本密集型企业的占比不断增加。2011 年全省从事加工贸易业务的企业中，技术密集型企业占23.0%，资本密集型企业占 36.1%，两项合计 59.1%，通过"ODM + OBM"混合生产方式加工贸易出口已经占全省加工贸易出口总额的 45.4%，但仍然有近半数的外贸企业属于低附加值的劳动密集型企业，生产效率不高。江苏省的加工贸易目前主要以中低端加工和组装为主，只能赚取少量的加工费用和微薄的利润；其一般贸易产品的生产和贸易中，具有核心技术和自主知识产权的产品还不多。正是由于这样的原因，尽管目前东部地区的对外贸易规模较大，但从总体上看，仍然处在世界产业链的中低端，外贸出口产品的科技含量较低、增值率不高，大量取得的是转移价值与低技术含量的附加值。特别是那些被归类为复杂度相对高、增长较快的行业，如电脑和其他电子产品，国内附加值的比例仅为10% ~25%，一个最著名的例子是中国生产的 iPod 用于出口，在美国的售价为 420 美元，但其中仅有 4 美元的价值来自中国。

4. 出口市场拓展不均衡

东部地区作为全国外贸发展最重要的区域，在实施市场多元化战略，积极拓展出口市场空间方面做了大量的工作，并且成效斐然。但是，综合东部地区各省市拓展出口市场的实际，也存在一些迫切需要解决的问题：一是传统贸易伙伴的出口市场稳定方面存在隐忧，例如广东省对于亚洲的出口从 1997 年以来，份额已经逐步下降到目前的 54% 左右；海南省 2012 年对欧、美、日的市场依存度下降，欧美日三大传统市场出口额占海南外贸总额的比重下降了 3.9 个百分点，降至三成以下。二是对新兴市场的开发不够均衡。江苏省 2011 年对新兴市场国家的出口额占全省外贸总额的比重提高了 1.9 个百分点，对非洲、拉丁美洲和大洋洲的出口增速高达 30%。但细分的数据表明，江苏省对大洋洲出口的增速高达 45.7%，而对非洲和拉丁美洲的出口增速分别只有 29.5% 和 20.1%。海南省的情况更为突出，2012 年海南全省对外贸易额为 143.3 亿美元，同比增长 12.3%，再创历史新高，但其对于东盟、非洲、中东等新兴国家为代表的市场出口增速分别为 89.8%、29.1%、21.5%，差异十分明显。

5. 外贸发展的区域不平衡性明显

东部地区外贸发展的区域不平衡性，目前大体可以归结为三点：一是省与省之间总量规模严重不平衡，既有规模超过 5000 亿美元以上的外贸大省，如广东省、江苏省，同时也有规模尚未达到千亿美元的外贸小省，如河北省、海南省等。最大的广东省与最小的海南省外贸规模的差额相差 9000 亿美元之多。二是省与省之间增长速度不平衡。2011 年东部各省市外贸虽然都实现了正增长，但增长幅度不一，最快的福建省和最慢的江苏省增幅相差 16.2 个百分点。2012 年由于受国际市场的影响，全国进出口增幅 6.2%，而东部地区只有天津市、福建省、广东省、海南省超过全国平均水平，其他省市都出现了大幅度下降，河北省、上海市甚至出现了负增长。三是东部各省市内部区域的外贸发展也存在明显的不平衡，例如同为省辖地级市，广东的梅州、云浮、阳江等地 2012 年的外贸规模分别是 15 亿美元、14.6 亿美元、22.2 亿美元，而东莞、佛山则达到了 1444.1 亿美元、610.6 亿美元；再如江苏省的外贸发展南北梯次分布特征明显，苏南地区的进出口总额约占全省的近 90%，而苏中和苏北地区的外贸总量仅为全省的 10% 稍多。

二　当前国际贸易环境对东部地区外贸发展的影响

全球经济开始进入新的调整期后，世界经济的低增长高风险态势不会明显改观。因此，当前及今后一段时期的国际贸易环境只能处于"微"乐观的状态，并将对东部地区的外贸发展带来明显的影响。

第一，世界经济的稳步复苏有利于东部地区扩大出口。

国际经济的复苏，意味着各国经济将从基于危机进行的应急调整，转变为常态的政策促进，逐渐步入正常的增长和发展轨道，国际贸易也必然会随着国际经济的复苏和发展而相应地增长和扩大。国际经济的复苏还意味着投资的增大，而投资的增大会带动国民收入成倍数提高。国民收入的增长，必然会通过初次分配和再分配，提高民众的收入水平。而民众收入水平的提高，又会在一定程度上刺激其消费支出的增加。因此，为了满足人们的消费增长需要，各国既可能扩大国内生产规模和加快产品升级换代，也会进口更多的国外产品，这就有可能使得国际贸易的规模有所扩大。

另外，中国东部地区各省市的经济基础不一，出口贸易的竞争优势各不相同，只要抓住世界经济稳步复苏和国际贸易企稳回升的有利时机，完全能够有所作为。例如广东省毗邻港澳，加工贸易领先；福建省由于大量闽籍华人华侨旅居东盟地区，又与东盟国家邻近，发展与东盟的经贸关系其条件得天独厚；江苏制造业基础雄厚，纺织品与服装、机电产品、高新技术产品、名优产品等都具有较强的竞争优势，加上与台湾地区的特殊联系，扩大出口有着较大空间。特别是东部地区目前正在全力推进发展的新能源、生物技术和新医药、新材料、节能环保、软件和服务外包、物联网等新兴产业产品，更有可能在不同程度上受益于各国经济复苏引起的进口需求增加。

第二，贸易方式的创新调整有利于东部地区拓展外贸空间。

当前，全球经济中的贸易方式调整主要体现为各国在深化发展服务贸易的同时，强调并全力促进实体经济回归；同时不断创新国际贸易的手段和工具，在国际贸易流程和环节中采取了一系列促进和便利贸易发展的举措，以致国外采购商的行为已悄然变化，从大额采购变为小额采购，从集中采购变为零散采购，从派员采购变为电子网购，贸易方式出现一系列创新调整。

这一发展趋势在一定程度上非常契合我国当前外贸转型升级，加快服务贸易发展的目标，同时也有利于我国制造业承接先进发达国家的制造业转移，利用智能化、信息化和数字化技术等，进一步向制造业高端发展。特别是我国东部地区开放型经济的发展水平最高，能够迅速适应发展变化了的世界经济和国际贸易新情况新要求，充分利用国际经济贸易的变化倒逼发展方式转变，不再是简单地纳入全球分工体系，片面地追求出口规模的扩大，就会有可能实现又好又快的外贸发展。例如广东省通过开发自主知识产权产品、加快技术创新改造、转移低端制造生产环节等，加快向品牌化、高端化、标准化、绿色化发展，2011 年加工贸易实现进出口额 5078 亿美元，转型升级绩效总指数达到 83.5%，得以在更高层次上进一步参与全球化的国际分工合作。再例如江苏省依据 EDI、小额批发、B2B、B2C 方式等新型国际贸易方式活跃的情况，先后开通江苏省中小企业国际电子商务平台、江苏省工业网、江苏省农产品电子商务网等，为外贸企业直接面对终端市场进行销售提供便利，不但节省企业贸易的成本，提高对外贸易的效率，而且能够迅速有效地拓展和扩大外贸的市场空间，对确保全省贸易增长发挥了重要作用。

第三，绿色低碳的要求将会提高东部外贸产品的市场门槛。

随着低碳经济的发展，绿色贸易成为国际贸易的主流并迅猛发展，碳关税也随之开始成为国际贸易中的绿色壁垒新形式。由于目前我国出口贸易额中近 47% 来自美、欧、日等发达国家，并且 84% 的荷兰人、90% 的德国人、89% 的美国人在购物时会考虑消费品的环保标准，85% 的瑞典人愿为环境清洁支付较高的价格，80% 的加拿大人愿付出多于 10% 的钱购买对环境有利的产品，77% 的日本人只挑选和购买有环保标志的产品，这就意味着中国出口产品，都将会面临越来越高的市场门槛。

第四，贸易保护强化导致东部外贸发展遭遇严重壁垒。

由于世界经济的复苏缓慢，当前国际贸易领域中保护主义强盛。2008 年 10 月以后，G20 国家采取大量的贸易保护措施，并且半数以上都是非关税措施，如出口限制、出口补贴、进口限制、技术性贸易壁垒、动植物检疫措施、延迟通关手续等。尤其是一些国家为缓解就业压力，对外采取部分关闭国内市场的办法，扶持本土产业，阻碍了正常的国际贸易投资活动；有些国家在推进绿色低碳发展和培育新兴产业方面，采取内外有别的非国民待遇措施；甚至还有一些国家在选举政治的催化下，主动实施的"去全球化"的贸易政策，更加不利于国际贸易的扩大和发展。

在这种情况下，东部地区的外贸发展必然会遭遇严重的贸易壁垒：一是数量性壁垒会明显增加。数量壁垒是进口国针对某种进口产品的数量异常增长而设置和采取的贸易救济措施。东部地区的出口规模大，各种产品的出口量增加较快，这就有可能引起一定的数量壁垒。二是复合性壁垒越来越多。复合性壁垒是指由两种或两种以上贸易救济措施叠加而形成的贸易壁垒。例如，把反倾销和反补贴合并进行的"双反调查"、把技术标准和知识产权保护结合起来的复合性技术贸易壁垒，等等。复合性壁垒的使用，由于难以有效应对，更容易对东部地区的外贸出口产生严重的不利影响。例如 2011 年江苏省共遭遇 15 个国家和地区发起的各类贸易摩擦案件 94 起，涉案企业 1991 家，分别比 2010 年同期增长 77% 和 45%。尤其是其中新发起的 10 起反倾销与反补贴合并进行的"双反"调查，涉案金额 16.8 亿美元，约占全省总涉案金额的 59%，影响全省 100 多家企业出口，后果相当严重。

三　加快东部地区外贸转型发展的政策建议

根据东部地区开放型经济目前的发展水平，以及当前国际贸易环境对东部地区外贸发展的影响，特提出以下加快东部地区外贸转型发展的政策建议。

1. 积极引导加工贸易转型升级

第一，要积极引导加工贸易延长产业链，逐步改变目前的以组装加工为主的状态，逐步向研发、设计、核心元器件制造等环节升级，使东部地区的加工贸易企业的产业链能够适度延长，具有较多的增值环节。

第二，进一步优化东部地区的加工贸易发展环境，通过加工贸易转型升级和梯度转移重点承接地的认定，加速推进东部地区区域内部的加工贸易梯度转移。

第三，创新加工贸易的监管模式，对加工贸易的重点行业和企业采取"一企一策"的方式，有效帮助其解决转型升级的困难，促进其实现可持续发展。

第四，运用环保杠杆推动加工贸易企业转型升级，可以把节能减排、洁净生产等要求作为对加工贸易企业的环保评价标准，并以此评审企业类别和确定企业能否优先返税，从而鼓励企业重视环保，实现企业环境成本内部化。

2. 有效提升一般贸易增值率

第一，培育和发展具有竞争力的新兴工业体系。产业是外贸发展的基础，做强做好做优一般贸易，必须具有强大的产业支持。因此，要通过加快培育和建立新兴工业体系，为做强做好做优一般贸易奠定坚实的基础。

第二，深入实施品牌培育战略。品牌具有无形资产和价值创造的双重功能，在国际贸易中，具有自主知识产权的品牌出口产品通过市场销售网络和消费者的认可，能够形成绝对竞争优势而极大地提高出口商品的增值率。特别是在软件技术、电子技术等关键领域，品牌及其核心技术更是企业实现可持续发展的命脉。因此，要积极推动出口品牌与名牌战略、商标战略的融合发展，逐步形成以自主品牌建设为主要内容的商标品牌战略实施体系，形成一批具有国际市场竞争力和影响力的本土品牌，增加出口商品的含金量，提高一般贸易的增值率。

第三，充分发挥出口基地的示范引领作用。出口基地是贸易与产业有效结合的载体，也是加快一般贸易发展的重要平台。加强出口基地建设，可以有效推动特色产业、新兴产业在参与国际市场竞争中提高产业层次，并将产业优势转为出口优势，从而实现产业支撑外贸做强、外贸促进产业升级的良性互动。

3. 促进和加快服务贸易的发展与转型

第一，加大对服务贸易发展的投入。东部地区各省市的服务贸易发展水平不尽一致，但投入总体上不多。因此，应当根据区域服务贸易的实际发展需要，加大对服务贸易发展的投入。可以按省设立区域性国际服务贸易发展专项资金，用于资助服务企业开拓国际市场，支持企业出国参加国际服务贸易展览、设立海外分支机构、国际认证等活动。必须搭建多种形式的国际服务贸易促进平台，运用现代市场组织形式和现代交易方式，为服务贸易企业拓展海外市场提供必要的便利和支持。

第二，着力抓好现代服务业的培育和发展。现代服务业是现代通信、信息技术与现代经营管理方式相结合的产物，不但能够为传统服务业发展提供支撑，而且还衍生出许多新的需求，已经成为现代经济增长的新引擎。因此，要抓好电子商务、软件服务、金融保险业等现代服务业的培育和发展，同时大力促进科技咨询、工业设计、信息发布、创意产业等现代服务业充分发挥其带动经济增长的作用。

第三，积极发展技术贸易。基于东部地区发展技术贸易的实际，当前应该采取以下措施：一是要加大技术引进的力度，重点引进软件开发、生命医学科学、高端制造装备等前沿技术，助推战略性新兴产业发展。二是加强技术人才的引进和储备，既要大力引进发展技术贸易所急需的海外高知识、高技术人才，又要加大区域内人才培养力度。三是鼓励和支持企业建立境外研发机构，加强国际技术、信息和人才的交流。四是搭建技术出口公共服务平台，为技术出口企业提供有效服务。做大做强服务外包，既要积极拓展服务外包领域，又要注重提高服务外包的发展层次。

第四，提升传统服务贸易企业的专业化水平。要通过多种措施促进传统服务贸易企业完善服务模式，增强人性化、便利化、信誉化的服务特色，依靠互联网运行平台，增加新的服务门类和业务，进行网上设计、供给、营销，改善服务贸易企业的内部结构。要充分利用信息技术和高科技手段对传统的服务贸易进行流程再造，开拓新的服务运营方式和服务品种，使其逐渐实现专业化、连锁化、联盟化，最终有效地提高服务贸易的增值率。

4. 努力扩大国际市场占有率

一是努力巩固传统市场，特别是美国、日本、欧盟等目前处于缓慢且不稳定的复苏状况，国际进口需求不旺，对东部地区实现外贸稳定发展影响极大，这就更需要对症下药，采取有效措施，确保对传统贸易伙伴国家的市场出口份额稳中有增。

二是加大对新兴经济体市场的开拓力度。世界经济发展格局将在今后较长一段时期内，维持主要经济发达国家增速缓慢、"金砖五国"和其他新兴经济体国家增速较快的态势。新兴国家的市场比较繁荣，贸易发展也会出现比较大的增长。因此，加快对新兴国家市场的开拓力度，应当成为我国努力扩大国际市场占有率的重要举措。要着力改变中国出口工业制成品、其他金砖国家对中国出口原材料和矿产品的贸易结构，尽力避免相互抑制和恶性竞争的状态[①]，努力实现双赢发展。

三是通过产品升级换代深度拓展市场。在努力扩大国际市场占有率的过程中，巩固传

---

① 根据资料中国对巴西、印度和俄罗斯的出口分别仅占中国出口总额的1.7%、2.7%和2.1%；而同期中国从这三个国家的进口分别占中国进口总额的3.1%、1.3%和2.3%。这样的规模说明，发展与新兴国家经济体，特别是与金砖国家的进出口贸易，具有十分广阔的发展潜力和空间。

统外贸市场的占有份额具有保存量的性质，而加大对新兴国家市场的开拓力度则具有扩增量的性质。但是，无论是保存量还是扩增量，最终都要依托具体的进出口产品来进行。因此，必须适应当代各国的市场消费需求，依靠产品的推陈出新和升级换代吸引市场需求，拓展既有外贸市场的深度。

四是建设和拓展多种形式的外贸发展平台。在这方面，①可以以省为单位建立商务发展基金，发挥财政资金对中小企业开拓国际市场的引导和扶持作用。②针对外贸企业在拓展国际市场过程中急需解决的重大疑难问题进行专题指导。③依托区域内的特色产业园区、重点出口基地、重点出口企业等，规划建设具有区域特色的外贸产品集散中心，加强对本区域特色外贸出口产品的宣传营销。④适时组织各类国际市场宣传推介、境外市场考察等活动，帮助出口企业选准拓展国际市场的方向。

五是建设与外贸发展密切相关的国际品牌中心、国际会展中心、国际商务中心等，为出口企业拓展国际市场提供尽可能多的便利。

5. 充分发挥进口的综合效应

第一，加大对战略性资源要素的进口。目前国际原材料及大宗商品的价格明显回落，能源、石油、煤炭的价格开始回归正常，这对于资源要素紧缺，每年都要大量进口战略性资源要素的东部地区，无疑是十分利好的消息。因此，要抓住有利时机扩大进口，补充储备战略性资源要素，以便有效缓解区域外贸发展的能源和原材料的瓶颈约束。

第二，鼓励高端制造装备和技术的进口。积极进口节能环保、新一代信息技术、高端制造装备、新能源汽车、新材料等新兴产业发展所需的技术和产品，特别是重点进口战略性新兴产业、传统产业技术改造、节能减排和低碳经济、高新技术和高附加值产业急需的先进技术、关键设备和稀缺资源性产品，进一步提升我国新兴产业的生产技术能力。

第三，扩大服务进口。根据发展现代服务业的需要，坚持进出口并重，协调推进服务贸易。加快发展与新一代信息技术、生物、高端装备制造、新能源、新材料、新能源汽车等产业相配套的生产性服务贸易进口。充分发掘消费者在教育培训、养老服务、医疗保障等生活服务方面的需求潜力，有序扩大相关高端生活性服务进口。

第四，积极培育发展各类进口主体。推动出口型企业向进出口并重转型，鼓励和扶持内资企业提升进口能力和份额，支持外商投资企业扩大进口。建立重点进口企业联系制度，提高企业的进口议价能力，支持企业做大做强。特别是注重促进进口与国内流通相衔接，支持有实力的外贸企业整合进口相关环节，打造"国际采购—进口—自营销售"一体化平台，发展自营销售，减少中间环节。

6. 千方百计降低贸易成本

第一，积极采用和推广新的贸易方式。目前，B2B外贸、外贸小额批发、B2C外贸、无税贸易等新的贸易方式方兴未艾。要适应新的变化，积极采用新的贸易方式，直接面对终端市场，拓展出口产品市场空间，并最大限度地节省外贸成本，提高对外贸易效率。

第二，继续推进贸易便利化。东部地区各省市出口规模大，外贸渠道多，加快推进贸易便利化，将会有利于其外贸的转型发展，同时也能够大大提高其外贸的效率。在继续推进贸易便利化的过程中，当前应该特别关注进口便利化。特别是在实施扩大进口战略后，东部地区将会加快引进各类先进技术、关键零部件、高端制造装备、紧缺要素和物资，无论是进口的种类还是进口的数量都会明显增加，这就更要加快推进进口的便利化。

第三，加快大通关和商务信用体系建设。一是要在货物通关、出口退税、信用保险、收结汇等方面取得新的突破。二是要积极推进跨境贸易人民币结算工作，进一步改进和完善直接投资项下外汇管理方式和手段，加快企业外汇资金周转。三是完善信用风险评估和控制机制，进一步加强知识产权保护，营造公平的可预见的法制环境。

第四，发挥和放大促进外贸政策的功能效应。首先要对现有促进外贸发展的政策措施进行梳理和完善，强化外贸促进政策的针对性。财税政策方面，要重点支持外贸结构调整和转型升级。货币政策方面，要根据人民币汇率变动情况，努力保持区域内部的资本货币市场稳定，推动跨境贸易人民币结算工作。金融政策方面，要继续扩大出口信用保险规模，降低具有竞争优势的出口产品信用保险费率水平，扩大对风险国别和市场的承保范围等。其次要建立外贸促进政策的信息通道。构建必要的政策信息发布平台，互通东部地区各省市之间的促进贸易发展政策，确保各省市区域内促进贸易发展政策畅通到外贸出口企业。再次应当适时出台具有前瞻性的外贸促进新政策，尤其是在目前国际市场需求严重不足、贸易保护措施趋于强化、外贸发展面临压力且走势趋软的境况下，要在着力保持外贸政策持续性和稳定性的基础上，充分利用 WTO 规则，适时推出更具有前瞻性和针对性的政策措施，帮助出口企业减轻压力，促进外贸实现平稳发展。最后应当采取有效措施，避免已经出台的政策实施出现时滞，确保外贸扶持政策的及时到位。

7. 全面积极应对贸易摩擦

第一，密切关注贸易壁垒发展的最新态势。在这方面，既要关注各国实施贸易壁垒的可能性，又要密切关注各国可能推出的新型贸易壁垒，如反规避、世界气候谈判、碳关税、ISO26000 标准等，防范因新贸易壁垒实施所造成的措手不及，影响外贸转型发展。

第二，建立联合性的贸易摩擦应对机制。在这方面，首先应当建立东部地区区域性的贸易摩擦预警机制，及时发布有关贸易摩擦的预警信息，实现信息共享。其次完善政府、企业和中介组织三者分工合作的贸易摩擦联合应对机制，各司其职，各负其责地进行贸易摩擦的应对。

第三，设立省级贸易壁垒应对基金，帮助和支持资金暂时有困难的涉案企业积极应对贸易摩擦。这一基金可以按照外贸企业出口总额或者享受出口退税数额的一定比例进行提留，最初的启动资金则由财政投入或者垫付。

第四，逐步建立和完善公平贸易的组织指导机构。要以省为单位，在外贸重点市县，配备专人开展并抓好公平贸易工作。切实提高商会和行业协会的组织化程度、专业化水平和服务企业的能力，充分发挥商会和行业协会在应对贸易摩擦中的作用。

基于扩展引力模型的我国外贸影响因素分析[*]

罗良文　雷鹏飞　潘雅茹[**]

改革开放以来，受国家出口导向型经济发展方式的推动，我国的总出口和作为总出口重要组成部分的出口均呈现出指数级的迅猛增长。与此相对应的是，外汇储备的快速增加和贸易依存度的节节攀升。

虽然，外汇储备总存量和外贸依存度没有国际统一的安全标准，我国的巨额外汇储备及其快速增加的势头和处在高位的外贸依存度也不能说明中国经济已经不安全，然而，依靠对外贸易拉动经济增长的发展模式必须以出口目标国的经济增长为先导。一旦外部市场不确定性增加将无疑会加大中国经济宏观调控的难度，这次全球范围内的金融危机就是明证。基于此，分析中国对外贸易的外部影响因素和潜力具有现实意义。

一　文献综述

本文运用国际贸易领域广为接受的引力模型分析中国对前 50 个贸易伙伴对外贸易的影响因素和潜力。引力模型最早发端于物理学中牛顿提出的万有引力公式，即两个物体之间的引力与它们的质量乘积成正比，而与它们之间距离的平方成反比。经济计量学家 Tinbergen（1962）和德国经济学家 Poyhonen（1963）最先将引力模型应用到国际贸易领域，并认为两国的双边贸易流量与它们各自的经济规模成正比，而与它们之间的地理距离成反比，二者的经济规模分别反映了出口国的潜在供给能力和进口国的潜在购买能力。Linnemann（1966）是第三位系统研究将贸易引力模型应用于双边贸易流量计量分析的经济学家，他首次对贸易引力模型的研究分析进行了系统集成，在模型构造和变量设计方面形成了独特的技术路径和学术思想（谷克鉴，2001），并首次将人口变量加入引力模型中。然而人口变量对双边贸易流量的影响并没有得到经济学家的一致同意，比较有代表性的观点如 Linnemann（1966）、Bergstrand（1985）等经济学家发现人口变量与贸易流量负相关且在统计上显著，而 Brada 和 Mendez（1985）则发现人口变量与贸易流量正相关且在统计上显著。我国学者盛斌、廖明中（2005）在研究中发现人口变量和人均收入可以相互替

*　本文是国家社科基金"我国温室气体减排的技术经济路径优化与政策研究"。项目编号：12BJL054。

**　罗良文，河南商城人，中南财经政法大学经济学院副院长、教授、博士生导师，主要研究方向：国际贸易、人力资本；雷鹏飞，湖北巴东人，中南财经政法大学经济学院博士研究生，研究方向：产业经济、国际投资；潘雅茹，山东青岛人，中南财经政法大学经济学院博士研究生，研究方向：国际经济学。

代，二者中的任一变量都不会影响回归效果的敏感度，他们在回归分析中利用人口变量代替人均 GDP 变量进行回归，所得结果儿乎相同（系数相似、符号相反）。这也是本文在后面的实证研究中将人口规模和人均收入两个变量同时纳入引力模型中出现多个变量不显著时，果断舍弃人均收入变量的依据之一。

基于模型表述的简明性，20 世纪 60 年代以来，引力模型被广泛应用于国际贸易领域，并获得了相当程度的认可。经济学家将优惠贸易协定、共同语言、人均收入的绝对差额、两国消费价格指数、殖民关系等外生变量相继引入基本引力模型中，在丰富引力模型内涵的同时也扩大了引力模型的解释能力。Rauch（1999）甚至认为引力模型是预测国际贸易流量标准的（事实上，也是唯一的）实证分析框架。然而，引力模型在发展过程中也遇到了一些批评和责难（Anderson & van Wincoop，2003；Bergstrand，1985）。争论的焦点在于模型的理论基础，正如 Bergstrand（1985）在自己的论文摘要中所说"尽管引力方程在解释贸易流量方面取得了经验上的成功，但因为模型缺乏较强的理论基础，方程的预测潜力受到了限制"。不过，经由 Anderson（1979）、Helpman 和 Krugman（1985）、Bergstrand（1989）和 Deardorff（1995）等经济学家的不断发展，引力模型的理论基础已经日渐稳固，并催生了大量新的引力模型文献（盛斌、廖明中，2004）。

在国内，虽然应用引力模型分析我国对外贸易的文献已经很多，但专门针对中国贸易的研究相对匮乏（鲁晓东、赵奇伟，2010），研究中国对外贸易影响因素的文献更是凤毛麟角。盛斌、廖明中（2004）是国内较早应用引力模型分析我国出口贸易流量决定因素的学者，其文献对引力模型在国内学术界的发展和应用具有广泛和重要的借鉴意义。鲁晓东、赵奇伟（2010）即在二者研究的基础上，运用随机前沿方法和面板数据估计了中国的"前沿"出口水平和出口潜力。此外，周念利（2010）运用引力模型研究了中国双边服务贸易流量和出口潜力。张海森、谢杰（2008；2011）运用引力模型研究了中国—东欧农产品贸易和中国—非洲农产品贸易流量的决定因素与潜力。

鉴于目前国内几乎没有学者运用引力模型对中国对外贸易影响因素展开分析，本文抓此机会对此进行研究，同时注意到前人在分析中国出口贸易流量和潜力时未将外商在华直接投资（FDI）纳入引力方程，由于 FDI 同时具有贸易替代效应和贸易创造效应，本文将贸易伙伴的 FDI 纳入引力方程，运用新得到的扩展引力模型对中国对外贸易的影响因素和潜力进行截面数据分析。

二　实证分析

1. 模型构建

基于引力模型实证分析贸易流量的影响因素时，一般采取引力模型的对数形式，这主要是因为经济活动中各因素间的相互作用往往以几何形式而非算术形式存在，而对数形式不仅可以使引力公式线性化，而且可以减少数据中的异常点，还可以避免数据残差的非正态分布和异方差问题（张海森、谢杰，2008）。笔者根据基本引力模型的构建、前人对引力模型的扩展，结合本文的研究目的，将贸易伙伴的经济规模、人均收入、与中国之间的地理距离、人口规模、在华直接投资、贸易依存度、与中国人均收入之差的绝对值和二维虚拟变量"是否临海"和"是否与中国签订贸易协定"、三维虚拟变量"贸易伙伴是发达国家、发展中国家还是最不发达国家"等解释变量纳入模型，得到如下扩展的引力模型：

$$\text{lnexport}_i = \beta_0 + \beta_1 \text{n}Y_i + \beta_2 \text{ln}YBAR_i + \beta_3 \text{ln}DIS_i + \beta_4 \text{ln}FDI_i + \beta_5 \text{ln}DEP_i$$
$$+ \beta_6 \text{ln}YGAP_i + \beta_7 \text{ln}POP_i + \beta_8 ADJ_i + \beta_9 DL_i + \beta_{10}RTA_i + \mu_i$$

其中，β_i 表示模型参数，$i = 1, 2, \cdots, 90$；μ_i 表示随机扰动项。

2. 样本选择

本文选取与中国贸易最为活跃的 50 个国家作为样本，利用国际贸易领域广为使用的引力模型对数据进行横截面分析。中国的出口 $export_i$ 和贸易伙伴的在华直接投资 FDI_i 数据来自《2012 年中国统计年鉴》，贸易伙伴的经济规模 Y_i、人均收入水平 $YBAR_i$、人口规模 POP_i 数据来自世界银行发布的《世界发展指标和全球发展融资》（World Bank，WDI & GDF）。中国与贸易伙伴的地理距离 DIS_i 由笔者根据 Travel Distance Calculator 网站测算获得。虚拟变量 ADJ_i 由笔者根据谷歌地球（Google Earth）判断得出，虚拟变量 DL_i 根据联合国对发达国家的最新定义和联合国网站列出的最不发达国家名单进行判别，虚拟变量 RTA_i 来自世界贸易组织的 RTA 数据库。

3. 实证结果

由于本文采用的是横截面数据，且对变量进行了取自然对数处理，模型应该不存在自相关和异方差问题。最主要的问题可能是变量之间存在的多重共线性问题，为了解决此问题，本文先从基本的引力模型开始进行回归分析，然后根据扩展模型逐一引入边缘变量，并依据变量的统计显著性和系数符号判别该变量是否应该引入模型中，直至所有核心变量和引入的边缘变量基本都统计显著为止。本文的实证结果统一由 Eviews 计量软件做出，回归结果见表1。

表 1　引力模型的回归分析结果

	基本方程	扩展方程		
	1	2	3	4
常数项 C	6.4325 *** (3.4255)	2.9852 (2.3627)	4.2005 (1.4658)	4.2158 ** (3.3566)
$\text{ln}Y_i$	0.3156 *** (3.6272)	0.1435 (0.3466)	0.4972 *** (4.5336)	0.4578 *** (5.7262)
$\text{ln}DIS_i$	-0.4235 *** (-3.2356)	-02467 (-2.6433)	-0.4321 (-15733)	-0.9456 (-1.7314)

续表

	基本方程	扩展方程		
	1	2	3	4
$\ln YBAR_i$		0.0432 (0.3656)		
$\ln FDI_i$		0.1325 *** (4.4982)	0.2358 *** (4.5072)	0.1056 *** (6.6573)
$\ln DEP_i$		0.3465 *** (3.0864)	0.4436 *** (3.7564)	0.4546 *** (1.8763)
$\ln YGAP_i$		0.1356 (2.5445)	0.1769 (1.1546)	
$\ln POP_i$		0.3546 ** (3.0867)	0.3436 *** (3.7825)	0.3432 *** (5.9729)
ADJ_i		0.3225 *** (2.4641)	0.4532 *** (3.7652)	0.2349 *** (2.4654)
DL_i		−0.1436 (−2.0759)		
RTA_i		−0.1436 (−0.8654)		
调整后的 R^2	0.8324	0.9562	0.8876	0.8742
DW 值	1.8854	1.8965	2.2356	2.0354
F 统计量	132.5426	43.2545	60.9454	66.1357

注：W_1 表示在 10% 的水平上显著，W_2 表示在 5% 的水平上显著，W_3 表示在 1% 的水平上显著；括号内是相应参数估计量的 t 值。

从表 1 可以看到：（1）在基本方程 1 中，解释变量 Y_i 和 DIS_i 的变化很好地解释了被解释变量 $export_i$ 83.24% 的变化，所有解释变量的系数符号都与事先预期的符号相一致，而且两个解释变量的系数都具有相当高的统计显著性，相应 t 统计量的绝对值均大于 3，即在 1% 的显著性水平上通过检验；（2）在三个扩展方程中，虽然方程 2 经调整后的判定系数与另外两个方程差不多，但核心变量 Y_i、DIS_i 和边缘变量 $YBAR_i$、$YGAP_i$ 及虚拟变量 DL_i、RTA_i 对应的 t 统计量的绝对值都非常小，无法通过显著性检验，而且虚拟变量 RTA_i 的系数符号与预期也不一致；（3）本文本着"经济计量模型必须保留理论上的核心变量，不论该变量是否在统计上显著"的原则进一步剔除统计上不显著的边缘变量 $YBAR_i$ 和虚拟变量 DL_i、RTA_i，保留核心变量 Y_i 和 DIS_i，得到扩展方程 3，并在方程 3 的基础上进一步剔除统计上不显著的变量 $YGAP_i$，得到扩展方程 4。对比扩展方程 3 和扩展方程 4 发现，虽然方程 3 经调整后的判定系数略高于方程 4，但方程 4 中的核心变量 Y_i 在统计上更加显著（反映为 t 统计量的绝对值更大），同时解释变量 FDI_i、DEP_i、POP_i 和 ADJ_i 都在 1% 的显著性水平上通过了统计检验，F 统计量的取值也更大，因此本文选择扩展方程 4 作为中国出口的最佳解释方程并据此估计中国的出口潜力。

4. 实证结果分析

从总体上来看，扩展方程 4 的拟合效果较好。首先，除地理距离外，其余五个解释变量都在 1% 的水平上通过了显著性检验。表示运输成本的地理距离变量 DIS_i 在统计上不显著，本文认为可能有两个方面的原因：一方面，随着现代航海技术不断发展并应用于现实中，大宗运输（如集装箱）和远洋运输逐渐出现，运输成本占运输总价值的比例越来越小，运输成本阻碍运输的作用越来越不明显；另一方面，以地理距离表示运输成本有个前提假定即单位距离的运输成本是同质的，然而现实中采用不同的运输方式都会对此假定产生冲击，从而导致地理距离偏离乃至无法反映真实的运输成本。其次，较高的判定系数表明，贸易伙伴的经济规模 Y_i 与中国之间的地理距离 DIS_i、人口规模 POP_i、在华直接投资 FDI_i、贸易依存度 DEP_i 和虚拟变量贸易伙伴是否临海 ADJ_i 较好地解释了中国出口 $export_i$ 的变化。再次，各个解释变量的符号都与预期符号相同。最后，DW 值非常接近 2，表明方程不存在自相关问题。下面对回归结果作具体分析。

（1）中国的出口与贸易伙伴的经济规模正相关而且在统计上高度显著，说明中国出口的"需求拉动"特征明显，这与引力模型的描述相一致。经济规模通常反映了一个国家对进口的潜在需求能力，一个国家的经济规模总量越大，对进口需求量越大。中国的出口也符合这种逻辑：对经济规模大的国家出口相对多，对经济规模小的国家出口相对少。现实中我们也有这种经验感受，随着中国出口的增多，美国、欧盟、日本等经济规模最大的经济体逐渐成为中国最大的出口市场。

（2）中国的出口与贸易伙伴的人均收入正相关但在统计上没有通过显著性检验。从理论上看，人均收入通常反映了一个国家的发展水平，人均收入高，则发展层次高，对需求的数量大、需求种类也多。没有通过检验的原因可能是，贸易伙伴的人均收入与其他多个变量之间存在多重共线性问题，从扩展方程 2 中也可以看出，人均收入变量的 t 统计量的绝对值非常小，而剔除该变量后其他变量却变得相对更加显著。

（3）中国的出口与贸易伙伴的在华直接投资正相关且在统计上高度显著，反映 FDI 具有明显的贸易创造效应。根据日本一桥大学教授小岛清（1987）的理论，国际直接投资通常包括资本、技术、信息、经营管理知识等的一揽子要素转移，主要由投资国特定产业的特定企业向东道国的特定企业转移，这种转移增加并强化了东道国的比较优势，产生贸易创造效应。中国自改革开放初始积极引进外资，1993 年成为引进 FDI 最多的发展中国家，随着 FDI 的大量流入，中国吸引外资的目的已从最初的弥补国内资金不足转向利用外资促进国内技术进步，即 FDI 对中国企业的技术外溢效应逐渐显现，表现为内资企业的劳动生产率、生产能力和竞争能力的不断提升，结果大大增加了国内企业的对外出口能力。作为东道国，中国拥有稳定和宽松的投资环境、廉价的劳动力、土地等生产要素和广阔的市场等竞争优势，容易消化和吸收投资国从"边际产业"开始进行的对华直接投资。在华外资企业生产的产品大量返销投资国国内市场，扩大了中国对贸易伙伴的出口。

（4）中国的出口与贸易伙伴的贸易依存度正相关且在统计上高度显著。贸易依存度反映了一个国家在国际市场上的对外开放程度，不断升高的外贸依存度反映中国在国际市场上活跃度和对外开放度不断上升，中国在国际市场已经是一个开放的国家。在这种情况下，贸易伙伴的贸易依存度就对中国的对外贸易具有显著影响。

（5）中国的出口与中国和贸易伙伴的人均收入之差的绝对值正相关但在统计上没有通过显著性检验，可见林德的重叠需求理论不适用于中国的对外贸易。林德在1961年发表的《论贸易和转变》中提出了重叠需求理论。该理论假设：国内贸易是国际贸易的基础，国际贸易是国内贸易的延伸，各国应当出口那些拥有巨大国内市场的制成品，即大多数人需要的商品，一个国家在满足这样一个市场需求的过程中，可以获得以后向具有相似偏好和收入水平的国家出口该类商品所必需的经验和效率，该国将会进口国内高收入和低收入的少数人所需要的商品。也就是说，国内贸易取决于本国国民的需求偏好，而本国国民的需求偏好取决于本国的人均收入，因此两国的人均收入越接近，两国需求重叠的部分就越大，从而两国的贸易量就越大。但是，林德的理论只在其祖国瑞典得到了证实，其他国家并不适用。

（6）虚拟变量是否临海对中国的出口具有显著影响。虽然随着现代技术进步不断应用到远途运输上，海运相比陆运和空运的成本优势越来越小，但本文的实证结果显示，海运相较于非海运依然显著有利于中国的出口。

（7）虚拟变量贸易伙伴是发达国家、发展中国家还是最不发达国家和区域贸易协定对中国出口的影响不显著。这很可能是因为：第一，中国已经加入世界贸易组织，享受成员国之间相互减免关税、降低贸易壁垒的优惠，区域贸易协定对双边贸易的影响逐渐式微；第二，中国签订的区域贸易协定还很少，尚未发挥出非常明显的作用；第三，本文模型设定的问题，无法将现实中难以量化的因素考虑进来。

三　结论

本文利用2012年中国对主要贸易伙伴的对外贸易截面数据，基于扩展的引力模型对中国对外贸易的影响因素和潜力进行了实证分析。实证结果显示，在1%的显著性水平上，贸易伙伴的经济规模、人口规模、在华直接投资、贸易依存度和是否临海都通过了显著性检验。其中，中国的对外贸易与贸易伙伴的经济规模正相关且在统计上高度显著，揭示了中国出口的"需求拉动"特征；中国对外贸易与贸易伙伴的在华直接投资正相关且高度显著，FDI的贸易创造效应明显；中国对外贸易与贸易伙伴和中国人均收入之差的绝对值正相关但在统计上不显著，揭示了林德效应不适用于中国的对外贸易；虚拟变量是否临海在1%的显著性水平上通过检验，显示出海运在成本方面依然优于其他运输方式。贸易伙伴与中国的地理距离在10%的显著性水平上没有通过统计检验，可能是由于现代航海技术的发展和运输成本的非同质性，地理距离不能正确衡量中国运输中的成本因素。由于模型变量选取的原因，或者现实经济中存在的无法量化的因素的作用，贸易伙伴的人均收入变量及贸易伙伴是发达国家、发展中国家还是最不发达国家和区域贸易协定两个虚拟变量并没有显著影响中国的对外贸易。

国际金融和经济危机后我国发展面临的挑战和机遇

张作云[*]

自国际金融和经济危机发生以来，世界经济和政治形势发生了深刻变化。与此相适应，国际关系尤其是大国之间的关系也已经或正在进行相应的调整，整个世界呈现了大动荡、大分化、大调整、大变革、复杂多变、险象环生的局面。风云变幻的国际经济政治形势，必然通过各种渠道，以各种形式对我国经济社会发展和社会主义现代化建设产生重大影响。这些影响，既包括严峻的挑战，也包括难得的机遇。本文拟结合当前国际经济政治形势和我国经济社会发展的实际，对我国面临的挑战和机遇进行探讨。

一　来自国际的挑战

此次源自美国的国际金融和经济危机，给国际社会和各个国家造成的冲击和破坏是巨大的，其影响是极其广泛和深远的。不仅表现在经济方面，而且也涉及政治、科技、文化乃至国际安全等各个方面。不仅使世界经济政治格局发生深刻变化，而且也给处于国际经济政治链条关键环节的我国带来前所未有的挑战。

从经济上看，这次金融和经济危机给我国带来的挑战大体表现在以下方面：

第一，全球经济增长模式的调整。持续发酵的金融和经济危机，打断了第二次世界大战以来世界经济长期的增长势头，严重冲击了美欧发达国家过度负债消费、过度依赖虚拟经济膨胀的增长模式，使长期形成的中东提供能源、亚洲生产、美欧等发达国家消费的世界经济运行模式面临巨大挑战，从而使供给结构、需求结构深度调整的趋势不可避免。全球经济增长模式的这一变化，必然使我国长期形成的内需与外需、投资与消费等结构失衡的矛盾进一步尖锐化，使我国高度依赖出口、依靠外需拉动经济增长的模式面临极大的挑战。

第二，国际贸易保护主义重新抬头。金融和经济危机发生以来，主要经济体尤其是发达经济体面临经济复苏前景暗淡、失业率居高不下的压力。世界各国为了保护本国产业，

---

　　* 张作云，安徽萧县人，淮北师范大学当代经济研究所所长、教授、硕士生导师。主要研究方向：《资本论》与社会主义经济理论。本文系国家社科基金项目"《资本论》与当代资本主义金融危机研究"的阶段性成果，项目批准号：09BKS035。

扩大出口，促进就业，振兴经济，纷纷采取各种贸易保护措施。据世界银行统计，危机爆发之后，各国推出或计划推出的贸易保护措施达 78 项之多，其中 47 项已付诸实施。这些措施主要包括提高关税、贸易禁令、出口补贴以及各种形式的非关税壁垒等。另外，还有一些旨在保护本国产业的措施未计入上述保护措施，如反倾销调查等①。贸易保护主义的盛行，不仅提高了我国贸易成本，恶化了我国对外贸易的环境，使我国稳定出口市场、扩大贸易份额的难度明显增大，而且也强化了我国加快发展方式转变、扩大国内需求、降低外贸依存度的紧迫性。

第三，欧洲主权债务危机。自 2009 年希腊主权债务危机爆发以来，葡萄牙、西班牙、爱尔兰、意大利等国的主权债务市场也波澜四起，相继陷入危机的境地。欧盟和国际货币基金组织虽几度采取措施，予以救助，但危机的阴影仍挥之不去。欧盟是我国最大的贸易伙伴。欧盟各国为摆脱危机所采取的紧缩政策，必然影响其国内居民的消费需求和经济恢复，从而使我国对欧盟的出口受到影响。同时，欧洲央行和英格兰银行为摆脱危机所采取的宽松的货币政策，抑制了欧元和英镑汇率的回升，因而也对我国向欧洲的出口产生不利影响。再者，由于欧洲的经济停滞，许多国家为了保护本国产业，扩大就业，复苏经济，采取了较为严格的贸易保护政策，从而产生了对人民币升值的更大诉求。这些政策的实施，也成为我国经济发展的不利因素。

第四，美国国债危机及其采取的量化宽松政策。国际金融和经济危机不仅使欧洲各国的主权债务陷于危机的境地，而且也使美国的巨额债务面临巨大威胁。2008 年危机发生以来，美国国债总额一路攀升。2011 年 5 月 16 日，美国国债触及 14.29 万亿美元的法定举债上限。② 2012 年底，美国政府债务达到国会制定的 16.4 万亿美元的上限，只是由于美国财政部采取了"特别措施"，才没有陷入债务违约的窘境。③ 为了摆脱债务危机，避免债务违约和经济衰退，防止全球金融体系崩溃，美国国会不得不一再提高债务上限，采取量化宽松的货币政策。美国实行的这一政策，给我国经济运行带来了极为不利的影响。首先，它在扩大美国从中国进口的同时，使美国贸易逆差增大。不仅强化了美国对人民币升值的要求，而且还推动美国贸易保护主义情绪的上升。其次，它使流入我国的"热钱"增多，使我国股市、房市泡沫面临进一步膨胀的风险，增大我国宏观调控的难度。再次，美元的流动性过剩导致国际能源、资源性产品的价格攀升，增大我国对这些商品的进口成本，引发输入型通货膨胀。最后，量化宽松的货币政策导致美元贬值和人民币升值，使我国持有的巨额美国国债和外汇储备严重缩水和遭受重大损失。

第五，发达国家再工业化的趋势。国际金融和经济危机促使西方发达国家对以往"去工业化"的发展模式进行反思，出现"再工业化"、重返实体经济的发展趋势。通过"再

---

① 参见张幼文等《金融危机后的世界经济：重大主题与发展趋势》，人民出版社，2011，第 335 页。
② 李雪莲、魏民：《美国国债危机与解决前景》，《国际问题研究》2011 年第 5 期，第 112 页。
③ 参见望海楼《"悬崖"过后，还有峭壁》，《人民日报》（海外版）2013 年 1 月 4 日。

工业化"战略的实施，不仅实现传统产业在高新技术基础上的复兴，而且还将加快绿色能源、生物医药、新型材料、航空航天等新兴工业部门的发展。发达国家传统工业的复兴和新兴工业部门的发展，将会在挤压我国产品市场空间的同时，增大我国培育并促进新兴产业发展的压力。

第六，全球经济的"再平衡"。此次国际金融和经济危机的发生，不仅暴露了全球经济"失衡"的矛盾和弊端，而且还将推动业已"失衡"的全球经济的"再平衡"。在这次全球经济的"再平衡"中，西方发达国家一改过去低储蓄、高消费甚至靠负债消费的发展模式，转而实行提高储蓄率、降低消费率、投资与消费、供给与需求基本平衡的发展模式。这一"再平衡"过程，将使发达国家的需求转向更多依靠发达国家国内和相互之间的供给来满足，使我国以往靠外需拉动经济增长的模式难以为继，加剧国内经济结构的不平衡。

这次国际金融和经济危机，不仅使我国发展的经济环境面临巨大挑战，而且也使我国发展的政治环境变得严峻起来。在这次金融和经济危机中受到沉重打击的西方发达国家，面对在危机冲击中一枝独秀，仍然持续高速增长，并使实力大幅提升、国际地位显著提高的我国，无不产生巨大的危机感和焦虑心理。为了阻止我国的快速崛起和自身霸权地位的衰落，西方国家尤其美国对我国采取了两面手法，推行了"合作＋遏制"战略。一方面公然表示欢迎我国的发展和崛起，另一方面又对我国进行防范和遏制。在各种场合，利用一切可乘之机，设置种种障碍，牵制我国，延续和阻滞我国崛起的进程。近年来，以美国为首的西方国家在国际上制造和掀起的"中国威胁论"，一浪高过一浪。美国把我国作为潜在的对手，实施战略重心向亚太转移，强化美日军事同盟，提升美印战略关系，拉近并建立与澳大利亚、新西兰之间的伙伴关系，力图组织亚洲小北约。不断掀起"民主潮"，策动北非、中亚国家的政权更迭，力图建立"亲西方"的政府。拉拢、挑唆、利诱我们的邻国，挑起与我国的领土、领海争端，在我国周边闹事，围绕我国构建"全月形"的包围圈。以美国为首的西方国家的这些举动，对国际关系尤其是亚太各国之间的关系产生了极大的消极影响，恶化了我国发展的国际政治环境，在一定程度上分散了我国发展的精力，增大了我国发展的难度。

二 国内面临的困难和问题

经济建设是我国社会主义现代化建设总体布局重要的和首要的内容，同时也是其他各项建设的物质前提和基础。笔者认为，当前我国经济建设面临的困难和问题在于：

第一，我国的所有制结构发生了重大变动，公有制的主体地位有所弱化。从公有制经济与非公有制经济在国民经济中的比重来看，公有制经济和非公有制经济的资本、产值和就业人数，至2006年，二者在国民经济中的比重为3∶7。① 从公有资产和非公有资产在社

---

① 项启源：《关于科学地判断公有经济主体地位的探讨》，《社会主义经济理论与实践》2012年第11期，第20页。

会总资产中所占比重来看，公有资产在社会总资产中的比重由 2003 年的 57%、2006 年的 48.6%、2008 年的 35.2%，下降到 2010 年的 26.9%，其中国有资产占 22.2%、集体经济资产占 4.7%。而非公有制经济资产所占比重由 2003 年的 42.8%、2006 年的 51.2%、2008 年的 64.2% 上升到 2010 年的 73%。从公有制经济与非公有制经济的增长速度来看，2005 年同 1998 年相比，私营经济的固定资产净值增长了 16.7 倍，"三资"企业增长了 31.5 倍，而国有及国有控股企业仅增长了 0.54 倍。[①] 从公有制经济与非公有制经济在三次产业中的比重来看，目前，在第一产业中国有经济仅占 3.9%，家庭联产承包制经济占 63%。在第二产业中，公有制经济资产仅占 27.6%（国有经济占 24.8%，集体经济占 2.8%），非公有制经济资产占 72.2%。在第三产业中，公有制经济的资产仅占 24%（国有经济占 21.7%，集体经济占 2.3%），非公有制经济资产占 75.9%（私营经济占 51.8%，外资占 21.3%）。[②] 从国有经济的控制力来看，公有制经济与非公有制经济相比，也有明显变化。在工业部门的各个行业中，1992 年国有经济比重占 50%～99% 的行业共有 23 个，占全部行业的 82%；到 2005 年，在 38 个工业行业中，国有企业产值比重占 80% 以上的行业仅为 6 个，占 50%～69% 的行业仅为 2 个，二者合计仅占全部工业行业的 28.5%，非公有制经济已占据工业部门行业资本的 3/4 以上。[③] 目前，在我国 40 个主要工业部门中，国有经济居控制地位的只有石油及天然气开采业、石油加工业、电力工业、水生产供应业和烟草工业等 5 个行业。居相对控制地位的有煤炭开采业、电力机械制造业、燃气生产供应业等 3 个行业，其余 31 个行业全部为非公有制经济控制并占主体地位。在建筑业和第三产业，公有制经济早已下降到 20% 以下。尤其值得注意的是，外商经济控制了我国将近一半的行业。在我国 28 个主要行业中，外商在 20 个行业拥有了资产控制权，其中绝对控制的有 9 个行业，相对控制的有 11 个行业。一些产业虽未完全控制，但控制了一些产业的排前五名的企业。[④] 总之，无论从各种所有制经济的绝对量、相对量的比例，还是从近年来各种所有制经济的发展趋势来看，公有制经济在所有制结构中的主体地位都在不断弱化和下降。

第二，在就业结构方面。改革开放以来，我国形成了多种所有制经济共同发展的格局，劳动者的就业结构在不同所有制经济中的就业比重也发生了重大变化。至 2008 年末，在我国工业企业法人单位的从业人员中，国有企业及国有独资企业占 9.2%，集体企业占 2.9%，私营企业占 44.4%，港澳台商投资企业占 10.7%，外商投资企业占 11.7%，其余类型企业占 21.1%。其中，在建筑业企业法人单位从业人员中，国有企业及国有独资企业占 12.7%，集体企业占 6.7%，私营企业占 37.0%，其他有限责任公司占 34.6%，其余类型企业占 9.1%；在批发零售企业法人单位的从业人员中，国有企业占 11.8%，集体企业

① 项启源：《关于科学地判断公有经济主体地位的探讨》，《社会主义经济理论与实践》2012 年第 11 期，第 20 页。
② 宗寒：《坚持公有制为主体问题》，《河北经贸大学学报》2013 年第 2 期，第 6 页。
③ 项启源：《关于科学地判断公有经济主体地位的探讨》，《社会主义经济理论与实践》2012 年第 11 期，第 20 页。
④ 宗寒：《坚持公有制为主体问题》，《河北经贸大学学报》2013 年第 2 期，第 6～7 页。

占 3.1%，私营企业占 49.4%，港澳台商投资企业占 5.2%，外商投资企业占 7.2%。通过综合计算可知，在上述几个产业部门中，公有制企业从业人员的比例不到 20%。① 2010 年底，全国建立在生产资料私有制基础上的私营企业的雇工达到 9183.1 万人，到 2011 年底，全国私营企业雇工人数即占全国的 80%。② 加上近 2 亿人的流动农民工（基本上都在私营企业中就业），私营企业雇工人数在全国所占的比重更大。③ 1949 年，全国有 15 万家民族资本主义工商企业，雇工为 174.9 万人。而目前我国私营企业雇工人数比 1949 年全国民族资本主义工商企业高出 10.6 倍。④ 这一庞大的在私营企业中就业的雇佣劳动者队伍，无论是从他们在企业中对生产资料的所有制关系、在企业生产和管理中的地位和作用来看，还是从他们在企业收入分配关系中的地位、作用以及他们所得工资的数额和性质来看，与私营企业主的关系都不可能是平等的、和谐的。这种不平等和不和谐的劳动关系，必然会而且已经引发雇佣劳动者与私营企业主之间的各种矛盾、冲突和群体性事件。这些矛盾、冲突和群体性事件还有可能向社会蔓延，以致造成社会治安状况恶化，社会秩序不稳，直至党的威信和政府公信度降低。

第三，在收入分配方面。改革开放尤其是国际金融和经济危机发生以来，由于我国生产资料公有制的主体地位，劳动者在生产和管理过程中的地位和作用发生了变化，我国的收入分配结构和收入分配关系也在发生相应的变化。从一般社会收入差距来看，居民家庭之间的收入分配差距不断扩大。1995 年，城镇居民家庭中 10% 的最高收入组人均可支配收入是 10% 最低收入组人均可支配收入的 8.8 倍，2010 年这一比例则上升到 9.8 倍。2002 年，农村居民家庭中 20% 的最高收入组人均纯收入是 20% 最低收入组人均纯收入的 6.88 倍，2010 年，这一比例则上升为 7.51 倍。行业之间的收入差距也逐步拉大。按行业大类计算，1978 年，城镇单位就业人员人均工资水平最高行业与最低行业人均工资水平之比为 1.81∶1，2010 年，这一比例即上升为 4.2∶1。如果进一步细分，2008 年，人均工资水平最高的证券业（172123 元）是人均工资水平最低的畜牧业（10803 元）的 15.93 倍。地区之间的收入差距较大。2010 年城镇居民人均可支配收入，全国最高的上海市（31838.06元）比最低省份甘肃省人均可支配收入（13188.55 元）高出 2.41 倍。同期农村人均纯收入上海市（13977.96 元）比甘肃省农村人均纯收入（3424.65 元）高出 4.08 倍。城乡差距也在进一步扩大。1999 年，我国城镇居民人均可支配收入相当于农村人均纯收入的 2.2 倍，2011 年则为 3.13 倍。我国金融资产也存在向高收入家庭集中的趋势。城市户均储蓄存款最多的 20% 的家庭的人民币和外汇存款总额，分别占城市居民储蓄存款总额的 64.4% 和 88.1%。而户均金融资产最少的 20% 家庭，则分别占城市储蓄存款总额的 1.3%

---

① 参见何干强《论公有制在社会主义基本经济制度中的最低限度》，《马克思主义文摘》2013 年第 2 期，第 25 ~ 26 页。

② 宗寒：《目前我国新资产阶层的现状、作用和性质》，《河北经贸大学学报》2012 年第 5 期，第 5 页。

③ 刘国光主编《共同理想的基石：国有企业若干重大问题评论》，经济科学出版社，2012，第 248 页。

④ 宗寒：《目前我国新资产阶层的现状、作用和性质》，《河北经贸大学学报》2012 年第 5 期，第 8 页。

和 0.3%。[①] 我国贫富悬殊和不断扩大的收入差距，不仅会引发和加剧各种社会矛盾，影响社会的和谐和稳定，而且也会降低群众对党和政府的支持度，从而成为制约我国经济社会持续健康发展的重要因素。

第四，在需求结构方面，内需与外需的关系失衡。改革开放以来，我国实施了出口导向型发展战略，利用劳动力和自然资源的低廉成本，向外国出口了大量低附加值的产品。这一战略的实施，虽然对我国经济增长起到了重要支持和拉动作用，但也给我国经济发展带来一定的不良效应。首先是增大了我国对外贸易的依存度。改革开放以来，我国对外贸易规模逐年扩大。进出口总额从 1978 年的 204 亿美元，发展到 2008 年的 25616 亿美元，30 年增长了 125 倍。与此同时，外贸依存度也由 1978 年的 9.74%，经由 2004~2005 年的 70%、2007 年的 66% 到 2008 年的 58%。[②] 近年来虽有下降，但 2012 年仍为 47% 左右。[③] 在经济全球化加速发展、经济政治风云变幻的国际环境下，过度依赖对外贸易，必将增大我国经济遭受外部冲击的可能性，增大我国经济运行的风险。其次，投资与消费的比例失调。近年来，我国经济增长过度依赖投资拉动，致使投资率持续走高，消费率持续下降。2000~2009 年，投资率由 36.5% 上升到 47.5%，消费率则由 61.4% 下降到 48.6%，其中居民消费率由 45.3% 下降到 35.6%。[④] 投资的高速增长和社会消费尤其是居民消费的持续低迷，不仅会导致国内产能大量过剩、多种资源的巨大浪费，而且也会打破我国国民经济的内部平衡，不仅违背社会主义生产的目的，而且也会挫伤广大人民群众的积极性，从而也制约了我国经济社会的持续健康发展。

第五，在产业结构方面。改革开放特别是近年来，我国经济迅速发展，产业规模不断壮大，国际影响力日益增强，跨行业、跨地区、跨所有制的大型企业集团不断发展壮大，在产业结构调整和升级方面，做了大量工作，并取得了显著成效。但是，与国际经济结构发展的趋势，我国经济社会发展的要求相比，我国产业结构还存在许多不适应的情况。农业的基础地位还比较薄弱，现代农业发展滞后；第二产业还主要依靠投资及其量的扩张拉动，重化等传统工业比重较大，对能源原材料的依赖程度较高；高新技术产业虽有较大发展但规模仍然较小，高新技术产品出口主要通过外商企业和加工贸易来实现，国内企业主要承担劳动密集的加工组装工序，技术密集程度、研发比重和产品附加值较低，整个制造业"大而不强"；第三产业发展滞后，以生产性服务业为代表的现代服务业比重较低，高端生产性服务业发展缓慢，传统服务业供过于求，新兴服务业供给不足，第三产业内部结构有待进一步调整；产业技术总体水平不高，自主创新能力不足，对外依存度较高，国内企业自主品牌、国际知名企业不多，国内产业技术还处于从属地位；能源、资源消耗强度较大，产业能源效率较低，环境污染问题较为严重；区域产业发展不平衡，产业雷同现象

①　参见田家官《论我国国民收入分配模式的转变》，《海派经济学》2012 年第 3 期，第 94~97 页。
②　李慎明主编《美元霸权与经济危机》（上），社会科学文献出版社，2009，第 136 页。
③　顾阳：《我国外贸依存度或将进一步降低》，《经济日报》2013 年 3 月 21 日。
④　参见张平主编《"十二五"规划战略研究》，人民出版社，2010，第 131~132 页。

较为严重，部分行业尤其是一些重化工业如钢铁、电解铝、铁合金、焦炭、汽车等产品过剩现象较为普遍；产业组织不尽合理，大型企业不大不强，缺少参与国际竞争的大型企业集团和龙头企业，中小企业不精不专，大中小企业之间的专业化分工体系尚未形成，相互协作、共同发展的意向很难实现，专业化分工的整体效益较低。我国产业低水平和产业关系失衡状况已成为产业安全、经济发展方式转变乃至经济社会持续健康发展的一大难题。

第六，在城乡发展方面。"三农"问题依然突出。目前，我国农业技术装备落后，基础设施薄弱，设备老化现象较为严重。我国长期以来形成的工业和城市优先发展的战略未能从根本上改变，各种资源尤其是财政、金融等核心资源的配置仍然向工业和城市倾斜。国家对农业和农村的投入虽然逐年增加，但仍显不足，并且从投入比例来看，还有进一步下降的趋势。这种不利的发展条件和环境，与农村基础建设项目较多、所需资金投入较大的现实，形成了尖锐的矛盾。目前，我国农业发展方式粗放、农业资源利用效率低下的状况还未根本改变；随着农村工业化和城镇化步伐的加快，资源的过度开发和占用，资源单向减少的趋向难以遏制，这样，必然与我国本来有限的资源要素禀赋和资源供给形成突出的矛盾。目前，我国农业抗拒自然灾害的能力依然有限，水土流失、土地沙化、农田荒漠化的面积总体上仍呈扩展趋势；农业、农田、农村废弃物排放日益增多，工业污染向农村蔓延的现象有增无减，农村环境的污染程度有所加剧，农业、农村生态环境状况堪忧。目前，我国农业科技投入总量依然较低，投入强度与国际水平相比也不大，由于农业经营体制的小农生产方式特点，科技投入分散，投资效率不高。这种情况不仅使农业生产成本高居不下，影响产品品牌的培育和农产品质量的提高，而且也使我国农业缺乏国际竞争力，在日益开放的农产品国际市场上处于低端水平。

第七，区域经济差距不断扩大，不平衡状况仍在发展。从人均 GDP 的增长率来看，东部地区人均 GDP 增长率，1998 年为 0.093，2007 年为 0.123，10 年的年平均增长率为 0.110；中部地区人均 GDP 增长率，1998 年为 0.080，2007 年为 0.142，10 年的年平均增长率 0.107；西部地区人均 GDP 增长率，1998 年为 0.076，2007 年为 0.125，10 年的年平均增长率为 0.097。三个地区相比，在 1998～2007 年的 10 年间，东部地区人均 GDP 年均增长率比中部地区快 0.003，比西部地区快 0.013。东部地区的经济发展速度明显快于中西部地区①。区域协调发展指数是指区际实际收入和公共服务的均等化程度及其过程。从区域协调发展指数来看，东部地区，1998 年为 0.600，2007 年为 0.616，10 年的区域协调发展年平均指数为 0.600；中部地区，1998 年为 0.405，2007 年为 0.402，10 年的区域协调发展年平均指数为 0.405；西部地区，1998 年为 0.369，2007 年为 0.355，10 年的区域协调发展指数年平均为 0.363。三个地区相比，在 1998～2007 年的 10 年间，区域协调发展年平均指数，东部地区比中部地区高出 0.195，比西部地区更高出 0.237。② 区域联系强

---

① 参见张平主编《"十二五"规划战略研究》，人民出版社，2010，第 375～376 页。
② 参见张平主编《"十二五"规划战略研究》，人民出版社，2010，第 375～376 页。

度，是从一个角度反映区域差异对分工和贸易的效率，反映收入水平差距的人均收入呈现出的区域内收敛，区域间发散的程度和特点的指标。我国区域联系强度，2006 年和 2007 年分别为 0.3383 和 0.3484，比 1998 年和 2005 年的 0.5 ~ 0.55 分别低 0.1617 和 0.2016。这说明我国区域经济差距的不断扩大已经对资源配置、分工和贸易效率产生较大影响。[①] 以上情况说明，随着改革开放的深入发展，我国经济社会虽然从总体上看是获得了快速发展，人民物质文化生活水平得到极大提高，但区域之间的发展差距仍在不断扩大，不平衡状况仍未从根本上改变。这种状况的延续，将会影响社会安定和民族团结，进而影响我国经济社会的持续健康发展。

三　机遇与挑战并存

我们从事的是有中国特色的社会主义现代化建设事业。在其发展过程中，由于历史的和现实的原因，更由于我们所处的国际国内环境及其矛盾的复杂性和多变性，不可能风平浪静和一帆风顺，所面临的风险和挑战已如上述。但是，如果仔细分析起来，我们面临的发展机遇和有利条件也是多方面的。

从国际上看，和平与发展这一时代主题越发得到展现。目前，虽然以美国为首的西方霸权主义、强权政治和新干涉主义依然存在并有新的强化和发展，局部战争和武装冲突的根源不仅没有清除而且新的动因还在增多。但是，世界各国人民要和平、求稳定、谋发展的呼声正日益高涨，西方国家推行的侵略、掠夺和扩张的新老殖民主义相结合的政策越发不得人心，反对帝国主义、霸权主义、新干涉主义和强权政治的和平力量在不断壮大，国际局势虽然仍复杂多变，但总体走向缓和的趋势已不可避免。这些特点，将为我国的快速发展提供相对稳定的外部环境和必要条件。世界多极化和经济全球化两种趋势并行不悖，曲折发展。世界发展的多极化，虽然使我国在群雄逐鹿的残酷竞争中面临巨大的压力，但是给我们提供了展示中华民族伟大才智的大好机会，可以使我们把压力转化为动力，激发强烈的民族自尊心和爱国热情，可以振奋中华民族艰苦奋斗、不怕困难、积极向上、在激流中勇进、在逆境中奋起的自强精神，同时，还可以鼓起振兴中华、实现民族伟大复兴的豪情壮志和勃勃雄心。经济全球化的加速推进，也使世界各国的国别经济、区域经济、国际市场连为一体，使商品、技术和资本在全球范围内自由流动和优化配置，各国之间的经济联系更加紧密，相互依存不断增强；使我国可以乘发达国家高新技术兴起、传统产业向外转移之机，积极参与国际分工，利用外资、引进技术、承接产业转移，实现产业调整和升级，获取比较利益。此次席卷全球的国际金融和经济危机影响深重，以美国为首的西方国家，经济社会矛盾堆积如山，经济复苏乏力，困难重重，至今仍在低谷中徘徊，前景暗淡。危机的现实表明，美国等发达国家过度负债消费、过度依赖虚拟经济扩张实现经济增

---

① 参见张平主编《"十二五"规划战略研究》，人民出版社，2010，第 387 页。

长的模式难以为继，回归实体经济、实现"再工业化"的呼声逐浪推高。西方国家经济的衰退，使原有中东提供资源能源、亚洲生产、欧美消费的世界经济模式受到严峻挑战，供给结构和需求结构正在进行深度调整，大调整、大变革的时代已经来临。国际经济环境的变化，增强了我国调整结构、扩充内需、保持经济持续快速健康发展的紧迫性，而且也为我们利用全球经济调整的机会，占据世界经济运行的有利地位提供了条件和可能。源自美国的国际金融和经济危机暴露出的世界性矛盾错综复杂，积重难返，原有的国际体系已经不适应新的世界情势。改革不合理的国际经济政治旧秩序，已是人心所向、大势所趋，世界的经济政治格局也面临深度调整。乱象丛生、风云变幻的世界经济政治形势，将为实力地位正在快速提升的金砖国家、新兴经济体尤其是我国广泛参与全球经济政治事务提供更为广阔的国际舞台。这种情势，不仅有利于推动国际经济政治秩序朝着更加公正合理的方向发展，而且也为我国和广大发展中国家维护自身利益、实现长远发展目标提供更加有利的条件。金砖国家和新兴经济体尤其是我国在国际舞台上迅速崛起和抗争，推动了国际货币基金组织和世界银行的改革，由主要发达国家和发展中国家组成的二十国集团正在逐步取代由发达国家组成的七国集团，成为全球经济、金融乃至政治、社会等事务的重要的对话磋商协调机制。同时，八国集团与新兴大国的"8＋5"对话机制也在不断加强。国际经济政治格局变化的这些新的特点，无疑将增大发展中国家尤其是我国在国际组织中的话语权和决策权，扩大我国在国际经济规则制定、宏观经济政策协调、世界经济政治秩序安排的影响力，从而为我国经济社会持续、健康、快速发展提供良好的外部环境。在当今世界，新的科技革命方兴未艾，在国际金融和经济危机的催生和推动下，科技创新层出不穷，新的突破正在孕育，新的产业革命正在来临，世界主要大国正在进行战略调整，抢占制高点的激烈竞争的帷幕正在拉开。世界科技领域的这一发展态势，将为我国广泛参与新一轮科技创新，在一些关键领域率先取得突破，带动产业结构的转型和升级，提高我国在国际分工中的地位，推动经济社会发展提供强大动力和难得机遇。

从国内来看，我国发展也有着世界其他国家所不及的有利条件和诸多优势。

第一，发展模式优势。发展模式是我们党经过半个多世纪的艰苦探索，特别是改革开放30多年的伟大实践逐步形成的。这一模式，在经济制度方面具有以下特点：（1）公有制为主体的多种产权制度。（2）劳动为主体的多种要素制度。（3）国家为主导的多结构市场制度。（4）自立为主导的多方位开放制度。在政治制度方面的特点包括：（1）坚持党的领导、人民当家做主、依法治国的有机统一。（2）坚持和完善人民代表大会制度、中国共产党领导的多党合作和政治协商制度、民族区域自治制度以及基层群众自治制度。在文化制度方面的特点包括：马克思主义的指导思想、中国特色的社会主义共同理想、以爱国主义为核心的民族精神、以改革创新为核心的时代精神和以社会主义核心价值体系为核心的社会主义荣辱观。在社会建设方面，一是不断健全的党委领导、政府负责、社会协同、公众参与的社会管理格局。二是不断健全的党委领导、政府调控、社会协同、相互联结、政府行政功能与社会自治功能互为补充、政府管理力量与社会调节力量互动的社会管理网络系统。三是科学有效的利益协调机制、诉求表达机制、矛盾调处机制和权利保障机制。① 这一模式，不仅体现了党的领导和统率作用、人民群众的主体地位、马克思主义的指导地位、社会主义现代化建设的价值取向，而且也向世界展示了坚持世界和平、促进共同发展的良好国际形象。实践已经并将继续证明，这一模式不仅极大地调动了国内的积极性，而且也有效地调动了国际方面的积极性。不仅弘扬了"和平发展"这一当代世界的主旋律，而且也为我们利用各种资源、抵消各种不利因素，加快发展自己，为人类做出较大贡献，创造了一个相对平稳、较为良好的内外部环境。这一模式，与充满新自由主义和霸权主义色彩、频频引发经济政治思想文化等世界性灾难、遭到世界大多数国家抵制和反对的所谓"华盛顿共识"比较起来，具有极大的优越性。

第二，有中国特色的社会主义制度优势。经过半个多世纪的艰苦探索，我国已经形成有中国特色的社会主义制度。这一制度与资本主义制度相比，具有无比巨大的优越性。以公有制为主体的多种经济形式共同发展的所有制结构为各类经济创造了公平竞争、共同发展的环境，使多类经济尤其是公有制经济的活力喷薄迸发并不断增强，同时，由于根本利益的一致性，这种所有制结构也能使我们集中力量办大事，正确处理国民经济的重大比例关系，使国民经济得以在快速高效的轨道上发展；以建立现代企业制度为目标的企业改革，使国有企业找到适合自身发展的机制和舞台，促进整个国民经济运行效率的明显提高；住房制度、医疗制度改革的逐步到位和各种社会保障制度的逐步完善，在一定程度上解除了广大人民群众的后顾之忧；收入分配制度改革和调节手段的丰富，将会使居民收入差距过大的现象得以缓解，人民群众的收入水平得到提高；社会主义共同富裕本质要求的落实，最大限度满足人民经常增长的物质文化需要的生产目的的追求，将会激励广大人民群众建设社会主义现代化国家的蓬勃热情，大大提高人民群众的积极性和创造性。所有这些，不仅能使我们有效应对和及时化解前进道路上的各种挑战和风险，而且也能够包容和释放经济社会发展的巨大潜力，推动我国经济社会持续、稳定、快速、健康发展。

第三，资源禀赋优势。千百年来，我国号称地大物博，人口众多。有九百六十万平方公里的陆地面积和数百万平方公里的海洋疆土，将近十四亿的众多人口。虽然人均资源规模不敢怡然自得，但仅其规模总量及其在经济社会发展中的优势，却令世界上任何国家不敢小视。这一总量规模，在科学技术飞速发展、迅速发散的今天，不仅可以放大发展潜力、增强抵御风险、抗拒危机的机动能力，而且还可以放大资源配置、综合利用、提升规模效益、应对各种复杂多变的国际环境的能力，以及增强在经济、政治、自然灾害等突发事件中克难制胜的能力。

第四，物质技术基础优势。新中国成立以来，在党的领导下，经过60多年特别是改革开放30多年的艰苦努力，我国的经济实力和综合国力大大提升，可持续发展的物质技术基础和内在动力显著增强。目前，我国已经具有较为完整的国民经济体系和产业工业体

---

① 参见程恩富、辛向阳《如何理解"中国模式"》，《人民日报》2010年9月15日，第7版。

系；在培育发展新兴产业和战略性产业方面，不断取得积极成果；基础设施较为完善，交通运输能力跃居世界前列，能源资源保障能力不断增强；财政金融体系结构日臻合理，机制效能逐步提高，社会资金充裕基础相对雄厚，国际竞争能力不断增强；劳动力资源丰富，人力资本积累规模及其水平迅速提高。这一雄厚的物质技术基础，必将大大增强我国经济社会持续发展的后劲，加快我国社会主义现代化建设的步伐。

第五，要素组合优势。上面已经说过，从历史到如今，我国虽然地大物博，人口众多，资源禀赋规模令世界许多国家难以相比，但就单一资源个量和人均资源占有量来说，却使国人在前进和发展的道路上高兴不起来，不得不精打细算，周密布局。但近年来，随着管理科学与运筹科学的发展和突飞猛进，我们又发现，通过对单一资源个量和人均占有量的优化组合与有效配置，却可以使其大于其总量，劣势也可以转化为优势。丰富的劳动力资源，不断提高的劳动者素质，相对低廉的工资成本，通过科学引导和优化组合，可以为我国庞大而先进的制造业和现代服务业提供有力的支持。与西方发达国家高消费、低储蓄的生活方式相比，我国崇尚节俭、理性消费的传统生活方式，却使我国的储蓄率一直保持在50%左右。[①] 同时，由于经济制度和经济体制的优越性，在此次国际金融和经济危机中，我国经济不仅率先走出低谷，损失最小，而且还仍然保持较快发展的势头，资金积累多，外汇储备数额大，这不仅使我国可以免受经济增长和发展方面的资金短缺困扰，而且还可以使经济社会发展获得强有力的资金支持。从技术因素来看，我国不仅可以通过市场化改革和全国一盘棋精神发掘潜力，而且也可以通过拓展国际合作、扩大交流得到弥补。总之，通过国家引导、政策支持、科学管理、周密规划和合理运筹，我国生产要素的组合优势将会使世界许多国家望尘莫及。

第六，科技进步的后发优势。20世纪中后期尤其是进入21世纪以来，科学技术的飞速发展已成为支撑和引领世界经济发展和人类进步主要的和强大的推动力。依据我国科学技术发展的现状，要在短期内赶超世界先进水平、跻身世界前列，无疑还面临不少困难。但是，如果通过改革开放，充分利用国际国内两种资源，对内加强攻关，争取获得突破，对外加强引进，学习吸收发达国家的先进技术，仍可实现科技进步的后发效应。这是因为受国际金融和经济危机的影响，西方发达国家损失惨重，经济复苏任重道远，为缓解就业和债务压力，改善国际收支，往往寄希望于出口贸易，这样，在我国强劲的技术市场需求的诱惑下，有可能放松对我国技术的出口限制，从而拓宽我国技术进口的渠道，增大获得先进技术的机会。同时，我国所拥有的较为雄厚的科技资源和居于世界前列而庞大的研发人员队伍，为引进、消化、吸收国外先进技术提供了必要条件。充裕的外汇储备也为引进国外先进技术提供了强有力的资金支持。所有这些国际国内的环境和条件，都会造就我国科技进步的后发优势。

第七，市场需求优势。我国是有14亿人口的发展中大国，城乡居民收入的持续增长，

---

① 参见张平主编《"十二五"规划战略研究》，人民出版社，2010，第147页。

消费结构的不断升级，社会保障体系的进一步完善，将使城乡居民消费的增长具有巨大的潜力。我国正处于工业化、城镇化加速发展的阶段。农村剩余劳动力向城镇的转移，消费结构、消费方式和消费行为的市民化，不仅会推动消费需求大幅增长，而且也会在城市基础设施、社会事业发展、生态环境保护等方面引发巨大的需求，从而拉动投资需求的增长。工业化进程的加速，产业结构的优化和升级，也将促进生产性服务业的快速发展，从而带动物流、商务、通信等领域的投资。所有这些，都为国内需求开辟了无限广阔的空间，形成我国经济社会发展的市场需求优势。

第八，国民经济有计划发展和政府宏观调控优势。以公有制为主体、国有经济为主导、多种所有制经济共同发展的所有制结构，各种所有制主体根本利益的大体一致性，为我国国民经济有计划按比例发展提供了坚实的基础。半个多世纪，特别是近30年社会主义现代化建设实践，也为政府对国民经济的宏观调控积累了宝贵经验。1992～1993年的经济过热，1997～1998年亚洲金融危机的冲击，2005～2008年防止经济趋快向经济过热的演变，以及2008年以来在国际金融和经济危机中的卓越表现和持续快速发展的成就，无一不是上述物质基础和宏观调节经验发挥作用的结果。目前，我国的所有制结构正在得到进一步优化；我国在国民经济长远规划、中期计划的制订上正在进一步走向科学和规范；我国的政府宏观调控体系正在不断完善，调控政策的制定思路、调节手段的运用更加成熟，宏观调控的针对性、灵活性、前瞻性和调控效果不断提高，应对各种复杂局面和突发事变的能力不断增强。总之，我国在国民经济有计划发展和政府宏观调控方面的优势，是当今世界上任何一个国家所不能有和无法比拟的。

中国梦的经济学诠释[*]

——基于"资本内在否定性"的考察

沈 斐^{**}

    "资本内在否定性"是马克思唯物辩证法在经济学领域的创造性应用。① 它既是《资本论》经济学思想的核心表达，也是马克思对"资本主义生产方式以及和它相适应的生产关系和交换关系"②的基本分析范式。这种分析范式下的经济学，与西方微观经济学写在黑板上的成本收益分析相比，有着更为宏大的历史视野；与西方宏观经济学"见物不见人"的流量分析相比，有着更为深厚的人文关怀。这是因为：在马克思《资本论》及其手稿中，经济发展理论始终与社会发展理论、人的发展理论紧紧联系，经济发展阶段也与社会发展阶段、人的发展阶段环环相扣；在这样一个庞大的三维（经济、社会、人）发展的逻辑架构中，"资本内在否定性"是其全部发展体系赖以旋转的轴心——它通过条分缕析地演证"资本主义生产的真正限制是资本自身"③，揭示出资本主义必然产生、兴起、发展、衰落和消亡的生命过程，又从这个现代社会的经济运动规律中，推演出整个人类历史的进化图式。

    如果我们将中国梦置于其中进行考察，就会发现：在"资本内在否定性"的普照下，关于"人民幸福"的理论和实践正凸显时代价值；资本价值观及其主导下的生产方式已日渐褪色；而中国梦，作为一种新的价值观和新的生产方式的探索，将在世界历史的舞台上升起。

一 发展坐标上的"中国梦"

    在《1857～1858年经济学手稿》中，马克思根据"资本内在否定性"的逻辑展开，提出了三大社会形态理论，即人对人的依赖性社会、以物的依赖性为基础的人的独立性社

---

  * 本文系国家社科青年项目"资本内在否定性的当代意蕴"（11CZX014）、全国博士后科学基金面上项目和特别项目"资本内在否定性：基于方法论视角的政治经济学批判"（2012M520785）、（2013T60399）的阶段成果。

 ** 沈斐，哲学博士，中国浦东干部学院副教授，复旦大学理论经济学博士后。

 ① 参见沈斐《〈资本论〉在何种意义上与我们同时代？——〈资本论〉的方法及当代发展》，《经济学家》2013年第6期。
 ② 马克思：《资本论》第1卷，人民出版社，2004，第8页。
 ③ 马克思：《资本论》第3卷，人民出版社，2004，第278页。

会、自由个性社会。① 并指出，资本主义是位于社会发展第二阶段的一种经济形态，在资本内在否定性的推动下（它一方面孜孜不倦地驱使生产超越它自身设定的每一个限制，力求全面地发展生产力，另一方面，"生产者也改变着，他炼出新的品质，通过生产而发展和改造着自身，造成新的力量和新的观念，造成新的交往方式，新的需要和新的语言"②），资本主义的社会必然不可阻挡地朝向第三阶段的社会过渡。在这个经济、社会和人的三维发展坐标上审视中国梦的当代语境，我们发现，"国家富强"和"民族振兴"只是手段和途径，"人民幸福"才是最终目标和根本归宿——只不过在特定的历史发展时期，国家富强、民族振兴、人民幸福是紧紧联系在一起的。

1. "民族复兴中国梦"的语境审视

众所周知，"中国梦"包括三方面的基本内涵，即国家富强、民族振兴、人民幸福。当前理论界比较强调的是"民族复兴中国梦"。这种看法是完全正确的。如果以个人主义价值观来否定"国家富强"和"民族复兴"意义上的中国梦，势必造成当代中国社会思想上的极大混乱。

在理论上，马克思早在少年时代就已经意识到，从根本上说，人类幸福和个人完美是完全一致的。在中学作文中，马克思写道，"不应认为，这两种利益会彼此敌对、互相冲突，一种利益必定消灭另一种；相反，人的本性是这样的：人只有为同时代人的完美，为他们的幸福而工作，自己才能达到完美"。③ 后来，在著名的三大社会形态理论中，马克思认为，只有在"人对人的依赖性社会"和"以物的依赖性为基础的人的独立性社会"中，才存在个人与集体的对立；而前两种社会发展到了"自由个性社会"时，无论是个人主义，还是集体主义，都是错误的，因为那时，个人与人类的对立已经消除。中国作为一个以马克思主义为指导的社会主义国家，理应努力实现个人与国家、个人利益与民族利益的一致，而不是将两者对立起来。

近代以来的世界历史也已经表明：对于中国人民来说，"国家富强"和"民族振兴"是"人民幸福"的前提条件；没有"国家富强"和"民族振兴"，"人民幸福"就无从谈起。

古代中国是一个"天下"国家，用马克思的三大社会形态理论衡量，相当于"人对人的依赖性社会"。直到19世纪40年代鸦片战争，中国才被迫遭遇"西方的近代"。西方的近代是一个资产阶级的时代，相当于马克思所说的"以物的依赖性为基础的人的独立性社会"。根据马克思和恩格斯的看法，世界历史是由资产阶级开辟的；从中世纪晚期的工商业城市，到民族国家，再到全球化，是资产阶级开辟的世界历史的三个阶段；第一阶段是资本的个人主义，第二阶段是资本的民族主义，第三阶段是资本的帝国主义。按照这种

---

① 《马克思恩格斯全集》第30卷，人民出版社，1995，第107~108页。
② 《马克思恩格斯全集》第30卷，人民出版社，1995，第487页。
③ 《马克思恩格斯全集》第1卷，人民出版社，1995，第459页。

历史划分，19 世纪中期，西方已经进入世界历史的第二个阶段，即民族国家阶段。在这一阶段中，作为共同体的民族国家是一个独立的生存单位，它是建立在资产阶级经济基础之上的政治上层建筑，担负着保护本民族经济利益的职能。由此我们可以看到，亚当·斯密的《国民财富性质与原因的研究》是把国家作为考察的单位，而不是把个人作为考察单位；近代中国资产阶级思想家所谓的"物竞天择，适者生存"的社会达尔文主义法则，也是以民族国家为单位，不是以个人为单位的。

不过，以民族国家为单位的资本生产必然遭遇原料和销售市场的限制，为了争取世界市场，资产阶级民族国家大肆海外扩张，抢夺殖民地。我们看到，民主革命时期，中国共产党之所以能够成长壮大，恰恰是通过民族斗争，发展了自己的力量；通过巩固中国作为民族国家的地位，巩固了执政地位。而随着世界历史朝向它的第三个阶段——资本主义全球化阶段的过渡，残酷的国际竞争压力更是迫使中国只有在中国共产党的带领下建设社会主义市场经济，只有通过综合国力的增强、举社会主义国家资本之力，才有可能在与强大国际垄断资本的竞争中立于不败之地。

因而，在中国梦的当代语境中，"国家富强"、"民族振兴"必然构成"人民幸福"的前提，成为实现"人民幸福"的重要保障。"民族复兴中国梦"，无疑是对时代命题的正确解读。

2. "人民幸福"是中国梦的最终目标和根本归宿

谈论"民族复兴中国梦"，决不意味着，可以把"国家富强"、"民族振兴"同"人民幸福"的关系颠倒过来。在马克思主义的发展坐标轴上，"国家富强"和"民族振兴"只是手段，是通往"人民幸福"的途径；"人民幸福"才是归宿，是"国家富强"和"民族振兴"要达到的目标。如果片面强调了"民族复兴"的伟大意义，因而模糊了"人民幸福"才是中国梦的最终目标和根本归宿，则是失之偏颇的。

在马克思、恩格斯看来，"国家"和"民族"始终必须从属于"人民"，而不是相反。这不仅是说，全世界无产阶级的国际联合始终高于民族国家的利益，而且是说，在世界历史的发展中，同政党一样，国家和民族终将走向消亡，全人类终将成为一个"自由人联合体"。因此，在理论上，作为社会主义国家执政党的中国共产党绝不能把国家和民族利益凌驾于人民利益之上，而是应该始终把"人民幸福"作为目标和目的。在改革开放的实践中，中国共产党之所以经受住了考验，没有像苏联东欧国家那样被人民抛弃，一个重要原因是，它始终把人民利益摆在中心位置，使人民群众在改革开放中得到了实惠，物质生活和精神生活水平大幅度提高。

但在当前，我们也要清醒看到，中国的收入差距正在拉大。在这一意义上，国家富强和民族振兴并不等于人民幸福。正因如此，胡锦涛同志提出了"权为民所用，情为民所系，利为民所谋"，温家宝同志提出了要让人民得到"幸福和尊严"，习近平总书记提出了"中国梦，人民的梦"。习近平在第十二届全国人大一次会议闭幕式上的讲话中指出："中国梦归根到底是人民的梦"，"中国梦是民族的梦，也是每个中国人的梦。……生活在我们伟大祖国和伟大时代的中国人民，共同亨有人生出彩的机会，共同亨有梦想成真的机会，共同享有同祖国和时代一起成长与进步的机会。"① 这段话表明，中国梦与每一个中国人的幸福与自由是紧紧联系在一起的。

只有既在理论研究方面，又在实践诉求方面，把人民群众的幸福和自由作为中国梦的根本归宿和最高目标，让人民群众既成为改革发展的主体，又成为分享发展成果的主体，中国梦才能成为世界的福音。

二　"人民幸福"的理论与实践：资本内在否定性视角

资本是一面反映人类特定历史存在的镜子。资本的内在否定性，既是当代人生存困境的折射，也是人类全面自由发展的辩证过程。② 从这个意义上说，马克思主义既是一门关于"无产阶级解放和人类解放的科学"，又是一门关于"人类幸福与个性自由的科学"。"资本内在否定性"作为马克思经济学思想的核心表达和分析范式，已经为"人民幸福"的理论研究和社会建设提供了重要的基础和方法论启示。

1. "人民幸福"的理论研究

就马克思主义中国化的过程来说，在中国的过剩经济到来以前，马克思主义中国化主要是一个列宁主义中国化的过程。有学者指出，中国的新民主主义革命理论是列宁工农民主革命理论的中国化，改革开放政策是列宁新经济政策的中国化，只有科学发展观才是马克思本人经济思想的中国化。③ 而之所以如此，是因为直到过剩经济的到来，才使中国真正进入了马克思经济学的语境，《资本论》及其手稿中关于"人民幸福"的理论才第一次有了现实土壤。

在《资本论》第三卷对资本主义生产总过程的考察中，马克思观察到，资本再生产所面临的种种限制毋宁说是外在的，不如说是存在于资本内在否定性的本质之中的。"社会消费力既不是取决于绝对的生产力，也不是取决于绝对的消费力，而是取决于以对抗性的分配关系为基础的消费力"，"这种分配关系，使社会上大多数人的消费缩小到只能在相当狭小的界限以内变动的最低限度。这个消费力还受到追求积累的欲望的限制，受到扩大资本和扩大剩余价值生产规模的欲望的限制"。④ 由此，马克思指出，"在立足于资本主义基础的有限的消费范围和不断地力图突破自己固有的这种限制的生产之间，必然会不断发生不一致"⑤，这种不一致是"发达的资本的基本矛盾"，即生产过剩。生产过剩的内在趋势来源于资本在生产领域的成功，但资本在生产领域中所做的一切使其在流通领域里受到困

---

① 习近平：《中国梦，人民的梦》，《人民日报》2013 年 3 月 18 日。
② 沈斐：《资本与资本主义的历史内生机制探究》，《南京社会科学》2012 年第 9 期。
③ 马拥军：《从中国近现代史的四个关键问题看马克思主义的中国化》，《江苏行政学院学报》2012 年第 2 期。
④ 马克思：《资本论》第 3 卷，人民出版社，2004，第 273 页。
⑤ 马克思：《资本论》第 3 卷，人民出版社，2004，第 285 页。

扰，通过"力求把这种必要劳动对剩余劳动的比例降到最低限度"，资本同时也"限制交换领域，也就是限制价值增值的可能性，即限制实现生产过程中所创造的价值的可能性"。① 马克思评论道：过剩，准确地说，其产生是因为工人消费"不能与劳动生产率同步增长"②，生产力越是发展，它就越是与消费关系的狭隘基础发生冲突。

在过剩经济条件下，只有大规模的群众消费，才能拉动需求，推动经济发展和社会进步。而资本主义生产关系由于仅仅从剩余价值生产的角度，而不是结合剩余价值的实现过程来考察经济生活，从而仅仅把工人的工资视为劳动力成本，没有看到它本身就构成人民群众有效需求的前提，这使得自由资本主义无法解决由有效需求不足所必然导致的周期性经济危机。中国作为社会主义国家，理应由政府对生产和分配关系进行调节，以便消除由于购买力不足而导致的有效需求不足。《资本论》通过对剩余价值生产和剩余价值实现过程的考察，研究了资本循环和资本周转的特点，阐明了提高群众消费水平对于经济发展和社会进步的意义，为中国社会解决由过剩经济带来的问题提供了理论根据。

在人民群众物质利益与经济发展和社会进步的一致性问题上，不仅马克思主义是这样看的，就是资产阶级学者，只要他们能够直面现实，也可以得出同样的结论。亚当·斯密曾经天真地相信，个人利益最大化会通过看不见的手自动达成集体利益的最大化，但他在《道德情操论》中又强调利他之心，表明他已经意识到，需要单纯自利之外的其他力量，社会才能协调地发展。凯恩斯更是在"看不见的手"失灵时，发现了以"乘数效应"为基础的宏观经济学原理，从而为国家对经济生活的全面干预提供了理论基础。20世纪西方资本主义之所以没有走向灭亡，一个主要原因就是资本主义国家对资本积累的社会结构采取了种种调节措施。特别是欧洲国家各社会党的福利国家和福利社会政策，以及美国的福特主义调节方式，为资本主义的发展提供了新的利润空间。

这要求中国的马克思主义学者，不仅要把握中国的发展，而且要了解世界的动态，不能关起门来搞研究。一方面，必须认识到：新自由主义者或市场至上主义者的错误就在于，忽视了人民群众的利益与整个经济增长和社会发展的这种后天一致，顽固地把个人利益置于国家利益、民族利益、人类利益之上。因此，中国作为社会主义国家，理应由政府对生产关系和分配关系进行适度调节，以便消除由于购买力不足而导致的社会总需求（有效需求）不足。另一方面，也不能以集体至上主义的价值观来否定"人民幸福"意义上的中国梦。如果仍然拿民主革命时期的理论来指导中国社会主义建设的实践，一味地以"牺牲"、"奉献"为标准来要求群众，把群众作为实现"国家富强"和"民族复兴"的工具，也是严重违背经济发展规律的。当代中国的马克思主义者应当研究的是如何使人民群众的幸福最大化，只要没有实现"人民幸福"，"国家富强"和"民族振兴"就仍然停留于半途。

---

① 《马克思恩格斯全集》第30卷，人民出版社，1995，第406页。
② Marx，Karl. *Theories of Surplus Value*，Vol. Ⅱ. Moscow：Progress Publishers，1968，p.468.

2. "人民幸福"的实践探索

对于资本主义生产中的现代社会而言，"资本内在否定性"已经为福利社会的建设提供了论证。同样，对于社会主义的中国而言，"人民幸福"也不只是道德上的要求，还是经济社会发展客观规律的内在要求。

"人民幸福"有多个方面的指标，党的十八大报告阐明了其中主要的方面。只有在实践中落实这些指标，中国梦才能得到实现。目前，中国的马克思主义学者尤其需要关注两个指标：一是基尼系数，二是恩格尔系数。人民群众的幸福程度是与这两个系数的升高或降低联系在一起的。

基尼系数之所以是一个必须关注的指标，是由于它代表一个社会两极分化的程度。基尼系数越高，表明两极分化的程度越严重。邓小平曾经指出："社会主义的目的就是要全国人民共同富裕，不是两极分化。"[①] 邓小平把共同富裕还是两极分化看成社会主义与资本主义的本质区别，表明降低基尼系数是事关中国社会性质的原则性问题，不能有丝毫含糊。但这并不意味着，降低基尼系数只是一个道德要求；相反，在资本内在否定性的发展逻辑中，它是经济发展的内在要求。即使是按照西方经济学，也必须承认穷人和富人有不同的"边际消费倾向"。对于拉动内需来说，增加穷人的收入比增加富人的收入要有效得多，原因在于穷人的边际需求是所谓的"刚性需求"，而富人的边际需求是所谓的"弹性需求"，增加穷人的收入可以使他们的无效需求变为有效需求，从而有效拉动内需；增加富人的收入则对于拉动内需意义不大，往往导致的是对境外消费品尤其是奢侈消费品需求的增加。

恩格尔系数是食品支出总额占个人消费支出总额的比重。19 世纪德国统计学家恩格尔根据统计资料，对消费结构的变化得出一个规律：一个家庭收入越少，家庭收入中（或总支出中）用来购买食物的支出所占的比例就越大；随着家庭收入的增加，家庭收入中（或总支出中）用来购买食物的支出比例则会下降。恩格尔系数之所以必须受到关注，是因为它代表了人们需要和需求结构的变化。按照马斯洛的需要层次理论，低级需要一旦满足，就不再起激励作用，这时候高级需要就会产生出来，成为推动经济发展和社会进步的主要力量。考察当前中国社会主要矛盾的变化，一个值得参考的重要指标就是恩格尔系数。恩格尔系数的下降，表明中国小康社会建设正由"低水平小康"向"全面小康"迈进。与此相适应，中国必须实现产业的升级换代，实现经济结构和社会结构的调整，以满足人民群众消费结构和需求结构变化的要求。具体说来，恩格尔系数越大，表明第一产业即农业越应该占有较大的比重；恩格尔系数减小，轻工业比重逐渐增加。随着恩格尔系数降低，人民群众的文化需求日益突出，表明文化产业的发展必须提上日程。

中国目前所面临的发展困难，很大程度上可以通过基尼系数和恩格尔系数的升高与降低来反映。要解决这些问题，党和政府必须摆脱利益集团的影响，坚定地、毫不动摇地站

[①] 《邓小平文选》第 3 卷，人民出版社，1993，第 110～111 页。

到人民群众立场上来。随着物质需要的满足，中国到了必须重视人民群众的社会需要和精神需要的时候。然而，社会需要和精神需要却往往难以用经济指标衡量。20 世纪 90 年代，在对世界各国发展程度的考察中，联合国率先引入了人文发展指数，① 这无疑是社会发展的一大进步。但人文发展指数所包含的具体技术指标仍然比较狭隘，未能充分体现"人民幸福"所包含的广阔内涵。中国作为社会主义国家，理应在这方面领先实践，探索出更为全面的衡量标准。

既然中国梦的实现程度体现在小康社会的建设指标中，而这些指标的实现又涉及了衡量标准的变化，那么，中国梦的实现过程就必然与人类价值观的变化联系在一起。这是因为：如果中国梦以"人民幸福"为目标和归宿，那么，整个社会生产所优先考虑的，就不应该是价值的增长和利润的最大化，而应该是使用价值的实现和人民群众需要的满足。这就意味着，中国梦不仅为中国的发展指明方向，而且对人类的未来具有示范意义。

三 "中国梦"的世界历史意义：兼论中国经济学的创新发展

在世界历史的进程中，中国梦应该意味着什么？首先是，一种不同于资本主义生产方式的新的生产方式——它的生产效率主要不是体现在"价值"的增长上，而是更多地体现在"使用价值"的增长上；它的生产目标，主要不是利润的最大化，而是更多更好地满足人民群众的需要。更重要的是，这种生产方式的背后，是一种新的社会价值观——它与通行的资本价值观不同，是一种以人民群众为本的价值观，从而也是更贴近未来人类社会的价值观。

1. 从"资本价值观"到"人本价值观"

所谓资本价值观，其核心是资本积累，简单地说，就是"为赚钱而赚钱"的价值取向。它的实现条件是剩余价值的实现，然而，剩余价值的实现又有两个条件：不仅要求实现"价值补偿"（虽然单这一点就极其困难），而且要求实现"实物补偿"，即使用价值的补偿。由于资本积累的实质是价值和使用价值的扩大再生产，因此它在主观方面要求有不断增长的物质需求与之相适应，在客观上要求有无限的自然资源供生产使用。遗憾的是，这两个条件都不可能具备——在特定的历史时期，人类的需要是有限的，否则就不会有"过剩经济"现象了；同样，在特定的资本积累条件下，自然资源也是有限的，否则，经济学研究的前提假设（资源有限）就不成立了。这正是马克思在《资本论》中揭示出的

---

① 1990 年，联合国开发计划署（UNDP）首先在原有的经济发展指数外，选用收入水平、期望寿命指标和教育指数等指标，把人文发展作为一个全面综合的度量，创立了人文发展指数（HDI）。1991 年，UNDP 又对 HDI 作了两处较大的修正：一是根据人均 GNP 对于人文发展的边际贡献率递减的特点，将经济变量的代表指标人均 GNP 改为人均 GNP 的对数；二是将 HDI 分别乘以性别敏感系数和收入敏感系数，将性别歧视和收入分配不公的负面作用在 HDI 中体现出来。到了 1997 年，UNDP 又在 HDI 中引入了"基尼系数校正"的修正指标，并公布了人类贫困指数（HPI）。

"资本内在否定性"的基本原理。

在过去的几百年间，资本主义一直是历史上最为先进的经济制度。它通过"为赚钱而赚钱"的价值取向和资本积累机制，极大地促进了生产力的发展，为人类幸福和个性自由创造了物质条件和技术基础。然而，资本主义本身却是"以资为本"，而不是"以人为本"，这决定了它的限度。在资本主义制度下，由于"资本"这种社会力量掌握在私人手中，虽然到了过剩经济时代，人类的生产力水平已经能够生产出足以满足所有人需要的产品，但由于这种生产力掌握在私人手中，因而在应用上受到极大限制：一方面是富人的极度优裕生活，另一方面是穷人的缺衣少食。

由此可以理解，2008年金融危机首先发生在美国是不可避免的——这固然是因为美国放松了金融管制。然而，另一重要原因是工人的低工资，这在大卫·哈维那里被称为"持续的工资压抑"："持续的工资压抑带来的问题就是，相对于企业持续扩大的生产能力而言，工人的购买力，或者说有效需求不足"；如何解决这一问题呢？美国采取的办法是发展信贷市场："工人阶级获得的工资与其可以支配的数额之间的'缺口'通过信用卡业的蓬勃发展及不断增加的信贷额得到了弥补"。[①] 这就是住房次级贷款的形成原因，而这又成为金融危机的直接导火索。它表明，这种资本价值观及其主导下的生产方式，已经到自我扬弃的前夜。

只要坚持资本价值观，从而为赚钱而赚钱，那么，从主观上来说，就必然导致消费社会，把人变成消费机器；从客观上来说，就必然破坏自然环境，导致人类无法在地球上生存。目前看来，只有人本价值观以及它的实践——科学发展观，才能够避免这样的问题。

"资本价值观"与"人本价值观"之争，绝非意识形态之争，而是资本内在否定性展开的必然结果。它的"内在否定"还决定了，后者之于前者，不是取代关系，而是扬弃关系。这就要求中国的马克思主义学者，在审视和借鉴西方资本主义市场经济理论的基础上，更要批判地建构起社会主义的市场经济学。今天，"人民幸福"的理论与实践已经向我们提出扬弃"资本经济学"，建立"需要经济学"的任务。

2. 从"资本经济学"到"需要经济学"

"资本经济学"是对资本主义市场经济的理论反映。在马克思看来，资本主义市场经济必然蕴含无法克服的内在矛盾，这就是由获取剩余价值的冲动所决定的不断增加的社会总供给与由可变资本（工资）作为成本被压缩在特定水平上所导致的有效需求不足之间的矛盾。只有通过资本主义生产方式的自我否定——用"满足需要的生产"来扬弃"追逐利润的生产"，才能克服由资本主义内在矛盾所导致的危机。反映这种新的生产方式的理论，就是"需要经济学"。

越来越多的学者开始关注人的需要理论。英国左翼学者莱恩·多亚尔、伊恩·高夫对需要理论做了大量研究，他们认为，"存在着人的基本需要，个人有权利最大限度地满足

---

① 大卫·哈维：《资本之谜》，电子工业出版社，2011，第17页。

这些需要，衡量所有人类解放的标准应该是评估这种满足的程度"；他们提出，"必须建立一套连贯、严密的人类需要理论，恢复一种人们可以接受的社会进步的前景，为新自由主义和政治保守主义提供一个可信的替代性理论"[①]，并提议建立"满足需要的政治经济学"。在马克思主义学者中，赫勒从马克思关于需要和价值的见解出发，通过对资本主义社会需要异化的分析，提出"激进需要"的概念，进而提出"基本需要革命"的构想，创立了"人类需要论"；她希望通过人类需要结构的改造而达到人的个性的丰富以及个体与类的统一，使世界成为人性的家园。加拿大经济学家莱博维奇在《超越〈资本论〉——马克思的工人阶级政治经济学》一书中提到了当前学术界流行的一种研究视角："需要的首要性"——一种马克思历史理论的替代理论，即"当现行的社会结构无法满足在这个社会中形成的人类需要的时候，就会发生社会变革；当生产关系阻碍生产力的发展时，就会发生符合确定人类个体特殊需求的社会变革"[②]。莱博维奇自己则致力于建立一种"工人阶级的经济学"，他认为"跟资本家的政治经济学相比，工人阶级的政治经济学不仅仅包含由资本起着媒介作用的劳动……还包括这样一种劳动，工人之间的媒介是国家（它提供为了使需要得到普遍满足而需要的东西，如学校、健康服务等等），……这种劳动对资本来说是非生产性的，马克思把它包括在消费的成本中"[③]。毫无疑问，反映社会主义市场经济的理论，应该是这样一种经济学。

邓小平曾经期待创建"马克思主义基本原理和中国社会主义实践相结合的政治经济学"[④]。遗憾的是，迄今为止中国学者尚未完成这一使命。只有以人为本，立足于满足人民群众日益增长的物质文化需要，而不是少数人获取利润的需要，这种新的政治经济学才能建立起来。

---

① 莱恩·多亚尔、伊恩·高夫：《人的需要理论》，汪淳波、张宝莹译，商务印书馆，2008，第 7 页。

② 迈克尔·A. 莱博维奇：《超越〈资本论〉——马克思的工人阶级政治经济学》，崔秀红译，经济科学出版社，2007 年，第 223 页。

③ 迈克尔·A. 莱博维奇：《超越〈资本论〉——马克思的工人阶级政治经济学》，崔秀红译，经济科学出版社，2007 年，第 274 页。

④ 《邓小平文选》第 3 卷，人民出版社，1993，第 83、91 页。

储蓄投资缺口过大状况下当代
总供求平衡模型的不足和修改

朱泽山[*]

引 言

2008 年金融危机发生以来，我国和西方主要经济大国至今也还没有完全摆脱总供求失衡和宏观经济政策失效的困扰，政府对总供求平衡的宏观调控显得乏力。总供求失衡有经济发展状况、经济体制等多方面原因，在此，仅从影响宏观调控政策的理论原因方面进行探讨。理论方面，与当代总供求平衡模型存在缺陷相关，由此导出的宏观调控策略不能适应总供求平衡条件的变化，导致了决策失当，调控乏力。要解决问题，需要对总供求平衡模型做深入研究和修改，使其能适应总供求平衡条件变化，为拓展调控途径确立理论前提。

一 我国当前总供求平衡调控策略的失效

2008 年国际金融危机冲击全球，多数国家出现总供求失衡，经济衰退，至今也还没有完全摆脱困扰。总供求失衡不论从经济系统的哪个方面发生，基本现象是出现 $S > I$ 的格局，我国也不例外。二战以来，应对总供求失衡的基本策略有两个：一是政府扩大公共工程投资以弥补私人投资不足，扩大政府购买或增加转移支付以增加最终消费；二是调节货币供给量，改变市场利率水平，以激励私人投资和消费。总之，当出现 $S > I$ 时，是靠政府营造市场，调节利率，促使储蓄转化为投资，实现 $S = I$。我国自建立社会主义市场经济体制以来，调控总供求失衡的基本策略与上述方面大体相同。另外，基于我国的制度体制，我国在扩大投资、增加消费方面也有一些自己特色的东西，主要是政府组织部分生产性投资，以及从提高发展水平方面引导消费和投资，例如政府主导的城镇化、产业升级、改善经济社会环境、保护生态等。直到 20 世纪末这套应对失衡的策略都有效，然而，近年来这套做法显然失效了，财政政策和货币政策的运用都难以填补储蓄投资缺口。

所谓总供求平衡调控策略失效，是指政策的运用不能填补储蓄投资缺口，难以激发实

---

* 朱泽山，西南大学经济管理学院教授。

体经济投资，难以带来就业增加和社会福利水平提高。我们暂且不管是什么原因决定了储蓄难以全部转化为投资，储蓄能否全部转化为投资，首先涉及缺口规模问题。随着经济社会的发展，我国出现了储蓄投资缺口过大状况下的总供求失衡，大量储蓄难以转化为实体经济投资。有些人用存贷差来反映储蓄投资缺口，或者用贷款/存款比率来说明储蓄是否全部转化为投资。贷款统计指标不包括有价证券、股权及其他投资，并不能完全反映储蓄转化为投资的状况。此外，居民收入中购买股票和债券的部分与储蓄存款具有相同的金融资产投资性质，但在金融机构人民币信贷收支指标中无法得到反映。因此，存贷差与储蓄投资缺口有较大差距，不能切实地反映储蓄投资缺口。理论上，储蓄投资缺口 = 总储蓄 − 投资，按照国家统计局的解释，总储蓄 = GDP − 最终消费，其中包括银行存款和居民直接购买股票、债券的部分。投资指标选用"社会融资规模"，按照国家统计局的定义，这个统计指标是指一定时期内实体经济从金融体系获得的资金总额，其中包含"企业债券"和"非金融企业境内股票融资"，这些资金不完全来自银行，也包括居民直接投入证券市场的部分，正好与总储蓄中居民直接购买股票和债券的部分对冲。更重要的是这个指标是实体经济获得的资金，如果上述"总储蓄"全部转化成了此项资金，则意味着在实体经济增长基础上实现了总供求平衡。反之，二者之差则意味着存在储蓄投资缺口，形成了 $S > I$ 的格局。

出现储蓄投资缺口通常运用扩张性财政货币政策来填补。自 2008 年我国经济被拖进世界经济衰退旋涡后，我国采用了积极财政政策和稳健的货币政策，政策运用的基本方向具有扩张性，扩张性财政货币政策能否促使储蓄转化为投资，就是政策是否有效的问题。

按照当代宏观调控理论，填补储蓄投资缺口需要实行赤字财政。赤字通常通过向居民或央行负债来填补，赤字如果超出政府偿债能力，居民可能遭受财产损失，由此有了安全赤字率标准问题。欧盟将安全标准定在 3%，2009 ~ 2011 年，美国失业率高达 9.1% ~ 9.6%，为降低失业率，财政赤字已高达 13000 亿 ~ 14000 亿美元，赤字率更是高达 9% ~ 10%。欧盟的标准在美国已被突破，美国也因此面临财政"悬崖"。再看一下我国近年来的赤字率，然后假定全部储蓄投资缺口都通过财政赤字填补，可以看出，2008 年经济转向衰退，储蓄投资缺口急速扩大，为应对这个局面，2009 年中央财政赤字急速增加，此后又有所下降，总体上中央财政赤字率不高，还有提高空间。但如果储蓄投资缺口全部用赤字填补，无论是中央财政扩大赤字，还是地方财政出现赤字或负债，赤字率都会高到不可能的程度。近年来地方财政已经突破我国财政制度，出现较大负债，2010 年我国地方政府负债 107000 亿元，超过了储蓄投资缺口，看起来是填补了缺口，这也是一些人主张允许地方政府发债的依据。然而我们注意到，只有少数地方政府有债务偿还能力，一旦无力偿还，将对中央财政形成反逼，赤字率过高的危险必将转变成危机。这也是中央财政不得不把赤字率控制在较低水平的原因。随着我国总储蓄的增加，扩张性财政政策难以填补日益扩大的总需求缺口，这是平衡总供求遇到的新问题，财政政策显得无力。

财政无力填补的总需求缺口，能否运用货币政策，激励企业投资来填补呢？存在缺口已是事实，表明货币政策也没能激励企业投资填补个部缺口。货币政策的效应只能看调整利率阶段缺口有没有缩小。我国金融市场化程度还不够高，不能通过调节货币供求关系来调节市场利率，央行采用了直接调节基准利率的做法。按照利率的调节方向，我国自 2006 年以来利率调节分为四个阶段。

第一阶段，2006 年 8 月 19 日至 2007 年 12 月 21 日存贷款上调 7 次，最终存款利率为 4.14%，最终贷款利率为 7.47%。

第二阶段，存款始于 2008 年 10 月 9 日（贷款始于 2008 年 9 月 16 日）至 2008 年 12 月 23 日，存款下调 4 次，贷款下调 5 次；最终存款利率为 2.25%，最终贷款利率为 5.31%。

第三阶段，2010 年 10 月 20 日至 2011 年 7 月 7 日存贷款上调 5 次，最终存款利率为 3.5%，最终贷款利率为 6.56%。

第四阶段，2012 年 6 月 8 日至 2012 年 7 月 6 日存贷款下调 2 次，最终存款利率为 3%，最终贷款利率为 6%。

第一阶段和第三阶段已有一个较大的总需求缺口，然而央行却是上调利率，从人民银行调节利率的有关说明来看，主要是抑制流动性过高，抑制通货膨胀。2008 年以前 CPI 一直处于上涨状态，2007 年比 2006 年上涨 4.8%。

第二阶段和第四阶段，央行下调了利率，其中第二阶段主要是想减轻经济危机带来的衰退压力。下调政策也收到一些效应，毕竟储蓄投资缺口从 2008 年的 9 万亿元降到了 2009 年的 4 万亿元。当然其中也有中央财政赤字的作用，不过 2009 年赤字比 2008 年只增加了 5.7 亿元。因此可以估计调低利率也发挥了一些刺激投资的作用，但很难准确判定。此外还有地方政府负债投资的作用，只是缺乏统计数据。

2012 年我国总需求缺口上了 10 万亿元，这一次下调利率还是为了刺激投资。我们不能对我国货币政策有过高的指望，受市场经济体制不完善制约，我国投资的利率弹性并不高，利率政策的效应有限，并且常常在防范通货膨胀和刺激投资之间摇摆。目前这个数额巨大的储蓄投资缺口资金，部分被高达 19% 的法定准备金率冻结，部分被投机吸纳。就转化为实体经济投资而言，货币政策的效用有限。

二　我国总供求平衡调控策略失效的理论原因

总供求平衡调控策略失效有多方面原因。我国在建立市场经济体制的初期，主要因为经济体制不完善导致了调控政策失效。经济体制不完善的问题至今没有完全解决，深化经济体制改革仍是有待深入研究的问题，不过本文主要不去研究这个问题。在既定体制条件下，我国总供求调控策略失效从现象上看与储蓄投资缺口过大相关。问题是当代总供求平衡理论和调控策略本来就是针对存在储蓄投资缺口提出的，为什么在我国就是不能填补这个缺口？这是因为理论本身存在缺陷，当经济发展条件变化后，从该理论导出的策略会失效。

当代总供求平衡模型由凯恩斯初创。凯恩斯及其以前的经济学家都认为，通过市场调节，意愿消费需求和意愿消费品供给能够在总量和结构上适应，因此两部门国民收入决定模型 $C+S=C+I$ 两端的 C 可以对冲掉。消除 C 后，最基本的总供求平衡条件是 $S=I$，这个条件表明总供求平衡能否实现，关键要看储蓄能否全部转化为投资。凯恩斯基于三个基本心理规律的作用，揭示出资本主义经常处于有效需求不足的均衡状态，经常处于 $S>I$ 的状态，通过市场自发调节，会形成小于充分就业的均衡。一部分人失去生存保障，这是必须解决的问题，因此通过政府干预促使储蓄转化为投资就成了凯恩斯关注的重心，但他没有研究多大的缺口是政府干预能够应对的。后来希克斯和汉森发现凯恩斯的产品市场均衡分析存在循环论证，即国民收入由利率约束下的投资决定，利率的决定又以既定国民收入为前提。为解决循环论证问题，他们构建了 $IS-LM$ 模型。分别从产品市场和货币市场分析投资和利率的决定，然后把二者结合起来，分析使二者达到同时均衡的国民收入水平。$IS-LM$ 模型把利息率作为引致投资的决定因素引进模型，促使储蓄转化为投资仍然是关注的重心，偏重分析宏观财政和货币政策的变化对利率的影响。

此后，新凯恩斯主义受到新古典宏观经济学影响，深入研究宏观经济学的微观基础，在坚持市场不能自动出清的基础上，构建了以工资和价格有黏性为前提的 $AD-AS$ 模型。该模型研究价格变化与实现充分就业均衡的关系，通过分析价格水平相对黏性工资的变化，以及由此带来的投资和劳动供求水平变化，说明国民收入如何在价格机制的调节下恢复到充分就业的水平。新凯恩斯主义认为价格水平变化是受总需求影响，总需求变化又是由投资、进出口、政府收支等因素变化引起。新凯恩斯主义特别强调政府收支对调节总需求，进而调节价格水平，引导投资的作用，这是应该肯定的。但是 $AD-AS$ 模型仍然认同通过市场调节，意愿消费需求和意愿消费品供给在总量和结构上是平衡的，因此消费 C 仍然可以从国民收入决定条件中抽象掉，宏观调控只针对出现 $S>I$ 时，如何在刺激居民消费之外促使储蓄转化为投资。

在 $IS-LM$ 模型和 $AD-AS$ 模型里，货币是非中性的，要实现总供求平衡，需要政府运用财政货币政策进行宏观调控。只是 $IS-LM$ 模型比较偏重于运用货币政策调节投资，调节总供求。$AD-AS$ 模型更强调政府对总需求的刺激，以利于价格机制更有效地发挥促使厂商扩大投资的作用。按照当代总供求平衡模型，一旦出现总供求失衡，政府应该运用财政货币政策调节总需求，或者调节进出口。直到 20 世纪末这套做法似乎都有效，然而，现在这套做法失效了，特别是在我国，财政政策和货币政策都难以填补储蓄投资缺口。

坚持新古典经济学派理论的人会认为政府干预无效是对其理论的证明，但如果研究一下政府干预的社会经济环境变化，可以发现这种状况与一些国家储蓄大量增加相关。储蓄大量增加可以由多种原因引起，例如，收入增加后，边际消费倾向递减会使得储蓄投资缺口增大，等等，在此我们不去探讨。我们关注的是，现行宏观调控策略失效与总供求平衡理论存在哪些缺陷相关。当代总供求模型的不足主要有三个方面。

一是忽略了消费。不论是 $IS-LM$ 模型，还是 $AD-AS$ 模型，都是在凯恩斯的简单国民收入决定条件基础上研究总供求平衡问题。在简单国民收入决定条件中，消费是收入的函数，当收入一定时，消费也一定，再加认为市场调节能使消费需求和供给自然相等，因而消费在简单国民收入决定条件的两端相等，并且是正有理数的和，可以对冲抽象掉。以后的研究尽管得出了消费是多元函数的结论，但当相关条件既定时，消费总是被看作一定且供求平衡的，因此总供求平衡的问题集中到了 $S=I$ 方面，$IS-LM$ 模型和 $AD-AS$ 模型都撇开了消费。既然消费被抽象掉，也就无须考虑消费变化对储蓄转化为投资的影响，投资成了可以不依赖消费独立发生的行为，成了主要受利率影响的行为，研究集中到提高储蓄投资转化效率的货币政策和完善市场经济体制方面，转到了扩大政府支出方面。不过，这并不是说遇到经济衰退时政府不会关心提振居民消费。2008 年的经济危机发生后，我国就很重视扩大内需的作用，除了运用传统财政货币政策刺激总需求，还实行了家电下乡、扩建公租房等一系列应对措施，西方国家也关注消费的扩大。然而，按照传统理论，一切刺激消费的行为不过是为了减少储蓄，缩小储蓄投资缺口。要谋求总供求平衡，关键还是储蓄要能全部转化为投资，在此消费对投资的制约关系完全被忽略。其实，这样的理论只是从一个时点上看问题，是一种完全静态的眼光，只要向前迈一步，研究储蓄向投资的转化，消费的制约作用就无法回避。

消费也被认为是个人行为，与政府调控无关。在研究总供求平衡时，特别是研究政府调控时，个人消费主要与转移支付这个"内在稳定器"相关，这是一种制度安排，不在政府斟酌使用的政策范围内。制度安排可以在一定条件下自动调节消费，若有一些相机决策手段也能有效地调节消费，政府并不排斥，例如家电下乡、扩建公租房之类的措施。只是目前这些做法还没有纳入总供求平衡理论，西方国家运用相机决策手段主要限于政府投资和购买，消费作为多元函数，其影响因子中是否存在可以通过相机决策加以调控的因素还研究不足，也谈不上纳入总供求平衡模型，并引申出相关政策手段，消费被忽略了。

二是忽略了消费对储蓄转化为投资的约束。在凯恩斯模型中，消费与储蓄存在替代关系，消费与投资之间却没有任何关系。投资依托什么发生，投资规模受什么制约，我们在当代总供求平衡模型中只能看到作为激励机制的利率或价格，消费完全没有反映。从古典经济学至今，一直有经济学家认为投资不完全受消费制约，在研究中也通常把消费撇开，研究投资问题，研究储蓄转化为投资。实际上，消费与投资之间有着紧密联系，消费是最终需求，投资是派生需求，投资的发生既要受预期收益率是否高于利息率的影响，更要受是否存在最终需求的制约。如果忽略这一层关系，且不是市场经济，生产资料生产优先增长就可以解决缺口问题了。此外，投资与消费也不是正有理数的和、差关系，而是由产业间技术关联决定的乘积关系。在技术一定条件下，投资与消费之间存在一定的比率，我们将其称为投资－消费比率，用 α 代表，则 $\alpha \times C = I$。投资规模要受消费制约，消费是决定投资规模的外生变量，$S=I$ 并非一个简单的绝对量相等关系。

关于投资－消费比率，Albert Aftalion、J. M. Clark、Hollis Chenery、Paul A. Samuelson

等人在加速原理中有过类似研究，就 Paul A. Samuelson 描述的加速系数来看，可以简单表述为：

$$加速系数 = 资本增量/产量增量 = 投资/收入增量$$

在此，产量增量与资本增量之间存在一定的技术约束关系，假定产量被消费掉，加速系数就是投资－消费比率。在引致投资的模型中，$I_t = V (C_t - C_t - 1)$，V 是加速系数，也表明了引致投资是一定加速系数条件下消费改变量的函数。构建总供求平衡模型时，特别是研究储蓄转化为投资时，应将这一约束关系纳入其中，这样宏观调控不仅会关注货币政策的储蓄投资转化效应，也会关注如何促进消费。然而，这一约束关系至今没有被引进总供求平衡模型，以至总供求平衡条件发生变化后，很多人仍然只从调整利率的角度谋求储蓄转化为投资，找不到新的应对策略。我们不应忘了，若没有消费，利率再低也不会有实体经济投资。

三是忽略了投资的类别及其发生的约束条件。研究总供求平衡，储蓄转化为投资是核心，资金若不投入实体经济部门，就会投向投机领域，即投资可以分为实体经济投资 Ir 和投机性投资 Io，二者可能发生交叉。研究总供求平衡之所以应该考虑投资的类别，涉及两个重要问题：一是总供求平衡是基于实体经济投资增人的实际平衡，还是依靠投机性投资增大的名义平衡。前者可以带来实际国民收入和就业增加，后者尽管在优化资源配置方面能够发挥一定的引导作用，但难以带来就业状况的改善，难以消化存货。二是调节利率的货币政策在什么条件下有助于储蓄转化为实体经济投资，什么条件下更容易诱使储蓄转向投机性投资。

这里主要涉及发生两类投资的约束条件差别。谋求总供求平衡的根本目的是改善就业状况，实现更高水平的社会福利，当然应考虑储蓄转化成什么类别的投资。然而，当代总供求平衡模型中没有区分两类投资，自然也没有研究储蓄向这两类投资转化的传导机制以及约束条件。如果说过去这个问题并不突出，今天随着储蓄日益增大，在总供求平衡模型中要不要考虑投资类别，就是一个注重实际平衡还是名义平衡的问题。现在有些人仅以证券市场的价格走势来判定经济状况，正是因为模糊了实际平衡与名义平衡的区别。运用货币政策若是只把资金引向投机，只能带来资产或某些商品价格波动，不能带来就业增加，这种状况下的总供求平衡只是名义平衡，存货没有被消化，在某些资产或商品价格波动、市场繁荣的同时，实体经济却陷于疲软甚至继续衰退状态，失业状况也难以改善。政府也因此陷入应该如何运用宏观经济政策的困惑。

总供求平衡模型没有随平衡条件的变化调整，以及本身的局限性，会导致宏观调控乏力。根据平衡条件的变化，针对当代总供求平衡模型的局限性，修改总供求平衡模型，是理论研究的任务和一个新起点。

三　当代总供求平衡模型的修改

当储蓄投资缺口过大，财政赤字已无力填补，货币政策也难以促使实体经济扩大投资时，通过扩大消费来解决失衡问题更显重要，然而当代总供求平衡模型恰好忽略了消费，忽略了消费对储蓄转化为实体经济投资的制约。要给宏观调控正确的理论指导，需要对当代总供求平衡模型加以修改。修改的目的是改变总供求的调控思路，修改思路是：把消费纳入模型，构建消费对储蓄转化为实体经济投资的约束关系，把不同类型投资纳入模型，构建不同类型投资的激励约束关系，进而改变总供求的调控思路。在此，假定是封闭经济，进出口不对总供求平衡产生影响。另外，消费是一个多元函数，$C = f(N_1, N_2, \cdots, N_j)$，假定消费是可调、可变的。这方面还需要进行深入研究，特别是对短期可调因素的研究。模型调整不排斥利率和价格的调节作用，二者仍然是影响投资行为的基本机制。

首先，把消费以及消费对储蓄转化为实体经济投资的约束关系纳入模型。只要一开始谋求储蓄转化为投资，消费对投资的约束关系就会发挥作用。总供求平衡根本上是两部门之间的平衡关系，政府干预是对两部门供求失衡加以调整。抽象了消费的两部门总供求平衡模型是 $S = I$，凯恩斯所说的八种储蓄动机中，只有赚取利息和投资收益的动机是利率的函数，其他方面与利率无关，因此消费与储蓄总体上是互为余数。消费多少是决定储蓄的主要方面，在基本消费需求得到满足的前提下，利率对储蓄的激励会反过来制约消费增长。在此暂不考虑利率的影响，总供求平衡模型中我们仍然采用 $Y - C$ 代表总供给。$Y - C = S$，不用 S 替代 $Y - C$，是因为要把 C 作为一个外生变量纳入模型。

关于投资，前边已经指出，技术一定条件下投资是消费的函数，这一函数关系用投资 - 消费比率 α 代表，则 $\alpha \times C = I$，即投资 I 是 α 与 C 的乘积，代表总需求。由于 I 受 C 约束，因此是实体经济投资 Ir。不用 I 替代 $\alpha \times C$，也是要把 C 作为一个外生变量纳入模型的需要，同时，这样也把消费对投资的约束关系纳入了模型。现在两部门的总供求平衡关系可以表述为：

$$Y - C = \alpha \times C \tag{1}$$

这是一个静态模型，与凯恩斯模型的不同之处是，在这个模型中，C 作为外生变量，不能抽象掉。此外，等式两端的数理关系不同，C 也不能同时消去。因此，平衡不再是撇开消费的储蓄投资转化问题。

在上述模型中，$Y - C = \alpha \times C$ 是一个唯一值。例如：设 $Y = 100$，$\alpha = 1.5$

根据 $Y - C = \alpha \times C$，可以构建以下总供求平衡关系 $100 - C = 1.5 \times C$，解这一等式得

$$C = 40 \quad Y - C = 100 - 40 = 60，即 S = 60$$

$$\alpha \times C = 1.5 \times 40 = 60，即 I = 60$$

$$S = I = 60$$

以上总供求平衡是在投资－消费比率等于 1.5 的条件下，当消费为 40 时实现的。技术一定时，投资－消费比率一定，消费水平成了决定投资规模，决定储蓄投资能否平衡的关键。在本例中，只有当消费为 40 时，才有 $I = 60$，吸收全部储蓄，实现了 $S = I$。

把消费纳入模型在静态上可以是一个唯一值，但从比较静态的角度看，消费又是在谋求总供求平衡时可以发生改变的量，是作为自变量被引进模型。

设：a——第二期 Y_1 的增长速度，即 $\Delta Y / Y_0$；b——第二期 C_1 的增长速度，即 $\Delta C / C_0$。

$$有 Y_1 = (Y_0 + aY_0), C1 = (C_0 + bC_0)$$

因此第二期的总供求平衡条件是：$(Y_0 + aY_0) - (C_0 + bC_0) = \alpha (C_0 + bC_0)$

如果第二期出现 $a > b$，将形成 $S_1 > I_1$ 的格局。形成这种格局的原因比较多，例如，由于投资要受消费制约，如果消费不足，就会形成 $S_1 > I_1$ 的格局。$\Delta C / \Delta Y = \beta$ 只要成立，边际消费倾向递减会带来 $a > b$。

假定第二期国民收入的增长速度为 10%，α 不变，但消费增长只达到 5%，则 $S_1 = 110 - 42 = 68$，而实体经济投资 $Ir1 = 1.5 \times 42 = 63$，这时出现了 $S_1 > Ir_1$ 的情况，同时还会出现部分资本闲置。

显然，当我们把总供求平衡的关注点移向消费后，不难发现总供求失衡完全可能是由消费与收入增长速度失衡所致。决定消费增长的因素不同于决定收入增长的因素，二者失衡不可避免。这时要实现总供求平衡，需要让消费增长速度发生一次改变。假定通过某种调控，消费增长率达到 10%，则 S_1 为 $110 - 44 = 66$，$Ir_1 = 1.5 \times 44 = 66$，实现了 $S_1 = Ir_1$。

当储蓄投资缺口过大，要谋求平衡，已不是单纯采用货币政策就能促使储蓄全部转化为实体经济投资，必须考虑调节消费。如果消费扩张，甚至价格和利率不变，都可能实现 $S = I$。如果消费不变，订货没有增加，扩大投资没有消费支撑，实行扩张性货币政策带来市场利率降低，只会使得其他金融资产的价格上涨，储蓄大量卷入投机。

按照比较静态方法进行分析，不难看出把消费和消费对储蓄转化为实体经济投资的约束关系引入模型十分重要，这一修改使我们认识到，要填补日益扩大的储蓄投资缺口，激励投资必须以激励消费为前提。对模型的修改不再向动态分析演进，动态分析无非是构筑一个长期均衡的条件，只要承认经济周期不可避免，长期均衡就是一个虚假命题。

其次，把不同类型投资纳入模型。储蓄总要寻求出路，如果不能转化为实体经济投资 Ir，就会在投机性投资 Io 方面寻找出路。后者一定程度上可以诱导资源配置结构调整，但要以实体经济处于活跃状态为前提，否则只能形成财富分配，不能使经济摆脱衰退，不能带来就业增加。谋求总供求平衡必须关注储蓄向两类投资转化的规模和结构比率，因此，需要把这两类投资纳入两部门总供求平衡模型：

$$Y - C = (\alpha \times C) + Io, 其中 (\alpha \times C) = Ir \tag{2}$$

凯恩斯在研究投资时，提出投资引诱取决于资本边际效率与利息率的相对关系，这成了把调节投资的重心放到调节利息率方面的重要依据。如果投资者只有实体经济投资和储蓄存款两个选择，以上分析思路和调控重心是合理的。然而，现在投资已有更多选择，投资的发生已不仅是与利息率比较的结果，更多的是依据实体经济和投机之间收益率做出选择。

实体经济投资收益率为 Rir，Rir = （Pr - Cr）Qr/Ir，即预期价格与预期成本之差与产品销量的乘积除以投资额。

这种情况完全可能出现。例如，我国国内生产总值 2010 年比 2009 年增长 13.8%，同期最终消费支出增长 12%。

投机性投资收益率为 Rio，Rio = （Po1 - Po0）Qo/Io，即投机品在两个时点的价格差与投机品数量的乘积除以投资额。

上述两类投资收益率都是决定于价格水平，即（Pr - Cr）和（Po1 - Po0）。两类投资中价格的决定因素一般来讲都是供求关系，具体分析却有很大不同。实体经济产品价格的决定与消费规模有直接关系，利率不是影响实体经济产品价格和供求的主要因素。正因为如此，凯恩斯把资本边际效率与利息率并列起来做投资选择的对比。然而，利率却是影响投机类产品价格和供求关系的主要因素。投机品预期价格水平主要由利率变化引起，理论上其影响程度是：Po0 × r0 = Po1 × r1，即 Po1 = Po0 × r0/r1。在此假定 Rir = r1，投资人不存在进行实体经济投资和储蓄的选择，剩下的问题是 Rio 的绝对值将大于或小于 r1，这取决于 ［（Po0 × r0/r1） - Po0］/Po0 × 100% 大于或小于 r1。我们由此得到的一点警示是：货币政策运用的后果很可能更有利于储蓄转化为投机性投资。此外，除需求价格弹性小的商品外，一般商品和劳务的需求与其价格是负相关关系，但投机品的需求与其价格却是正相关关系，这也更容易使储蓄转为投机性投资。

当市场利息率为 r，实体经济投资发生的约束条件为：Rir/r/Rio/r ≥ 1，简化得 Rir/Rio ≥ 1。投机性投资发生的约束条件为：Rir/Rio ≤ 1。

如果 α × C 不能达到 S = Ir，出现 S > Ir 的情况时，只要存在投机收益率，S 就会转化为 Io。至于 Io 是发生在股市、期货市场、房地产市场、外汇市场，就要看哪种资产的预期投机收益率较高。Io 的发生也能够实现总供求平衡，并且相对容易。如果消费增长率不能发生改变，按照前边的例子，当 S1 = 68，Ir1 = 63，只要 Io = 5，I1 = Ir + Io = 68，仍然实现了 S1 = I1 = 68。

在 a > b，Rir/Rio ≤ 1 的条件下完全可能形成 S1 = I1 的格局。由此可见，Io 也可以成为调节总供求平衡的一个因子，只是 Ir 的发生能够带来就业增加，Io 的发生一般不能带来就业增加。

谋求总供求平衡的最终目标是充分就业的均衡，在我国现实一点应该是谋求最大可能就业的均衡。基于这样的目标，当出现储蓄投资缺口过大，即 S > Ir 的情况时应该怎么办？如果还没有实现最大可能就业的均衡，应该想办法促使储蓄转化为实体经济投资。如果已经实现了最大可能就业的均衡，是不是应该任凭储蓄向投机转化。不过有一点必须注意，即 Io 并不能消除当期需求缺口所形成的存货，这可能带来下期产量增长相对放慢。

对两部门总供求平衡条件做的修改和对实体经济发生的约束条件所做分析表明，促使消费扩大是谋求总供求平衡的关键。如果出现 S > Ir 的情况，我们可以通过运用财政货币政策加以调节，但更重要的是调节消费，把消费纳入模型后，调控的思路应该拓宽，调控途径也能增加。

考虑到这一点，在构建三部门国民收入决定条件时，也应考虑政府支出结构对总供求平衡的影响。按照凯恩斯的划分，仍把政府支出分为政府投资 Ig、政府购买 Cg、转移支付 Pg 三部分，政府投资 Ig 直接用以填补储蓄投资缺口，政府购买 Cg 和转移支付 Pg 是用于消费，也存在投资 – 消费比率约束下对投资的扩展影响，因此可以构建以下模型：

$$Y - C + Gt = \alpha（C + Cg + Pg）+ Io + Ig \tag{3}$$

这个模型与传统的凯恩斯三部门国民收入决定模型比较，其区别在于强调了政府购买和转移支付的作用，对于缩小贫富差距以及增强国际政治实力也具有积极意义。不过，政府购买存在财富分配问题，有很多约束。转移支付支持了低收入阶层的消费，然而，低收入阶层并不是全部人口，还必须考虑如何激励全体居民的消费，如何激励中高收入阶层的消费。例如提高居民总体收入水平，完善社会保障体系，改变商品和劳务供给结构，以扩大消费为条件的某些税费的减免等。政府应尽量采取一系列不用扩大财政支出也能刺激消费的策略，假定政府政策的消费放大效应是 x，则三部门总供求平衡模型可以进一步调整为：

$$Y - C + Gt = \alpha（xC + Cg + Pg）+ Io + Ig$$

实体经济投资的约束条件为

$$Rir/Rio \geqslant 1 \tag{4}$$

现在剩下的问题，也是当今我们遇到的新问题是，在储蓄投资缺口过大的情况下，怎么对待储蓄转化为投机。投机本身也是形成一般均衡的一个机制，问题是投机资金所代表的资源并不能全部转化为新的财富之源，因此投机资金的规模不能无限扩大。投机与实体经济投资应该大体在一个什么水平上，有待进一步研究。只要认同不能无限扩大，就需要构建促使储蓄更多转向实体经济投资的机制，这也是宏观调控需要深入研究的问题。

在制定谋求总供求平衡的宏观经济政策方面，模型可以给我们四点重要启示：一是促使消费扩大是谋求总供求平衡的根本方面，应树立激励投资必须以激励消费为前提的理念。除了可以通过现行财政货币政策平衡总供求，也可以通过增加政府调节消费的手段谋求总供求平衡；二是运用货币政策需防止储蓄被大量诱导向投机，防止形成完全靠投机平衡总供求的格局，这可能导致滞胀。或许弗里德曼提出的稳定货币供给主张不失为政府的明智选择；三是国家干预应注重比较政府支出结构对扩大总需求的不同效应，如果政府购买和转移支付的效应更大，就不应一味扩大政府投资；四是注重提高投资－消费比率 α。模型中假定投资－消费比率不变，在总供求不平衡时，特别是 $S > I$ 时，也可以结合加速技术进步，大力推进新兴产业发展，改变投资－消费比率 α，这同时也可以改变商品劳务供给结构，刺激消费扩大。

对总供求平衡模型加以修改，只是为总供求管理构建一个新的理论前提，转变研究思路，可以把我们带到一个新的研究起点。

我国经济十年发展趋势判断

——基于市场经济动力机制与发展陷阱形成机理的视角

杨文进[*]

对我国今后一段时期经济发展走向的认识，可以说是改革开放以来分歧最大的。乐观者认为我国仍然能够在较长时期内保持约 8% 的增长速度；悲观者则认为我国即将陷入发展陷阱。本文将从一国经济发展的内外环境及其相对国际竞争力变迁的角度，分析我国经济今后 10 年的变化趋势。

一 我国经济快速增长的动力机制已经衰竭

任何社会经济发展的状态，都是由其动力状况决定的。由于市场经济的动力机制是资本对利润的追逐，因此分析一国经济的发展态势，应该从资本利润的变化着手。一个社会资本利润的大小，是由企业整体（即所有企业的集合）的成本收入关系决定的，对资本利润变化趋势的考察，应该从以企业整体为对象的成本与收入关系的角度出发。

从宏观角度看，企业整体的成本主要由要素报酬支出（工资、利息、地租）、政府税收、资本折旧与进口的原材料等构成，收入则由国内的消费支出、投资、政府支出与净出口等构成。

从内外环境看，原来推动我国经济高速增长的动力机制，随着经济的逐渐成熟，要素供求关系的变化，尤其是以美元衡量的人均收入水平以远快于实际人均 GDP 的速度增长，已经逐渐衰竭了，也就是我国企业整体已经由原来（改革开放以来到 2008 年前后）低成本与高收入并存的有利局面，转换为当前的高成本与低收入并存的不利局面，而且这种状态及其趋势几乎是没有任何力量能够改变的。

从改革开放到 2008 年前后，是我国经济快速增长的黄金时代，自然也一定是企业高利润的黄金时代，因为前者不过是后者的一种结果。企业的高利润，必然体现在极其有利的成本收入关系方面，也就是低成本与高收入[①]。在这种高收入与低成本并存的有利环境

---

* 杨文进，男，博士，浙江工商大学经济学院教授。

① 要特别注意的是，成本与收入都是相对范畴，尤其是提到它们的高低时更是如此。如说到我国当前进入高成本时代时，指的是相对于企业收入来说，成本所占的比例太高了，或者说利润太少。因为就绝对水平来说，我国的人均收入或平均劳动工资水平与发达国家相差非常大，当前并没有人认为后者是高成本社会。这方面的详细分析，请参见笔者《略论"高成本"的经济学涵义——我国高成本的形成原因及其影响分析》（《商业经济与管理》2013 年第 7 期）。

下，我国的经济增长获得了动力机制的强劲推动，因而保持了近 30 年持续的快速增长。

然而，在市场经济作用机制①的作用下，经济系统内的任何因素对其他因素及其整体系统都具有正反两面性，也就是说，原来那些促进经济增长的因素会随着经济条件的改变而转变为阻碍经济增长的力量。

随着经济规模在快速增长中的日益扩大，以劳动和土地为代表的基本要素的供求关系必然会发生转换，经济持续快速增长带来的人均收入水平的不断提高，更是会提高以劳动工资为代表的企业成本，如 2000 年以来，劳动工资一直以快于 GDP 的速度增长（1999 ~ 2011 年平均增长速度超过 13%），财政收入的增长速度更是超过经济增长速度近 1 倍（2001 ~ 2011 年平均增长率 22.59%，是同期经济增长率 10.5% 的一倍多）②；更主要的是，2005 年汇改以来，人民币持续升值，同时价格水平也以较快的速度增长，即出现所谓的人民币"内贬外升"现象，使得以美元衡量的经济增长率和人均收入增长率远远高于以本币衡量的实际增长率，近几年的一些年份甚至超过 1 倍以上。由于在国际经济关系中，实际增长率（扣除人口增长率）代表该国的劳动生产率增长率，而（美元）人均收入及其增长率（扣除人口增长率）则代表成本的增长率，由此说明企业的成本增长率远远高于劳动生产率，如果产品的价格水平提高速度低于其中的差额，那么企业效益的下降也就不可避免。进入 2000 年以来，代表企业收入的 PPI 指数的增长率一直都是很低的，很多年份甚至是负增长，所以远远弥补不了其中的缺口。

与低成本会带来高收入不同，高成本则必然带来低收入。这是因为，成本的提高，如果没有劳动生产率与产品品质的大幅度提高来弥补，必然导致企业竞争力的下降，带来国内外市场的不断萎缩，如汇改（前后）以来，我国原来具有绝对成本优势的轻纺产品等，在成本快速增长与汇率升值的作用下，不仅海外市场逐渐被越南、孟加拉国等成本更具优势的后进国家的产品所蚕食，而且国内市场也同样如此，如目前国内市场上的大部分耐克与阿迪达斯产品都是越南与孟加拉国生产的。更严重的是，由于收入（水平）代表人们的需求（水平），以美元计量的收入以远远高于国内经济的速度增长，反映国内需求层次的提升速度远远快于国内产业层次的升级，说明国内产品在品质上满足不了人们需求层次的提高，因此必然导致大量有效需求向海外市场转移。实际情况也充分反映了这一点，如目前我国已经成为世界上最大的奢侈品消费国、最大的海外旅游购物国、最大的留学生输出国，国人对海外房产需求推高的房价甚至招致当地居民的反感；与此同时，进口消费品占我国消费支出的比重不断提高③，以进口奶粉为代表的进口消费品是这方面最典型的代表。伴随这个过程的，必然是投资环境的日益恶化，加之法制的不完备，在导致外商直接投资减少的同时还促使大量资本向外转移，国内投资增长速度因此逐渐下降。

---

① 关系市场经济作用机制的内容，请参见笔者《政治经济学批判导论——体系与内容的重建》，中国财政经济出版社，2006。

② 资料来源：国家统计局网站《中国统计年鉴 2012》。

③ 在杭州各大超市，进口食品专柜所占的区域面积越来越大，相对价格也越来越便宜。

高成本与低收入的夹击，必然带来企业整体效益的不断恶化，这也就是汇改以来经济活力日益丧失，大量企业破产倒闭、歇业的主要原因。最近两年，东部沿海地区更是出现企业批量倒闭现象①。

虽然 2000 年以来，我国经济仍然保持了较快速度的增长，但增长的动力机制也在此过程中不断衰竭，并且逐渐从东部向中西部传导。如在 2000 年前后，以温州为代表的东部游资就开始逐渐在全国泛滥，这意味着改革开放中曾充当先头兵的温州经济随着发展水平的提高而遭遇到了发展瓶颈，既无力向上突破，同时又无力与更后进地区竞争而陷入困境，不仅无法吸纳积累起来的资本，而且原有资本也被迫从中游离出来而在全国游荡。目前这种情况已经扩展到全国。典型代表就是原来凭借各方面优势扩散到全国的浙江资本目前正大量回流或在寻找新的出路。大量企业的破产倒闭，资本总量严重过剩而企业融资却日益困难等情况，更是反映了国内整体经济环境的恶化。资金的东流，除了加剧东部房地产等资产的泡沫外，对经济发展几乎起不到任何作用。因为，一般来说，资金与技术是从发达地区流向后进地区的，如今这些以实体经济为依托的资金在后进地区都无法生存，到更发达的地区也就更没有生存之地，所以，这些资金除了进入房地产及虚拟经济等领域，是无法有效进入实体经济的。实际上，即使作为借贷资本，它们也无法进入实体经济。因为借贷资金对实体经济历来都是对效益好的企业"锦上添花"而对困难企业"雪上加霜"的，东部，尤其是浙江的游资泛滥与中小企业融资难的困境就是这种机制的反映。尽管无数企业对资金的渴求程度非常高，但由于这些企业中的绝大部分都不是因为效益好需要资金来扩展市场等，而是需要资金以维持苟延残喘的局面，所以这些东归的资金是不会进入实体经济的②。借贷资金是否能够进入实体经济，取决于后者对它们的利用是否能够带来一定水平的利润或利润率，如果不能，那么借贷资金将不能有效进入实体经济，它既可能是实体经济对借贷资金排斥的结果，也可能是借贷资金为避免风险而拒绝进入的结果。

最主要的是，当今整体企业面临的这种高成本与低收入并存的困境，在短期内几乎是没有任何力量能够改变的。因为要突破这种困境，可采取的措施主要有以下几种：一是大幅度降低劳动工资水平等要素价格；二是汇率大幅度贬值；三是产业转型升级；四是大幅度增加国内的有效需求等。然而，这些措施要么是在短期内难以取得成效，如产业转型升级是一个极其缓慢的过程，日本从 20 世纪 90 年代到现在也没有有效完成，要么是与政策目标不一致并且在实践中不可能做到，如大幅度降低劳动工资水平等；汇率的高低变化更

---

① 参见樊殿华《温州僵局：劳斯莱斯难觅踪迹 奢侈品店陆续关张》（南方周末 2013 - 05 - 24 10：18：23，ht-tp：//zj. sina. com. cn/news/regional/2013 - 05 - 26/065185919_ 6. html）。

② 2012 年设置的"温州金融综合改革试验区"，希望通过对民间金融的规范等来解决"存在大量过剩资本与广大中小企业融资难"之间的矛盾，笔者曾指出，这个愿望注定要落空，因为这个矛盾不是中小企业缺乏融资的渠道等，而是生存环境的日趋恶劣与它们适应环境能力低下的结果，趋利避害的借贷资本是不会向这种有巨大风险的企业投放的，所以，不解决中小企业的生存环境与生存能力问题，单纯的金融改变是不可能解决这个矛盾的。实际上，民间融资越规范，中小企业的融资就越困难，这必然带来实际效果与改革目标南辕北辙的结果。

不是由我们的主观意志所决定，受供求关系与国际政治经济因素决定，正如当前的人民币升值已对我国的产业发展造成实际损害，但我们却无有效扭转该趋势的手段；增加国内有效需求似乎是较容易实现的手段，但实际情况却可能完全相反，如20世纪90年代中期以来，消费倾向日益下降，原因就是两极分化趋势的不断加强，要提高消费需求，使其成为推动经济增长的主要引擎，就必须对分配关系进行重大改革，然而正如李克强总理所说的"触动利益比触及灵魂还难"，在短期内是难以完成的；扩大投资，则受到难以找到有利可图的投资机会的制约而必然对民间投资形成强大阻隔，日益严峻的财政困难，则导致政府投资难以有效扩大，更主要的是，扩大投资会带来更加严重的产能过剩，而产能过剩是我国当前经济困难的主要原因之一，所以，无论从哪个方面看，都难以缓解我国企业面临的困境。

二　我国处在"发展陷阱"的入口

我国经济面临的这种局面，是追赶型国家经济发展达到一定水平后的必然结果。也就是说，经过几十年的快速增长，我国经济即将或已经进入发展陷阱的入口。

"发展陷阱"，是指一个国家或地区在一个较长时期取得快速增长，人均收入达到中等（3000～5000美元）甚至更高（1万美元以上）后，在一个较长时期陷入停滞（低增长且不稳定，或者是经济持续衰退和人均收入下降）而难以向上有效突破的这种状态。

通过对我国经济发展状况的分析，就可以清楚地知道，我国经济目前正处在发展陷阱的入口。

从长波运行的角度看，20世纪80年代中期以城市体制改革为主的改革开放使我国从"二战"前技术基础上的长波运行转换到"二战"后技术基础上的长波爬升。这个时期，也是美国开始新的长波转换[①]，西欧处在长波衰退期的下降后期，日本正处在长波顶点而即将进入下降过程，以"四小龙"为代表的东南亚各国则正处在长波的爬升中期，人均收入已经达到数千美元甚至近万美元，是我国人均收入的数倍到数十倍，这种相对有利的长波位置为我国的经济发展提供了极其有利的条件。由于同一长波中发展程度越低的国家的相对竞争力越强，由此相对已经处在长波爬升中期的东南亚各国来说，我国极低的人均收入、较好的基础教育、相对完整的产业体系和人口分布的高度密集等，使我国在吸引国外产业的转移中处在极其有利的地位，改革开放中制度和基础设施的不断完善、规模经济效应等，使我国的国际竞争力不断提高。这种不断提高的竞争力与较低收入水平的结合，使得东南亚等国家的国内外市场不断被中国产品蚕食，这是导致这些国家在1997年发生经济危机的重要原因之一。

[①]　这意味着，改革开放时，我国与美国的经济发展存在着一个长波的差距。由于后进国家的长波运行时间更短，因此从绝对时间上看，两者间的发展差距约为35年。经过近30年的追赶，目前的差距约为15～20，由于差距越小，缩短的难度就越大，因此这个差距的缩短将变得越来越困难。

不过，随着发展水平的提高，我国受到的来自前后夹击的力量也越来越大。对发达国家来说，我国快速提高的竞争力对它们的高新技术产业形成巨大的威胁，促使它们越来越重视来自我国的竞争，由此不断加大对我国经济的围堵打压。由于创新能力与经验不足，因此难以应对发达国家的挑战。对后进国家来说，我国人均收入水平（因要素供求关系转换、通货膨胀和汇率升值等）的快速提高，使得我国以美元衡量的生产成本大幅度提升，扩大了我国与以印度、越南、孟加拉国等为代表的次新兴国家追赶者之间的成本差异，使我国企业传统的内外市场不断被蚕食。在这种内外夹击下，大量企业因此倒闭、内迁或外迁。

与这种转换相伴随的，是汇改以来以美元衡量的增长率一直快于实际增长率，并且两者间的差距在不断扩大，2011 年的差距甚至超过 1 倍，以至许多地区人均美元收入 4 年不到就可以翻一番。以美元计量的收入快速增长，虽然提升了我国在国际上的地位，但却损害了我国的国际竞争能力，致使国内外市场不断丧失。

以上情况反映到企业的成本收入中来，也就是企业的高成本与低收益，结果必然是企业生存能力的不断下降。随着"刘易斯拐点"出现产生的要素供求关系转变，加之汇率的不断升值和明显的通货膨胀等，以美元衡量的企业成本以远快于劳动生产率提高的速度上升。这种上升，对企业带来两方面的不利结果。一方面导致产品在国际上的竞争能力不断下降，市场不断被越南等国蚕食，企业收入因此不断减少；另一方面带来的人均收入水平快速上升，促使人们为追求生活品质的改善而将大量有效需求转移到发达国家生产的（高档）产品上，如出国旅游与购物、留学已成潮流，以致在人均收入并不高时我国就成为仅次于美国的奢侈品消费国，国外旅游人均消费支出最多、留学生输出最多的国家，国人在国外的消费行为更是被人们揶揄为"钱多人傻"，资本的输出规模也日益扩大。在成本不断提高与收入不断流出双重夹击下，企业效益的不断下降也就不可避免，大量企业因此歇业或倒闭。也正是在这种背景下，"国进民退"这种逆改革方向的事情才会出现。

显然，目前这个过程还只是刚开始不久，更为严峻的形势将呈现在我们面前。也就是说，我国经济即将进入"中等收入陷阱"过程。这是几乎所有追赶型国家发展到一定阶段后的必然产物，作为追赶型国家，我国自然也避免不了这个过程。为此，我国经济将经历一个非常痛苦的转型期。

所以，从长波角度看，我国目前正处在前有发达国家的凶狠围堵，后有追赶者越来越近的强大逼迫中，自身的社会经济问题又严重，由此决定了我国必然会在这种前后夹击下落入发展陷阱。

三　未来十年经济走势分析

虽然几乎所有的追赶型国家在经济发展到一定程度后，都避免不了落入发展陷阱的结局，但过程却并不完全相同。一些国家会以剧烈的经济衰退甚至社会危机的方式为起点，然后在一个较长时期处于萎靡不振状态，如以 1997 年为起点的东南亚各国；有些则会表现为以非常平缓的方式进入低增长状态，如 20 世纪 90 年代以来的日本等国。

根据我国当前的经济状态并结合其他国家的经历，笔者认为我国将会以日本式的方式进入其中。这是因为，我国不仅有与日本进入发展陷阱时一样的世界上最高的储蓄率和最大的外汇储备，而且我国的银行体系是以国家信用为后盾的，近些年不断加强的监管已化解了相当一部分风险，同时国际资本流动也受到严格的管制，最主要的是，我国政府有较强的宏观调控能力，所以不太可能发生像 1997 年东南亚经济危机那样由外债和银行信用瓦解引发暴风骤雨般的危机及其将所有秩序破坏而使整个经济陷入持续低迷的过程，不过，我国也将因此丧失汇率大幅度贬值和人均收入快速下降所带来的竞争力恢复的机会，因此会像日本那样进入一个持续的低迷过程。

在世界经济一体化的今天，任何一个国家的经济发展状况都由内外因素共同决定。然而，无论内外两个方面，都决定了我国经济在今后相当长时期内会处于相对萧条状态。

外部方面，从发达国家的情况看，以 2008 年起源于美国的世界性经济危机为标志，说明 20 世纪 80 年代中期发端于美国的新一轮长波已运行到了衰退期，这次危机是其运行到顶并发生转折的重要标志（杨文进，2010），从此，发达国家的经济将像 20 世纪 70 年代到 80 年代中期那样，朱格拉周期将明显缩短，增长过程乏力而短暂，衰退过程有力而冗长。与此相对应的，必然是有效需求的不振。这说明，在今后约 10 年的时间中，来自发达国家的有效需求不可能再像以前那样快速增长。更主要的是，即使发达国家的经济状况比预想的要好，它给我国的机会也并不多。这是因为，我国以美元衡量的人均收入已经达到较高水平，可预见的是，随着人民币在今后数年内的继续升值与价格水平的上升①，人均收入仍然会以较快的速度上升，这使得建立在面对发达国家方面的相对成本优势将不断丧失，加之技术的进步，使得发达国家在某些产业方面再工业化的努力将成为现实，这将极大地压缩我国产品的生存空间；人均收入水平的提高，也会进一步扩大与印度、越南等较低收入国家的差距，我们在发达国家的市场因此会不断地被蚕食，考虑到制度与意识形态方面的不同，目前正想方设法抑制我国崛起的发达国家，不仅乐见这种取代，而且会在一定程度上帮助它们，所以，无论发达国家的经济形势是否乐观，对扩大我国的有效需求都没有太大帮助。

扩大对新兴市场国家的出口是我国近年来外贸出口的主要努力方向，虽然发展中国家今后一段时间的经济增长速度要快于发达国家，但由于我国身后有许多贴身的追赶者，在一般加工品上面的相对成本又高于它们，因此这方面出口形势同样是严峻的。更主要的是，新兴市场的发展，尤其是非洲和南美洲等发展中国家的经济发展，虽然为我国的产品

① 人民币的升值过程估计到 2014 年底将发生转折。人民币的"内贬外升"是理论界难以解释的一个现象，而在笔者这里，则是一种再正常不过的现象，即在中央银行保持某种相对独立性的前提下，较高的价格水平往往会带来货币的升值，而通货紧缩则会导致货币的贬值。这方面的分析，请参阅笔者《论货币供给与价格水平和汇率的关系》（《福建论坛》2010 第 5 期）。

出口提供了一定的机会，但它们在工业化过程中竞争力的加强将会不断地排斥我国（在它们国家与发达国家）的产品，同时会推高原材料与能源等国际大宗商品的价格，这对严重依赖原材料和能源等大宗商品的我国来说是极其不利的。所以，在对发展中国家的出口方面，我国面临的形势同样是十分严峻的。

相比外部形势来说，国内形势要严峻得多。因为如上面指出的那样，受两极分化日益加强的困扰，自20世纪90年代中后期以来，消费倾向就一直处于下降趋势之中，2008年以来，我国采取各种措施，如家电下乡等，效果却仍然不明显，这说明，如果不对分配关系进行重大变革，要明显提升我国的消费率，像发达国家那样让消费作为推动经济增长的主要引擎是不可能实现的，而分配关系的重大调整是极其困难的，极易引发社会的不稳定，为此这方面的改革就只能是渐进的，因而需要较长的时间。更严重的是，由于2005年以来以美元衡量的人均收入增长速度远远快于实际经济增长，使得需求层次的提高速度高于国内经济实力的提升，致使消费支出中一个不断扩大的比例被用在国外产品与劳务的消费上，在今后数年，这种趋势会继续加强，只有当人民币汇率发生大幅度贬值时，这种趋势才能扭转，然而，人民币国际化的目标将阻碍这种情况的发生，由此会减弱消费对经济的推动作用。

投资方面，随着投资规模几十年来的高速增长，绝大部分，尤其是能够市场化的基础设施建设已基本完成，正如与我国新建的基础设施比较，欧美的基础设施已显"落后"；除了受到我国技术能力不足限制的高新技术产业仍存在较大的供给缺口外，一般产品的产能更是严重过剩，这已经成为我国经济复苏的最大阻力。如果像林毅夫先生所说的那样，我国的经济增长仍然必须依赖投资（而不是消费），那么就必须有足够的投资机会，也就是必须给资本足够的利润刺激，而利润来自供给不足，在当前，我国企业缺少的就是这种供给不足的机会或领域。虽然从绝对意义上来说，我国仍然存在一些供给不足甚至严重不足的领域，如城市轨道交通、社会化养老等，但从各国情况看，这些领域要么是严重亏损的，如轨道交通，要么是市场化与社会公平要求等不相符合，如社会化养老等，因此可供民间资本投资的机会并不多。即使放开垄断行业，也不会对促进民间投资有多大作用。因为这些行业中的一些虽然存在一定的利润，但其中一些的产能却是相对过剩的，如石化、电信、烟草等，有一些则是亏损的或微利的，如铁路等，因此这些行业不可能吸引大量民间资本进入。

产业结构的转型升级被寄予保持我国经济持续快速增长的希望，但这却是在短期甚至较长时期都难以完成的任务。实际上，从20世纪90年代中期开始就提出了产业结构的转型升级，并制定了一系列扶持政策，十几年过去，转型升级的任务却反而更艰巨了。其原因，就是产业结构的转型升级是需要一系列条件的，如良好的社会结构与分配关系、强大的技术创新能力、企业良好的财务支撑等，即使如日本这样的国家，从20世纪80年代后期开始至今，也仍然没有彻底完成结构调整的任务，就说明结构调整的艰巨性。除了竞争压力这个条件外，我国并不具备良好的转型升级的社会经济条件。从社会结构与分配关系看，我国各方面的二元化程度都在加强，在这样的基础上，虽然不排除一些为满足富裕阶层需要的高新技术产业会获得较快的发展，但满足广大中下阶层的产业则不仅不能升级，反而有向下恶化的趋势，尤其是随着经济环境趋势变劣，人们需求能力下降，劣化趋势将更加明显。这是因为，任何社会的生产都是为了满足人民的需求，由此一个社会的需求能力及其结构决定着一个社会的产业结构，当一个社会相当一部分人的收入状况恶化而致消费能力下降时，它们对产品质量与品质的需求也必然是下降的，这也就可解释为什么在我国整体经济发展水平达到相当程度时，假冒伪劣产品却屡禁不止并普遍泛滥的原因，所以，在一个两极分化加强的社会，整个社会产业的转型升级任务是不可能完成的。另外，产业结构转型升级所需的强大创新能力我国也不具备。改革开放以来我国经济的快速增长，是建立在大规模的技术引进与模仿基础上的，在此过程中，除了极少量（不计成本的）军工技术外，我们并没有建立起能够与发达国家相抗争的技术创新能力，汽车产业可以说是这方面的一个缩影。随着我国与发达国家差距的缩小与在高新产业方面竞争力的加强，发达国家对我国的技术封锁与贸易制裁程度会不断加强，我国再不可能像以前那样廉价地获取我们缺少的技术与市场，高新技术产业将受到国外更严重的打压。考虑到对我国崛起担忧引发的围堵，打压的力量将更加强大，并且在各方面已经显示出来。在缺乏内部社会条件，创新能力又十分不足，并且受到外部严重打压的情况下，指望产业结构的转型升级来推动经济快速增长，显然是靠不住的。

城市化是被大多数人认为是保证我国经济仍然能够实现快速增长的基础——会产生40万亿元的社会需求，然而，如果对此进行客观分析，就会得出否定的答案。这是因为，经过几十年的快速经济增长，我国劳动力的转移已经基本完成，目前农村许多地区劳动力的短缺程度甚至高于城市，因此需继续转移的只是部分家属，并且其中主要是那些在城市化中发展状况不太好的农民工家属（那些在城市获得较好发展且已置业的人中的相当一部分已经将家属迁移），很显然，这些人的家属及部分农村老弱病残人员的迁徙虽然会产生一个较大的社会需求，但他们自身是没有能力实现这个目标的，主要途径必然是政府的财政支出。如果今后十年的经济发展状况良好，财政收入能够保持近10多年来的速度增长，那么这还不是个太大问题，然而现实情况却是随着经济形势的恶化，财政收入将面临日益严峻的局面，这种趋势目前已经显现。不仅中央财政面临入不敷出的窘境，地方财政，尤其是承担农民家属城市化主要任务的市县两级政府的财政状况更加严峻，现有的债务不仅使得一些地方政府寅吃卯粮甚至无法承担正常职能，而且已经成为威胁我国经济稳定的重大隐患，自然更加无力承担低收入农村居民城镇化的重担，这对于要承担城镇化主要任务的中西部地方政府来说（东部的城镇化已经基本完成）来说更是如此。我国城镇的户籍化改革之所以进程缓慢，很大一部分原因就是地方财政难以承受农民进城的各种社会福利负担。这对于我国经济最发达的像北京、上海等东部大中城市来说尚且如此，其他城市也就不言自明了。这种情况说明，我国城镇化快速扩张的拐点即将出现，今后将是一个缓慢的攻坚过程，也就是劳动能力弱与缺乏劳动能力的农村居民的城镇化过程，同时也是一个户籍改革逐渐推进的过程。

财政状况的恶化不仅是阻碍城镇化进一步深化的重要因素，而且还严重威胁我国的金融安全。超过 20 万亿元的地方政府债务已经成为全球担忧中国经济安全的焦点之一。考虑到今后相当长时期内经济下行趋势，财政收入状况将不断恶化，而为了建设"和谐社会"与"生态中国"，同时还要推进城镇化并应对经济衰退造成的失业增加等，财政支出的压力会日益加大，因此财政收支状况的恶化将不可避免。虽然从企业整体的收支角度看，财政赤字的增加可能改善企业收支状况，但财政收支的持续恶化将带来金融危机。而一旦发生金融危机，它引起的通货紧缩将对实体经济带来致命打击。由此，经济下行、财政收支恶化、金融危机相互之间将形成恶性循环。

虽然我国的高储蓄率会对此产生一定的抵消作用，但我国经济增长下行的趋势却是不可避免，因此绝对不可能实现人们预想的那样在今后 10 年保持 7%～8% 的增长率①。笔者认为，今后几年，中国经济增长率将以每年减少 1% 或更快的速度下降，在 3～4 年后维持在平均 0～3%。

也许有人认为这种估计过于悲观，然而笔者却认为这还是一种最乐观的估计。这是因为，如上面指出的那样，市场经济的宏观经济走向是由整体企业的经营状况，也就是由整体的收支状况决定的，支出方面，如果不发生大幅度的经济衰退与国家政策的重大调整（即不干预要素的市场定价等），那么成本将难以明显下降；收入方面，如上面指出的那样，消费需求、出口需求与投资支出等方面的情况都是非常悲观的，也就是说，目前已经存在的高成本与低收入并存的不利状况，不仅会持续，而且会恶化，经济增长的动力因此将不断衰竭，所以，我国今后 10 年的经济增长形势将日益严峻。高储蓄率、巨额的外汇储备与较强的宏观调节能力，虽然对防止发生像 1997 年东南亚那样的急剧衰退与危机有极大帮助，但也因此抑制了市场机制纠错功能的发展，使经济难以在较短的时间内从中挣脱出来，将像当年的日本那样进入一种半死不活的状态。

四　以清醒认识应对挑战

对我国即将落入发展陷阱，并且经济困难会日益呈现并持续 10 年的估计，并不是危言耸听，而是一种客观存在。对此，必须保持清醒的认识。

在经历几十年的快速增长后，国人有一种盲目乐观的情绪，认为我国在 20～30 年内就能够与美国分庭抗礼甚至超越后者。实际上，这只是一厢情愿。从长波运行与帝国更迭

---

① 这里所指的增长速度，是真实的增长速度，而不完全是国家统计局发布的增长速度。因为近两年国家统计局发布的数据有太多的疑问，如能源与电力消耗、货物周围量、财政收入与经济增长速度之间存在着严重的不对称。从宏观看，社会任何的技术进步与结构调整速度都是渐进的，所以不可能在短期发生如此明显的不匹配状况。

理论看，即使发展非常顺利，即不出现内乱、国家分裂等方面的危机，我国要取代美国而成为世界经济的领头羊，也是百年以后的事。从长波运行看，作为引领世界技术经济发展方向等方面的领先者，他的平均行进速度自然要比那些在他开拓好的道路上面前进的人的速度慢，但作为后来者，由于习惯于在别人开拓的道路上前进，一方面会养成依赖别人的惰性；另一方面更会缺乏开山拓路的能力，因而难以在一个较短时期内超越领先者。要取代领先者，需要数个长波的追赶。创新能力和经验只有在近距离与领先者的搏斗中才能获得。从数千年来的国际关系看，帝国的更迭最起码要 2～3 个以上的世纪，而美国充当领导者尚不到一个世纪，从各方面情况看，都还看不出美国有衰落的迹象，如其仍然是全世界最具有创新活力的国家，几乎所有重大的科技创新成果都出自于它，良好的科研制度像磁石一样吸引全世界的俊秀，人口仍保持较快速度增长且结构年轻，社会结构和制度安排等具有高度的弹性，纠错能力仍然强大，社会生活的各个方面都保持着活力。所以，无论是从长波还是从国际政治经济关系等方面看，美国仍然会是今后一个多世纪国际政治经济的引领者。

曾记得 20 世纪 80 年代，随着日本经济的崛起与美国在长波后期的相对衰退，人们都认为日本在经济上将引领甚至统治世界，也正是在此背景下，日本的自信心极度膨胀，有人大声喊出"日本可以（对美国甚至世界）说不"，更有人提出要"买下美国"。然而，余音犹在，进入 90 年代后的美国却已经不再把日本作为一个有力的竞争对手来看待了，两者间的竞争差距不仅重新扩大，而且（在相当长的时期内）似乎再看不到日本能够重新成为美国有力竞争对手的机会了。更具明显对比的是，相对于我国当前形势来说，日本当时在各方面都更具优势，如它已经实现现代化目标并进入高收入社会，科技研发达到较高水平，形成了一些如机械和汽车制造、医药、海洋工程、游戏动漫等在国际上具有绝对和相对竞争力优势的产业（张季风，2008），收入分配，尤其是消费分配相对公平，社会保障程度高，种族单一，社会关系比较和谐，等等。即使如此，作为一个追赶型国家，却也仍然摆脱不了落入发展陷阱的结局，并且至今尚未完全从中挣脱出来。

相对于走在前面的日本、韩国、我国台湾等国家与地区来说，我国改革开放以来取得的成就并不特殊，更不是不可解释的"奇迹"，甚至没有做得比先行者更好，它只是我国在一个恰当的时机融入国际分工体系的一种必然结果①。然而，相比于当年落入发展陷阱前的日本、韩国与我国台湾地区等来说，我国存在的问题却更多也更严峻。如几十年来的经济增长速度虽快，但却都是传统产业，而且还是其中的中低档次产业和房地产业在数量上的拓展，真正具有核心竞争力，能够保证中国在未来世界经济舞台占有一席之地的产业却并没有形成，几乎所有产业都存在被追赶者替代的可能，如我国的汽车产业，虽经几十

---

① 这方面的详细分析，请参见笔者《从长波关系看战后各国的经济关系变迁》（《当代财经》2003 年第 4 期）、《从长波关系看我国的工业化》（《上海经济研究》2006 年第 4 期）、《美国经济危机原因及其影响的新解释——基于经济长波、货币供给与国际竞争的视角》（《当代财经》2010 年第 10 期）、《政治经济学批判导论：体系与内容的重建》（中国财政经济出版社，2006）等论著。

年的发展而使产量跃居世界第一，但却基本是在国外企业主导下实现的，至今没有形成自己有竞争力的核心技术和民族品牌，这样的产业是没有前途的，极易被他人替代。由于在经济建设指导思想上，我们是以追求财富而不是以财富的生产力为主的西方主流经济学为理论基础，因此在市场保护和消费行为上，不是像（以德国李斯特为代表的历史学派为促进财富生产力发展为指导思想的）日本和韩国的国民那样以保护国内生产力为目标，我国是典型的崇洋媚外，以至于收入水平稍有宽裕，一个越来越大的比例就被用在国外产品上，使得我国企业由此失去了最基本的保障。整个社会的二元化趋势日益明显，两极分化程度早已超过国际公认的不可忍受水平，以至于作为社会主义（公平的象征）的我国竟然成为当今世界上收入分配最不公平的国家之一，近年来虽然加快了社会保障程度方面的建设，但范围和程度却仍然低下，收入分配的两极分化与低下的社会保障程度，是导致我国20世纪90年代中期以来消费倾向不断下降、经济结构畸形的主要原因。腐败程度仍然较重，官民之间的对抗情绪明显，区域发展不平衡，加之不同阶层之间的对立（最典型的是城市户籍居民与非城市户籍居民之间的对立）等，社会不稳定因素日益积累，整个社会犹如坐在火山口上；法制不完备，政府行为的随意性，致使民间资本视长期研究投入为畏途，由此形成了我国整个社会经济行为的短视化。生态环境日益恶化，生态安全已经成为我国当前最大的隐患。不良的社会与生态环境，加之经济前景暗淡，使相当一部分人，尤其是社会精英对国家的未来失去信心，移民或获取发达国家绿卡、转移资产等成为大部分富裕人士的选择，送子女到发达国家留学甚至安居，更是大部分精英人士的共同选择。据报道，我国科研领域的顶尖人才流失数量已居世界首位[①]。正是因为这一点，使得时任美国国务卿的希拉里得到中国未来并不乐观，更不可能取代美国地位的结论，因为一个大部分精英都对祖国未来失去信心的国家，是不值得畏惧的。在传统伦理缺失的情况下，"一切向钱看"成为整个社会的价值取向。这样的社会伦理，显然是无法有效应对任何社会危机的。教育状况决定着一个国家的未来，我国的教育状况则是人人切齿痛恨的，应试化的初、中等教育把国人的智力潜力几乎摧残殆尽，高等教育则堕落到了无以复加的地步[②]。社会结构凝固化现象也日益明显，由此引发不同阶层之间对抗程度的加强。如此等等，难以复述。上面讲到，即使如日本那样完成现代化，社会关系相对和谐，内部凝聚程度高，并且在一些领域具有核心竞争力的国家，尚且难以摆脱发展陷阱形成机制的制约并且至今尚在其中挣扎，与之相比远不如的我国，自然更加难以应对日益严峻的内外挑战，必然会在各种矛盾的相互作用下陷入停滞。

经济是社会各方面关系的集中体现，经济也是通过成本与收益的关系来反映状态及其变化趋势的，上面各种社会矛盾与冲击必然会体现在以企业为主体的成本收益关系上。如

---

① 人民网－人民日报：《我国流失顶尖人才数居世界首位》，2013年6月6日，http：//news. sina. com. cn/c/2013－06－06/035927325049. shtml。

② 只要看一看官员的文凭，就知道高校堕落到了何种程度；查一下学生的淘汰率，就知道高校对学生或教学质量是如何的放任；查一下大学校长和高官们的子女到哪国上大学，就知道他们对国内大学的信任程度。

不良的社会关系，将迫使我们加强"和谐社会"建设，为此就需要加强对劳动者的保护和提高中低收入群体的收入水平，政府就必须维持较大的收入份额，由此，要素成本与税赋负担不仅难以下降，而且会继续提高；教育质量的低劣，使其难以为社会提供高质量的劳动力；恶劣的生态环境，迫使我们加强生态文明建设，这也必然会极大地提高企业成本；为应对内外压力而进行的转型升级，更是会在相当长的时间里增加企业的成本压力，而且成效难测。成本的提高，无疑会进一步降低企业整体的竞争力，减少企业收入。在一定时期内，人民币的"内贬外升"现象仍然会持续，这不仅会进一步降低企业的相对竞争力，而且会加大有效需求的向外转移。由于企业效益与投资之间具有相互转化的效应，因此企业效益的下降必然带来投资规模的减少并进一步降低企业效益。效益下降，还会降低企业转型升级的动力与能力，使得转型升级的任务难以完成，结果将形成恶性循环。企业效益下降和经济活动丧失，不可避免地会带来财政与金融环境的恶化，政府债务危机与金融危机都将不可避免。

所以，无论从哪方面看，未来一段时间的经济形势都难以乐观。更主要的是，即使经济形势比分析的要乐观，也应该保持清醒的意识，居安思危，才能够有效地应对可能出现的不利局面。

国有企业效率研究进展、论争与评述[*]

洪功翔[**]

国有企业效率的高低，既事关我国国有企业改革的方向性选择，也事关我国初级阶段基本经济制度的巩固与选择问题。所以，20 世纪 90 年代以来，学者们围绕国有企业效率进行了大量的理论与实证研究。这些研究与论争，主要是围绕国有企业效率的高低、国有企业的效率损失、国有企业效率改善的来源、国有企业的宏观效率等四个方面展开的。理论纷争的背后，是政策主张的不同。

一 关于国有企业效率高低研究进展、论争与述评

学者们对于国有企业效率进行了大量理论与实证研究，主要结论有三种，即低效率论、非低效率论、高效率论。

林青松 (1995)[①] 根据《中国工业经济统计年鉴 1993》，利用 1981～1990 年数据分别对国有企业、城市集体企业和乡镇企业的全要素生产率进行了估计和测算，发现中国国有企业的全要素生产率的增长率是最低的，仅为 1.52%，不仅大大低于城市集体企业的 7.89%，也低于乡镇企业的 2.37%。提出要坚持市场取向改革。谢千里、罗斯基、郑玉歆 (1995)[②] 依据《中国统计年鉴 1993》，运用 1980～1992 年的统计数据，对国有工业和集体工业全要素生产率的变动进行了研究，计算表明集体工业全员生产率的增长始终高于国有工业，并且高出很多。提出要进一步提高国有工业生产率。刘小玄 (2000)[③] 以 1995 年全国工业普查数据为基础，采用生产函数模型和 OLS 计量方法对我国 20 余个产业大约 17 万家企业的效率进行了测定和比较，结果发现在不同所有制类型企业中私营企业效率最高，三资企业次之，股份制和集体企业再次之，国有企业效率最低，私营企业的平均效率为国有企业的 2～5 倍。提出要明晰产权。姚洋、章奇 (2001)[④] 利用 1995 年工业普查的数据对影响企业技术效率的各个因素进行了检验，发现与国有企业相比，集体、私营、

* 本文是教育部人文社会科学研究规划基金项目"国有企业效率问题研究"（项目编号：11YJA790044）的阶段性成果。
** 洪功翔，安徽工业大学教授。
① 林青松：《改革以来中国工业部门的效率变化及其影响因素分析》，载《经济研究》1995 年第 10 期。
② 谢千里、罗斯基、郑玉歆：《改革以来中国工业生产率变动趋势的估计及其可靠性分析》，载《经济研究》1995 年第 2 期。
③ 刘小弦：《中国工业企业的所有制结构对效率差异的影响》，载《经济研究》2000 年第 2 期。
④ 姚洋、章奇：《中国工业企业技术效率分析》，载《经济研究》2001 年第 10 期。

国外三资企业的效率分别要高出 15.1%、45.5% 和 11.4%。提出要完善国有企业的激励约束、监督机制。刘小玄（2004）[①] 利用第二次全国基本单位普查数据（2001），选择民营化进行得最为普遍的工业领域，通过相关效率模型的检验发现，国有企业对于效率具有明显的负面作用，私营企业、股份制企业和三资企业则都具有积极的对于效率的正相关推动作用。并进一步认为，在改革 20 多年来的经济转轨过程中，中国持续进行的民营化和企业股份化改造的方向是正确的，也取得了相当的成功。提出不应有任何动摇而应始终坚持国有企业民营化的方向，尽快确立各项与民营经济相配套的市场竞争和监管规则。胡一帆、宋敏、张俊喜（2006）[②] 根据世界银行一份对中国五个城市、覆盖六个行业的近 300 家国有企业（SOEs）1996～2001 年的调查数据，发现民营化显著提高了公司的销售收入，降低了成本，而且这些优势最终使得公司盈利能力和生产率得到大幅度提高；由民营机构控股、彻底民营化的企业比那些仍然是国有控股、部分民营化的企业绩效表现更好。提出中国政府应更加坚定地推进民营化改革。

李楠、乔榛（2010）[③] 利用 1999～2006 年中国工业行业数据，通过构建双重差分模型（differences – in – differences），对国有企业改革绩效进行评估。结果发现，国有企业绩效虽仍有别于其他所有制类型的企业，但经济绩效自 2003 年前后发生明显好转，国有企业绩效已经与非国有经济较好的三资企业无差异。这表明，自 1999 年以来通过一系列改革措施，国有企业整体绩效获得了明显提高。提出国有企业改革需继续深化，但国有企业改革并非只有国有企业民营化这唯一途径。洪功翔（2010）[④] 利用国泰君安 CSMAR 数据库系统的上市公司数据，选取了电子、房地产、机械设备仪表、建筑业、批发和零售、食品饮料、信息技术、医药生物制品、造纸印刷和综合类等 10 个竞争性行业的国有与民营企业，其中还剔除了最终控制人为央企、中央部委的上市公司和外资企业，最终收集了 2002～2009 年的 6720 个样本，进行了数据包络分析，结果表明国有企业和民营企业的综合效率不存在显著差异。提出不要片面强调国有经济从竞争性领域退出，不能把国有经济和民营经济对立起来，国有经济是否从竞争性领域退出应由市场说了算。马荣[⑤]（2011）收集了 2003～2008 年国家统计局工业统计数据中的按行业分国有及国有控股工业企业数据，采用数据包络分析的 Ma lmquist 指数方法，对 2003～2008 年行业加总的国有企业实证核算了全要素生产率，并与外资企业和行业平均进行比较，结果发现国有企业的全要素生产率显著高于外资企业和行业平均。提出进一步督促国有企业改革完善内部管理机制，建立更加科学的现代企业制度，提高内部激励和管理水平，努力提高其技术及规模效率。张

① 刘小玄：《民营化改制对中国产业效率的效果分析》，载《经济研究》2004 年第 8 期。

② 胡一帆、宋敏、张俊喜：《中国国有企业民营化绩效研究》，载《经济研究》2006 年第 7 期。

③ 李楠、乔榛：《国有企业改制政策效果的实证分析》，载《数量经济技术经济研究》2010 年第 2 期。

④ 洪功翔：《国有企业存在双重效率损失吗？——与刘瑞明、石磊教授商榷》，载《经济理论与经济管理》2010 年第 11 期。

⑤ 马荣：《中国国有企业效率研究——基于全要素生产率增长及分解因素的分析》，载《上海经济研究》2011 年第 2 期。

晨、张宇（2011）[1] 利用中国统计年鉴数据，分别考察了竞争性和垄断性行业国有工业企业的效率表现，发现在竞争性行业中，国有工业企业与非国有工业企业在财务效率和技术效率上均不存在显著差异；在垄断行业中，国有工业企业具有较高的技术效率，并不断保持着较快的技术进步速率。因此，所有制对企业微观效率的影响并不显著。提出要坚持初级阶段的基本经济制度。魏峰、荣兆梓（2012）[2] 基于竞争性领域 20 个工业细分行业的面板数据，运用随机前沿分析方法分别计算了国有企业和非国有企业 20 个竞争性行业 2000～2009 年期间的年度技术效率，发现在此期间，竞争性领域国有企业和非国有企业的工业行业技术效率之间存在差距，但由于国有企业技术效率上升态势明显，使得两者的效率总体上趋同。提出国有企业必须从竞争性领域全面退出为时尚早，竞争性领域国有企业改革应当继续深入推进，在适当行业扶植国有企业做大做强。郝书辰、陶虎、田金方（2012）[3] 利用熵权评价方法，运用 2003～2010 年的面板数据，实证分析了我国国有及国有控股企业在 37 个工业行业中的效率变动情况，并与私营企业、外商和港澳台商投资企业进行了比较。分析结果显示：国有工业企业的效率在 36 个行业中是逐年增长的；与其他所有制企业相比，国有工业企业效率发展水平在 7 个行业中不逊于私营企业，在 23 个行业中显著地优于外资企业，国有工业企业效率增长速度在 21 个行业中超过私营企业，在 34 个行业中超过外资企业。分析所涉及的行业既有竞争性行业又有垄断性行业，企业效率与所有制、行业的竞争或垄断与否没有必然的联系。提出国有资本配置要与市场经济相结合而不是全面退出，要完善国有企业治理结构，建立有效的激励、监督和制衡机制。

李济广（2006）[4] 通过引用大量文献证明，就社会贡献率等指标而言，公有制企业微观效率高于非公有制企业，国有企业盈利能力也是很强的。国有经济的效率，主要体现在分配、投资特点带来的宏观效率上。较强的有效需求和较高的宏观效率是公有制有利于发展生产力的根本原因。不同经济制度国家的绩效比较也充分说明公有制是高效率的。主张在社会主义初级阶段必须坚持公有制为主体、多种所有制经济共同发展的基本经济制度。程恩富、何干强（2009）[5] 研究表明，新中国建立以来，公有制的平均经济效率明显高于资本主义经济，即使在计划产品经济条件下，1949～1978 年，包括"大跃进"和"文革"阶段的失误导致的效率下降在内，国有工业企业的总产值年增长率平均也达到 13.7%。2006 年全国国有企业累计实现销售收入 16.2 万亿元，比 2003 年增长 50.9%，年均增长 14.7%；实现利润 1.2 万亿元，比 2003 年增长 147.3%，年均增长 35.2%；上缴税金 1.4 万亿元，比 2003 年增长 72%，年均增长 19.8%。主张在社会主义基本经济制度限度内的

① 张晨、张宇：《国有企业是低效率的吗》，载《经济学家》2011 年第 2 期。
② 魏峰、荣兆梓：《竞争性领域国有企业与非国有企业技术效率的比较和分析》，载《经济评论》2012 年第 3 期。
③ 郝书辰、陶虎、田金方：《国有工业企业效率的行业检验》，载《中国工业经济》2012 年第 12 期。
④ 李济广：《公有制经济的高效率研究述评》，载《马克思主义研究》2006 年第 2 期。
⑤ 程恩富、何干强：《坚持公有制为主体，多种所有制经济共同发展的基本经济制度》，载《海派经济学》2009 年第 2 期。

私营经济是有利于人民的；但是，如果盲目地搞私有化，那就势必动摇公有制经济的主体地位，势必使私营经济作为社会主义市场经济组成部分的性质发生蜕变，从而使社会主义基本经济制度发生蜕变。陈波、张益锋（2011）[①] 利用有关年份各类统计年鉴数据，运用层次分析法（AHP）构建了一个关于我国国有企业效率的综合评价指标体系，从经济效率和社会效率两个层面对我国国有企业效率进行科学全面的评判。实证分析表明，我国国有企业整体效率并不比私营企业低，无论是在经济效率还是社会效率上都占有一定的优势，并且近年来是不断提高的。因此，只有私有化才可能实现高效率、私有化是国企改革的唯一出路等观点是站不住脚的，当前国有企业改革必须坚持正确的方向。

表面上看学者们的研究结论是矛盾的，其实不然。因为国有企业效率是动态变化的，大家使用数据的时间段并不同，所以会得出不同的结论。根据 1998 年《中国统计年鉴》提供的数字，1978～1997 年 20 年间，国有独立核算工业企业中的亏损企业亏损总额呈不断扩大趋势，由 1978 年的 42.06 亿元扩大到 1997 年的 830.95 亿元。在 20 世纪八九十年代，国有企业的确存在效率低下、包袱沉重、技术落后、亏损严重，甚至资不抵债而不得不实行"破产"的情况。所以，从时间段上看，林青松、谢千里、罗斯基、郑玉歆、刘小玄、姚洋、章奇、胡一帆、宋敏、张俊喜等学者关于国有企业低效率的实证研究是可信的。

但自从 1992～1994 年明确社会主义市场经济改革的方向以来，我国就把建立现代企业制度作为国有企业改革的方向，经历了 1997 年开始实行的国有企业"三年脱困"政策和国有企业政策性负担的剥离，特别是实行了以"抓大放小"为内容的国有经济战略性调整，使国有企业的整体状况发生了很大的变化。从经营机制看，国有企业已较好地实现了从政府行政机构附属物向市场经济主体的转变。从现代企业制度改造看，大多数国有企业在 2002 年前后都相继完成了公司制改造，拥有合理的法人治理结构。从经济效益和社会贡献看，进入 21 世纪以来，我国国有企业的经营效益明显提高，国有资产和企业利润均实现了较快增长。2002～2012 年，中央企业的营业收入从 3.36 万亿元增加到 22.5 万亿元，增加近 6 倍。2003～2011 年，中央企业资产总额从 7.13 万亿元增加到 28 万亿元，所有者权益从 3.19 万亿元增加到 11 万亿元。2012 年，117 家中央企业实现利润 1.3 万亿元，上缴税金 1.9 万亿元，10 年间年均增速近 20%[②]。可见，众多学者关于国有企业并非低效率的实证研究也是可信的。

从政策主张看，一些学者主张应始终坚持国有企业民营化的改革方向是有失偏颇的。一是理论与实证研究表明"国有企业并非低效率"。经过 30 年的改革和制度创新，国有企业不但走出了困境，而且成为具有较高劳动生产率、较强盈利能力和竞争力的市场主体，

---

① 陈波、张益锋：《我国国有企业高效率论——基于层次分析法（AHP）的分析》，载《马克思主义研究》2011 年第 5 期。

② 白天亮：《国企新姿中国脊梁坚强挺立》，载《人民日报》2013 年 4 月 15 日。

国有经济也不断向能发挥自己优势的重要行业和领域集中，向大企业集中，并且站稳了脚跟，成为我国社会主义市场经济的一支骨干力量，主导着国民经济的发展。二是从党的十五大报告提出社会主义初级阶段基本经济制度以来，党的十六大报告、十七大报告、十八大报告，一直都在强调"坚持公有制为主体多种所有制经济共同发展的基本经济制度不动摇"。如果一直坚持国有企业的民营化改革方向，则无法确保公有制的主体地位。

二 关于国有企业利润来源的研究进展、论争与述评

面对新时期以来国有企业绩效显著改善的事实，有部分学者认为国有企业利润来源于垄断，有的甚至认为国有企业的利润来源于政府的利益输送。

严海宁、汪红梅（2009）[1] 利用中国统计年鉴数据，证实了石油、电力、冶金、交通运输设备制造业和烟草行业总计占 1999 年国有企业利润的 79.11%、2002 年的 78.39%、2004 年的 73.36%、2006 年的 85.45%。据此认为国有企业主要利润来源高度依赖于个别行业的行政垄断，而非国有企业技术创新水平的普遍提高。行政垄断的保护使得国有企业获得了大量垄断利润，却严重地阻碍着我国企业技术创新水平的提升。提出仍应坚定不移地对国有企业进行战略性调整，必须适当引入竞争机制，取消对各种既得利益集团的保护，转换国有企业的体制仍然是改革的当务之急。韩朝华、周晓艳（2009）[2] 利用2000～2008 年《中国统计年鉴》各年中的工业分行业数据，对 1999 年以来我国国有工业利润增长源的分析显示，国有企业利润增长的主要源泉不是国有企业的高效率，而是国有工业在部分基础工业领域中的垄断地位以及由此而来的厂商定价权势。提出进一步扩大和深化国有企业的产权改革，继续鼓励非国有企业的发展壮大，提高基础产业领域的竞争性。天则经济研究所研究报告（2011）[3] 称，2010 年中央企业共实现利润 13415 亿元，占国有企业利润总额的 67.5%。2009 年，在央企实现的利润中，中国石油、中国移动、中国电信、中国联通和中国石化等 10 家企业占到 70% 以上。认为国有企业的利润主要是由垄断企业实现的。即便如此，国有企业表现出来的绩效并非其真实绩效，如果扣除国有企业在土地、融资和资源等方面获得的各种财政补贴后，2001～2009 年，国有企业并没有盈利，平均的真实净资产收益率为 - 6.2%。提出国有资本在营利性领域的继续存在，对我国经济发展的动力——竞争的充分性与公平性——以及社会正义构成严重的威胁和损害，因此要修改《宪法》，删除"坚持公有制为主体"的内容，国企必须从营利性领域（而不单是从竞争性领域）中退出。

针对国有企业的利润来源垄断论、利益输送论，也有学者用自己的实证研究进行了

---

[1] 严海宁、汪红梅：《国有企业利润来源解析：行政垄断抑或技术创新》，载《改革》2009 年第 11 期。

[2] 韩朝华、周晓艳：《国有企业利润的主要来源及其社会福利含义》，载《中国工业经济》2009 年第 6 期。

[3] 天则经济研究所报告：《国有企业的性质、表现与改革》，http：//www.unirule.org.cn/xiazai/2011/20110712.doc。

反驳。

张晨（2010）① 研究揭示，分布于竞争性行业的国有企业占国有企业总数的 90% 以上；2008 年中国石油国内产原油 10825 万吨，国外产原油 9270 万吨，近一半的利润来源于国外市场，而在国内市场上，国有石油石化企业同样受到全球化带来的竞争；2007 年前三个季度，石油石化、电信、电力、冶金、交通、煤炭、贸易、汽车、烟草、有色、机械、轻工等 12 个行业实现利润超过百亿元，这其中不乏处于竞争性行业中的国有企业；另外，建材、交通、纺织、电子、医药、汽车、冶金、电力、轻工、贸易、化工、烟草、机械等 13 个行业增长较快，利润增速均在重点企业平均增长水平之上，这些利润增速较快的行业则主要处于竞争性行业。提出健全和完善政府相关部门对国有垄断企业的监管和规制，破除制约非公有制经济发展面临的体制障碍，不可盲目信从新自由主义私有化信条。尚启君（2011）② 研究发现，国有工业企业利润来源于石油和天然气开采、烟草制品、电力、石油加工四大国企主导行业的比重明显下降。2006～2009 年，四个行业的利润总额占国有及国有控股工业企业的比重分别为 60.8%、53.5%、47.3% 和 43.8%，2009 年比 2006 年下降了 17 个百分点。这说明，国企非主导工业行业已成为国有工业企业利润的主要来源。并进一步分析认为，国有工业企业市场竞争力增强是其利润增长的根源。他认为依据企业对市场和价格的控制能力的判断标准，不应将国企主导工业行业中的国企界定为垄断企业，呼吁要为国企发展创造宽松的舆论氛围，促进国企的长远发展。魏峰、荣兆梓（2012）③ 选取我国具有代表性的 15 个国有工业行业 2000～2010 年的面板数据，运用基于松弛变量的 Super——SBM 效率测度模型对 15 个代表性行业的年度技术效率进行了测度，并分别考察了技术效率对国有工业行业利润总额和成本费用利润率的影响。研究结果表明技术效率对利润指标具有显著的正效应，国有企业利润的效率来源不容置疑。也是在国内首次提出和论证我国国有企业同时具有垄断来源和效率来源的命题。并进一步解释，自 20 世纪末开始的国企的深化改革是国有企业利润具有效率来源的可能原因。通过战略性调整，我国国有企业的经济效率得到了普遍的提高和改善。主张对国有企业未来的健康发展，我们可以乐观其成。洪功翔、董梅生（2012）④ 一方面以同处于竞争性领域 518 家国有与民营上市公司（2002～2009）为研究样本，对预算约束指标的检验显示，国有与民营上市公司均不存在预算软约束问题，因而可以认定它们的竞争环境基本相同，国有企业并没有获得政府更多的利益输送。另一方面指出，软预算约束并非只是国有企业的专利。如，民营企业拿地也很廉价，甚至是零地价、负地价；商业银行对资信高、风险

① 张晨：《国有企业绩效提高主要来源于垄断吗》，载《经济理论与经济管理》2010 年第 5 期。

② 尚启君：《破除国有工业企业利润来源的"垄断"误区》，载《产权导刊》2011 年第 12 期。

③ 魏峰、荣兆梓：《基于效率视角研究国有企业利润来源——来自 15 个工业细分行业的证据》，载《产业经济研究》2012 年第 1 期。

④ 洪功翔、董梅生：《国有企业一定低效率吗？——来自中国的实证研究与理论阐释》，载《教学与研究》2012 年第 8 期。

小、市场地位稳固的优质客户都有优惠利率，而并不问企业的性质。提出要想国有企业不被淘汰并保持可持续发展，要想坚持市场经济的中国特色与公有制为主体的多种所有制经济共同发展的基本经济制度，务必要在增强国有企业活力与竞争力上多做文章，在建设具有中国特色的公司治理机制上多做文章。

我们认为国有企业绩效的提高，有中央企业的贡献。但中央企业的利润并非完全来源于垄断，如中石油近一半的利润来源于国外市场，而在国内市场上，国有石油石化企业同样受到全球化带来的竞争。同时，统计数据和大量实证研究表明，随着市场化进程和国有企业改革深化的加速，国有企业绩效得到了显著改善却是不争的事实。

至于国有企业利润是否来源于政府的利益输送，我们认为洪功翔、董梅生的研究是可信的。随着整个经济体制改革的推进，国有企业与国有商业银行相继完成了现代企业制度改造，不少已股改上市，而且"政资分开"的新的国有资产管理体制也建立起来了。所以，国有企业软预算约束的体制根源已发生了根本改变。我们去有关部门的实际调研也支持这一结论。

政府部门认为，不再存在对国有企业的软预算约束。其一，国有经济经过了战略性调整和重组，存活或留存下来的是一些具有竞争优势的大企业、大集团，它们本身经营并不困难，并非等着政府的米下锅。其二，国有企业都进行了公司制改造，过去"政资不分"的局面已改变，相对规范的公司治理机构已建立，其动力机制并不缺失。其三，政府的权力不是无限大，它要受制度、法律和市场经济规律约束，政府的财政支出不可能随心所欲，要受"预算法"的约束。其四，政府官员的市场经济意识、规则意识逐渐增强，不会不尊重市场经济规律，乱指挥、瞎指挥。同时，即使想干预，企业也不一定理睬。其五，很多地方政府都持有"不求所有，但求所在"的理念，对它们来说，所有制并不重要，是否拥有对国有企业的产权并不重要，就业、财政收入与 GDP 才重要，甚至不少地方政府都是国有企业民营化的推动者，因为只有国有企业在发不出工资、医药费不能报销时才去找政府。为了甩掉包袱，政府往往不会通过利益输送来挽救濒临绝境的国有企业，而是推动其尽快改制（民营化）。

国有企业认为，政府部门对国有企业的政策支持远少于非公有制企业，如中小企业发展专项基金、担保公司的设立和贴息都是为中小企业服务的。还有高新技术企业的认定，一些非公有制中小企业很容易获得高新技术企业认定，享受 15% 的企业所得税优惠，但一些国有企业，由于规模大，税收影响大，即使符合高新技术企业认定标准，政府也迟迟不肯落实高新技术企业待遇。还有微利企业标准的放宽和税收优惠，以及招商引资中的各种优惠政策，面向的大多是非公有制企业。

国有银行认为，国有商业银行已相继进行了股份制改造并上市，除了要执行国家的政策外，具有完全的决策权与经营自主权，不管过去情形如何，如今的国有银行不受地方政府官员的左右，也没有义务去支持业绩差、亏损严重的国有企业。为了控制风险与提高经营绩效，银行贷款有严格的审批程序和风险控制系统，对所有符合条件的企业它们是一视同仁的，不存在所有制偏好。地方政府大多希望金融机构为本地企业多提供融资支持，但它们又无法干预银行的贷款决策，为此经常举办银企对接会，甚至不少地方政府出台政策，评选服务地方经济发展的先进金融单位，并给予表彰和奖励。地方政府不会干预，也干预不了商业银行的贷款决策。

税务部门认为，减税、退税或抵免税的政策性强，地方政府无权擅自主张，因此要按国家税收政策办，地方政府的税收减免空间是很小的。而且，财政增收的压力大，税务部门从来不敢懈怠。不仅如此，有关资料显示，国有企业的税收贡献率远高于其他所有制企业。2011 年，在规模以上工业企业中，每百元主营业务收入的主营业务税金及附加和增值税，国有及国有控股企业为 8 元，私营企业为 3.2 元，外资企业为 2.3 元。在充分竞争的钢铁行业，国有及国有控股企业吨钢税负 203 元，高出其他所有制企业平均水平 69 元[①]。

这表明，软预算约束存在的体制根源发生了根本性的改变。既然，国有企业利润并非来源于垄断、政府利益输送，那么主张国有企业从营利性领域退出就没有根据。

三　关于国有企业效率损失的研究进展、论争与述评

还有一些学者坚持认为，国有企业不仅本身效率低下造成效率损失，而且会因为效率低下得到政府补贴才能生存，政府补贴会加重民营经济负担，造成对国民经济增长拖累。有的学者把国有经济与民营经济发展对立起来，认为国有经济的存在和发展挤压了民营经济的发展空间。当然也有更多学者，用自己的实证研究和事实进行了反驳。

刘瑞明、石磊（2010）[②] 研究认为，国有企业包含两种效率损失：一种是国有企业本身的效率损失，另一种是由国有企业的效率损失，拖累了民营企业的发展进度，从而对整个经济体构成"增长拖累"。他们选取 1985 ~ 2004 年中国内地 29 个省份（省、自治区、直辖市）非平衡面板数据，以国有经济比重、国有职工比重为核心解释变量，以地区 GDP 增长率、地区人均 GDP 增长率、地区非国有经济增长率为被解释变量，以政府作用、城市化率、投资增长率、教育水平、外商直接投资水平、宏观经济波动指数和开放程度为控制变量，计量检验表明，国有经济比重在 1% 的显著性水平上为负，对国有企业拖累民营经济和国民经济增长的逻辑进行了验证。据此，他们认为国有企业的"双重效率损失"为"国退民进"提供了依据，提出进一步的产权改革是国企改革的必要条件。袁志刚、邵挺（2010）[③] 研究认为，"国有企业效率低下"、"垄断程度不断上升"不仅影响到"整个市场经济秩序的培育、市场体系的完善"，"带来市场化进程的倒退"，而且"造成劳动收入占比下降和内外结构失衡"。提出"放弃保值增值"、"进一步出售"国有企业是国有企业

---

① 白天亮：《国企新姿中国脊梁坚强挺立》，载《人民日报》2013 年 4 月 15 日。

② 刘瑞明、石磊：《国有企业的双重效率损失与经济增长》，载《经济研究》2010 年第 1 期。

③ 袁志刚、邵挺：《国有企业的历史地位、功能及其进一步改革》，载《学术月刊》2010 年第 1 期。

改革的唯一出路。周明、冯钢、叶航、张旭昆（2011）[①] 在讨论中提出，从经济学的角度看，国企根本没有效率可言，其利润完全依赖垄断地位取得。国企的所谓利润是以社会效率的损失为代价的，垄断利润越高，社会承担的成本就越高；国企已经成为推进改革的最大阻力；国企的存在极大地扭曲了政府行为，封杀了民营企业的发展空间。主张国企应该彻底退出或取消，国企资产应当平均分配给全体国民，赚钱的国企都是不应该存在的。

崔之元（2010）[②] 的研究显示，从 2002 年到 2008 年 6 月底，重庆市属经营性国有资产从 1700 亿元增长到 7000 亿元，增加了 3 倍，到 2009 年，已经突破了 9000 亿元，2010 年超过了 1 万亿元。但国资增值，不仅没有与民争利，反倒促成藏富于民。例如，当全国多数城市购房的契税是 3% ~ 5% 时，重庆购房的契税一直保持 1.5% 的所得税。又如，中央给西部 12 个省市的西部大开发优惠政策之一是允许他们对企业只征收 15% 的所得税，但只有重庆自始至终使用 15% 的税率，其他省市由于地方财政压力主动放弃了优惠，仍然征收 33% 的所得税。因此，重庆的民营企业只需交较少的所得税。提出如果我们加强对国有资产的民主监督，同时使国有资产增值有一部分进行"社会分红"，那么，我们的"社会主义市场经济"就会更完善。洪功翔（2010）[③] 选取 2000 ~ 2008 年中国内地 29 个省份（省、自治区、直辖市）非平衡面板数据，以国有及国有控股企业工业增加值增长率作为核心解释变量，以地区人均 GDP 增长率作为被解释变量，以政府作用、城市化率、投资增长率、教育水平、外商直接投资水平、宏观经济波动指数和开放程度等变量为控制变量，计量分析表明，国有及国有控股企业工业增加值增长率对经济增长具有显著的正向效应，其增加值增长率上涨 1 个百分点，将会促进人均 GDP 增长率增长 2.4%，表明国有企业对民营经济和国民经济增长具有显著的促进作用。主张是实行"国退民进"还是"民进国退"应由市场竞争决定，反对以行政手段推动，要为多种所有制经济共同发展创造平等的竞争环境。宗寒（2011）[④] 通过实证研究表明国有经济延伸效率相当高，按固定资产投资计算比全社会产出率高 50% ~ 70%，按产值增长率要比世界平均水平高 300%。国有经济不仅促进了整个国民经济的发展，也促进了私有经济和其他非公有制经济的发展。发展国有经济，不是"双重拖累"，而是"双重促进"。观察国有企业的效率，不能仅要观察国有企业产值大小、获利多少，更重要的是要观察它作为国民经济的主导和支柱在整个国民经济中所发挥的作用，观察它对国民经济长远发展的延伸效率，即观察它的总投入产出比。提出要坚持公有制为主体、多种所有制经济共同发展的基本经济制度。

国有企业的"增长拖累"理论，是建立在"国有企业低效率"这个前提下的。而大量数据和实证研究表明，虽然 20 世纪 90 年代国有企业的确存在效率低下、经营困难的情

[①] http://blog.sina.com.cn/s/blog_67bb56b0010185jd.htm.

[②] 崔之元：《"重庆经验"进行时：国资增值与藏富于民并进》，载《政治经济学评论》2010 年第 4 期。

[③] 洪功翔：《国有企业存在双重效率损失吗？——与刘瑞明、石磊教授商榷》，载《经济理论与经济管理》2010 年第 11 期。

[④] 宗寒：《正确认识国有企业的作用和效率——与刘瑞、石磊先生商榷》，载《当代经济研究》2011 年第 2 期。

况，但21世纪以来国有企业效率有了明显提高，"国有企业并非天然低效率"。因此，"增长拖累"理论成立的前提已不复存在。这就告诉我们，如果我们要研究国有企业，就应该研究"新国企"，应该运用最新的数据，而不能套用某些学者过去的研究结论，更不能依据过去的研究结论来设立今天的假设条件。实际上，无论是国有企业还是民营企业，只要效率低下，或者破产倒闭，对国民经济都有"增长拖累"效应。

认为国有企业发展会挤压民营经济发展空间，阻碍市场体系完善，则是完全把国有经济与民营经济对立起来。即使从国际上看，西方国家的经济体制均是以私有经济为基础，以市场作为资源配置基础性调节手段的体制，奉行的是市场化、私有化、自由化。由于经济的周期波动、战争的破坏以及国际市场的开拓，第二次世界大战后，西方国家的经济体制逐渐转向由国家进行宏观调节和干预的现代市场经济体制。作为宏观调节的基础和手段，各国都建立了一批国有企业，形成了规模不等、管理方式各异的国有经济。另外，从中国改革开放实践看，公有制经济与非公有制经济之间是互为补充、互为促进的关系，是相得益彰、共同发展的关系，而不是此消彼长的关系。

"增长拖累"理论前提条件的不成立，与国有企业发展会挤压民营经济发展空间的片面性，同样说明"国退民进"是缺少事实支撑的。

四　关于国有企业宏观效率的研究进展、论争与述评

刘元春（2001）[①]认为，经济学界对中国国有企业效率状况进行了大量的研究，但是这些研究大都是从微观角度利用微观效率指标来评价中国国有企业的效率状况，而没有从宏观角度利用宏观经济效率指标对国有企业效率状况做出判断。他认为，在一个充满"次优问题"的世界中，宏观效率与微观效率并不一致，微观效率状况并不能体现效率的本质和全貌。国有企业作为向社会主义市场经济过渡时期"宏观经济的稳定者"、作为"后赶超时期"的技术模仿和技术扩散中心、作为"次优世界"的市场公共品的提供者以及作为转型时期的"社会福利"的提供者，在宏观上是有效率的。刘元春（2011）在另一篇文章[②]中认为，国有企业的效率状况必定呈现出"从微观财务角度来看是非效率的，但从全要素生产率（TFP）来看是有效率的；从微观竞争和经济比重的变化来看是非效率的，但从宏观经济影响来看是有效率的；从生存竞争指标来看是非效率的，但从宏观社会经济资源配置来看却是有效率"的"悖论"状况。刘元春主张，"国有企业的战略性调整应当充分考虑宏观经济效率状况，依据国家对经济的控制能力、市场提供公共品的能力、各种非国有经济的发展程度以及宏观经济形势和技术发展状况等因素，进行国有企业结构与规模的调整，而不是令其私有化或简单地退出竞争领域"。

---

　①　刘元春：《国有企业宏观效率论——理论及其验证》，载《中国社会科学》2001年第5期。
　②　刘元春：《国有企业的"效率悖论"及其深层次的解释》，载《中国工业经济》2001年第7期。

黄险峰、李平（2009）[1] 利用一个简单的两部门生产函数框架，依据中国各地区1992~2003年的数据分析发现，国有企业的效率低于其他部门，但与此同时，国有企业对经济的其他部门存在显著的产出效应，而且这两种因素对经济增长的影响差不多相互抵消了。因此，总体上讲，国有企业与经济的其他部门对经济增长的贡献并不存在显著差异。宗寒（2011）[2] 通过实证研究表明国有经济延伸效率相当高，国有经济不仅促进了整个国民经济的发展，也促进了私有经济和其他非公有制经济的发展。程恩富、鄢杰（2012）[3] 研究认为，随着我国国有企业盈利能力不断增强，市场竞争力不断提高，公有制经济在促进经济增长、改善人民生活、保持社会稳定、维护国家经济安全等方面均发挥了不可替代的重要作用，体现了公有制经济的巨大优越性。张宇、张晨（2012）[4] 认为，国有企业在促进社会整体效率方面发挥了关键性作用。首先，我国国有企业广泛分布于能源、资源、交通、通信、金融、基础设施建设、社会公共服务行业等国民经济重要行业和关键领域中，从而为国家对经济进行引导和调控提供了重要的经济基础，在实行宏观经济调控、保障人民生活、促进社会和谐稳定等诸多方面发挥着巨大的作用。其次，国有经济是实施产业政策、推动技术进步、促进经济发展的主导性力量。另外，国有企业也为我国在经济全球化条件下实现自主发展提供了重要保障。洪功翔、张春雨（2013）[5] 利用2004~2008年面板数据，通过国有企业固定资产投资、专业技术人员、科技经费支出等指标，对国有企业技术溢出效应进行了实证研究，结果表明国有企业科技投入对我国的生产率的影响非常显著。

针对刘元春的宏观效率论，杨天宇（2002）[6] 在《"国有企业宏观效率论"辨析——与刘元春先生商榷》一文中指出，刘文的立论涉及两个问题：（1）国有企业是否可以真正起到上述作用；（2）如果国有企业确实具有上述功能，那么这种功能从宏观来看是得大于失还是得不偿失，如果国有企业的上述功能从全社会来看是得不偿失的，那么我们显然不能说它是有"宏观效率"的。杨天宇通过对中国宏观数据分析认为，国有企业"宏观效率"的三种主要表现，即"宏观经济的稳定器"、"技术扩散中心"、"社会福利的提供者"，或者是实际上并不存在的，或者是从全社会范围来看是得不偿失的，从而并不能证明国有企业富有"宏观效率"。

虽然杨天宇对刘元春的宏观效率论进行了反驳，但并没有提供坚实的实证支撑。此后，又有多名学者从多个层面论证或阐述了国有企业具有宏观效率。我们认为国有企业的宏观效率论是成立的，像西方发达市场经济国家，也存在一定比例公有制经济就是证明。

① 黄险峰、李平：《国有企业效率、产出效应与经济增长：一个分析框架和基于中国各省区的经验研究》，载《产业经济评论》2009年第1期。
② 宗寒：《正确认识国有企业的作用和效率——与刘瑞、石磊先生商榷》，《当代经济研究》2011年第2期。
③ 程恩富、鄢杰：《评析"国有经济低效论"和"国有企业垄断论"》，载《学术研究》2012年第10期。
④ 张宇、张晨：《如何看待国有企业的效率》，载《北京日报》2012年10月22日。
⑤ 洪功翔、张春雨：《国有企业技术溢出效应的实证研究》，工作论文。
⑥ 杨天宇：《"国有企业宏观效率论"辨析——与刘元春先生商榷》，载《中国社会科学》2002年第6期。

同时，我们还认为：（1）学术界对国有企业的宏观效率研究是不足的，如宏观效率的界定、宏观效率与微观效率之间的关系、宏观效率的测度指标体系等都是空白，更谈不上实证研究了。（2）宏观效率是以微观效率为基础的，如果微观上没有效率，甚至经营不善破产倒闭，则其宏观效率的发挥无疑是空话，即使短时期存在，也不能长久。（3）多种所有制之间相互依存共同发展的关系表明，它们之间存在共同发展的公共产品、技术溢出、财政收入、市场协作等各类效应，不管是什么性质的企业，只要发展得好都可以推动经济增长、扩大就业、增加财政收入，只要勇于承担社会责任，都可以成为社会主义市场经济中的模范企业。（4）"增长拖累"理论和国有经济发展会挤压民营经济发展空间，实际是说国有经济的宏观效率是负的，前面已有评述，这里就不再重复了。

五　结语

国有企业效率之争的背后是政策主张的不同。无论是国有企业"低效率论"、"增长拖累论"、"挤压民营经济发展空间论"，还是国有企业利润的"垄断来源论"、"政府利益输送论"，以及否定国有企业具有"宏观效率论"，都是为"国退民进"、"国有经济退出竞争性领域"提供理论依据，为全面否定国有经济在社会主义市场经济中的基础地位和主导作用，营造推动国有企业大规模私有化制造舆论压力。在竞争性领域与非竞争性领域界限越来越模糊的情况下，如果国有经济都从竞争性领域退出，则无法确保公有制的主体地位。与十八大提出的"要毫不动摇巩固和发展公有制经济"，"不断增强国有经济活力、控制力、影响力"，"坚定不移沿着中国特色社会主义道路前进"也是相悖的。更为重要的是，如果"国有企业低效率论"成立，则意味着公有制与市场经济是矛盾的、不能兼容的。因此，作为马克思主义理论工作者，一定要在坚持马克思主义的立场、观点和分析方法的基础上，坚持用事实说话，坚守马克思主义理论阵地，旗帜鲜明地批驳在"国有企业效率"问题认识上的种种错误观点。

值得警惕的是，企业效率是动态变化的，尽管新时期以来国有企业发展状况较好，但不等于国有企业能长期保持较好的发展态势。从长期看，企业竞争力是决定其存亡的唯一因素。所以，要想国有企业不被淘汰并保持可持续发展，要想坚持以公有制为主体多种所有制经济共同发展的基本经济制度与市场经济的中国特色，务必要在增强国有企业竞争力与活力上多想办法，在健全内部监督约束机制上多下功夫，在建设具有中国特色的公司治理机制上多做文章。对此，我们不能掉以轻心。

基于逻辑和历史反证法的企业效率效益比较分析与衡量[*]

——二评"国有企业效率效益必然低下"

龙　斧　王今朝[**]

一　引言与研究方法

《一评》[①] 根据西方要素理论和交叉科学方法，建立了中国国有企业效率效益决定的变量体系。在此基础上，本文在历史唯物主义和交叉科学方法论框架下，运用美国著名经济史学家、诺贝尔奖得主福格尔的历史反证法（counterfactural historiography）衡量中国1949~1980年和1980~1995年时期国有企业效率效益，[②] 在科学假设、衡量、比较、反证基础上进一步证伪"国有企业效率效益必然低下"（以下简称"低下论"）这一理论。

历史反证法功能之一是通过对历史做同等或不等条件下的作用因素假设，用以检验决策、模式选择的差异性及目的性。它不是"假设历史"，而是通过设定一个合理标准，检验同一个历史时期里两种不同模式、决策的结果和效率效益差异性。从决策科学看，这也是一个信息完整性、实证科学性、选择优化性等博弈的综合衡量。比如，它可以通过结果差异性对比来衡量一个经济模式、政策、方法选择的决策科学性。福格尔用它比较美国19世纪"铁路经济"和一个假设的主要依靠水路和陆路交通的同时期美国经济（后者是相对当时"发展铁路经济"模式而提出但被否定的另一种发展模式），得出结论：美国铁路并非像诸多人所宣称的那样是经济发展效率效益更高的模式。而经济学和计量历史学（cliometrics）的交叉研究还表明，如果把用于铁路的投资用于改进、建设陆/水路交通，

　　* 本文写作得到国家自然科学基金（71071118）和国家社会科学基金（12BJL009）的支持。王今朝为该文通讯作者。

　**　龙斧，美国Syracuse大学Maxwell研究院社会经济学博士，武汉大学战略决策研究中心主任、教授，武汉大学社会学博导，美国东俄勒冈大学管理学终身教授，主要从事中国社会经济发展的战略决策科学性研究。
　　　王今朝，武汉大学经济学博士，武汉大学经济发展研究中心副教授，主要从事中国社会经济发展战略决策科学性研究。

① 龙斧、王今朝：《整体主义方法论下的企业效率效益决定及差异性衡量——一评"国有企业效率效益必然低下"》，2013武汉大学战略决策研究中心工作论文；以下简称《一评》。

② R. W. Fogel, A Quantitative Approach to the Study of Railroads in American Economic Growth: A Report of Some Preliminary Findings, *The Journal of Economic History*, Vol. 22, No. 2, 1962, pp. 163 - 197.

铁路的优势将微乎其微，而且陆/水路经济会避免一些铁路经济的"社会性成本"（如铁路经济所产生社会平等、公平、正义问题）。从美国 20 世纪 40 年代后陆路交通的革命性发展以及经济效益作用看，这一反证结论是具有一定科学性的。

本文对中国国有企业效率效益的反证法衡量不使用具体计量手段。首先，《一评》中 13 个命题的逻辑结构所表现的数理衡量方法本身已对封闭系统下简单、割裂、无视差异性的数量研究所产生的"低下论"做了证伪。其次，本文主要针对封闭系统下的比较研究在方法论上的合理性（validity）、可靠性（reliability）、适用性（applicability）、逻辑性（logicality）问题，而不是它们在实证分析中具体数量方法上表现的数理错误（尽管这种错误在方法论出问题时一般较难避免）。因此，反证法的运用主要是在《一评》13 个命题的基础上，通过逻辑反证和历史实证主义反证推演出"低下论"的逻辑性、合理性、可靠性问题。最后，在国有企业效率效益问题上，"低下论"逻辑如此荒谬，方法如此错误，结论如此颠倒，已远不是当年美国历史学家基于不当数据得出铁路不可或缺这一不精确结论的情况了。这就使得本文基于函数而非基于实证定量的反证分析具有其自身科学性。也因此，除运用福格尔的实证反证法之外，本文还运用逻辑反证分析。这个逻辑反证分析之成立，是因为它基于《一评》中 13 个函数关系的论证。

《一评》表明，1949~1980 年时期的中国，在人均自然资源方面处于世界最低行列，却发展了经济，显示了效率效益；在总体技术能力与水平方面处于世界最低行列，却发展了经济，显示了效率效益；在人均资本存量方面处于世界最低行列，却发展了经济，显示了效率效益；在劳动力数量和人口数量世界最大、劳动力"素质"方面处于世界最低行列，却发展了经济，显示了效率效益；既让最广大人民都有就业保障，又发展了经济，显示了效率效益；既让全世界最大数量的妇女与男性一样平等地加入到经济中来，又显示了效率效益（中国产生的女性工程师人数超过发达国家）；既建立了初步完备的现代化工业基础设施体系，又显示了效率效益；既建立了一定的现代化农业基础设施，又显示了效率效益；既发展了国防从而使得外族和西方列强再也不能凭借军事力量入侵中国，又显示了效率效益；既发展了现代科技从而使一些领域居于世界领先，又显示了效率效益；既建立了社会事业领域的基础设施，又显示了效率效益；既建立了公平、平等的社会主导价值观，又显示了效率效益。这些效率效益的显示当然首先是相对中国 1949 年之前的状况，也相对任何在《一评》中 13 个函数关系方面与中国具有可比性的国家而言。

习近平最近指出，"对待西方经济学、政治学等方面的理论著作和资本主义经济发展的经验，要注意分析、研究并借鉴其中于我们有益的成分，但决不能离开中国具体实际而盲目照搬照套"。西方效率效益理论是针对西方市场条件下私有企业而提出的一个封闭系统。而"低下论"完全忽略这一条件，用割裂式、孤立式（即不考虑任何其他相关作用因素、条件因素以及各种差异性）这种极端封闭系统方法来把中国的国有企业与中西方私有企业做直接、简单、孤立的"利润"比较。[①] 在相关实证过程中，这个"低下论"不会、不愿意也不可能运用科学方法对那些相关作用因素、条件因素及各种差异性做科学的、实事求是的方法处理从而使比较双方具有起码可比性。[②] 这样，它必然扭曲历史事实，也必然存在比较衡量上的合理性和可靠性问题。我们在《一评》中根据整体主义方法论和交叉科学方法产生的 13 个命题以及相应的指数化处理为不同制度下企业之间的效率效益衡量提供了可比性基础。这就保证了下面的逻辑与历史实证反证研究具有合理性、可靠性。它不仅证伪"低下论"观点，而且揭示 1949～1980 年期间，就中国社会、经济发展而言，只有社会主义公有制才是唯一出路。

根据上述研究方法和方法论思想，本文具有以下目的：在《一评》的基础上运用西方经济学方法从不同角度证伪"低下论"；把颠倒的历史、事实、理论再用科学的方法颠倒过来。这个颠倒本身不仅重新证实中国 1949～1980 年社会主义建设时期所取得的成就，不仅证实这个成就就是今天改革的经济基础之一，而且是改革指导理论与相关决策科学性的基础之一，是改革的科学社会主义这一本质特征之一，也是中国特色的社会主义的理论内涵之一。

二　逻辑与历史反证法衡量证伪"低下论"

（一）理论命题的逻辑反证分析与衡量

反证假设 1：基于《一评》13 个命题所揭示的企业效率效益的决定关系，假设中国 1949～1980 年时期建立一个类似西方资本主义市场经济的国家或类似"中华民国"的体制并发展以私有制为基础的商品经济，那么，（1）从西方经济学增长、效率效益要素看；（2）从保证这个私有制下"经济人"利益最大化目的的实现看；（3）从中国具有人类历史上规模最庞大、素质低下（按照西方标准）的劳动力看；（4）从中国当时拥有的资本存量看；（5）从中国当时的生产技术水平看；（6）从中国的人口规模看；（7）从中国的人均可用资源看；（8）从中国所需要发展的各种基础设施看；（9）从中国几千年封建社

[①] 具有讽刺意味的是，这些中国研究与西方那些客观、科学的中国效率效益方面的研究产生了截然不同的结果。参见 C. Riskin, China's Political Economy: The Quest for Development since 1949, Oxford University Press, 1987; B. M. Richman, Industrial Society in Communist China, New York: Random House, 1969; A. Eckstein, Quantitative Measures of China's Economic Output, The University of Michigan Press, 1980; J. Robinson, Economic Management, China 1972, Anglo – Chinese Educational Institute, 1973; J. Robinson, Economic Management in China, Anglo – Chinese Educational Institute, London, 1975.

[②] 这与它在"离开中国具体实际而盲目照搬照套"西方理论、在封闭条件下对增长要素进行数理数量分析时所表现出的高超能力截然相反。这恰恰说明，当意识形态和方法论极端化（如社会主义必然失败、公有制不能发展经济、只有私有化才能救中国等）作祟时，科学本身的严谨性已经不重要了，而数理数量工具就成为意识形态恣意妄为的魔方而已。

会官与商的组织、文化结构的功能必然性看；（10）从改革30多年来带有封建色彩的官商勾结特征看，① 结果只有两种：要么中国1949～1980年期间多次处于崩溃边缘，多次出现经济危机，多次产生人类有史以来最大的失业人口，多次面临"推翻萨达姆政权"式的军事侵略，② 或多次出现社会动荡与革命；要么这个经济只有通过对最广大人民群众保持与三座大山制度下相似程度的经济剥削与压迫，相似程度的贫富差别、两极分化、官商勾结、利益集团才能维系，但那将无法避免战争、军阀割据、外族侵略、政权更迭和黎民涂炭。③

反证假设2：中国1949～1980年时期是社会主义公有制，国有、集体为主，少量个体补充。假设：（1）《一评》13个命题所揭示的中国资源、技术、资本、劳动力、人口、基础设施、国防和科技、价值观等因素与经济发展效率效益的关系成立。（2）"国有企业必然效率效益低下"的结果成立。（3）反证假设1的结果和"公有制效率低下"的逻辑成立，那么，中国经济将比反证假设1的经济失败得更快，危机更大，企业破产更多、更频繁；较1949年前与其说会发展，不如说会倒退；毕竟1949年之前中国的私有制程度远远高于1949年之后（帝国主义在中国的商业组织形式是私有制；官僚资本主义，尽管带有浓厚封建官商勾结色彩，也是私有制；而民族资产阶级还是私有制）。也就是说，中国的基础条件、西方效率效益决定、加上"低下论"的理论，中国1949～1980年时期将产生

---

① 中国改革中出现的官商勾结具有这样的作用因素和特征：（1）中国几千年封建社会官商关系结构、文化、行为特征的影响；（2）私有制价值观、文化土壤；（3）官商勾结、利益集团是在中国经历了30多年社会主义公有制建设时期的价值观影响后出现的。这里的反证假设是基于这样一种逻辑推理：中国尽管经历了1949～1980年时期的社会主义公有制建设，改革后仍然出现了程度、规模和手段空前的贪污腐败、官商勾结。如果按照张维迎（《公有制经济中的委托人—代理人关系：理论分析和政策含义》，《经济研究》1995年第4期）的"理论"，1949年起中国就实行私有制市场经济，再把改革后的官商勾结搬过去，再把1949～1980年时期的社会主义价值观影响抽掉，那结果只有本文所阐述的这两种。关于带有封建色彩的官商勾结分析见龙斧、王今朝《社会和谐决定论：中国社会与经济发展重大理论探讨》，社会科学文献出版社，2011年；龙斧、王今朝《从中国房地产业与"内需不足"机理关系看中国经济发展模式问题》，《社会科学研究》2012年第1期；龙斧、王今朝《从中国房地产业看新古典经济学"四化"理论的问题》，《贵州社会科学》2012年第2期；龙斧、王今朝《用科学的方法论讨论当前改革问题——与〈宁要微词不要危机〉一文的商榷》，《河北经贸大学学报》2013年第2期；龙斧、王今朝《以科学、平等和唯物主义方法论指导当前中国改革的讨论》，《社会科学研究》2013年第2期。

② 大规模杀伤性武器构成西方入侵他国的理由之一。但美国为什么不以之为借口入侵苏联呢？苏联没有大规模杀伤性武器、化学武器还是这种武器比伊拉克少呢？

③ 无论是1949年还是今天，中国都无法建立西方式的资本主义制度。而建立类似"中华民国"的制度，那无非是用新的三座大山代替旧的三座大山，中国社会矛盾的尖锐性依然会出现，也就会再出现各种剥削压迫，也就会再出现"李泽东"、"张泽东"一代人，而马克思主义、社会主义依然会是他们的指导理论。如果中国今天搞极端私有化，几千年来的封建制度所固有的文化、意识和政治、经济行为方式、手段模式就有了死灰复燃的土壤、空气和水分，集中体现在官与商、官与官、商与商、官与民、商与民的关系上（这是为什么中国历史几千年，在到1949年之前，无论生产力怎样发展，朝代、政权怎样更迭，生产关系中所表现出的"封建"一致性始终不变）。由此封建模式、私有制和官商集团所形成的三位一体正是中国几千年的典型社会特征。而毛泽东一代人的真正为了"最广大人民群众利益"的价值观及其与实践、行为相一致的指导理论使他们选择了一个可能改变这种状况的社会制度，也因此，全国人民才可能与他们同心同德、同舟共济、同甘共苦。关于中国选择社会主义的历史必然性分析，见龙斧、王今朝《社会和谐决定论》。

全世界发展最慢、失败次数最多的经济。

反证假设3：1895～1945年台湾作为日本的殖民地，其城市建设、工业基础设施的建立、教育的发展，都相对同时期大陆的发展要快，企业效率效益要高。如果这里暂时把民族独立、国家主权放置一边，假设新中国建立后走台湾的道路，即成为日本的殖民地，由它来主导发展经济，那么，日本是否会给新中国带来台湾式的效率效益呢？台湾人口只有2000万，而大陆人口5.4亿，假设其他情况不变，为达到类似台湾1945年的发展水平，大陆需要等待1350年。印度1949年时人均GDP是中国的1.5倍。中国是否可以学习印度的殖民地经验让英国来殖民呢？印度被殖民200年，其人均GDP不过是半殖民地的中国的1.5倍。中国以其更多的人口，由英国来殖民，那中国想要取得类似印度的经济发展就不会只是200年了。而且，如果由日本和英国来殖民，即使某个资本家企业效率效益有提高，留给中国人民的又有多少呢？这种提高有什么意义呢？当然，立志让"占人类总数四分之一的中国人从此站立起来"的那一代人不可能选择这种"效率效益"提高的方式和生产关系。

（二）历史实证的反证分析与衡量

上述逻辑反证分析揭示出那种"低下论"之荒谬性，而历史实证的反证分析将进一步揭示这种观点的伪科学性。为此，我们把新中国"一五"计划和1949～1980年时期的GDP变化和这两个时期的平均寿命变化作为纵向（中国自身发展比较）、横向（与其他国家比较）反证法分析的实证对象和衡量依据。首先，在一定条件下，GDP可以成为经济发展综合效率效益的衡量指标之一，这个衡量也具有西方认可性。因此，1949～1980年时期中国GDP（或工农业总产值）变化本身可以是国有企业效率效益的一种直观的检验，而且依此所做的反证分析将证明，如果中国不存在诸多不利变量因素，增长率会更高。其次，诸多西方社会科学领域把一个国家的平均寿命作为其经济发展及其产生的精神/物质生活质量的综合性最强的衡量指标之一，而这个综合性又使一个社会经济发展的实际效率效益具有较合理的可比性（联合国人类发展指数以它作为三大因素之首）。

（1）"一五"计划（1953～1957）期间的GDP与人均寿命变化。按不变价格计算，"一五"计划期间实际GDP/GNP年均增长9.2%，[1] 按此速度实际GDP每8年翻一番（以私有制为经济特征的印度同期GNP增长率为3.4%[2]）。[3] 平均寿命从1950年的36岁提高

---

① 中国国家统计局：《新中国50年统计资料汇编》，中国统计出版社，1999。

② 刘树成、姚愉芳、李平：《印度的经济增长、波动与改革》，《数量经济技术经济研究》1997年第5期。

③ 有人认为，中国1949～1980年时期经济的高增长是因为基数低。但这些人忽视了这样一个事实，即在1949年以前的100年时间里，中国经济增长的基数更低。这样看来，这个时期的经济增长只能说明是生产关系进步促进了生产力发展。

到 1957 年的 57 岁，比当时低收入国家的平均寿命多 15 岁。[1] 孤立地看，这个 GDP 增长率和人均寿命变化似乎平常，之间也没有什么关联性。但如果考虑到西方的要素理论和中国实际状况，考虑中国生产力水平、技术、资源条件和世界上独一无二的人口基数，也考虑到战争、国防、工农业基础设施建设等需求，再考虑到中国的保障所有人的就业制度，还考虑到人类有史以来规模最大的社会福利、保障、事业领域的基础发展与建设以及所需的庞大支出，再来看这个年均增长 9.2% 就不那么简单了，再来看这个人均寿命比相同国家高出 15 岁就不那么简单了，再来看这两个"不简单"的同时发生就更不简单了，如果再加上企业都是效率效益"低下"，那简直是不可思议的奇迹了。

反证假设 1：中国上述成绩是在 1949 年极低生产力条件下取得的。假设：1）中国没有与世界上军事、工业、科技和经济最为发达的美国进行一场朝鲜战争；2）中国拥有那些任何一个"高效率高效益"了几百年的西方资本主义国家的一半的经济基础设施；3）中国在人口、资源、劳动力素质、资本、技术、管理等方面与世界平均水平都相同、相似或接近；4）这个时期没有冷战，西方国家给中国送上的不是经济封锁、军事威胁、战争与挑衅，而是投资和贸易的鲜花，是允许中国选择自己发展道路的盛意，那么，按照《一评》13 个命题构成的笛卡尔积空间衡量，中国的社会主义经济在"一五"计划期间是否会经济增长得更快一些，人均寿命是否会提高得更多一些呢？因此表现的国有企业效率效益是否会更高一些呢？答案不言而喻。[2]

（2）1949～1980 年期间 GDP 与人均寿命变化。"一五"计划之后，尽管经历了"大跃进"和"文革"，但工业总产值到 1970 年历史性地超过了农业总产值，到 1980 年已建立了较为完整的工业体系和国民经济体系。也就是说，中国在极端困难的情况下初步实现了它原来所设想的发展目标。瑞赤曼（B. M. Richman）对中苏美印加的工业发展因素进行了详细国际和历史比较研究，指出 1949～1966 年时期中国经济增长、工业进步相对印度同期、苏联 1918～1935 年的 17 年更大，与苏联 1928～1940 年成就类似；[3] 而且，如果没有"大跃进"和自然灾害，中国 GNP、人均收入、工业产出可能比 1949～1966 年时期的实际值高出 40%～50%，甚至是该实际值的两倍。即便在"文革"中，GDP 年均增长率

---

[1]　R. 迈克法夸尔、费正清：《剑桥中华人民共和国史》，上卷，中国社会科学出版社，1990，第 162 页。

[2]　当然，持有"公有制、国有企业必然效率效益低下"观点的人们立刻会找出各种理由说，这样比较不合适，中国基础低下，所以没有可比性。但为什么把基础不同、目的不同、性质不同、组织结构不同、生产方式不同、生产条件不同、操作模式不同、劳动力组织形式不同、效率效益衡量标准不同的 1949～1980 年时期的社会主义国有企业与私有企业（无论是资本主义私有企业还是带有封建色彩、官商勾结运行模式的私有企业）在孤立、封闭、割裂条件下按照西方理论所设定的利润指标来进行比较就合适、就有可比性了呢？这种因意识形态作祟、方法论极端化产生的"双重标准"难道仅仅因为加上了一点"东施效颦"式的数理数量研究及其所谓的模型就具有"科学性"了吗？关于这种"双重标准"的问题及原因见笔者（2013）《中国"国企效率效益"问题的理论误区与认识论、方法论原因——三评"国有企业效率效益必然低下"》，武汉大学战略决策研究中心工作论文。

[3]　相比今天中国众多研究所有制与企业利润率关系的文献，Richman 研究企业效率的方法显然具有科学性优势。Richman，Industrial Society in Communist China，p. 596。

依然达到 5.2%，[①] 而工农业总产值年增长率达到 6.0%。埃克斯坦（A. Eckstein）所报告的对中国 1957 ~ 1975 年时期经济增长的估计由美国布鲁金斯研究所组织出版，[②] 得出了与瑞赤曼类似的结论。[③] 根据统计，中国 1949 ~ 1980 年期间，工农业总产值年增长率达到 9.2%。[④] 在这个时期里，中国与发达国家相比，尽管经济实力薄弱、人均产值低下，但依然在生产力水平、基础设施、科学技术、国防建设、公共教育、公共医疗、社会保障和各类公益事业方面有令世界瞩目的发展。尽管这 30 年是艰难、曲折、复杂的 30 年，是社会主义中国在内外部不利条件下建设、摸索的 30 年，是成功与挫折、经验与教训、发展与失误并存的 30 年，但绝不是对社会主义公有制和国有企业效率效益否定的 30 年。

再从人均寿命看，1949 年中国为 35 岁，世界平均水平是 47 岁（1840 年之后 100 多年间中国人均寿命始终远远落后世界平均水平）。中国尽管经历了"大跃进"和"文革"，到 1980 年人均寿命 67.77 岁，而世界人均寿命 56 岁。1950 ~ 1980 年期间，世界人均寿命提高 29.9%；中国人均寿命提高 88.9%。也就是说，30 年间中国实现了人均寿命从落后世界平均水平 12 年到领先 9 年共 21 年的转换，是人类历史上第一次也是唯一一次如此规模、程度的人均寿命提高。图 1 表明，1970 ~ 1975 年时期，中国人均寿命接近 65 岁，而印度要再过 30 多年，即在 2010 ~ 2015 年时期，才能达到这个水平。当这样人口众多、资源贫乏、生产力低下的条件下的中国人均寿命有这样的提高，全民社会保障、医疗保障、农村合作医疗、赤脚医生等事业的发展无疑是重要原因，基本教育、卫生、住房等方面的改善无疑是重要原因，而社会主义经济制度、国有企业为社会全体成员提供了生存的最基本经济保障是最主要原因。正是这些根本性、整体性、制度性的手段让中国人民的心理、生理、精神、身体压力与负担有史以来第一次降到中国历史最低水平。当时联合国希望第三世界国家向中国学习（不是学习 GDP 年增长率）是不无道理的。

反证假设 2：上述分析并不是说 1950 ~ 1980 年时期的社会主义经济建设没有挫折、错误、弯路。如果再从历史反证法看，假设中国在第一个五年计划后没有"大跃进"，[⑤] 没有经历十年"文革"，中国在取得"一五"计划的成功后继续改进技术、提高劳动力素质、加强基础设施建设、不断提高效率效益、打造并发挥自身优势，到 1980 年将是一个什么发展程度呢？即便发生了"大跃进"，自 1961 年初提出"八字方针"后，1963 ~ 1966

[①] 以 1952 年 GDP 为 100，1966 年和 1976 年 GDP 不变价格指数分别为 237.1 和 392.2（《新中国 50 年统计资料》）。由此计算出的复利增长率为 5.2%。

[②] Eckstein, Quantitative Measures of China's Economic Output.

[③] 参见该书第 11 页关于总产出、第 20 页关于谷物产出、第 24 页关于农业产值、第 26 ~ 27 页关于工业产值的数据。这些数据表明，这一时期的中国取得了高增长成就。

[④] 中国国家统计局：《新中国 50 年统计资料汇编》，中国统计出版社，1999。

[⑤] "大跃进"主观愿望对中国"一穷二白"的实际现状和当时社会主要矛盾（落后的生产力与先进的生产关系）具有针对性，但其方法、手段违反"科学发展观"从而不具有实践指导的科学性。然而，"大跃进"并未从根本上改变中国社会主义经济利益关系的平等性、公平性、正义性，社会人群根本经济利益上的冲突、矛盾并未产生，因而只是经济政策失误而已。也因此，"八字方针"可以较快地使中国经济发展重新回到自身轨道和规律中来。详见龙斧、王今朝《社会和谐决定论》分析。

年这 3 年的 GDP 年平均增长率达到前所未有的 15.3%，而且已经开始一些"摸着石头过河"式的带有"市场经济"意识的尝试（如允许自留地、包产到户、责任制、发展小商品经济等）。按照这个速率推算，假设如果没有"文革"，中国 1962 年的 GDP 至少可以在 1972 年实现"翻两番"，而且在 1988 年达到 2005 年的实际 GDP 水平（提前 17 年），在 1993 年即可达到 2012 年的实际 GDP 水平（提前 19 年）。①

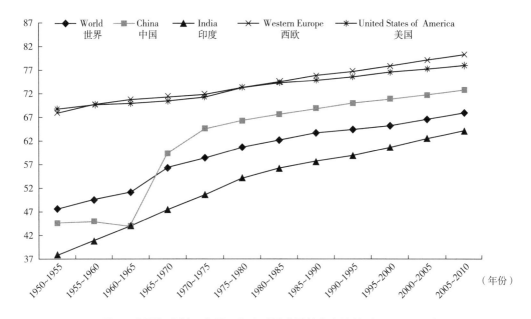

图 1　中国与欧洲、美国、印度以及世界的寿命比较（1950~2010）

资料来源：Life Expectancy at Birth（e0）– Both Sexes，见 http：//esa. un. org/unpd/wpp/Excel – Data/mortality. htm。

反证假设 3：假设 1981~2012 年期间中国：（1）工农业基础设施水平、科技水平远远高于 1950~1980 年，从而使急需发展、建设的相对投资比例降低，（2）应对战争和威胁、加强国防等不直接产生经济效益反而降低其增长效应的领域建设的需求性、急迫性相对远远低于 1950~1980 年期间，从而使经济发展可使用资本相对大大提高，（3）社会福利、保障等这些不直接产生 GDP 效益反而降低其增长效应的事业领域基础水平远远高于 1950~1980 年，从而使国家支出比例相对大大降低，（4）许多原来属于社会福利、保障等事业领域因商业化或准商业化而使全部（如住房）或部分（如医疗、教育、卫生、社保）等开支由劳动成员自己负担，（5）劳动力综合素质远远高于 1950~1980 年时期，从而产生更高的人均劳动生产率，（6）没有经历 1950~1980 年时期"大跃进"、"文革"长达 13 年的经济发展失误、干扰、阻碍。那么，根据 1950~1980 年时期总产值年增长率与

---

① 以 1952 年 GDP = 100，则 1962 年 GDP = 140.4，2005 年 GDP = 5677.5。然后从 140.4（1 + 15.3%）^{n} = 5677 可以求得 n = 26。所以，按照这三年的增长率，1988 年就会达到 2005 年的发展水平。

寿命增长率、学校增加率、入学增长率、住房改善率、医疗改善率、社保改善率以及这6
"率"的社会平等性、公平性提高程度变化比例，来计算、决定1981～2012年时期的变化
比例，那应该是一个什么状况呢？[①] 根据《一评》13个影响因素而构成的笛卡尔积空间
$[0, 10]$ 中，中国1949～1980年时期经济发展的条件相对西方应该收敛在 $[0, 0.5]^{13}$
中。假设中国1981～2012年时期的13个指数处于 $[2-4]$ 的区间上，即使不考虑这13
个指数的交叉作用，则它的可行集合的测度最少应该上升 4^{13} 倍。而且，这个 $[0, 0.5]^{13}$
到 $[2, 4]^{13}$ 的转换、提高又是从哪里来的呢？还有什么更能证明新中国前30年的效率效
益所打下的经济基础、创下的资产、积累的资本正是改革30多年来效率效益的前提条件
呢？为什么用在前者基础上产生的效率效益来否定前者的效率效益呢？

（3）1980～1990～1995年时期效率效益反证分析与衡量。在一个经济的效率效益衡
量中，工业总产值变化是具有一般性的衡量指标之一。1980～1990年期间中国国有和集体
企业在工业总产值比重中占90%，私有经济占10%。1995年，国有和集体企业产值占工
业总产值的70%，私有经济占30%（见表1）。因此，这两个时期的工业总产值变化不能
不与国有企业效率效益相关。改革开始后的1980～1990年、1991～1995年两个时期，工
业总产值年增长率分别达12.6%、15.7%，而这两个时期的平均增长率是否说明国有企业
效率效益低下呢？

表1　中国1980～1995年时期不同所有制企业在工业总产值中的作用

单位：亿元，可比价格，1978年为基年

年　份	1980	1990	1995
工业总产值	4796.0	13168.2	28392.7
国有企业	3644.0	7190.7	9646.1
集体企业	1128.7	4691.2	10388.6
GDP平减指数	1.074654	1.816803	3.236532

资料来源：平减指数根据《中国统计年鉴》（1996）表2～表10计算。基年1978年的GDP为3624.1亿元。工业
总产值、国企和集体企业产值数据用同一年的平减指数对《中国统计年鉴》1996年表12进行调整得到。

反证法假设4：为了证实即使在私有化进程开始后的20世纪90年代中期中国国有企
业效率效益依然是高的，不妨假设它们的效率效益增长率为0，企业数量因而不能增多，
产量也不能增大，私有企业的增长要达到多少才能实现1980～1995年时期的增长呢？由
表1可以看出，把国有、集体企业以外的工业产出全部看成私人企业产出，则其1980年
的实际产值为23.3亿元。假如国有和集体企业因效率效益低而此后一直保持在1980年的

---

①　当然，"公有制、国有企业效率效益必然低下"论者立刻会找出各种理由说这样比较不合适。但为什么这时就
　　考虑因素差异性及其作用，而对社会主义国有企业效率效益衡量时就不考虑差异性因素而只是简单、孤立地
　　用西方理论和方法将它们与西方资本主义经济下或官商勾结下产生的私有企业进行简单对比从而得出荒谬的
　　"低下论"来呢？

4772.7 亿元的水平，那么，1990 年的私人企业工业产值应该为 8395.5 亿元，而 1995 年的私人企业工业产值应该为 23620 亿元，才能实现实际的增长。于是，私人企业从 1980 年的 23.3 亿元分别增加到 1990 年和 1995 年的实际工业产值的水平，其增长率分别为近 360 倍和 1013 倍。也就是说，中国的私有经济在 1980～1990 年的 10 年时间里翻了 8.5 番，在 1980～1995 年的 15 年时间里翻了 10 番。在整个资本主义的发展史上，没有一个西方国家的私有经济经历过这样的增长率。按照这个"效率效益"，全世界的资本家都应到中国来学习，而中国的私人企业家可以为西方企业家、管理学家和经济学家开设怎样发展私有经济的课程。①

以上对 1949～1980 年和 1981～1995 年时期的逻辑和历史的反证分析表明，孤立、割裂、简单按照西方封闭系统下产生的效率效益指标来比较国有企业和私有企业既是方法论上的东施效颦，又是具体研究方法上的刻舟求剑、削足适履。它揭示出那种"公有制、国有企业效率效益低下"逻辑的荒谬性和"理论"的伪科学性。为什么一定要用西方要素理论为指导、以几个"私有资本最大化"为唯一目的和宗旨、以剩余价值为手段（无论是哪种类型的剩余价值）、以私有企业（无论是西方还是中国的）为实证来做孤立、简单、割裂式比较从而论证国有企业的效率效益低下呢？真是数理分析和数量衡量的能力问题吗？否。②

三　结论：反证法分析与中国改革

本文的逻辑和实证反证法论证表明，（1）根据《一评》13 个命题所揭示的企业效率效益的决定关系、中国基础条件、西方效率效益决定，中国 1949～1980 年时期无论是建

---

① 中国一些私有企业、老板、"精英"也因为"一夜暴富"效应而的确具有这种"中国效率效益远远高于西方"的心态。一个私人老板在电视上宣称，诺贝尔奖得主又有什么了不起呢？他能像我们（私有企业）这样养活这么多人吗？能创造出我们这样的经济效率？而实际上，许多中国私人企业增长的原因至少包括：（1）新中国几亿人几代人几十年在高建设、高发展、高积累、低工资、低收入、低生活（三高三低）条件下艰苦创业所建立起来的生产资料在出售转让过程中无偿或极为廉价地交到了私人老板的手里；（2）新中国几亿人几代人几十年在"三高三低"艰苦创业中所积累起来的资产、资金、资本首先是用来满足一夜之间建立起来的私有企业的发展；（3）贪污腐败、官商勾结、利益集团创造、产生的少数人超常"效率效益"；（4）人类工业化发展"初级阶段"里最庞大、素质最高又最为廉价的劳动力大军，即便是美国资本主义奴隶经济制的"少数人"都没有上述（1）、（2）两个条件。毕竟，那是在 2000 万奴隶、在原始条件下为美国资本主义创造的原始积累。这就解释了美国最富有的人群是在 300 年间实现其今天的富有，而中国的少数人在人数规模和富有程度上只用了 30 年就达到了美国亿万富翁的水平（毕竟几亿人、几十年在"三高三低"条件下的积累远远大于美国资本主义的原始积累）。

② 直到今天，中国还在摸索怎样建立"社会主义"市场经济，也把它作为改革的主要目的。然而在客观上，在这种"低下论"伪证支持下产生的政策使中国 99% 的国有企业未能有一个真正的社会主义市场经济条件下提高效率效益的实践和时间过程，本来这是中国社会主义市场经济摸索、建立的最主要、最重要、最核心、最具标志性的任务和理论内涵。如果企业都不存在了，社会主义市场经济的建立又从何谈起呢？依靠"实事求是、解放思想"的唯物主义方法论把这一理论问题在马克思主义的科学社会主义理论指导下搞清楚，是关系到社会发展方向、性质的大问题。

立类似西方的市场经济体制还是"中华民国"的经济体制并发展以私有制为基础的商品生产，都将是全世界发展最慢、失败次数最多的经济。（2）还是根据这 13 个命题所揭示的效率效益的决定关系、中国基础条件、西方效率效益决定，当中国选择社会主义公有制，如果"低下论"再成立的话，那么这个时期的发展应该失败得更惨重、更迅速，经济发展应该远远落后于 1949 年之前。① （3）以中国"一五"计划、1950 ~ 1980 年这两个时期 GDP、人均寿命的实际变化为实证对象的纵向、横向反证法分析证实了社会主义公有制的效率效益，而且，如果在西方效率效益决定的条件方面中国有世界平均基础水平，如果没有"大跃进"和"文革"这 13 年的干扰，如果新中国成立后没有面临经济封锁、军事包围、战争威胁，这个"效率效益"变化的可预期结果将使得"低下论"更加荒谬。（4）1981 ~ 2012 年的 32 年时间里，考虑到中国在 13 个效率效益命题的指数条件上远远优于 1949 ~ 1980 年时期（这个"优于"首先来源于 1949 ~ 1980 年期间，在最为艰苦的条件下，在"大跃进"和"文革"的干扰下，几代人、几亿人、几十年高效率高效益发展与积累），考虑到这期间没有"大跃进"、"文革"等干扰，再根据 1950 ~ 1980 年时期总产值年增长率、寿命增长率、学校增加率、入学增长率、住房改善率、医疗改善率、社保改善率这 6 "率"以及所体现的社会平等性、公平性提高程度，可以反证计算、决定 1981 ~ 2012 年时期的相应变化比例。它表明，中国前一时期的效率效益并不低下。（5）如果"低下论"成立的话，1980 ~ 1990 年、1991 ~ 1995 年时期里，中国私有经济必须分别具有匪夷所思的翻番（即 10 年翻近 360 倍、15 年翻 1013 倍）才能实现现实中的总产值增长。这反过来证明，即便改革开放后这两个时期国有企业效率效益也是无法否定的。

　　显然，本文的逻辑和实证反证法分析证实了"低下论"的荒谬性和伪科学性。同时它和《一评》效率效益决定分析一起使我们今天面临这样一个理论问题，到底是什么原因、什么因素使 1949 ~ 1980 年时期的中国经济不但没有崩溃、没有发生危机，反而在发展上超出了西方经济理论的预测、预料，不仅与"低下论"截然相反而且取得了令西方也承认的成就呢？这是一个今天与中国发展实践结合性极强、对中国发展方向与性质具有指导性的一个关键性理论问题。习近平总书记最近指出，中国特色社会主义的本质是科学社会主义，强调要"实事求是"。因此这也是中国今天在社会主义性质的改革进程中敢不敢"实事求是"、有没有信心、信念和理论基础去真正建设、发展中国社会主义经济的方向性问题。

　　本文的逻辑和实证反证法分析仅仅是针对 1949 ~ 1980 年期间中国社会主义公有制和国有企业效率效益问题展开论证，不是用来否定改革。恰恰相反，这个分析证实了三个理

---

① 照此"低下论"逻辑，新中国的成立简直就是把中国社会推向了灾难的深渊。值得注意的是，当 1989 年苏联解体时，持有"冷战思维"的西方专家这样评论到，俄罗斯民族终于从 70 多年的社会主义梦魇中苏醒过来。这种充满意识形态的观点似乎在表明，原来的沙皇俄国是无比美好、人民生活在幸福平等、公平、正义社会，而苏联的社会主义把它推入了梦魇！

论概念：（1）中国的任何改革手段、措施、方法、政策不应该建立在对国有企业的唯心主义、形而上学、不实事求是的否定之上，否则经不起历史检验、实践检验；（2）如果按照《一评》的 13 个命题来衡量，那么中国国有企业的效率效益可谓奇迹。而没有这个效率效益"奇迹"就没有 1980 年后的改革基础和条件，即使按照西方效率效益要素来衡量也是如此（西方一些著名学者在衡量、评价中国国有企业时采用的是科学、实事求是、唯物主义、整体主义的方法论，与国内一些研究大相径庭）。（3）中国今天改革中的政策、理论、思想等方面的问题也应该加以检验、衡量；中国在 20 世纪 90 年代以后，产生了人类历史和平时期少数人暴富程度最高、速度最快的纪录。[①] 而这些纪录绝不是也不能用来证实私有化、私有制的效率效益。毕竟，从经济综合结构、现代设施以及产生的效率效益看，从技术能力与手段及其效率效益看，从现代管理素质与水平及其效率效益看，从市场机制能力、合理性程度及其效率效益看，从资本条件、结构及其效率效益看，从劳动生产率水平及其效率效益看，以及从这些要素结合所产生的综合效率效益看，中国 1981～2012 年时期的私有企业资本条件都不如西方资本主义企业，但前者的私有资本增长率、资产增加率远远超过了西方企业。首先，如果这些增长率、增加率可以用来证实"效率效益"的话，那就应该请西方企业及资本家都到中国来学习私有企业怎样提高效率效益了。其次，这种"超西方"资本增长、资产增加也不可能是"马克思主义中国化"的结果，[②] 也不可能是社会主义"初级阶段"的结果，更不可能是社会主义"中国特色"的结果（其理论逻辑荒谬性这里就不赘述了）。那到底是什么原因呢？是否因为中国"出售转让政策"让少数人在一夜间"无本万利"呢（见龙斧、王今朝《社会和谐决定论》）？是否因为几代人、几亿人、几十年（1949～1995）在高建设、高发展、高积累、低工资、低收入、低生活（"三高三低"）条件下艰苦奋斗创造的财富、资产、资本、资金一夜间沦为少数人所有并成为后者的原始积累呢？是否因为这几代人、几亿人、几十年（1949～1995）在"三高三低"条件下建设的现代经济基础设施实际上为少数人的私有资本产生了相对最大的使用价值呢？是否因为本来属于中国所有劳动成员共同占有、平等享受的各种自然资源（包括不可再生的土地资源）所产生的价值也首先为私有资本所占有呢？所有为自然资源的开采、使用、价值创造的劳动者在提供和创造了使用价值后，得到的是一份工作，私有资本

[①] 龙斧、王今朝：《社会和谐决定论》；龙斧、王今朝：《从中国房地产业与"内需不足"机理关系看中国经济发展模式问题》；龙斧、王今朝：《从中国房地产业看新古典经济学"四化"理论的问题》；龙斧、王今朝：《用科学的方法论讨论当前改革问题》；龙斧、王今朝：《以科学、平等和唯物主义方法论指导当前中国改革的讨论》。

[②] 1956 年完成的新中国对资本主义私有工商业的社会主义公有制改造可以说是马克思主义中国化的尝试。考虑到 13 个效率效益的变量关系，考虑到马克思主义关于社会主义在发达资本主义国家建立的理论，1949～1980 年时期的中国经济发展可以说是马克思主义中国化的尝试。而对国有企业的出售转让根本不是什么马克思主义中国化，从规模、程度、速度看它是一次全面的对社会主义工商业的资本主义私有制改造（见龙斧、王今朝《社会和谐决定论》；龙斧、王今朝《经济政策决策科学性与社会和谐的关系》，《求索》2009 年第 1 期）。在"最初级阶段"建立的社会主义国有企业到"初级阶段"再通过贱卖转成私有企业不可能是马克思主义"中国化"的体现。毕竟，这种理论和逻辑上的荒谬性是显而易见的。

得到的是什么呢？在这种生产关系结构中，又怎样实现"共同富裕"呢？在这些条件和前提下的效率效益"高"又是为谁而高呢？

　　福格尔和另一美国著名经济学家对美国南方奴隶制农业和北方的个体自由农业做了比较，结论是，美国南方资本主义企业式奴隶经济制产生的效率效益远高于北方资本主义自由市场经济下的个体农业。[①] 然而，它并没有阻止美国人民、进步人士、思想家、政治家和整个社会的进步力量出于人权、人性、人道和道德原因打倒了这种高效率高效益的落后的生产关系。在对美国历史学家和经济学家的调查中，72% 接受这一结论。[②] 可以说，这是一个典型的美国经济发展史上150多年前打破"效率第一，兼顾公平"概念的社会进步性尝试，[③] 也是美国生产关系的进步最终反过来促进生产力发展的极好案例。在指导思想和价值观体系上，它与龙斧、王今朝《社会和谐决定论》关于经济发展、GDP 增长与社会进步、和谐不存在线性关系的理论结论有相吻合之处。[④]

　　鉴于本文反正法研究得出的上述结论和它所论证的三个理论概念，有人会问，中国到底要不要改革呢？当然要，而更重要的问题是要什么样的改革。[⑤] 首先，改革二字本身是中性词，古今中外都用。因此，不能谁自诩"改革者"，其价值观、观点以及所提出的模式、方法、手段就一定正确，不容讨论。如果把与己不同的人，或把分析、揭示改革中出现的问题、矛盾、冲突的人，统统定为改革的"流言者、非议者、挑剔者、苛求者"，那就缺乏平等、民主讨论的精神了。如果再给戴上"阻碍改革"的帽子，那就与"文革"方法没有什么区别了。中国的改革具有社会主义性质，又以"最广大人民群众利益"最大化为目的，这两个原则缺一不可。以"有勇气、敢承担的改革派"自居本身不能证明自己的改革价值观、观点、思考、方法、手段就与这两个原则相一致；而把与己不同者定为改革的"反对者、挑剔者、苛求者"也不足以证明后者观点就违背这两个原则。

　　其次，从以下几个方面看，改革具有中国社会主义发展的历史必然性。（1）20 世纪五六十年代，新中国在借鉴苏联模式的基础上，在总结新中国成立以后经验教训基础上，提出适合中国国情的工业化道路，提出既以工业化为经济发展重点，又要发展一定商品经济，尊重价值规律，毛泽东就曾提出商品生产可以为社会主义服务的思想。这就是一种对苏联社会主义模式的改革。（2）关于非公有经济，毛泽东辩证地、比喻式、调侃式地提出

---

① R. W. Fogel and Engerman, S. L., Time on the Cross：Evidence and Methods – A Supplement. Boston：Little, Brown and Company, 1974.

② http：//en. wikipedia. org/wiki/Robert_ Fogel。而在那些（28%）不同意 Fogel – Engerman 范式的学者中，多数是不同意美国内战的目的首先是出于解放南方奴隶，并非不同意他们关于美国内战前南方资本主义企业式奴隶经济制产生的效率效益高于其北方资本主义自由市场经济下的个体农业这一概念。

③ 欧洲、加拿大打破这种高效率高效益的资本主义奴隶经济制较美国要早半个世纪以上，这才有了美国奴隶的"北上征程"（"Northern Expedition"）。

④ 龙斧、王今朝：《社会和谐决定论》（2011）一书论证了不是经济增长和 GDP，而是经济利益关系、社会主导价值观和社会心理状态与平等性、公平性、正义性的一致性程度决定社会和谐与进步的程度。

⑤ 龙斧、王今朝：《用科学的方法论讨论当前改革问题》；《以科学、平等和唯物主义方法论指导当前中国改革的讨论》。

了"消灭了资本主义,可以再搞资本主义";刘少奇同时提出可以搞百分之九十几的社会主义、百分之几的资本主义的思想;50 年代,邓子恢就提出农村承包责任制;到 60 年代初,刘少奇、陈云、邓小平、邓子恢等更明确提出了在社会主义集体经济制度下对农村试行"包产到户"责任制。(3)陈云在中共八大上就所有制、生产和流通方面提出了"三个主体,三个补充"的理论并获得赞同:以国家和集体经营为主的工商业,和一定数量的个体经营作为补充;以计划经营为主体的工农业生产,和按照市场变化而在计划许可范围内的自由生产作为补充;以社会主义统一市场为国家市场的主体,和一定范围的、国家可控制的自由市场作为补充。这些经济理论以及相应的实践突破了苏联高度集中统一的单一计划经济模式,具有"中国特色"。(4)周恩来 1954 年就逾越冷战意识形态、东西方对垒这个藩篱,提出了"和平共处五项基本原则"。[①](5)毛泽东在 20 世纪 70 年代提出了"三个世界"的理论,尤其明确了对"第二世界"(即西欧资本主义国家)发展经济、贸易、文化关系。这五大历史背景奠定了中国必然走改革开放(如果西方也对中国开放的话)的道路,表明了即使没有"文革",中国的改革也是必然的,而且是以"科学社会主义"为性质、最广大人民群众利益最大化为目的的、具有中国"以人为本"特色(而不是以 GDP 为本)的改革。

　　这样看来,本文对"低下论"的证伪,以及因此产生的上述理论概念,对中国改革的指导思想与目的,对其"科学社会主义"性质的理解至关重要。首先,从目的性看,改革具有两大目的性:一是纠正"文革"对中国社会主义经济制度和经济发展造成的影响(如当"文革"进行时,生产和正常经济制度运转必然受到影响,而劳动者却不断增加,那就必然出现"大锅饭"和"干多干少一个样"现象)。二是中国已经建立了工农业基础设施、国防科技体系,不再受到战争威胁,社会保障、教育、医疗等基础设施初步建立,应该在社会主义制度下加快发展商品经济,把以经济基础设施建设为主的经济体制转向公平性、平等性、正义性,改善、提高中国人民物质生活水平。其次,中国需要探索在一个人均资源极为贫乏、生产力水平极为低下(相比西方)、技术能力极为落后、全世界人口最多条件下怎样使最大数量人口物质利益最大化的经济体制,而且这是真正的"中国特色"的社会主义的本质所在,是马克思主义"中国化"的本质所在,是中国社会主义市场经济建立与发展的方向和性质所在。

---

① "改革开放"的"开放"概念常常让人以为 1949～1980 年时期中国是闭关自守,不学习先进、夜郎自大的国家。而事实上,中国 20 世纪 50 年代就提出"和平共处五项基本原则";60 年代提出"向西发展";70 年代又提出三个世界理论,强调要与西方第二世界国家进行教育、科技、贸易等往来。在冷战时期,西方国家对中国实行的是经济封锁、军事威胁、战略包围、扶持台湾、武装日本,不是中国想与它们搞开放,它们就会开放的。因此,改革开放的"开放"概念更多的是指解放思想、发展以公有制为主体的多种经济模式,指的是思想、理念对单一经济体制的开放。

论"民生财富系统"

周小亮　罗　莹[*]

一　"民生财富系统"提出的历史逻辑与时代背景

从改革历史进程上看，我国正处于完善社会主义市场经济体制的后改革时代。"后改革时代"概念提出的直接原因是对经济体制改革和市场经济发展阶段的划分，是区别于建立市场经济体制的"前改革时代"的一个概念。国内学者对我国经济体制改革阶段的划分存在不同的观点，由于本文研究的主要任务是在社会主义市场经济体制下对财富理论进行分析，因此本文采用白永秀教授（2010）以市场经济体制的建立与完善为划分标准——1978年12月到2003年9月建立社会主义市场经济体制的时期称为"前改革时代"，2003年10月到21世纪中叶完善社会主义市场经济体制的时期称为"后改革时代"。与前改革时代相比，后改革时代更加突出共富、和谐、民生本位、关注质量、稳定的时代特征[①]，但我们坚信"发展"自始至终都是我国在社会主义初级阶段的主题[②]，正如胡锦涛同志在十八大报告中所强调的，"以经济建设为中心是兴国之要，发展仍是解决我国所有问题的关键。只有推动经济持续健康发展，才能筑牢国家繁荣富强、人民幸福安康、社会和谐稳定的物质基础。必须坚持发展是硬道理的战略思想，决不能有丝毫动摇。"当然我们也不能走封闭僵化的发展老路，"发展"的理念是随着社会主义现代化建设总体布局不断拓宽与升华的。从物质、精神"两手抓"到十六大以全面建设小康社会为目标确立的政治建设、经济建设和文化建设"三位一体"，再到十七大在以改善民生为重点的基础上提出的政治建设、经济建设、文化建设和社会建设的"四位一体"，继而到十八大的新构建——将"四位一体"拓展为包含生态文明建设的"五位一体"，社会主义建设的总体布局由发展经济建设的主旋律拓宽到发展经济、政

---

[*]　周小亮，男，江西省永新县人，福州大学经济管理研究所所长、教授、博士生导师，主要从事制度经济学研究。罗莹，女，福建省龙岩市人，福州大学经济管理研究所硕士研究生，主要从事制度经济学研究。

①　郭俊华、卫玲：《后改革时代的特征分析》，载《西北大学学报》（哲学社会科学版）2010年第2期，第10~13页。

②　本文不赞同白永秀教授将后改革时代改革的主题由"发展"变为了"和谐"，并强调后改革时代"和谐是硬道理"的观点。因为不论处在何种改革时代，社会和谐始终是中国特色社会主义的本质属性，而解放和发展社会生产力始终是中国特色社会主义的根本任务。因此在前改革时代发展过程中出现的经济发展与社会发展不协调的问题，在后改革时代仍然要通过"发展"来解决，并且要全面深入地贯彻和实践科学发展观。

治、文化、社会乃至生态文明建设的轨迹折射出人的全面发展思想在我国改革进程中得以不断深化。

目前，我国虽已进入后改革时代，但社会主义初级阶段的性质没有变，发展生产力的总趋势没有变。生产力始终是社会发展最根本、最活跃的因素，是社会发展的最终决定力量，但只有在特定社会的生产方式及与之相适应的生产关系和交换关系下才成为经济学研究对象。因此，对我国国民财富的研究要置于社会主义初级阶段的生产方式之下，既从生产力方面强调人与物的关系又从一定的社会生产方式及与之相适应的生产关系方面强调人与人之间的关系。也就是说，中国特色社会主义经济下的研究对象是超越了"物质财富"和"资源"的"共同富裕"，这也是中国特色社会主义的根本原则。在前改革时代物质基础不扎实的条件下为建立社会主义市场经济体制，我国采取了"先富"政策使得一部分人和一部分地区得到优先发展。非均衡改革增强了我国的经济实力，但发展不平衡、不协调、不可持续的问题却没有得到很好的解决。因此，在以完善社会主义市场经济体制为主要任务的后改革时代，如何达到"共富"则是中国特色社会主义经济学研究的基本目标。必须强调的是，"共富"的内涵不仅包括人与人之间物质利益关系的协调发展，还包括人与自然、人与社会的和谐发展。其中物质生产为共富提供物质基础，人类自身生产为共富提供内在动力，精神生产则为共富提供价值导向。因此，前、后改革时代经济研究的任务和目的的不同决定了经济研究的对象应由单纯物质先富转换到人、自然、社会全面协调可持续的共同富裕。

然而，随着商品经济的不断发展，"财富"的概念总处在尴尬境遇——广为人知却鲜为人解。财富的社会属性早已被抛诸脑后，"财富"被狭隘地理解为"财产"。"财产"仅作为"物质财富"的一种表现形式很大程度上是与主体利益相连却无法反映主体本质的。在这种错误概念的指导下往往容易产生非民生的经济活动（或者说异化劳动），最终导致人被自然的狭隘实用思想操纵而压抑了人的全面发展思想。"异化劳动"通过资本主义市场经济条件下产生的商品拜物教表现得淋漓尽致，正如马克思所描述的那样——"商品形式在人们面前把人们本身劳动的社会性质反映成劳动产品本身的物的性质，反映成这些物的天然的社会属性，从而把生产者同总劳动的社会关系反映成存在于生产者之外的物与物之间的社会关系。"[1] 那么，为什么在资本主义市场经济条件下劳动产品在变成商品的瞬间就被拜物教附上身了呢？这是来源于"生产商品的劳动所特有的社会性质"[2]，也就是以生产资料私有制为基础的市场条件下进行"交换"的本性。因为"生产者只有通过交换他们的劳动产品才发生社会接触，所以，他们的私人劳动的独特的社会性质也只有在这种交换中才表现出来……因此，在生产者面前，他们的私人劳动的社会关系就表现为现在这个样子，就是说，不是表现为人们在自己劳动中的直接的社会关

① 《资本论》，第 1 卷，人民出版社，2004，第 89 页。
② 《资本论》，第 1 卷，人民出版社，2004，第 90 页。

系，而是表现为人们之间的物的关系和物之间的社会关系"①。可见，劳动异化现象根源于资本主义私有制。

"不论生产的社会的形式如何，劳动者和生产资料始终是生产的因素。但是，二者在彼此分离的情况下只在可能性上是生产因素。凡要进行生产，它们就必须结合起来。实行这种结合的特殊方式和方法，使社会结构分区为各个不同的经济时期。"② 可见，社会主义生产资料公有制与资本主义生产资料私有制使得这两种经济制度有本质上的区别。社会主义市场经济体制更注重"人本主义"价值维度发展，追求"共同富裕"的目标，强调劳动成果由劳动人民共享，因此社会主义制度的优越性在很大程度上能够遏制拜物主义的抬头。但只要有"市场"和"交换价值"的存在就不可避免地受到资本主义市场经济的影响而产生商品拜物教，例如国家层面的 GDP 崇拜、企业层面的利润崇拜和个人生活层面的消费崇拜。由此可见，我国在生产力落后、商品经济不发达的客观基础上建设社会主义，不仅要发展生产力，而且要克服资本主义劳动异化的影响发展生产力。因此，树立以民生为本的财富观是保证我国经济研究对象与目标历史顺利转换的要求。

二　民生改善与财富发展的互动演化发展关系

综观财富理论的历史演化过程与国内学者对现代财富的研究可以发现，大多数学者都会自觉或者不自觉地将社会生产的主体——人，等同于新古典意义上具有"普适意义的人"，这不仅与当下中国处于各种利益矛盾交织扭结中的"社会生产关系基础上的人"的事实不符，还容易使社会生产的目的误入拜物教。因此，要使得民生改善与财富发展有机结合，不仅要考察社会财富演化的完成形式，更要从根本上研究其演化路径，从而实现财富发展过程的民生意义。

（一）历史经验分析

财富结构的演化是人类社会发展的物质表征。从主体性角度看，"财富从物质上来看只是需要的多样性。"③ 人需要的多层次性和无限性成为财富生产和发展的内在动力，而财富结构的不断演化恰恰也成为人的需要多样性的外在显示。从客体性角度看，"人的本质不是单个人所固有的抽象物，在其现实性上，它是一切社会关系的总和，"④ 因此人的发展可以体现在社会关系的发展上。根据"经济基础决定上层建筑"这一基本原则，马克思将一切社会关系归结于生产关系或者说在经济关系中分析。也就是说，依据生产力—生产方式—生产关系原理，在特定的社会生产方式下作为社会关系物质表现的社会财富结构

---

① 《资本论》，第 1 卷，人民出版社，2004，第 89 页。
② 《资本论》，第 1 卷，人民出版社，2004，第 44 页。
③ 《马克思恩格斯选集》，第 30 卷，人民出版社，1995，第 524 页。
④ 《马克思恩格斯选集》，第 1 卷，人民出版社，1995，第 56 页。

从根本上是决定于社会生产力水平。主客观两个方面理论推断可以从社会历史的经验观察中得到验证：在生产力水平极端低下的原始社会，人类的生存环境受限于现有可利用的自然财物，维持人体最低的生存需要是生产的唯一目的，财富结构表现为单一的自然财富；资本主义时期的三次科技革命促进了生产力水平飞跃式地发展，人的生存需求得以保障后产生更高层次的需求，资本家对剩余价值的疯狂追求甚至为商品财富创造了主体地位；按照马克思的设想，进入社会主义社会，高度发达的生产力水平和优越的社会主义制度将使得人们趋向于追求人自身的全面而自由发展的需要。

因此，从整个历史趋势上看，生产力作为历史上最具革命性和进步性的力量，总是处于不断地发展之中。在社会关系不断丰富的环境下，人逐渐从"自然存在物"发展到"社会存在物"，最后提升到"精神存在物"[1]。如马克思所说，需要的发展是"人的本质力量的新的证明和人的本质的新的充实"[2]。因此，人类社会的发展，可以看作一部人的需要的不断变化和发展的历史。既然人的自由而全面的发展是人的需要的最美好向往，那它是通过何种方式体现的呢？马克思认为，"要从一切方面去探索地球，以便发现新的有用物体和原有物体的新的使用属性，如原有物体作为原料等等的新的属性；因此，要把自然科学发展到它的最高点；同样要发现、创造和满足由社会本身产生的新的需要。培养社会的人的一切属性，并且把他作为具有尽可能丰富的属性和联系的人，因而具有尽可能广泛需要的人生产出来——把他作为尽可能完整的和全面的社会产品生产出来（因为要多方面享受，他就必须有享受的能力，因此他必须是具有高度文明的人）"[3]。也就是说，要在不断地发展自然科学（生产力）和培养人的一切属性（生产关系）基础上，尽可能地生产出完整和全面的社会产品，也就是不断地丰富财富结构。综上分析构成了"生产方式—人的发展—分层偏好—财富结构"互动演化模型的历史经验基础。

（二）演化机理分析

在特定社会的生产方式、生产关系与生产力相适应的前提下，我们定义财富结构 W 的表达式为 $W(p, R, U) = F(U \mid p)$，其中 p 表示生产力，$R(p)$ 为与之相适应的生产关系，U 为社会偏好。关于财富结构 W 的形成机理我们借助图 1 中（1）~（4）分图进行分析。分图（1）表示在不同的社会生产方式 $M[p, R(p)]$ 下，人的发展 D 达到不同的水平。整个社会历史趋势是向前发展的，图中转折点 A、B 表示生产方式的转变。根据马克思划分的三个层次的社会经济形态，我们假设分图（1）中 A 点以前为前资本主义社会时期，AB 阶段代表资本主义社会时期，B 点以后为社会主义社会时期。根据历史经验分析，我们可以判断人的社会关系的发展经历了由"直接的社会关系"向"物化的社

---

① 关于"人的存在"表现为"自然存在物"、"社会存在物"和"精神存在物"的具体论证参见刘荣军《财富、人与历史——马克思财富理论的哲学意蕴与现实意义》，人民出版社，2009，第179页~182页。

② 《马克思恩格斯全集》，第42卷，人民出版社，1995，第132页。

③ 《马克思恩格斯选集》，第46卷，人民出版社，1995，第392页。

会关系"再向"自由人联合体"的历史演进，从而促进了人的发展的全面性和丰富性。如前所述，"人的本质是一切社会关系的总和"，我们根据十八大报告提出的"五位一体"总体布局，将人的发展的本质具体化到经济 e_i、政治 z_i、文化 c_i、社会 s_i、生态 n_i 五个方面关系的协调发展，因此在 i 时期生产力水平下，人的发展可以进一步具体表示为 $D = f_1$ $(e_i, z_i, c_i, s_i, n_i \mid p_i)$。

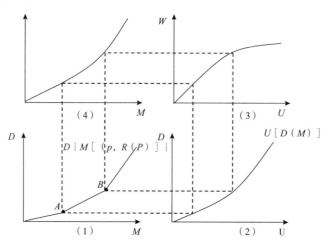

图1　基于"生产方式—人的发展—分层偏好—财富结构"互动关系演化

人的偏好从根本上是随着社会关系的丰富而演化的，是内生于社会关系之中的，并且由于生产力水平的快速提高，一种生产方式的变革所需经历的时间越来越短。如分图（2）所示 $U = f_2$ (D)，偏好从一个层次跳转到另一个层次也将越来越快，最终形成了社会偏好的历史分层。这类似于马斯洛的需求层次理论（生理需要、安全需要、社会需要、尊重需要、自我实现需要），人的需要满足随着生产力的发展呈阶梯式发展。满足需要是人类经济行为的内在动因，实现需要的满足必须创造出主体之外的客体，而财富正是"一个靠自己的属性来满足人的某种需要的物"[①]。可见，社会生产是一种以满足生活需要为目的的、自觉的由需求导向的活动。如分图（3）所示，财富作为偏好的函数 $W = f_3$ (U) 随着单向的"自然偏好"向多向的"社会偏好"的纵向演化而不断地丰富。综合分图（1）~（3）得到在特定生产方式下财富结构的表达式：

$$W [p, R (p), U] = f_3 (U) = f_3 [f_2 (D)] = f_3 \{f_2 [f_1 (e_i, z_i, c_i, s_i, n_i \mid p_i)]\}$$

将上述公式化简到客体物质生产力和主体人的偏好上：

$$W_i [p, R (p), U] = F (U_i \mid p_i)$$

它反映了财富是在一定生产力水平下内在动因与外在结果的有机结合，即为满足人的

---

① 《资本论》，第1卷，人民出版社，2004，第47页。

需要而生产出有利于人的发展的社会财富。

综上可见，"财富的本质就在于财富的主体存在"①。落实到现实活动层面，财富的发展归根结底是为了改善民生，即满足人类的生存、享受、发展、繁衍的需要。然而，现实生活中，非民生的财富生产确实存在，这种无价值的物质损毁或消耗规模甚至也是很巨大的。因此，本文提出"民生财富系统"概念不仅是符合历史逻辑的，也是符合现实要求的。

三　民生财富系统的基本要义

民生财富系统的基本要义主要体现在三个方面：一是民生效用最大化；二是代际差异最小化；三是系统协调发展系数最大化。

（一）民生效用最大化

与西方主流经济学在"经济人"假设条件下提出的以物质利益为中心的消费者效用最大化不同，在民生财富系统中，商品财富并非人们唯一的追求。结合马克思主义民生思想，民生财富系统所追求的民生效用最大化主要体现在以下三个层次的综合价值最大化实现：民生生存得以保障、生活质量得以提高以及人的发展得以实现。首先，人的生存和发展是根本出发点。"一切人类生存的第一个前提也就是一切历史的第一个前提，这个前提就是：人们为了能够'创造历史'，必须能够生活，但是为了生活，首先就需要吃喝住穿以及其他一些东西。"② 因此，物质生产以满足生存的需要是最基础目标。其次，要改善劳动者的生产和生活状况。在传统的商品财富生产中往往出现劳动异化现象，即物质财富规模不断扩大的同时劳动者的生活质量却持续下降，例如，贫富差距不断扩大、自然环境每况愈下、社会犯罪率日益上升等。这在很大程度上归结于财富创造过程中对民生价值导向的忽视。最后，要逐步实现每个人的自由而全面发展。"人的自由而全面发展"并非一蹴而就，要实现社会全体成员有能力"把个人的自由发展和运动的条件置于他们的控制之下"③，并且"按照共同的合理的计划自觉地从事社会劳动"④ 的目标，在社会主义初级阶段，特别是在后改革时代转变经济发展方式的关键时期，就必须首先确立财富创造的民生导向。

需要解决的是，民生效用同样面临着西方效用理论所处的困境⑤——效用作为民生的

---

① 《1844 年经济学哲学手稿》，人民出版社，2000，第76页。
② 《马克思恩格斯选集》，第1卷，人民出版社，1995，第78~79页。
③ 《马克思恩格斯全集》，第3卷，人民出版社，1995，第85页。
④ 《马克思恩格斯选集》，第18卷，人民出版社，1995，第67页。
⑤ 新古典效用范式在逻辑上存在缺陷，即使是在显示偏好理论基础上分析，仍无法解决效用的计量问题。具体分析见周小亮《偏好、制度与选择：理性选择模型质疑、反思与重构》，载《福建论坛》（人文社会科学版）2011年第3期，第53~58页。

主观评价若无法精确计量，那么用什么来说明民生财富系统的运行是由广大人民群众的效用最大化决定的？基于前文对"生产方式——人的发展——分层偏好——财富结构"互动关系演化的分析以及民生财富系统的民生性质，我们认为，在民生财富系统中三维财富地按"需"生产以满足上述三个层次的民生需求在不同时期的诉求是民生效用在相应时期最大化的有力说明。

综上分析，用函数表示为：$\max \sum_{i=1}^{3} \sum_{n=1}^{\infty} U_{in} (W_1, W_2, W_3, \alpha, \beta, \gamma) \delta_i^n$，系统创造出的财富（商品财富 W_1，自然财富 W_2，知识财富 W_3）对民生需求三个层次（$i = 1, 2, 3$）的满足，从而给第 n 代人带来的效用用 U_{in} 表示，δ_i^n 表示社会贴现率。利用柯布 – 道格拉斯函数进行扩展：$U_{in} = W_{1in}^{\alpha_{in}} W_{2in}^{\beta_{in}} W_{3in}^{\gamma_{in}} \sigma_{in}^{\theta_{in}}$，其中，$\sigma$ 表示干扰项，$\alpha_{in} + \beta_{in} + \gamma_{in} + \theta_{in} = 1$。

（二）代际差异最小化

基于"社会选择"和"分配公平"两个概念，佩基（Page，1999）在《代际公平和社会贴现率》中最早提出了"代际公平"的概念，并从决策论的角度提出了实现代际公平的"代际多数原则"：当某个决策涉及多代人利益时，应由这多代人中的多数作出选择。这与"可持续发展"的定义有着异曲同工之义——既满足当代人的需求，又不对后代人满足其自身需求的能力构成危害的发展。近年来，随着可持续发展理论的逐渐成熟，代际公平理论的研究焦点由最初的财富、福利分配问题逐渐转移到代际的资源与环境公平上，以人和自然的关系为研究重心。结合前文所分析的马克思对社会经济形态三个阶段的划分和从人的全面发展角度看，我国对代际公平的要求不仅体现在自然财富的转移上，在后改革时代，商品财富和知识财富的急剧发展同样会产生代际差异，主要体现在代内发展不平衡导致代际间遗传过程的变异从而对代际平衡产生的影响。因此，民生财富系统要求财富创造过程代际间不同利益主体对商品、自然和知识主动转移。

综上分析，用函数表示为：$\min \dfrac{1}{n} \sum_{s=1}^{n} [W'(s) - W'(s)]^2$，其中 $W'(s) = \sum_{i=1}^{3} W_i^{s-1}(s)$ 表示第 $s - 1$ 代人转移给第 s 代人的民生财富（商品财富 W_1，自然财富 W_2，知识财富 W_3），$W'(s) = \sum_{i=1}^{3} W_i^{s}(s+1)$ 表示第 s 代人转移给第 $s + 1$ 代人的民生财富。

（三）协调发展系数最大化

民生财富系统是客观存在的系统，各子系统拥有大量的自然质和功能质[①]，但无论这些子系统的自然质多丰富、功能质多强大，都无法单独地实现民生的多维价值。又如恩格

[①] 通常认为物质世界存在三种固有的基本质：第一种为"自然的、物质——结构的质"，它是指自然物质本身的属性；第二种为"功能质"，它是指自然物质的用途和功能；第三种是"系统质"，它是结合成系统以后产生的一种新质，即总和的或整体的用途和功能。由多种要素构成的总和体是否是一个系统，主要看其系统质是否存在。

斯所说，"世界不是既成的事物的集合体，而是过程的集合体"①，民生财富系统总是处于动态变化过程中，各子系统间的对立统一关系也并非完全确定的。例如，自然财富的丰裕能够为商品财富的发展提供更大的潜能，但往往由于"资源诅咒"传导机制（Transmission Mechanism）②的存在，即自然资源间接地"挤出"了其他生产性活动，从而对经济增长产生负面影响；再如，人类社会在一定的发展阶段下（即生产力水平不变）自然财富总表现为一个有限的存量，因此，只有生产力提高不停顿才能实现不断地扩大自然财富的存量边界（刘诗白，2004）③。一方面表现为人文知识对劳动者素质的改善，增强其对自然资源的保护意识；另一方面则表现为科学知识对生产力的武装，以提高自然利用率。然而，这也存在着科技异化的现象——非民生的活动带来了一系列的环境污染问题、安全问题和健康问题等。由此可见，民生财富系统的良性运转不仅要求三维财富总量的发展，同时要不断地协调系统间的冲突，实现系统的可持续平衡发展。

综上分析，用函数表示为④：$\max CD_t = \left[C_t W_{1,t}^{\alpha} W_{2,t}^{\beta} W_{3,t}^{\gamma} \right]^{1/3}$，其中 $\alpha + \beta + \gamma = 1$。$CD$（coordination and development）表示系统的协调发展系数，其中协调系数 $C = \sum\limits_{i \neq j \neq k}^{3} C (i/j, k)$ $C (j, k) / \sum\limits_{j \neq k}^{3} C (j, k)$ 表示 t 时刻系统 i、系统 j 和系统 k 三者之间的协调系数。协调系数是表示系统之间协调状况好坏的定量指标。其中 $C (i/j) = \exp \left[-\dfrac{(W_i - W_{i/j})^2}{\sigma^2} \right]$ 表示系统 i 对系统 j 的协调系数，W_i 为系统 i 综合发展水平的实际观测值。$W_{i/j}$ 为其与系统 j 实际值相协调时系统 i 的估计值。

不可回避的是，要跨越上述基本要义在理论与实践的鸿沟以促成财富发展与民生改善相辅相成具有一定的难度，需要特定的实现条件和政策支持。首先，要实现民生效用最大化，就必须切实追踪后改革时代我国民生需求的演变发展，通过转变经济发展方式、调整经济结构等战略逐步满足民生的多元化需求；其次，要实现代际差异最小化，不仅要落实贯彻可持续发展战略，合理配置代际资源，还必须公平分配三大财富，保障代内平衡；最后，要实现系统的协调发展系数最大化，不仅要激发财富主体的创造活力，增强系统发展的内生动力，还需要外生政策为系统的协调发展提供一个优良的环境。由此可见，要实现财富的民生性质并非一朝一夕之事，而是需要全体人民的共同努力。

四　民生财富系统提出的理论价值与实践意义

从理论层面上看，国内外关于财富的研究已有较长的历史。经历了从"是什么创造财

① 《马克思恩格斯选集》，第4卷，人民出版社，1995，第244页。
② 常见的传导机制包括：荷兰病、资源寻租和腐败、轻视人力资本投资、可持续发展能力衰退等。
③ 刘诗白：《论自然财富》，《天府新论》2004年第3期，第22~24页。
④ 李志强：《基于生态学思维方式的民生指标体系构建及评价理论探析》，《江西财经大学学报》2010年第6期，第5~9页。

富"到"是什么能使财富增长"，发展到今天的"创造什么样的财富"以及"为谁创造财富"的民生财富观。但综观现有相关研究，绝大多数研究都是基于社会已产生的民生问题来评价单纯的经济增长是否有利于民生改善，最终又将问题的解决方式推诿到经济增长上。这不仅不符合民生价值的多元化发展要求，也难以求解财富增长过程中的特殊民生问题及改善路径，最终仍走不出马克思所预言的困境——"在现代世界，生产表现为人的目的，而财富则表现为生产的目的"①。对此，本文以"生产方式—人的发展—分层偏好—财富结构"为分析主线提出的民生财富系统为财富"主体存在"的回归提供了一个新的分析视角：不再是传统财富观在经济利润最大化约束下求解单维物质财富增长的问题，而是立足于民生需求的多维度演化来重塑民生效用最大化的财富增长模型。这对于民生导向型财富增长与发展理论的进一步拓展和深化具有一定的理论推进作用。

首先，坚持并发展了马克思唯物史观对财富发展理论的指导作用这一思想。在宏观维度，民生财富系统是以马克思唯物史观为理论基础，以客观的历史活动为线索，特别是研究我国后改革时代经济社会发展的实际也是如此。值得一提的是，在生产力研究范式下，本文通过对民生需求的时代性分析丰富和发展了马克思历史唯物主义的微观维度，这有利于我们在财富创造过程中最大限度地发展劳动者的主体力量。

其次，深化了可持续发展理论对财富生产方式的影响。为实现人民群众在生存状态、生活质量和发展状况三个层次得以提升、物质需求和精神需求两个方面得以满足，就必须坚持"民生财富系统"的基本要义——民生效用最大化、代际差异最小化和系统协调发展系数最大化。而这三大基本要义是以可持续发展理论为基础，通过经济、生态和社会三大子系统的动态均衡发展达成的。由此可见，民生财富系统的运行机制有利于深化可持续发展理论对财富生产方式的影响。

再次，推动了财富发展理论研究视域的转向。如刘荣军（2009）所说，近年来国内出现了财富研究的哲学转向，特别是经济哲学与社会哲学的转向②。民生财富系统是人类生产的目的（民生）和结果（财富）、财富创造的主观效用和客观价值有机统一的一个概念。它与强调以商品财富增长为中心的传统财富理论视角不同，突出以多元化发展的民生需求的满足为研究中心，侧重研究人的自由发展与经济、生态和社会的关系。可见，民生财富系统的提出有利于拓宽财富理论的研究视域。

从实践层面上看，财富生产的民生价值实现越来越成为社会关注的问题，它影响着我国经济社会发展过程中重大战略部署的方向性及相关政策执行的有效性问题，特别是影响着我国在处理社会发展重大问题时如何权衡利弊得失及轻重缓急。可以说，在转变经济发展方式的关键时期，民生财富系统是应运而生的，它具有较强的生命力和广泛的动员力。

一方面，有利于财富发展动力的深度开发。财富创造的根本动力是为满足人民日益增

① 《马克思恩格斯全集》，第46卷（上），人民出版社，1995，第486页。
② 刘荣军：《财富、人与历史——马克思财富理论的哲学意蕴与现实意义》，人民出版社，2009，第3页。

长的物质文化需要。此时，人的需要表现为财富生产的目的，经济子系统的商品、生态子系统的自然和环境、社会子系统的文化和知识则是实现目的的手段。社会生产力发展促使人们产生新需要从而提出新的目的，从保障生存、提高生活质量到实现人的自由全面发展，随着目的层次的提高而不断地促进三大子系统持续协调发展。可见，通过财富创造实现民生价值的目标始终是阶段性、历史性的。现阶段，单纯的商品财富增长已经不能满足民生价值的多维需求，更多的非民生的商品财富增长将造成无价值的物质消耗。并且，以单纯地追求经济利润最大化为目标制定的经济政策将进一步导致财富生产与民生价值的偏离。因此，民生财富系统的螺旋式发展必将更全面地开发出系统中所蕴含的巨大动力作用，从而实现财富生产的民生价值。

另一方面，有利于进一步推动保障和改善民生建设。与传统财富观相同，财富在总量上的持续增长是保障和改善民生的主要客体与物质基础。不同的是，民生财富系统强调财富的内容、形式与结构和广大人民群众的生活需要相吻合，切实推动保障和改善民生建设。主要表现在经济、生态和社会三子系统对财富内涵的丰富：第一，对商品财富合理分配有利于促进共同富裕，实现社会公平正义以充分发挥社会各方面的积极性；第二，对知识财富的积极追求有利于驱动创新型生产力的发展，提高劳动生产率以提供更多的休闲时间；第三，对自然财富的有效使用有利于贯彻落实可持续发展战略，为民生工程建设提供良好的自然环境。

最后，推动了后改革时代利益格局的变化。进入后改革时代，民生财富系统不仅要追求财富数量上的增长以满足人民不断增长的物质文化需要，更要追求财富质量上的发展以不断地实现其民生价值，最终形成质与量的有机统一体。这种由数量到质量的目标性调整所造成的财富生产方式及模式的调整必然要求各利益主体间作出相应的调整，从而推动整个社会利益格局的变化：其一，社会生产的终极目标发生变化。财富的增长只是实现人的生存和发展的生产过程，而非终极目标。社会生产的出发点和落脚点是为保障人的生存、提高生活质量和实现人的发展。这就要求提高知识财富的创造率，减少非民生的自然消耗，改变以商品财富为核心的物本生产模式。其二，财富成果分配格局发生变化。根据程永宏（2007）① 对全国总体基尼系数演变趋势的研究可知，我国收入差距仍在不断扩大。利益主体间的代内矛盾不利于社会的和谐发展，民生财富系统提出的基本要义及其丰富的内涵利于扩大社会资源总量，从而提高财富成果分配的数量和质量。

---

① 第一阶段是 1981～1984 年，总体基尼系数较低，在 0.27～0.30 之间；第二阶段是 1985～1992 年，总体基尼系数较高，在 0.3～0.4 之间；第三阶段是 1993～2004 年，总体基尼系数超过警戒水平，基本上都在 0.4 以上（其中 1996 年、1997 年仅略低于 0.4），2003 年达到最高值 0.4430，2004 年为 0.4419。

贫困理论比较研究与中国反贫困实践[*]

刘建华　丁重扬　王纪成[**]

在世界经济发展过程中，贫困始终是困扰人类社会进步的一个重大问题，世界范围内的贫困问题日益严重，全球饥饿人口约 9.25 亿，近年来爆发的全球经济危机更是将约 6400 万人推向贫困；我国也仍有 2600 多万贫困人口[①]，消除贫困成为国际社会和我国政府亟待解决的重要社会问题。本文试通过贫困理论的比较研究，从马克思主义经济学贫困理论的视角探寻认识和解决我国贫困问题的路径。

一　贫困理论研究的特点及脉络

在理论界，人口学、社会学、经济学等诸多学科一直关注和研究贫困问题。从经济学研究上看，在西方，专门研究马克思主义经济学贫困理论的成果并不多见；在我国，众多学者也往往把马克思主义经济学贫困理论与西方贫困理论合并在一起研究。主要可归纳为以下几个方面：

第一种，从时间年代上看[②]，以 20 世纪 50 年代为界。20 世纪 50 年代以前的贫困理论有马尔萨斯和马克思的贫困理论；20 世纪 50 年代以后的贫困理论有纳克斯的"贫困恶性循环"理论、纳尔逊的"低水平均衡陷阱"理论、莱宾斯坦的"临界最小努力"理论、缪尔达尔的"循环积累因果关系"理论、森的权利贫困理论。

第二种，从理论派别上看[③]，贫困理论分为四种：（1）马克思主义的贫困理论，包括马克思的论述和邓小平的观点。（2）发展经济学的贫困理论，包括库兹涅茨效应理论、结构主义发展经济学学派的贫困理论、纳克斯的贫困恶性循环理论、缪尔达尔的循环积累理论。（3）福利经济学的贫困理论，包括旧福利经济学和新福利经济学对贫困的认识。（4）社会学视野中的贫困理论，包括维护贫困理论（贫困功能论、"三 M"理论、自由主义经济原则）、贫困的传递或延续理论（贫困文化论、剥夺循环论、贫困处境论、贫困结

---

*　项目来源：吉林省社会科学基金项目：《马克思主义经济学的贫困理论及其在当代的发展》（项目编号：2010M05）。

**　刘建华，女，吉林长春人，经济学博士，吉林财经大学经济学院教授、硕士生导师，主要研究方向为《资本论》与社会主义经济理论；丁重扬，女，吉林长春人，吉林大学商学院 2010 级学生；王纪成，男，吉林辽源人，经济学硕士，吉林财经大学经济学院讲师。

① 国务院扶贫办网站。
② 叶普万：《贫困经济学研究》，中国社会科学出版社，2004，第 28～39 页
③ 李军：《中国城市反贫困论纲》，北京经济科学出版社，2004，第 25～53 页。

构论）。

第三种，从社会发展阶段和学科分类上看①，可以分为以下几种：（1）自由竞争资本主义时期的马克思的贫困学说；（2）以中国为例的社会主义贫困理论的探讨；（3）现代西方经济学的贫困理论，包括以奥肯、萨缪尔森为代表的主流经济学的观点，以庇古、勒纳等为代表的新旧福利经济学的观点，以纳克斯等人为代表的发展经济学的观点；（4）社会学中的贫困理论，包括个人因素论、贫困文化论、贫困处境论、贫困结构论（职业结构、制度结构）、剥夺循环论、恶性循环论等。

上述研究从不同角度为人们研究贫困理论提供了大量文献。但贫困的存在和演变与各个国家深层次的历史背景和经济、政治、社会、文化以及自然地理环境等内在和外在因素的综合作用有关，西方贫困理论对中国社会主义初级阶段出现的贫困问题缺乏强有力的解释，其对策也缺乏较强的针对性。因此，从贫困理论中抽出经济学贫困理论，再从经济学理论中抽出马克思主义经济学贫困理论做专门研究，并对其发展进行探讨，具有重要的理论意义和现实意义。特别是运用马克思主义立场、观点和方法，借鉴西方经济学的贫困理论，区分不同制度类型国家发生贫困的差异性，找出资本主义社会和社会主义社会贫困的共性和特性，提高马克思主义经济学贫困理论对中国现阶段贫困的解释力和增强反贫困对策的针对性，也是我们研究的重要任务。

二　经济学视域中的贫困理论要点

1. 西方经济学贫困理论的代表人物及其观点

（1）亚当·斯密尽管在《国富论》中没有专门论述贫困问题，但不乏关于贫困的思想。他把工人阶级的工资变动与财富的生产变动联系在一起，认为一个国家的工资有时可以高于工人必需的生活资料的价格，有时则可能低于这个水平。他在估计贫困问题时关注相对收入的一些含义值得我们进一步去研究。

（2）马尔萨斯在《人口原理》一书中认为，从长期看，食物供给的增长滞后于人口的增长，即食物供应是按算术级数增长，人口则是以爆炸性的几何级数增长的，因此贫困是不可避免的。

（3）奥肯的贫困理论。奥肯在关于效率与公平等问题的讨论中以一个"漏桶实验"阐明自己关于贫困问题的理论观点。他证明，假如再分配税收的桶上有个漏洞，那么从富人那里转移给穷人的收入，就不会百分之百地落入穷人手中。那么在平等名义下的再分配就伤害了效率的经济目标。

（4）福利经济学的贫困理论。庇古在《福利经济学》中明确提出依靠国民收入分配量的增加、平均和稳定来实现社会的经济福利，并通过对理论经济学的详细分析论述了如

---

① 王朝明：《中国转型期城镇反贫困理论与实践研究》，西南财经大学出版社，2004，第24～50页。

何增进居民福利的问题。新福利经济学家们运用"序数效用论"、"帕累托最适度"、"补偿原理"、"社会福利函数"等分析工具来说明政府应当保证个人的自由选择，通过对个人福利的最大化来增进整个社会的福利，以此实现社会福利的最大化，以实现消除贫困的目标。

（5）发展经济学的贫困理论。主要有以下十个代表性理论：罗森斯坦·罗丹的"平衡增长"理论、赫希曼的"不平衡增长"理论、纳克斯的"贫困恶性循环"理论、纳尔逊的"低水平均衡陷阱"理论、莱宾斯坦的"临界最小努力"理论、库兹涅茨等人的"倒 U 型"理论、缪尔达尔的"循环积累因果关系"理论、舒尔茨的"传统农业持久收入高水平均衡陷阱"理论、刘易斯的"两部门模型"理论、森[①]的"能力—权利"理论。

上述西方经济学贫困理论，从不同的方向和领域分析了贫困问题的成因，提出了解决贫困问题的对策。但其共同的一个缺憾是，都没有对贫困问题提出一个全面的理论框架和作出全面的解释；也没有用阶级分析的观点和方法来研究贫困问题。总的来看，没能从社会制度层面分析资本主义社会贫困的成因，所提出的反贫困措施也只能起到缓和社会矛盾的作用；并且理论研究成分多，缺乏可操作性强的具体措施与对策。特别是面对中国社会主义初级阶段国情下出现的贫困问题缺乏强有力的解释，其对策也缺乏较强的针对性。

2. 空想社会主义者对贫困的理论认识

圣西门认为，"富人"对"穷人"的剥削是资本主义各国的共同原则。傅立叶正确地论述了资本主义工业愈是发达，工人的境况愈是恶化。劳动人民用血汗和劳动创造了社会财富，但是他们却过着孤立无援的贫困生活，而上层阶级则无所事事地过着富裕的生活。欧文在社会主义历史上第一次从政治经济学的角度批判资本主义，从而把对资本主义的经济分析提高到一个新水平。欧文认为，工人创造了巨量的社会财富，但财富被剥削者瓜分；世界上充满了财富，但到处却是贫困，工人在贫困中生活只能慢慢饿死。

空想社会主义者对贫困的认识贯穿于对资本主义的批判中，但还不能对资本主义社会的贫困进行科学的分析和提出正确的认识。

3. 马克思恩格斯关于无产阶级贫困化的分析

马克思恩格斯一直是从资本和雇佣劳动的对立关系上，联系资本积累和人口过剩、经济危机来阐述无产阶级贫困化理论。他们分析了无产阶级贫困化的原因和消灭贫困的道路。

在《1844 年经济学哲学手稿》、《哲学的贫困》和《雇佣劳动与资本》中，马克思认为，生产资本的增加，就是资产阶级对工人统治力量的增加；随着资本的增加和资本对新的技术、新的生产方法的运用，一方面造成大量的失业者，另一方面也使较高的社会阶层

---

① 2002 年，阿马蒂亚·森在"中国转型时期的平等和社会公正问题"国际研讨会上做了题为《能力、贫困和不平等：我们所面临的挑战》的发言，分析了收入和能力、贫困和不平等之间的关系，特别分析了"中国的能力和公平"问题，他"更多地关注贫困差距和人们基本能力的丧失"。

中的人批的人被驱赶到工人阶级队伍中来。因此，"资本增长得越迅速，工人阶级的就业手段即生活资料就相对地缩减得越厉害"（《雇佣劳动与资本》）。[1] 在《1857～1858年经济学手稿》中，马克思通过对不变资本和可变资本比例关系变动的考察，探讨了资本积累和无产阶级贫困化之间的内在联系。他认为，随着资本积累的发展，工人的劳动和使用他的劳动条件之间，造成一道无边无际的鸿沟，由此形成的"过剩人口"纯粹是资本的本性产生的。

在《1861～1863年经济学手稿》中，马克思提出了资本积累中资本和雇佣工人之间对立关系发展的三个主要趋势：工人成为雇佣工人的地位永恒化；工人的状况相对恶化；工人自己占有劳动条件的可能性已经不存在了。

在《资本论》第1卷第七篇"资本的积累过程"中，马克思指出，随着资本积累和资本有机构成的提高，资本造成的劳动供给比资本对工人的需求增长得要快。马克思引用大量的事实，深刻地揭示了资本财富积累和工人贫困积累之间的对立运动，得出了资本主义积累的一般规律。

恩格斯在1845年发表的《英国工人阶级状况》中认为，工人阶级的贫困化是由其在资本主义经济中的地位决定的。工人阶级的贫困化并不在于工人生活水平的每况愈下，工人阶级的贫困化的实质，就在于他们始终不能摆脱生活无保障、生活水平因资本积累而急剧下降的现实。

马克思恩格斯毕生所关注的就是资本主义私有制必然被社会主义公有制所代替。在《共产党宣言》中，马克思恩格斯指出："共产党人可以把自己的理论概括为一句话：消灭私有制。"接着，他们指责资产阶级说："我们要消灭私有制，你们就惊慌起来。但是，在你们的现存社会里，私有财产对十分之九的成员来说已经被消灭了；这种私有制之所以存在，正是因为私有财产对十分之九的成员来说已经不存在。可见，你们责备我们，是说我们要消灭那种以社会上的绝大多数人没有财产为必要条件的所有制。总而言之，你们责备我们，是说我们要消灭你们的那种所有制。的确，我们是要这样做的。"[2] 在《资本论》中，马克思指出资本主义积累的历史趋势就是"人民群众剥夺少数掠夺者"。[3] 可见，在马克思恩格斯揭示了资本主义私有制是社会分配不公和导致贫困的制度根源，要消除贫困就必须消灭私有制。显然，马克思恩格斯是从物质资料的生产方式上研究贫困问题的。

4. 中国共产党人承认社会主义初级阶段存在贫困并着力解决贫困问题

1949年中华人民共和国的成立标志着中国新民主主义革命的胜利，中国进入了新民主主义社会，也标志着中国进入了由新民主主义社会向社会主义社会的过渡时期。此时，政府和人民面对的是一个一穷二白、千疮百孔的烂摊子，工业几乎等于零，粮食不够吃，通

---

① 《马克思恩格斯选集》，第1卷，人民出版社，1995，第363页。
② 《马克思恩格斯选集》，第1卷，人民出版社，1995，第286、288页。
③ 《马克思恩格斯全集》，第23卷，人民出版社，1972，第832页。

货恶性膨胀，经济十分混乱。对此，毛泽东同志指出："中国六亿人口的显著特点是一穷二白，这些看起来是坏事，其实是好事。穷则思变，要干，要革命。一张白纸，没有负担，好写最新最美的文字，好画最新最美的画图。"① "我曾经说过，我们一为'穷'，二为'白'。'穷'，就是没有多少工业，农业也不发达。'白'，就是一张白纸，文化水平、科学水平都不高。从发展的观点看，这并不坏。穷就要革命"②，"我们相信革命能够改变一切，一个人口众多、物产丰盛、生活优裕、文化昌盛的新中国，不要很久就可以到来"③。这里我们可以看到，毛泽东同志乐观地认为我国在工农业生产方面赶上资本主义大国，可能不需要从前所想的那样长的时间了。当然，不论毛泽东同志对摆脱落后时间长短的估计怎么样，新中国成立以来，政府一直致力于发展生产、消除贫困，逐步解决了人民温饱问题。但受诸多因素的决定和影响，消除贫困是一个相当长的历史过程，在很多地方还依然存在着贫困现象。由于传统观念的束缚，理论界只强调社会主义的优越性，基本不提及社会主义条件下仍然存在贫困问题。然而，随着市场经济的深入发展，在原有体制下的贫困没有完全解决的同时，农村和城市又出现了各种形式的贫困问题。

在新的形势下，邓小平同志进一步深化了对社会主义存在贫困的认识。首先，明确提出社会主义初级阶段仍然存在贫困。"社会主义是共产主义的第一阶段。落后国家建设社会主义，在开始的一段很长时间内生产力水平不如发达资本主义国家，不可能完全消灭贫穷"④。他认为，社会主义不摆脱贫困就没有优越性，"我们坚持社会主义，要建设对资本主义具有优越性的社会主义，首先必须摆脱贫穷。"⑤ 其次，分析了社会主义初级阶段的主要矛盾决定了社会主义存在贫困的必然性。主要矛盾的主要方面是落后的社会生产力。"在建立社会主义经济基础以后，多年来没有制定出为发展生产力创造良好条件的政策。社会生产力发展缓慢，人民的物质和文化生活条件得不到理想的改善，国家也无法摆脱贫穷落后的状态。"⑥ 最后，提出了解决中国现阶段贫困问题的对策。在选择反贫困的基本思路时，邓小平同志总是以一定的制度创新作为条件，以一定的制度变革作为前提。因此，他首先解决的是创造最佳的反贫困的制度结构问题，这是因为制度是反贫困的根本基础。他指出："只有社会主义，才能有凝聚力，才能解决大家的困难，才能避免两极分化，逐步实现共同富裕。"⑦ 对我国来说，反贫困不坚持社会主义道路，不坚持党的领导，不仅不能消灭贫困现象，反而会造成新的混乱，增加新的贫困。只有坚持社会主义制度，才能从根本上消灭贫困问题。

在邓小平开创的建设有中国特色社会主义理论的指引下，中共中央领导集体始终承

① 毛泽东：《介绍一个合作社》，《红旗》1958年第1期。
② 毛泽东：《论十大关系》，人民出版社，1976。
③ 《毛泽东选集》，一卷本，人民出版社，1964。
④ 《邓小平文选》，第3卷，人民出版社，1993。
⑤ 《邓小平文选》，第3卷，人民出版社，1993，第225页。
⑥ 《邓小平文选》，第3卷，人民出版社，1993，第134页。
⑦ 《邓小平文选》，第3卷，人民出版社，1993，第35页。

认"在社会主义初级阶段，贫困人口占很大比重"①、"贫困人口还为数不少"，②并把到2020年，"绝对贫困现象基本消除"作为中国实现全面建设小康社会奋斗目标的一个新要求。③

可以说，中国共产党人对社会主义存在贫困问题的认识是与时俱进的，是一种发展了的、全新的制度贫困理论。新中国成立后，中国政府即开始了反贫困和扶贫；改革开放后，政府加大了解决贫困问题的力度，出台了一系列纲领性文献④，取得了巨大成就。在改革开放30年中，"从1978年到2007年，全国城镇居民人均可支配收入由343元增加到13786元，实际增长6.5倍；农民人均纯收入由134元增加到4140元，实际增长6.3倍；农村贫困人口从2.5亿减少到1400多万"。⑤中央和地方财政安排的扶贫资金，从2001年的127.5亿元，增加到2010年的349.3亿元，10年累计达到2043.8亿元。10年来，592个国家扶贫工作重点县农民人均纯收入年均增长幅度超过全国平均水平。⑥1978年，中国农村有2.5亿尚未解决温饱问题的极端贫困人口，2010年，按照年人均纯收入1274元的扶贫标准，全国贫困人口已减至2688万人。⑦"30多年来，我们减少了2亿多农村贫困人口，是最早实现千年发展目标中'贫困人口减半'的国家。"⑧实践充分证明，经过改革开放30多年来的不懈努力，我国成功走出了一条中国特色扶贫开发道路。

三　马克思主义经济学的贫困理论提供了认识和解决我国现阶段贫困问题的路径

根据马克思主义世界观和方法论，沿着空想社会主义经济理论—马克思主义经济理论—社会主义初级阶段经济理论的思路，梳理社会主义者对贫困的理论认识后，我们认为，马克思主义经济学的贫困理论对于认识和解决中国现阶段的贫困问题有重要意义。

① 江泽民：《高举邓小平理论伟大旗帜，把建设有中国特色社会主义事业全面推向二十一世纪》，人民出版社，1997。

② 江泽民：《全面建设小康社会，开创中国特色社会主义事业新局面》，人民出版社，2002。

③ 胡锦涛：《高举中国特色社会主义伟大旗帜，为夺取全面建设小康社会新胜利而奋斗》，人民出版社，2007。

④ 这些文献主要有：1986年中共中央、国务院联合发出的《关于帮助贫困地区尽快改变面貌的通知》；1994年国务院公布实施的《国家"八五"扶贫攻坚计划》；1999年中共中央、国务院颁布的《关于尽快解决农村贫困人口温饱问题的决定》；1999年国务院颁布的《城市居民最低生活保障条例》；2001年国务院颁布的《中国农村扶贫开发纲要（2001~2010）》；2011年国务院颁布《中国农村扶贫开发纲要（2011~2020）》。国务院扶贫办目前正在会同国家发改委、财政部等11个部委编制《扶贫开发整村推进规划（2011~2015）》。2011年11月29日，中央扶贫开发工作会议在北京召开，胡锦涛出席会议并发表重要讲话，强调扶贫开发是一项长期而重大的任务，是一项崇高而伟大的事业。

⑤ 胡锦涛：《在纪念党的十一届三中全会召开30周年大会上的讲话》，2008年12月18日。

⑥ 温家宝：《在中央扶贫开发工作会议上的讲话》，2011年11月29日。

⑦ 中央政府门户网站，www.gov.cn　2011-11-16。

⑧ 温家宝：《在斯德哥尔摩+40可持续发展伙伴论坛上的讲话》，新华网，2012-4-25。

1. 把握马克思主义经济学贫困理论的定位，为认识社会主义贫困问题提供科学方法

马克思主义经济学的贫困理论主要以马克思恩格斯、邓小平的贫困理论为代表，是基于辩证唯物主义世界观和方法论的制度贫困理论。马克思恩格斯的贫困理论比空想社会主义的贫困理论更深刻、更系统、更科学。马克思恩格斯对无产阶级贫困化的阐述已贯穿在系统资本积累理论之中，深刻阐明了资本积累会造成两极分化。中国共产党人承认社会主义初级阶段存在贫困问题并着力解决贫困，实现了对贫困理论与实践的重大突破。邓小平对社会主义初级阶段贫困问题的提出、贫困原因的分析和提出的消除贫困对策等，是对马克思恩格斯贫困理论的重要发展。邓小平的贫困理论是一种发展了的、全新的制度贫困理论。

2. 区分开制度性贫困和体制性贫困，为解决社会主义贫困问题提供可行思路

制度性贫困与私有制相联系，需用马克思贫困理论的立场、观点和方法进行分析；体制性贫困主要与社会历史等因素相联系，可借鉴西方贫困理论分析。总体来说，其一，社会主义初级阶段的贫困与资本主义积累进程所导致的无产阶级贫困化有区别，具有其特殊性。社会主义初级阶段的贫困是制度性贫困和体制性贫困兼而有之的混合型贫困。其二，社会主义初级阶段结束后的贫困与制度无关，是体制性贫困。其三，混合型贫困和体制性贫困将随着社会主义制度的发展和完善而逐渐消失。所以，在社会主义初级阶段经济发展过程中，我们着力消除的是制度原因引起的贫困，随着社会主义初级阶段基本经济制度的不断完善，由制度原因引起的贫困可以随之解决；而由生产力状况引起的贫困只能随着社会主义生产力的发展逐步消除。

3. 坚持生产资料社会主义公有制为主体，为消除社会主义贫困奠定制度基础

既然社会主义初级阶段多种所有制形式的存在是社会主义存在贫困的制度条件，那么相应的，解决贫困问题也只有从制度上解决。在社会主义初级阶段，"贫困人口还为数不少"，[①] 而到2020年，"绝对贫困现象基本消除"则是我国实现全面建设小康社会奋斗目标的一个新要求。[②] 我国是社会主义国家，全面建成的小康社会必须是共同富裕的社会，这是由我国社会性质决定的。这一目标的实现，要求我们必须不断巩固和完善社会主义制度。社会主义制度的经济基础是生产资料的社会主义公有制，毫不动摇地巩固和发展公有制经济，是我国解决和消除贫困的必由之路。

4. 深化收入分配制度改革，扭转收入差距扩大趋势，为消除社会主义贫困提供经济保障

贫困产生的原因众多，但从收入分配上看，"如果平均收入没有远远超过贫困标准，收入分配得越不平均，就越会有更多的人陷入贫困。"[③] 对贫困的关注必然导致人们对收

① 江泽民：《全面建设小康社会，开创中国特色社会主义事业新局面》，人民出版社，2002。

② 胡锦涛：《高举中国特色社会主义伟大旗帜，为夺取全面建设小康社会新胜利而奋斗》，人民出版社，2007。

③ 路易斯·普特曼：《平等、公正与经济学》，载姚洋《转轨中国：审视社会公正和平等》，中国人民大学出版社，2004，第436页。

入分配公平问题的关注。"合理的收入分配制度是社会公平的重要体现"①，也是我们党和政府加快推进以改善民生为重点的社会建设的一个主要任务。因此，采取各种有效政策措施，深化收入分配制度改革，调整国民收入分配结构，整顿和规范分配秩序，加快形成合理有序的收入分配格局，使城乡居民收入普遍较快增加，低收入者收入明显增加，中等收入群体持续扩大，贫困人口显著减少，这是扭转收入差距扩大趋势，防止两极分化，解决贫困问题的当务之急。

5. 保持经济又好又快发展，为消除社会主义贫困创造物质条件

贫困、温饱、小康和丰裕是人们消费增长大体经过的四个阶段。现在我国人民生活总体上达到小康水平，但这是低水平的、不全面的、发展很不平衡的小康，贫困人口为数不少。所以，从消费的角度看，要实现消除贫困的目标，还需要采取各项措施促进贫困人口消费的增长，这归根结底要依赖于经济的发展和生产的扩大，以创造出更多的物质财富、增加国家财力。"要通过发展经济，把社会财富这个'蛋糕'做大"②，让全体人民共享改革发展成果。

6. 完善反贫困和扶贫体制，为消除社会主义贫困营造政策环境

基于贫困理论的反贫困和扶贫，是政府结合贫困实际在特定时期内针对贫困群体，以及为实现经济增长和消除贫困双重目标而制定的行动路线、方针和政策，具有实践性和操作性。新中国成立后，中国政府即开始了反贫困和扶贫；改革开放后，政府加大了解决贫困问题的力度，出台了一系列纲领性文献③。在当前国内经济社会快速发展形势下和国内外经济政治局势复杂多变的情况下，反贫困和扶贫不断遇到新的机遇和挑战。着力保障和改善民生，促进社会和谐进步，已成为反贫困和扶贫的新举措。主要包括：优先发展教育，扩大就业，加快建立和完善覆盖城乡居民的社会保障体系，建立合理的收入分配制度，建立基本医疗卫生制度，完善社会管理等。

---

① 胡锦涛：《高举中国特色社会主义伟大旗帜，为夺取全面建设小康社会新胜利而奋斗》，人民出版社，2007。
② 温家宝：《十一届全国人大三次会议政府工作报告》，人民出版社，2010。
③ 这些文献主要有：1986年中共中央、国务院联合发出的《关于帮助贫困地区尽快改变面貌的通知》；1994年国务院公布实施的《国家"八五"扶贫攻坚计划》；1999年中共中央、国务院颁布的《关于尽快解决农村贫困人口温饱问题的决定》；1999年国务院颁布的《城市居民最低生活保障条例》；2001年国务院颁布的《中国农村扶贫开发纲要（2001-2010）》；2011年国务院颁布的《中国农村扶贫开发纲要（2011~2020）》。

我国行业收入差距的现状原因及对策建议

宋 宇 娄玢蕃[*]

一 引言

在改革开放的 30 多年里，我国经济、社会、文化等领域都发生了翻天覆地的变化。以市场化为导向的经济改革提高了各行业的收入水平，但是，分配领域中随之出现的收入差距却日益扩大，阻碍我国经济进一步健康发展。同时，悬殊的贫富差距会给社会带来潜在的不安定因素。因此，缩小行业收入差距，解决"富人越来越富、穷人越来越穷"的问题已迫在眉睫、刻不容缓。通常，收入差距主要包括行业收入差距、城乡收入差距以及地区收入差距三种，其中行业收入差距扩大是我国当前收入差距扩大的主要表现，因此吸引了社会各界的广泛关注。

二 我国行业收入差距的现状分析

基尼系数是国际上公认的反映居民收入差距状况的指标，通常将基尼系数为 0.4 作为收入分配贫富差距的"警戒线"。一般发达国家的基尼系数在 0.24 到 0.36 之间，根据世界银行公布的数据，我国居民收入的基尼系数 2011 年已经达到 0.55，超过了警戒线水平。由于我国部分行业存在隐形福利，有的学者认为我国实际收入差距更大。过大的收入差距既会阻碍我国经济社会正常有序发展，更会对我国社会政治稳定造成压力。下文通过引入应用经济学中广为使用的收入差距衡量指标，从静态空间序列和动态时间序列两方面对我国行业收入差距的变动进行实证分析。

（一）衡量行业收入差距的指标体系（表1）

表 1 行业收入差距指标体系

指标名称	指标计算	指标意义
极值差	$Y_{max} - Y_{min}$	是衡量收入差距的指标，比较收入水平之间的绝对差距，数字越大，表示收入差距越大

---

* 宋宇、娄玢蕃，西北大学经济管理学院。

续表

指标名称	指标计算	指标意义
极值比	Y_{max}/Y_{min}	又称倍率，比较两个极端位置的收入水平。数字越大，表示收入差距越大
标准差	$\sqrt{\sum(X_i-\bar{X})^2/n}$	用于说明收入分配的离散程度，比较某一行业收入与整体平均收入的差距。标准差越大，表示行业收入差距越大
变异系数	$\sqrt{\dfrac{\sum(X_i-\bar{X})^2}{n}}/\bar{X}$	简单变异系数用于衡量行业间收入差距，该指标消除了单位和均值不同时对数据资料离散程度的影响，使结果具有可比性
年平均增长率	$\sqrt[n-1]{Y_n/Y_1}-1$	用来衡量一定时期（单位通常为年）内某行业员工收入的平均增长速度

（二）我国行业收入差距实证分析

改革开放以来，我国国民经济迅速发展，GDP 也持续保持较高水平，随之而来的行业收入差距问题也越来越严重，因此形成的贫富差距也给社会造成了很多不安定的因素。以下分析数据均来源于 1996~2012 年国家统计局发布的《中国统计年鉴》。

1. 行业收入差距的静态分析

表 2 主要年份不同行业职工平均工资差距的衡量

年份	行业	平均工资收入（元）（最高）	行业	平均工资收入（元）（最低）	工资均值（元）	极值差	行业收入差距极值比	变异系数（%）
1978	电力煤气水生产	850	社会服务	392	615	458	2.17	18.15
1980	电力煤气水生产	850	社会服务	392	615	458	2.17	18.15
1985	地质、水利	1406	社会服务	777	1148	629	1.81	15.28
1989	采掘	2378	农林牧渔	1389	1935	989	1.71	12.91
1990	采掘	2718	农林牧渔	1541	2140	1177	1.76	14.15
1991	采掘	2942	农林牧渔	1652	2340	1290	1.78	14.63
1992	电力煤气水生产	3392	农林牧渔	1828	2711	1564	1.86	15.1
1993	房地产	4320	农林牧渔	2042	3371	2278	2.12	17.97
1994	金融	6712	农林牧渔	2819	4538	3893	2.38	23.04
1995	电力煤气水生产	7843	农林牧渔	3522	5348	4321	2.23	21.31
1996	电力煤气水生产	8816	农林牧渔	4050	5980	4766	2.18	22.05
1997	金融	9734	农林牧渔	4311	6444	5423	2.26	25.35
1998	金融	10633	农林牧渔	4528	7446	6105	2.35	23.92
1999	金融	12046	农林牧渔	4832	8319	7214	2.49	25.15
2000	科学研究综合技术	13620	农林牧渔	5184	9333	8436	2.63	25.99
2001	科学研究综合技术	16437	农林牧渔	5741	10834	10696	2.86	27.65
2002	金融	19135	农林牧渔	6398	12373	12737	2.99	28.53

续表

年　份	行业	平均工资收入（元）（最高）	行　业	平均工资收入（元）（最低）	工资均值（元）	极值差	行业收入差距极值比	变异系数（％）
2003	信息传输计算机	30897	农林牧渔	6884	13969	24013	4.49	36.71
2004	信息传输计算机	33449	农林牧渔	7497	15920	25952	4.46	35.69
2005	信息传输计算机	38799	农林牧渔	8207	18200	30592	4.73	37.22
2006	信息传输计算机	43435	农林牧渔	9269	20856	34166	4.69	37.83
2007	信息传输计算机	47700	农林牧渔	10847	24721	36853	4.40	37.28
2008	信息传输计算机	54906	农林牧渔	12560	28898	42346	4.37	38.22
2009	金融	60398	农林牧渔	14356	32244	46042	4.21	37.01
2010	金融	70146	农林牧渔	16717	36539	53429	4.20	37.05
2011	金融	81109	农林牧渔	19469	41799	61640	4.17	37.03

　　资料来源：根据相应年份的《中国统计年鉴》数据计算而来，其中自2003年起国家统计局对行业分类标准发生变化，由15个行业变为19个行业。

　　由表2得趋势图如下：

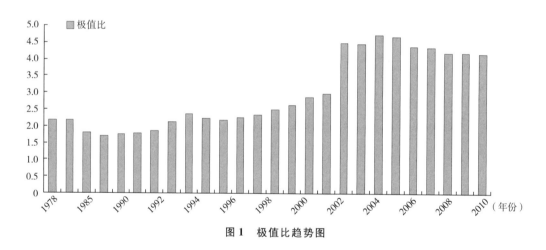

图1　极值比趋势图

从表2及图1、图2可以得出以下结论：

（1）改革开放以来，各行各业收入水平都有所提高，但是提高的速度和程度不尽相同，因此使行业收入差距不断发生变化。

（2）1978年我国行业平均工资为615元，最高收入行业与最低收入行业极值差为458元，极值比为2.17∶1，行业间变异系数为18.15%。之后十余年中，随着我国各行业收入的不断提高，行业收入差距变化并不大，甚至有所缩小，1989年最高收入行业与最低收入行业的极值比缩小到1.71∶1，同时行业间变异系数降为12.91%。原因可能是我国处于由计划经济体制向市场经济体制过渡的初期阶段，农村改革先行，农业收入相对于其他行业

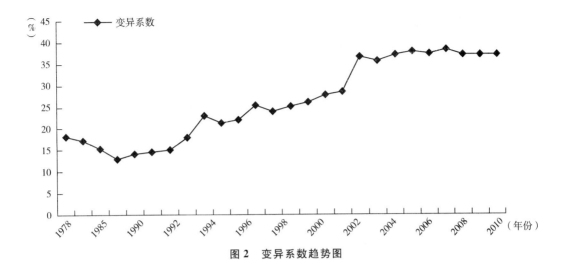

图 2　变异系数趋势图

收入差距有所缩小。

（3）从 1989 年以后，特别是从 1992 年到 2002 年，这段时间是我国市场化改革的重要时期，各行各业的收入水平都发生了较大变化。这十年间，最高收入行业与最低收入行业极值比由 1.86∶1 升至 2.99∶1，收入差距增长了 1.13 倍。另外，行业间变异系数从 1989 年的 12.91% 提高到 2002 年的 28.53%，行业收入差距开始明显拉大。

（4）从 2002 年我国加入 WTO 至今，由于市场化改革进一步深化，这一时期行业收入差距开始以更快的速度扩大。平均收入水平越高的行业，其收入增长速度往往越快，更加促使了高低收入的分化。在表 2 中体现为从 2003 ～ 2005 年间工资最高与最低行业收入差距急剧扩大。2005 年行业间变异系数达到 37.22%，极值比升至 4.73∶1，而世界上多数国家行业间差距是在 1.5 ～ 2 倍。

（5）可以从表 2 中看出，自 2006 年起至今，虽然变异系数仍有所波动，但整体上极值比逐年回落，行业收入差距发生缩小现象。这是由于 2006 年中共中央政治局召开的关于强调收入分配秩序规范的会议，提出收入分配制度要改革，从而在市场经济运行强调效率的基础上，兼顾公平。

拿近十年来的数据举例说明：2000 年职工平均收入最高的行业是科学研究综合技术业，最低的是农林牧渔业，二者分别为 13620 元和 5184 元，两者的差值为 8436 元，差距系数为 2.63∶1（13620∶5184），差距为 1.63 倍（8436/5184）；2009 年职工平均收入最高的行业是金融业，最低的是农林牧渔业，二者分别为 60398 元和 14356 元，两者的差值为 46042，差距系数为 4.21∶1（60398∶14356），差距为 3.21 倍（46042/14356）。十年内，行业绝对收入差距扩大了 37606 元。为缩小行业收入差距，国家应该进一步帮助与扶持弱势行业。

2. 行业收入差距的动态分析

本文运用平均值、最大值、最小值、标准差、年平均增长率等指标来衡量各行业人员收入从 1978～2011 年的变动情况，从而运用动态分析的思想，按照时间序列，进一步对行业收入差距进行分析。由于自 2003 年起我国行业由之前的 15 大类变为 19 大类，因此经计算得表 3 和表 4。

表 3　1978～2002 年各行业平均工资历年变动衡量指标

行　　业	平均工资（元）	最低工资（元）	最高工资（元）	标准差	增长率（%）
农　　业	3047	470	6398	1904.42	11.49
采　　矿	5016	676	11017	3128.37	12.33
制　　造	4713	597	11001	3276.35	12.91
电　　力	6880	850	16440	5059.76	13.14
建　　筑	4970	714	10279	3124.29	11.75
地质勘查	5419	708	12303	3634.24	12.63
交　　通	6467	694	16044	4881.02	13.98
批发零售	3938	551	9398	2723.15	12.55
金　　融	7004	610	19135	5804.07	15.44
房　地　产	6561	548	15501	4982.82	14.94
社会服务	5485	392	13499	4138.93	15.89
卫　　生	5728	573	14795	4429.5	14.51
教　　育	5183	545	13290	3178.05	14.24
科　　技	6942	669	19113	5685.46	14.99
国家机关	5402	655	13975	4092.84	13.60

资料来源：根据《中国统计年鉴》公布的 1978～2002 年 15 大行业从业人员的平均工资数据计算而来。

表 4　2003～2011 年各行业平均工资历年变动衡量指标

行　　　业	平均工资（元）	最低工资（元）	最高工资（元）	标准差	增长率（%）
农　　业	10792	6884	19469	3280.01	13.88
采　　矿	27453	13627	52230	10026.25	18.29
制　　造	20544	12671	36665	6024.08	14.2
电　　力	31807	18574	52723	9559.20	13.93
建　　筑	18197	11328	32103	5379.01	13.91
交　　通	26821	15753	47078	8124.72	14.67
信　　息	46472	30897	70918	11247.73	10.94
批　　发	20828	10894	40654	7566.93	17.89
住宿与餐饮	16692	11198	27486	3968.57	11.88
金　　融	42282	20780	81109	16750.59	18.56
房　地　产	25295	17085	42837	6449.51	12.18
租　　赁	27159	17020	46976	7689.74	13.53
科　　技	36632	20442	64252	12286.49	15.39

行　　业	平均工资（元）	最低工资（元）	最高工资（元）	标准差	增长率（%）
水　　利	17850	11774	28868	4706.42	11.86
服　　务	19591	12665	33194	5205.39	12.79
教　　育	24838	14189	43194	8430.49	14.93
卫　　生	26868	16185	46206	8052.87	14.01
文　　体	28739	17098	47878	8083.57	13.74
公 共 管 理	26138	15355	42062	8002.03	13.42

资料来源：根据历年《中国统计年鉴》公布的 2003～2011 年 19 大行业从业人员的平均工资数据计算而来。

以上指标的计算没有考虑个别行业的隐性收入，只是通过相应年份的《中国统计年鉴》中的行业名义收入计算，因此我国实际行业间收入差距比理论结果更大。

表 3 数据显示，首先，各行业平均工资的增长率存在差异。其次，从 1978～2002 年社会服务业和金融业平均工资增长最快，年均增长分别达 15.89% 和 15.44%。除此之外，交通运输、电力煤气及水生产和供应业、房地产业、科学研究和综合技术服务业的平均工资增长速度紧随其后，同时，标准差值也较大，说明二十多年来从事此类行业的员工工资涨幅较大，因此，平均收入也保持在较高水平。平均工资增长速度较慢的是农林渔牧业和建筑业，行业收入水平也较低。

表 4 数据显示，2003～2011 年我国收入增长速度最快的是金融业和采矿业，分别达 18.56% 和 18.29%，虽然信息传输、计算机服务和软件业的平均收入增长速度不及前两者，但由于其 2003 年时的行业收入就遥遥领先于其他行业，加上标准差很大，说明 2003～2011 年该行业员工收入增加较快，因此与金融业成为平均收入最高的两个行业。平均工资增长率较低的农林牧渔业、建筑业、住宿与餐饮业、水利环境和公共设施管理业以及居民服务业皆为我国低收入水平行业。

在如今经济体制的转型时期，行业收入的高低已经不再取决于行业的劳动强度，而主要取决于行业的知识技术含量水平以及行业所处的垄断地位。我们发现除了一些从传统行业中分离出来的具有高新技术特征的新兴行业以外，传统的垄断行业依然是高收入行业。

要解决行业收入差距继续扩大的问题，就要找出导致行业收入差距过大的内在原因，再根据这些因素对症下药，制定相应政策。

三　相关政策建议及结论

基于上述分析，笔者认为解决行业间收入差距过大问题应从以下几方面入手：

（一）加强对垄断行业的规制

在自然垄断性业务领域，应积极引入竞争，从而激励企业提高效率。在行政垄断性业务领域，尽快消除或降低市场进入壁垒，用规制政策提供激励，允许任何企业公平进入、退出市场，展开公平合理的市场竞争。具体措施有：（1）积极推动产权多元化改革，推进投资主体多元化，如垄断行业允许非公有资本参股等；（2）加快体制改革、实现政体分离，从而消除不合理的行政保护，打破行政垄断的制度基础，形成可竞争性市场结构；（3）加强对国有企业从业人员工资、福利、隐性收入等一切所得利益的监管，严防各种不合理的工资外收入。

（二）提高人力资本水平

行业内职工人力资本水平的差异是造成行业间收入差距的重要因素之一，而最直观便捷反映人力资本水平的指标就是从业者的受教育水平。在促进公平分配的方法上，教育已然成为当下最有效的手段之一。因此，大力发展教育、提高全民素质对行业收入分配至关重要。具体措施有：（1）大力普及九年制义务教育，重视农村等地低收入人群的教学质量，进而增强其就业竞争力；（2）加强职业培训，提高实践能力，以改善行业人力资本水平；（3）关注对下岗失业人员的培训，提高其再就业能力。

（三）提高行业劳动生产力水平

劳动生产率是一个行业在市场中投入与产出的综合反映，行业劳动生产率越高，意味着产出—投入比也相对越高，这样员工从行业总利润中获得的相应回报就越多。可以采取的措施包括：（1）根据效率工资理论，提供合理报酬是激励员工提高生产率的有效方法；（2）鼓励技术创新、提高生产效率、改进人员管理配置，从而提高投入产出比。

本文通过对改革开放以来各行业经济数据的分析研究得出，近年来我国行业间收入差距在不断扩大，究其原因，有行业垄断程度、行业人力资本水平、行业劳动生产率等。首先，它们都在不同程度上对行业收入起到正向影响；其次，由于这几项指标在各行业之间的非等量增长，行业间的收入差距随之而来。只有加快收入分配制度改革、落实合理政策，才能有效缩小贫富差距，建立更加和谐的社会。

中国特色社会保障与收入分配之相关性研究[*]

韩玉玲[**]

收入分配和社会保障是事关国民切身利益的民生问题。自 1978 年实行改革开放以来，我国经济保持了 30 多年的持续快速增长，城乡居民收入水平不断提高，人均 GDP 从 1978 年的 381 元提高到 2012 年的 38354 元（约 6100 美元）。但伴随经济增长的同时，我国居民的收入分配差距也迅速拉开并呈现不断扩大趋势，中国已由世界上收入分配十分平均的国家变成收入差距很大的国家之一，从而引发诸多经济与社会问题。

社会保障是世界许多国家调节居民收入分配差距的有效工具和重要手段之一。我国国内学术界也开始关注社会保障和收入分配之间的相关性研究，旨在通过完善社会保障制度，促进收入合理分配，实现经济社会协调发展和构建社会主义和谐社会。党的十八大报告指出，社会保障是保障人民生活和调节社会分配的一项基本制度，要确保到 2020 年全面建成小康社会，实现社会保障全民覆盖，缩小收入分配差距，全面提高人民生活水平。所以，社会保障具有的收入再分配功能，客观上已成为综合性的收入再分配手段之一。

一 我国收入分配的现状及其原因

国际社会一般认为，基尼系数如果在 0.2 以下，表示收入分配高度平均；如果在 0.2 ~ 0.3，表示收入分配比较平均；如果在 0.3 ~ 0.4，表示收入差距相对合理；如果在 0.4 ~ 0.5，表示收入差距偏大；如果在 0.5 以上则表示收入分配高度不平均，尤其是在 0.6 以上时，表示收入分配的两极分化严重。[①] 国际社会认为，当基尼系数在 0.2 以下，或者在 0.4 以上时，收入分配是不合理的。

改革开放初期，我国居民收入的基尼系数仅为 0.16。2013 年 1 月，国家统计局首次发布了我国 2003 ~ 2012 年的基尼系数。数据显示，2012 年全国的基尼系数达到 0.474。[②] 如果再把人们"怕露富"的少报、非正常收入的隐瞒等因素造成的收入统计不全考虑进来的话，目前我国的基尼系数实际上已经超过 0.5，远超过联合国设定的 0.4 的国际警戒线。从 1984 年到 2012 年，我国城镇居民的人均可支配收入和农村居民的纯收入的差距已由

* 本文是韩玉玲主持的国家社科基金项目"中国经济模式与中国经济学创新与转型研究"的阶段性成果（项目批准号：13BJL012）。
** 韩玉玲，山东财经大学经济学院副教授。
① 沈时伯：《从基尼系数看我国现阶段收入差距的合理范围》，《光明日报》2013 年 3 月 29 日。
② 左永刚：《社会保障调节收入分配渐显"天花板"效应》，《证券日报》2013 年 2 月 26 日。

1.83∶1 扩大到 3.101∶1。如果再加上城镇职工享受的各种补贴、低价的公用设施和文教卫设施等，城乡居民的实际收入差距将扩大 5～6 倍。另外，像电力、电信、民航、石油、金融保险、水电气供应等国有行业，既享受国家政策的扶持又垄断市场，并将其获取的高额垄断利润通过各种形式转化为本行业职工的高工资和高福利。这些国有垄断行业的职工总数不足全国 8%，但其工资收入却占了全国职工工资总额的 55%。世界银行的报告显示，目前我国 41.4% 的财富掌握在 1% 的家庭手中。[①] 中国已成为世界上少有的贫富差距悬殊的国家之一。

造成我国收入分配差距扩大的原因主要有以下几个方面：

第一，在 GDP 中，企业收入占比重较高，劳动报酬占比重较低。自改革开放以来，我国依据社会主义初级阶段的生产力发展水平，实行了以公有制为主体、多种所有制经济共同发展的基本经济制度。所有制调整必然对分配制度产生根本性影响。我国通过改革原有的以"大锅饭"为主要特征的平均主义分配体系，建立了以按劳分配为主体、多种分配方式并存的分配制度，居民收入来源呈现多样化，出现了工薪收入、经营性收入、财产性收入和转移性收入等并存的局面。

目前我国私营企业创造了 60% 以上的国内生产总值，提供了 80% 以上的城镇就业岗位。但是，私营经济中主要实行雇佣劳动制度，其经营目标是获取利润，或者说是尽可能多地占有剩余价值，以实现其资本的增值。这就造成了在 GDP 中企业收入占比重较高、劳动报酬占比重较低，从而拉大了收入分配的差距。如 1983 年我国居民劳动报酬占 GDP 的比重是 56.5%，2011 年下降到 44.9%，较美、英等发达国家低 15 个至 20 个百分点，[②] 企业利润所占比重则持续增大。

第二，市场经济条件下的竞争机制。在社会主义市场经济体制下，由于价格机制的引导，资源将被配置到效率最高、社会最需要的生产部门。这样，由劳动、资本、土地、技术和管理等生产要素参与的收入分配与竞争机制相联系，就造成了社会成员之间在收入分配上的不平等。人们的劳动能力、社会机遇和家庭赡养负担上的差异，都产生了个人收入和家庭生活富裕程度上的差别。

第三，政府主导的市场化。同许多发达资本主义国家相比，中国市场经济的建立与发展既有经济自发发育的成分，又和政府的推动密切相关。这种政府主导性的市场机制阻碍了正常的竞争性市场机制对资源的基础性配置，收入分配机制也相应受到影响。比如我国的国有资产由于管理体制上的缺陷，分配关系尚未理顺，一些地方和部门盲目照搬国外的一些做法（如年薪制），使得许多改制企业一方面是企业高管月收入数万元，另一方面是职工月收入仅数百元，甚至报销不了医药费。

---

① 沈燕：《论社会保障调节收入分配的实现机制》，《湖北师范学院学报》（哲学社会科学版）2012 年第 5 期，第 44 页。

② 赵国钦：《从三方面入手提高劳动报酬占比》，《中国社会报》2013 年 3 月 22 日。

过大的收入分配差距产生了许多负面影响。具体来讲，一是导致消费需求不足和宏观经济失衡。根据边际消费倾向递减规律，高收入阶层边际消费倾向较低，低收入阶层虽然边际消费倾向高，但却没有能力消费。这就导致了我国的消费需求不足。数据显示，自1996年以来，我国的消费率基本上低于60%，而世界平均消费率在70%以上，甚至接近80%。[①] 消费需求不足导致我国的宏观经济失衡，从而阻碍国民经济又好又快发展。二是不利于社会主义和谐社会的构建。如果收入分配差距过大，超出了社会的心理承受能力，人们就会产生不满情绪，积累到一定程度将会引发社会动荡。多项调查显示，我国绝大多数居民对贫富差距过大不满。如何缓解和制止收入差距不断扩大已成为当前中国最重要的议题之一。所以，党的十八大报告强调，要调整国民收入分配格局，着力解决收入分配差距拉大的问题。

优胜劣汰的市场机制在很大程度上是拉大收入差距和促进社会分化的。所以，调节收入分配差距需要发挥政府的主导作用。政府调节收入差距可以从初次分配和再分配等多个环节入手。国际经验和研究数据都表明，社会保障和税收是再分配环节调节收入分配最主要的制度安排。许多国家经过社会保障调节之后，居民可支配收入的基尼系数会趋于下降，其作用远大于税收对缩小收入分配差距的贡献。因此，在收入分配结构的转型中，社会保障作用独特。

二　社会保障的内涵及其对收入分配的调节机制

（一）社会保障的内涵

社会保障是国家通过法律和规章保证下的经济手段，对遇到生老病死、失业贫困以及灾害或其他社会风险的社会成员给予基本生活权利保障的社会安全制度，其本质是实现人们对社会公平分配的普遍要求。这有助于协调社会矛盾，维护社会稳定，进而促进经济与社会的和谐发展。

由于经济发展水平和政府掌握财力等方面的制约，在人类历史的很长时期并没有形成完善的社会保障体系。伴随工业化进程引发的经济持续增长以及政府财政规模的扩大，工业化国家才开始建立起现代社会保障制度，这包括社会救助制度、社会保险制度和社会福利制度。社会救助制度是指动用国家力量扶助社会最贫困阶层，它包括最低生活保障、医疗救助、教育救助、自然灾害救助、住房救助和临时困难补助等，是社会保障的最低目标。社会保险制度是针对劳动者和从业人员的，由社会养老保险、社会医疗保险、失业保险、生育保险和工伤保险组成，是社会保障的基本目标。社会福利制度是指国家或社会通过有关政策或立法，向所有社会成员特别是老弱病残等特殊困难群体提供的、旨在不断提

---

① 沈时伯：《从基尼系数看我国现阶段收入差距的合理范围》，《光明日报》2013年3月29日。

高其物质文化生活水平的资金和服务保障，它由老年福利、儿童福利、残疾人福利和社会优抚（对军烈属等特殊对象的优抚安置待遇）等构成，是社会保障的最高目标。各种形式的社会保障相辅相成，构成一个完整的社会保障体系。该体系既是社会的"安全网"，也是收入分配的"调节器"。社会保障体现的是在社会大环境下国家公助、社会互助和个人自助的结合，并在一定程度上发挥"提低促中"、"抽肥补瘦"、缩小收入分配差距的作用。

（二）社会保障的收入再分配机制

传统的凯恩斯主义理论认为，社会保障支出作为转移支付的重要组成部分，能够通过转移支付乘数作用于国民收入，政府再将国民收入在不同社会成员之间进行转移和重新分配以改变收入分配格局，从而防止收入差距过分拉大。以庇古为代表的旧福利经济学派认为，通过社会保障可以将富人收入的一部分转移给穷人，以增加社会总福利。这是基于边际效用递减规律。收入转移的途径就是由政府向富人征收累进所得税和遗产税，然后举办社会保障事业来补贴穷人，如发放社会救济、医疗保险、养老金和房屋供给等。这些收入转移不仅会增加穷人的实际所得，而且可以增加货币的边际效用，使社会的总满足量增加。以希克斯和萨缪尔森为代表的新福利经济学认为，通过社会保障进行收入再分配可以实现帕累托改进，以增加社会的总效用。

社会保障对收入分配的调节主要体现在其资金的筹集和发放上。社会保障基金由社会救助基金、社会保险基金和社会福利基金等组成，其中，社会救助基金和社会福利基金主要来源于国家财政拨款、社会集团和个人捐赠以及有奖募捐等。此类社会保障的给付是向低收入者或困难群体倾斜，凡符合条件的社会成员都可以无条件享受，即权利的享受无须以承担义务为前提。所以，社会救助和社会福利的再分配效应最为直接，因为受助者不需要承担任何缴费义务，只要是陷入贫困或困境就可以从社会保障体系中获得救助。

社会保险是人群之间的风险共担机制和收入延期支付制度。社会保险基金由国家、单位和个人三方共同承担。虽然社会保险金的给付需要以事先缴纳一定的费用为前提，但给付与缴费数额并没有完全的对等关系，而是向低收入者实行倾斜政策，以致会出现多交费少受益、或少交费多受益，甚至不交费也受益的情况。这样，低风险人群实际上为高风险人群分担了风险成本，实现了人群之间的风险转移和收入的再分配，以达到缩小收入分配差距的目的。世界上有的国家（如瑞典）还规定了社会成员缴纳社会保障税或费的起征点，即低于一定收入水平的社会成员可以免缴社会保障税或费。从世界各国的实际情况来看，低收入劳动者往往是社会保险的主要受益者。社会保险还能直接影响初次分配的格局，即通过构建工资、社会保险与职工福利三位一体的薪酬体系来提高劳动者报酬并适度平抑过高的资本收益。这既能保证劳动者的即期收入，也能解除其后顾之忧。从总的格局看，社会保险有利于缩小收入分配差距。但由于该制度是按人群设计，类型众多，每种制度的功能差异又比较明显，如果一些项目之间待遇差距过大、基金积累型制度比重过大，就会导致对收入分配的逆调节。

从上述分析可以看出，不论是社会救助还是社会保险、社会福利，都通过收入的再分配，使国民收入从高收入阶层向中低收入阶层流动，从而为改善国民收入分配结构做出重要贡献。但由于社会保障类型与项目的差异，上述作用的方向和力度还有一定的差异，甚至在有些方面是相对的。这说明，社会保障制度必须要有自己的方向和定位，并且要与一个国家和地区的经济社会发展导向实现有机结合。

三 完善社会保障制度，促进收入合理分配

经过新中国成立后 60 多年的建设，特别是改革开放以来 30 多年的不断探索和不懈努力，我国的社会保障取得重大进展，已经基本建立起与社会主义市场经济体制相适应的新型社会保障体系，基本形成人群覆盖面不断扩大、保障水平不断提高和保障项目不断完善的总体格局。目前，我国的城乡基本养老保险制度全面建立，全民医保基本实现，开创性地从制度上实现了基本养老和基本医疗保障对城乡居民的全覆盖。据统计，到 2012 年 9 月，我国城镇职工基本养老保险参保人数达到 2.9 亿人，新农保和城居保参保人数达到 4.5 亿人，再加上公务员和事业单位人员，我国拥有养老保险的总人数已达 7.5 亿人。到 2012 年，我国已初步形成以职工基本医疗保险、城镇居民基本医疗保险和新型农村合作医疗为主体，城乡医疗救助制度为兜底，商业健康保险以及其他多种形式医疗保险为补充的中国特色的医保制度体系，全国参加基本医保的人数已超过 13 亿人，覆盖率超过 95%。[①]

我国的社会保障制度在保障基本生活、扩大经济内需、调节收入分配、增强社会公平和维护社会稳定等方面已发挥了积极作用。但综合来看，社会保障制度也存在不完善和投入不足等问题，使其收入再分配功能受到严重影响，与党的十八大报告确定的社会保障作为保障人民生活、调节社会分配的一项基本制度的目标相比还有较远的距离。为此，我国必须多管齐下，综合运用多种政策措施来完善社会保障制度，促进收入合理分配。

第一，进一步明确责任主体，改进社会保障的管理与服务。明确的责任主体是一项工作顺利开展的前提。在我国，长期以来社会保障领域存在权责不清问题，如社会保障的历史责任和现实责任划分不清等。这不仅造成了旧体制下的欠账难以合理化解，而且对新体制的确立也造成了严重威胁。所以，我国要进一步理顺社会保障的管理体制，明确责任主体，完善基金管理与投资体制等，增强社会保障在实际操作中的公平性与效率性。

第二，进一步加大政府财政对社会保障的投入。建立和完善覆盖全体城乡居民的社会保障体系需要财政投入的支撑。在我国，政府对社会保障财政支出比例还有待提高。2010年，我国社会保障支出占 GDP 的比重仅为 2.28%，而德国约为 32.4%，其他发达国家大

---

① 白天亮：《社保全覆盖重在保基本》，《人民日报》2012 年 12 月 13 日。

多在 20% 甚至 30% 以上。[①] 这表明，我国的社会保障在国家财政再分配中所占份额偏小，其对再分配的调节力度和城乡居民收入增长的贡献有限。在"十二五"规划中，我国已明确提出提高社会保障支出占 GDP 的比重。这就需要探索建立社会保障财政投入的长效机制，调整财政投入结构，增加社会保障的服务项目和内容，并向城乡中低收入群体倾斜，向农村倾斜，向中、西部地区倾斜。

第三，进一步扩大社会保障的覆盖面。尽管目前我国已从制度上实现了城乡居民基本养老和基本医疗保障的全覆盖，但仍有相当大一部分群体未纳入到社会保险体系中。未参保的主要是一些非公有制经济组织从业人员、个体工商户、灵活就业人员、农民工以及被征地农民等。离开家乡到城市就业的农民工，参加城镇职工养老、医疗、工伤、失业和生育保险的比例很低。另外，没有固定单位、未签劳动合同以及部分小企业不愿给员工上保险等，都使得不少人想参保却难以参保。部分低收入劳动者，由于流动性强，更在乎现实的收入，所以自己也不愿参保。由于社会保险覆盖面有限，职业福利不具普遍性，政府、企业和劳动者之间的利益格局也不可能有效均衡。这都极大削弱了社会保障对收入分配的正向调节作用。为此，我国要进一步扩大社会保障的覆盖面，使更多的人群享受到社会保障的实惠。

第四，完善制度设计，减少水平差异，提高统筹层次。我国的社会保障存在着城乡、行业和群体差距，进而拉大了收入分配差距。如在城乡居民中，存在着社会保障项目多寡与水平高低的差异。一项对城乡居民社会保障转移性收入的比较研究发现，2000 年城镇居民人均社会保障转移性收入为农村居民的 10.04 倍，2003 年这一比例为 15.45 倍，2005 年为 13.37 倍[②]；在不同地区之间，存在着社会保障缴费率和待遇的差距；在已纳入社会保险的劳动者群体中，存在着公务员、事业单位工作人员与企业职工等的待遇差距；在企业职工中，存在着垄断行业与一般性竞争行业的职业福利（如住房公积金、企业年金等）差异等。这些差异使得现行社会保障制度不仅未发挥收入再分配作用，反而进一步扩大了城乡、行业和群体的收入差距。

我国目前社会保险基金的筹集采用了部分积累制，实行具有中国特色的筹资模式，即社会统筹与个人账户相结合。企业缴纳的部分纳入到社会统筹部分，个人缴纳的部分纳入个人账户。个人账户是权益明确划归个人的基金制账户。它由于是个人自主缴费，缴费和收入成正比。个人账户缴费率越高，收入分配差距就越大。所以，它不具备再分配功能，而是发挥强制性储蓄和保险功能。而社会统筹是政府依据统一的标准和原则，将分散在各部门、各企业的资金，通过统一的方式和途径集中起来，统一调节统一分配使用，给付水平与职工的收入水平没有关系。剔除社会统筹部分，一些收入高因而缴费高的参保人员，

①　沈燕：《论社会保障调节收入分配的实现机制》，《湖北师范学院学报》（哲学社会科学版）2012 年第 5 期，第 46 页。

②　陶纪坤：《社会保障制度与城乡收入差距》，《兰州学刊》2008 年第 12 期，第 56 页。

待遇往往比较高，即高收入者得到的社会保障净收益反而多于低收入者。有调查发现，企业年金、职工养老及医疗保险个人账户和住房公积金等，都在一定程度上扩大了人群之间的收入分配差距。这就意味着，个人账户既拉开了潜在的收入分配差距，也使高收入者比低收入者享受了更多的税收优惠，从而陷入隐性的背道而驰的困局。所以，在我国目前社会公平有待加强的情况下，今后要进一步完善社会保障的筹资机制与补偿机制，在坚持总体待遇水平逐步提高的同时，建立差异化的待遇调整机制，重点考虑中低收入群体和贫困人口的社会保障需求，适当调整基本社会保障项目的缴费率，或探索灵活费率制，加大社会统筹的比例，适当降低个人账户的缴费比例和累进的缴费制度，强化社会统筹账户的作用，探索建立待遇享受与缴费适度关联的"累退"型待遇享受机制，建立适度的最低待遇担保机制等，充分发挥社会保障制度调节居民收入分配的作用。

扩大社会统筹比例能筹集更多为政府统一调配的资金和更好地调节收入分配，但是如果统筹层次不高，也无法实现大范围内的调配，不能很好地在范围内调节贫富差距。所以，社会保障统筹层次的高低直接影响社会保障制度对收入分配格局的调节力度。为此，我国要逐步提高社会统筹层次，将原来的市、县级统筹逐步提高到省级统筹，最后过渡到全国统筹。这不仅可以打破地区差异，而且对社会保障在全国范围内自由流动，实现从"地方粮票"向"全国粮票"的转变有重要作用，以在全国范围内缩小贫富差距，促进劳动力资源的合理配置，提高社会效率。

第五，与时俱进，科学设计社会保障项目。我国城镇化进程的加速、城乡人口流动转移频率的加快和社会管理方式的转变，都对完善社会保障管理服务体制和机制提出了新要求。现在全国每年新增 1000 多万农村人口转到城镇就业和定居，同时有上亿农民工在城乡间频繁流动。这就要求加快社会保障城乡统筹的步伐，破除城乡分治的行政管理体制障碍，科学设计社会保障项目，完善各种不同制度之间的衔接转移办法，妥善解决跨地区社会保险关系接续、医疗保险异地就医结算、被征地农民参加社会保障等重大问题。

目前，我国的就业多样化也对社会保障全覆盖提出新的挑战。传统的社会保障管理以稳定就业群体为对象、以用人单位为依托。现在，随着多种所有制格局和统一人力资源市场的形成，灵活就业群体的数量和比例呈明显上升趋势，劳动关系、就业岗位、工作时间和工资收入都有不稳定性和不确定性。所以，社会保障的项目设计应与时俱进，逐步打通城乡社会保险制度之间的转换路径，主动适应参保人流动性和就业多样性的特点，满足参保人便捷性的诉求，保证其社会保障权益。

城市生态梦实现的制度设计

胡雪萍[*]

2012 年 11 月，习近平总书记带领新一届中央政治局常委在参观中国国家博物馆举办的《复兴之路》展览后，提出了建设强大的社会主义现代化新中国的"中国梦"。之后，在十二届全国人大一次会议上，又对中国梦作了全面阐述，即中国梦就是要实现国家富强、民族振兴、人民幸福。近年来，在经济快速发展、人民生活逐步提高、城市化快速推进的背景下，生态环境日益受到重视，在党的十八大报告中，将建设生态文明放在了突出位置，并将建设美丽中国、实现中华民族永续发展作为一个目标，而实现城市生态梦是实现中国梦的最好诠释。

一 城市生态梦：一种新的田园城市理念

田园城市理论是英国学者埃比尼泽·霍华德（Ebenezer Howard）提出来的。霍华德所处的时代，正值英国工业革命蓬勃兴起，带动了城市化迅猛发展，大量的农村劳动力流向城市。此时，城市在迅速发展的同时，产生了一系列问题，城市人口急剧增加，城市负担加重，城市环境恶化；大量贫民窟产生；而农村由于缺少劳动力，发展停滞不前。这些问题引发人们的反思，在此背景下，产生了田园城市理论。1898 年霍华德在《明日：一条通往真正改革的和平道路》（*Tomorrow：A Peaceful Path to Reform*）一书中提出了田园城市理论，此书在 1902 年第二版时改名为《明日的田园城市》（*Garden Cities of Tomorrow*），此后一直沿用这一名字。在其影响下，田园城市发展为世界性运动，除了在英国建设两座田园城市莱奇沃思（Letchworth）和韦林（Welwyn）外，在奥地利、澳大利亚、比利时、法国、德国、荷兰、美国等国家都建设了类似的"田园城市"，为城市的生态发展提供了案例。霍华德认为田园城市是为安排健康的生活和工作而设计的城镇；其规模要有可能性满足各种社会生活，但不能太大；被乡村包围；全部土地归公共所有或者托为社会代管。田园城市思想不是对城市在技术层面上的简单规划，它倡导的是一次重大的社会改革，反映的是一种全新的城乡结构，即用城乡一体的新社会结构形态来取代城乡分离的旧社会结构形态。霍华德指出，城市与乡村都各有其主要优点和相应缺点，而城市—乡村则避免了二者的缺点。为此，他绘制了三磁铁图，三块磁铁分别为"城市"、"乡村"、"城市—乡村"，中心部分是人民，三种引力同时作用于人民。并且形象地指出，城市与乡村必须

---

* 胡雪萍，中南财经政法大学经济学院，教授、博士生导师。

"成婚"，这种愉快的结合将迸发出新的希望、新的生活、新的文明。田园城市描绘的是一幅城市的美好蓝图，自然环境优美、社会公平公正、城乡融合一体。而这与实现城市生态梦的思想是吻合的。

实现城市生态梦是为美丽中国梦的实现提供坚实的生态自然基础，它不仅是指要求自然环境的优美，而是反映了一种全新的生态发展理念，即在继工业文明之后，建设社会主义生态文明，注重兼顾城市发展与资源优化利用、生态环境保护的关系，既促进经济发展、国家民族富强，又能保障人民生活质量提高、生活环境优美和谐，体现的是一条可持续的生态城市化发展道路。

二 城市生态梦：人、自然、经济、社会和谐共进的梦

城市生态梦是一种绿色发展理念，它是中国梦的具体诠释，国际上对它的研究经历了不同发展阶段。

（1）20世纪20年代以前，城市发展注重与自然的融合。早在古希腊和古埃及时期，城市的建设就主张从城市的环境因素来考虑其选址、形态和布局。这是城市生态思想的早期萌芽，而1898年英国学者埃比尼泽·霍华德在《明日：一条通往真正改革的和平道路》和《明日的田园城市》中提出的建设田园城市的设想，则可以看作是现代城市生态思想的开端，对城市的生态规划起了启蒙作用。其田园城市的核心思想体现在，城市分层设计，以中央大公园和配套的公共建筑为中心，向周围辐射，建设花园住宅，城市最外围是工业区，工业区和住宅区之间有1米多的林荫道阻隔，保证住宅区的环境质量。随后，帕特里克·格迪斯（Patrick Geddes，1915）在《进化中的城市》（*Cities in Evolution*）中，发展了霍华德的思想，认为城市化进程要遵循自然环境条件，要根据生态原理规划和建设城市。这是城市生态发展思想的萌芽期。

（2）20世纪80年代以前，城市发展中引入生态学思想，并逐渐系统化，创立城市生态学，研究环境与经济、社会的关系。比如，1933年国际现代建筑协会（CIAM）制定的"城市规划大纲"即"雅典宪章"中，已开始将生态思想引入城市化进程中。该大纲指出，城市的扩张不断吞噬着风景优美的周边绿色地带，人们离自然越来越远，公众健康进一步遭到威胁；城市扩张剥夺了人们身心受到滋养的权利。因此，城市规划的首要责任是满足人类生理和心理上的最基本需要，从人类的居住、休闲、工作、交通四大主要活动入手，"把自然引入城市"，将城市纳入其所在地域的整体影响之中考虑，以区域规划取代简单的行政规划，城市聚合体的界限应由其经济影响范围决定。进一步明确了城市发展中生态与经济的有机结合。1952年，芝加哥人类生态学派代表人物帕克（R. E. Park）出版了《城市与人类生态学》，倡导创建城市生态学，研究了城市环境问题，完善了城市与人类生态学思想体系。1971年，联合国教科文组织制订的"人与生物圈"（MAB）研究计划，提出了14个研究项目，其中第10个项目为"工程建设对人及其环境的影响"；第11个项目

为"以能源利用为重点的城市系统的生态问题"，这使得从生态学角度研究城市问题得到具体反映，确定了城市研究以生态学为方向。1972 年，联合国人类环境会议宣言指出，人的定居和城市化工作必须加以规划，以避免对环境的不良影响，并为大家取得社会、经济和环境三方面的最大利益。明确表达了城市化发展应处理好与环境、经济、社会的关系。1977 年，美国学者贝利（B. J. L. Berry）的《当代城市生态学》，对城市生态学的起源、发展、理论基础进行了系统论述，并对城市化过程中的城市人口空间结构、动态变化及其形成机制进行了系统分析，形成了以城市为对象的生态学研究基础。以上这些思想和著作的问世，预示着城市生态理论的正式形成。

（3）20 世纪 80 年代以后，将绿色生态研究放在城市发展的中心地位，强调城市发展重点应建立人与人、人与自然、城市与乡村的和谐关系，重视经济发展与环境的协调。此时期，生态环境与经济可持续发展思潮进一步高涨。特别是到了 90 年代，绿色发展成为主流，在城市发展中，绿色理念全方位推进，从只注重绿色规划到向绿色生产、绿色流通、绿色消费、绿色文化全方位渗透。

1981 年，苏联城市生态学家亚尼茨基（O. Yanitsky）提出了生态城市的理想模式，认为在这一模式中，技术与自然充分融合，人的创造力和生产力得到最大限度发挥，居民的身心健康和环境质量得到最大限度保护。这一理念蕴含对美好城市生活的向往，把以"人"为本、绿色发展放在了城市发展的首位。1987，美国生态学家理查德·瑞杰斯特（Richard. Register）在《生态城市伯克利——为一个健康的未来建设城市》一书中，认为生态城市是紧凑、充满活力、节能、与自然和谐共存的聚居地，体现了城市发展中重视环境、人与自然和谐的理念。1990 年，由理查德·瑞杰斯特组织发起的城市生态组织在伯克利召开了第一届生态城市国际会议，提出了在生态原则上重构城市的目标，并在 1996 年完善了生态城市原则。这些原则体现了强调绿色、环保的思想，比如提出城市的资源消耗和废弃物总量应小于当前的城市水平；选择绿色出行方式；优先开发紧凑的、绿色的、安全的混合土地利用社区；提倡回收，采用新型优良技术和资源保护技术，减少污染物和危险品的排放等。1993 年，多米尼斯基（T. Domnski）认为，城市的发展应遵循三步走模式，即减少物质消费（reduce）、重新利用（reuse）、循环回收（recycle）。也就是我们通常所说的"3R"原则。体现了在生产、流通、消费中的绿色思想。2002 年，第五届生态城市国际会议，发表了《生态城市建设深圳宣言》，对如何建设生态城市进行了定义，包括生态安全、生态卫生、生态产业代谢、生态景观整合的内容。这些内容反映了城市建设处处体现对人的关怀，将绿色生态放在城镇建设的中心位置，极大地推动了城市的绿色建设。此宣言成为指导各国建设生态城市的具体行动计划。

这些理论不单是从城市规划的角度来研究城市的发展，更重要的是从城市发展与经济发展、社会发展关系的角度，对已有经济增长模式提出反思，强调在快速发展经济中要妥善处理好与环境、社会的关系。

中国梦是民族富强、人民幸福的梦。建设环境优美、适宜居住的城市则是满足人民精神和物质需求的具体体现。城市生态梦反映的是人民对环境优美高质量生活的追求，是社会主义生态文明建设的重要组成部分，它不仅仅是对环境的一种诉求，更重要的是要体现城市发展中的公平、公正、社会和谐，贫富差距缩小，既保持经济的又好又快发展，又兼顾社会的公正公平，体现人、自然、经济、社会的和谐共同发展。

城市生态梦的目标是实现人、自然、经济、社会的和谐共进，因此要求整个社会在城市发展中要以绿色发展为目标，以生态承载能力为限，要求城市不仅能"供养"自然，而且要满足人类自身进化、发展的需求；同时，要求自然—经济—社会系统结构合理、功能稳定，具有自我调节、自我抑制功能，达到人与生态的和谐。

但从我国目前的城市发展看，与实现城市生态梦还有很大差距，主要反映在：

（1）生态环境承载能力与快速城市化发展不适应。在我国，由于城市化发展中的粗放式模式，造成了城市建设的无序、浪费，导致经济发展与社会发展的失衡，生态环境问题严重，生态环境承载能力不足，生态足迹加大。世界自然基金会发布的《中国生态足迹报告2012》指出，中国是目前全球生态足迹总量最大的国家，人均生态足迹大约是生态承载力的2倍多。

（2）与城市发展的初衷不相吻合，分层现象加重。城市化是我国解决"三农"问题、促进城乡区域协调发展、提高人民生活水平的重要途径，其初衷在于使城市和乡村都得到发展，使农业人口进入城市、享受城市的现代文明，享受好的生活。但在实际过程中却产生了新的问题，在有些城市城市化演变成了城市投资、城市建设，"摊大饼"式的盲目扩张，造成资源的浪费、环境的污染，产生不和谐。同时，由于城市化使大量文化程度较高的年龄较轻的农村劳动力流向城市，造成农村的"空心化"，制约了农村经济的发展，城乡差距不断扩大。中国社会科学院城市发展与环境研究所发布的《中国城市发展报告——聚焦民生》显示，2011年我国城乡收入差距比为3.23∶1，成为世界上城乡收入差距最大的国家之一。城市化不但没有改变原有的城乡二元分割的局面，反而产生了三元结构，即形成城市居民、农民、农民工，城镇内部产生新的二元结构，分层现象加重，农民工虽然已经进城，实现了地域上的转移，但生活状态没有发生根本性的变化，工作不稳定，有的甚至找不到工作，在身份上也没有实现转换，与城市居民在享受就业、医疗、教育福利等方面有很大差别，大量农民工不能融入城市，不能享受与城市居民同等的待遇，农民工没有实现市民化。而在农村，由于农民的大量进城，大量农村耕地被抛荒，导致农业资源浪费、农业发展缓慢。而在城市，往往为了满足城市快速扩张的需要，对城市的人文景观和自然景观加以破坏，不利于城市的健康、可持续发展。因此，城市生态梦就是实现人与自然、人与人、经济社会和谐共同发展的梦。

三　城市生态梦的实现：制度设计

生态问题说到底是人对自然的态度和观念问题，只要人们有了自觉的生态意识，并通过好的制度设计，城市生态梦就能变成现实。正如霍华德在《明日的田园城市》中为我们描绘的"城市—乡村"一体的发展模式一样，在这种模式中，人人享有平等的机会，居民身处大自然的美景之中，享有丰富的就业机会，能够扩大自由的范围，并享有一切通力协作的最佳成果。实现城市生态梦可以通过一系列的制度设计来实现。

（1）建立绿色发展的制度。首先是对绿色发展战略进行设计，要将生态文明理念贯穿到城市规划、建设、管理全过程，以及社会、经济、生活各领域，坚持绿色理念，使城市和谐、统一，确立城市生态化发展战略。正如霍华德指出的那样，一座城市就像一朵花、一棵树或一个动物，它应该在成长的每一阶段保持统一、和谐、完整，而且发展的结果绝不应该损害统一，而要使之更完美；绝不应该损害和谐，而要使之更协调。因此，在城市规划之初，就应该有全局观、战略观。一方面，在城市建设之初就应该统筹考虑城市基础设施的布局、城市管线的走向，排水系统的安放等，防止在城市建设过程中重复施工，造成城市环境污染和资源浪费以及对生态用地的侵占；另一方面，在城市的功能布局上，要考虑土地的集约高效利用，建设紧凑型生态城市，既能容纳较多的城市人口，又能有较多的绿色空间，适宜居住。其次是倡导绿色消费。绿色消费涵盖衣、食、住、行各领域，它涉及全社会的每一个人，具有全民参与性，因此，在城市发展过程中，倡导绿色消费生活方式，将会增加对绿色产品的需求，进而推动绿色生产活动的开展，而且由于消费者选择了绿色生活方式，也会推动绿色市政设施的建设。不仅如此，绿色消费生活方式，还将会减少人类的生态足迹，有助于推动低碳环保的城市生态化进程。

（2）稳步推进户籍制度改革。这一制度旨在缩小城乡差距，形成城乡和谐局面。根据2013年6月发布的《国务院关于城镇化建设工作情况的报告》，我国的户籍制度改革正在稳步推进，并且针对不同类型的城市，制定了差异化的落户政策，第一次明确提出了各类城市具体的城镇化路径。即全面放开小城镇和小城市落户限制，有序放开中等城市落户限制，逐步放宽大城市落户条件，合理设定特大城市落户条件，逐步把符合条件的农业转移人口转为城镇居民，消除城镇内部的二元结构，使转移人口享受与城市居民均等的公共服务，包括在教育、医疗、交通等方面平等地参与分配，实现城乡福利的平等，而不是简单地把农业户口本换为非农业户口本。

（3）改革土地制度。一方面对征地制度进行改革，用法律保障农民合法的土地财产收益权。在城镇化中经常发生不顾农民意愿、强征农民土地、强拆住宅、赶农民进城上楼的现象，因此要制定相关的保护农民利益的法律，提高农民土地征收补偿标准，使农民在城镇化中能够有意愿、有能力真正成为城市居民，能够在城市安居乐业，缩小城乡差距和做到集约用地。十八大报告已明确指出，要"改革征地制度，提高农民在土地增值收益中的分配比例"，现在的关键是具体这一比例如何确定，如何在政府代表的公共利益与农民的个人利益间取得均衡，偏向任何一方都是不利的，偏向前者，会使失地农民的利益受到损害，偏向后者，会失去部分用于进城农民的社会公共福利提升和城镇基础设施建设的资金，不利于公共服务均等化的推行。另一方面加快农村承包土地使用权的合法流转，首先要确定农民宅基地和承包地的产权，使其可以转让、交易，其次采取多元化的转让方式，比如土地入股，委托经营等，使农民能从土地转让中真正获得收益，有利于农业现代化和规模化的推进。

（4）顶层制度设计与市场机制共同作用。

①在城市生态发展的架构期，充分发挥政府作用，做好顶层设计。一是创新政绩观，消除以单纯追求 GDP 为目标的经济发展观，完善和落实绿色 GDP 考评机制，将绿色 GDP 考核体系纳入地方政府绩效考核体系中，并对城市化过程中的资源浪费和环境污染行为采取责任追究制度。二是创新城市发展模式，应摒弃"摊大饼"式的城市发展方式，要注重城市化质量，建立新型城乡关系。三是完善有利于城市绿色发展的法律体系。我国现有的有利于环境保护和资源节约的法律法规主要有：《循环经济法》、《大气污染防治法》、《水污染防治法》、《环境保护法》、《节约能源法》、《固体废物污染环境防治法》、《清洁生产促进法》、《可再生能源法》等，其中有些法律的具体技术标准还不是很明确，操作性不是很强，因此要完善相关法律以指导城市的生态发展。

②在城市生态发展的运行期，发挥市场的作用，建立一套以市场机制为主导、政府扶持和监督为辅助的城市生态化发展的激励和约束机制。运用税收手段对高消耗、高污染、高排放企业进入市场进行严格限制并开征环境税，对资源消耗量小、环境污染小的企业给予税收优惠。运用金融手段，对于城市化过程中的绿色项目给予金融支持，开展绿色信贷，通过资金的贷放和优惠政策，促使有利于环境和资源节约的项目的发展，推动城市生态梦的实现。

科技进步对北京西城经济增长贡献分析

徐则荣　李　伟[*]

2012 年 7 月 6 日召开的全国科技创新大会强调到 2020 年建成创新型国家，使科技创新成为经济社会发展的有力支撑。其后在 9 月 29 日，北京市委、市政府出台了《关于深化科技体制改革加快首都创新体系建设的意见》，重申了科技支撑引领、创新驱动发展的原则，提出到 2015 年初步建成具有全球影响力的国家创新中心，着力增强创新驱动发展新动力，使经济增长更多依靠科技进步和劳动者素质提高。北京市核心六城区 2011 年经济总量为 1.13 万亿元，占北京市近 70%。核心六城区的发展实践将对首都增强创新驱动发展具有重要意义。本部分从经济增长因素分解的角度，以西城区为主体，对首都核心六城区创新驱动发展进行经验比较。

一　相关理论的分析和模型介绍

（一）理论分析

现代经济增长理论认为，经济增长的直接因素包括生产要素投入规模的扩张和要素使用效率的优化。前者考虑的是如何扩大投入增量，后者考虑的是如何优化存量，两者短期内存在矛盾性，长期又统一于提升发展质量。短期内扩大要素投入增量可以促进经济增长，但当资源要素投入面临瓶颈制约后，必须考虑或最终要向提高要素存量的使用效率靠拢，从而实现长期可持续的集约型、创新驱动型的内生增长。在国内外综合因素影响下，当前我国和北京市经济增速出现下滑趋势，其中很重要的原因在于依靠生产要素投入规模扩张的传统增长模式在诸多因素影响下难以为继，必须尽快推动经济增长方式转向集约发展和创新驱动轨道上来。也就是说，要尽可能地提升要素使用效率，即提高全要素生产率对经济增长的贡献。

（二）模型介绍

当前对经济增长因素分析采用最多的是生产函数法。新古典增长学派的重要代表人物索洛将产出增长率分解为资本要素增长率、劳动要素增长率和技术进步增长率，并认为技术进步增长率即为全要素生产率。自美国经济学家丹尼森进一步采用 C - D 生产函数，对经济增

---

* 徐则荣，首都经济贸易大学经济学院教授，主要研究方向为创新理论；李伟，首都经济贸易大学经济学院博士生。

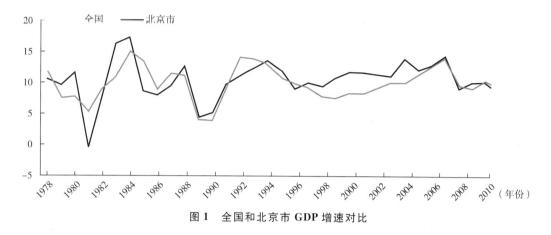

图 1　全国和北京市 GDP 增速对比

长的因素进行系统、全面考察以来，学界大都延续了其研究方法和框架。其表达式为：

$$Y = A \cdot K^a \cdot L^b \qquad\qquad （公式 1）$$

其中 K 代表资本存量，L 代表就业人数，A 代表技术进步和制度创新。将劳动 L 内化，又可以得到以下表达方式：

$$\frac{Y}{L} = A \cdot \left(\frac{K}{L}\right) \qquad\qquad （公式 2）$$

其中 $\frac{Y}{L}$ 代表劳动生产率，$\frac{K}{L}$ 代表人均资本，这一公式的含义是说劳动生产率的提升取决于人均资本的上升和技术进步。对这一变形还有一个相对简单的解释公式，即

$$劳动生产率（l_y） = \frac{Y}{L} = \frac{Y}{K} \cdot \frac{K}{L} = 资本回报率（k_y） \cdot 资本深化率（l_k） \qquad （公式 3）$$

对比分析公式 2 和公式 3，可以发现公式 3 中的资本回报率和公式 2 中的 A 是对应关系。也就是说，长期来看，资本回报率要靠全要素生产率来支撑。全要素生产率的提高在宏观方面需要资源要素配置的重构所产生的生产效率改进，在微观方面涉及技术进步和流程的改进。政府在供给端实施改革，释放政策红利，促进技术创新和进步，对提高劳动生产率，进而提升经济增长率至关重要。同时，投资加速会促进资本深化率的提升，却也会引发投资回报率递减。过度的投资加速反转过来常常会损害资本回报率，即符合投资回报率递减的规律，要想消减负向因素的影响，依旧要依仗全要素生产率的提高。

二　对首都核心六城区创新驱动发展的分析

（一）分析方法和数据

限于区县统计资料的缺乏，我们无法严格按照体现经济增长分解思路的公式 1 和

公式 2①，对首都核心六城区创新驱动发展进行分析。只能采用较为简单的替代方法公式 3，对六城区经济增长中的全要素生产贡献作用进行对比，但同样也能较好地阐述核心思想。我们对公式 3 两边对时间 t 求导，可得到：$l'_y = k'_y + l'_y$，即劳动生产率的增长率＝资本回报率增长率＋资本深化率增长率（公式 4）。

由于资本回报率与技术进步和创新存在对应关系，只要我们针对资本回报率对六城区进行比较，也可以侧面反映各自的创新驱动发展的实际情况，也就是说资本回报率增长率对劳动生产率的增长率贡献越大，说明科技进步和创新驱动对经济增长贡献程度越大。

无论采用上述哪种方法，都需要 GDP、从业人员和资本存量三个数据，我们依据《北京市统计年鉴》和《北京市区县统计年鉴》选择了 2002～2011 年核心六城区的相关数据，其中 GDP 和资本存量以 2000 年为基期进行了消胀处理，资本存量根据张军等（2003）推荐的永续盘存法计算，从业人员数选用了区县统计年鉴中的城镇从业人员数。东西城数据包含了原崇文宣武的相关数据。

（二）创新驱动发展的比较分析

1. 对发展数据的总体比较分析

我们按照上述方法，对首都核心六城区创新驱动发展进行总体比较分析。各城区 GDP、从业人员和资本存量数据如表 1 所示。

对比分析，在要素投入规模扩张和要素使用效率提升两个方面共同推动经济增长过程中，西城区的发展越来越倾向于要素使用效率的提升，客观判断，西城区在创新驱动发展方面走在了首都核心城区的前列。我们结合总体数据进行分析。

（1）经济增长成果的对比。按照以 2000 年为基期进行折算的 GDP 总量数据来看，2002～2011 年，西城区经济总量由 490.31 亿元增长到 1873.62 亿元，增长了 2.8 倍，年均增速 16.1%，快于全市同期年均增长速度（13.1%）3 个百分点。与其他五城区相比，西城区经济总量一直位居第 3 位，但年均增速为第 2 位（仅次于朝阳区）。从经济增长成果来看，西城区取得了较好的业绩。

（2）要素投入规模的对比。从从业人口来看，21 世纪以来伴随首都核心区域生活成本上升和产业结构优化升级，大量常住人口开始向周边区县迁移，但大部分高质量的从业人员仍然在增加，从年均增速来看，西城区从业人口年均增长 2.0%，仅为全市从业人口年均增速（4.0%）的一半，在核心六城区中从业人员总量排第 3 位，增速排第 4 位。在核心六城区中，海淀区和朝阳区从业人口增幅较大，9 年间增长 40% 以上。从资本存量规模来看，近年来北京市各区县加大固定资本投资力度，带动资本存量规模日趋扩大。2002～2011 年

---

① 2000 年北京市实现了市区分税制改革，GDP 核算口径也随之发生变化，而区县统计年鉴数据后期大都未做修正，导致 2002 年以前数据使用难度较大，我们只采用了 2002～2011 年的数据，部分数据年限较短无法做自回归处理，使得 OLS 法估算 C－D 函数系数可信度不高。

表1 近10年来北京核心六城区经济增长相关指标比较

相关指标		2002 年	2003 年	2004 年	2005 年	2006 年	2007 年	2008 年	2009 年	2010 年	2011 年	平均增长（%）
GDP（亿元）	全 市	4271.90	4851.90	5603.10	6528.20	7457.10	8800.70	9215.30	10381.73	11761.33	13898.33	13.1
	东 城 区	365.49	402.91	541.08	573.51	653.61	721.31	745.51	958.77	1019.66	1063.27	12.6
	西 城 区	490.31	533.00	883.16	1003.52	1123.79	1338.86	1388.47	1550.95	1714.76	1873.62	16.1
	朝 阳 区	586.04	662.97	1038.80	1156.04	1331.79	1517.09	1580.42	2033.45	2336.83	2596.94	18.0
	丰 台 区	204.00	223.85	309.04	341.01	380.13	414.02	423.09	535.92	612.32	668.79	14.1
	石景山区	117.64	134.20	168.84	181.95	186.94	202.35	176.97	212.42	246.23	254.49	9.0
	海 淀 区	747.43	864.19	1062.59	1227.85	1398.94	1634.48	1749.15	2090.25	2309.25	2523.66	14.5
从业人员数（万人）	全 市	480.48	491.23	502.83	505.59	513.77	544.38	589.03	619.35	646.63	685.90	4.0
	东 城 区	54.08	53.73	51.23	53.77	49.04	51.46	53.18	52.71	53.42	58.30	0.8
	西 城 区	74.71	82.77	79.46	82.41	82.90	84.48	78.58	81.59	86.54	89.30	2.0
	朝 阳 区	83.52	85.16	86.45	84.04	82.83	89.89	105.60	111.05	115.40	118.88	4.0
	丰 台 区	52.19	44.66	42.95	43.88	47.78	48.44	60.93	65.49	65.90	67.17	2.8
	石景山区	16.68	16.45	15.45	16.00	15.54	15.07	15.53	16.15	16.74	18.50	1.2
	海 淀 区	95.10	95.44	96.77	98.42	107.79	115.70	119.27	126.36	133.72	144.44	4.8
资本存量（亿元）	全 市	8933.20	10165.79	11537.95	13037.91	14883.38	16999.79	18558.57	20927.25	23496.15	25931.47	12.6
	东 城 区	1015.42	1143.24	1220.07	1326.33	1447.02	1575.98	1642.24	1729.36	1713.95	1688.49	5.8
	西 城 区	1252.59	1355.59	1473.88	1590.73	1771.48	1919.78	2007.92	2016.50	1974.32	1933.42	4.9
	朝 阳 区	968.88	1152.88	1612.43	2130.48	2780.41	3568.51	4134.87	4681.77	5257.93	5687.32	21.7
	丰 台 区	268.04	317.63	479.84	647.94	834.22	1063.38	1215.24	1431.17	1714.31	1988.60	24.9
	石景山区	147.10	164.37	200.04	251.39	293.06	333.29	371.27	452.08	537.40	589.73	16.7
	海 淀 区	1103.78	1278.67	1540.50	1787.64	1988.61	2152.35	2265.25	2465.93	2701.72	1938.52	11.5

注：GDP 和资本存量数据均以 2000 年为基期进行折算，资本存量计算采用张军等（2003）采用的永续盘存法。

全市固定资本存量增长 1.9 倍，年均增速 12.6%，而西城区同期固定资本存量仅增长了54%，年均增速为 4.9%，只有全市平均水平的 28.4% 和 38.9%。与其他核心城区相比，西城区资本存量年均增速排第 6 位（最后）。综上可知，无论从业人口还是资本投入口径，西城区要素规模投入在城市核心区都不是最高的，甚至可以说是偏小的。

（3）总体分析小结。通过对总量数据进行比较，我们可以直观地得出结论，在首都城市六核心城区经济增长过程中，西城区以较少的要素规模投入获得了较好的发展成果，或者更精确地说，西城区以较低的从业人口和资本存量增速获得了较高的经济增长速度，根据前文我们的分析，很自然地可以推算，在要素规模投入和要素使用效率提升共同促进经济增长过程中，西城区更好地发挥了后者的作用，在技术进步和创新驱动发展过程中，走出了特色鲜明的西城之路。以上结论可以从图 2 六城区相关指标年均增速对比中形象地对比出来。

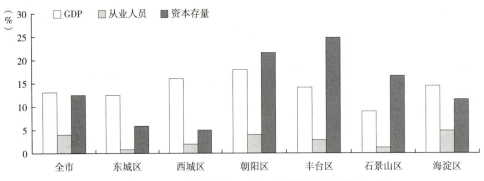

图 2　2002～2011 年首都核心六城区相关指标年均增速对比

2. 对发展数据的深入比较分析

按照前文公式 4 我们对表 1 中的数据进行测算，整理汇总后形成表 2，通过表 2 我们可以对北京市核心六城区的科技进步和创新驱动对经济增长率的影响作用进行分析。其中劳动生产率的增长率是指从业人员人均 GDP 或劳均 GDP 的增长率，也就是考虑劳动人口因素的劳动效率的净增长。资本深化率的增长率是指从业人员人均资本存量的增长率。资本回报率的增长率是指劳动生产率增长率扣除资本深化率增长率后的余额，代表了由技术进步、制度创新等因素决定的全要素生产率的进步促进经济增长的贡献程度，基本上可以代表创新驱动增长的幅度。我们结合表 2 中的测算结果进行较深入的比较分析，实质上是对上文西城区发展特色和规律进行较深入的客观分析。

（1）劳动生产率增长率的比较。从考虑从业人口的劳均 GDP 增长率即劳动效率增长率来比较，北京市核心六城区的劳动生产率增长率近 10 年来年度波动幅度较大，而且大体上经历了先上升再下降的变化过程。从年均增幅看，西城区劳动生产率年均增长 13.8%，快于全市平均水平（8.7%），在首都核心六城区中位居第 1，为年均增幅最快的城区。这说明，在近些年的发展中，西城区的劳动者素质和创造财富的能力是增长比较快的。

表2 近10年来北京核心六城区劳动生产率等指标增幅的比较

单位：%

相关指标	市区	2002－2003	2003－2004	2004－2005	2005－2006	2006－2007	2007－2008	2008－2009	2009－2010	2010－2011	平均
劳动生产率增长率	全市	11.1	12.8	14.1	14.2	11.4	-3.2	7.1	8.5	3.4	8.7
	东城区	11.0	40.8	1.0	25.0	5.2	0.0	29.8	4.9	-4.5	11.7
	西城区	-1.9	72.6	9.6	11.3	16.9	11.5	7.6	4.2	5.9	13.8
	朝阳区	11.0	54.4	14.5	16.9	5.0	-11.3	22.4	10.6	7.9	13.5
	丰台区	28.2	43.6	8.0	2.4	7.4	-18.8	17.9	15.3	5.5	10.9
	石景山区	15.7	34.0	4.1	5.8	11.6	-15.1	15.4	11.8	-6.5	7.7
	海淀区	15.3	21.1	13.6	4.0	8.8	3.8	12.8	4.4	1.2	9.3
资本深化率增长率	全市	11.3	10.9	12.4	12.3	7.8	0.9	7.2	7.5	4.0	8.2
	东城区	13.3	11.9	3.6	19.6	3.8	0.8	6.3	-2.2	-9.7	4.9
	西城区	-2.3	13.3	4.1	10.7	6.4	12.4	-3.3	-7.7	-5.1	2.9
	朝阳区	16.7	37.8	35.9	32.4	18.3	-1.4	7.7	8.1	5.0	17.1
	丰台区	38.5	57.1	32.2	18.2	25.7	-9.1	9.6	20.9	12.1	21.5
	石景山区	13.3	29.6	21.4	20.0	17.3	8.1	17.1	14.7	-0.7	15.3
	海淀区	15.4	18.8	14.1	1.6	0.8	2.1	2.8	3.5	0.7	6.4
资本回报率增长率	全市	-0.2	1.9	1.7	1.8	3.6	-4.1	-0.1	1.0	-0.7	0.5
	东城区	-2.4	28.9	-2.6	5.3	1.4	-0.8	23.5	7.1	5.3	6.7
	西城区	0.4	59.3	5.5	0.6	10.6	-1.0	10.9	11.9	11.0	10.9
	朝阳区	-5.8	16.6	-21.4	-15.5	-13.3	-10.0	14.7	2.5	2.9	-3.6
	丰台区	-10.2	-13.5	-24.2	-15.9	-18.3	-9.6	8.3	-5.6	-6.5	-10.5
	石景山区	2.4	4.4	-17.3	-14.2	-5.7	-23.2	-1.7	-2.9	-5.8	-7.6
	海淀区	-0.1	2.3	-0.5	2.5	8.0	1.7	10.0	0.9	0.5	2.8

注：根据表1中的数据整理。

（2）资本深化增长率的比较。以从业人员人均资本存量的增长率来比较，北京市特别是核心六城区近10年来大都表现为前几年高速增长，近几年增速趋缓，东西城城区近几年甚至表现为负增长的趋势。从年均增幅来看，在核心六城区中西城区资本深化增长率最低，为2.9%，仅为全市平均增幅的近1/3。如果以人均资本存量代表人均要素使用规模的话，这种比较结果说明，在近些年的发展中，西城区正逐步走向集约型发展道路。

（3）资本回报增长率的比较。作为劳动生产率增长率中扣除资本深化增长部分后的余额，资本回报增长率代表了由技术进步、创新驱动发展的程度，资本回报增长率越高，技术进步和创新驱动贡献力度越大。就全市而言，在8.7%的劳动生产率年均增幅中，人均要素使用规模（人均资本存量）扩大贡献了94.5%，技术进步和创新驱动促使资本回报增长率年均增长0.5%，为劳动生产率增长贡献了5.5%。与全市平均水平相比，西城区、东城区和海淀区的资本回报率增长幅度更大，为劳动生产率提升贡献作用更大，其贡献度分别为79.1%、57.7%和30.7%。

（4）分析小结。通过上文采用公式4对两大因素促进劳动生产率提升的贡献作用进行深入分析，我们可以较为直观地对北京市核心六城区在近年的发展过程中，科技进步和创新驱动对经济增长的贡献进行替代模拟比较，并得出以下结论。如果把要素规模投入（用人均资本存量代表）和要素使用效率（用资本回报率代表）看作经济增长（用劳动生产率代表）的 A、B 两大引擎的话，在北京市核心六城区中，西城区和东城区的两者作用大小是 $B > A > 0$；海淀区是 $A > B > 0$，但 A 的作用在大幅提升；其他 3 个城区分别为 $A > 0 > B$，仍处于主要依赖要素规模投入促进经济大幅增长阶段。根据表2制作的图3可以清晰地反映这种关系。这种结论的背后反映的是首都产业结构优化升级的圈层梯次布局。作为传统的城市发展核心区，西城区和东城区发展空间相对较小，承载能力较弱，通过产业结构优化升级较早地走上了"优而精"的集约型、创新型发展道路。而其他 4 个城区作为城市发展功能拓展区，发展空间相对较大，承载能力较强，近年来通过承接市内外产业转移推动区域发展向"大而强"转变，其中像海淀和朝阳发展较快城区正以此为基础逐步向

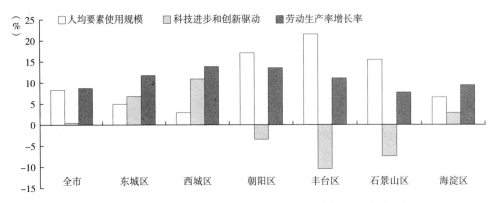

图3　2002～2011年北京市核心六城区劳动生产率平均增长因素比较

"大而优"过渡。虽然我们没有对包括新城在内的远郊区县进行全面的分析，但我们可以判断，丰台区、石景山区和远郊区县基本上还处于更多依赖要素规模投入促进区域发展"大而强"的阶段。因此，综合上述分析，东西城区特别是西城区在率先实现科技进步和创新驱动发展方面走在了北京市的前列，西城区成为北京首批建设国家可持续发展先进示范区是实至名归。

三　进一步促进西城区科技进步和创新驱动发展的建议

进一步提高科技进步和创新驱动发展的能力，是西城区贯彻落实"科技北京"战略为北京建设国家创新中心做出更大贡献的客观要求；是西城区延续发展优势全面建设国家可持续发展先进示范区的重大任务。为此，我们提出以下建议。

（一）统筹政府引导和市场作用，促进科技集成创新和协同创新

进一步用好中央科技资源，不断完善央地合作、军民融合的优势集成工作机制，创新全面对接工程中的科技项目产业化的政府支持机制，从支持研发为主向支持研发和提供市场并重转变，从而大幅提升自身可持续创新的能力。全力推进先行先试，用足用好中关村促进自主创新的"1+6"政策，实现产学研协同创新。一方面通过创新收益分享机制有效调动企业、高校、科研机构和科研人员等创新要素积极性，激发创新活力，另一方面在首都推进全国场外交易市场建设和高新技术企业认定试点中占据有利位置，扎实部署北京"十百千工程"建设，扶持培育一批具有全球影响力的千亿级规模企业、产业带动力大的百亿级规模企业和高成长的十亿级规模企业。

（二）大力发展战略性新兴产业和总部经济，强化首都经济的影响力和支配力

一方面积极发挥战略性新兴产业战略性、先导性作用，培育形成若干集群发展、融合发展的特色产业群，特别是巩固提升当前西城区在北京市乃至全国竞争优势突出的新兴产业发展水平，继续提高信息产业和信息服务业、高技术产业、生产性和生活类高端服务业在经济增长中的拉动作用。另一方面坚持积极引进与重点培育并重发展总部经济，提升国内总部与跨国总部、各次产业总部和各类企业总部的数量，增强总部经济在技术、管理和人才等方面对首都产业发展示范带动作用。

（三）提高社会公共服务和管理水平，吸引高端资源要素持续聚集

提升区街道两级政府公共服务水平，完善保障和改善民生的各项制度与政策安排，使西城区社会公共服务和管理能力水平成为吸引高端资源要素持续聚集的强大动力，打造"西城服务"的特色品牌。特别是在民生保障上下功夫，具体表现在建立工资稳定增长机

制、为劳动者创造充分就业高薪择业机会、建立城乡一体的社会保障体系并逐步提升保障标准、提供良好的教育环境、实施安居工程改善市民居住条件等方面。同时也要在城市管理精细化方面出实招，使城市发展能够更好地服务于市民生产生活，特别是在提供清洁优质能源缓解供需矛盾、城市垃圾污水处理、有效调控流动人口规模、加强社区和谐文明程度等方面加大工作力度，优化西城区作为首都核心区的宜居宜业发展环境。

（四）以促进市场效率提升为重点，加快瓶颈制约领域改革进程

以提升社会主义市场经济体制机制活力为目标，加快推进当前制约西城区经济可持续增长的深层次瓶颈制约领域的改革，这些领域包括：深化投融资体制改革，规范区级融资平台，稳妥推动融资方式创新、扩大直接融资规模，创新利用存量资产融资渠道，降低中小企业和新兴产业的融资成本；加快非公有制经济发展，建立信用担保、技术创新研发等平台，鼓励民营经济参与重大项目开发建设、积极支持民间资本进入基础设施、市政公用事业、社会事业、政策性住房建设、文化旅游、物流等领域；加快推进区内包括资本、人力资源等各要素市场建设等方面。

（五）坚持内外开放力度，在更高层次上构筑互利共赢的发展格局

立足首都核心城区功能定位，树立并坚持站在首都看全国、看世界的眼界和胸怀，着力增强周边区域辐射带动作用，在更大空间促进资源要素合理配置、在更高层次上参与国际经济分工，构筑互利共赢的内外开放新格局。一方面推进中关村西城园与其他园区、金融街与其他高端产业功能园区的紧密合作，引导生产性服务业、高技术企业、总部经济等在首都经济圈内合理布置产业链条，共同打造广阔的合作腹地。另一方面通过参与全球经济分工，积极提升西城区对国际高端资源的吸引能力，如引进跨国公司、世界500强企业等入驻西城，尤其注重引进跨国运营中心、研发中心和结算中心等产业链条高附加值运营环节的企业入驻，成为高端要素聚集区域。

中国制造业集聚演进和转移研究

——以电子及通信设备制造业为例

盖骁敏　高彦梅[*]

产业集聚（industrial agglomeration），是指相似或相关联的产业在一定地域范围内集中、聚合的现象。改革开放以来，我国东部沿海地区凭借着优惠的招商引资政策、廉价的劳动力成本和优越的交通条件等比较优势率先形成了一批各具特色、专业化程度高的地方产业集群。近年来，东部地区产业集聚的空间分布发生着较大幅度的调整。受2008年金融危机的冲击和汇率变动、劳动力成本增加、不可流动要素价格提高，以及生态环境恶化等不利因素影响，东南沿海地区的部分企业开始向周边省份和中西部地区迁移，产业在向东南沿海地区集中的同时，出现了"北上西进"的转移趋势（贺灿飞等，2010）[①]。

本文以电子及通信设备制造业为例，通过对该产业集聚的演进趋势的研究，探寻影响该产业布局的主要因素。经过改革开放以来的快速发展，特别是进入20世纪90年代以后，电子及通信设备制造业年均增长超过20%，对经济增长的贡献率达18%，已成为制造业中最重要的门类之一。已有研究发现，在中国制造业中，电子及通信设备制造业对其他产业的影响力系数[②]最大，为1.2178，高于社会平均影响力水平27.8个百分点[③]，表明该产业对社会生产具有强大的带动作用。

一　中国电子及通信设备制造业的集聚现状

本文采用以下几个集聚指标来描述电子及通信设备制造业的集聚状况和变动趋势。

1. 行业集中度（CR_n）

行业集中度是指产业规模最大的前 n 家企业的有关数值 X（如工业总产值、销售额、职工人数、资产额等）所占的市场或行业份额，计算公式为 $CR_n = \sum_{i=1}^{n} X_i / \sum_{i=1}^{全部} X_i$，式中 n 的值取决于研究需要，通常 $n=4$ 或 8。在产业集聚研究中，往往借用该指标反映某一产业在

[*] 盖骁敏，山东大学经济学院教授。高彦梅，河南浦发银行职工。

[①] 贺灿飞、朱晟君、王俊松、潘峰华：《中国制造业区位：区域差异与产业差异》，科学出版社，2010。

[②] 影响力系数指某一产业部门增加一个单位最终产品时，对国民经济各产业部门的生产所产生的生产需求波及程度。它反映了一个产业发展变化对其他产业直接和间接的总影响程度。

[③] 臧旭恒等：《产业经济学》，经济科学出版社，2002。

该产业规模最大的几个区域的集中程度。这里选取电子及通信设备制造业的工业总产值作为计算指标，即 X_i 表示 i 省份电子及通信设备制造业的工业总产值[①]。

2. 赫芬达尔指数（Herfindahl – Hirschman Index，简称 H 指数）

H 指数也是衡量市场结构的主要指标之一，是行业内所有企业的市场份额的平方和，计算公式为 $H = \sum_{i=1}^{n} (X_i/X)^2$，其中，$X_i$ 表示 i 省份该产业的总产值，X 表示该产业的全国总产值，n 表示地区总数。显然，如果某产业在全国各个省区平均布局，则 H 值为 $\frac{1}{n}$；而如果集中在一个省区内，H 值为 1。

3. 区位基尼系数

基尼系数最早是经济学家用来描述收入分配不平等程度的一项指标，是 1922 年意大利经济学家基尼依据洛伦兹曲线提出来的。后来产业组织研究学家利用该指标来反映某一行业内的企业规模不均匀程度，再后来进一步演变成为衡量产业区域分布不均匀程度的指标，被称为区位基尼系数（spatial Gini coefficient）。

一个行业 m 的区位基尼系数定义为：$G_m = \frac{1}{2n(n-1)\overline{\mu_x}} \sum_{i=1}^{n} \sum_{j=1}^{n} |q_i - q_j|$[②]，其中，$n$ 表示所统计的地区数，这里是本文所研究的 31 个省区市单位，q_i 和 q_j 分别代表 i 地区和 j 地区 m 产业的专业化水平（也称区位熵），公式为 $q_i = \dfrac{i\text{ 地区 } m \text{ 产业产值}/i \text{ 地区工业总产值}}{\text{全国 } m \text{ 产业总产值}/\text{全国工业总产值}}$，$\overline{\mu_x}$ 表示各地区区位熵的均值。G_m 的取值范围为 0 到 1 之间，某一个产业的分布越均匀，则计算出来的区位基尼系数就越小。

4. EG 指数

EG 指数是由 Ellison 和 Glaeser 两位学者建立的，充分考虑了产业规模和区域差异带来的影响，利用该指数可以跨产业、跨时间比较产业的集聚程度，因此为更多学者所使用。计算公式为 $EG = \dfrac{G_i - (1 - \sum_{j=1}^{r} x_j^2)}{(1 - \sum_{j=1}^{r} x_j^2)(1 - H_i)}$，其中，$x_j$、$G_i$ 与前述含义相同，而赫芬达尔指数 $H_i = \sum_{i=1}^{N} z_k^2$，$Z_k$ 为企业 k 的产值占产业 i 总产值的比例。由于我国未公布工业企业相关详细数据，因此难以完全按照该方法测度产业集聚。

[①] 本文采用工业总产值数据而没有采用国外此类文献中常用的销售额和职工人数数据主要基于以下两个原因：一是由于相较于销售额，工业总产值更能准确反映企业的产量情况和规模大小，且该统计数据更全面；二是劳动力在各省区的发展水平差别较大，而且自 20 世纪 90 年代以来，大量从内地流向沿海的农民工多就业于非正规部门，这部分劳动力数据在一些统计年鉴中未充分反映，会导致结果出现一定偏差。后面的各个衡量指标也都采用工业总产值数据，道理同上。

[②] 该公式另有不同的表达式，如 Kim（2000）采用的是 $C_m = \dfrac{1}{4n(n-1)\overline{\mu_x}} \sum_{i=1}^{n} \sum_{j=1}^{n} |x_i - x_j|$，但两者成正比关系，不影响对产业集聚程度的描述结果。

行业集中度CR_n、赫芬达尔指数H和区位基尼系数G从不同的角度衡量产业的集聚水平，这里利用这几个指标对1997年至2010年的电子及通信设备制造业的数据进行了计算，以综合反映中国电子及通信设备制造业的集聚变动状况，如图1所示。

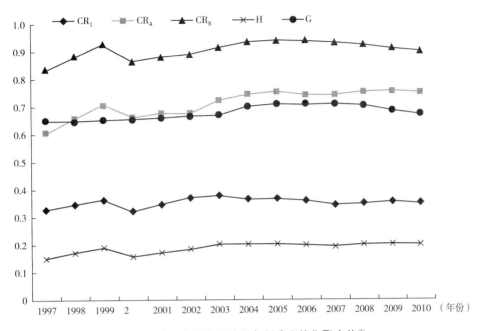

图1　中国电子及通信设备制造业的集聚走势[①]

表1　行业集中度对产业市场结构类型的划分标准

CR_8	$CR_8 < 40\%$	$40\% \leqslant CR_8 < 70\%$	$CR_8 \geqslant 70\%$
产业市场结构	竞争型	低集中寡占型	极高寡占型

表2　赫芬达尔指数对产业市场结构类型的划分标准

H	$H < 0.01$	$0.01 \leqslant H < 0.02$	$0.02 \leqslant H < 0.05$	$0.05 \leqslant H < 0.1$	$0.1 \leqslant H < 0.18$	$H \geqslant 0.18$
产业市场结构	极度分散型	高度分散型	分散竞争型	低集中竞争型	低度寡占型	高度寡占型

从图2可以看出，一直以来CR_8均位于80%以上，而赫芬达尔指数H均大于0.15，甚至2003年以来达到0.2左右，结合表1和表2中行业集中度和赫芬达尔指数对产业市场结构的划分标准，都不难发现电子及通信设备制造业的市场结构属于低、高度寡占型甚至极高寡占型，充分说明该产业集中分布在少数几个地区，拥有很高的集中度。

除此之外，经过改革开放30多年的发展，虽然电子及通信设备制造业的集聚水平呈明显上升趋势，但集聚速度在近几年有所放缓，呈现出扩散或转移的趋势，表现在图2

① 资料来源：历年的《中国统计年鉴》和《中国工业经济年鉴》，本章下同。

中，行业集聚度指标 CR_8、H 指数以及区位基尼系数 G 所对应的曲线走势渐趋平缓甚至下降，说明了这一点。

以上指标都是从全国层面进行集聚程度的描述，下面引入区位专业化指数（区位熵），用以测度各个省份的专业化指数，反映不同地区间的产业结构和集聚程度的差异，计算公式为 $q_i = \dfrac{i\ 地区\ m\ 产业产值/i\ 地区工业总产值}{全国\ m\ 产业总产值/全国工业总产值}$。该指标越大，说明 i 地区 m 产业的集聚水平越高；反之，说明集聚度越低。同时，如果专业化指数大于 1，说明该产业在该地区具有比较优势，大于 2 则优势十分突出。因为省份较多，将全国（除去港澳台地区）31 个省、区、市划分为四大区域，并计算了各个年份四大区域专业化指数的平均值，如表 3 所示。

表 3　四大区域电子及通信设备制造业的专业化指数平均值

年份	1997	1998	1999	2000	2001	2002	2003	2004	2005	2006	2007	2008	2009	2010
东北	0.35	0.38	0.40	0.32	0.27	0.26	0.21	0.20	0.13	0.12	0.13	0.13	0.13	0.13
沿海	1.42	1.44	1.47	1.37	1.33	1.30	1.22	1.31	1.30	1.34	1.36	1.34	1.31	1.31
中部	0.20	0.23	0.26	0.25	0.25	0.22	0.19	0.14	0.16	0.18	0.17	0.19	0.23	0.24
西部	0.42	0.39	0.36	0.29	0.25	0.24	0.19	0.16	0.13	0.12	0.13	0.13	0.14	0.16

从表 3 的结果来看，在所研究的时期中，电子及通信设备制造业在沿海地区具有绝对的优势，这主要是因为自 20 世纪 90 年代以来，沿海地区开始承接来自东南亚国家、香港地区和台湾地区的产业转移，形成嵌入型的电子及通信设备制造业集聚，天然的地理优势、优惠的引资政策，再加上随着产业集聚的发展，集聚内部形成的累积循环的正反馈系统等因素，均强化了电子及通信设备制造业向沿海地区的集聚，并使其保持了这种态势。

专业化指数衡量的是产业的相对水平，还不足以测度产业区位变迁的程度，因此，我们加入产业的绝对份额和相对份额指标，以辅助说明电子设备制造业集聚的演进趋势，如表 4 和表 5 所示。

表 4　四大区域电子及通信设备制造业的绝对份额平均值

单位：亿元

年份	1997	1998	1999	2000	2001	2002	2003	2004	2005	2006	2007	2008	2009	2010
东北	57	68	79	100	98	115	129	145	128	156	207	229	240	321
沿海	322	410	498	655	794	1009	1454	2085	2543	3111	3665	4073	4078	4980
中部	24	30	36	45	53	57	65	72	93	124	152	202	252	350
西部	35	33	36	42	36	46	48	54	62	76	116	128	129	211

表5　占比前十名省份电子及通信设备制造业的份额

单位:%

排名	1997 年		2001 年		2006 年		2010 年	
1	广东	32.68	广东	34.59	广东	35.95	广东	34.98
2	江苏	11.71	江苏	11.91	江苏	19.32	江苏	23.53
3	上海	8.48	上海	10.94	上海	11.85	上海	10.96
4	天津	7.77	北京	10.55	北京	6.75	山东	5.63
5	北京	7.24	天津	7.42	福建	6.18	福建	4.20
6	四川	5.57	福建	5.12	天津	4.79	北京	4.06
7	福建	5.32	山东	3.69	浙江	4.52	浙江	3.57
8	浙江	4.84	浙江	3.66	山东	4.45	天津	3.13
9	山东	3.43	辽宁	2.80	辽宁	1.31	四川	2.33
10	辽宁	3.37	四川	2.60	四川	1.18	辽宁	1.59

从表4和表5不难看出,中国电子及通信设备制造业主要集中在10个地区:广东、江苏、上海、天津、北京、四川、福建、浙江、山东、辽宁,其中1997年、2001年、2006年和2010年前十位省市的产值总和占全国比重依次为90.41%、93.28%、96.30%和93.98%,总的来说,集聚区域比较稳定,且呈现先增强后略有减弱的集聚演进趋势。同时产值在地区之间的分布变化较大,其中江苏、山东的产值份额保持较快的上升趋势,2010年的产值份额相对于1997年增长了一倍左右;其他省市的产值份额有些波动。需要注意的是,历年产值份额超过5%的区域均属于沿海省市,说明电子及通信设备制造主要集聚在东部沿海地区,但同时近年来中西部地区的产值份额有所上升,且保持较高的增长率。从转移趋势来看,更常见的是区域内的产业转移,如广东省内或者广东、上海向相邻或临近省份江苏、浙江和山东的转移,向中西部地区的转移才刚刚显现。

二　中国电子及通信设备制造业集聚转移的实证分析

从上文的分析中,可以看出电子及通信设备制造业高度集聚在东南沿海地区,并且近几年有向中西部地区缓慢转移的趋势,那么影响其转移的因素有哪些?本部分采用面板回归模型,针对电子及通信设备制造业的自身特点,从研发能力、集聚经济、劳动力成本、本地市场规模、交通和区位条件以及外向度等几个方面考察影响中国电子及通信设备制造业集聚转移的因素和作用机制。

(一) 变量选取和模型设定

影响产业集聚转移的因素有很多,这里结合电子及通信设备制造业的特点,选取以下几个因素作为解释变量:

1. 研发能力

研发能力是影响技术密集型产业布局的重要因素，电子及通信设备制造业属于技术密集型产业，倾向于布局在具有较高研发能力的国家或地区。而研发能力取决于两个方面：一是投入到研发环节的资金大小；二是该地区的人力资本水平。本文引入地方政府科技支出占财政支出的比重和地区行业科技活动人员占全国的比重作为地区研发能力的代理变量，并做如下假设：政府科技支出占财政支出的比重和行业科技活动人员占全国的比重，都是吸引电子及通信设备制造业集聚的因素，即研发能力越强，该地区电子及通信设备制造业的集聚度越高。

2. 集聚经济状况

新经济地理学认为大量相似或相关企业的集聚会产生集聚经济，即本地市场效应。该理论从企业间相互学习的角度分析了产业集聚问题，认为本地化的知识溢出与产业集聚存在相互加强的作用机制，本地化的知识溢出有利于产业集聚，而集聚反过来又扩大了知识溢出的规模，从而当一个地区内同一产业或相似产业的企业个数和从业人数达到一定规模，即"正反馈效应"发生作用的临界规模时，一个由知识溢出产生的学习效应所驱动的产业集聚就进入了一个不断自我加强的累积循环通道。这种正反馈效应源于以下几个方面：一是新迁入的企业能够利用原有的配套设施、原材料供应市场和产品销售市场；二是企业能够降低工人和管理人员的搜索成本和培训成本；三是大量相似企业或相关企业的聚集有助于企业间的相互交流和学习，形成良好的竞争意识和创新环境。因此假设：企业数量多、职工年均人数多的地区，电子及通信设备制造业的集聚度更高。

3. 劳动力成本

虽然电子及通信设备制造业属于高技术产业，但依然受劳动力成本高低的影响。比如美国最初对新加坡的投资、发达国家在中国的投资设厂无不源于寻求更低的劳动力成本。因此这里假设电子及通信设备制造业倾向于集聚在劳动力成本较低的区域。

4. 本地市场规模

制造型企业在选择区位时，一般把市场规模看成是一个非常重要的因素。因为将工厂选择在一个市场规模较大的地区，则可以接近消费者和要素市场，减少运输成本，及时了解市场需求状况。一般来说，可用经济总量规模如国内生产总值（GDP）来代表一个地区的市场规模，因此做出如下假设：GDP越大的地区，电子及通信设备制造业的集聚度越高。

5. 交通和区位条件

大量研究表明，交通基础设施会影响产业聚集水平，密集的道路网能促进企业的集聚。但也有学者认为，完善的交通基础设施在提高地区间连通性的同时，也提高了要素的流通和劳动力、资本要素的竞争性，一定程度上会削弱产业的集聚。同时，一个地区交通条件的提高，虽然可以降低区域内的运输成本，但也可以降低该区域与其他区域的运输成本，从而可能有利于厂商迁移到其他区域。尽管如此，我们依然预期交通基础设施对产业集聚的影响为正向。本文以各省市公路和铁路密度来表示交通条件，即假设：公路和铁路密度越高，产业的集聚水平越高。

区位条件在很大程度上影响着产业聚集地的选择。对于技术密集型产业，临近沿海发达地区显然有助于产业的发展；同时，受改革开放等历史因素的影响，东南沿海地区比中西部地区有着天然的区位优势。对于同属于技术密集型和外向型产业的电子及通信设备制造业，显然倾向于集聚在沿海地区。此处引入是否为开放城市（包括沿海城市或经济特区）虚拟变量来考察沿海区位对电子及通信设备制造业集聚分布的影响。

6. 外向度

中国电子及通信设备制造业的兴起和发展很大程度上源于产业的梯度转移。跨国公司基于全球范围内垂直分工，将低附加值的加工装配环节转移到中国，利用其自身的技术优势和国内的成本优势提升其在国际上的竞争力并占领中国市场。因此，向国外市场出口和外资企业的投资对中国电子及通信设备制造业的发展起到了至关重要的作用。在此利用行业出口密度和利用外资比重作为外向度的衡量指标，并假设：行业出口密度大、利用外资比重高的地区，电子及通信设备制造业的集聚水平更高。

表 6　各变量名称、符号和变量定义

变量名称	符　号	变量定义
研发能力	Tspend Tperson	地方政府科技支出占财政支出的比重 地区行业科技活动人员占全国的比重
集聚经济	corp facu	企业单位数占全国的比重 职工年均人数占全国的比重
劳动力成本	wag	制造业职工平均工资的对数
本地市场规模	mar	各省 GDP 与全国平均水平的比重
交通和区位条件	trans loc	单位面积铁路和公路长度 是否沿海地区或经济特区
外向度	exp FDI	工业出口额在销售总额中的比重 各省市实际利用外资占全国的比重

本文采用 31 个省、区、市 1997～2010 年各个变量数值组成的面板数据进行回归分析。各个变量对应的数据来源于历年《中国统计年鉴》、《中国工业经济统计年鉴》、《中国科技统计年鉴》和中经网。

（二）　实证结果及分析

本文利用统计分析软件 Stata12.0 对面板回归模型进行回归，得出的描述性统计结果如表 7 所示。

表7　各个变量的描述性统计分析

变　量	样本数	平均值	最小值	最大值	标准差
q	434	0.581	0	3.802	0.825
Tspend	434	0.018	0.0039	0.072	0.0133
Tperson	434	0.0323	0	0.4978	0.06913
corp	434	0.0323	0	0.336	0.0610
facu	434	0.0346	0	0.569	0.0789
wag	434	9.464	8.270	10.86	0.552
mar	434	1.000	0.0313	3.540	0.809
trans	434	0.512	0.0186	1.966	0.394
loc	434	0.323	0	1	0.468
exp	434	0.3094	0	0.82	0.249
FDI	434	0.0323	0	0.311	0.0553

　　为准确得到回归方程，我们依次尝试了混合回归、固定效应模型、随机效应模型以及可行广义最小二乘法（FGLS）进行回归，各个回归结果如表8所示。并且，采用可行广义最小二乘法（FGLS）回归的方程效果最为显著，具体形式为方程2。

表8　面板数据回归结果

变量	方程（1） 系数和标准差	方程（2） 系数和标准差	方程（3） 系数和标准差	方程（4） 系数和标准差
Tspend	4.856 * * * (0.396)	4.856 * * * (1.584)	0.652 (0.546)	2.449 * * * (0.484)
Tperson	3.656 * * * (0.442)	3.409 (0.368)	2.175 * * * (0.139)	2.847 * * (0.369)
corp	2.653 * (1.516)	2.653 (4.229)	3.880 (2.759)	4.571 * * (2.113)
facu	4.145 * * * (0.991)	4.145 (2.877)	3.762 * * (1.793)	0.634 (0.752)
wag	- 0.372 * * * (0.0557)	- 0.372 * * * (0.133)	- 0.220 * * * (0.0826)	- 0.266 * * * (0.0474)
mar	- 0.201 * * * (0.0602)	- 0.201 (0.225)	- 0.394 (0.257)	0.988 * * * (0.305)
trans	0.684 * * * (0.0876)	0.684 * * (0.263)	0.325 * (0.177)	0.345 * * * (0.0846)
loc	0.331 * * * (0.0648)	0.331 (0.278)	0.600 * (0.345)	0.930 * * * (0.219)

续表

变量	方程（1） 系数和标准差	方程（2） 系数和标准差	方程（3） 系数和标准差	方程（4） 系数和标准差
exp	0.096	0.087	0.042	0.033 ***
	(0.024)	(0.010)	(0.006)	(0.004)
FDI	0.674	0，553	0.713 **	0.832 ***
	(0.043)	(0.025)	(0.065)	(0.021)
常数项	1.729 ***	1.729	2.192 ***	1.712 ***
	(0.516)	(1.188)	(0.786)	(0.475)
R – squared	0.686	0.686	0.705	0.828

注：*** 、** 、* 分别表示回归系数显著性水平为1% 、5% 、10% ，括号内是对应的标准差。

$$q_{it} = 1.712 + 2.449 Tspend_{it} + 2.847 Tperson_{it} + 4.571 corp_{it}$$
$$+ 0.634 facu_{it} - 0.266 wag_{it} + 0.988 mar_{it} + 0.345 trans_{it} \qquad (1)$$
$$+ 0.930 loc_{it} + 0.033 \exp_{it} + 0.832 FDI_{it}$$

经过可行广义最小二乘法对面板数据回归之后，得到方程（1），其拟合优度 R^2 为 0.828，可见方程拟合效果较好。从方程（1）可以看出，在以上因素中，各个因素对电子及通信设备制造业集聚变动的影响方向和预期一致。具体分析如下：

（1）研发能力包含的两个指标——Tspend（地方政府科技支出占财政支出的比重）和 *Tperson*（地区行业科技活动人员占全国的比重）对应的系数均为正，和预期一致，并且系数大小仅次于解释变量 corp（企业单位数占全国的比重），充分说明研发能力的高低在很大程度上影响了电子及通信设备制造业的集聚变动。这和电子及通信设备制造业所属技术密集型产业是相关的，技术密集型产业发展的内在驱动力就是技术创新，而技术创新依靠的是投入的资金支持和人力支持。因此，企业倾向于向科技支出水平高和科技活动人员多的地方迁移，以充分利用该地区的创新氛围和人力资本。

（2）衡量集聚经济的两个解释变量——corp（企业单位数占全国的比重）和 facu（职工年均人数占全国的比重）回归系数均为正，和预期一致。并且 corp 系数值最高，充分说明企业单位数对电子及通信设备制造业集聚高低的影响最为显著。显然，企业单位数多的地区，本地市场效应更强，产业集聚和由于集聚形成的外部性之间的"正反馈效应"愈加明显，更加促进了产业集聚的形成和发展。至于 facu 系数不显著的原因可以解释为，电子及通信设备制造业属于技术密集型产业，更注重的是科技人员的数量和比例。因此，集聚经济中，对电子及通信设备制造业的集聚变化影响显著的是企业数量，而非职工年均人数。

（3）从方程中可以看出，劳动力成本对应的衡量指标——wag（制造业职工平均工资的对数）的系数为负，和预期一致。尽管电子及通信设备制造业为高技术产业之一，但行业内企业的选址依然受劳动力成本高低的影响，这和我国电子及通信设备制造业仍处于世界产业链的中低端不无关系。同时应看到，该系数的绝对值并不大，也说明了劳动力成本仅是该产业布局的影响因素之一，不是最重要的影响因素。

（4）正如我们预期的那样，本地市场规模对应的解释变量 *mar*（各省 GDP 与全国平均水平的比重）对电子及通信设备制造业的集聚区位选择有着十分明显的正向影响。GDP 较高的地区，拥有更大的消费市场和消费购买力，对诸如电子产品的生产商有着更大的吸引力。因此，本地市场规模越大的地区，越能吸引电子及通信设备制造业企业前来聚集。

（5）交通和区位条件对电子及通信设备制造业的集聚亦有较大的影响，其代表指标——*trans*（单位面积铁路和公路长度）和 *loc*（是否沿海地区或经济特区）虚拟变量系数为正，说明电子及通信设备制造业优先选择运输条件发达的地区以及沿海地区或经济特区。这和最初改革开放时，FDI 聚集在沿海地区或经济特区是密切相关的。

（6）外向度水平也呈现出同样的影响方向，替代指标 *exp*（工业出口额在销售总额中的比重）和 *FDI*（各省市实际利用外资占全国的比重）的回归系数均为正值，印证了 FDI 在我国电子及通信设备制造业的起步和发展中的作用，也说明该产业倾向于集聚在离海外市场更近的东部沿海地区。

三　结论及政策建议

第一，中国的电子及通信设备制造业集聚出现了转移趋势，虽然转移趋势并不明显。随着东部地区产业集聚度的增加，导致产业分散的离心力随之增强。当离心力逐渐增大甚至超过了吸引产业集聚的向心力时，部分企业的迁出就不可避免。通过对集聚状况的描述性分析，可以发现近几年来行业集聚度 CR_n、H 指数以及区位基尼系数 G 曲线的走势渐趋平缓甚至下降，说明电子及通信设备制造业在东南沿海地区的集聚度变低，而在中西部地区的集聚度变高，也就是说，该产业出现了向外转移的迹象。

第二，东部沿海地区的电子及通信设备制造业经过几十年的发展，已具备一定的产业规模，在国际市场上占据较大的份额，但不容忽视的事实是，与发达国家的同类产业相较，中国电子及通信设备制造业仍处于产业价值链中低端，盈利能力较弱。为应对集聚经济效应开始弱化和集聚不经济逐渐增强带来的挑战，提升中国电子及通信设备制造业的竞争力，当务之急是推动和加快其升级之路。包括加大研发投入，推动技术创新；构建交流平台，促进知识溢出；培育龙头企业，创建自主品牌等。应制定相应的产业政策，集中力量重点扶持已具备较强实力和良好成长性的集聚区内大型企业，并在税收、融资等方面给予一定的政策扶持，鼓励其引进先进技术的同时加大自主研发、创立自有品牌。而对中西部地区来说，则应明确原则和方向，科学引导产业集聚转移，完善投资环境，加强产业园区等承接载体建设。

人口老龄化与劳动力供给

隋 澈[*]

按照国际惯例，当一个国家或地区 60 岁以上人口占总人口的比例达到 10%，或者 65 岁以上人口占总人口的比例达到 7% 时，该国家或地区就进入了老龄化社会。在经济社会发展和计划生育政策的共同作用下，中国迅速完成了人口转变过程。2000 年中国 60 岁及以上人口占总人口的比例已经达到 10.33%[①]，标志着中国正式进入老龄化社会。在人口转变的晚期，由于人口老龄化的速度比出生率下降的速度快，在少年人口数量和劳动年龄人口数量不断减少的同时，老年人口数量不断增多，人口开始老化。然而老年人口、劳动年龄人口、少年人口的经济行为存在明显差异，因此人口老龄化必然会对经济运行产生影响。

尽管人口老龄化因素是影响经济增长的重要因素之一，但是人口老龄化并不会直接对经济增长产生影响，而是通过影响一系列可以影响经济增长的中间变量对经济增长产生影响。研究表明，人口老龄化主要通过影响储蓄[②]、消费[③]、劳动力供给[④]、社会养老制度安排[⑤]、人力资本形成[⑥]，进而影响经济增长。本文主要研究人口老龄化如何通过影响劳动力供给进而影响中国经济增长。接下来本文分为三部分：第一部分概括了中国人口老龄化的现状和特点，第二部分研究人口老龄化如何通过影响劳动力供给进而影响中国经济增长，第三部分是结论和政策含义。

一 中国人口老龄化的现状和特点

（一）中国老年人口数量多

近年来，在计划生育政策和经济社会发展的共同作用下，中国人口增长率已经有所下

---

[*] 隋澈，吉林大学经济学院。

① 国务院第六次全国人口普查办公室、国家统计局人口和就业统计司：《2010 年第六次全国人口普查主要数据》，中国统计出版社，2011。

② 汪伟：《经济增长、人口结构变化与中国高储蓄》，《经济学》（季刊）2009 年第 9 卷第 1 期。

③ 于潇、孙猛：《中国人口老龄化对消费的影响研究》，《吉林大学社会科学学报》2012 年第 52 卷第 1 期。

④ 彭秀建、Dietrich Fausten：《低生育率，人口老龄化与劳动力供给》，《中国劳动经济学》2006 年第 4 期。

⑤ Sánchez - Losada, Fernando, "Growth effects of an unfunded social security system when there is altruism and human capital," Economic Letters, Vol. 69, No. 1, 2000.

⑥ Fougere, Maxime, and Marcel, Merette, "Population aging and economic growth in seven OECD countries," Economic Modelling, Vol. 16, No. 3, 1999.

降，但是中国人口数量一直呈现上升趋势，人口众多是中国的基本国情。1953 年中国共有人口 58260 万人，1982 年达到 100818 万人，2000 年突破 10 亿大关，达到 126583 万人，2010 年更是达到了 133972 万人。与此同时，中国 60 岁及以上的老年人口占总人口的比例一直在提高。1982 年中国 60 岁及以上的老年人口占总人口的比例达到 7.62%，2000 年达到 10.33%，2010 年更是达到 13.26%。[①] 因此 2010 年中国 60 岁及以上的老年人口数量为 17764.7 万人。而 2010 年俄罗斯全国人口只有 14040 万人。[②] 相比之下，中国 60 岁及以上的老年人口数量已经超过俄罗斯的人口总数。

（二） 中国的人口老龄化进程和经济社会发展水平不适应

人口老化是人口转变的必然结果。快速的人口转变过程使中国提前进入老龄化社会。2000 年中国 60 岁及以上人口的比例达到 10.33%，标志着中国正式进入老龄化社会。但是和许多发达国家相比，中国进入老龄化社会时的经济发展水平比较低。2001 年中国的人均国民总收入（GNI），按照官方汇率计算，是世界平均水平的 17.3%，按照购买力平价计算，则是世界平均水平的 56.3%。[③] 人口普查数据显示，新中国成立以来中国的城市化水平不断提高，从改革开放初期 1982 年的 20.91%，提高到 2000 年的 36.22%，2010 年已经接近 50%。[④] 但是美国和日本进入老龄化社会时两国的城市化水平已经分别达到 64% 和 72.1%。[⑤] 因此中国进入老龄化社会时的经济社会发展水平确实偏低。

（三） 中国的人口老龄化程度存在性别、地区、城乡差异

中国人口老龄化程度存在性别差异。《中国人口和就业统计年鉴 2012》的数据显示，2011 年 60 岁及以上的男性人口占总人口的比例为 6.71%，而 60 岁及以上的女性人口占总人口的比例为 7.03%。在 60～64 岁、65～69 岁、70～74 岁三个年龄组中，男性人口占总人口的比例均高于女性。但是在 75～79 岁、80～84 岁、85～89 岁、90～94 岁、95 岁及以上五个年龄组中，情况恰好相反，男性人口占总人口的比例均低于女性。这可能和女性的寿命更长有关。

中国人口老龄化程度存在地区差异。第六次全国人口普查数据显示，65 岁及以上老年人口占总人口的比例为 8.87%。但是由于中国各省份的经济社会发展水平不同，因此各地区的老龄化程度也不尽相同。总的来说，东部省份的人口老龄化程度要高于西部省份。东部省市如上海、江苏、山东 65 岁及以上老年人口占总人口的比例分别高达 10.12%、

---

① 国务院第六次全国人口普查办公室、国家统计局人口和就业统计司：《2010 年第六次全国人口普查主要数据》，中国统计出版社，2011。

② 国家统计局人口和就业统计司：《中国人口和就业统计年鉴 2011》，中国统计出版社，2012。

③ 蔡昉：《人口转变、人口红利与刘易斯转折点》，《经济研究》2010 年第 4 期。

④ 国务院第六次全国人口普查办公室、国家统计局人口和就业统计司：《2010 年第六次全国人口普查主要数据》，中国统计出版社，2011。

⑤ 姜向群、李建民、杜鹏、杨慧：《中国"未富先老"了吗》，《人口研究》2006 年第 6 期。

10.89%、9.84%。西部省份如西藏、新疆、青海、宁夏65岁及以上老年人口占总人口的比例分别为5.09%、6.19%、6.30%、6.41%。但是情况也有例外：尽管重庆和四川属于西部省份，但是重庆和四川两地65岁及以上老年人口占总人口的比例分别高达11.56%和10.95%，位居全国前两位。

中国的人口老龄化程度存在城乡差异，城市的老龄化程度要低于农村。第五次全国人口普查数据显示，2000年乡村65岁及以上人口占乡村人口的7.35%，城镇65岁及以上人口占城镇人口的6.30%，乡村比城镇高出1.05个百分点。[①] 2011年乡村65岁及以上人口占乡村人口的10.37%，城镇65岁及以上人口占城镇人口的7.99%，前者比后者多出2.38个百分点。[②] 一般在发达国家，城市的老龄化程度要高于乡村，而中国的情形却恰好相反，这可能由于乡→城间的劳动力流动引起的：改革开放以后，大量的青壮年农村居民进城务工，而年长的农村居民却依然留在农村。

二　人口老龄化引起的劳动力供给变化对经济增长的影响

在人口转变后期，由于人口老化的速度比出生率下降的速度快，因此0~14岁的少年人口、15~64岁的劳动年龄人口的数量逐渐减少，65岁及以上的老年人口数量逐渐增多。人口转变是一个动态过程，由于一个人出生之后要经过15~20年的时间才能进入劳动力市场，所以在人口年龄结构开始老化之后，经过一代人左右的滞后期，劳动年龄人口的年龄结构也在发生着类似的变化：15~29岁的青年劳动年龄人口逐渐减少，45~64岁的老年劳动年龄人口逐渐增加。因此，人口老龄化主要通过以下两个方面影响劳动力供给进而影响经济增长：一是通过减少劳动年龄人口数量减少劳动力供给数量，二是导致劳动年龄人口老化。

（一）劳动年龄人口数量变化对经济增长的影响

1. 中国劳动年龄人口数量变化趋势

1982年中国劳动年龄人口数量为6亿多（62517万人），21世纪伊始，中国的劳动年龄人口数已经突破9亿大关，于2002年达到90302万人。2011年中国劳动力年龄人口数量更是突破10亿，达到100283万人。[③] 然而随着人口老龄化程度不断加深，未来中国的劳动年龄人口数量可能会减少。联合国经济和社会事务部人口司曾经按照中生育率方案对中国未来劳动力年龄人口数量进行预测，结果表明：中国劳动年龄人口数量将于2015年达到顶峰，此后中国劳动年龄人口数量将不断下降。2030年将减少到10亿以内，为

---

① 国务院人口普查办公室、国家统计局人口社会和科技统计司：《2000年第五次全国人口普查主要数据》，中国统计出版社，2001。
② 国家统计局人口和就业统计司：《中国人口和就业统计年鉴2012》，中国统计出版社，2013。
③ 国家统计局人口和就业统计司：《中国人口和就业统计年鉴2012》，中国统计出版社，2013。

98757 万人。2100 年中国劳动年龄人口数量将进一步减少到 61464.2 万人，几乎和 1982 年的水平相当。[①] 王金营和蔺莉莉的测算表明，2025 年中国劳动年龄人口数量将达到顶峰，为 99815 万人，随后中国 15～64 岁人口数量将开始下降，2040 年降至 91233 万人，2050 年进一步下降至 85752 万人。[②]

2. 中国劳动年龄人口数量变化对经济增长的影响

丰富的劳动年龄人口数量意味着抚养负担减轻，对中国经济增长的影响是多方面的。第一，抚养负担的减轻有利于投资。根据生命周期假说，一个人在工作时储蓄，退休之后消耗储蓄和利息。因此数量众多的劳动年龄人口会带来丰厚的储蓄，而储蓄是投资的来源。第二，由于抚养负担的减轻，可以提高劳动者的劳动效率。对于一个劳动者来说，通常是和兄弟姐妹数人一起抚养两位老人，同时和配偶抚养一个孩子，因此劳动者可以更加专心投入工作，提高劳动效率。但是高劳动年龄人口比重不是从来都有的，只是人口转变的特定时期出现的特定现象。由于人口老龄化程度不断加深，在不久的将来中国劳动年龄人口数量将达到顶峰，并开始不断下降，导致劳动力供给减少。Liu 和 Hu 将少年人口比例和老年人口比例引入 Solow – Swan 模型，探讨人口老龄化和人口增长率变化对经济增长的影响。[③] 本文拟在一个类似的框架下探讨人口老龄化程度加深对经济增长的影响。但是与 Liu 和 Hu 的模型相比，本文做了如下两点改进和简化：第一，Liu 和 Hu 的论文中使用形如 $Y = AK^{\alpha}L^{\beta}$ 的生产函数，但是在 Solow – Swan 模型中，只有 Harrod 中性的技术进步才能保证稳态时的人均产出增长率不为 0，因此本文采用形如 $Y = K^{\alpha}(AL)^{\beta}$ 的生产函数。第二，由于本文主要研究人口老龄化程度加深对经济增长的影响，为简便计，假设经济中的人口仅由老年人口和劳动年龄人口组成，不包括少年人口。

（1）模型假设

假设 1：经济中的人口由老年人口和劳动年龄人口组成。老年人口的数量为 L_f，劳动年龄人口数量为 L，则经济中的总人口 $N = L_f + L$。

假设 2：经济的总产出一部分用于老年人口养老，其余的用于劳动年龄人口。令经济的总产出为 Y，总产出中用于老年人口养老的部分记为 Y_f，用于劳动年龄人口支配的部分记为 Y_L，则 $Y = Y_f + Y_L$。

假设 3：假定老年人口只消费不储蓄，劳动年龄人口将收入的一部分储蓄，并且劳动年龄人口的储蓄率为一常数，记为 s。

假设 4：储蓄率 s，人口增长率 $n = \dfrac{\dot{N}}{N}$，技术进步率 $g_A = \dfrac{\dot{A}}{A}$，资本折旧率 δ 均为外生给定的常数。

---

① 联合国经济和社会事务部人口司：《世界人口展望》（2012 版）。
② 王金营、蔺莉莉：《中国劳动参与率与未来劳动力供给分析》，《人口学刊》2006 年第 4 期。
③ Liu, Shenglong、Angang Hu（2013），"Demographic change and economic growth：theory and evidence from China," Economic Modelling, Vol. 35, 2013.

（2）带有人口老龄化因素的 Solow - Swan 模型

我们采用带有 Harrod 中性技术进步的 Cobb - Douglas 生产函数，即 $Y = K^{\alpha} (AL)^{\beta}$，其中 $\alpha > 0$，$\beta > 0$，$\alpha + \beta = 1$。

假设老年人口在总人口中所占比例为 θ，则有 $\theta = \dfrac{L_f}{N}$，于是劳动年龄人口数量为 $L = (1 - \theta) N$。

定义劳均有效资本为 $\overset{\cdot}{k} = \dfrac{K}{L} = \dfrac{K}{(1 - \theta) N}$，人均有效产出为 $\overset{\cdot}{y} = \dfrac{Y}{AN} = (1 - \theta) \overset{\cdot}{k}^{\alpha}$，养老水平为 $\tau = \dfrac{Y_f}{L_f} / \dfrac{Y}{N} = \dfrac{Y_f}{L_f} \dfrac{N}{Y} = \dfrac{1}{\theta} \dfrac{Y_f}{Y}$，于是 $Y_f = \theta \tau Y$，$Y_L = (1 - \theta \tau) Y$。

带有人口老龄化因素的 Solow - Swan 模型的基本方程为：

$$\overset{\cdot}{K} = s Y_L - \delta K \tag{1}$$

等价的，式（1）也可以写成：

$$\frac{\overset{\cdot}{K}}{K} = s (1 - \theta \tau) \frac{Y}{K} - \delta \tag{2}$$

由于 $K = AL \overset{\cdot}{k}$，因此有 $\overset{\cdot}{K} = \overset{\cdot}{A}L k + A\overset{\cdot}{L}k + AL \overset{\cdot}{k}$ 以及 $\dfrac{\overset{\cdot}{K}}{K} = \dfrac{\overset{\cdot}{k}}{k} + n + g_A$ 成立。又因为 $\dfrac{Y}{K} = \dfrac{K^{\alpha} (AL)^{\beta}}{K} = K^{\alpha - 1} (AL)^{1 - \alpha} = \left(\dfrac{AL}{K}\right)^{1 - \alpha} = \left(\dfrac{1}{\overset{\cdot}{k}}\right)^{1 - \alpha} = \overset{\cdot}{k}^{\alpha - 1}$，因此式（2）可以写成如下的密集形式（intensive form）：

$$\frac{\overset{\cdot}{k}}{k} = s (1 - \theta \tau) \overset{\cdot}{k}^{\alpha - 1} - (n + g_A + \delta) \tag{3}$$

$$或者 \overset{\cdot}{k} = s (1 - \theta \tau) \overset{\cdot}{k}^{\alpha} - (n + g_A + \delta) \overset{\cdot}{k} \tag{4}$$

（3）均衡的劳均有效资本、人均有效产出的求解

假设劳均有效资本、人均有效产出的均衡值为 $\overset{\cdot}{k}^*$ 和 $\overset{\cdot}{y}^*$，由于在均衡状态之下，有 $\overset{\cdot}{k} = 0$，因此 $\overset{\cdot}{k}^*$ 满足以下方程：

$$s (1 - \theta \tau) \overset{\cdot}{k}^{* \alpha} - (n + g_A + \delta) \overset{\cdot}{k}^* = 0 \tag{5}$$

解式（5），得 $\overset{\cdot}{k}^* = \left[\dfrac{s (1 - \theta \tau)}{n + g_A + \delta}\right]^{\frac{1}{\beta}}$

于是 $\overset{\cdot}{y}^* = (1 - \theta) \overset{\cdot}{k}^{* \alpha} = (1 - \theta) \left[\dfrac{s (1 - \theta \tau)}{n + g_A + \delta}\right]^{\frac{\alpha}{\beta}}$

（4）讨论

本文主要讨论人口老龄化程度加深对均衡的劳均有效资本 $\overset{\ast}{k}$ 和人均有效产出 $\overset{\ast}{y}$ 的影响。

将 $\overset{\ast}{k}$ 和 $\overset{\ast}{y}$ 对老龄化率 θ 求偏导得

$$\frac{\partial \overset{\ast}{k}}{\partial \theta} = -\frac{\tau}{\beta}\left[\frac{s\,(1-\theta\tau)}{n+g_A+\delta}\right]^{\frac{1}{\beta}-1} < 0$$

$$\frac{\partial \overset{\ast}{y}}{\partial \theta} = -\left[\frac{s\,(1-\theta\tau)}{n+g_A+\delta}\right]^{\frac{\alpha}{\beta}} - \frac{\alpha\,(1-\theta)}{\beta}\left[\frac{s\,(1-\theta\tau)}{n+g_A+\delta}\right]^{\frac{\alpha}{\beta}-1}s\tau < 0$$

因此老龄化程度加深会对减小均衡的劳均有效资本 $\overset{\ast}{k}$ 和人均有效产出 $\overset{\ast}{y}$，换句话说，老龄化程度加深会对人均 GDP 产生不利影响。

（二）劳动年龄人口老化对经济增长的影响

1. 劳动年龄人口年龄结构的变化趋势

中国目前已经完成了传统意义上的人口转变，劳动年龄人口呈现出老化趋势。主要表现为 15～29 岁的青年劳动年龄人口占总人口的比例降低，45～64 的老年劳动年龄人口占总人口的比例上升。1991 年 15～29 岁的青年劳动年龄人口占总人口的 30.67%，45～64 岁的老年劳动年龄人口占总人口的 15.44%。2001 年青年劳动年龄人口占总人口的比例比 1991 年有所下降，为 23.59%，而老年劳动年龄人口占总人口的比例则有所上升，达到 20.19%。和 2001 年相比，2011 年青年劳动年龄人口占总人口的比例和 2001 年基本持平，而老年劳动年龄人口占总人口的比重持续上升，达到 25.10%。

表 1　中国劳动年龄人口的年龄结构变化（1991～2011）

单位:%

年　份	15～29 岁人口	30～44 岁人口	45～64 岁人口
1991	30.67	20.18	15.44
2001	23.59	26.27	20.19
2011	24.29	25.01	25.10

资料来源：1991 年数据来自《中国人口统计年鉴 1992》；2001 年数据来自《中国人口统计年鉴 2002》；2011 年数据来自《中国人口和就业统计年鉴 2012》。

2. 劳动年龄人口年龄结构老化对经济增长的影响

（1）劳动年龄人口年龄结构老化对劳动生产率的影响

劳动者的劳动生产率取决于以下两个因素：一是劳动者的身体素质，二是劳动者工作的努力程度。劳动者的身体素质和工作的努力程度并非一成不变，而是随着年龄变化而波动。一般来说，刚刚进入劳动力市场的劳动者的身体素质不断提高，健康人力资本存量不断增多，到达顶峰后还可以保持一段时间，之后随着年龄的增长身体素质不断下降，健康人力资本存量不断折旧。劳动者工作的努力程度也随着年龄的变化而呈现出类似的倒 U 型变化轨迹。刚刚进入劳动年龄的劳动者的工作努力程度不断提高，以便获得雇主的认可和提升。数年之后劳动者的工作努力程度达到顶峰，然后在一段时间内大致保持不变，之后随着年龄的增长，其工作努力程度开始不断下降。因此，随着劳动者年龄增大，其劳动生产率不断降低。因此，劳动年龄人口的年龄结构不断老化，可能会对社会总产出效率的提高造成不利影响，人口的生产性可能会因此降低。

（2）劳动年龄人口年龄结构老化对技术创新的影响

技术进步是影响经济增长的重要因素之一。新古典增长理论认为，人均产出水平的长期增长率由技术进步率决定。"生产力是具有一定生产经验和劳动技能的劳动者运用生产工具加工劳动对象进行生产时所形成的物质力量。生产力包括两个因素，即劳动者和生产工具。"[1] 任何生产过程都是劳动者主动利用他的生产经验和劳动技能，去发挥他的劳动能力，去使用生产工具、制造劳动工具作用于劳动对象创造物质财富。[2] 研究与开发这个特殊的生产过程也不例外，劳动者是研究与开发的主体，而且是研究与开发过程中最活跃的因素之一。创新是研究与开发的根本动力。尽管老年劳动年龄人口的工作经验丰富，但是学习能力和接受新事物的能力与青年劳动年龄人口相比略逊一筹，因此他们的创新能力可能也比青年劳动年龄人口逊色。随着人口老龄化程度的提高，未来中国老年劳动年龄人口占总人口的比例将继续上升，这样的人口年龄结构可能会导致劳动年龄人口的创新能力降低，进而对技术进步造成一定消极影响。

三　结论和政策含义

（一）要充分挖掘现有的劳动力资源，增加劳动力供给

随着中国人口老龄化程度的不断加深，未来劳动年龄人口数量减少的趋势在短期内难以改变，劳动力"无限供给"的时代一去不复返。在劳动力有限供给的时代中国经济如何维持长期增长？一个很自然的想法是，要充分挖掘现有的劳动力资源。尽管目前中国的劳动参与率处在较高水平，但是在农村和城市仍然存在大量剩余劳动力。充分挖掘现有劳动力资源，将会增加劳动力供给，减少劳动年龄人口绝对数量减少对经济增长的影响。为此应该做到如下几点：首先，政府应采取优惠措施积极引导农村剩余劳动力主动转移。其次，政府、高校以及广大民办职业培训机构应当开展免费而实用的职业培训，培养下岗职工的劳动技能，增强他们的就业信心，帮助他们重回劳动力市场。第三，应该动员全社会

---

①　宋涛：《政治经济学教程》（第七版），中国人民大学出版社，2006。
②　隋澈：《建设创新型国家与我国科技人才资源开发问题研究》，《甘肃理论学刊》2013 年第 4 期。

力量促进待业大学生就业。

（二）加大人力资本投资的力度，提高劳动者的素质

（1）要通过加大教育人力资本投资的力度，提高劳动者的素质

通过人力资本投资可以提高劳动者的素质。在未来劳动力供给数量逐渐减少的情况下，劳动者素质的提高可以不断地替代下降的劳动者数量，降低劳动年龄人口数量减少对经济增长的影响。第一，要大力发展义务教育，提高未来劳动者的素质。由于义务教育具有强制性，义务教育水平的提高可以提高全体未来劳动者的人力资本水平。第二，加大职业培训力度，提高在职劳动者的素质。随着年龄的增长，劳动者的人力资本存量不断折旧，知识水平和劳动技能越来越难以适应技术进步对劳动者的要求。加大职业培训力度，能够减缓因为劳动者人力资本存量折旧对生产造成的消极影响。

（2）要加大健康人力资本投资力度，提高劳动者的劳动效率

劳动者的劳动效率和劳动者的健康人力资本存量成正比。和物质资本一样，健康人力资本也存在折旧现象。而且这种现象随着劳动者的年龄增加而愈发明显。健康人力资本存量降低会影响劳动者的劳动效率，严重的甚至会导致劳动者永远退出劳动力市场。加大健康人力资本投资力度，可以增加劳动者的健康人力资本存量。第一，应该扩大医疗保险的覆盖面，将医疗保险覆盖到每一位劳动者，特别是要覆盖到每一位农村劳动者。第二，要逐步提高医疗保险的保障水平。第三，要建立全面的工伤保险制度。第四，要拨出专款进行职业病的预防和治疗。

（三）为劳动者发挥作用提供合适的经济环境

人口老龄化一方面表现为老年人口数量增多，另一方面也表现为少年人口数量减少。由于子女数量的减少，家长对孩子的偏好从数量型变为质量型，重视后代的人力资本投资，因此年轻劳动者的人力资本水平不断提高。但是中国企业的技术水平还比较落后，以劳动密集型企业居多，"他们对年轻体力劳动者的需求量大而对年轻脑力劳动者需求量小，这就造成了'民工荒'与大学生'就业难'并存的局面。"[1] 可以想象的是，随着劳动者人力资本水平的提高，这种"民工荒"与大学生"就业难"并存的局面会愈演愈烈。因此产业结构需要在三次产业间进行升级。[2] 为此需要通过提高农业生产的技术含量促进农业现代化，通过发展先进制造业促进工业现代化，通过提高服务的技术含量推动现代服务业的发展壮大。

（四）要适当延长退休年龄

《国务院关于安置老弱病残干部的暂行办法》规定，中国男性劳动者法定退休年龄为

---

① 翟振武、赵梦晗：《生于下降与经济发展模式转型》，《人口与经济》2013年第1期。

② 纪玉山、滕菲：《中国人口老龄化对经济结构的影响研究》，《社会科学辑刊》2013年第1期。

60 岁，女工人的法定退休年龄为 50 岁，女干部为 55 岁。这项法规是在改革开放之初，当时中国人口预期寿命较低的背景下出台的。目前中国人口的预期寿命和 30 多年前相比已经有较大提高，2010 年已达到 74.83 岁。在人口预期寿命不断提高，未来劳动力供给数量不断减少的情况下，通过适当提高退休年龄可以有效缓解劳动力供给数量的减少对经济增长的影响。为此应当做到以下几点：第一，应当逐步延长退休年龄。例如政府可以通过每年延长退休年龄一个月，循序渐进的延长退休年龄。这样每隔十年左右的时间就可以将延长退休年龄一年。如果一下子将退休年龄延长太多，会给临近退休的人造成很大的福利损失，甚至会对政府的公信力造成损害。第二，要逐步缩小男女职工退休年龄的差距。目前女工人 50 岁退休，女干部为 55 岁，而男性劳动者 60 岁退休，女性劳动者的退休年龄比男性早了 5～10 年。大部分 50～55 岁的女性劳动者仍有较强的劳动能力，让她们退休是人力资源的浪费，因此可以考虑缩小男女职工退休年龄的差距，不仅可以让女性劳动者更好地发挥作用，也可以弥补劳动力的不足，满足高速发展的经济对劳动力的需求。第三，有条件的单位，如医院、高校、科研院所等可以试行弹性退休制度，对于本单位具有高级职称的人员，只要身体健康，工作需要，本人提出申请，单位批准就可以推迟退休，避免"一刀切"造成人才浪费。

外国经济学说与中国经济改革开放

——中华外国经济学说研究会第 21 届研讨会综述

徐则荣[*]

    2013 年 11 月 9 日，正值中国共产党十八届三中全会胜利召开之日，由中华外国经济学说研究会主办、西南大学经济管理学院承办的"中华外国经济学说研究会第 21 届学术研讨会暨外国经济学说与当代中国经济"在重庆举行。程恩富、王振中、王志伟、方福前、余文烈、胡乐明等来自全国高校、科研院所的 150 多位专家学者出席了会议。中国社会科学院马克思主义研究学部主任程恩富会长致开幕辞。西南大学校长张卫国教授、经济管理学院院长王钊教授分别致欢迎辞，中国人民大学方福前等教授作了专题发言。会议以坚持马克思主义为指导，以外国经济学说与当代中国经济为主题，展开了热烈讨论。现将会议研讨的内容综述如下。

一　关注国际性经济学奖获得者学术思想

    全球学术团体——世界政治经济学学会于 2013 年 5 月 25～27 日在巴西圣卡塔琳娜州联邦大学召开第 8 届国际学术论坛，世界杰出经济学家、依附论的创立者、巴西里约热内卢州联邦大学教授托尼奥·多斯·桑托斯和中国人民大学荣誉一级教授卫兴华荣膺第三届世界马克思经济学奖。在本次年会上中国社科院候为民副研究员在发言中评介了桑托斯教授和卫兴华教授的学术思想。候为民指出，桑托斯教授的学术贡献在于提出了新依附论。所谓"依附"是指一些国家的经济受制于它所依附的另一国经济的发展和扩张。依附有商业—出口依附、金融—工业依附和技术—工业依附三形态。当前，发展中国家进入了一个依靠外资实现工业化的新时期。发达资本主义国家在发展过程中注定要通过开拓国际市场缓解内部压力。由于受制于发达资本主义国家主导的世界体系和拉美国家自身制度，作为落后地区的拉美国家产生了对前者的依存关系，而这是导致其不发达的真正原因。若拉美国家其内部制度和外部关系不发生质变，其对其他资本主义国家的依附关系是不可能改变的。卫兴华教授的学术创新：重视生产力地位，主张生产力多要素论；提出"纵向二层次调节"的经济运行新机制论；"公平效率内在统一论"；在国企改革上，主张综合配套推进国企改革，重点是加强国企内部科学管理，反对以股份制成为主要实现形式为借口，否

* 作者系首都经贸大学经济学院教授。

定或取代国有经济和集体经济这两种公有制形式。

2013 年 10 月诺贝尔经济学奖委员会将本年度的诺贝尔经济学奖授予对资产价格理论实证研究做出突出贡献的三位美国经济学家尤金·法玛（Eugene Fama）、罗伯特·希勒（Robert Shiller）和拉尔斯·彼得·汉森（Lars Peter Hansen）。中国社科院程恩富教授、华南师范大学方兴起教授、厦门大学郭其友教授和华侨大学李宝良助理教授评述了三位学者的主要经济理论贡献。他们指出，资产定价理论实证研究的价值与意义在于它是金融经济学研究的核心课题；它大大提高了人们对资产收益率在时间上的可预测性和资产收益率差异决定因素的理解；推动了新古典金融学和行为金融学的发展和融合。程恩富教授指出，希勒关于股市和金融市场的泡沫、负面影响与非理性繁荣的思想，关于中国房地产市场发展的建议，都值得我们高度重视。方兴起教授指出，希勒的经济与金融发展理论颇具特色，他对金融和金融发展的理解与流行观点完全不同，尤其值得肯定的地方在于，希勒主张金融不应该完全成为少数金融从业者不择手段追逐财富和权力的工具，而应成为为所有人服务的工具，从而促进社会良性发展。

二 外国经济学说比较与评析

（一）外国经济理论新探索

1. 经济学研究中的思想性和技术性关系

随着数学在经济学中越来越多的运用，数学与经济学的关系问题也成为学界争论较多的一个问题。那么数学与经济学到底有着怎样的关系，我们又应该如何正确地看待和发挥数学在经济学中的作用。中国人民大学方福前教授在大会主题发言中论述了经济研究中的思想性和技术性关系的几个问题。就实证分析与理论分析的关系，方教授指出，实证分析应当以正确的理论为指导，以理论分析为基础，否则实证分析可能会无的放矢，或者会使读者不解其意。一篇好的经济学论文应当是在有说服力的理论分析的基础上进行可信的实证分析。经济研究不能只回答"是什么"，而不回答"为什么"。实证分析也不能代替理论分析。经济学作为一门解释的学问，主要是要回答经济现象与经济现象之间的关系以及经济现象背后的原因或性质两个基本问题。事实上，经济学作为一门致用的科学也好，作为一门解释的科学也好，它不能回避对经济现象以及经济现象之间的联系的分析。但是，对经济现象之间的联系的分析不是经济学研究的全部，经济学研究的目的和任务更重要的是要揭示经济现象背后的原因。对现象的原因的探究是一切科学的任务。经济现象之间的联系往往是相关关系，至多是一些浅层次的因果关系；而经济现象与其原因之间则是一些深层次的因果关系。前一类关系可以通过数学和计量方法来解释或揭示，但要揭示后一类关系，数学和计量方法则显得力不从心，因为经济现象与其原因之间的联系是复杂的、多层次的，往往只能通过抽象分析和逻辑推理才能够加以把握。在技术性与思想性的关系方面，方教授强调，经济研究主要是出思想出观点的，是要解释并且解决经济问题的，数学和计量技术是经济研究的重要工具和有用工具，是为理解经济关系、发现思想和探索原因提供支撑服务的。技术性不能代替思想性、技术本身不是经济（学）研究的任务和目的。技术复杂不等于思想深度；技术新颖不等于思想新颖；技术严密不等于思想缜密。在相关分析与因果分析的关系，方教授认为，从应用或实用的角度来看，从短期需要来看，相关关系分析可能就够了；但是从科学研究和长期趋势来看，因果关系分析是不可或缺的，相关关系研究替代不了因果关系研究。不要把相关关系混同于因果关系。更何况，有些相关关系分析是没有多少实际价值的。

2. 多重再生产平衡结构与经济周期

经济在沿着经济发展的总体趋势的增长中，常常伴随着经济活动的上下波动，且呈现出周期性变动的特征。中国社科院胡乐明研究员以多重结构的"自我强化"和"锁定效应"为解释工具，指出经济增长的过程也就是再生产平衡结构的持续"重塑"过程。正是"多重再生产平衡结构"的"结构引力"的交替作用导致经济运行周期性地出现不同的再生产平衡结构的"自我强化"和"锁定效应"，从而形成周期性经济波动。形成经济周期的影响因素与政策启示在于新结构需要技术和积累体制创新；强化"发散"时期"先行部门"的带动能力；突破原结构"锁定效应"，导向"新结构"，需要市场拓展。

3. 金融发展过度论

2008年全球金融危机爆发后，学术界、实务界以及政府部门在探讨金融危机的成因和治理过程中，纷纷将目光聚焦在金融业的规模上。北京师范大学胡海峰教授指出，金融发展过度的研究可以从金融—增长功能和金融部门两个视角展开，前一视角的讨论集中在金融发展是否过度，以至于对经济增长产生负影响；后一视角讨论作为一个独立的部门，金融部门是否发展过大或者过快，吸收了过多的物质和人力资源，造成社会资源配置的无效率。金融过度发展的研究尽管有许多不足之处，但其强调不能过分注重金融发展的规模，而应关注金融发展的功能，当金融发展超过一定规模时，应当对其进行限制、监管甚至缩减的观点，具有较强的针对性和现实意义。

4. 韦斯科普夫的利润率动态说

清华大学孟捷教授指出，美国经济学家韦斯科普夫提出了一个研究利润率动态的方法，即将利润率的变动归于产出资本比率、利润份额、生产能力利用率这三项不同因素的变化，并将这三项因素与三种马克思主义危机理论相对应。韦斯科普夫运用计量方法检验了这三项因素对于60年代末美国利润率下降的不同影响，并据以维护了"利润挤压论"针对1973 – 1974年危机成因的理论解释。但韦斯科普夫的研究进路在理论上有很大的局限性。

5. 吉尔布瑞特规律和帕累托—齐夫规律

企业规模是现代企业理论的核心问题之一。首都经贸大学方明月深入研究了企业规模分布的吉尔布瑞特规律和帕累托—齐夫规律。她指出，二规律是半个多世纪以来经验研究领城中的两朵"奇葩"。西方经济学者主要基于市场发育成熟的国家，利用不同的国别数据和研究方法来反复验证以上两种分布规律，并通过构建不同的理论模型来解释相应的形成机制。尽管如此，这两种规律的有效性仍然依赖于具体的条件。一般来说，吉尔布瑞特规律对样本中的大企业多数是成立的。而对帕累托—齐夫规律形成机制的研究表明，如果在企业规模分布的上尾，企业的成长遵循随机过程，则企业规模分布收敛于帕累托—齐夫分布。基于分布规律的视角，利用概率模型和大样本数据来考察企业规模的整体分布情况，进而判断企业规模分布是否合理和优化，一方面，这在理论上提供了一种与"企业——市场"微观二分法相得益彰的宏观分析范式。另一方面，就现实意义而言，成熟市场经济的企业规模分布研究也为对中国的企业规模问题的探讨提供了可以观摩的标尺。

（二）　对西方主流经济学重要理论的评价

1. 经济学的利益集团性

与自然科学不同，经济学具有阶级性。南开大学陈弘教授指出，任何一种经济学理论都是一定利益集团利益的反映；一种经济学理论的盛行必定是对社会有莫大影响力利益集团支持的结果。科斯定理、库兹涅茨假说与比较优势理论都是逻辑正确的经济学理论，三者对我国改革开放进程的推动无容置疑——科斯定理契合并推动了我国国有企业改革；库兹涅茨假说是冲破平均主义羁绊的"效率优先、兼顾公平"战略的重要理论支撑；比较优势理论推动了顺应经济全球化潮流的对方开放。而我们也不能忽略，这些理论在国内盛行背后那一列小众利益集团的身影：他们希望科斯定理为他们在国有企业产权改革中谋取经济利益奠定理论基础；他们希望库兹涅茨假说掩饰住并合法化他们在市场化进程中的贪婪；他们希望比较利益的不设防原则成为他们与国际垄断巨头串谋的工具。

江苏师范大学程言君教授和淮北师范大学张作云教授指出，当前要消除新自由主义、民主社会主义和历史虚无主义等西方思潮的干扰异化，特别要注意消解"消除国有企业"和"实行宪政"等西方思潮对深化改革的误导。

2. 资本权力与市场秩序

华南师范大学张凤超教授认为，在一个资本自由流动的开放市场框架内，规制市场竞争行为，必然要以资本本身的发展研究为前提。无论何种模式的市场秩序，都应该最终指向国际垄断资本为核心的结构性市场竞争关系。没有国家强制权力的合理化、专门化，就没有现代意义上的市场秩序，行使国家强制权力的"政府干预"是市场秩序赖以存在和发挥作用的必要条件。任何一个国家实施政府干预都是维护本国利益的理性决策，尤其在来自外国私人垄断资本和政府强制权力的剥夺本性如此昭然、侵占势力如此强大的当今，弱者的自我保护并不违背自由交易的主旨。从这个意义上，或许可以说，正是有了小而强的政府的干预，一种契合一国国情、消除所谓"世界主义"的竞争性市场才能得以实现和延续。

3. 总供求模型的修正

2008 年金融危机发生以来，我国和西方主要经济大国至今还没有完全摆脱总供求失衡和宏观经济政策失效的困扰。西南大学朱泽山教授认为，当代总供求模型的不足在于忽略了消费、消费对储蓄转化为投资的约束和发生不同类型投资的约束条件。修改模型的思路是：把消费纳入模型，构建消费对投资的约束关系；把不同类型投资纳入模型，构建不同类型投资的激励约束关系，进而改变调控总供求。北京师范大学白暴力教授以马克思的三大部类公式为基础，推演了消费对投资需求的传递效应。

三　民生导向型的改革开放

改革开放三十多年来，中国经济取得了令世界瞩目的成绩，但有少数群体仍盼望实行"国有企业私有化、土地私有化、金融自由化"的新自由主义，或盼望改变所谓"半统制经济，实行不要国家调控的竞争性市场机制"的"现代市场经济体制"等等。中国社科院程恩富教授指出，上述所盼都是违背民意的，中国应突出民生导向型的改革开放，这是广大人民群众利益和实惠所在，也是改革开放的出发点和归宿点。我国经济在继续发挥市场调节资源配置的基础作用的同时，要改进国家的计划手段和财政、货币政策的调节作用，维护宏观经济的稳定性、平衡性和持续性，以期全局利益的统一性和最大化。在廉洁、廉价、民主和高效的前提下，确立"小而强的政府"的主脑或主导地位。既要用市场调节的优良功能去抑制"国家调节失灵"，又要用国家调节的优良功能来纠正"市场调节失灵"，实现一种功能上的"基础－主导"双重调节机制，形成高效市场即强市场和高效政府即强政府的"双高"或"双强"格局，表现出国家的良性调节职能和作用强于或大于资本主义国家。南京师范大学蒋伏心教授亦提出中国需要逐渐形成强市场－强政府"双强"格局。

树立民生为本的财富观是我国"后改革时代"的内在要求，是后改革时代经济研究对象与目标历史转换的要求。福州大学周小亮教授认为，民生财富系统是指由三个相互联系、相互影响、相关耦合的商品财富系统、自然财富系统和知识财富系统子系统构成。民生财富系统的基本要义主要体现在民生效用最大化、代际差异最小化和系统协调发展系数最大化三个方面。民生财富系统提出的理论价值在于坚持并发展了马克思唯物史观对财富发展理论的指导作用，深化了可持续发展理论对财富生产方式的影响，推动了财富发展理论研究视域的转向。民生财富系统有利于财富发展动力的深度开发，有利于进一步推动保障和改善民生建设，推动了后改革时代利益格局的变化。

中国人民大学贾根良教授认为，我们在肯定改革开放的成绩的同时，也一定要吸取历史上有些国家开放造成货币自主权丧失、自主创新产品的政府采购自主权的丧失、陷入"出口低端产品、进口高端产品"的"坏贸易"的陷阱的教训。

与会代表普遍认为，为真正贯彻落实习近平总书记一系列重要讲话和党的十八大关于加快完善社会主义市场经济体制和根本转变对内对外经济发展方式精神而进行具体的顶层设计，包括经济体制模式、经济发展模式和民生改善模式。其中，前两种模式都是为民生改善及其模式服务的。

四　中国经济发展中其它重要问题

1. TPP 和 TTIP 贸易谈判

最近以来，全球的区域经济一体化进程出现了美国等 12 个国家之间开展的 TPP 谈判和美国与欧盟加快了它们之间的《跨大西洋贸易和投资协议》（TTIP）谈判两个相当瞩目的事件。中国人民大学贾根良教授提出：如果我国加入 TPP，美国等发达国家将通过 TPP 控制和支配我国高端产业和国内市场，压制我国转变经济发展方式的努力。如果我国不加入 TPP，我国可走的路却很宽，在对外经济关系上，我国可以实施"亚欧大陆发展战略"，甚至可以向"拉丁美洲及加勒比共同体"提出与拉丁美洲 33 国建立 33 + 1 自由贸易区的动议。加快转变经济发展方式是应对 TPP 的根本措施。

上海对外经贸大学石士钧教授认为，TTIP 和 TPP 贸易谈判带来的负面影响表现为贸易多边主义可能被严重侵蚀；新兴经济体被明显边缘化；发展中国家的经贸利益被重新忽略。我国应高度关注这类别出心裁的贸易谈判，并及时确定我国相应的博弈策略，否则，在不久的将来，我国不仅会失去许多由多边贸易体制所提供的经济机会和贸易利益，而且要花费极其巨大的代价去面对重新融入国际经济轨道的艰难历程。这是千万不能等闲视之的。

2. 货币过度供给问题

近年持续的通货膨胀引起人们的高度关注。吉林财经大学郭殿生教授指出，货币过度供给是指市场上实际流通的货币超过经济发展需要，造成流动性过剩、物价和资产价格的普遍上涨。它是我国资本市场几近失控的推手，为通货膨胀蔓延推波助澜，增加了本币贬值的风险。货币过度供给是商业银行发放贷款、金融机构外币占款、商业银行购买企业或政府债券、信托贷款等造成的。

3. 产业结构升级

经济发展进程必然伴随着深刻的产业结构变迁，而产业结构变迁又成为推动经济发展的重要动力。西南大学张卫国教授、高远东副教授在对产业结构高级化的内在机理进行理论分析的基础上，确定了产业结构高级化的影响因素及其量化指标，构造了产业结构高级化的空间计量模型，研究得出，社会需求对产业结构高级化影响最为显著，是产业结构高级化发展的决定性因素，其中，消费需求对产业结构高级化水平的推动作用最大。

安徽师范大学周端明教授在评价产业结构调整和价值链升级两种思路的基础上，指出中国产业升级问题未来的研究方向是实现产业结构调整和价值链升级两种思路的整合，以价值链升级为分析的微观基础，结构调整为分析的宏观环境和升级结果，构建一种包含微观基础的、能够很好解释结构变迁的产业升级分析框架。

4. 虚拟经济与实体经济联动效应

自 1997 年亚洲金融危机爆发开始，国内外学者对虚拟经济的研究日益重视。而 2008 年美国次贷危机引发的国际金融危机，则被广泛认为是虚拟经济过度发展的结果。北京工商大学徐丹丹教授选取马歇尔 K 值作为度量虚拟经济的指标，选取三次产业占国内生产总值（GDP）份额度量实体经济，综合单位根检验、协整检验、格兰杰因果检验并建立 VAR 模型，对 1998 年～2012 年间虚拟经济与实体经济联动效应进行实证分析。研究发现，中国当前的问题是虚拟经济和实体经济缺乏联动效应，虚拟经济对实体经济没有支持效应，而不是虚拟经济过度发展。这是经济的货币化进程，金融市场尚不发达和外汇占款导致货币政策有效性下降导致的，改变此状需要完善三大金融市场、重视第二产业和第三产业调整与升级、实现虚拟经济与实体经济良性互动。

5. 反贫困问题

在世界经济发展过程中，贫困始终是困扰人类社会进步的一个重大问题。吉林财经大学刘建华教授在深入研究中西贫困理论的基础上，提出解决我国现阶段贫困问题的关键在于把握马克思主义经济学贫困理论的定位，为认识社会主义贫困问题提供科学方法；区分制度性贫困和体制性贫困，为解决社会主义贫困问题提供可行思路；坚持生产资料社会主义公有制为主体，为消除社会主义贫困奠定制度基础；深化收入分配制度改革，扭转收入差距扩大趋势，为消除社会主义贫困提供经济保障；保持经济又好又快发展，为消除社会主义贫困创造物质条件；完善反贫困和扶贫体制，为消除社会主义贫困培育政策环境。

武汉大学邹薇教授构建了人力资本代际传递的模型，从教育投资的风险和决策的角度解释低收入家户持续性贫困的问题。认为家庭贫困带来的风险溢价会成为其投资中的一项额外成本而削弱教育投资的吸引力，教育的机会成本和未来收益的不确定性也会影响教育投资决策。在低收入家户中，个体进行人力资本投资的意愿与其收入水平正相关，这意味着越是贫穷的家户进行人力资本投资的意愿会越低；对于人力资本投资意愿极强或极弱的个体，收入的变动对他们意愿的改变有很强的影响，而处于中间意愿的个体，人力资本投资的预期收益和机会成本对其意愿的改变影响则更大。

会议还就中国经济学的新建构、"中国梦"的经济学诠释、国有企业效率、开放型经济的转型升级等问题进行了深入的讨论。

图书在版编目（CIP）数据

外国经济学说与中国研究报告.2014／程恩富，李翀，朱泽山主编.
—北京：社会科学文献出版社,2014.11
ISBN 978 - 7 - 5097 - 6676 - 7

Ⅰ.①外…　Ⅱ.①程…　②李…　③朱…　Ⅲ.①经济学一文集
Ⅳ.①F0 - 53

中国版本图书馆 CIP 数据核字（2014）第 246214 号

外国经济学说与中国研究报告（2014）

编　　　者／中华外国经济学说研究会
主　　　编／程恩富　李翀　朱泽山

出 版 人／谢寿光
项目统筹／恽　薇　王玉山
责任编辑／王玉山 等

出　　　版／社会科学文献出版社·经济与管理出版中心（010）59367226
　　　　　　地址：北京市北三环中路甲 29 号院华龙大厦　邮编：100029
　　　　　　网址：www. ssap. com. cn
发　　　行／市场营销中心（010）59367081　59367090
　　　　　　读者服务中心（010）59367028
印　　　装／北京鹏润伟业印刷有限公司

规　　　格／开　本：787mm × 1092mm　1/16
　　　　　　印　张：31.5　字　数：693 千字
版　　　次／2014 年 11 月第 1 版　2014 年 11 月第 1 次印刷
书　　　号／ISBN 978 - 7 - 5097 - 6676 - 7
定　　　价／98.00 元